Siegfried Vögele
Dialogmethode

Siegfried Vögele

Dialogmethode

Das Verkaufsgespräch per Brief und Antwortkarte

Die Deutsche Bibliothek – CIP-Einheitsaufnahme

Vögele, Siegfried:
Dialogmethode : das Verkaufsgespräch per Brief und
Antwortkarte / Siegfried Vögele. – 11. Aufl. –
Landsberg/Lech : Verl. Moderne Industrie, 1998
  ISBN 3-478-21300-2

11. Auflage 1998
10. Auflage 1997
 9. Auflage 1996
 8. Auflage 1994
 7. Auflage 1993
 6. Auflage 1992
 5., durchgesehene Auflage
 4. Auflage 1988
 3., überarbeitete Auflage 1987
 2. Auflage 1985

© 1984 verlag moderne industrie, 86895 Landsberg/Lech
http://www.mi-verlag.de

Alle Rechte, insbesondere das Recht der Vervielfältigung und Verbreitung sowie der Übersetzung, vorbehalten. Kein Teil des Werkes darf in irgendeiner Form (durch Fotokopie, Mikrofilm oder ein anderes Verfahren) ohne schriftliche Genehmigung des Verlages reproduziert oder unter Verwendung elektronischer Systeme gespeichert, verarbeitet, vervielfältigt oder verbreitet werden.
Umschlaggestaltung: Hendrik van Gemert, Fuchstal-Leeder
Satz: abc Media-Services GmbH, Buchloe
Druck: Hofmann Druck KG, Augsburg
Bindearbeiten: Thomas Buchbinderei, Augsburg
Printed in Germany 210300/109803
ISBN 3-478-21300-2

Inhaltsverzeichnis

Vorwort 11

Vorwort zur 11. Auflage 15

Teil I: Fachwissen für schriftliche Verkäufer

A. Aus der Direktmarketing-Lehre 17

    1. Das echte, persönliche Verkaufsgespräch 17
    2. Klassische Werbung und klassisches Marketing 20
    3. Direktwerbung mit klassischen Aufgaben 22
    4. Verkaufen per Post als Vorbote des Direkt-Marketing 22
    5. Die Instrumente des Direkt-Marketing 24
    6. Das Ziel: Die sofort meßbare Reaktion 26
    7. Entwicklungsstufen des Direkt-Marketing 28
    8. Das schriftliche Verkaufsgespräch heute 29
    9. Was kostet das schriftliche Gespräch? 31
  10. Wer zahlt die Kosten? 34
  11. Was heißt Erfolg im schriftlichen Verkaufsgespräch? 38
  12. Wann sprechen wir von einem Flop? 40
  13. Wann ist der Erfolg meßbar? 43
  14. Erfolgsquoten im Vergleich 46
  15. Ein »Beweis« für den willkommenen Werbebrief 47
  16. Die Grenzen schriftlicher Verkaufsgespräche 50
  17. Der break-even-point 52
  18. Der Weg zur Steigerung des Erfolges 54
  19. Das übertragbare Wissen über schriftliche Verkaufstechnik . 55
  20. Die Zukunfts-Aspekte schriftlicher Verkaufsgespräche . . . 60

B. Alles über die Dialogmethode 62

  21. Der Weg zur Dialogmethode 62
  22. Der heutige Stand 64
  23. Die Parallele zwischen persönlichem und schriftlichen Dialog . . 68

24. Der Verkaufs-Dialog im persönlichen Gespräch 70
25. Die ersten übertragbaren Erkenntnisse für den schriftlichen Dialog 73
26. Der stille Dialog ist entdeckt 73
27. Die unausgesprochenen Leserfragen 76
28. Die kleinen »jas« als Verstärker 78
29. Die kleinen »neins« als Filter 82
30. Der sicherste Weg zum großen JA 83
31. Die Dialog-Stufen im schriftlichen Gespräch 85
32. Der erste Kurz-Dialog 88
33. Der ausführliche, zweite Dialog 90
34. Die Nahtstelle zwischen dem 1. und 2. Durchgang 91
35. Elemente im ersten Kurz-Dialog 94
36. Die Elemente für den ausführlicheren 2. Dialog 97
37. Psychologische Wirkung der Textblöcke 99
38. Echte Gespräche nach dem stillen Dialog 101
39. Das Verhalten vor der Reaktion 102
40. Wie beeinflussen wir diese Aktivierungskurve? 104
41. Die erste Wegwerf-Welle bei 20 Sekunden (A) 106
42. Die zweite Wegwerf-Welle (B) 108
43. Die Ablage- oder Archiv-Welle (C) 109
44. Das »Zur-Seite-legen«-Phänomen (D) 110
45. Die Reaktions-Phase (E) 112
46. Analyse der ersten 20 Sekunden 113

C. Zusätzliche Strategien 115

47. Die Empfangs-Situation beim Leser 115
48. Die Konzentrations-Bereitschaft des Lesers 117
49. Die KISS-Methode und ihre Wirkung 119
50. Die RIC-Methode und ihre Wirkung 120
51. Die Vor-Verstärker im schriftlichen Dialog 121
52. Das marktreife Produkt als Vor-Verstärker 123
53. Das angestrebte Ziel als Vor-Verstärker 127
54. Konzeptionelle und sonstige Vor-Verstärker 129

D. Aus der Adressen-Kunde 130

55. Die richtige Zielgruppe als Vor-Verstärker 130
56. Reaktionsquoten unterschiedlich aktivierter Zielgruppen 134
57. Externe Adreßgruppen für den Gesamtmarkt 135
58. »Mobilität« und unzustellbare Sendungen 139
59. Über das Veredeln externer Adressen 141

    60. Interne Adreßquellen 143
    61. Selektion der besten eigenen Adressen 146

E. Überlegungen vor dem Start 147

    62. Kooperation mit Direktwerbe-Unternehmen und Agenturen 147
    63. Der schriftliche Verkaufsleiter und seine »Abteilung« 149
    64. Die aktiven Branchen im Direkt-Marketing 151
    65. Zwölf Varianten für schriftliches Verkaufen 151
    66. Neun Chancen für schriftliche Werbegespräche 153
    67. Fünf Chancen für schriftliche Kontaktgespräche 155
    68. Elf zusätzliche Wege für schriftliche Gespräche 156
    69. Der Name des Empfängers als Dialog-Verstärker 157

Teil II: Die praktische Anwendung

F. So planen Sie Ihre eigenen Aktionen 161

    70. Die Konzeption für ein schriftliches Verkaufsgespräch 161
    71. Der Ist-Zustand als Ausgangs-Basis 164
    72. Gedanken zur ausgewählten Zielgruppe 168
    73. Gedanken zum erreichbaren Ziel 169
    74. Gedanken zum jetzigen Verhalten unserer Zielgruppe 171
    75. Die Motive für das bisherige Verhalten Ihrer Zielgruppe 173
    76. Die neuen Ideen für Ihr eigenes Package 174
    77. Die unausgesprochenen Leserfragen Ihrer Zielgruppe 175
    78. Die immer wiederkehrenden Grundfragen 176
    79. Die Produkt-Fragen Ihrer Zielgruppe 178
    80. Die Antworten führen zu neuen Ideen 181
    81. Die neue Strategie für Ihre schriftlichen Verkaufsgespräche 185
    82. Beispiel für eine einstufige Aktion 186
    83. Beispiel für eine zweistufige Aktion 189
    84. Eine Konzeption für Ihre Wiederholungs-Aktion 194
    85. Verstärker für Ihre Wiederholungs-Aktionen 196

G. So entwickeln Sie Ihre Kuverts, Briefe und Antwortkarten 198

    86. Der äußere Auftritt des schriftlichen Verkäufers 198
    87. Die Kuvert-Gestaltung und ihre Wirkung 201
    88. Der Package-Inhalt und seine Wirkung 206
    89. Das »klassische« Package 208
    90. Der Brief und seine Verstärker 212
    91. Leseverhalten Ihrer Werbebrief-Empfänger 213

92. Die unterschiedlichen Briefformen 215
93. Der Kurzdialog im Werbebrief 218
94. Über Briefkopf, Anrede, Betreff-Zeile und Datum 220
95. Die Brief-Absätze als Verstärker 224
96. Zum Thema »Unterstreichungen« 227
97. Ihre Unterschrift als Verstärker 229
98. Das »PS« und seine Wirkung 235
99. Die Typografie im Werbebrief 237
100. Druckfarben und Papier als Verstärker 240
101. Die Bilder im Werbebrief 241
102. Der erste Brief-Durchgang als »Dialog-Skizze« 244
103. Die Brief-Beilagen 246
104. Die Antwortkarten und ihre Verstärker-Wirkung 247
105. Die Empfänger-Adresse auf der Antwortkarte 251
106. Der »Garantie«-Abschnitt als Verstärker 254
107. Der Karten-Titel als Verstärker 257
108. Das Bild-Element als Verstärker auf Antwortkarten 259
109. Die verlangte Entscheidung als Filter oder Verstärker 263
110. Die verlangte Unterschrift als Filter 265
111. Druckfarben für Antwortkarten 268
112. Die Rückseite der Antwortkarte und ihre Chancen 269
113. Die Verstärker auf dem Garantie-Abschnitt 273
114. Der Porto-Hinweis als Verstärker 276
115. Die »menschliche« Firmenadresse als Verstärker 278
116. Der Antwortschein und das Rückkuvert 280
117. Über telefonische, elektronische, persönliche Reaktionen und sonstige Varianten 281

H. So beurteilen Sie Dialog-Prospekte und ihre Wirkung 287

118. Der Prospekt im Package und seine Dialog-Wirkung 288
119. Die Kurz-Antworten entlang der Lesekurve im Prospekt . . . 294
120. Die Bild-Inhalte im Prospekt 296
121. Die drei Wege zur erfolgreichen Headline 300

I. So texten Sie Ihr schriftliches Verkaufs-Gespräch 305

122. Das Sprachniveau als Filter oder Verstärker 305
123. So entsteht Ihr Rohtext 308
124. So redigieren Sie Ihren Rohtext 310
125. Redigieren Stufe I: Ersatzlos streichen 314
126. Redigieren Stufe II: Sätze kürzen 316

127. Redigieren Stufe III: Wörter kürzen und vereinfachen 319
128. Redigieren Stufe IV: Lebendiger schreiben 324
129. Redigieren Stufe V: Persönlicher schreiben 328
130. Redigieren Stufe VI: Bildhafter und konkreter schreiben 331

J. So kontrollieren Sie Ihren Erfolg 336

131. Das Timing für den Postversand 336
132. Die Arbeiten zur Erfolgskontrolle 338
133. Die Eingangs-Statistik 339
134. Ermitteln der Halbwertszeit 344
135. Was tun bei schlechtem Gesamt-Ergebnis? 349
136. Über die Testverfahren zur Steigerung der Erfolgsquote 350

K. Ihre zusätzlichen Chancen 355

137. Über den Einsatz von Coupon-Anzeigen und Zeitschriften-Beilagen . 353
138. Die sonstigen Instrumente und deren Einsatz 357

Nachwort und persönliches Angebot 361

Anhang 362

Quellen für weiteres Fachwissen 362
Stichwortverzeichnis 367
Gratis-Abruf 373
Leser-Gutschein 375

Widmung

Dieses Buch widme ich IHNEN ganz persönlich. Sie als Leser gehören zu den Menschen, die ich während des Schreibens vor Augen hatte. Ihre möglichen Gedanken und Fragen nach dem WIE und WO und WAS haben den Inhalt dieses Buches geprägt. Ich danke Ihnen für Ihre »unbewußte« Mitarbeit und wünsche Ihnen für die Zukunft viele erfolgreiche schriftliche (Verkaufs-)Gespräche.

VORWORT

Lieber Leser,

Sie erwarten von diesem Buch ganz bestimmte Vorteile für Ihre tägliche Arbeit. Sie suchen einen neuen Weg für erfolgreiche Verkaufsgespräche und erhoffen sich von mir eine leicht verständliche und schnell lernbare Methode für diesen neuen Weg.

Gerade solche Wünsche zu erfüllen, ist der Sinn meines Buches. Ein Ziel also, das vor allem den Neulingen und Praktikern dient und weiterhilft. Nicht den »alten Hasen« im Direkt-Marketing, den Profis und den wissenschaftlich interessierten Lesern. Ich zeige den Praktikern in allen Branchen einen Weg zu schriftlichen Verkaufsgesprächen und schaffe die Grundlage für meßbare Erfolge.

Deshalb ziehen folgende 5 Zielgruppen den größten Nutzen aus diesem Buch. Prüfen Sie gleich zu Beginn, ob Sie zu einer dieser Gruppen gehören. Falls »ja«, dann freuen Sie sich schon jetzt auf Ihre Erfolge während und nach Ihrem Studium dieses »Lehrbuches für Praktiker«. Falls »nein«, dann schenken Sie das Buch einem guten Bekannten, auf den eine der 5 Zielgruppen zutrifft. Sie helfen damit ihm und seinem Unternehmen und profitieren vielleicht indirekt von seinem Erfolg. Hier sind die 5 Zielgruppen, für die ich mein Buch geschrieben habe.

1. *Für alle Verkäufer.* Für die Handels-Vertreter, die Reisenden und die Mitarbeiter im Außendienst. Für die Verkäufer im Innendienst, die Verkaufsleiter, Vertriebsleiter, Verkaufsdirektoren und Sales-Manager. Für alle, die heute noch persönliche Verkaufsgespräche mit Interessenten und Kunden selbst führen, trainieren, planen oder steuern. Sie alle haben beste Chancen, Ihre bisherigen Erfolge durch schriftliche Verkaufsgespräche zu steigern. Ganz gleich für welche Branche Sie heute arbeiten. Sie gehören zu den Direkt-Marketers von morgen.

2. *Für alle Mitarbeiter im Bereich Marketing und Unternehmensleitung.* Für alle Marketing-Fachleute, Manager und Unternehmer, die sich für die Wirkungsweise, für Psychologie und Technik des Direkt-Marketing interessieren. Für alle, die neue Wege suchen, um die Vertriebskosten zu senken. Und für alle, die neue oder zusätzliche Strategien brauchen, um vorhandene Kunden zu pflegen und neue Kun-

den zu gewinnen. Schriftliche Verkaufsgespräche neuer Prägung funktionieren heute nahezu in allen Branchen.

3. Für alle Interessenten, Neulinge und Nachwuchskräfte im Direkt-Marketing. Für alle, die eine neue berufliche Laufbahn als »schriftlicher Verkaufsleiter« planen, aber bisher keine Zeit fanden, an Ausbildungsseminaren und -kursen teilzunehmen. Sie lernen jetzt die Grundregeln der schriftlichen Verkaufstechnik. Dieses Wissen können Sie in nahezu allen Branchen einsetzen.

4. Für meine Seminar-Teilnehmer und Studenten. Für alle, die den wesentlichen Inhalt unseres Intensiv-Kurses »Das Grundseminar für schriftliche Verkaufsgespräche« noch einmal in Ruhe nachlesen wollen. Sie lernen jetzt zusätzlich die »Psychologie und Technik des Direkt-Marketing« für andere Produkte außerhalb ihrer im Grundseminar besprochenen eigenen Zielgruppe.

5. Für alle Werber, Verkaufs- und Unternehmensberater, die bisher noch keine oder nur wenig eigene Erfahrung mit dem Direkt-Marketing sammeln konnten, aber von den eigenen Beratungs-Kunden immer häufiger danach gefragt werden. Sie erkennen künftig sehr schnell die reellen Chancen eines Mailings (aber auch seine Grenzen). Sie sehen sofort die wichtigsten Verstärker und Filter. Und Sie beraten jetzt besser auf einem Gebiet, auf das Ihre Kunden nicht mehr länger verzichten können. Ganz gleich aus welcher Branche Ihre Kunden kommen.

Für diese 5 Zielgruppen habe ich die Erfahrungen und Erkenntnisse aus dem Umgang mit der Dialogmethode zusammengefaßt. Wenn Sie dazu gehören, dann fangen Sie jetzt mit dem Studium der 138 Kapitel an. Am besten Sie legen sich während Ihrer Arbeit im 2.Teil (Praktische Anwendung) einige Muster bisheriger Direktwerbe-Sendungen neben das Buch. Schauen Sie sich die jeweils besprochenen Details an. Auf diese Weise entwickeln Sie parallel zum Lesen ein neues besseres Mailing. Wir arbeiten in unseren Aufbauseminaren heute genauso. Vor allem im Texter-Kurs.

Die Themen über das »Texten« führten allerdings in diesem Buch zunächst zu einem kleinen Problem: Texten läßt sich nur schwer ausschließlich über Empfehlungen und Regeln erlernen. In unseren Texter-Kursen wechseln deshalb Theorie und praktisches Schreiben ständig ab. Solange, bis sich das Ohr des Texter-Neulings an die erfolgreiche, aber sehr einfache Schreibe gewöhnt hat und er »schriftliche Verkaufssprache« zu Papier bringt. Solche Schritte sind per Buch nicht möglich. Ich habe deshalb einen anderen Weg versucht und hoffe, er hilft auch Ihnen:

Dieses Buch ist nicht im üblichen Fachbuch-Deutsch sondern im »Direktwerbe-Deutsch« geschrieben. Das ist eine Sprache, die unsere Brief-Empfänger auch bei geringer Lesebereitschaft verstehen. Bücher und Zeitungen werden *gekauft!* Der Leser ist deshalb stärker motiviert und arbeitet sich auch durch schwierige Texte hindurch. Werbebriefe werden nicht gekauft. Sie drängen sich auf! Deshalb sinkt die Aufnahme- und Lesebereitschaft gegenüber dem sonstigen Lesestoff. Wir gleichen diesen Verlust aus durch das schnell verständliche, einfache Direktwerbe-

Deutsch. Eine Sprache, die dem gesprochenen Verkaufsgespräch nachempfunden ist. Mehr darüber finden Sie in den Kapiteln über das »Texten«. Sie kennen jetzt den Grund für die vereinfachte Fachsprache in diesem Buch. Nach mehr als 350 Seiten »Schriftlicher Verkäufersprache« entwickeln Sie selbst ein besseres Gefühl für diese Art des Textens. Das alles kommt dann Ihren eigenen Werbebriefen zugute. Im übrigen muß ich Ihnen gestehen: Ein Fachbuch in dieser Sprache zu schreiben kostet viel mehr Zeit, als ich ursprünglich gedacht habe. Wir alle diktieren und formulieren unser Fachwissen sehr viel schneller in der uns geläufigen Fachsprache für Fachkollegen als in der vereinfachten Form für den interessierten Neuling.

Die Dialogmethode entstand ursprünglich als Antwort auf die Fragen meiner Beratungs-Kunden und Seminar-Teilnehmer aus allen Branchen. Deshalb danke ich an dieser Stelle ganz besonders den vielen Tausend Teilnehmern im gesamten deutschsprachigen Raum für ihre indirekte Mitarbeit. Sie haben viele Jahre lang ihre Mailings nach meiner Empfehlung gestaltet, getestet und über den Erfolg berichtet. Sie lieferten den Beweis für die Übertragbarkeit der Methode von Branche zu Branche und von Land zu Land. Industrie, Handel, Dienstleistung, Verlage, Banken, Versicherungen usw. sitzen in meinen offenen Seminaren nebeneinander. In Deutschland seit 1975. In Österreich seit 1977 (Veranst.: Adressen Suppan, Wien). In der Schweiz seit 1977 (Veranst.: Jaeggi & Weibel, Zürich).

Neben den offenen Seminaren und Kursen haben alle firmeninternen Schulungen und Beratungen den Ausbau der Dialogmethode beeinflußt. Die Probleme des einzelnen Unternehmens, das Suchen nach Verstärkern, die Testaktionen und die anschließende Erfolgskontrolle waren entscheidende Wegweiser. Ich danke deshalb auch allen Unternehmen und Agenturen, die mich seit Jahren mit der internen Ausbildung von »schriftlichen Verkäufern« beauftragen oder mich zu Beratungsgesprächen holen.

Zur internationalen Verbreitung der Dialogmethode kam es vor allem durch das alljährlich stattfindende »Montreux Direkt-Marketing Symposium«, Europas größter Fach-Kongreß für das Direkt-Marketing aller Branchen mit mehr als 2000 Teilnehmern aus allen Ländern. Auf dem Symposium-Programm steht seit 1980 mein Seminar zum »Entwickeln und Gestalten von Mailings nach der Dialogmethode«. Ich danke den Managern des Montreux-Symposiums Ursula Spleiss und Walter Schmid für ihr Engagement in dieser Sache. Besonders für ihre Initiative, auch nationale Seminar-Veranstaltungen mit mir außerhalb des deutschsprachigen Raumes einzurichten: in Norwegen seit 1982 (Veranst.: OMRE A/S, Oslo), in den Niederlanden seit 1984 (Veranst.: Vierhand b. v. Haarlem), in Italien seit 1984 (Veranst.: AIDIM, Milano).

Der wissenschaftliche Nachwuchs in Deutschland kommt seit 1982 mit der Dialogmethode in Berührung. Das Institut für Psychologie der Universität München gab mir die Chance, in jedem Sommer-Semester ein Hauptseminar »Direkt-Marketing« durchzuführen. Der dabei entstehende Transfer zwischen Wissenschaft und

Praxis ist seither für beide Seiten ein Erfolg: Die Studenten der oberen Semester aus Wirtschaftspsychologie, Betriebswirtschaft und Kommunikationswissenschaft lernen angewandtes Wissen aus der Praxis. Das Direkt-Marketing und die Dialogmethode profitieren von den wissenschaftlichen Arbeiten und Methoden. Ich danke deshalb ganz besonders Herrn Prof. Dr. Lutz von Rosenstiel, Leiter des Lehrstuhles für Wirtschafts- und Organisationspsychologie der Universität München für die Einrichtung des Seminares »Direkt-Marketing« und Herrn Dr. Peter Neumann für die hervorragende Betreuung und wissenschaftliche Beratung.

Wenn ich diese wichtigen Stationen hier aufzähle, dann darf der eigentliche Ausgangspunkt nicht fehlen: die in den 70er Jahren selbst gestellte Aufgabe, den beruflichen Nachwuchs auszubilden. Ohne die damaligen ersten Schritte wäre das heute vorliegende Buch wahrscheinlich nie geschrieben worden. Und deshalb danke ich abschließend allen, die mich während der ersten Jahre in meiner Arbeit ermutigt haben. Unter den vielen Kollegen ragen einige Namen ganz besonders heraus, die mir schon *vor 1978* immer wieder die Chance zu Vorträgen, Vorlesungen oder Seminaren eingeräumt und mir mit ihrem Fachwissen weitergeholfen haben: Paul Zehetbauer (Pan-Adress, München-Planegg), Alfred Gerardi (Donnelley & Gerardi, Ettlingen), Heinz Fischer, Hamburg (Vorsitzender ADV und EDMA), Helmut Rüdinger (Bayerische Akademie der Werbung, München), Manfred Hartan (Deutsche Verkaufsleiter-Schule, München), Kommerzialrat Erich Suppan (Adressen Suppan, Wien), Arthur Jaeggi (Jaeggi & Weibel, Direktwerbung, Zürich) und Heinz Hell (Direktwerbe-Berater, Hamburg-Norderstedt). Sie alle haben lange vor dem Entstehen der Dialogmethode direkt oder indirekt die Weichen für dieses Buch gestellt.

Lieber Leser, ich wünsche Ihnen jetzt viele interessante Stunden beim Studium Ihres neuen Fachbuches. Wenn Sie mir danach ein Mailing vorlegen wollen, helfe ich Ihnen gerne weiter. Mehr darüber finden Sie im letzten Kapitel.

Gelting (Nähe München),
im Oktober 1984 *Siegfried Vögele*

PS: Ich habe Ihnen zu fast allen Kapiteln ein Bild skizziert. Dies aus drei Gründen: erstens zum besseren Verständnis des jeweiligen Stoffes; zweitens als eine Art »Erster Schnellkurs« für ganz eilige Leser; drittens als »Wiederholungskurs« für ehemalige Seminar-Teilnehmer.

Vorwort zur 11. Auflage

Lieber Leser,

... ich weiß nicht, auf welchem Weg gerade Sie zu diesem Buch gefunden haben. Ich weiß nur: Sie sind in bester Gesellschaft! Zum Kreis meiner Leser gehören heute die erfolgreichsten Berater-Kollegen unserer Branche ebenso wie selbständige Unternehmer, Geschäftsführer, Manager und Gestalter des europäischen Direktmarketing. Aber nicht nur Praktiker entwickeln heute Mailings nach der Dialogmethode. Auch in der Forschung und Lehre hat dieses Buch seinen festen Platz. Diplomarbeiten und Dissertationen zum Thema Direktmarketing zitieren dieses Buch und bauen auf den Erkenntnissen der Dialog-Methode auf.

Und noch etwas haben die letzen Jahre gezeigt: Die Dialogmethode bewährt sich nicht nur in allen Branchen und Zielgruppen, sie gilt auch in anderen Ländern und anderen Sprachen. Die psychologischen Grundgesetze für das Lesen und Reagieren steuern das Verhalten des Menschen völlig unabhängig von nationalen Besonderheiten. Meine Seminare sind gerade deshalb inzwischen in 13 europäischen Ländern so erfolgreich. Das Buch erscheint heute bereits in fünf Sprachen. Neben der deutschen gibt es eine englische, französische, italienische und spanische Ausgabe. Mit der englischen Version fand die Dialogmethode weltweit Zugang zu den Anwendern in allen Industrieländern. Parallel zur Verbreitung des Buches weiteten sich auch meine Seminare weit über Europa hinaus aus. 1993 hielt ich die ersten Kurse in Australien auf dem PAN-PACIFIC Direktmarketing Symposium in Sydney.

Inzwischen dient dieses Standardwerk über die Dialogmethode auch als Lehrbuch in der Ausbildung des beruflichen Nachwuchses. 1987 habe ich gemeinsam mit der Bayerischen Akadamie der Werbung das „1. Deutsche Fachstudium für Direktmarketing" gegründet. 30 Dozenten lehren und vertiefen in ca. 300 Unterrichtsstunden das gesamte Grundlagenwissen der Branche. Und 1990 haben wir das „Deutsche Forschungszentrum für Direktmarketing" am Lehrstuhl für Wirtschaftspsychologie der Universität München gestartet. In beiden Fällen gilt das vorliegende Buch als Grundlagenwerk und Pflichtlektüre für die Studenten.

Die Verbreitung der Dialogmethode ist noch lange nicht abgeschlossen: 1991 wurde die „European Direct Marketing Academy" in Brüssel gegründet: ein Zusammenschluß nationaler Ausbildungsinstitute der einzelnen Länder. Die European Direct Marketing Academy baut ihr Ausbildungsprogramm auf der Dialogmethode auf und koordiniert den Lehrstoff der nationalen Institute. In Österreich arbeitet seit 1990 das „DMI Institut für Direktmarketing Österreich", eine Gesellschaft nach dem Vorbild des deutschen DMI Institutes. Beide bieten die Dialogmethode als Hauptfach an.

Seit 1991 lehre ich selbst die „Psychologie und Technik des Direktmarketing" auch an der Österreichischen Wirtschaftsuniversität in Wien. Beim dortigen Ordinarius für Werbung und Absatzwirtschaft Prof. Dr. Günter Schweiger gilt das Studium des vorliegenden Buches sogar als Voraussetzung für die Zulassung zu meinem Seminar.

Im wissenschaftlichen Bereich erntete die Dialogmethode Lob und Ehre. Vom Bundespräsidenten unseres Nachbarlandes Österreich erhielt ich als Auszeichnung den Berufstitel „Professor" (1989). Und im Juli 1994 verlieh mir die Ludwig-Maximilians-Universität München die Würde eines Ehrensenators in Anerkennung der Verdienste in Forschung und Lehre auf dem Gebiet des Direktmarketing.

Inzwischen ist im selben Verlag mein zweites Buch erschienen, die „99 Erfolgsregeln für Direktmarketing", die eine ideale Ergänzung zum vorliegenden Werk darstellen. Die „99 Erfolgsregeln für Direktmarketing" sind die Antworten auf die häufigsten Fragen meiner Seminarteilnehmer.

Seit Ende 1995 ist die Dialogmethode auch online im Internet und in T-Online. Alle acht Tage erscheint dort der „Tip der Woche" für Sie als Buchkäufer und für meine Seminarteilnehmer. Wenn Sie selbst schon Zugang zu diesen Diensten haben, dann schauen Sie einmal hinein: im Internet unter http://www.voegele.de und in T-Online unter * Vögele #.

Kurzum, die Dialogmethode ist international hoffähig geworden. Sie selbst, lieber Leser, öffnen sich mit dem Wissen über diese Methode die Türen zu den Direktmarketing-Etagen der europäischen Wirtschaft. Eine gute Chance besonders jetzt im Hinblick auf das sich öffnende Europa.

Gelting b. München,
im Oktober 1998

Prof. Siegfried Vögele

Teil I:
Fachwissen für schriftliche Verkäufer
A. Aus der Direktmarketing-Lehre

1. Das echte, persönliche Verkaufsgespräch

Lassen Sie mich gleich zu Beginn die Leistungen aller erfolgreichen Verkäufer besonders betonen und anerkennen. Das Absatz-Instrument mit der höchsten Erfolgsquote ist das persönliche Verkaufs-Gespräch. Die Menge an Informationen, die wir als Ergebnis aus einem persönlichen Gespräch mitnehmen, übertrifft auch die beste schriftliche Reaktion. Der Verkäufer oder Berater notiert immer eine Antwort auf seiner Karteikarte. Ganz gleich, ob es nur ein Kreuzchen für das »nicht angetroffen« ist oder eine Notiz für gewünschte weitere Unterlagen oder ein Geld-Betrag für den erhaltenen Auftrag. Alle anderen Vertriebsmethoden ohne persönlichen Kontakt von Mensch zu Mensch sind Ersatz-Lösungen. Auch die in diesem Buch beschriebene Form der Direktwerbung. Im Grunde genommen ist jede Form der Werbung eine Hilfsfunktion für das persönliche Verkaufen.

Doch diese Erkenntnis nutzt uns wenig. Das persönliche Verkaufen, der Verkäufer selbst, ist heute in vielen Branchen und für viele Aufgaben zu teuer geworden. Seine Kosten lassen sich in der Kalkulation kaum mehr unterbringen. Am besten, Sie rechnen einmal selbst nach oder Sie vergleichen die folgenden Durchschnittswerte mit Ihren eigenen Daten.

In der Bundesrepublik Deutschland lagen die Kosten im Durchschnitt aller Branchen 1986 bereits bei 250 Mark pro Außendienst-Besuch. Diese Zahl ist aufgebaut auf etwa 20 Besuchen pro Woche und 10 Monaten Reisezeit im Jahr. Sie umfaßt Gehalt, Provision, Reisespesen, Gratifikation, Kosten des Arbeitsplatzes, Telefonate usw. Sollte die Besuchsdichte in Ihrem Falle sehr viel größer sein, die Kunden sehr viel näher beisammen wohnen und das Verkaufsgespräch sehr viel kürzer dauern, dann sehen Ihre Besuchskosten anders aus. Der Durchschnittswert von 250 Mark pro Besuch ergibt sich vor allem durch den hohen Anteil der Investitionsgüter-Industrie. Hier kennen wir auch weit höhere Besuchs-Kosten. Verkaufsgespräche in diesem Zweig sind keine Zwei-Minuten-Gespräche. Der EDV-Berater ist kein Fahrverkäufer!

Aber ein einziger Besuch beim Kunden ist noch lange kein Auftrag. Auch hier rechnen wir heute im Durchschnitt aller Branchen mit vier bis fünf Besuchen für einen Verkaufs-Abschluß. Dieser Wert liegt in Europa nicht viel anders als in den USA. Das alles ergab 1986 4 bis 5 × 250 Mark Besuchskosten, also 1000 bis 1250 Mark Besuchskosten pro Verkauf.

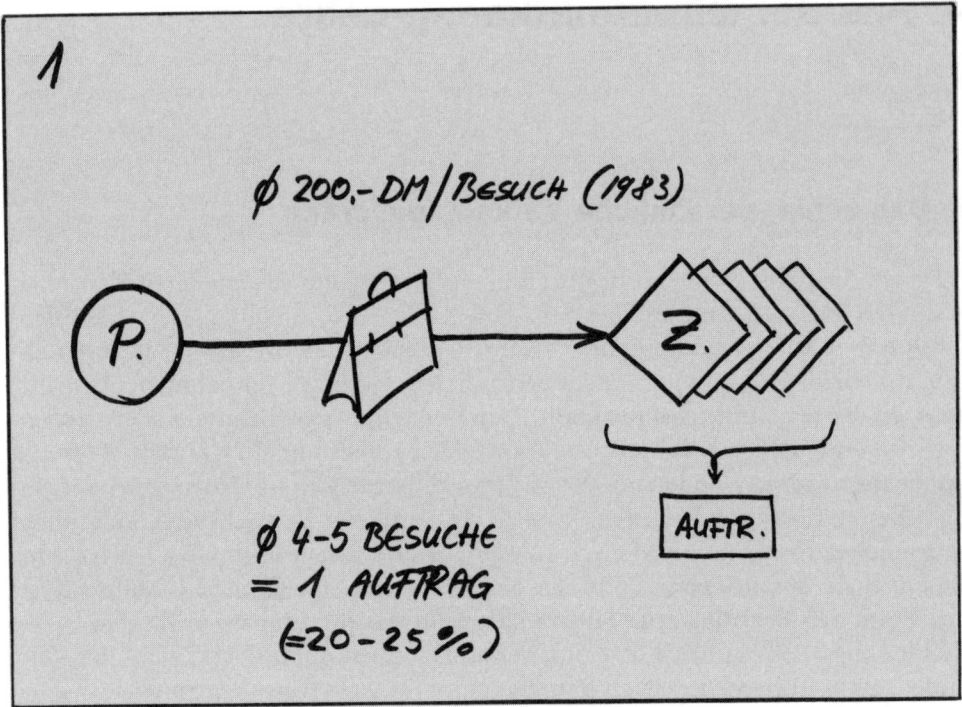

Bild 1: *Das persönliche Verkaufs-Gespräch war schon immer das Absatz-Instrument mit der höchsten Erfolgsquote. Die Probleme entstanden u. a. durch die Kosten, die Besuchs-Anzahl und den Wettbewerb (s. Kapitel 1).*

Rechnen Sie einmal aus, welche Art von Besuchen noch tragbar sind, wie hoch der Auftragswert sein muß, um 1000 Mark Provision plus Nebenkosten im Verkaufs-Erlös unterzubringen oder aber wie wertvoll die Nachfolge-Aufträge sein müssen, damit der Außendienst-Besuch wirtschaftlich sinnvoll ist.

Damit ist das Problem aufgezeigt. Kunden in dünn besiedelten Gebieten und Kunden mit zu geringem Umsatz werden von der Besuchsliste gestrichen. Besuche streichen aber heißt, Kontakte verlieren oder Marktanteile bewußt aufgeben.

Vor diesem Hintergrund haben wir alle in den vergangenen Jahren versucht, die Ertragslage unseres Außendienstes zu verbessern. Wir haben mit den modernsten Verkaufs-Techniken geschult und trainiert. Das alles sollte die Abschlußquote erhöhen und damit die Kosten pro Auftrag senken. Wir haben flankierende Maßnahmen eingesetzt, die dem Vertreter die Türen öffneten, den Bekanntheitsgrad unserer Firma erhöhen und das Image verbesserten. Der Ruf nach unterstützenden Maßnahmen im persönlichen Verkaufsgespräch ist also nicht jung. Er ist schon sehr alt.

Doch halten wir an dieser Stelle fest: Die beste Chance, Kontakte zu pflegen, zu verkaufen, hohe Abschlußquoten zu erreichen und eine Menge von Informationen mit nach Hause zu bringen, ist das persönliche Gespräch von Mensch zu Mensch. Diese Urform des Verkaufens hat die Menschheit durch alle Epochen begleitet.

Nicht jeder Vertreter-Besuch war bisher ein Abschluß-Gespräch. Es gab Informations-Gespräche, Beratungs-Gespräche, Werbe-Gespräche und vor allem Kontakt-Gespräche. Gerade diese Gespräche vor und nach dem eigentlichen Verkaufs-Gespräch belasten die Kosten des Außendienstes. Wenn also das eigentliche Abschluß-Gespräch in manchen Branchen nicht zu ersetzen ist, dann gibt es noch immer genug Chancen für »Ersatz-Gespräche«.

Kontakte halten, ohne sich persönlich zu sprechen, das hieß aber schon immer, Briefe schreiben. Seit Jahrhunderten. Der Brief ist die Urform des Ersatz-Gespräches zwischen zwei Menschen. Ganz gleich, ob auf Tontafeln oder Pergament geschrieben, ob von Postreitern, Brieftauben oder Briefträgern zugestellt. Der Brief als Ersatz eines persönlichen Gespräches ist in uns allen verwurzelt.

Daß die eigentliche Zeit des Briefe-Schreibens im privaten Bereich vorbei ist, stimmt ein wenig traurig. Ich meine die Zeit der Liebesbriefe, der Brief-Freundschaften, der geistreichen Briefwechsel. Der Brief in der privaten Sphäre hat seine Bedeutung verloren. Schuld daran ist vor allem das Telefon. Der Griff zum Hörer ist nicht nur schneller und einfacher. Das Telefon ist eine Kommunikationsform mit Original-Kontakt und kommt deshalb dem persönlichen Gespräch näher als der Brief. Kein Warten auf die Antwort, keine Probleme mit der Formulierungs-Kunst, sofortiges feed back – wenn auch nicht sichtbar, so doch hörbar in jeder Phase des Gespräches.

Was das private Telefongespräch dem privaten Brief voraus hat, das hat auch das geschäftliche Telefonat dem Geschäftsbrief voraus. Das Telefon-Marketing, das sich zwischen dem Brief und zwischen dem persönlichen Besuch etablierte, hat deshalb auch höhere Erfolgs-Chancen als die Werbung per Post. Verkaufen per Telefon hat heute einen hohen Standard erreicht. Ein sehr sensibles, aber auch schlagkräftiges Instrument, wenn es mit dem richtigen know-how eingesetzt wird. Doch wir wollen in diesem Buch die hohe Kunst des Gespräches per Brief und Antwortkarte lernen. Ein Weg, der auch Ihnen offensteht. Eine Chance für alle, die vom guten Kontakt zum Markt-Partner leben.

2. Klassische Werbung und klassisches Marketing

Lassen Sie uns noch einen gedanklichen Übergang vom persönlichen Verkaufsgespräch zur Direktwerbung schaffen. Am besten, wir schauen uns die Denkweise der Werbung und des Marketing an. Ich versuche, dies auf eine einfache Weise zu erklären, weil der Großteil der Leser weder vom Marketing kommt noch eine werbefachliche Ausbildung besitzt.

Schon in der Frühzeit der Verkaufsgespräche gab es Hilfsdienste. Ganz gleich, ob Sie nun an Verkaufsgespräche im stationären Einzelhandel, an Messen oder an Jahrmärkte denken. Die AIDA-Formel hat zu allen Zeiten funktioniert. Obwohl niemand sie als Formel kannte. (A = Attention: Aufmerksamkeit, I = Interest: Interesse, D =Desire: Kaufwunsch, A = Action: Kaufen)

Die ersten Hilfsdienste für den Verkauf waren also ganz sicher: Die Aufmerksamkeit wecken durch Rufen, Schreien, Trommeln, Läuten, Klingeln, Leute zusammenholen, Interessenten gewinnen, Wünsche und Vertrauen wecken usw.

Dieses Vorfeld des eigentlichen Verkaufens hat sich im Laufe der Zeit abgespal-

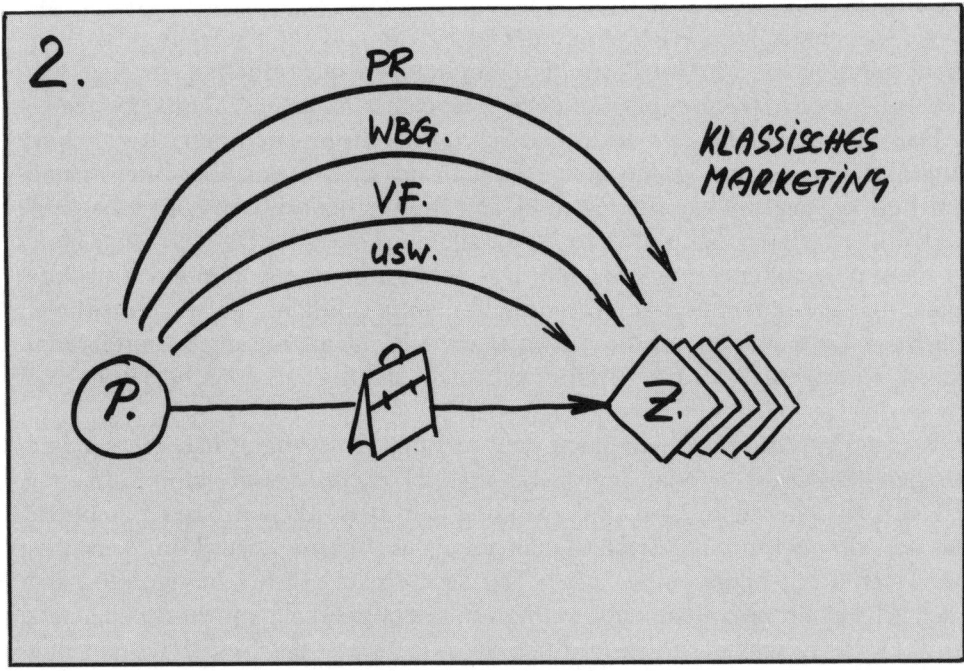

Bild 2: Das klassische Marketing unterstützt den persönlichen Verkäufer im Außendienst, Innendienst, Einzelhandel usw. Klassische Werbung als Teil des klassischen Marketing richtet sich vor allem pauschal an die gesamte Zielgruppe, nicht persönlich an die einzelnen Gesprächs-Partner (s. Kapitel 2).

ten und sich als Teil-Funktion, z. B. unter dem Namen »Werbung«, selbständig gemacht. Sehr bald konnte man die Vorteile dieser werbenden Hilfsdienste erkennen. Sie waren schließlich der einzige Weg, Güter und Produkte in höheren Stückzahlen zu produzieren und damit eine industrielle Fertigung zu niedrigen Stück-Kosten zu sichern.

Als das Bekanntmachen allein nicht mehr genügte, kamen weitere Hilfsdienste hinzu. Sie alle aber richteten sich an den Gesamtmarkt und nicht an die einzelne, namentlich bekannte Kontakt-Person oder Kunden-Adresse. Und sofern es sich um die Funktion »Werbung« handelt, sprechen wir auch von der »klassischen Werbung«. Andere moderne Hilfsdienste dieser Art sind z. B. die Verkaufsförderung, die Öffentlichkeits-Arbeit oder die PR, die Marktforschung und eine ganze Reihe weiterer Teil-Funktionen aus der Urform des Verkaufsgespräches.

Alle diese Teile können Sie als flankierende Maßnahmen zum persönlichen Verkaufen sehen. Doch merken Sie sich noch einmal den wichtigen Unterschied: Alle diese Instrumente zielen auf einen Gesamtmarkt, auf die Vielzahl der theoretisch möglichen Kontakte. Besonders die klassische Werbung. Ganz gleich, welche Werbemedien Sie als Träger heranziehen, ob Plakatsäule, Funk, TV oder Anzeige, die Botschaft richtet sich nicht persönlich an einen einzelnen, namentlich genannten Empfänger, sondern an alle Mitglieder einer Gruppe, an Leser, Hörer oder Passanten. Daran ändern auch die neuesten Verfahren nichts, mit Hilfe derer wir innerhalb dieser Gruppe selektieren, z. B. durch die Art der Botschaft, durch die Art des Bildes usw. Also: Bei klassischer Werbung sieht, hört oder merkt sich der Empfänger eine Botschaft, und er weiß ganz genau, diese Information ist nicht nur an ihn gerichtet.

Und noch etwas ist für diese Botschaft typisch. Sie hat ein ganz klares Ziel. Nahziele der klassischen Werbung sind z. B., das Image pflegen oder den Bekanntheits-Grad erhöhen (von 30 auf 35 % oder von 80 auf 81 %). Klassische Werbeziele heißen meistens, die Einstellung des Publikums ändern und verbessern. Die Zielgruppe muß nach den Werbe-Impulsen ein positiveres Bild vom Firmennamen, vom Produkt, vom Produktnutzen usw. haben. Sie soll sich vor allem daran erinnern und im Augenblick der Kauf-Entscheidung Ihr Produkt und nicht das der Konkurrenz aus dem Supermarkt-Regal holen.

Diese flankierenden Maßnahmen (die klassische Werbung) helfen dem Verkäufer, seine eigentlichen Verkaufsziele besser zu erreichen.

Das gesamte Geschehen zwischen der anbietenden Firma und der Zielgruppe hat sich damit in mehrere Teilfunktionen aufgespalten. Ihre Gesamtheit kennen Sie unter dem Begriff »Marketing«. Eine unternehmerische Denkweise also, die vor allem in drei Phasen abläuft: Erstens, den Bedarf der Zielgruppe zu erkunden, zweitens, diesen Bedarf in Ware, Dienstleistung oder Chancen umzusetzen und schließlich drittens, diese Angebote dann der richtigen Zielgruppe bekannt und zugänglich zu machen. Das alles natürlich mit dem Ziel, langfristige Zufriedenheit im Markt zu erreichen. Ein Potential, auf dem sich dann auch langfristig Produktion, Organisation und Vertrieb aufbauen lassen.

Im klassischen Marketing ist der persönliche Verkäufer integriert. Die einzelnen Teile, die den persönlichen Verkauf flankieren, nennen wir Instrumente des Marketing. Und die jeweilige Mischung dieser Instrumente in der jeweils richtigen Dosis nennen wir das »Marketing-Mix«.

3. Direktwerbung mit klassischen Aufgaben

Schon zum klassischen Werbegedanken paßte auch die Idee einer gezielten werblichen Ansprache. Eigene Kunden-Adressen oder die Adressen eines begrenzten kleinen Marktes waren schließlich immer vorhanden. Und je kleiner diese Märkte waren, desto sinnloser schien es, Anzeigen in überregionalen Medien zu streuen. Für Aufgaben dieser Art setzte man die Briefwerbung ein. Neue Informationen für einen kleinen Kreis, neue Produkte, neue Preise waren immer Anlässe für Werbebriefe. Die meisten Briefe hießen damals natürlich nicht Direktwerbe-Briefe. Man sprach von Rundschreiben, Rundbriefen, Drucksachen u. ä.

Die Kosten für solche Aktionen wurden vom allgemeinen Werbebudget getragen. Solche Ur-Funktionen für Briefe sind bis heute erhalten. Es gibt Aufgaben, die vorläufig nur auf diese Weise lösbar sind. Denken Sie z. B. an aktuelle Informationen an einen bestimmten Empfänger-Kreis! In diesem Falle schicken Sie einen Brief mit den betreffenden Unterlagen an die vorhandene Adresse. Eine Aufgabe der Direktwerbung, die sie zu allen Zeiten sehr gut lösen konnte und auch künftig lösen wird.

Ein Beispiel für diese Art von direkt-gezielten Informationen haben wir in der Pharma-Industrie. Deshalb gehört der Arzt wohl zu den meist-beliefertsten Werbebrief-Empfängern. Einmal, weil er über die ständigen Neuerungen im Pharma-Sektor unterrichtet werden muß. Zum anderen aber, weil die Unterrichtung nur innerhalb der Fachkreise geschehen darf und schließlich drittens, weil die Ansprache jeder einzelnen Adresse noch die beste Gewähr für ein möglichst schnelles und vollkommenes Erreichen der Zielgruppe ist.

Eine solche Art von Briefwerbung mit klassischen Informations-Zielen könnten Sie also auch heute noch zu den klassischen Marketing-Instrumenten zählen. Besonders dann, wenn die Kosten für eine solche Aktion vom klassischen Werbe-Etat getragen werden.

4. Verkaufen per Post als Vorbote des Direkt-Marketing

Der eigentliche Weg zum Verkaufsgespräch per Brief und Antwortkarte begann also nicht bei der Form des Rundschreibens und bei der klassischen Nur-Information einer Zielgruppe. Dies war ein Teil des klassischen Marketing-Mix, an dessen Ende in den meisten Fällen der persönliche Verkäufer auftrat.

Das Verkaufen per Post beginnt dort, wo der persönliche Verkäufer noch nie anzutreffen war: beim Versandhandel in herkömmlicher Form. Hier erlebten wir schon immer ein »Verkaufsgespräch per Brief und Antwortkarte«. Diese Branche mußte den persönlichen Verkäufer ersetzen. Entweder weil der Gesamtmarkt eine zu große Ausdehnung mit nur geringer Dichte hatte oder weil der Auftragswert unter dem für den persönlichen Verkäufer noch tragbaren Maß lag oder, oder, oder. Der Weg zum Verkauf ohne Verkäufer kennt viele Gründe.

In allen diesen Bereichen geht eine gedruckte Botschaft an die vorhandenen Adressen einer Zielgruppe. Zwischen der anbietenden Firma und dem Käufer wird die Post als Träger der Botschaft benutzt. Das schriftliche Verkaufsgespräch ist da, verpackt in einem Kuvert. Der Weg dieses schriftlichen Gespräches verläuft analog dem des Verkäufers. Die Botschaft geht zum Kunden, und der Auftrags-

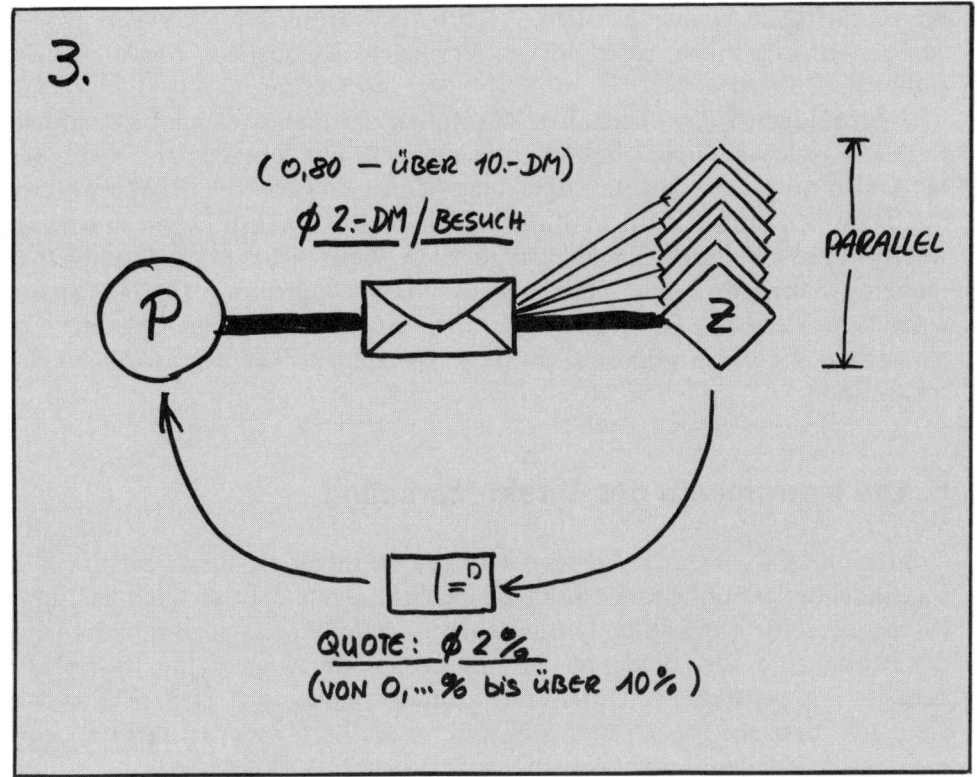

Bild 3: Die gestiegenen Kosten für das persönliche Verkaufs-Gespräch führten zum Anwachsen von »Ersatz-Gesprächen«. Der Brief ist eines der ältesten Ersatz-Instrumente für Gespräche. Als »Direktwerbung« hielt er Einzug in nahezu alle Branchen (s. Kapitel 3 und 4).

schein, die Antwortkarte kommt zurück. Nicht durch den Außendienst, sondern durch einen Beamten der Post. Der weitere Kreislauf schließt sich in gewohnter Form: Der Auftrag wird bearbeitet, die Ware produziert oder ab Lager geliefert.

Jetzt haben wir es mit einem völlig anderen Gebiet der bisher noch als »Direktwerbung« bezeichneten Kuverts zu tun. Jetzt wird nicht nur informiert oder eine Einstellung geändert. Jetzt wird ein Verhalten ausgelöst. Wir brauchen mehr als nur ein verbessertes Image. Wir erwarten eine möglichst sofort sichtbare, meßbare, zählbare Reaktion der Kunden oder Interessenten. In vielen Fällen eine sofortige Kauf-Reaktion.

Und hier gelten völlig andere Gesetzmäßigkeiten und Regeln. Und auch das ist ähnlich dem persönlichen Gespräch: Der Berater, der nur eine Information überbringt, spricht anders, verhält sich anders und führt ein anderes Gespräch als der tatsächliche Verkäufer. Damit haben wir schon einen ersten Weg für das Handwerk des schriftlichen Verkäufers angedeutet.

Nur eines dürfen wir jetzt nicht vergessen: Die klassischen Ziele wie Image und Bekanntheitsgrad bleiben erhalten. Auch beim schriftlichen Verkaufen erzielen wir bessere Ergebnisse, wenn Image, Vertrauen, Kompetenz, Marktreife usw. stimmen.

Unser Hauptziel aber liegt höher: Wir wollen eine meßbare, sichtbare, zählbare Reaktion auslösen. Gespräche führen, heißt nicht nur Kontakte ansteuern. Woher wollen wir wissen, daß ein Kontakt tatsächlich ein Gespräch ist? Wir wissen es nur dann, wenn unser Partner antwortet. Wir zählen im schriftlichen Verkaufsgespräch nur solche Ergebnisse, die wir auf diese Weise sichtbar vor Augen haben. Höheren Bekanntheitsgrad und besseres Image nehmen wir als flankierende, zusätzliche klassische Ziele gern mit in die Rechnung auf. Im Gegensatz zur klassischen Werbung, wo vor allem diese klassischen Ziele der Zweck der Botschaft sind.

5. Die Instrumente des Direkt-Marketing

Bisher haben wir das Briefkuvert und seinen Inhalt als Ersatz für das nicht stattfindende persönliche Verkaufs-Gespräch gedeutet. Tatsächlich ist dieses Kuvert mit seinem Inhalt die Urform einer ganzen Reihe ähnlich funktionierender Instrumente. Der Brief mit der Adresse des Empfängers, mit persönlicher Anrede, mit persönlicher Unterschrift kommt heute noch dem persönlichen Gespräch am nächsten. Der Brief also, den wir seit Jahrhunderten als Ersatz eines nicht stattfindenden Gespräches eingesetzt haben. Das Kuvert mit dem gesamten werblichen Inhalt nennen wir in der Fachsprache ein PACKAGE oder ein MAILING.

Das Telefongespräch und das Telefon-Marketing rangieren in ihrem Erfolg

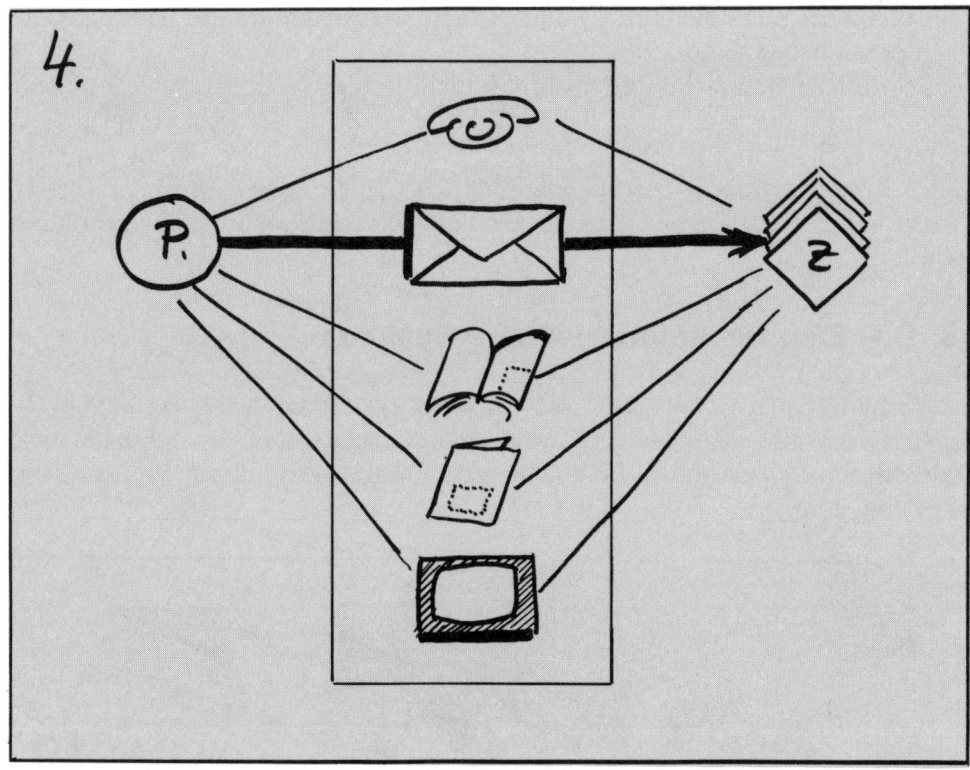

Bild 4: Ähnlich wie Brief und Antwortkarte wirken auch Ersatz-Gespräche mit sofortiger Rückkopplung. Alle Methoden zusammen nennen wir »Instrumente des Direkt-Marketing (s. Kapitel 5).

übrigens vor der Direktwerbung! Aber es ist schließlich auch ein echtes Gespräch. Live zwischen zwei Partnern, wenngleich die beiden sich nicht sehen können. Noch nicht! Auch das wird sich ändern.

Alles das, was ähnlich dem Package auf eine sofortige Rückkopplung zielt, nennen wir ein Instrument des Direkt-Marketing. Das sind Coupon-Anzeigen, Anzeigen mit aufgeklebten Antwortkarten, Zeitungs-Beilagen mit Antwortkarten, Zeitschriften-Beilagen mit Aufforderung zu einer Reaktion usw. Im erweiterten Sinne können Sie alles hinzuzählen, was heute einen persönlichen Besuch überflüssig macht. Denken Sie z. B. an Fernseh-Spots mit der Aufforderung, eine Postkarte zu schreiben. Denken Sie an Funkwerbung mit der Aufforderung, eine ganz bestimmte Telefon-Nummer anzurufen. Oder denken Sie an den Bildschirmtext, Anzeigen mit aufgeklebten Antwortkarten, Zeitungs-Beilagen mit denen wir zur sofortigen Reaktion auffordern. Alle diese Instrumente sind letztlich ein Ersatz des nicht mehr oder immer seltener stattfindenden, zu teuer gewordenen persönlichen Gespräches.

Schriftliche Gespräche sind allerdings nicht immer Verkaufsgespräche, besonders dort, wo die persönliche Beratung heute noch unersetzlich ist. Im Investitionsgüter-Bereich z. B. führen wir schriftliche Vorgespräche, Werbegespräche oder Kontaktgespräche zur Beschaffung von Interessenten-Anfragen für das nachfolgende persönliche Gespräch. Und deshalb suchen wir ein übergeordnetes Ziel.

6. Das Ziel: Die sofort meßbare Reaktion

Verkaufsgespräche per Brief und Antwortkarte führen heißt, ein echtes Gespräch nachvollziehen. Das Ziel eines echten Gespräches ist das sichtbare, meßbare Ergebnis. Ganz gleich, ob als Zu- oder Absage. Also müssen wir irgendeine Reaktion auslösen!

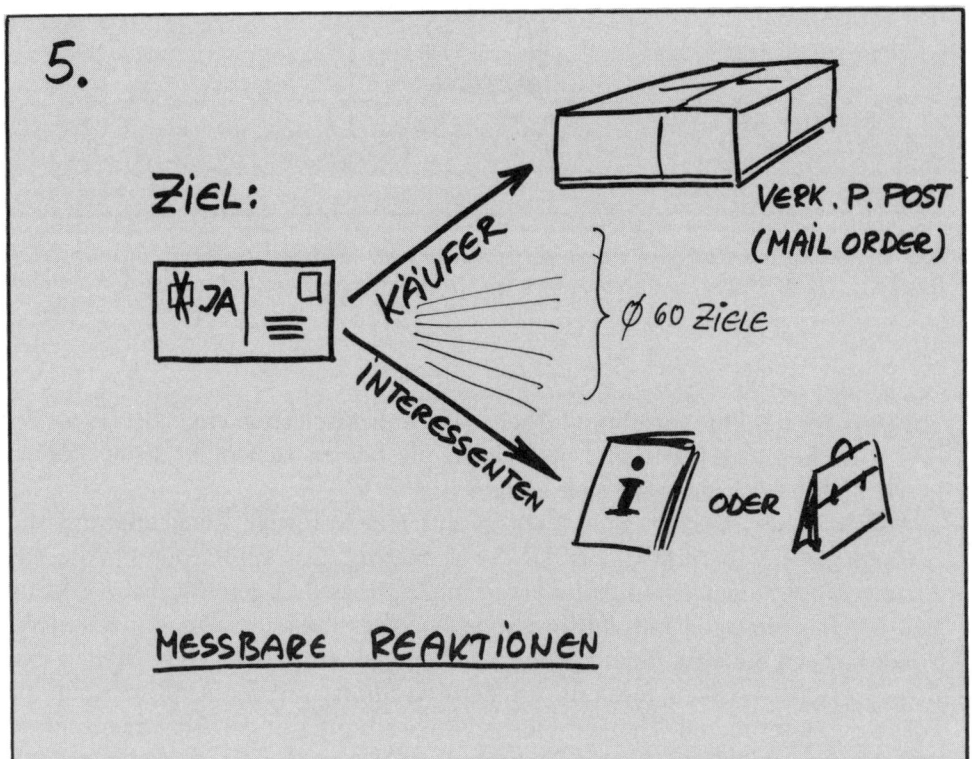

Bild 5: Das Hauptziel des schriftlichen Verkaufs-Gespräches ist die sofort meßbare, sichtbare Reaktion (s. Kapitel 6).

Die meisten Reaktionen, wahrscheinlich auch in Ihrem Falle, zielen in zwei Richtungen. Entweder Sie möchten zuerst nur Interessenten gewinnen, die später zu Käufern werden. Oder Sie möchten sofort einen Kunden gewinnen, also verkaufen.

Im ersten Fall schicken Sie dem Interessenten später weitere Informationen oder aber Sie besuchen ihn. Im zweiten Fall liefern Sie gleich die Ware mit der Rechnung. Dies ist der gesamte Bereich »Verkaufen per Post« (Mail-Order). Zu diesem Bereich zählen wir nicht nur den klassischen Versandhandel. Heute verkaufen wir in nahezu allen Branchen per Brief und Antwortkarte. Zumindest versuchen wir es, auch bei Investitionsgütern und Dienstleistungen.

Das eigentliche Erfolgs-Erlebnis des schriftlichen Verkäufers ist also die Reaktion, die Antwortkarte mit irgendeinem angekreuzten Reaktionsziel. Am liebsten sehen wir das Kreuzchen beim Wörtchen »JA«! Entweder »JA, ich bestelle« oder »JA, ich komme« oder »JA, schicken Sie mir« oder »JA, ich abonniere«, »JA, ich spende« usw. Dieses große JA ist das eigentliche Ziel des schriftlichen Verkäufers. Genauso wie auch der persönliche Verkäufer nur ein Ziel im Auge hat, eine positive Zustimmung seines Kunden oder seines Interessenten auszulösen.

Natürlich gibt es auch NEIN-Ergebnisse, und sie bedeuten uns sehr viel. Antwortkarten, bei denen nur das Wörtchen NEIN angekreuzt ist, sind mehr wert als gar keine Reaktion. Denn solche NEIN-Reaktionen sind Signale. Ein Teil unserer Zielgruppe gibt uns ein Zeichen, und auch daraufhin können wir reagieren. Dieses Zeichen kann uns als Selektionsmerkmal dienen oder als Aufhänger für den nächsten Brief.

Wir benutzen in diesem Buch die Antwortkarte als zeichnerisches Symbol für alle schriftlichen Reaktionen, also auch für Antwortscheine, Bestellscheine und für Antworten auf formlosem Briefpapier. Die Zielgruppen reagieren heute übrigens in zunehmendem Maße auf einfachere Weise. Einfacher ist z. B. das Telefon. Wir greifen lieber zum Hörer als einen privaten Brief zu schreiben. Vor allem im gewerblichen Bereich ist der Griff zum Telefon bequemer als das Ausfüllen einer Karte, das Unterschreiben, das Frankieren usw.

Der Trend zur telefonischen Reaktion ist übrigens in allen Bereichen spürbar. Ich meine jetzt nicht das aktive Telefon-Marketing. Nicht Ihren Anruf bei Ihrem Kunden. Ich meine das passive Telefon-Marketing, also den Anruf Ihres Kunden bei Ihnen als Reaktion auf einen Werbebrief, auf ein schriftliches Werbe-Gespräch! Dieser Zug zur telefonischen Reaktion verstärkt sich seit 1983 mit dem »130-Service« der Bundespost noch sehr viel mehr. Jetzt ruft der Kunde bei seinem Lieferanten nahezu kostenfrei (nur eine Ortsgebühr) an, falls dieses Unternehmen an den »130-Service« angeschlossen ist.

Und hier gleich eine Vorbemerkung zu den späteren Kapiteln. Obwohl ein Trend hin zur Telefon-Reaktion bemerkbar ist, bleibt der Wert einer Antwortkarte ungebrochen. Sie ist ein wichtiges Signal in der schriftlichen Botschaft. Sie zeigt dem Leser den Gesprächs-Ausgang. Sie lenkt die Gedanken des Lesers sofort hin auf eine Reaktion und weg von der Einbahnstraße der bloßen Information. Im Klartext heißt das: Ihre Direktwerbe-Aktionen bringen meistens höhere Erfolgsquoten, wenn Sie eine Antwortkarte beifügen. Auch dann, wenn Sie genau wissen, daß Ihre Zielgruppe nur selten eine Antwortkarte benutzt. Sie signalisieren die Reaktion rechtzeitig. Doch darüber werden wir an anderer Stelle dieses Buches Genaueres hören.

7. Entwicklungsstufen des Direkt-Marketing

Gehen wir wieder zurück zu unserem Ausgangspunkt: Wir suchten einen schriftlichen Verkäufer als Ersatz für das zu teure, persönliche Gespräch. Dieser schriftliche Verkäufer hat genau wie sein persönliches Vorbild viele Entwicklungsstufen durchlaufen.

Immer dann, wenn auch der Wettbewerber unsere neue Technik oder unsere neue Konzeption einsetzt, flacht unsere Methode wieder ab. Dann ist es Zeit für einen Schritt nach vorn. Und dieser Schritt kommt nicht nur durch die Briefschreiber. Er kommt vor allem auch von der Zuliefer-Industrie der Direktwerbe-Branche. Auf der Suche nach neuen Technologien und neuen Absatzmärkten hat man längst die Chance erkannt, die z. B. in der Entwicklung neuer Produktions- und Personalisierungs-Techniken liegt.

Und so werden wir alle schon seit Jahrzehnten mit immer besseren und feineren Technologien beglückt. Sie selbst kennen vielleicht noch Schreibautomaten der ersten Generation. Vergleichen Sie diese Ticker einmal mit Ihrem heutigen Textsystem mit Bildschirm, Disketten-Station und Typenrad-Drucker. Schon bei dieser kleinen Einheit erkennen Sie selbst die Entwicklung der letzten Zeit: Das Ergebnis ist und bleibt ein personalisierter Brief. Nur die Geschwindigkeit seiner Herstellung hat sich geändert und damit die gesamte technische Ausrüstung. Und so wird es auch in Zukunft weitergehen.

Ich werde mich deshalb in diesem Buch wenig mit den schnell wandelbaren technischen Details der Produktion befassen. Ich möchte mit Ihnen tiefer in das Wesentliche des schriftlichen Verkaufens vordringen. Ich zeige Ihnen, was eigentlich schon immer gegolten hat und auch noch in Jahrzehnten Gültigkeit haben wird. Auch wenn uns eines Tages der am Bildschirmtext angeschlossene Drucker die Briefe liefert. Übrigbleibt ein Text, der von einem Menschen zu lesen ist. Und dieser Mensch soll nach dem Lesen etwas tun. Er soll reagieren. Und damit sind wir auch mit der modernsten künftigen Technik wieder bei unserem uralten Problem des Dialoges zwischen zwei Menschen.

Wenn Sie einmal mehr über die jeweils aktuelle Technik wissen wollen, dann erfahren Sie alles auf Messen und Ausstellungen, in Firmen-Prospekten und

Produkt-Beschreibungen. Sie können sich sogar persönlich an Ort und Stelle von dieser Technik überzeugen.

Eines der Ziele für die einzelnen Entwicklungs-Stufen war es schon immer, dem Original, dem persönlichen Gespräch, so nahe wie möglich zu kommen. Und dies gelingt mit dem persönlichen, einzeln geschriebenen Brief sehr gut.

Doch da ist noch eine zweite Forderung: Große Auflagen in kürzester Zeit zu niedrigsten Kosten zu produzieren. Beide Ziele sind sehr schlecht zu vereinbaren. Hohe Geschwindigkeit bei Massenproduktion ist eigentlich der Gegner individueller Lösungen. Die technischen Innovationen auf diesem Sektor gelten den gemeinsamen Zielen: Der persönlichen Lösung auch bei hohen Auflagen.

Mit der Personalisierung allein ist übrigens diese Lösung nicht immer gefunden. Computer-Briefe oder Laser-Briefe werden von bestimmten Zielgruppen trotz Personalisierung als Massenware erkannt.

Vergessen wir nicht, daß z. B. unsere gewerblichen Empfänger meist auch Direktwerbe-Versender sind. Sie kennen diese Techniken ebenfalls. Sie hören Seminare, erhalten Firmenangebote, erleben Firmen-Vertreter und Textsystem-Vorführungen. Viele können heute schon Nadeldrucker, Typenrad-Drucker, Laser-Drucker und Computer-Schnelldrucker am Schriftbild erkennen. Damit ist diesen Empfängern auch die etwaige Mindest-Auflagenhöhe bekannt. Und das wiederum beeinflußt das Lese-Verhalten!

Eine Ausnahme bilden die Briefe aus dem langsam laufenden Textsystem. Hier weiß der Leser noch lange nicht, wieviele Briefe Sie geschrieben haben. Doch auch für die anderen Brief-Varianten gibt's zusätzliche Verstärker, mit denen wir bestimmte Schwächen der Produktions-Verfahren wieder ausgleichen. Wir behandeln diese Verstärker in den Kapiteln über die Brief-Gestaltung.

Halten wir abschließend fest. Die Instrumente des Direkt-Marketing haben eine Urform: den lieben, guten, alten, persönlich geschriebenen Brief. Die entscheidenden technischen Entwicklungs-Stufen galten deshalb dem Ziel, auch Massenbriefe so persönlich und kostengünstig wie möglich zu produzieren.

8. Das schriftliche Verkaufsgespräch heute

Gehen Sie am besten immer davon aus, daß die gerade aktuelle Technik einen hohen Standard erreicht hat. Doch bleiben Sie dieser Technik auf der Spur. Sie wird sich ständig ändern und sich immer mehr perfektionieren.

In diesem Buch geht es mehr um menschliches Verhalten und weniger um Produktions-Techniken. Und dieses Verhalten ändert sich nur in großen Zeit-Abständen. Der heutige Wissensstand über die »Psychologie schriftlicher Verkaufsgespräche« resultiert aus 2 Jahrzehnten Beobachten und Forschen. Während dieser Zeit haben sich die Verhaltensweisen nicht wesentlich verändert – im Gegenteil. Wir fanden menschliche Reaktionen, die mit Sicherheit schon mehr als tausend Jahre alt sind. Und wir entdeckten Verhaltens-Strukturen aus den Urzeiten der Menschheits-Geschichte. So z. B. das Suchen nach (Überlebens-)Vorteilen oder das selektive Wahrnehmen ganz bestimmter Informationen.

All dieses heutige Wissen über das menschliche Verhalten bei schriftlichen Verkaufsgesprächen hatte seine Prüfung schon längst bestanden, bevor dieses Buch geschrieben wurde. Aus den Erkenntnissen entstanden schon sehr früh Regeln für die Praxis. Und mit diesen Regeln gestalteten wir Packages in den unterschiedlichsten Branchen und für ebenso unterschiedliche Zielgruppen.

Aber auch unsere heutigen Erkenntnisse über das schriftliche Verkaufsgespräch verbessern sich immer mehr. Unsere derzeitigen Untersuchungen deuten darauf hin, daß unser Wissen auf dem Gebiet der Verhaltens-Änderung von Zielgruppen erst am Anfang steht. Dennoch, der momentane Wissensstand ist jetzt für die Praxis so aufbereitet, daß auch Sie dieses Wissen in Ihrer eigenen Branche einsetzen können.

Seit Mitte der 70er Jahre habe ich selbst eine Reihe von Erkenntnissen über die Wirkungskräfte im schriftlichen Verkaufsgespräch publiziert und Mitarbeiter aus mehr als 3000 Unternehmen zu »schriftlichen Verkäufern« ausgebildet. 1980 habe ich meine »Dialogmethode« zum erstenmal auf dem Direct Marketing Symposium in Montreux vorgestellt. Seither wird diese Methode international verbreitet und beim Konzipieren und Gestalten von Packages benutzt.

Das Handwerk für diese schriftliche Verkaufstechnik ist also erlernbar. Auch für Sie. Viele Tausend Seminar-Teilnehmer haben es geschafft. Warum sollte es bei Ihnen anders sein? Sie entwickeln künftig Ihre eigenen schriftlichen Verkaufsgespräche und sind in der Lage, Ihre »Verkäufer« in beliebiger Zahl zu reproduzieren und auf die Reise zu schicken. Die Bundespost befördert Ihre Briefe genauso gern wie alle anderen. Ihre Druckerei produziert Ihnen jede Auflage. Ihre EDV oder der Computer Ihres Adressen-Verlages hilft Ihnen beim Personalisieren. Die Kuvertfabriken lösen nahezu jedes Problem. Alle warten jetzt nur auf Sie! Auf Ihre Konzeption, auf Ihre Idee, auf Ihr schriftliches Gespräch. Dieses Buch hilft Ihnen und erleichtert Ihnen den Start. Vielen wird diese »Erste Hilfe« sogar genügen. Genauso wie bisher auch vielen schon der Besuch des Grundseminars ausreichte, um ihren eigenen erfolgreichen Weg zu finden. Sie werden künftig Tausende »schriftliche Verkäufer« gleichzeitig auf die Reise schicken. Verkäufer, die Ihre Kunden und Interessenten persönlich ansprechen. Verkäufer, die exakt meßbar sind, und deren Kosten Sie genau kalkulieren können. Und das schönste: Es sind schriftliche Verkäufer, die sich selbst tragen.

9. Was kostet das schriftliche Gespräch?

Natürlich arbeitet unser schriftlicher Verkäufer nicht zum Nulltarif. Er verursacht Kosten, ähnlich wie der persönliche Verkäufer. Nur liegen diese Kosten auf einer ganz anderen Ebene und sind zeitlich vorgelagert. Während der persönliche Verkäufer erst mit Verlassen Ihres Hauses Reisekosten und ähnliches verursacht, hat der schriftliche Verkäufer zu diesem Zeitpunkt bereits seinen Kosten-Höhe-

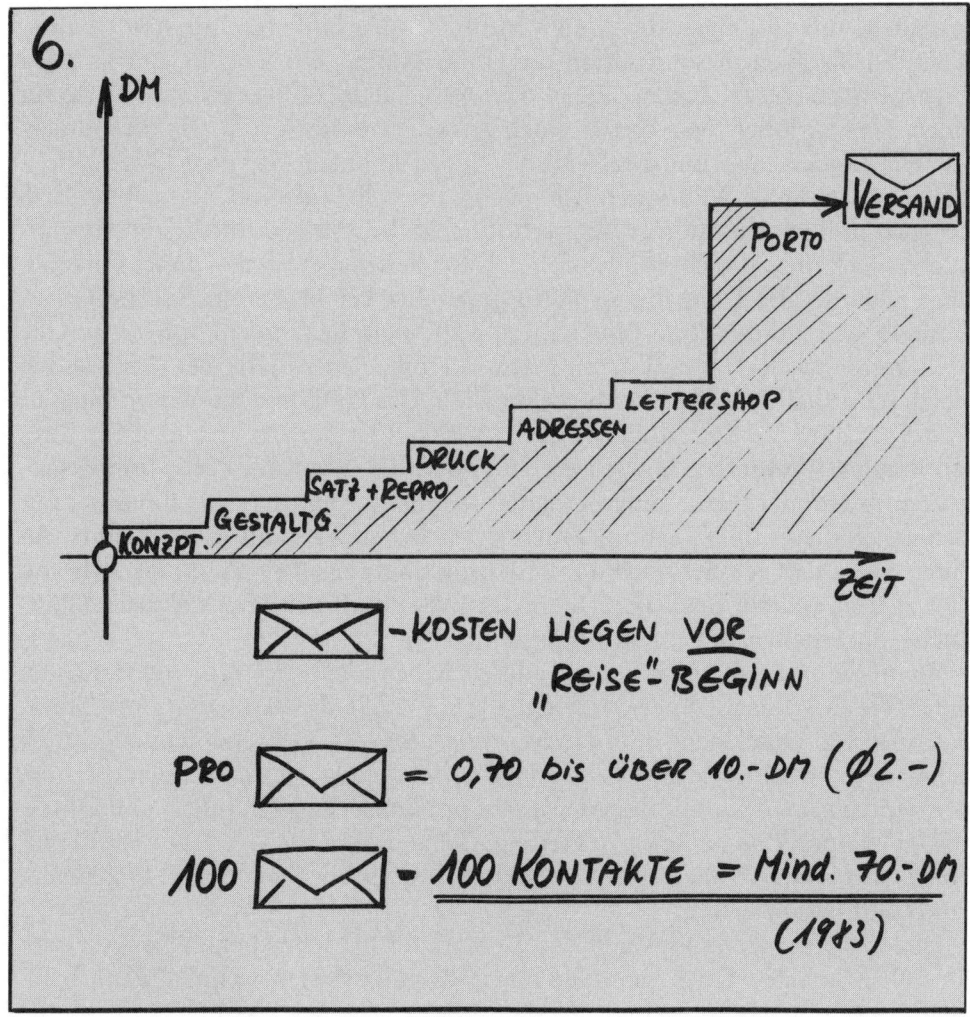

Bild 6: Die Gesamtkosten des schriftlichen Verkäufers entstehen nahezu alle vor der »Reise« (Versand), im Gegensatz zum persönlichen Verkäufer (s. Kapitel 9).

punkt überschritten. Wenn die Kuverts von der Bundespost übernommen werden, ist nahezu die Spitze der Gesamtkosten erreicht.

Die Frage also, was das schriftliche Verkaufsgespräch kostet, können Sie jetzt sehr einfach beantworten. Zählen Sie alle Gestehungskosten für die Aktion zusammen. Da sind zunächst alle einmaligen Kosten bis hin zur Herstellung der Druckvorlagen. Also Konzeption, Text, Layout, Fotografie, Satz, Reproduktion usw. Danach kommen die auflagen-abhängigen Kosten wie Druck, Adressen, Kuvertieren, Postfertigmachen, Porto usw.

Zum Porto selbst hier vorab noch ein Gedanke: Da dieser Kosten-Faktor die gesamten Aufwendungen für Ihren schriftlichen Verkäufer am meisten belastet, schenken Sie auch dieser Position die größte Aufmerksamkeit. Es gibt zu allen Zeiten Portosätze, die um ca. 20, 30 oder 60 % niedriger liegen als das Porto für einen Standardbrief. Mit diesen niedrigeren Portosätzen z. B. für Briefdrucksachen, Drucksachen und Massendrucksachen kommen Sie dem Originalbrief trotzdem sehr nahe. Wahrscheinlich brächte der voll frankierte Originalbrief, also der ganz individuelle Auftritt Ihres schriftlichen Verkäufers, eine höhere Erfolgsquote. Doch dies ist nicht immer sicher. Ganz sicher aber ist, daß dieser Originalbrief mehr als das Doppelte an Porto gegenüber der Massendrucksache kostet. Deshalb müßte dieser teure Brief nahezu 50 % mehr Reaktionen bringen, um die Mehrkosten zu decken und damit genauso erfolgreich zu sein. Dies aber ist bei vielen schriftlichen Verkäufern nicht möglich. Das Porto und die Versendungsart sind Verstärker auf dem Kuvert. Und das Kuvert ist nur der erste Auftritt Ihres schriftlichen Verkäufers. Je nach Zielgruppe wird dieses Kuvert sehr früh weggeworfen. Wenn der Inhalt einem Original sehr nahe kommt, fragen hinterher nur wenige, ob dieser Brief auch mit Brief-Porto oder anders transportiert wurde. An dieser Stelle darf ich Sie noch an die Postbestimmungen erinnern, die sich von Zeit zu Zeit ändern. Beschaffen Sie sich ganz einfach das jeweils aktuelle »Postbuch«. Sie erhalten es bei jedem Postamt.

Wenn Sie nun alle diese Kosten addiert haben, dann teilen Sie diese Kosten durch die Gesamtzahl Ihrer Sendungen. Dies ergibt den Kostensatz pro Stück, pro Brief, pro Drucksache oder pro Massendrucksache. Das sind dann eigentlich die Kosten pro schriftlichem Verkäufer. Zum Zeitpunkt, als dieses Buch geschrieben wurde, kamen wir mit diesen »Kosten pro Stück« (je nach Inhalt und Druckauflage) herunter bis auf etwa 70 Pfennig. Gemeint sind die Gesamtkosten für ein Stück, also inklusive aller Teile und inklusive Adressen, Kuvertieren, Frankieren, Porto und Postausliefern.

Diese 70 Pfennig/Stück wären also 70 Mark für 100 schriftliche Verkäufer oder für 100 »Kontakte«. Doch wenn Sie nur in Kontakt-Kosten rechnen, dann kollidieren Sie sehr bald mit Ihren Werbe-Kollegen aus der klassischen Werbung. Denn 70 Mark für 100 Kontakte bedeutet sehr viel Geld im Verhältnis zu den Kontakt-Kosten in klassischen Medien. Diese 100 Kontakte erreicht die Anzeige (je nach Größe) zu einem Bruchteil dieses Betrages. Und deshalb rate ich Ihnen, vergessen Sie diese »Kontakt-Rechnung« gleich wieder. Wir suchen die Kosten eines schriftlichen GESPRÄCHES und nicht die eines Kontaktes. Woher wollen Sie wissen, ob ein Kontakt, ob ein auf die Reise geschickter schriftlicher Verkäufer auch tatsächlich zu einem Gespräch führte? Ihr persönlicher Verkäufer kommt auch nicht bei jeder Besuchsadresse zum Gespräch mit dem richtigen Partner. Noch viel weniger erreicht Ihr schriftlicher Verkäufer mit jedem Kontakt auch tatsächlich ein Gespräch.

Berechnen Sie deshalb immer nur die Kosten für ein tatsächlich gelaufenes schriftliches Gespräch. Nicht nur die Kosten pro Kontakt. Woran erkennen Sie, ob ein Kontakt zu einem Gespräch führte? Ganz einfach an der Reaktion. An der Antwortkarte, am Telefongespräch, am Coupon oder an ähnlichen Response-Mitteln.

Die Kosten für ein stattgefundenes Gespräch hängen also von der Anzahl der Reaktionen ab. Bleiben wir einmal bei unserem Beispiel von 70 Pfennig/Stück

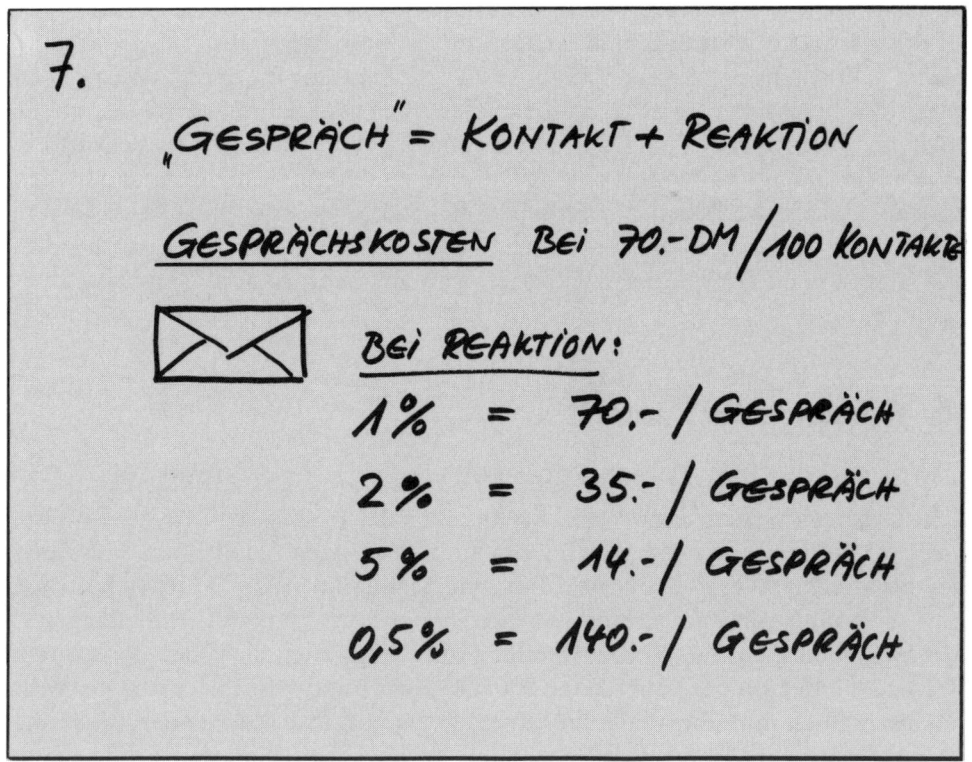

Bild 7: Als stattgefundene schriftliche Gespräche zählen wir nur solche mit einer Reaktion. Die einzelnen Gesprächskosten resultieren deshalb aus der Reaktionsquote (s. Kapitel 9).

oder bei 70 Mark pro 100 Kontakten. (Oder noch besser: Rechnen Sie selbst Ihren heutigen Kostensatz für beispielsweise 100 schriftliche Verkäufer aus.) Erhalten Sie nur 1 % Reaktion aus dieser Aussendung (1 Antwort pro 100 Kontakte), dann müßten Sie die 70 Mark pro 100 Kontakte aufteilen auf nur eine Reaktion. Also 70 : 1 = 70. Ein abgeschlossenes Gespräch kostet dann also 70 Mark.

Und falls Sie bisher nur 0,5 % Reaktionen erhalten haben, dann hätten Sie 70 : 0,5 = 140 Mark pro abgeschlossenem schriftlichem Gespräch bezahlt. Wenn es Ihnen gelingt, bis zum Zehnfachen Ihrer jetzigen 0,5 % Reaktionen zu kommen, dann würde Ihr Gespräch nur noch 14 Mark kosten. Genau das aber ist das Ziel: Die Kosten für ein abgeschlossenes schriftliches Gespräch so weit wie nur möglich zu senken, aber nicht primär durch Einsparungen beim Werbemittel. Das Erhöhen der Reaktionsquote ist der bessere Weg!

Diese Chance ist nahezu in allen Branchen gegeben. Und damit kommen wir weit unter die Besuchskosten des Außendienstes. Sie erinnern sich, wir sprachen von 250 Mark pro Besuch und 1000 – 1250 Mark pro Abschluß im Jahr 1986. Deshalb erlebt übrigens das Direkt-Marketing in den letzten Jahren so hohe Zuwachsraten. Wir sind preiswerter als persönliche Gespräche! Aber nicht besser als die klassische Werbung, mit der man uns ständig vergleicht.

Das schriftliche Verkaufsgespräch ist also kein Ersatz für die klassische Werbung. Wir brauchen eigentlich diese flankierenden Maßnahmen genauso, wie sie auch der persönliche Verkäufer schon immer gebraucht hat. Das schriftliche Verkaufsgespräch ist allenfalls eine Alternative zu den nicht mehr stattfindenden und zu teuer gewordenen persönlichen Besuchen, zu den Kontakt-Besuchen, Informations-Besuchen, Werbe-Besuchen usw. Diese Aufgabe kann das schriftliche Gespräch tatsächlich kostengünstiger (pro abgeschlossenem Gespräch) übernehmen.

10. Wer zahlt die Kosten?

Wenn wir im Direkt-Marketing eine Alternative für nicht stattfindende persönliche Gespräche sehen, dann lassen Sie uns auch das Kosten-Problem genauso wie im persönlichen Verkaufsgespräch betrachten. Vergessen Sie also das Anbohren des klassischen Werbe-Etats, wenn es um Maßnahmen des Direkt-Marketing geht. Wer zahlt denn die Kosten, die Provisionen Ihres Verkaufs-Außendienstes? Mit Sicherheit nicht die Werbe-Abteilung über deren Etat. Sie geben doch Ihrem Vertreter zu Beginn des Jahres keine 500 000 Mark mit der Bitte, jetzt in alle Welt hinauszufahren und überall darüber zu reden, wie gut Ihre Marke oder Ihre Firma ist. Dies wäre eine Good-Will-Tour, ohne Rechenschaft über den Erfolg dieser Reise. Ein Reisender dieser Art wäre vielleicht ein klassischer Werber, aber kein Verkäufer.

Natürlich finanzieren Sie auch Ihren Vertreter während der Einschulung und vielleicht noch während einer Probezeit. Aber dann erwarten Sie konkrete Ergebnisse. Der erfolgreiche Vertreter trägt sich selbst. Seine Provision wird gedeckt durch die ausgelösten Umsätze. Die Vertreter-Kosten also werden vom Kunden selbst über den erteilten Auftrag getragen, entweder sofort oder bei späteren Besuchen.

Und genauso betrachten Sie künftig auch die Kosten-Deckung Ihrer schriftlichen Verkäufer. Das gelingt heute bei nahezu 80 % aller Aussendungen. Diese schriftlichen Verkäufer in Millionen-Auflage tragen sich selbst. Und sollte dies einmal nicht mehr der Fall sein, dann handelt man mit diesen Mailings genauso wie Sie es mit Ihren persönlichen Verkäufern tun würden: Sie versuchen sie zu ändern oder zu schulen. Oder aber Sie entlassen sie. Sie trennen sich von ihnen. Im schriftlichen Verkaufsgespräch heißt dies: Eine Aktion, die sich nicht mehr selbst trägt, wird gestoppt. Sparen Sie also Ihre bisher für die klassischen Medien eingesetzten Etat-Gelder für klassische Werbe-Ziele. Direktwerbung und schriftli-

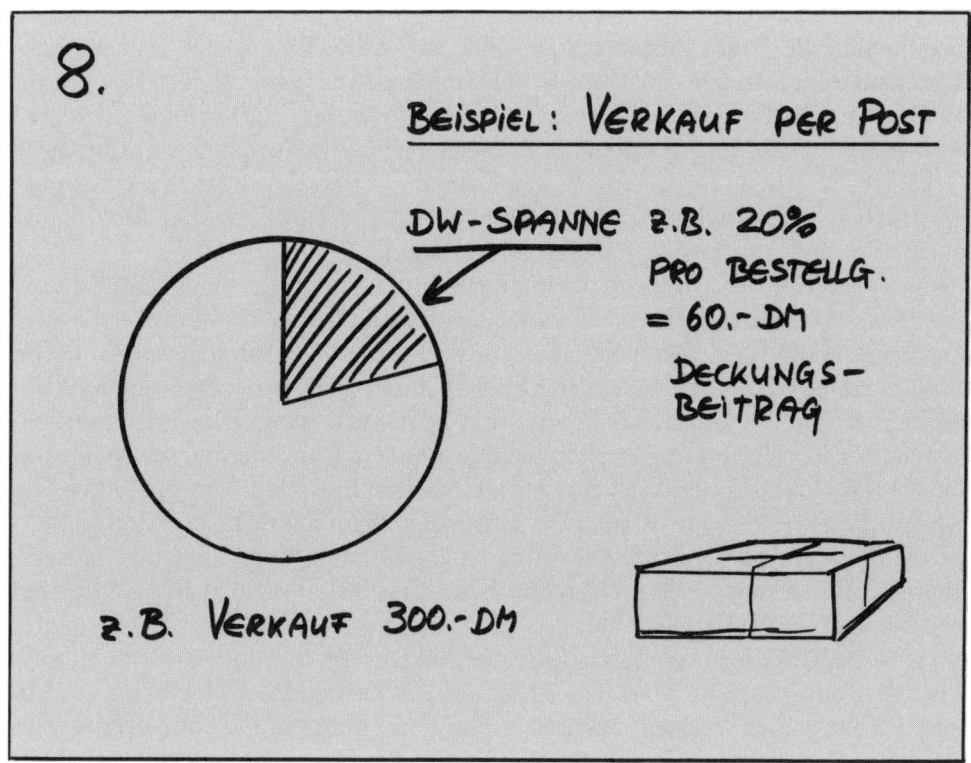

Bild 8: Erfolgreiche schriftliche Verkaufs-Gespräche tragen sich selbst über den einkalkulierten Deckungsbeitrag (s. Kapitel 10).

che Verkaufsgespräche brauchen nur in seltenen Fällen einen Werbe-Etat im klassischen Sinne. Natürlich gibt es auch Aussendungen ohne sofortige Kosten-Deckung. Denken Sie z. B. an die Werbung der pharmazeutischen Industrie: Wenn der angesprochene Arzt nicht selbst bestellt oder kauft, sondern nur als Verordner oder Empfehler tätig wird, dann hilft eine langfristige Etat-Planung. Deshalb haben solche Aktionen noch einen Jahres-Etat für die Direktwerbung.

Die einkalkulierten Deckungs-Beiträge für das schriftliche Gespräch können prozentual hoch oder niedrig sein. Das hängt davon ab, welchen Anteil am Verkaufsgeschehen das schriftliche Gespräch einnimmt. Verkaufen Sie z. B. direkt per Post, ohne eingeschalteten Zwischenhandel oder Reisenden, dann steht für Sie ein hoher Anteil aus der gesamten Handelsspanne zur Kostendeckung bereit. Folgt hingegen nach Ihrem schriftlichen Gespräch noch ein echtes Verkaufsgespräch im stationären Einzelhandel oder auf der Messe oder durch persönlichen Besuch, dann bleibt nur ein kleinerer Anteil aus der Vertriebs-Spanne für Ihr schriftliches Gespräch übrig. Lassen Sie uns einmal diese zwei Versionen im Bild genauer anschauen.

Im Bild Nr. 8 sehen Sie eine Darstellung für das Verkaufen per Post. Jeder Zwischenhändler oder Absatzmittler fehlt zwischen Ihnen, der anbietenden Firma und dem Kunden. Die komplette Handelsspanne gehört Ihnen. Der Anteil zur Deckung der Direktwerbe-Kosten kann hoch sein. Ihr Produkt mit einem Verkaufswert von 300 Mark könnte z. B. 20 % davon für die Kosten des schriftlichen Verkäufers abgeben. In diesem Beispiel stehen Ihnen dann 60 Mark für den schriftlichen Verkaufsabschluß zur Verfügung. Sie prüfen oder testen also, ob Sie mit diesen 60 Mark für den Vertrieb auskommen.

Im vorigen Kapitel haben Sie dafür einen Anhaltspunkt. Bei einer Erfolgsquote von etwa 1 % errechneten wir bei einfachen Packages etwa 70 Mark Kosten pro schriftlichem Auftrag. Wenn Sie also nur 60 Mark zur Verfügung haben, dann würden Sie mit einer Erfolgsquote von 1 % nicht ganz zurechtkommen. Also müßte Ihre Quote etwas höher liegen. Man kann auch genau berechnen, wieviel Prozent zur Kostendeckung erreicht werden müssen. Dazu werden wir später im Kapitel »Der break-even-point« eine Formel für Ihre Praxis erarbeiten. Merken Sie sich an dieser Stelle nur soviel: Wir versuchen beim schriftlichen Verkaufsgespräch mit der pro Verkaufs-Abschluß einkalkulierten Vertriebsspanne auszukommen. Wir erkennen dies sehr schnell. Ein Test mit etwa 3000 ausgeschickten schriftlichen Verkäufern (= Packages) gibt uns die Antwort. Eine Erfolgsquote von 2 % bedeutet in unserem Beispiel nur Kosten von 35 Mark pro Bestellung. Wir haben insgesamt 60 Mark pro Abschluß zur Verfügung. Es bleiben uns also noch 25 Mark pro Verkauf zusätzlich übrig, die unseren Gewinn verbessern. Aktionen dieser Art sind das eigentliche Erfolgs-Erlebnis eines schriftlichen Verkaufsleiters. Denn im Ergebnis entspricht dies einem Vertreter, der Ihnen einen Teil seiner Provision zurückgibt, weil er sie nicht braucht. Ein Vertreter,

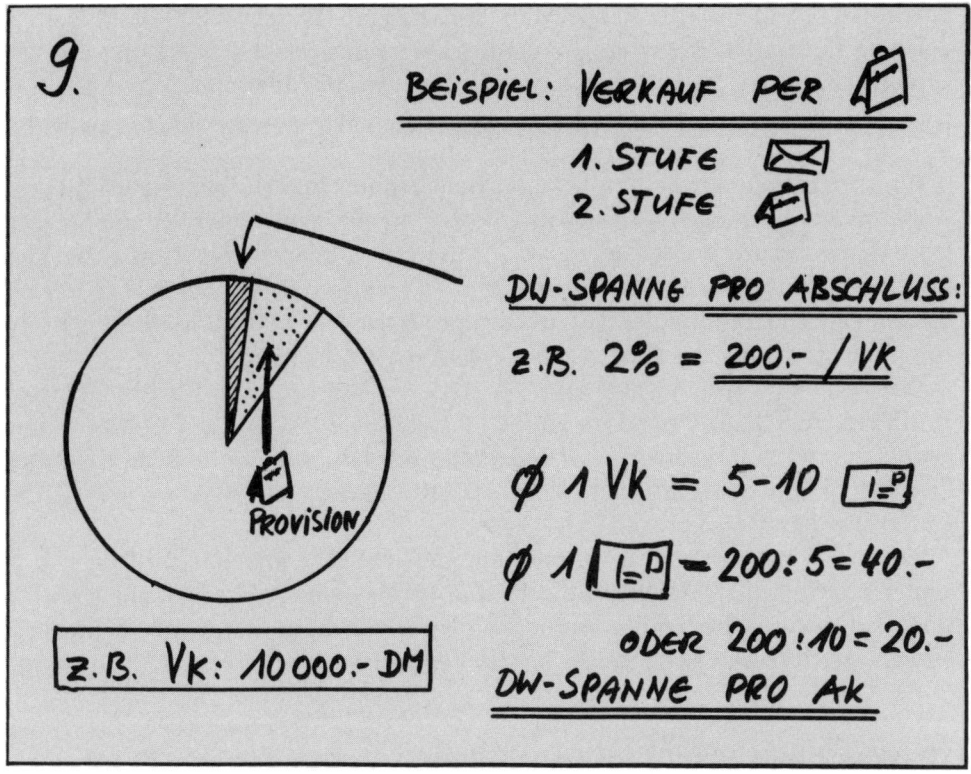

Bild 9: Wird nicht per Brief, sondern beim nachfolgenden Vertreter-Gespräch verkauft, dann errechnet sich ebenfalls ein Deckungsbeitrag pro Antwortkarte (s. Kapitel 10).

den es eigentlich nicht gibt! Von dieser Seite betrachtet, ist der schriftliche Verkäufer ein besonders »treuer und ergebener Diener« Ihres Unternehmens.

Das zweite Bild zu diesem Thema zeigt Ihnen die Aufteilung der Kosten bei zusätzlichem Auftreten eines persönlichen Verkäufers. Jetzt deckt unsere Vertriebsspanne auch die Kosten des Verkäufers. In diesem Falle bleibt für das schriftliche Verkaufsgespräch weniger übrig. Wenn aber zusätzlich ein Vertreter oder technischer Berater auf die Reise geht, dann handelt es sich wahrscheinlich nicht um ein einfaches Produkt zu niedrigem Preis. Entweder der einzelne Verkaufswert liegt höher oder aber der Kunde kauft auch nach dem ersten Abschluß weiterhin unser Produkt. Statt den 300 Mark Verkaufswert bringt dieser Kunde vielleicht einen Umsatz von 3000 oder 30 000 Mark. Nehmen wir als Beispiel 10 000 Mark Verkaufswert. In einem solchen Falle brauchen Sie für Ihre schriftlichen Verkäufer tatsächlich keine 20 % zur Kostendeckung. Es genügen wahrscheinlich schon 2 %. Bei 10 000 Mark Umsatz sind das schon 200 Mark Kostendeckung für die Direktwerbung. Allerdings werden diese 200 Mark erst bei Verkaufsabschluß frei. Sie gelten in diesem Fall nicht pro Antwortkarte, sondern nur »pro Verkauf«! Antwortkarten sind in diesem Fall keine Bestellungen. Sie dienen nur zur Beschaffung von Interessenten-Anfragen.

Aber auch hier gibt es eine Lösung: Ihr Vertreter braucht heute etwa 5 bis 10 Antwortkarten für einen Verkaufsabschluß. Und auf diese Weise können Sie jetzt jeder Antwortkarte wieder einen Wert zurechnen. Bleiben Sie einmal bei den insgesamt 200 Mark für alle schriftlichen Verkaufsgespräche. Bei z. B. 5 Karten, die Ihr Vertreter benötigt, entfallen dann pro Karte 200 : 5 = 40 Mark. Das ist der Anteil zur Deckung der Kosten jeder einzelnen Antwortkarte.

Wir versuchen also, mit nur max. 40 Mark Aufwand ein schriftliches Gespräch zu führen. Aus dem Beispiel im vorigen Kapitel (= 70 Mark pro 100 Aussendungen) errechnet sich daraus eine erforderliche Erfolgsquote von 1,75 %. Und auch hier gilt: Wenn der schriftliche Vor-Verkäufer weniger als 40 Mark verbraucht, gibt er uns den Rest zurück!

Lassen Sie uns dieses Kapitel zusammenfassen: Erfolgreiche schriftliche Verkäufer tragen sich selbst. Denn die Kosten für das schriftliche Verkaufsgespräch sind als Deckungs-Beitrag im Verkaufspreis einkalkuliert. Der Kunde zahlt diese Kosten, genauso wie beim persönlichen Verkaufsgespräch, mit seinem Auftrag.

11. Was heißt Erfolg im schriftlichen Verkaufsgespräch?

Wir beurteilen ein erfolgreiches schriftliches Verkaufsgespräch genauso wie einen erfolgreichen Vertreter. Eigentlich sind seine monatlichen Provisionen nach oben nicht begrenzt, wenn es dem Unternehmensziel dient, wenn er sein Umsatz-Ziel erfüllt und seine eigenen Kosten und Provisionen vom Verkaufsergebnis getragen werden.

Die grafische Darstellung in Bild Nr. 10 zeigt Ihnen, was wir heute unter »Erfolg« im schriftlichen Verkaufsgespräch und im Direkt-Marketing verstehen. Denken Sie sich ein Koordinatensystem mit einer waagerechten Achse für Tage und Wochen und einer senkrechten Achse für DM-Beträge. Vom ersten Augenblick an entstehen Ihnen Kosten. Es beginnt mit den Kosten für die Idee, den Text, für Fotografie, Layout, Reinzeichnung und Druckvorlagen und endet mit dem Druck, den Adressen, dem Kuvertieren und dem Aussenden.

Den nahezu höchsten Punkt der Kosten erleben wir mit dem Porto im Augenblick der Postauflieferung. Jetzt schicken wir das Heer schriftlicher Verkäufer auf die Reise. Auch die Reisekosten bezahlen wir im voraus beim Postamt. Und damit entstehen die Gesamtkosten also vor Reiseantritt! Diese Kosten zeichnen Sie als Kurve in das Koordinaten-System ein.

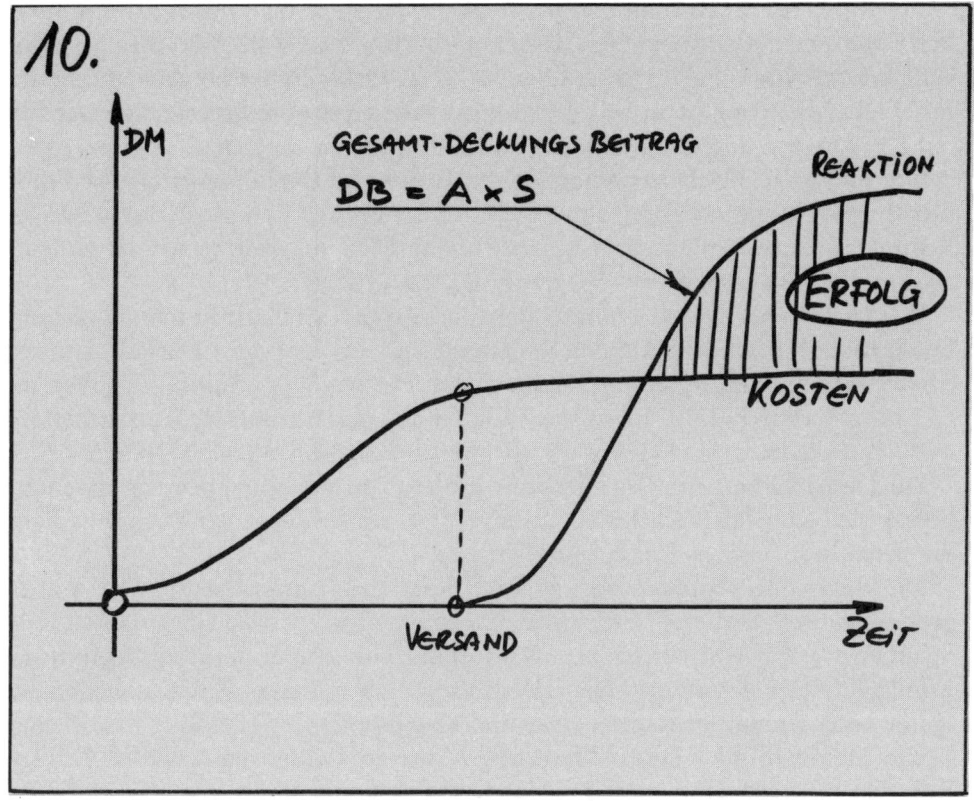

Bild 10: *Wir berechnen den Erfolg im Direktmarketing genauso wie beim persönlichen Verkauf. Es gibt zwei Wege um diesen Erfolg zu vergrößern: Die Kosten senken oder die Reaktionen erhöhen (s. Kapitel 11).*

Mit der Aussendung ist der Zeitpunkt gekommen, ab dem wir unseren schriftlichen Verkäufer streng nach herkömmlichen Verkaufs-Kriterien beurteilen. Nach dem Versand erwarten wir Reaktionen, die zu Umsätzen führen. Ganz gleich, ob sofort (wie beim Verkaufen per Post) oder aber in einer zweiten oder dritten Stufe (durch Folge-Aktionen oder den Einsatz persönlicher Berater). Ab Beginn der ersten Reaktion zeichnen wir eine zweite Kurve für die zur Kosten-Deckung täglich eingehenden Umsatz-Anteile. Die Werte dieser Kurve ergeben sich ganz einfach aus der in jedem Auftrag einkalkulierten Direktwerbe-Spanne. Wenn in jedem Auftrag eine gleichbleibende Spanne einkalkuliert ist, dann ergibt sich der Gesamt-Deckungsbeitrag des jeweiligen Tages aus der Anzahl der einzelnen Aufträge × Deckungsbeitrag pro Auftrag.

Die Kurve für die Kostendeckung steigt also langsam an, erreicht dann hoffentlich die Kurve der entstandenen Kosten und überschreitet sie. Tritt dies ein, dann sprechen wir von einer »erfolgreichen« Aktion. Erfolg in der Direktwerbung und im Direkt-Marketing ist also die Differenz zwischen dem insgesamt erwirtschafteten Deckungsbeitrag und den insgesamt entstandenen Kosten.

Der Erfolg, die Fläche zwischen Kosten-Kurve und Deckungsbeitrag, ist also in dieser Betrachtung abhängig von zwei Größen: Erstens von möglichst niedrigen Kosten, zweitens von einem möglichst hohen Deckungsbeitrag aus der Gesamt-Aktion. Beides also wäre ein Weg zum höheren Erfolg.

Die Kosten aber lassen sich nicht beliebig senken. Das Limit ist schnell erreicht. Denken Sie nur an die Produktions-Kosten und an das Porto! Deshalb konzentrieren wir uns auch in diesem Buch auf den zweiten Weg: Auf das Erhöhen des Deckungsbeitrages (DB). Er ist das Produkt aus der Anzahl der Reaktionen (A) und der einkalkulierten Direktwerbespanne pro Reaktion (S), also: $DB = A \times S$.

Die Direktwerbespanne pro Verkaufs-Einheit läßt sich nicht beliebig erweitern. Somit bleibt uns als wichtigster Lösungs-Weg das Erhöhen der Reaktions-Zahl. Sie beeinflußt unseren Erfolg ohne Umweg.

Die Reaktionen müßten so zahlreich sein, daß zumindest die DW-Kosten gedeckt werden. In diesem Falle treffen sich beide Kurven. Die eingeplanten DW-Spannen werden voll aufgezehrt. Wird dieser Punkt überschritten, beginnt das Erfolgs-Erlebnis des schriftlichen Verkäufers. Über diesen Punkt sprechen wir später noch einmal im Kapitel »Der break-even-point«.

Die Mehrzahl aller Direkt-Marketing-Aktionen werden nach diesen Erfolgs-Kriterien beurteilt. Und auch das Thema Erfolgskontrolle baut auf dieser Forderung nach Kostendeckung auf. Aktionen, die dieses Ziel nicht erreichen, werden meistens gestoppt. Genauso wie ein Verkäufer, der seine Provision nicht verdient.

12. Wann sprechen wir von einem Flop?

Das Gegenteil einer erfolgreichen Direktwerbe-Aktion zeigt Ihnen das Bild Nr. 11. Und auch hier stimmt die Analogie zum erfolglosen, persönlichen Verkäufer.

Er verursacht für das Einschulen, das Einarbeiten und seine Ausrüstung genauso viele Kosten wie der erfolgreiche Verkäufer. Er beginnt seine Reisetätigkeit, produziert aber nur wenige Aufträge. Sie werden ihm sicher noch eine Chance einräumen. Schließlich braucht er seine Anlaufzeit, seine Probezeit, und vielleicht hat er tatsächlich Probleme mit der Umstellung auf Ihr Produkt und Ihre Zielgruppe. Seine ersten 100 Besuche sind einfach zu wenig für eine Gesamt-Beurteilung. Erst ein paar hundert davon zeigen, wo die durchschnittliche Abschlußquote Ihres Verkäufers liegt. Klar ist auch, daß sich diese Abschlußquote verbessert. Sie wird am Anfang mit Sicherheit schlechter liegen als nach einem Vierteljahr. Also ist Ihre Hoffnung berechtigt.

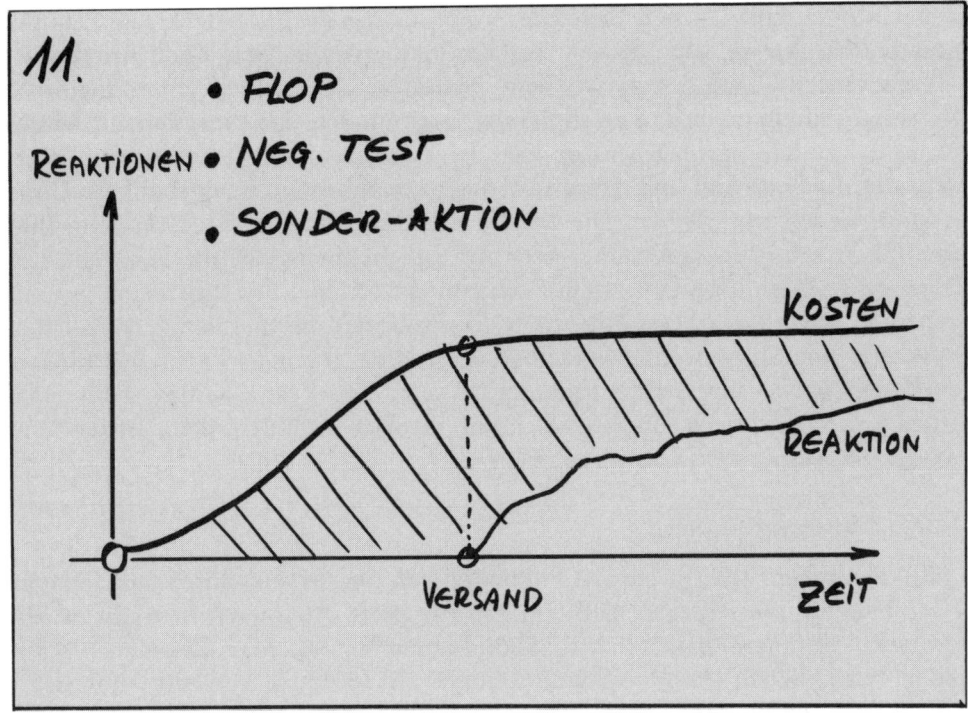

Bild 11: Aktionen ohne Kostendeckung sind wie Vertreter ohne Umsätze: Flops, negative Test-Ergebnisse (= Probezeit des Vertreters) oder Sonder-Aktionen ohne Verkaufs-Auftrag (s. Kapitel 12).

Ganz anders ist dies beim schriftlichen Verkäufer. Haben Sie z. B. 10 000 Briefe auf die Reise geschickt, dann finden diese 10 000 Besuche schlagartig statt. Innerhalb weniger Tage sind alle 10 000 Firmen oder Privatleute besucht. Und da alle Kosten im voraus verursacht wurden, muß auch die Kostendeckung für die Gesamtaktion innerhalb einer im voraus zu berechnenden Frist eintreten. Ist diese Frist überschritten, bleibt keine Hoffnung mehr auf eine Genesung! Das Schicksal dieser Aktion ist besiegelt.

Dies ist eigentlich der Flop, der Mißerfolg. Und jeder Direktwerber hat solche Flops schon erlebt. Solche erfolglosen Aktionen werden schnell gestoppt. Es gibt nur wenige Ausnahmen, bei denen wir »erfolglose«, also nicht kostendeckende, Aktionen von vornherein einplanen. Hier sind drei Beispiele:

a) Das negative Testergebnis

Irgendwann einmal werden auch Sie in Ihrer Praxis etwas Neues ausprobieren. Eine neue Adreßgruppe, ein neues Produkt, einen neuen Produkt-Namen, ein neues Kuvert, einen neuen Brief oder einen neuen Prospekt. Über die Planung und Durchführung von solchen Testaktionen sprechen wir noch im Kapitel »Testverfahren«. Hier nur soviel: Beim Testen vergleichen wir unterschiedliche Varianten miteinander und zwangsläufig erwarten wir, daß eine Variante besser ist als die andere. Im deutlichsten Falle liegt dann eine der Testvarianten unter dem notwendigen Soll und damit unterhalb des Kostendeckungs-Punktes. Diese Aktion würden wir stoppen. Die bessere Variante, also eine nach unserem Bild erkennbare erfolgreiche Aktion, setzen wir fort. In einem solchen Test-Falle also ist ein Mißerfolg eingeplant. Im übrigen gibt es auch hier Analogien zum persönlichen Verkäufer. Der Test entspricht der Probezeit, die Sie dem persönlichen Verkäufer einräumen, wenn Sie nicht sicher sind, ob er sein Ziel erreichen wird.

»Probezeit« bei uns heißt »begrenzte« Anzahl von Test-Mailings (3000–5000 Stück pro Variante). Wenn 100 000 Briefe ihr Ziel verfehlen, dann ist das kein »Negativer Test« mehr. Das ist ein Flop.

b) Die Abonnenten-Werbung

Ein ähnlicher Fall liegt bei den Produkten vor, die sich erst durch monatelange Nachlieferung selbst tragen, z. B. ein Abonnement. Aber auch hier gibt es den Vergleich mit dem persönlichen Abonnenten-Werber. Wer Zeitschriften für einen monatlichen Abo-Preis von weniger als 10 Mark verkauft, und dafür 40 Mark Provision erhält, kann mit der ersten Lieferung keine Kostendeckung erreichen. So ähnlich ist es auch beim Abonnenten-Werben per Post. Jetzt kommt es auf die Haltbarkeit des betreffenden Abonnements an. Im Durchschnitt kalkulieren wir heute schon mehr als ein halbes Jahres-Abonnement zur Deckung der Werbekosten ein.

c) Bezahlung über den Werbe-Etat

Wer per Brief und Antwortkarte reine Informations- oder Beratungs-Gespräche ersetzt, der erwartet keine sofortige Kostendeckung. Denken Sie an die Berater in der Pharma-Industrie. Die Gespräche zwischen Arzt und Pharma-Referenten, zwischen Verordner und Firmen-Repräsentant, zielen nicht auf einen sofortigen Auftrag. Dieser Berater wird aus dem dafür bereit gestellten Etat bezahlt. Auch das Beratungsgespräch Ihres Außendienstes kann sich nicht sofort tragen. Ein solcher Besuch leistet natürlich seinen Beitrag zum Unternehmens-Ergebnis. Aber erst durch das spätere Verhalten des besuchten Partners, durch das häufigere Verordnen der betreffenden Präparate, durch die längere »Haltbarkeit« des Kunden. Deshalb bezahlen wir solche langfristig geplanten Gesprächs-Ziele auch aus dem bereitgestellten Jahres-Etat.

Einen Punkt aber sollten wir an dieser Stelle festhalten: Die Verstärker, die wir zur Erfolgssteigerung bei kostendeckenden Verkaufs-Aktionen entwickelt haben, wirken genauso reaktionssteigernd bei Aktionen, die über einen Werbe-Etat bezahlt werden. Die Reaktion steigt in beiden Fällen.

13. Wann ist der Erfolg meßbar?

Wer innerhalb weniger Tage Tausende von schriftlichen Verkäufern auf die Reise schickt, der muß auch mit einer relativ kurzen Reaktions-Zeit rechnen. Das ist besonders wichtig, wenn sich ein Flop anbahnt! Gerade dann mehren sich die Stimmen, die da glauben: »Es sei noch nicht aller Tage Abend, eine Aktion müsse schließlich auch reifen, vielleicht brauche man noch einige Anstöße und außerdem, es kommen noch nach Monaten und Jahren Antwortkarten zurück.«

Diese Kollegen haben recht. Selbstverständlich kommen nach Monaten und Jahren noch Antwortkarten aus einer alten Aktion. Besonders dann, wenn gerade wieder eine neue Aussendung unterwegs ist. Jeder Direktwerber kennt das. Da

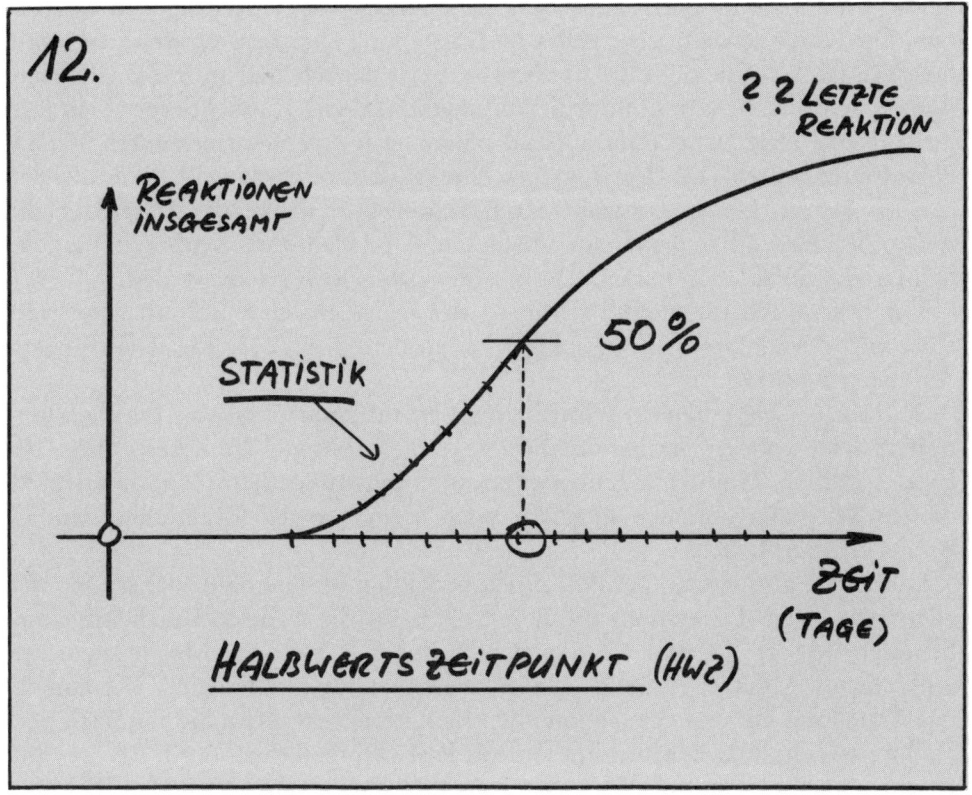

Bild 12: Auf die letzte Antwortkarte kann niemand warten. Wir messen zur »Halbwertszeit« und berechnen das Endergebnis (s. Kapitel 13).

tauchen plötzlich Antwortkarten auf, vergilbt, gelocht, mit fünf Jahre altem Eingangs-Datum.

Doch auf diese letzten Antwortkarten können wir nicht warten. Sie kommen zu spät, und außerdem beeinflussen sie das Gesamt-Ergebnis nicht mehr so entscheidend. Wir haben deshalb für das schriftliche Verkaufsgespräch schon sehr lange einen anderen Meß-Zeitpunkt eingeführt. Wir messen dann, wenn die Hälfte der zu erwartenden Ergebnisse im Hause ist. Dieser Zeitpunkt läßt sich ziemlich genau anhand der Eingangs-Statistik finden. Ich werde Ihnen das noch in einem der nächsten Kapitel zeigen. Den Tag, an dem wir die Hälfte des zu erwartenden Ergebnisses in Händen halten, nennen wir den »Halbwerts-Zeitpunkt«. Ein Begriff, den ich einmal aus der Physik entliehen habe.

Im Bild Nr. 12 habe ich Ihnen den Ablauf skizziert. Die waagerechte Zeitachse stellt die Post-Eingangs-Tage dar. Wir zählen also ab der ersten meßbaren Reaktion (nicht ab Versand-Datum!). Und natürlich beziehen wir diese zählbaren Reaktionen immer auf dieselbe Aussendungsmenge und auf denselben Zeitpunkt.

Die senkrechte Achse ist eine Skala für die insgesamt eingegangenen Reaktionen. Die Kurve ist dann eine grafische Darstellung aller Reaktionen. Sie kommt meistens flach aus dem Nullpunkt heraus, steigt danach steil an mit einer Krümmung nach links. Dann kommt der Wendepunkt. Die Kurve krümmt sich jetzt nach rechts, steigt langsamer an und nähert sich einem waagerechten Verlauf ohne weiteren Zuwachs. Dieser waagerechte Auslauf ist das eigentliche Endergebnis der Aktion. Die Gesamtzahl der Reaktionen ist dann auf der senkrechten Achse des Koordinaten-Systems abzulesen. Der Halbwerts-Zeitpunkt (auf der halben Höhe) läßt sich berechnen, wie Sie später noch sehen werden.

Vorab kann ich Ihnen aber schon so viel sagen: Im Durchschnitt aller Branchen liegt der Halbwerts-Zeitpunkt zwischen dem 5. und 15. Tag nach Eingang der ersten Reaktion.

So früh also kann man bei schriftlichen Verkaufsgesprächen eine Entscheidung treffen. Jetzt können Sie bereits die insgesamt benötigte Ware berechnen, das Lager auffüllen, Produkte nachbestellen oder den Außendienst informieren. Ab diesem Zeitpunkt kommen ungefähr noch einmal soviele Reaktionen, wie Sie bereits erhalten haben.

Sollten Sie also einmal per Post direkt verkaufen wollen, dann sichern Sie sich zuerst bei Ihrem Lieferanten die Bereitschaft für die wahrscheinlich insgesamt benötigte Menge. Deuten Sie gleichzeitig an, daß Sie diese Menge zu unterschiedlichen Abrufzeiten benötigen. Eine Erstlieferung ist möglich. Die endgültige Bestellung mit den dazugehörenden Lieferterminen geben Sie erst nach dem Halbwerts-Zeitpunkt bekannt. Im Grunde läßt sich die Prognose für das Gesamt-Ergebnis auch schon viel früher (wenn auch etwas ungenauer) stellen. Dies hat aber nur dann einen Sinn, wenn der Halbwerts-Zeitpunkt viel später als in 10 Tagen erwartet wird. Mit dieser verzögerten Laufzeit rechnen wir z. B. beim

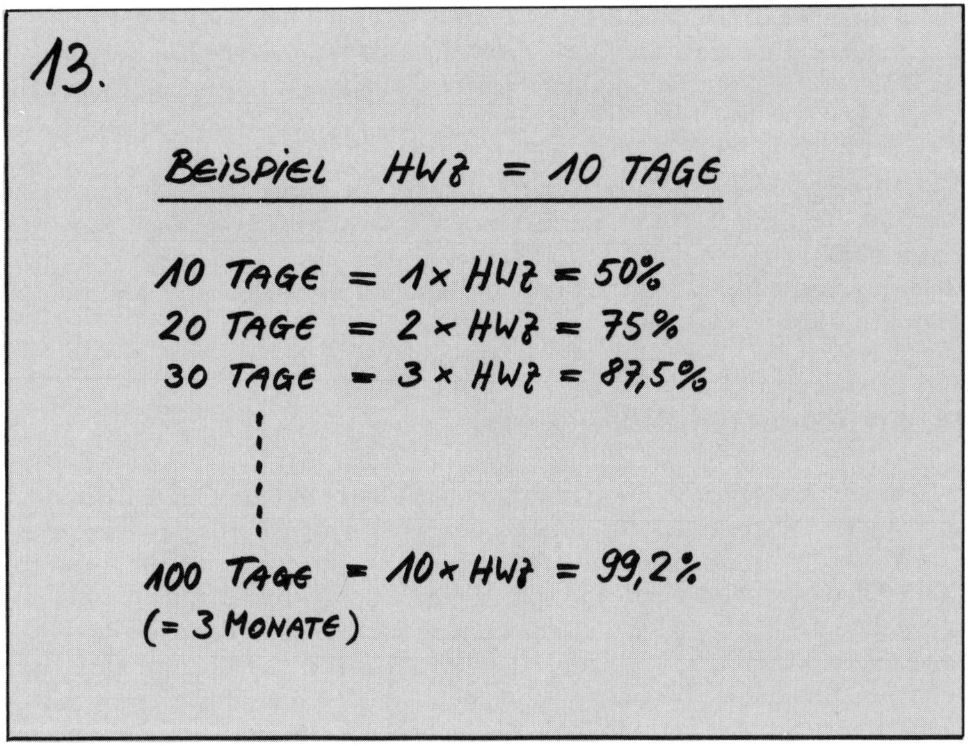

```
13.
        BEISPIEL   HWZ = 10 TAGE

        10 TAGE = 1 × HWZ = 50%
        20 TAGE = 2 × HWZ = 75%
        30 TAGE = 3 × HWZ = 87,5%
           ⋮
        100 TAGE = 10 × HWZ = 99,2%
        (= 3 MONATE)
```

Bild 13: Die »Halbwertszeit« zeigt auch die weiteren Termine der noch zu erwartenden Reaktionen (s. Kapitel 13).

Großversandhaus. Dort aber verschicken wir auch größere Stückzahlen. Und je höher die Aussendungsmenge ist, desto genauer und zuverlässiger sind auch die »Teilwert-Zeitpunkte«.

Aber auch der weitere Verlauf nach der Halbwertszeit läßt sich vorhersagen. Das ist wichtig für das weitere Festlegen der späteren Liefertermine und gehört eigentlich zu Ihrem künftigen Fachwissen als schriftlicher Verkäufer. Deshalb gebe ich Ihnen hier ein Beispiel, aufgebaut auf einer Halbwertszeit von 10 Tagen.

Nach zweimaliger Halbwertszeit, also in diesem Falle nach 20 Tagen, haben Sie wiederum die Hälfte von dem noch vorhandenen Rest der insgesamt zu erwartenden Reaktionen. Dieser Rest waren 50 %. Die Hälfte davon sind 25 %, also addieren Sie die 25 % zu den bereits beim Halbwerts-Zeitpunkt vorliegenden 50 %. Das ergibt 75 % am 20. Tag! Und so fahren Sie fort. Jede weitere Zeitspanne im Umfang einer Halbwertszeit ergibt immer wieder einen weiteren Eingang um die Hälfte des noch vorhandenen Restes.

Auf diese Weise erkennen Sie schon, daß selbst nach 10maliger Halbwertszeit, also in diesem Falle nach 100 Tagen, noch nicht 100 % der möglichen Reaktionen bei Ihnen eingegangen sind, sondern nur 99,2 %. Nun sind natürlich diese noch fehlenden 0,8 % gleich Null, falls Sie insgesamt nur 100 Reaktionen erwarten. Eine 3/4 Reaktion ist eben noch keine sichtbare Antwort. Dennoch stehen noch 0,8 % der Reaktionswünsche in Ihrer Zielgruppe. Bei insgesamt 1000 erwarteten Antwortkarten sind 0,8 % immerhin noch 8 Antwortkarten, die auch nach 100 Tagen noch eintreffen. Dies ist der Grund, weshalb bei größeren Aktionen tatsächlich nach Monaten (und bei größten Aktionen auch noch nach Jahren) alte Antwortkarten zurückkommen.

14. Erfolgsquoten im Vergleich

Natürlich möchte man als Neuling immer wissen, welche Quoten das eine oder andere Werbemittel für dieses oder jenes Produkt bringen wird. Aus dem Vergleich mit persönlichen Verkäufern ahnen Sie jetzt schon die Antwort. Die Erfolgsquote wird nicht nur vom Werbemittel (= schriftlicher Verkäufer) beeinflußt. Viel stärker wirken Produkt und Zielgruppe. Ein Vertreter, der seine langjährigen Kunden, z, B. Buchhändler, immer wieder besucht, hat eine sehr hohe Abschlußquote. Besonders dann, wenn er auch persönlich einen guten Kontakt zum Kunden hat. Schicken Sie denselben Vertreter in ein völlig neues Gebiet mit dem Auftrag, nur solche Buchhändler zu besuchen, die bisher noch nicht bei Ihnen gekauft haben, dann sinkt die Verkaufsquote. Wahrscheinlich erreicht Ihr Vertreter nur noch 20 % der bei seinen Stamm-Kunden erreichten Quote.

Genauso verhält es sich auch bei schriftlichen Verkäufern: Innerhalb der eigenen Kundengruppe erreichen Sie eine höhere Erfolgsquote als bei sogenannten »kalten« Adressen, die bisher noch keine Kontakte mit Ihnen hatten. Mehr darüber lesen Sie im Kapitel über die Reaktionsquoten der Zielgruppen.

Versuchen Sie dennoch schon jetzt, das schriftliche Verkaufsgespräch und seine Wirkung zwischen den übrigen Verkaufsmethoden besser einzuordnen. Ich gebe Ihnen ein Beispiel aus der Praxis. Wir verkauften vor einigen Jahren ein Handbuch im Wert von ungefähr 200 Mark. Und wir testeten dabei alle möglichen Wege. Den persönlichen Verkäufer ebenso wie alle Arten des Direkt-Marketing. Die folgende Tabelle zeigt Ihnen die Reaktionsquoten der jeweiligen Verkaufsmethoden.

Wir erreichten bei diesem Buch (VK: 200 Mark) folgende Abschlußquoten, bezogen auf die Zahl der Kontakte.

Handelsvertreter bei Kunden-Adressen	22,0 %
Telefon-Marketing bei Kunden-Adressen	15,5 %
Direktwerbung bei besten Kunden	8,3 %
Direktwerbung bei Interessenten	2,2 %
Direktwerbung an gemietete Adressen	1,0 %
Zeitungsbeilage mit Antwortkarten	0,5 %
1/2 Seite Coupon-Anzeige	0,1 %

Dieser Vergleich zeigt übrigens auch die Wirkungskraft unterschiedlicher Verkaufsgespräche. Wenn z. B. der Vertreter etwas mehr als 20 % Verkäufe erzielt und die Direktwerbung an Kunden 8 %, dann bedeutet das: Ein Direktwerbe-Package ist uns in diesem Falle mehr als 1/4 Vertreter wert!! Wenn Sie jetzt noch daran denken, daß Sie tausende solcher schriftlichen Verkäufer schlagartig auf die Reise schicken, dann sehen Sie sehr deutlich die Chance der Verkaufsgespräche per Brief und Antwortkarte.

Aber auch, wenn Sie an die schwächere Direktwerbung an Interessenten denken (1 Package = 1/10 Vertreter), kommen Sie zu hervorragenden Ergebnissen. Rechnen wir mal ein Beispiel durch. Denken Sie sich 10 000 Direktwerbe-Sendungen an eine Zielgruppe von Interessenten. Diese 10 000 schriftlichen Verkäufer entsprechen in unserem obigen Vergleich etwa tausend persönlichen Verkäufern. Denn die 10 000 Briefe mit einer Quote von 2,2 % verkaufen 220 Bücher, genauso wie 1000 Vertreter mit einer Abschlußquote von 22 %.

Jetzt wird Ihnen der Unterschied noch klarer: Die 10 000 schriftlichen Verkaufsgespräche können Sie in wenigen Tagen führen mit einem Kostenaufwand von ca. 10 000 Mark (1986). Vergleichen Sie damit die persönlichen Verkaufsgespräche: Für 1000 Gespräche benötigt Ihr Vertreter ein gutes Jahr! Aber selbst wenn Sie diese Zeit hätten, die Kosten des Vertreters sind mit diesem Buchverkauf nicht zu decken:

220 Bücher à 60 Mark DW-Spanne, das ergibt nur 13 200 Mark als Gesamt-Deckungsbeitrag. Der Vertreter kostet Sie aber während der 12 Monate ein Vielfaches davon. Das ist die große Chance für das schriftliche Verkaufsgespräch. Für die 10 000 Briefe reicht der Deckungsbeitrag aus.

15. Ein »Beweis« für den willkommenen Werbebrief

Diese verblüffende Rechnung im letzten Kapitel zeigt uns: Das Kuvert mit insgesamt 20 g Gewicht, gefüllt mit bedrucktem Papier, transportiert von der

Bundespost und zugestellt vom Briefträger, bewirkt in diesem Beispiel 1/10 (bei Kunden sogar 1/3) des persönlichen Auftritts. Das aber muß auch Sie irritieren. Wenn wir uns den persönlichen Verkäufer, den geschulten Außendienst-Berater, vorstellen als einen Menschen mit Kontakt-Fähigkeit, mit rhetorischer Überzeugungskraft und der Chance, das Gespräch wirklich ungestört allein zu führen, dann müßte das Ergebnis weit mehr zugunsten des Menschen ausfallen. Denn 20 g bedrucktes Papier, das man nicht unbedingt lesen muß, das man wegwerfen kann, das keinen psychologischen Zuhör-Zwang auslöst, das uns weder vorwurfsvoll noch mitleidig anschaut, diese 20 g Papier können eigentlich nicht 10 % der Wirkungskraft eines Menschen besitzen. Hier müssen andere Kräfte im Spiel sein. Ich sehe dafür nur zwei Erklärungen.

Die erste Erklärung: Unser persönlicher Besucher, unser Verkäufer, unser Vertreter, ist vielleicht heute weniger willkommen als wir geglaubt haben. Dann wäre dies eine Erklärung dafür, weshalb er im Vergleich zum bedruckten Papier so schlecht abschneidet. Andererseits allerdings ist eine durchschnittliche Abschlußquote von 20 – 25 % kein schlechtes Ergebnis! Es ist im Durchschnitt aller Verkäufer nicht wesentlich zu steigern. Bei etwa 50 %iger Abschlußquote ist das obere Feld erreicht, wenn es sich nicht um regelmäßige Nachlieferungen handelt.

Eine zweite Erklärung sehe ich im Werbebrief selbst. Vielleicht ist dieser Brief doch willkommener als man annimmt. Mir scheint, der Werbebrief ist besser als sein Ruf. Und ich habe dafür auch einige Beweise gefunden. Denken Sie an den Brief, der geduldig im Poststapel wartet, bis wir Zeit für ihn haben. Oder denken Sie an den Brief, der sich aussortieren, ablegen oder auch in den Papierkorb werfen läßt, wenn er uns keinen tatsächlichen Vorteil bietet.

Wahrscheinlich aber liegt die Wahrheit zwischen beiden Extremen. Beide Kräfte wirken gemeinsam. Der zeitraubende und nicht immer gewollte persönliche Besuch findet weit weniger Resonanz als wir behaupten. Und der geduldigere Werbebrief, das ersetzte persönliche Gespräch, stellt eine zeitgemäße und gewollte Kommunikationsform dar.

Tatsächlich hat das Papier bestimmte Vorteile gegenüber dem Vertreter. Es wartet länger. Es läßt sich zur Seite legen, wieder hervorholen, jemand anderem zeigen, schnell lesen, langsam lesen, mehrmals lesen, als Beweis archivieren usw. Vor allem aber, es läßt sich mit Wonne in den Papierkorb werfen, wenn es uns ärgert, wenn es uns nicht gefällt, wenn es uns nichts sagt. Und dieses bewußte Wegwerfen könnte sogar eine Art angenehme Ersatzhandlung für das sonst so unangenehme Abwimmeln eines Vertreters bedeuten.

Und noch eine Erklärung wäre denkbar: Wenn der Werbebrief im Briefkasten tatsächlich ein solcher Störenfried sein soll, wie ihn die Kritiker immer wieder darstellen, dann dürfte er doch nicht so erfolgreich sein. Dann könnte er nicht die Wirkung »1/10 Mensch« haben. Vielleicht meinen die Kritiker unbewußt etwas anderes. Vielleicht sagen sie nur »überfüllter Briefkasten«. Und geben damit

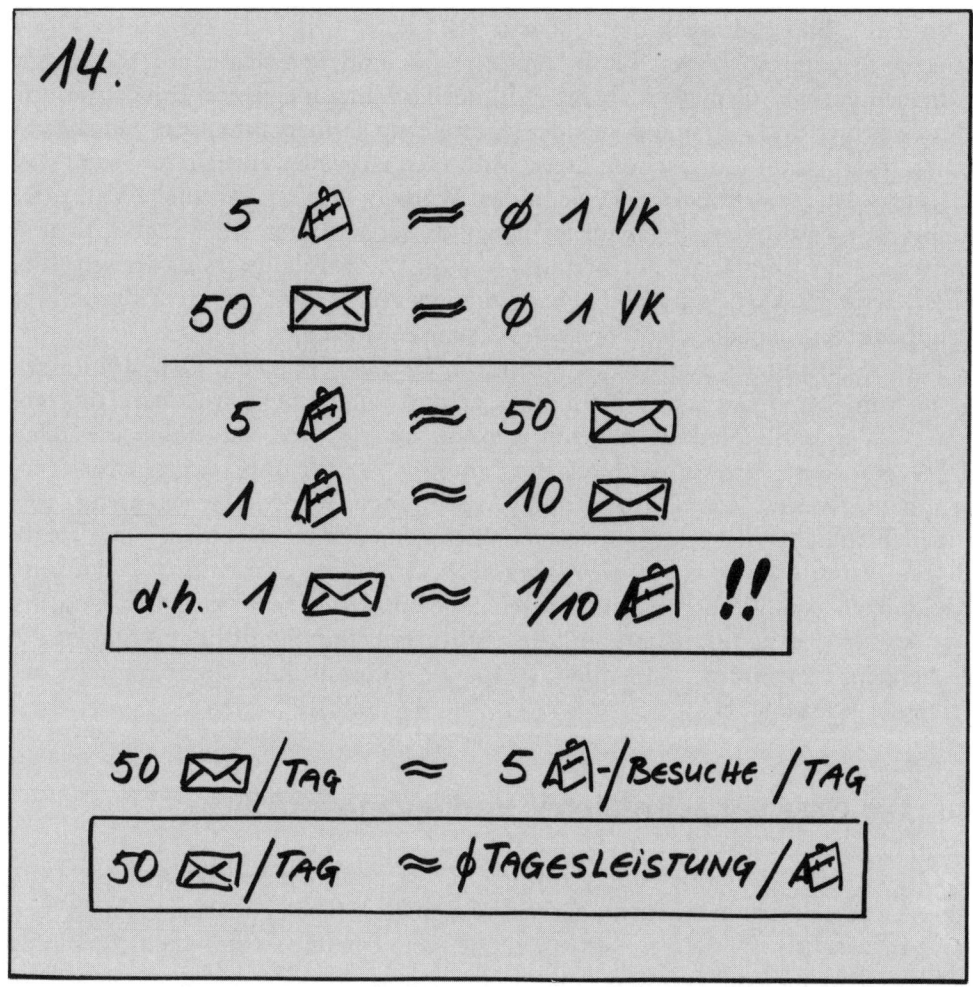

Bild 14: Vergleicht man die Erfolgsquoten und die Leistung der persönlichen mit denen der schriftlichen Verkäufer, dann scheint der Werbebrief beliebter zu sein als sein Ruf (s. Kapitel 15).

indirekt dem *unbewußten* ICH eine Chance, so etwas ähnliches wie »ich bin berühmt, begehrt, gefragt, umworben usw.« darzustellen. Eine Aussage, die in dieser Form nie über die Lippen käme, weil das *bewußte* ICH sie kontrollieren und stoppen würde. Über den Umweg eines »überfüllten« eigenen Briefkastens findet vielleicht unser unbewußter Geltungstrieb ein legales Schlupfloch. Ich betone aber, dies ist reine Spektulation! Sie drängt sich mir nur immer wieder auf, wenn ich besonders publicity-suchende Persönlichkeiten vor ihrem Publikum vom verstopften eigenen Briefkasten reden höre.

In dieses Bild paßt auch die liebe gute »Robinson-Liste«, die trotz ihrer jahrelangen, ununterbrochenen PR in Presse, Funk und Fernsehen nur so wenige Adressen enthält. Gemessen an der Zahl der Haushaltungen und Briefkästen im Bundesgebiet und verglichen mit der angeblichen Unbeliebtheit der Direktwerbung, müßte diese Liste schon längst Millionen Adressen enthalten. Genau das Gegenteil ist der Fall! Fazit: Der geduldige Werbebrief, das schriftliche Verkaufsgespräch, ist wahrscheinlich willkommener als der Vertreter. Aber auch willkommener als der Empfänger auf Befragen angibt. Die Erfolgsquote dieses schriftlichen Gespräches ist deshalb höher, als man es von 20 g bedrucktem Papier (gegenüber einem persönlichen Verkäufer) erwarten dürfte.

Für die Neulinge unter den Lesern nur noch dieser Hinweis: Die »Robinson-Liste« wird seit vielen Jahren beim DDV geführt (Deutscher Direktmarketingverband). Wer keine Werbesendungen wünscht, meldet sich als »Robinson«. Der DDV gibt diese Adresse dann an alle Adressen-Verlage und interessierten Versandhäuser weiter. Jeder Direktwerber versucht, seine Werbekosten so niedrig wie möglich zu halten. Er freut sich deshalb über jeden echten »Robinson« und sperrt dessen Adresse, bevor er ihn weiter verärgert. Allerdings gibt es auch Robinson-Meldungen von Werbebrief-Empfängern, die ansonsten recht gute und langjährige Kunden bei ganz bestimmten Versandhäusern sind. Schriftliche Kontakte zu bisherigen Lieferanten betrachten selbst die »Robinsons« offenbar nicht als störende Werbung.

16. Die Grenzen schriftlicher Verkaufsgespräche

Das Gespräch per Brief und Antwortkarte ist natürlich kein Allheilmittel für jede Art von Absatzmaßnahme, für jedes Produkt, für jede Zielgruppe. Auch hier sind inzwischen die Kosten gestiegen, wie wir es beim persönlichen Verkäufer schon erlebt haben. Und damit wurde der Erfolg, also die Differenz zwischen Ertrag und Kosten, immer kleiner.

Unser schriftliches Verkaufsgespräch soll vor allem dann als erfolgreich gelten, wenn es sich selbst trägt. Damit kennen Sie bereits die Grenze dieser Methode. Bei zu kleinen Direktwerbe-Spannen oder Deckungs-Beiträgen erreichen wir die Grenze schriftlicher Verkaufsgespräche, von wenigen Ausnahmen abgesehen. Unterhalb dieser Grenze bleiben dann eine ganze Reihe von Gesprächsarten und Produkten. Denken Sie nur an einfache Produkte mit einem Auftragswert von 10 Mark. Wenn wir in diesem Falle 30 %, also 3 Mark pro Auftrag, zur Deckung der Werbekosten einkalkulieren, dann müßte die erforderliche Erfolgsquote selbst beim preiswertesten Package ca. 30 % betragen. Das aber ist eine Quote, die ein persönlicher Verkäufer gerade noch erreicht. Das schriftliche Verkaufsgespräch wäre überfordert. Es sei denn, diese erste Reaktion löst weitere Nachbestellungen aus. Wenn Sie also diesen ersten Abschluß nur zum Aufbau eigener Kunden-Adressen sehen, dann hat auch der nicht kostendeckende Auftrag seinen Sinn. In diesem Falle gilt die erste Aktion als Investition in die Zukunft. Die Kosten werden erst vom Folgegeschäft gedeckt.

Auch das Ziel Ihrer Werbung kann eine Grenze für schriftliche Verkaufsgespräche sein. Wenn Sie nur klassische Ziele erreichen wollen, also Erhöhen des Bekanntheitsgrades, Image-Pflege, Erinnerungs-Werbung für eine Kosmetik-Marke z. B., dann ist das schriftliche Verkaufsgespräch genauso überfordert. Ziele dieser Art lösen wir mit den Instrumenten der klassischen Werbung. Mit klassischen Anzeigen, Plakaten, Fernseh-Spots usw. Sie alle erreichen weit höhere Kontaktzahlen zu günstigeren Kontakt-Preisen. Klassische Werbung dieser Art unterstützt den Verkauf im Fachgeschäft oder Supermarkt, holt aber selbst keine Aufträge ein.

Wenn Sie in diesen Fällen mit Ihrem schriftlichen Verkaufsgespräch die kostendeckende Grenze überschreiten wollen, dann verbinden Sie mit dem ersten (zu geringen) Kaufabschluß sofort die Verpflichtung zur Abnahme weiterer Teile dieses Produktes. Und so kommen Sie vom Einzelverkauf zum Abonnement. Nicht nur bei Zeitungen und Zeitschriften! Sie selbst haben in Ihrem eigenen Briefkasten schon andere Abo-Angebote entdeckt: Buchreihen, Kaffee, Tee bis hin zu sonstigen regelmäßig zu konsumierenden Artikeln. Ich mußte einmal eine Abonnenten-Aktion für Emmentaler Käse aus dem Allgäu konzipieren. Käse per Post direkt vom Hersteller, regelmäßig alle drei Wochen bis auf Widerruf. Ist erst einmal die Nachfrage geschaffen, dann löst sich auch das Versandproblem für so empfindsame Ware. Ein Beispiel dafür finden Sie auch beim Torten-Versender Heinrich Strohauer. Auch er schickt unabhängig von der warmen oder kalten Jahreszeit hochwertige und empfindliche Konditorei-Produkte direkt zum Verbraucher.

Rechnen Sie also vorab aus, ab wann die Kosten für Ihre schriftlichen Verkaufsgespräche gedeckt sind. Liegt diese Kostendeckungs-Grenze im Bereich des Machbaren (etwa 1/10 der Vertreterquote), dann empfiehlt sich ein Test. Läßt sich die Kostendeckung mit einem einzigen Verkaufsabschluß nicht erreichen, investieren Sie in die Zukunft. Oder aber Sie erreichen mit dem Erst-Abschluß sofort die Zusage für eine regelmäßige Lieferung, für ein Abonnement. Schließlich bleibt Ihnen auch noch die Chance, Ihr jetziges Produkt durch Ergänzungsteile nach dem Baukasten-Prinzip zu erweitern. Der höhere Verkaufspreis verkraftet dann auch einen höheren Deckungsbeitrag für das schriftliche Verkaufsgespräch.

Die Grenze schriftlicher Verkaufsgespräche wird noch deutlicher, wenn wir der Direktwerbung klassische Werbeziele aufbürden. Packages dieser Art sind ganz einfach erkennbar: Es sind vorwiegend die Aktionen, die keine Reaktion erwarten und deshalb auch keine Antwortkarten im Kuvert enthalten. Eine Ausnahme auch hier: Alle schriftlichen Ankündigungen späterer Aktionen. Die Kosten dieser Vor-Mailings werden den Gesamtkosten hinzugerechnet und dann vom Gesamtergebnis getragen.

17. Der break-even-point

Als »schriftlicher Verkäufer« brauchen Sie noch einiges Handwerkszeug. Dazu gehört z. B. das Wissen, wie Sie den Kostendeckungspunkt (break-even-point) im voraus berechnen. Diese Aufgabe lösen Sie vor jeder Aussendung. Ich gebe Ihnen hier eine Formel für Ihre tägliche Praxis:

$$\text{BEP} = \frac{\text{DW-Kosten pro 100 Stück (DM/\%)}}{\text{DW-Spanne pro Antwortkarte (DM)}} \quad (\%)$$

Der break-even-point oder Kostendeckungspunkt ergibt sich hier als prozentualer Wert der jeweiligen Aussendungsmenge. Sie errechnen also die Rücklaufquote, die Sie zur Kostendeckung erreichen müssen. Ab diesem Wert beginnt Ihre Gewinnzone. Der BEP ist der Quotient aus den beiden Werten »Gesamte Werbekosten dieser Aktion, umgerechnet auf 100 Stück« (Briefe, Massendrucksachen, Drucksachen usw.) dividiert durch die »Direktwerbe-Spanne pro eingehender Antwortkarte«.

Die Direktwerbe-Kosten finden Sie sehr schnell: Stellen Sie einfach alle einmaligen Vorlauf-Kosten und die auflagen-abhängigen Kosten wie Druck, Adressieren usw. bis hin zum Porto zusammen. Wenn Sie diesen Gesamt-Betrag umrechnen auf je 100 Stück, dann bekommen Sie den Wert über dem Bruchstrich.

Den Wert unter dem Bruchstrich haben wir im Kapitel 9 bereits behandelt. Beim Verkaufen per Post ist diese Spanne pro Antwortkarte identisch mit der einkalkulierten Direktwerbe-Spanne pro Bestellung. Beim Einholen von Interessenten-Anfragen für spätere Vertreter-Besuche ist sie nur der Anteil der Antwortkarte am späteren Verkaufsabschluß.

Wenn Sie nun diese Werte dividieren, erhalten Sie die Mindestquote für Ihre erfolgreiche Aktion. Rechnen wir schnell ein einfaches Beispiel: DW-Kosten insgesamt: 120 Mark pro 100 Stück. DW-Spanne: 60 Mark pro Antwortkarte. Also BEP = 120 : 60 = 2 %. Mit diesem errechneten Wert richten Sie sich eine Art Kontroll-System für Ihre Aktion ein. Bild Nr. 15 zeigt Ihnen den Weg.

Auf der waagerechten Achse tragen Sie die Post-Eingangstage ein. Auf der senkrechten Achse die prozentualen Rücklaufquoten Ihrer Aktion. Den oben berechneten break-even-point (BEP) kennzeichnen Sie auf der senkrechten Skala. Ziehen Sie jetzt eine waagerechte Linie vom BEP-Punkt nach rechts. Das ist die Grenze, die es zu überschreiten gilt. Ab dieser Linie sind Ihre Werbe-Kosten

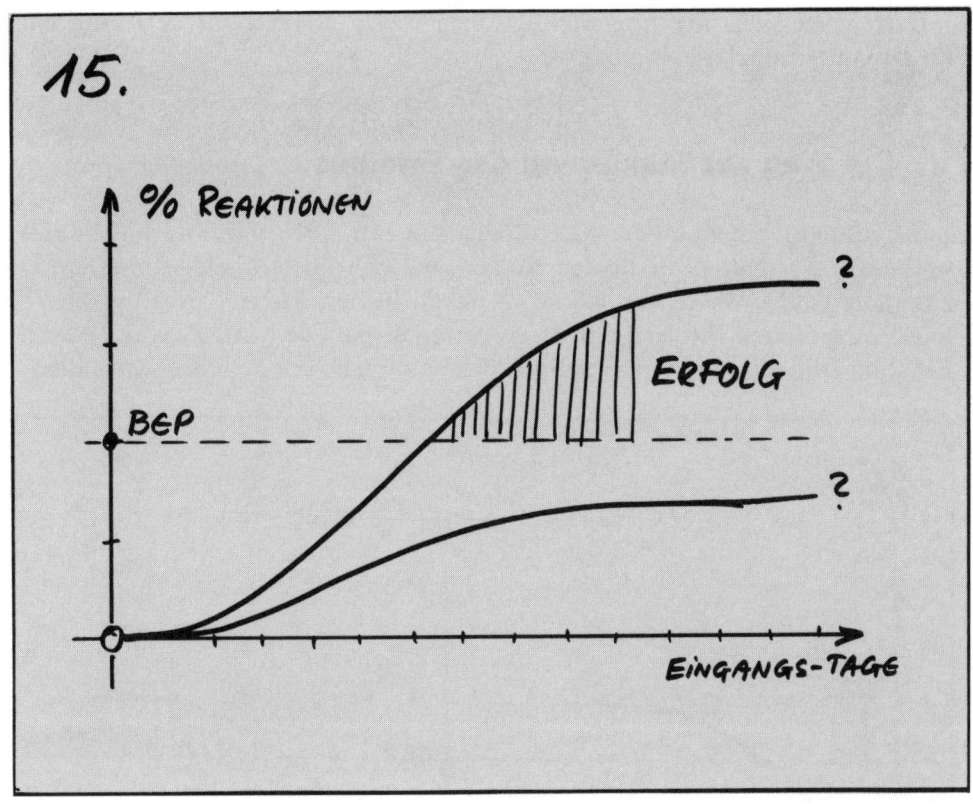

Bild 15: Über den »break-even-point« berechnen wir im voraus die erforderliche Reaktionsquote für erfolgreiche Aktionen (s. Kapitel 17).

gedeckt. Jetzt benötigen Sie nur noch die Eingangs-Statistik der ersten Tage. Dann beurteilen Sie sehr schnell, wie weit Ihre zu erwartenden Reaktionen den BEP über- oder unterschreiten werden. Also wie groß der Erfolg oder der Mißerfolg sein wird. Das genaue Ermitteln des Halbwerts-Zeitpunktes zeige ich Ihnen im Kapitel 134.

Sobald Sie nach den ersten Eingangstagen das Endergebnis hochgerechnet haben, treffen Sie Ihre weiteren Entscheidungen. Sie wissen ab diesem Zeitpunkt etwa, wieviel Gesamt-Umsatz Sie erzielen werden, welche Stückzahlen Sie von einem bestimmten Artikel verkaufen werden und in welchen Zeitabständen diese Artikel bereitstehen müssen.

Und beim Beschaffen von Interessenten-Anfragen wissen Sie zu diesem Zeitpunkt, wieviele Anfragen noch zu erwarten und von Ihrem Außendienst zu bearbeiten sind.

Jetzt interessiert uns eine wichtige Frage: Wie können wir den möglichen Erfolg von vornherein vergrößern?

18. Der Weg zur Steigerung des Erfolges

Sie erinnern sich an unsere ersten Gedanken zum Thema »Erfolg in der Direktwerbung«. Wir hatten die beiden Kurven, die sich überschneiden mußten. Die Differenz beider Werte, die Fläche zwischen beiden Kurven, nannten wir »Erfolg«! Zu größeren Erfolgen gibt es also zwei Wege: Die Kosten senken oder die Reaktion erhöhen. Das damalige Bild können wir jetzt mit dem BEP darstellen.

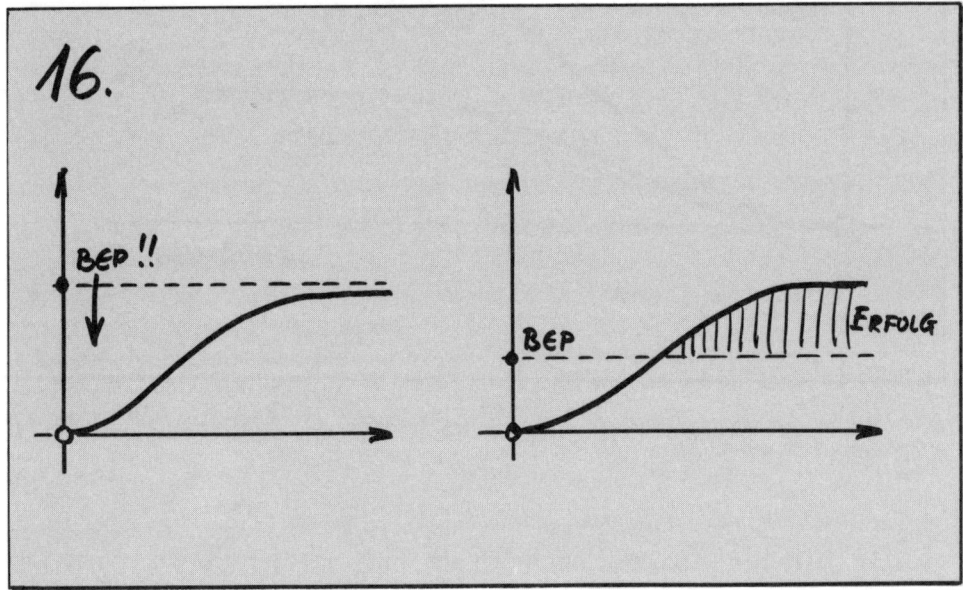

Bild 16: Je niedriger der break-even-point, desto größer die Erfolgs-Chance (s. Kapitel 18).

Den break-even-point senken, heißt entweder die DW-Kosten senken oder die DW-Spanne erhöhen. Beides stößt wieder sehr schnell an die Grenze. Der Weg Nr. 1 ist also möglich, aber nicht beliebig zu erweitern.

Aus diesem Grunde gehen wir beim schriftlichen Verkaufsgespräch einen Weg, den Sie vom Außendienst her kennen. Dort erhöhen wir die Abschlußquote, die Reaktionsquote durch Verkaufsschulung, Verkaufstrainings, Aufbau des Verkaufsgespräches usw. Übertragen auf das schriftliche Gespräch heißt das, wir verbessern den schriftlichen Dialog mit dem Ziel, mehr Reaktionen zu erhalten.

Dieser zweite Weg ist sehr viel effizienter. Er führt zu höheren Erfolgsquoten und verursacht keine hohen Kosten. Zumindest die Hauptkosten bleiben unverändert. Der Bundespost ist es gleichgültig, ob Sie einen gut lesbaren Text oder eine nicht zu entziffernde Botschaft verschicken. Das Porto bleibt immer dasselbe, auch wenn Sie den Package-Inhalt bis zum Fünffachen verbessern. Auf dem zweiten Weg also liegen die größeren Chancen. Und deshalb befassen wir uns in diesem Buch mit dem zweiten Weg. Den ersten Weg der Kostensenkung können Sie mit Ihren Druckern, Beratern und Direktwerbe-Unternehmen besprechen. Ihre Lieferanten kennen die rationellsten Verfahren bei der Produktion, beim Konfektionieren und beim Postaufliefern.

Und noch ein Hinweis an dieser Stelle: Verkäufer-Trainings führt man mit Trainern durch, die ihrerseits auch andere Branchen schulen. Es gibt also Regeln in der Verkaufstechnik, die branchenunabhängig gelten. Genauso verhält es sich auch mit den Erfolgs-Regeln im schriftlichen Gespräch. Ganz gleich also, für welche Branche Sie heute arbeiten oder für welches Produkt Sie Ihre Kenntnisse später einmal einsetzen werden, lernen Sie die schriftliche Verkaufs-Technik kennen. Es ist Ihr neues Fachwissen, das Ihnen unabhängig von der jeweiligen Branche beruflich weiterhilft.

19. Das übertragbare Wissen über schriftliche Verkaufstechnik

Es gibt also Teile im sogenannten Direktwerbe-Fachwissen, die für alle Branchen gelten. Diese Teile sind eigentlich der Kern der sogenannten schriftlichen Verkaufstechnik. Die Regeln und Erkenntnisse gelten vor allem deshalb unabhängig von Branche und Zielgruppe, weil sie überwiegend auf menschlichem Verhalten und nicht auf Branchen-Verhalten beruhen. Jede Branche und jede Zielgruppe setzt sich aus Menschen zusammen und zeigt deshalb ähnliches Verhalten. Zumindest im unkontrollierten Bereich der ersten Sekunden während der Aufnahme einer Botschaft.

Dick Hodgson, der Autor des wohl umfassendsten amerikanischen Direktwerbe-Handbuches und zugleich ein hervorragender Ausbilder und Dozent, ermutigt seine Schüler in seinen Seminaren immer wieder mit folgendem Satz: »Das ganze Wissen um die Direktwerbung und ihre Erfolge ist nur zum geringsten Teil berufliches Fachwissen. Es ist 40 % »Gesunder Menschenverstand«, 40 % kaufmännisches Denken und Rechnen und nur 20 % werbliches Fachwissen!«

Und damit möchte ich auch Ihnen Mut machen. Ganz gleich, wie viel oder wenig werbliche Vorbildung Sie mitbringen, Sie werden das Handwerk des

»schriftlichen Verkaufsleiters« mit Erfolg lernen. Denn weit wichtiger als das werbliche Fachwissen ist das Einfühlungsvermögen in menschliche Verhaltensweisen und nüchternes, kaufmännisches und verkäuferisches Rechnen und Denken. Beides bringen Sie mit und die 20 % Fachwissen lernen Sie schnell dazu.

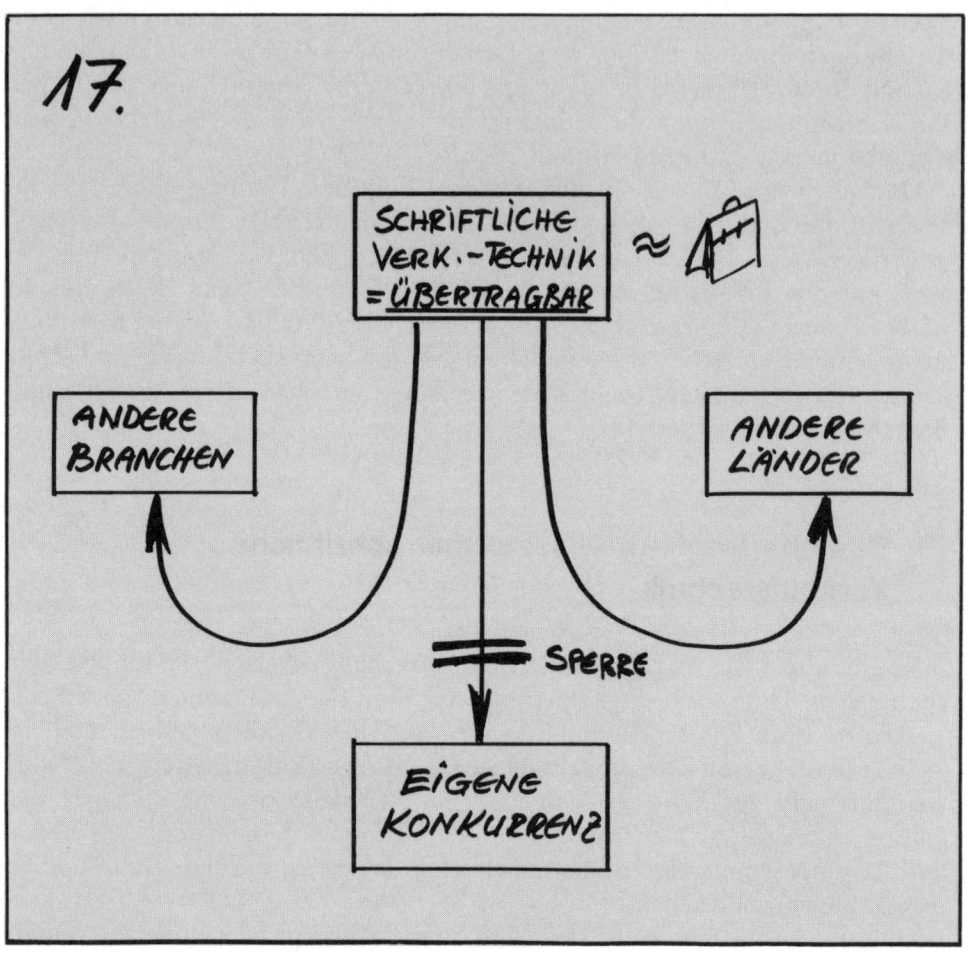

Bild 17: Die schriftliche Verkaufstechnik ist übertragbar. Genauso wie die Technik des persönlichen Verkäufers (s. Kapitel 19).

Schriftliche Verkaufstechnik ist also übertragbar. Ich habe Ihnen diesen Gedanken im Bild 17 skizziert. Tatsächlich übertragen wir unsere Technik erstens in andere Branchen (von Verbrauchsgütern zu Investitionsgütern, Dienstleistungen usw.). Wir übertragen diese Technik aber zweitens auch in andere Länder. Von den USA nach Europa, in die Schweiz, nach Österreich, Skandinavien, Deutschland usw. Und inzwischen übertragen wir auch europäische Erkenntnisse in die USA.

Auch hier finden Sie wieder eine Analogie zum persönlichen Verkäufer. Erstens, Ihr guter Vertreter könnte ab morgen sein Verkaufswissen auch in einer anderen Branche einsetzen. Wer die Verkaufstechnik beherrscht, erzielt nach der Einarbeitungszeit auch in der anderen Branche gute Erfolge. Zweitens, wer Ihr Produkt im eigenen Land gut vertritt und zugleich fließend englisch spricht, verkauft nach kurzer Zeit auch in England mit gutem Erfolg. Kunden sind Menschen und zeigen menschliches Verhalten. Verkaufstrainer arbeiten deshalb in allen Ländern nach ähnlichen Mustern.

Diesen Gedanken führen wir noch weiter. Wenn wir die schriftliche Verkaufstechnik schon in andere Branchen übertragen, dann läßt sie sich mit Sicherheit auch in der eigenen Branche anwenden oder sogar kopieren. Also bei der eigenen Konkurrenz. Genau wie beim persönlichen Verkaufen. Ihr Vertreter könnte ab morgen am schnellsten und am sichersten für die Konkurrenz arbeiten. Das ist nicht neu und deshalb enthält ein Vertreter-Vertrag schon immer die berühmte Konkurrenz-Klausel.

Jetzt kennen Sie auch den Grund, warum gerade im Direkt-Marketing so selten aktuelle Erfolgsgeschichten veröffentlicht werden. Kein erfolgreicher Verkäufer verbreitet seine augenblickliche »Verkaufsmasche« über die Fachpresse! Genauso zögert der schriftliche Verkäufer bei der Preisgabe seines derzeitig noch sehr erfolgreichen schriftlichen Verkaufsgespräches. Deshalb sind sogenannte »case-histories« in der Direktwerbung für die gleiche Branche meistens schon ein »alter Hut«. In der gleichen Branche nach aktuellen, erfolgreichen Ideen zu suchen, hat wenig Sinn. Nicht der aktuelle Erfolg wird veröffentlicht, sondern der zurückliegende und abgeschlossene. Selbst Berater und Agenturen dürfen nur selten über aktuelle Erfolge Ihrer Kunden öffentlich sprechen.

Dennoch lohnt es sich, auch veraltete Erfolgs-Geschichten anzuhören. Vor allem in anderen Branchen! Was dort schon vor mehreren Jahren erfolgreich war, kann für Ihre eigene Branche noch neu sein. Und da man die schriftliche Verkaufstechnik übertragen kann, finden Sie in den branchen-fremden Kampagnen auch neue Ideen für sich selbst.

Was aber kann der Direktwerbe-Neuling tun, wenn er keine aktuellen Vorbilder findet? Eine Antwort darauf hören Sie immer wieder: Die Grundregel für den neuen Start heißt testen, testen, testen! Tatsächlich ist das Testen die beste Methode, neue Wege der schriftlichen Verkaufstechnik zu erproben. Doch was sich in großen Märkten der USA sehr einfach testen läßt, das bringt vielen Branchen in unseren kleinen, europäischen Märkten sofort Schwierigkeiten.

Bei unseren kleineren Ländern und Märkten ist der Test nicht immer möglich! Der Grund ist schnell erklärt. Sie brauchen pro Testvariante mindestens 2000 bis

5000 Adressen. Nun möchten Sie vielleicht 5 bis 10 Varianten testen. Also z. B. einen langen Brief gegen einen kurzen Brief, mit Antwortkarte, ohne Antwortkarte usw. (Das waren jetzt schon vier Testvarianten.) Bei 10 Testvarianten brauchen Sie im Schnitt also 20 000 – 30 000 Adressen. Nun setzen Sie ja Ihr vorhandenes Adressen-Potential nicht nur zum Testen ein. Sie verwenden dafür einen kleinen Adressen-Anteil, damit Sie später die gesamte Zielgruppe mit dem besten, getesteten Package ansprechen können.

Die Frage ist also: Wieviele Adressen umfaßt Ihr eigentlicher Markt? Wenn Sie an gewerbliche Empfänger schreiben (business to business), dann haben Sie vielleicht insgesamt nur 30 000 Adressen in Ihrer Zielgruppe. Beispiel: Alle Bäckereien in der Bundesrepublik Deutschland = 32 000 Adressen. In der Schweiz und in Österreich schrumpfen diese Märkte auf einen Bruchteil von 10 % zusammen. Was also wollen Sie alles testen?

Hier ist die Grenze der Testchancen erreicht. Viele Varianten zu testen ist ein hervorragender Weg. Aber er bedarf eines großen Marktes. In kleinen Märkten ist diese Form der »eigenen Lehrzeit« nur bedingt möglich. Häufig reicht die Zielgruppe gerade für einen einzigen Basis-Test. Das Werbemittel muß also schon so optimal wie möglich gestaltet sein.

Zum anderen aber ist Testen nicht in allen Fällen erforderlich. Ganz einfach deshalb, weil es inzwischen getestete Grundregeln gibt, die mit großen Auflagen in vielen unterschiedlichen Branchen immer wieder vor- und nachgetestet wurden. Ersparen Sie sich einfach das Nach-Testen von Grundregeln. Das »Rad in der Direktwerbung« ist eigentlich schon längst erfunden. Es gibt genügend andere Anlässe für einen Test. Denken Sie nur an unterschiedliche Adreßgruppen, die Sie versuchsweise einsetzen möchten.

Dieses Buch zeigt Ihnen vor allem die übertragbaren Grundregeln, die sich in über 80 % aller Fälle bestätigt haben. Und sollten Sie einmal meinen, in Ihrer Branche würde eine bestimmte Regel nicht zutreffen, dann überzeugen Sie sich tatsächlich durch einen Parallel-Test. Nehmen Sie 3000 Adressen für einen Vorschlag aus diesem Buch und 3000 Adressen für Ihre eigene Idee. Aber achten Sie darauf, daß Sie diesen Test zum selben Zeitpunkt, in derselben Zielgruppe, im selben Zielgebiet und bitte möglichst nur mit der einen Testvariante durchführen. Die je 3000 Antwortkarten kennzeichnen Sie mit unterschiedlichen Ziffern oder Buchstaben. Danach erfahren Sie bei der Erfolgskontrolle die Wahrheit über das Verhalten Ihrer Zielgruppe.

Manchmal empfiehlt es sich auch, im eigenen Unternehmen solche Grundregel-Tests durchzuführen. Besonders dann, wenn Sie als neuer »schriftlicher Verkaufsleiter« anderer Meinung sind als beispielsweise Ihre sonstigen, klassischen Marketing-Experten im eigenen Hause. In solchen Fällen hat es wenig Sinn, den vielleicht besseren Weg gesprächsweise durchzusetzen. Sie müssen es beweisen. Führen Sie dann den beschriebenen Parallel-Test durch, z. B. 3000 Adressen mit

Ihrer Version und 3000 Adressen mit der Version Ihres nicht überzeugten Kollegen (nur eine Testvariante zum selben Zeitpunkt!).

Jetzt erkennen Sie den Sinn dieses Fachbuches noch deutlicher. Ich gebe Ihnen eine Technik an die Hand, die dem Verkaufstraining der Verkäufer entspricht. Wir verbessern ganz einfach Ihre schriftlichen Gespräche. Ob diese Wege tatsächlich besser sind als andere, läßt sich genauso wie beim Vertreter anhand der Ergebnisse beweisen. Ich versuche also, Sie zu höheren Erfolgsquoten zu führen und benutze dazu die unabhängig von Branchen und Zielgruppen geltenden Gesetzmäßigkeiten. Sie beruhen auf menschlichem Verhalten. Das ist die Grundlage für meine übertragbare, schriftliche Verkaufstechnik, die in der Fachsprache als »Dialogmethode« bezeichnet wird.

Ich gebe Ihnen hier noch einen einfachen zusätzlichen Anhaltspunkt für die Wirkung dieser Regeln in den verschiedensten Branchen: Meine Dialogmethode ist die Grundlage für alle offenen und firmen-internen Seminare zur Ausbildung »schriftlicher Verkaufsleiter« im deutschsprachigen Raum. Nun sagt das ja noch nicht alles. Theoretisch könnten wir auch Seminar-Teilnehmer gewinnen und eine Methode lehren, die sich in der Praxis nicht bewährt. Dann allerdings würde niemand weitere Kollegen zu einem meiner Seminare schicken. Genau das Gegenteil ist der Fall. Die höchste Teilnehmer-Quote haben wir aus dem Kollegen-

---

Hier ist eine Liste von 30 Branchen, die als erste Seminar-Teilnehmer „zugegriffen" und inzwischen immer wieder neue Mitarbeiter zur Ausbildung geschickt haben (alphabetisch geordnet):

Banken und Sparkassen	Markenartikel-Industrie
Bau- und Zuliefer-Industrie	Maschinenfabriken
Bausparkasse	Nahrungsmittel-Industrie
Büroeinrichtungs-Branche	Pharmazeutische Industrie
Chemische Industrie	Uhren u. Schmuck
Direktwerbe-Unternehmen	Schulen und Ausbilder
Druckereien	Stationärer Fachhandel
EDV-Branche	Techn. Groß- u. Einzelhandel
Einrichtungshäuser	Unternehmensberater
Elektro-Industrie	Verlage
Elektro-Fachhandel	Versandhandel (Sort. u. Spez.)
Finanzierungsbüros	Versicherungen
Fremdenverkehrs-Branche	Vertriebsfirmen
Kfz-Branche mit Zubehör	Weingüter
Kunststoff-Industrie	Werbeagenturen und -Berater

Kreis ehemaliger Teilnehmer. Ich meine, das ist eine zusätzliche Bestätigung für die Dialogmethode. Dankschreiben von ehemaligen Teilnehmern sind eine schöne Sache. Sie erfreuen den Referenten. Doch deutlicher als ein Dankschreiben ist eine »Nachbestellung«. Wer immer wieder Kollegen und Mitarbeiter nach dieser Methode schulen und schließlich ganze Abteilungen zu schriftlichen Verkäufern ausbilden läßt, der muß den Erfolg kennen.

Diese Branchen besuchten als erste in den vergangenen Jahren meine Seminare und Kurse. Heute arbeiten dort bereits Spezialisten und überwachen das schriftliche Verkaufsgespräch im eigenen Hause. Der Direkt-Marketing-Spezialist als eine Art »schriftlicher Verkaufsleiter«. Er setzt sich durch, auch in Unternehmen außerhalb des typischen Mailorder-Bereiches. Und er betreut nicht nur die großen Kampagnen. Zu seinem Bereich gehört auch das Feld der schriftlichen Kundenpflege, also die Kundenkorrespondenz. Jeder Geschäftsbrief an unsere Kunden ist auch ein Werbebrief.

Übrigens spürt man auch einen deutlichen Trend, das Wissen über schriftliche Verkaufstechnik im eigenen Hause zu behalten. Das gilt vor allem für die Bereiche Konzeption, Aktions-Ziele, Daten-Management und besonders für die Erfolgskontrolle. Externe Hilfe durch Berater, Agenturen und Dienstleister sucht man zwar auch in diesen Bereichen zu Beginn eigener Direkt-Marketing-Aktivitäten. Der Schwerpunkt einer Zusammenarbeit mit Partnern liegt aber mehr beim Umsetzen der Konzeption, also beim Gestalten und Produzieren.

20. Die Zukunfts-Aspekte schriftlicher Verkaufsgespräche

Trotz mancher Schwarzseher in Sachen brieflicher Werbung möchte ich Sie hier beruhigen. Ich sehe nur positive Chancen für das Gespräch per Brief und Antwortkarte. Und ich kann Ihnen das auch sehr leicht begründen.

Zunächst einmal hat der Brief als Ersatz für persönliche Gespräche schon Jahrhunderte überdauert. Er hat sich im Grunde kaum geändert. Nur eines hat sich stets gewandelt: Die Technik seiner Produktion, die Zahl seiner Reproduktion und die Art seines Transportes. Aber der eigentliche Brief als Kommunikationsmittel ist geblieben. Und so wird es auch künftig sein. Doch das Beherrschen dieses Instrumentes wird immer wichtiger. Denn je mehr kommerzielle Briefe beim Empfänger eintreffen, desto härter wird der Kampf um die Aufnahme-Bereitschaft. Um so wichtiger wird das Thema Lesen, Verstehen und Reagieren. Wir können immer schneller, besser und mehr drucken, personalisieren und transportieren. Nur die Leser selbst, die Empfänger dieser Informations-Flut, sind im Grunde geblieben, was sie schon zuvor waren: Menschen. Individuen mit Verhaltensweisen, deren Wurzeln weit in unsere menschliche Vergangenheit zurückreichen.

Ein anderer Aspekt ist ganz einfach das weitere Ansteigen der Kosten für die persönliche Kundenpflege durch Verkäufer, Vertreter und Berater. Wir werden zwar immer weitere Ersatz-Instrumente erfinden. Aber auch diese Ersatz-Methoden brauchen den Brief! Zum Bestätigen, zum Liefern, zum Danke-Sagen, zur Erinnerung oder zum Ankündigen irgendeiner Aktion in den neuen Medien.

Denken Sie nur einmal an den modernen Bereich des Telefon-Marketing. Natürlich ist das Telefongespräch der schnellste und beste Ersatz für persönliche Besuche. Aber auch dieses Instrument funktioniert nur, wenn Sie nach dem Telefonat das Gespräch oder den Auftrag bestätigen, sich bedanken und irgendwann die Ware schicken, und schon haben Sie wieder Einsatzgebiete für den Brief.

Oder nehmen Sie noch modernere Methoden wie beispielsweise den Bildschirmtext. Zuerst versuchen wir, den Nutzer in das Programm hineinzuziehen. Und wenn schließlich der Dialog über den Bildschirmtext stattgefunden hat, wenn die Bestellung oder der Informations-Abruf bei Ihnen eingetroffen ist, dann bestätigen oder liefern Sie, genauso wie beim Telefon-Marketing. Sie schicken einen Brief mit der gewünschten Information und eine Antwortkarte für weitere Reaktionen. Oder Sie liefern die Ware mit einem Danke-Brief und der Aufforderung, Zusätzliches abzurufen. Die einmal über Bildschirmtext gewonnenen Interessenten oder Kunden pflegen wir weiter. Die Adressen erfassen Sie in der Kunden- oder Interessenten-Kartei für alle Folge-Angebote per Post! Im Bildschirmtext sehe ich also am allerwenigsten eine Gefahr für den schriftlichen Verkäufer, für Brief und Antwortkarte. Auch dann nicht, wenn eines Tages dieser Brief direkt über Bildschirmtext ausgedruckt wird. Was übrig bleibt, ist ein Brief! Ein Gespräch, gedruckt auf Papier.

Oder denken Sie an den großen Bereich der Angebots- und Verkaufs-Korrespondenz in Ihrem jetzigen Unternehmen. Vielleicht haben Sie dafür schon alle Geräte und Apparate. Von der einfachsten Speicher-Schreibmaschine bis zum kompletten Schreibsystem mit Terminal, Disketten-Station und Drucker. Sie können Maschinen jeder Kapazität mieten oder kaufen. Die hardware ist vorhanden. Sie produzieren hundert Originalbriefe pro Stunde mit persönlicher Anrede. Aber ob dieser Text lesbar und verständlich ist und den anderen zu einer Reaktion veranlaßt, das ist das Problem. Das ist schon wieder eine Aufgabe für Sie als schriftlicher Verkaufsleiter. Ich sehe gerade in diesem Bereich noch große Zukunfts-Chancen für Sie und Ihr Wissen über schriftliche Verkaufstechnik, denn jeder Angebotsbrief Ihres Unternehmens ist ein Werbebrief, ein schriftliches Verkaufsgespräch mit dem Ziel, eine Reaktion auf diesen Brief auszulösen. Der Direkt-Marketing-Spezialist von heute hält seine Hand auch über die Angebots- und Verkaufs-Korrespondenz, also über den Verkaufs-Innendienst. Schauen Sie selbst einmal kritisch die Textbausteine Ihres Unternehmens an, wenn Sie dieses Buch gelesen oder ein Seminar besucht haben! Schon finden Sie ein neues Arbeitsgebiet.

Wenn eines Tages die Briefe nicht mehr per Post und Briefträger, sondern elektronisch transportiert werden, auch dann braucht man Sie! Wenn wir per Teletex in Bruchteilen von Sekunden mit jedem Partner irgendwo auf dieser Erde korrespondieren, dann ist das nur eine andere Form des Transportes. Was bei Ihrem Empfänger auf den Tisch kommt, ist ein Brief! Geschriebene Sprache, die ein Mensch erfassen, lesen, verstehen und bejahen muß. Schon wieder ist Ihr Beruf gefragt.

Das alles gebe ich Ihnen als Sicherheit und Ausblick für Ihre berufliche Zukunft. Lernen Sie das »Kunsthandwerk« der schriftlichen Gesprächstechnik. Es ist keine Kunst und dennoch etwas mehr als ein Handwerk. Aber es ist erlernbar. Sie erarbeiten sich ein Wissen, das mit zunehmender Informationsflut immer wichtiger wird. Lassen Sie sich nicht von der Technik, von Computern und Mikroprozessoren verunsichern. Dies alles sind für Sie zunächst nur Hilfsmittel, um individuelle schriftliche Gespräche mit höchster Geschwindigkeit in großer Zahl mit bestem Datenmaterial zu verschicken. Nicht mehr! Für diese Technik gibt es auch externe Dienstleister. Was fehlt, sind die Menschen, die der jeweiligen Technik sagen, welchen Brief-Inhalt sie produzieren soll.

Auch wer hunderttausend schriftliche Gespräche pro Woche führt, schreibt im Grunde nur einen einzigen Brief. Alles andere überläßt er der Technik. Was dann folgt, ist nur die Reproduktion eines einzelnen Gespräches, bezogen auf die individuellen Daten Ihrer Zielgruppe. Auf die Daten jeder Adresse. Überlassen Sie diese Arbeit der EDV und der Produktion mit ihren hoch spezialisierten Fachleuten. Sie selbst aber, Sie als schriftlicher Verkäufer, achten auf Form und Inhalt Ihrer schriftlichen Gespräche. Den Weg zu diesem Ziel lernen Sie in diesem Buch.

B. Alles über die Dialogmethode

21. Der Weg zur Dialogmethode

Was wir in den bisherigen Kapiteln behandelt haben, gehört zum Grundwissen des schriftlichen Verkaufsleiters. Sie haben damit auch eine Argumentations-Hilfe für Ihre Gespräche mit Kollegen im eigenen Haus und mit Beratern, Agenturen und Dienstleistern jeder Art.

Jetzt brauchen Sie das eigentliche Handwerkszeug: Eine einfache und erlernbare Methode für das Entwickeln und Gestalten schriftlicher Gespräche. Diese Methode zeige ich Ihnen in den folgenden Kapiteln. Sie ist das Ergebnis einer langen Suche auf einem langen Weg. Ihre Entstehung hängt direkt mit meiner Neben-Tätigkeit als Fachdozent für Direktwerbung zusammen. Seit 1975 halte ich Vorlesungen und Seminare an der Bayerischen Akademie der Werbung und seit

1982 am Lehrstuhl für Psychologie der Universität München, neben meiner Arbeit als Werbeberater, Geschäftsführer und Instituts-Leiter. Ich will versuchen, es Ihnen zu begründen.

Bevor ich diese Dialogmethode 1980 in Montreux der Fachwelt vorstellte, gab es natürlich immer schon die Talente für das Entwickeln und Gestalten erfolgreicher Direktwerbe-Aktionen, gefragte Spezialisten, die ihr Metier beherrschten, ohne lange nach dem WARUM zu fragen. Einige von ihnen gaben ihre Erfahrungen auch gern weiter. Bei Beratungen, in Fachvorträgen, Veröffentlichungen, Büchern oder Seminaren. Und so fand jeder Direktwerber auch seinen Lehrer, wenn er danach suchte.

Ich selbst fand als damaliger Verkaufsleiter 1960 das Buch »Kunden in jedem Haus«. Kurz danach lernte ich den Autor kennen: Alfred Gerardi. Über seine später erschienenen Bücher, seine Seminare und seinen Informationsdienst wurde er mein erster Direktwerbe-Lehrer. Ich gründete ein kleines Versand-Unternehmen. Ich wollte ganz einfach selbst das Gelernte erproben, bevor ich dieses Wissen als Werbeberater weitergab. Es war eine sehr teure, aber erfolgreiche Lehrzeit. Parallel dazu absolvierte ich ein werbefachliches Studium und lernte weitere Lehrmeister und Spezialisten kennen. Später kamen noch zwei amerikanische Lehrer hinzu: Ed. Mayer jun. und Dick Hodgson.

Als Direktwerbe-Berater ging es mir wie allen Kollegen: Wir nahmen Aufträge aus Industrie, Handel und Dienstleistungs-Unternehmen an. Wir entwickelten die Konzeption, gestalteten die Werbemittel und schrieben die Texte. Wir hatten eine gewisse Erfahrung, welche Elemente zum Erfolg und welche zum Flop führen. Aber keiner unserer Kunden beauftragte uns damals, nach Gründen für den Erfolg zu suchen. Als Berater und Agentur erhielten wir Honorare, weil wir eine Antwort auf die Frage kannten, *WAS* bringt Erfolg. Das WARUM wurde nie bezahlt.

Diese Situation hat sich mit meinem Engagement als Dozent sehr schnell geändert. Mit der Ausbildung von Nachwuchs-Kräften rückte die Frage nach dem WARUM in den Vordergrund. Als ich zu Beginn mit dieser Frage konfrontiert wurde, zitierte ich einfach meine eigenen Lehrer: »In der Direktwerbung weiß man sehr häufig, WAS geschieht, aber sehr selten, WARUM etwas geschieht.«

Doch dieses Ausweichen hielt ich nicht lange durch. Besonders, als die gleichen WARUM-Fragen immer wieder auftraten. Und so war der Weg von der Praxis über die Lehre hin zur Forschung vorgezeichnet. Aus den anfänglichen Fragen der Hörer wurde ein ganzer Fragenkatalog, der nach Antworten und nach Untersuchungen drängte. Das Ziel war klar: Über die Antwort auf die Frage nach dem WARUM wäre auch das WIE und das WAS schneller erlernbar und einfacher zu begreifen.

Was die Wirtschaft selbst nie verlangte, brachten Schüler und Studenten in Gang: den eigenen Forschungs-Auftrag. Die anfangs nur sporadischen Untersuchungen mündeten sehr bald in aufwendige Forschungs-Projekte. Der Grund ist schnell erklärt: Als immer mehr Branchen den Weg zum Direkt-Marketing fanden, stieg die Nachfrage nach Direktwerbern und schriftlichen Verkäufern. Die Ausbildungs-Bereitschaft der Unternehmen nahm schnell zu und so entstanden aus den ersten Vorlesungen an der Bayerischen Akademie bald die ersten Seminare und Kurse zur Aus- und Weiterbildung von Praktikern. Mitarbeiter aus den Abteilungen Werbung, Verkauf, Vertrieb, Verkaufsförderung und Marketing kamen zu Grund- und Aufbau-Seminaren und zahlten dafür den im Ausbildungssektor üblichen Preis. Die Vermarktung des Wissens half dann, die Forschung zu finanzieren. Als die ersten neuen Ergebnisse vorlagen, wurde der Seminarstoff um diese Erkenntnisse erweitert. So ging es Zug um Zug. Nicht nur die Seminare wurden verbessert. Die neuen Erkenntnisse flossen auch in die Konzeption und Gestaltung von Direktwerbe-Aktionen für die Beratungs-Kunden ein.

Diese Kunden waren bereit, eigene Aktionen nach der damals noch namenlosen Methode aufzubauen und zu testen. In jener Zeit sprachen wir nur von einem neuen Weg, einer neuen Generation von Direktwerbung oder vom Verkaufsgespräch per Brief und Antwortkarte.

Ausgereift war die Methode erst Ende der 70er Jahre. Als sich der Erfolg auch bei Wiederholungs-Aktionen in unterschiedlichen Branchen zeigte, nahm ich diese Gestaltungs-Methode in den Vorlesungs-Stoff für meine Hörer auf. Ab diesem Zeitpunkt brauchte das Kind einen Namen. Auf der Werbewirtschaftlichen Tagung 1980 in der Hofburg in Wien formulierte ich in einem Podiumsgespräch einige Grundgedanken aus dieser neuen Methode. Der damalige Moderator, Paul Schauer, sprach daraufhin von der Geburt einer neuen Generation von Direktwerbung. Ich selbst sprach noch immer vom schriftlichen Verkaufsgespräch. Doch für die offizielle Präsentation beim Internationalen Direct Marketing Symposium in Montreux suchte ich Begriffe, die für die Simultan-Übersetzung geeignet waren. Und weil diese neue Methode auf dem persönlichen Verkaufs-Dialog aufbaut, lag das international verständliche Wort Dialogmethode sehr nahe. Was also eigentlich nur für die erste Präsentation in Montreux gedacht war, griff die internationale Fachpresse sofort auf. Seit diesem Zeitpunkt spricht man von der Dialogmethode von Siegfried Vögele, und man versteht darunter eine einfache und erlernbare Methode für das Entwickeln und Gestalten schriftlicher Verkaufsgespräche von Direktwerbe-Packages, von Mailings, von Anzeigen usw.

22. Der heutige Stand

Was die Hörer und Studenten der Akademie vor vielen Jahren suchten, war gefunden und wurde inzwischen immer weiter verbessert. Heute ist eine erlernbare Methode für die Praxis da und hilft bei der Aus- und Weiterbildung in den

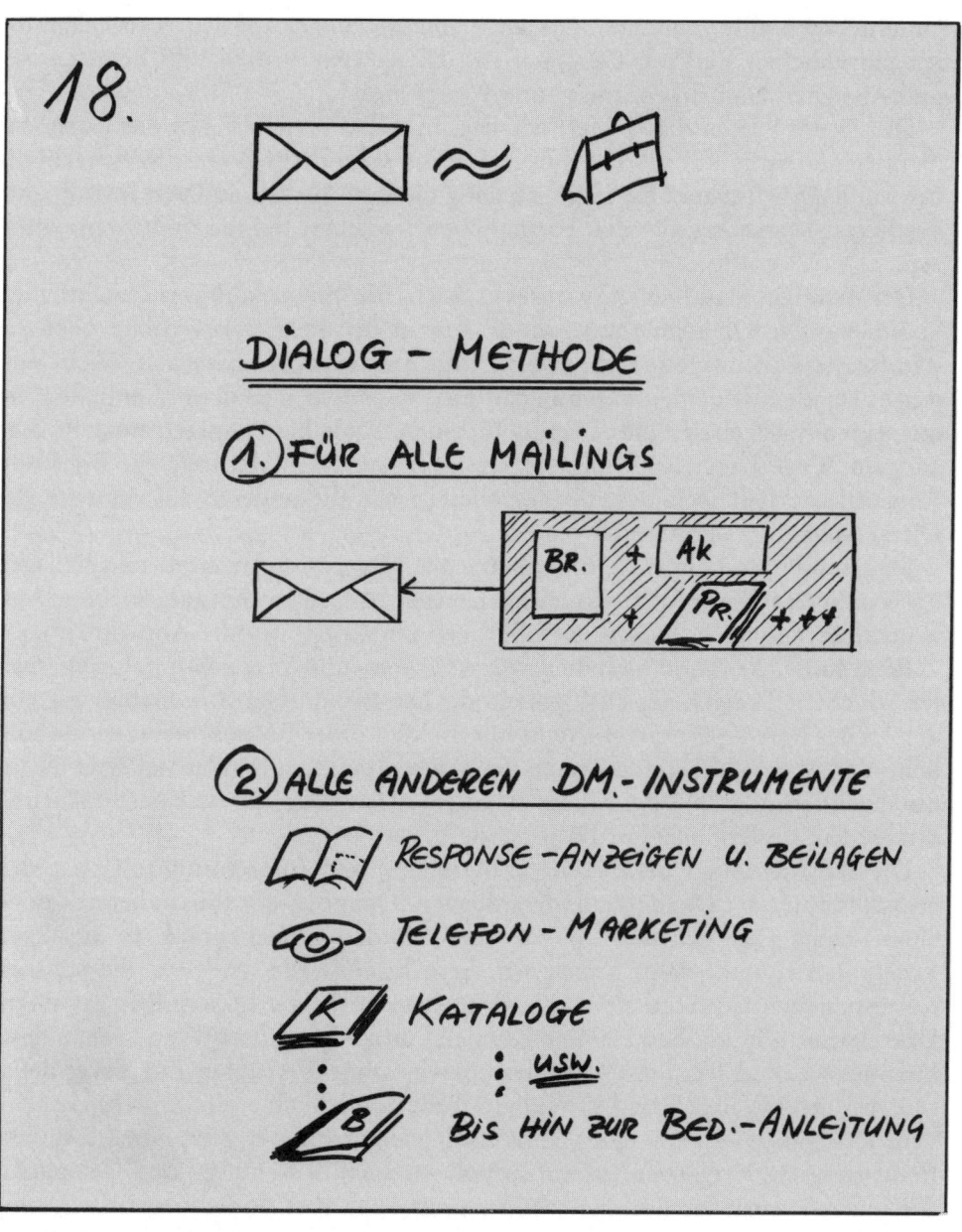

Bild 18: Die neue Dialogmethode setzen wir inzwischen auch für das Entwickeln und Gestalten der übrigen Instrumente des Direkt-Marketing ein (s. Kapitel 22).

Unternehmen aller Branchen. Die Dialogmethode baut auf dem weit bekannteren persönlichen Verkaufs-Gespräch auf. Dieser erste Vorteil hilft beim Lernen und Aneignen aller Erkenntnisse und Fähigkeiten.

Der zweite Vorteil dieser Methode liegt in ihrem breiten Bezug zur Praxis. Sie dient heute nicht nur als Grundlage für das schriftliche Verkaufsgespräch per Brief und Antwortkarte. Sie ist gleichzeitig die Basis für alle anderen Instrumente des Direkt-Marketing, die den persönlichen Verkäufer teilweise oder ganz ersetzen.

Der heutige Stand zeigt natürlich noch die entwicklungs-geschichtlichen Stationen: Die Dialogmethode wurde einmal für die Direktwerbung oder das schriftliche Verkaufsgespräch per Brief und Antwortkarte entwickelt. Nicht nur, weil es gerade hier den größeren Bedarf gab. Vor allem, weil der persönliche Brief mit seinen Beilagen der älteste Ersatz für ein persönliches Gespräch darstellt. Alle anderen Wege haben sich quasi daraus ergeben. Eine Methode für Brief und Antwortkarte läßt sich deshalb am ehesten auf die anderen Instrumente des Direkt-Marketing übertragen.

So gestalten und entwickeln wir heute auch Response-Anzeigen und Beilagen nach dieser Methode, also Coupon-Anzeigen, Anzeigen mit aufgeklebten Antwortkarten und auch Zeitschriften-Beilagen mit Coupons oder Antwortkarten.

Beim Entwickeln und Gestalten von Angebots- und Verkaufs-Katalogen arbeiten wir ebenfalls nach der Dialogmethode. Der Erfolg zeigt sich unabhängig von der Art des Katalog-Einsatzes. Nicht nur im Mail-order-Bereich, wenn der persönliche Verkäufer fehlt, sondern auch dann, wenn ein Berater oder Vertreter diesen Katalog überbringt und der Kunde zu einem späteren Zeitpunkt bestellt. Auch in diesem Fall findet ein stiller Dialog statt.

Die Informationen beim Telefon-Marketing und Bildschirmtext lassen sich ebenfalls nach der Dialogmethode aufbauen. Damit ist der Einsatzbereich noch längst nicht abgeschlossen. Wenn unangeforderte Werbebriefe zu positiven Reaktionen führen, dann setzen wir diese Brief-Regeln auch für die sonstige Korrespondenz ein. Und siehe da, wir erleben auch hier höhere Erfolgsquoten. Das gleiche gilt im Bereich der Kunden- und Hauszeitschriften. Auch diese Instrumente sind letztlich Verkaufsgespräche ohne Verkäufer. Die Paket-Beilagen, die Liefer-Beilagen sind ein weiteres Feld. Schließlich ersetzen sie das persönliche Übergabe-Gespräch eines nicht vorhandenen kompetenten Firmenberaters. In der jüngsten Vergangenheit entwickeln wir auch Bedienungs- und Gebrauchsanleitungen nach der Dialogmethode, denn auch hier findet ein stiller Dialog statt, ein verlängertes Verkaufsgespräch. Was nützt uns der Kaufabschluß, wenn beim Einsatz des Produktes mangels verständlicher Anleitung Probleme entstehen? Auch die schriftliche Mitarbeiter-Schulung und alle internen Informationen funktionieren besser auf der Basis dieser Dialogmethode, vor allem, wenn Sie meßbare Reaktionen auslösen sollen. Und schließlich ist auch die Presse-Information ein stiller Dialog mit der Redaktion mit dem Ziel, eine Veröffentlichung zu erreichen.

Damit kennen Sie den Weg für neue Aufgaben und Arbeitsplätze im eigenen Unternehmen. Der schriftliche Verkäufer betreut nicht nur den Verkauf. Er kümmert sich um alles, was in schriftlicher Form das Unternehmen verläßt. In diesem Buch kümmern wir uns primär um die Anwendung Nr. 1: Um das Verkaufsgespräch per Brief und Antwortkarte.

Noch ein Wort zu Ihrer eigenen Sicherheit beim Anwenden dieser Methode mit ihren Regeln und Empfehlungen. Die ersten Erfahrungen und Ergebnisse sammelten wir mit Original-Test-Aussendungen. Das ist ein teures, aber bis heute immer noch das sicherste Verfahren. Wir messen dann das Wesentliche: Die unterschiedliche Anzahl der tatsächlich sichtbaren, meßbaren Antworten auf verschiedene Test-Varianten.

Dieses Test-Verfahren hat im modernen Direkt-Marketing noch genau die gleiche Rangstelle wie zu allen Zeiten. Das Verfahren wurde bis heute von keiner Ersatz-Methode übertroffen, besonders, wenn es um Reaktions-Unterschiede von wenigen Prozent- oder Promille-Zahlen geht. Der Original-Test zeigt es und verblüfft immer wieder auch die ältesten Hasen dieser Branche. Test-Ergebnisse, die bei Wiederholungen in mindestens 80 % aller Fälle und Branchen die gleichen Werte brachten, werden in diesem Buch als Filter oder Verstärker behandelt.

Der Original-Test durch Messen der Reaktionsquote ist ein Privileg des Direkt-Marketing, um das uns die klassische Werbung sehr beneidet. Das Plakat oder der Werbespot lassen sich nicht so exakt im Feld testen, weil die Kauf-Reaktion über andere Marketing-Instrumente ausgelöst und deshalb auch beeinflußt wird.

Deshalb setzt die klassische Werbung schon seit langem andere Ersatz-Verfahren ein, so z. B. die Befragung durch Interviewer, den Recall-Test, den Pre-Test usw. Diese Verfahren sind heute wissenschaftlich abgesichert und als Sonde im Markt weit verbreitet. Die Marktforscher haben sich auf diese Methoden spezialisiert und helfen der Wirtschaft mit Antworten auf wesentliche Fragen wie Bekanntheitsgrad, Image, Aufmerksamkeit und Erinnerungswert.

Die klassischen Verfahren benutzen wir inzwischen auch im Institut für Direkt-Marketing bei unseren sogenannten Labor-Tests. Wir beobachten und untersuchen das menschliche Verhalten beim Briefe öffnen, lesen, entfalten, umblättern, ablegen, wegwerfen oder ausfüllen und unterschreiben. Das alles dient der Grundlagenforschung im Direkt-Marketing. Wir führen solche Labor-Tests zusätzlich zum Original-Feldtest durch, also vor einer Aussendung (Pre-Test) oder danach (Post-Test). Wir sehen auf diese Weise genauer, wann wir einen Leser verlieren und wann wir ihn fesseln. Wir messen die Augen-Bewegung mit dem Blick-Registriergerät während des Lese-Vorganges. Wir testen die Lesbarkeit von Texten und das Verstehen der Bilder. Wir prüfen die emotionale Auflaldung durch unterschiedliche Werbemittel.

Die Ergebnisse dieser Labor-Tests gehen ebenfalls in die Regeln für das schriftliche Verkaufsgespräch ein. Sie finden die wichtigsten Ergebnisse als Filter oder Verstärker in diesem Buch. Und zwar immer dann, wenn bei Test-Wiederholungen mehr als 80 % Übereinstimmung zu beobachten war. Über die laufenden Forschungs-Arbeiten und deren Ergebnisse berichten wir in den Seminaren, Kursen und in schriftlichen Informationen unseres Institutes.

23. Die Parallele zwischen persönlichem und schriftlichem Dialog

Auf der Suche nach einem brauchbaren Denkmodell für das schriftliche Gespräch brachte die Analogie zum Vertretergespräch die besten Ergebnisse. Wann immer Sie also ein schriftliches Gespräch, eine Direktwerbe-Aktion aufbauen, denken Sie an die jetzt folgenden Vergleiche mit persönlichen Gesprächen. Fragen Sie sich immer zu Beginn Ihrer Konzeption: Was würde ein persönlicher Verkäufer in diesem Falle tun? Jungen Direktwerbern empfehlen wir sogar, selbst einmal zu versuchen, die eigenen Produkte persönlich zu verkaufen. Dann beantworten sich viele Fragen ganz von selbst.

Vergleichen wir also die zwei Gespräche miteinander: Der Vertreter besucht eine bestimmte Zielgruppe (Z). Er spricht zwar immer nur mit einem einzigen Menschen, aber pro Tag sind es fünf Menschen, in der Woche vielleicht 20, im Monat sind es 100. Also spricht er auch mit einer Gruppe. Er kennt die Namen der Gesprächspartner und deren Adresse, genauso wie Sie bei Ihrer geplanten Direktwerbe-Aktion.

Der zweite Vergleich bietet sich sofort an. Ihr Vertreter hat nur ein Ziel im Auge: Er möchte ein großes »JA« auslösen, ein positives Ergebnis, eine Zustimmung, die Unterschrift unter einem Auftrag! Genau das ist sein Erfolgserlebnis, seine Motivation für den täglichen Einsatz, besonders dann, wenn diese Ergebnisse seine Kosten und Provisionen decken und den Unternehmens-Gewinn erhöhen.

Nun übertragen Sie einmal diese beiden ersten Gedanken in das schriftliche Gespräch. Unser Briefkuvert spricht auch mit einer bestimmten Zielgruppe (Z). Natürlich nicht nur mit fünf Menschen pro Tag, es können 5 000 oder 50 000 pro Tag sein. Von der Zielgruppe her gibt es also eine ganz eindeutige Analogie zum Vertreter-Gespräch. Und auch der zweite Gedanke ist übertragbar: Auch der Direktwerber hat nur ein Ziel im Auge, ein großes »JA« auszulösen. Im einfachsten Falle ist dies ein Kreuzchen auf der Antwortkarte.

Natürlich kann man einen Menschen nicht durch 20 g bedrucktes Papier ersetzen. Aus diesem Grunde haben wir auch nie 100 %-Reaktionen, wie dies

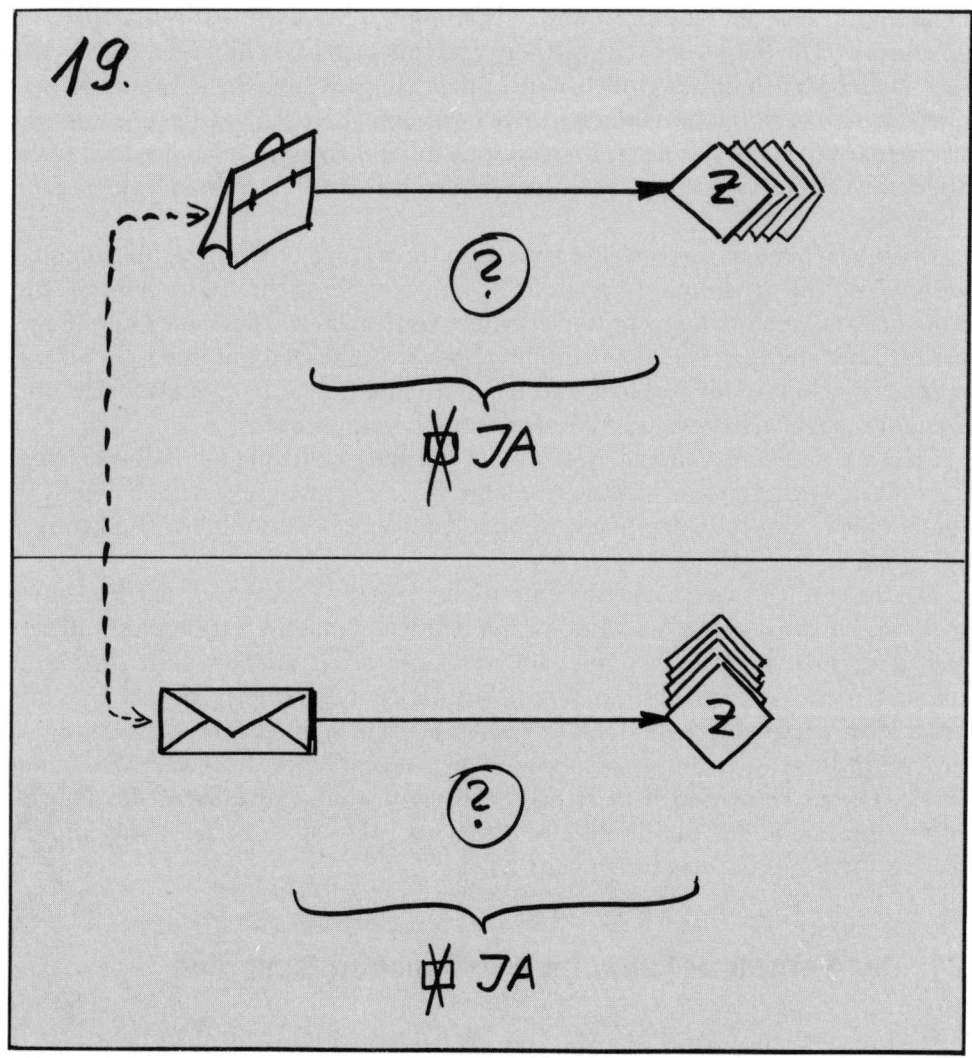

Bild 19: Der erste Vergleich zwischen persönlichem und schriftlichem Verkäufer: Beide sprechen mit einer ähnlichen Zielgruppe und haben ein ähnliches Ziel (s. Kapitel 23).

beim Vertreter-Besuch nahezu möglich ist. Er bringt immer ein »Kreuzchen« auf der Kartei-Karte mit nach Hause, ganz gleich ob als Zusage, als Absage oder als »Nicht angetroffen«. Das bedeutet aber auch, daß die 100 %-Reaktionen des Verkäufers nicht immer Verkäufe sind. Dennoch, er ist unschlagbar in seiner Abschlußquote, und genau das ist seine Stärke. Der Mensch ist deshalb bei beratungs-intensiven Produkten und in bestimmten Branchen wahrscheinlich nie zu ersetzen. Die Stärke des schriftlichen Verkaufsgespräches hingegen liegt in der Geschwindigkeit und der großen Zahl. Briefe sind im Einzelfalle immer schwächer als das persönliche Gespräch. Aber wir sprechen schlagartig mit tausend Partnern, und tausende solcher Ersatzgespräche sind eben im Ergebnis doch mehr als wenige echte Gespräche, von dem früher behandelten Kosten-Thema ganz abgesehen.

Doch lassen Sie uns jetzt weiter zum Kern Ihrer Frage vordringen. Sie möchten wissen, wie Sie ab sofort mehr große »JA's«, wie Sie mehr Kreuzchen auf der Antwortkarte, mehr Unterschriften erhalten. Genau das war auch die Grundfrage, die zur Entstehung der Dialogmethode führte. Ich gehe jetzt mit Ihnen die einzelnen Entwicklungs-Stufen durch und ich empfehle Ihnen, beim Entwickeln und Gestalten neuer Direktwerbe-Aktionen ähnlich vorzugehen.

Fragen Sie zunächst einmal, weshalb der Vertreter heute über bessere Verkaufs-Techniken verfügt als vielleicht vor 30 Jahren. Sie erkennen sehr schnell deutliche Unterschiede zwischen den heutigen und den früheren persönlichen Verkaufsgesprächen.

Das persönliche Gespräch ist heute nicht deshalb besser, weil der Verkäufer mehr und mehr in einer Art Monolog auf den Kunden einredet. Im persönlichen Verkaufsgespräch haben wir im Lauf der Jahre etwas anderes entwickelt und trainiert: den Verkaufs-Dialog. Wenn Sie diesen Dialog jetzt einmal mit mir gedanklich nachvollziehen, dann verstehen Sie sehr schnell auch das Grundmodell schriftlicher Verkaufsgespräche und den eigentlichen Kern der Dialogmethode. Dieses Denkmodell ist dann die Basis für alle Instrumente des Direkt-Marketing, nicht nur für Briefe und Antwortkarten. Wir konzentrieren uns in diesem Buch nur auf das Instrument Nr. 1.

24. Der Verkaufs-Dialog im persönlichen Gespräch

Was passiert im echten Dialog, und was können wir davon übertragen? Zwischen der Begrüßung und der Unterschrift liegt ein weites Feld. Es entspricht der Strecke zwischen dem ersten Kontakt mit dem Leser und dem Kreuzchen auf der Antwortkarte.

Nehmen Sie das Bild Nr. 20 als schematischen Ablauf dieses persönlichen Verkaufsgespräches. Zwischen der Begrüßung und dem Abschluß liegt der echte Dialog zwischen zwei Menschen. Dieser Dialog baut sich in Stufen auf. Fragen und Antworten beider Partner wechseln sich ab. Manche Fragen provoziert der gute Verkäufer, weil er eine gute Antwort kennt. Andere Fragen drängt er zurück, weil er keine gute Antwort darauf weiß. Die einzelnen Stufen beginnen mit der Kontakt-Phase und enden mit der Abschluß-Phase. Dazwischen liegt eine ganze Reihe

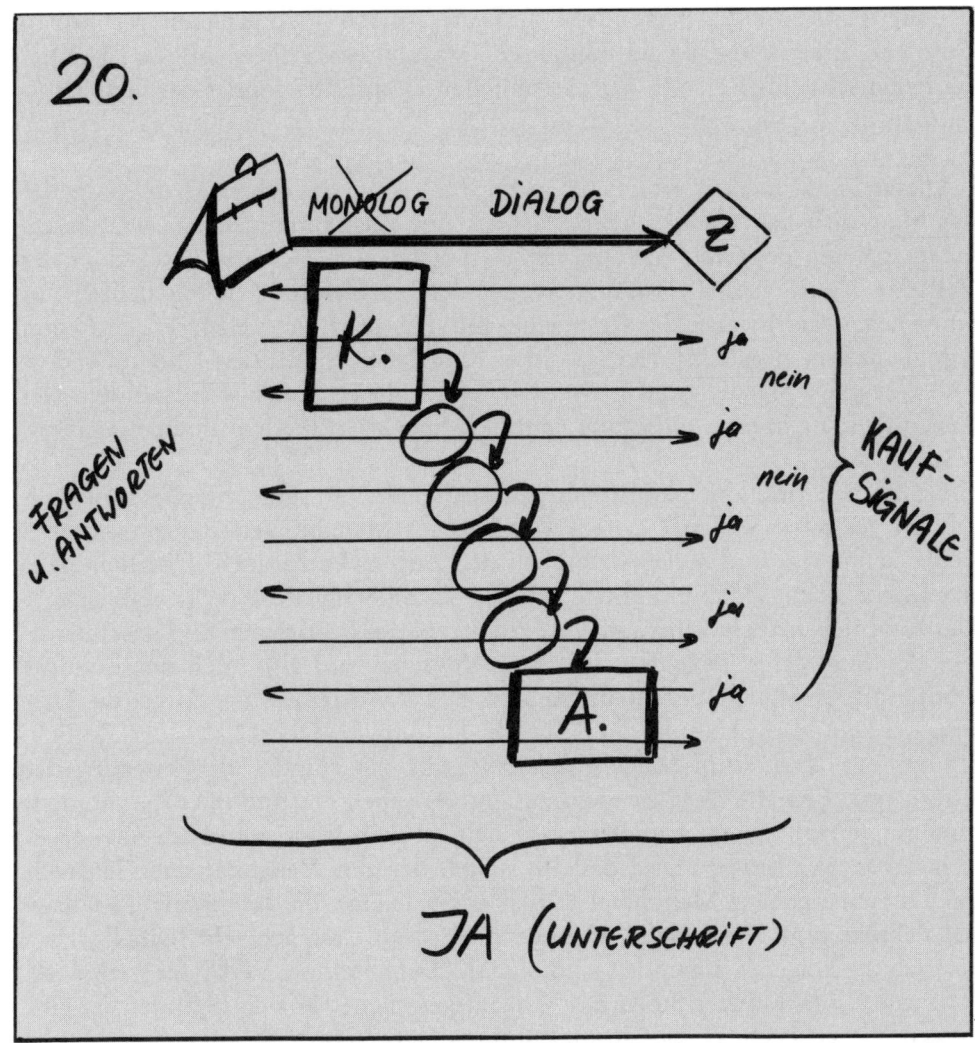

Bild 20: Im persönlichen Verkaufsgespräch kennen wir den Dialog mit ganz bestimmten Stufen und Signalen (s. Kapitel 24).

wichtiger Stufen wie Interesse wecken, Vorteile präsentieren, Sicherheit vermitteln, Gewinn berechnen, Preis erklären usw. Dieser echte Verkaufs-Dialog ist erlernbar. Zu seiner Unterstützung gibt es rhetorische Hilfsmittel jeder Art, von der Beobachtung der Körpersprache-Signale bis hin zu den Elementen der Gesprächs-Regie.

Untersuchen wir das persönliche Verkaufsgespräch noch genauer. Wir finden dann eine Erkenntnis, die ein trainierter Verkäufer heute als wichtigste Grundregel beherrscht: Im Verlaufe des persönlichen Gespräches sendet der Gesprächspartner, der Kunde, ganz bestimmte Signale. Wir nennen sie »Kaufsignale« und wir meinen damit die beobachtbaren Körpersprache-Signale.

Diesen Punkt merken wir uns für später: Im Verlauf des echten Dialoges sendet der Mensch kleine vorausgehende »jas«, kleine Zustimmungen. Sie deuten auf einen späteren positiven Ausgang des Gespräches hin. Genauso beobachtet der Vertreter kleine »neins«, vorausgehende kleine Ablehnungen. Sie deuten auf einen negativen Ausgang des Gespräches hin. Der geschulte Verkäufer achtet nun darauf, daß er möglichst viele positive Kaufsignale produziert und möglichst wenig negative Signale auslöst. Die sogenannte »Ja-Technik« ist entstanden. Der Verkäufer braucht eine bestimmte Anzahl kleiner »jas«, bevor er in die Abschlußphase eintritt.

Kaufsignale sind einfache Körpersprache-Signale. Ein sehr einfaches und auch schnell auslösbares Signal ist ein Kopfnicken. Manche Vertreter provozieren dieses kleine »ja« und nicken selbst vor den Augen des Kunden! Plötzlich zieht der Kunde nach. Doch ein einziges Körpersprache-Signal ist nicht verbindlich. Das Kopfnicken allein kann auch nur gedankenloses Zustimmen und Beschleunigen des Gespräches bedeuten. Der gute Vertreter wird also auch noch andere Körpersprache-Signale beachten. Da sind z. B. das Kreuzen der Arme, die Haltung der Hände, die Haltung der Beine, die Haltung des Oberkörpers, das Zurücklehnen, das Nach-vorne-beugen, die Bewegung der Hände, die Bewegung der Augen usw. Erst alle diese Zeichen zusammen geben ein Bild über die momentane innere Haltung des Kunden, ob er sich auf dem Wege zum Kauf oder ob er sich davon weg bewegt. Und deshalb steuert der gute Verkäufer sein Gespräch nach diesen Signalen. Manchmal vertieft er ein Thema, bis das erwartete Kaufsignal sichtbar wird. Ein anderes Mal beendet er sein Gespräch sehr schnell.

Auch die Fragen des Kunden sind Signale. Der geschulte Verkäufer weiß dann ganz genau, an welcher Stelle des Verkaufsgespräches er sich befindet. Es gibt Fragen, die gehören nur zur Kontaktstufe, andere Signale gehören nur zur Abschlußphase. Manchmal überspringt der Vertreter einige Dialog-Stufen, weil er schon die Signale einer späteren Stufe erkennt.

Der persönliche Verkäufer hat es also heute relativ einfach. Vorausgesetzt er ist selbst in das Verkaufsgespräch integriert, hat Augenkontakt und kann jede Reaktion des Kunden beobachten. Wenn er deutliche Nein-Signale sieht, beendet er das Gespräch in einer ganz bestimmten Phase, ohne den Kauf abzuschließen. Auf diesem positiven Zwischen-Ergebnis baut er seinen nächsten Besuch, seinen nächsten Dialog, auf.

Der persönliche Verkäufer hat also ein Vielfaches mehr an Chancen, um das einzelne Gespräch zu steuern. Es schien zunächst völlig aussichtslos, per Brief auch nur teilweise an diese Chancen heranzukommen. Doch inzwischen sind wir überraschend weit vorangekommen.

25. Die ersten übertragbaren Erkenntnisse für den schriftlichen Dialog

Nach diesen ersten Hinweisen aus dem persönlichen Verkaufsgespräch fällt es Ihnen nicht mehr schwer, die Analogien zum schriftlichen Gespräch zu verstehen. Wir vergleichen jetzt einmal den Aufbau guter und schlechter Direktwerbung miteinander. Als Kriterium für gut und schlecht gilt die Reaktionsquote. Also höhere Erfolgsquote = bessere Direktwerbung, niedrigere Erfolgsquote = schlechtere. Wir selbst haben zu diesen Untersuchungen komplette Testpackages eingesetzt, die sich nur in der Test-Variante voneinander unterschieden haben, also dasselbe Produkt, derselbe Preis, dasselbe Timing usw. Die Testpersonen kannten die eigentlichen Test-Packages nicht. Sie waren mit anderen Kuverts vermischt. Als Untersuchungs-Methoden setzten wir ein: Befragung, Beobachtung, Blick-Registrierung, Kurzzeit-Belichtung (Tachistoskop), Hautwiderstands-Messung (PGR) und vor allem ein eigenes neues Verfahren der statistischen Auswertung der im Package enthaltenen Filter und Verstärker, der Dialog-Test (nach der Dialogmethode).

In diesem Buch für den Direktwerbe-Praktiker überspringen wir jetzt die theoretischen Grundlagen der herkömmlichen Pretest-Verfahren. In der wissenschaftlichen Literatur finden Sie mehr zu diesem Thema (s. Literaturhinweise). Ich schildere Ihnen die Ergebnisse, soweit sie direkt dem praktischen Entwickeln und Gestalten schriftlicher Gespräche dienen.

Unsere Labor-Tests haben wir mit den tatsächlichen Test-Ergebnissen der jeweiligen Aussendung verglichen. Das erste Untersuchungs-Ergebnis zeigte gleich eine verblüffende Ähnlichkeit zum persönlichen Gespräch: Ein »Monolog« ist auch im schriftlichen Gespräch kein Weg zu höheren Erfolgsquoten. Wer einen Monolog schreibt, verliert sehr schnell seine Leser. Er schreibt nur für sich selbst.

Als äußere Zeichen für einen Monolog, für eine ununterbrochene Rede in einer Richtung, versteht der Leser z. B. alle ununterbrochenen Textblöcke. Aber dies ist nur die äußere Form. Der Monolog wirkt vor allem durch seinen Inhalt. Er kümmert sich wenig um die Probleme und Fragen des Partners.

26. Der stille Dialog ist entdeckt

Bei unseren Untersuchungen entdeckten wir den stillen Dialog. Der Mensch »spricht« mit dem bedruckten Papier. Die Empfänger aller Zielgruppen führen einen stummen Dialog mit dem Brief, der Antwortkarte, den Beilagen und teilweise auch mit dem Kuvert. Manche Dialoge dauern nur wenige Sekunden, andere ein Vielfaches davon.

Im Gegensatz zum Verkäufer *hören* wir nicht die Fragen des Empfängers (wir sind ja auch nicht persönlich anwesend). Aber wir kennen heute eine ganze Reihe von Fragen, die sofort auftreten, sobald das Kuvert mit seinem Inhalt beim Empfänger ankommt, ganz einfache, gedachte Fragen. Eine der ersten Fragen z. B. bei

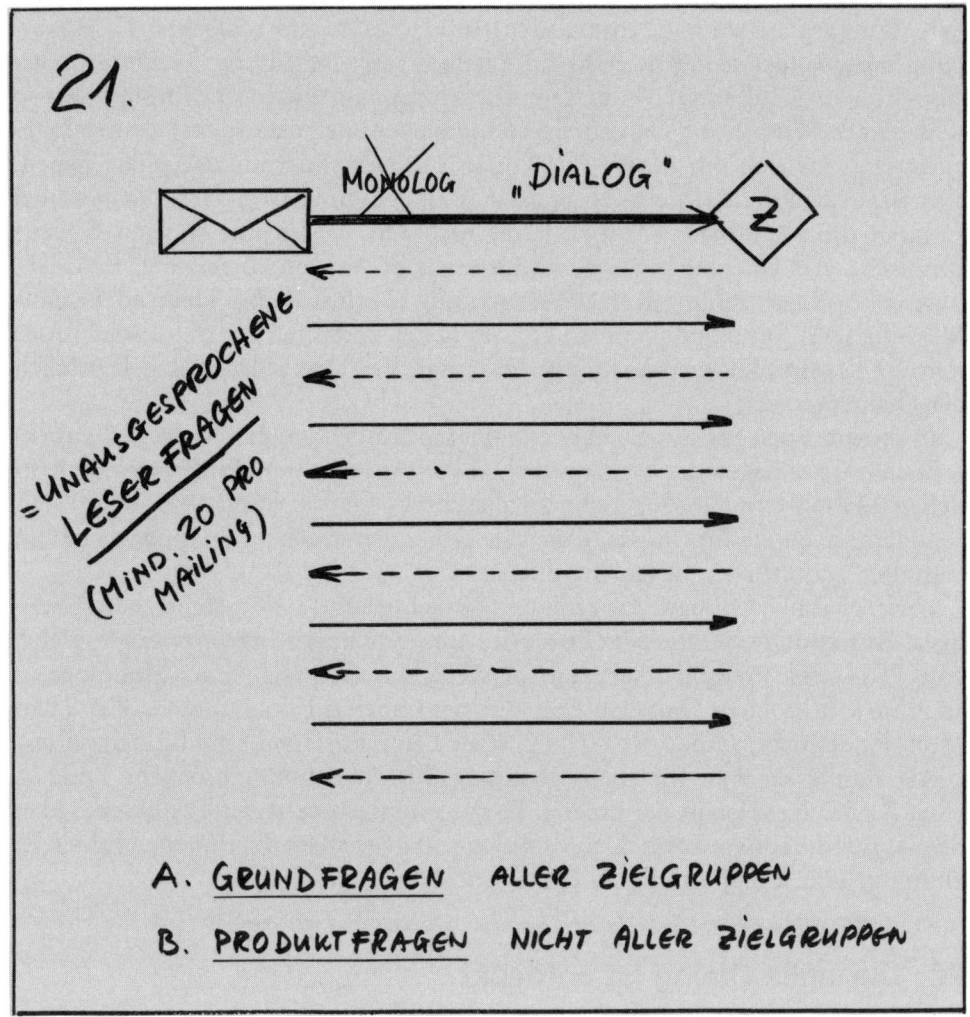

Bild 21: Im schriftlichen Verkaufsgespräch baut sich ebenfalls ein Dialog auf. Die Auslöser sind die sogenannten unausgesprochenen Leserfragen (s. Kapitel 26 und 27).

der Neukunden-Werbung heißt: »Woher hat diese Firma meine Adresse?« Denken Sie einmal darüber nach, wie Sie selbst reagieren, wenn Sie Ihren privaten Briefkasten leeren. Beobachten Sie einmal, was Sie bisher routinemäßig und teilweise unbewußt getan und deshalb nicht mehr registriert haben. Auch Sie stellten sich stille Fragen wie: »Was ist denn das?«, »Woher kommt das?«, »Was wollen die von mir?«, »Soll ich das lesen?« usw.

Wir kennen eine ganze Reihe von Fragen, die immer wieder auftreten, sobald ein Briefkuvert mit werblichem Inhalt beim Empfänger ankommt. In Montreux 1980 bei der ersten Präsentation der Dialogmethode nannte ich diese Fragen »die unausgesprochenen Leserfragen« (engl.: »unspoken readers questions«). Dieser Name ist inzwischen zum Fachbegriff im Direkt-Marketing geworden. Ihre Entdeckung war übrigens das erste große Erfolgs-Erlebnis in der Entwicklungsgeschichte der Dialogmethode.

Übrigens entdeckten wir noch etwas: Es treten schon bei den einfachsten Angeboten, bestehend aus Brief und Antwortkarte *mindestens* 20 Leserfragen pro Package auf! Je mehr Teile im Kuvert ankommen, also Prospekte, Broschüren, Kataloge usw., desto mehr Fragen treten auf. Auch die Zielgruppe, das Ziel und das Produkt beeinflussen die Anzahl der auftretenden Leserfragen. Glauben Sie nicht, der Leser könne gar nicht so viele Fragen in so kurzer Zeit stellen. Er kann es! Es handelt sich schließlich um gedachte Fragen. Und der Mensch denkt etwa fünfmal schneller als er spricht.

Im übrigen finden Sie auch hier wieder eine Analogie zum persönlichen Verkäufer. Auch er löst »unausgesprochene Fragen« sofort zu Beginn des Gespräches aus. Typische erste Fragen beim Vertreter an Ihrer Wohnungstür (wenn Sie zum Türspion hinausschauen): »Wer ist das?«, »Woher kommt der?«, »Was will er von mir?«, »Soll ich ihm die Tür aufmachen?« usw. Unausgesprochene Fragen, auf die Sie eine Antwort suchen. Es gibt für Sie nur zwei Chancen. Entweder die Tür zu öffnen und sich die Antworten anzuhören oder die Tür geschlossen zu halten und auf die Antworten zu verzichten, vielleicht weil Sie keine Lust haben, Ihre Zeit mit Verkaufsgesprächen an der Wohnungstür zu verlieren oder grundsätzlich keine Vertreter empfangen.

Dieser Punkt verhält sich beim schriftlichen Verkäufer ein bißchen anders. Wenn Sie das Kuvert in der Hand halten, dann haben Sie dem schriftlichen Vertreter bereits die »Tür« geöffnet (zumindest die Briefkasten-Tür). Wenn er nun schon mal eingetreten ist und keinerlei persönliche Bedrohung darstellt, dann kann man ja auch kurz in das Kuvert hineinschauen und sich eine Antwort holen auf die Frage, mit welcher Absicht er gekommen ist.

Demnach müßten eigentlich sehr viel mehr Vertreter vor der Wohnungstür stehen bleiben und umgekehrt sehr viel mehr Kuverts Eingang finden und zum Gespräch kommen. Tatsächlich zeigen letzte Untersuchungen, daß nur etwa 5–10 % der Empfänger die Direktwerbung ungeöffnet wegwerfen.

Die erste und zugleich größte Wegwerfwelle kommt dann allerdings gleich wenige Sekunden nach dem Öffnen, und sie dauert insgesamt nur etwa 20 Sekunden, ganz im Gegensatz zum persönlichen Verkaufsgespräch. Haben Sie dort den persönlichen Verkäufer erst einmal hereingelassen, dann schaffen Sie es nicht, ihn nach 20 Sekunden wieder »hinauszuwerfen«. Eigentlich wollen Sie nur in wenigen Sätzen hören, weshalb er kommt und was er Ihnen zu bieten hat. Dann möchten Sie genauso schnell entscheiden, ob Sie sich den Rest des Gespräches anhören oder nicht. Aber genau diesen blitzschnellen Dialog-Ablauf verhindert der Verkäufer. Er muß zum ausführlichen Gespräch kommen, um die Vorteile seines Angebotes richtig zu präsentieren. Außerdem dauern schon die wenigen ersten tatsächlich ausgesprochenen Fragen und Antworten etwa fünfmal länger als die unausgesprochenen im stillen Dialog.

Unausgesprochene Leserfragen resultieren aus unterschiedlichen Quellen. Zunächst ist da das Package und seine einzelnen Teile. Ein Brief löst ganz andere Fragen aus (z. b. »Warum schreibt er gerade mir?«) als eine Antwortkarte. Sie wiederum führt zu ganz anderen Fragen (z. B. »Muß ich etwas unterschreiben?«) als der Prospekt. Und alle zusammen ergeben einen ganz anderen Dialog-Verlauf, als wenn Teile davon fehlen. Darüber werden wir in einem späteren Kapitel noch mehr hören. Auch die Zielgruppe übt Einfluß auf die Art der Leserfragen aus. Der private Empfänger fragt anders als der Einkäufer eines Supermarktes, der technische Leiter der Maschinenfabrik anders als der Arzt, der Anwalt anders als der Einzelhändler und er wiederum anders als der Handwerksmeister. Die ersten Fragen des Einzelhändlers heißen: »Was verdiene ich damit?«, »Wieviel Rabatt gibt es?«, »Wie schnell verkauft sich das?« usw. Der Handwerker fragt zuerst: »Was kostet das?«, »Was nützt mir das?«, »Was spare ich dadurch ein? Zeit? Personal?« Im Grund vereinen sich alle Fragen zum Kern: »Welchen Vorteil habe ich?«

Der Bedarf der Zielgruppe, die Konjunktur, der Trend, die Mode, die politische Entwicklung, die gesetzlichen Bestimmungen oder nur angekündigten Maßnahmen, alles das beeinflußt ebenfalls die Art der unausgesprochenen Leserfragen.

Dennoch gibt es ganz bestimmte Fragen, die unabhängig von der Zielgruppe immer wieder auftreten. Und es gibt Fragen, die nur bei ganz bestimmten Zielgruppen oder aber auch bei ganz bestimmten Produkten zu erkennen sind. Deshalb wollen wir dieses Thema noch etwas vertiefen.

27. Die unausgesprochenen Leserfragen

Nach den ersten Erkenntnissen haben wir während unserer Untersuchungen die Leserfragen in zwei Gruppen eingeteilt: Erstens in die Gruppe der immer wiederkehrenden Fragen, unabhängig von der jeweiligen Zielgruppe und vom

Produkt. Diesen Komplex nennen wir heute die »Grundfragen«. Zweitens in die produkt- und zielgruppenabhängigen Fragen. Diesen Bereich nennen wir einfach die »Produktfragen«.

Denken Sie gerade bei diesem Thema daran, wir wollen Reaktionen auslösen, nicht nur klassisch werben (Image pflegen, Bekanntheitsgrad erhöhen). Gerade dieses Reaktions-Ziel scheint die Leserfragen erst so richtig in Gang zu bringen, im Gegensatz zu klassischen Instrumenten. Die Grundfragen basieren offenbar auf menschlichem Verhalten. Und dies ist wohl der Grund, weshalb sie zielgruppen-unabhängig immer wieder auftreten. Schließlich bestehen unsere Zielgruppen vor allem aus Menschen und erst in zweiter Linie aus unterschiedlichen Fachberufen. Steigt man tiefer in diese Fragetechnik ein, dann erkennt man bestimmte Bedürfnisse, die häufig unbewußt hinter diesen Fragen stehen. Die Fragen nach dem persönlichen Vorteil dominieren. Das Vorteil-Suchen scheint uns wohl allen angeboren zu sein. Die Grundfrage, »was habe ich davon« oder »was bringt mir das?«, taucht immer wieder auf. Gleich danach folgt eine zweite Gruppe, deren Basis wohl in der Neugier des Menschen zu suchen ist. Neues zu wissen, neues zu erfahren, mehr zu wissen als andere, das scheint mit der Vorteil-Suche sehr eng verwandt zu sein. Vielleicht bringt mehr Wissen mehr Macht und damit mehr Vorteil über den Rest der Zielgruppe. Vorteils-Denken und Neugier-Verhalten des Menschen scheinen im schriftlichen Verkaufsgespräch zu den stärksten Motiven zu gehören. Darüber hinaus tauchen Fragen-Gruppen auf, die auf die Grundbedürfnisse des Menschen zurückgehen. Der ganze Komplex Sicherheit, Schutz und Garantie gehören hierher. Also Fragen wie »Wer beweist denn das?«, »Wer garantiert mir das?«, »Wie kann ich mich persönlich überzeugen?« usw. Diese Grundfragen treten ebenso zielgruppen-unabhängig auf wie Fragen aus dem Sozial-Bedürfnis und dem Ich-Bedürfnis, z. b. »Wer hat das vor mir schon gekauft?«, »Ist das wirklich genau das Richtige für mich?«, »Was sagt mein Chef dazu?«, »Was sagt meine Familie dazu?«, »Was sagen die Nachbarn und Freunde dazu,«, »Wird mein Leben dadurch angenehmer, gesünder, bequemer?«, »Bin ich persönlich angesehener, hübscher, erfolgreicher?«, »Verdiene ich danach mehr?« usw.

Eigentlich lassen sich alle Grundfragen auf die Grundbedürfnisse des Menschen zurückführen, auch die Suche nach dem eigenen Vorteil. Vielleicht geht dieses Vorteils-Denken entwicklungs-geschichtlich auf den Überlebens-Vorteil zurück. Wir haben uns schon vor Millionen Jahren so und nicht anders verhalten, weil dieses »So« zum Überleben führte und das »Anders« wahrscheinlich während der Evolution den Untergang der jeweiligen Art verursacht hätte. Nur die Überlebenden konnten das Erbgut weitertragen. Dies ist sicher eine zu vereinfachte Darstellung der psychologischen Gründe für das egoistische Vorteils-Denken, das wir im stillen Dialog registrieren. Doch als Denkmodell genügt diese vereinfachte Form.

Den zweiten Fragen-Komplex nennen wir die »Produktfragen«. Sie treten nicht immer auf. Ihre Basis liegt in der bisherigen Erfahrung mit ähnlichen Produkten, im Bedarf für solche Produkte, im Umfeld der Empfänger, in der Konjunktur, in der Liquidität, der Kaufkraft usw. Diese Fragen sind also Produkt- und Zielgruppenabhängig. In Ihrem Fall sehen diese Fragen sicher ganz anders aus als bei einem Anbieter aus einer anderen Branche. Aber sie lauten so ähnlich wie die Produktfragen bei Ihrer Konkurrenz. Und dies ist wieder ein wichtiger Hinweis: Beobachten Sie auch die schriftlichen Gespräche Ihrer Konkurrenten.

In den Kapiteln 78 und 79 finden Sie mögliche Grund- und Produktfragen Ihrer Zielgruppe. Erweitern Sie diese Fragen für Ihre Ziele. Die Quelle für weitere Leserfragen in Ihrem Fall ist ganz einfach das echte Verkaufsgespräch, das Telefongespräch oder die übliche Korrespondenz! Alle diese »ausgesprochenen« Fragen sind auch unausgesprochene Fragen in der Direktwerbung.

Fassen wir also das Bisherige zusammen: Der Leser hat beim Auftreten eines schriftlichen Verkäufers sofort eine Reihe von Fragen, über die sich ein stiller Dialog aufbaut. Es sind Fragen, die teilweise auch im persönlichen Gespräch auftreten. Doch es sind unausgesprochene Fragen, und daher sind es sehr viel mehr. Wenn wir auf diese Fragen eingehen und so den Dialog aufnehmen, steigt die Lesebereitschaft unserer Empfänger und auch die Reaktionsquote. Besonders dann, wenn wir so einfache Fragen beantworten wie z. B. »Was soll ich jetzt tun?« Eine Frage, die meistens am Ende des Briefes oder des Prospektes unausgesprochen auftritt. Deshalb lesen Sie so häufig im letzten Brief-Absatz: »Am besten, Sie überzeugen sich selbst. Kreuzen Sie Ihre Abrufkarte an und schicken Sie diese Karte möglichst heute noch zurück.«

Hinter jeder Leserfrage steht die Kernfrage: »Was habe ich davon?« Geben Sie deshalb vor allem solche Antworten, die dem Leser einen Vorteil bringen oder aber Antworten, die ihn neugierig machen. Beides hält den Leser am Text fest. Die Antwort »Wir sind die Größten«, wäre nur dann sinnvoll, wenn der Leser gleichzeitig erfahren würde, welchen Vorteil er davon hat.

Das positive Gesprächs-Ergebnis wäre das Kreuzchen auf der Antwortkarte, die Unterschrift unter dem Auftrag, also eine endgültige Zustimmung, ein sichtbares JA.

28. Die kleinen »jas« als Verstärker

Während der Untersuchungen zur Dialogmethode kam es zu einer zweiten wichtigen Erkenntnis: Zwischen dem ersten Kontakt mit dem Kuvert und dem Kreuzchen auf der Antwortkarte liegen viele kleine Vor-Entscheidungen oder Ablehnungen, genau wie im persönlichen Gespräch. Der Leser sendet im Verlauf des stillen Dialoges positiv oder negativ zu deutende Signale! Ich nenne sie »Response-Signale«. Einfache Körpersprache-Signale oder Andeutungen davon, die manchmal sogar ohne Registriergerät, durch einfaches Beobachten, sichtbar werden.

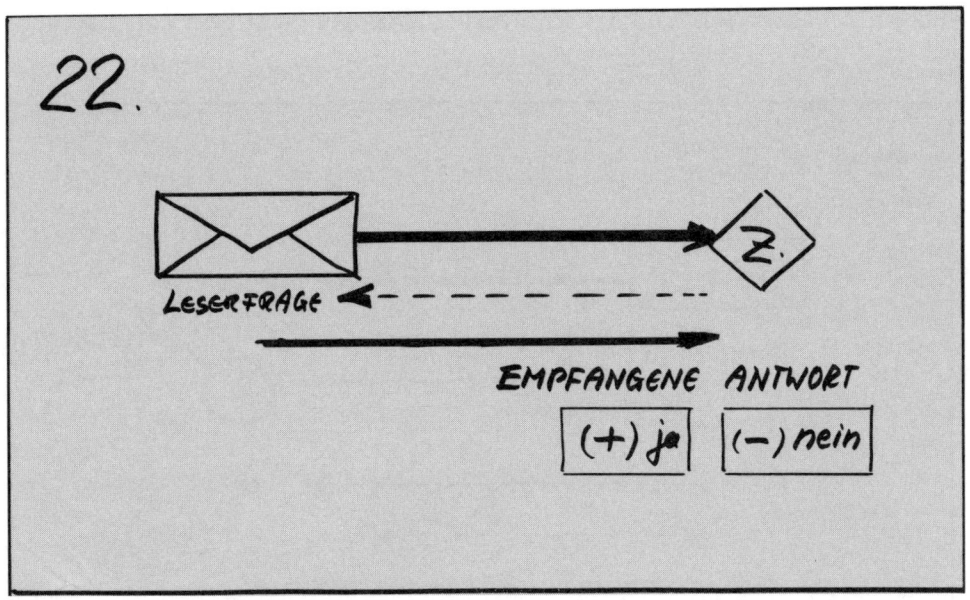

Bild 22: Der Leser sucht sich auf seine ausgesprochenen Leserfragen eine Antwort. Sie kann für ihn positiv oder negativ sein. Eine nicht gefundene Antwort wirkt meistens negativ (s. Kapitel 28).

Es gibt also Teile im schriftlichen Dialog, die den Leser positiv oder negativ beeinflussen. Diese Teile bewirken eine positive oder negative »Aufladung« des Lesers. Und auch hier besteht eine Analogie zum persönlichen Verkaufsgespräch. Sie haben es selbst schon erlebt. Mitten in einem Vertreter-Gespräch läßt Ihr Interesse am Angebot plötzlich nach. Die Minuspunkte nehmen zu, und Sie suchen eine Chance, den Vertreter wieder loszuwerden. Oder umgekehrt, die Pluspunkte überwiegen, und Sie möchten immer mehr über das neue Produkt erfahren und weitere Pluspunkte sammeln.

Das ist für unsere Dialogmethode sehr wichtig: Bevor der Mensch handelt, bevor er etwas bestellt, etwas kauft oder mehr Material anfordert, baut sich diese Reaktion stufenweise in seinem Gehirn auf. Überwiegen die Vorteile, die Pluszeichen, dann bleibt der Leser »im Gespräch«. Er liest weiter. Er will noch mehr wissen. Die stärksten Triebfedern sind wie gesagt Vorteile und Neugier. Der Kontakt bleibt auch dann bestehen, wenn zwischen den Vorteilen auch Nachteile auftauchen. Wichtig ist nur, daß die Vorteile überwiegen. Sobald aber irgendwann im schriftlichen Dialog die Nachteile dominieren, kommt es offensichtlich zu einer kritischen Phase. Der Leser sendet negative Signale (Ablehnung), er legt zur Seite, im schlimmsten Fall steigt er ganz aus und wirft das Angebot in den Papierkorb. Wir suchten deshalb eine Methode, um die Plus- oder Minus-Aufladungen des Lesers während des schriftlichen Dialoges nicht dem Zufall zu über-

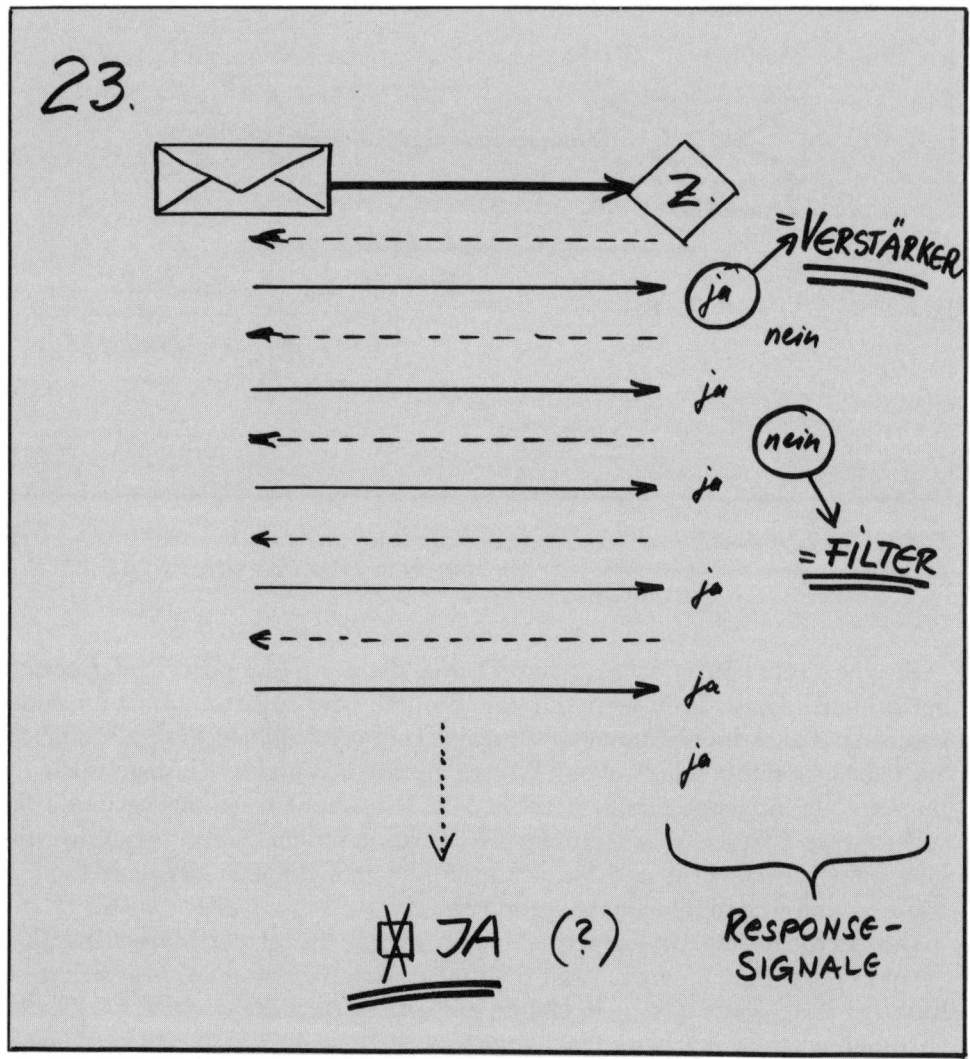

Bild 23: Bevor der Leser reagiert, empfängt er Antworten auf seine unausgesprochenen Fragen. Die Reaktionen darauf zeigen sich als »Response-Signale«. Positive Signale sind das Ergebnis der »Verstärker«, negative Signale das der »Filter« im Package (s. Kapitel 28 und 29).

lassen. Dazu mußten wir erst einmal mehr über diese Signale wissen und über die Gründe ihres Auftretens. Diesem Thema galten weitere Untersuchungen mit guten (hohe Erfolgsquote) und schlechten Packages.

Die große Reaktion, das Kreuzchen auf der Antwortkarte, scheint also das Ergebnis vieler kleiner vorausgegangener Entscheidungen zu sein. Bei der Analyse des Lese-Verhaltens werden positive Reaktionen sichtbar. Noch deutlicher erkennt man die negativen Signale im schriftlichen Gespräch. Der Mensch sendet über Gesicht und Körper Signale, die sich mit den heutigen Erkenntnissen über Körpersprache erklären lassen. In vielen Fällen sieht man nur kleine Andeutungen von Signalen, also nur leichte Anzeichen für Kopfnicken, Vorbeugen, Zurücklehnen, Weiterlesen usw.

Zunächst konzentrieren wir uns auf die positiven Signale. Denn sie geben uns Hinweise darauf, welche Teile unserer Botschaft den Leser interessieren und festhalten. Beim Vergleich solcher positiven Signale stößt man auf unterschiedliche Gewichte. Es scheint Informationen zu geben, die dem Leser ein Vielfaches mehr bedeuten als andere. Dies muß nicht immer eine verbale Antwort sein. Wir beobachten, wie ganz bestimmte Beilagen im Kuvert als eine Art Antwort genügen, um beim Leser Zustimmung und weiteres Interesse auszulösen, noch lange bevor er etwas auf diesem Papier gelesen hat.

Die kleinen positiven Response-Signale, die kleinen ja's, nennen wir »Verstärker« im schriftlichen Gespräch. Beispiele solcher Signale sind: Sorgfältiges Öffnen und Entfalten, Weiter-Lesen, sich nicht stören lassen, sich zurücklehnen, genauer lesen, Erweitern der Pupillen, wiederholtes Lesen, Suchen nach weiteren Unterlagen, erneutes Lesen der Antwortkarte und schließlich alle Vorbereitungen zur tatsächlichen Reaktion.

Die Summe dieser Zeichen, ihre Intensität und ihre Zugehörigkeit zu bestimmten Dialog-Phasen, geben uns heute Anhaltspunkte für das spätere tatsächliche Reaktions-Verhalten. Mit der parallelen Aufzeichnung des Blickverlaufes koordinieren wir die jeweiligen Signale mit der gerade aufgenommenen Botschaft. Auf diese Weise erfahren wir mehr über die Wirkung eines Satzes oder eines Bildes. Wir beobachten, welche Aussage den Menschen zum Weiterlesen veranlaßt und an welcher Stelle er aus der Information aussteigt. Dies waren die entscheidendsten Erkenntnisse für den Aufbau der Dialogmethode. Ich habe dazu ein eigenes neues Test-Verfahren unter dem Namen »Dialog-Test« entwickelt. Solche Labor-Untersuchungen dienen vor allem der Grundlagen-Forschung. Die praktische Anwendung daraus hilft Ihnen beim Entwickeln und Gestalten von Packages.

29. Die kleinen »neins« als Filter

Genau wie beim persönlichen Verkaufsgespräch beobachten wir aber auch im schriftlichen Dialog viele kleine vorausgehende Ablehnungen. Diese kleinen neins nennen wir »Filter« im schriftlichen Dialog. Vergleichen Sie auch diese Signale mit solchen im persönlichen Gespräch. Auch dort hören Sie manchmal Argumente, die Sie nicht überzeugen. Manchmal erhalten Sie eine Antwort, deren Inhalt Sie nicht befriedigt. Das Ergebnis ist dann kein eindeutiges Ja. Es kann ein »Jain« sein oder ein eindeutiges Nein. Genauso verhält es sich auch hier im Gespräch per Brief und Antwortkarte.

Das Kuvert mit seinem gesamten Inhalt gibt dem Leser Antwort auf Fragen wie: »Soll ich das überhaupt lesen? Interessiert mich das? Brauche ich das? Bringt mir das etwas?« Fragen dieser Art zielen eigentlich schon auf eine erwartete Ablehnung. Denn eigentlich will der Leser nicht immer sein bisheriges Verhalten ändern. Bequemlichkeit und Zufriedenheit sind starke Motive gegen jede Art von Änderung. Sehr häufig führt der schriftliche Dialog zur Bestätigung, daß alles Bisherige völlig richtig war. Ein »Nein« auf die Leserfrage »Brauche ich das?« ist nur ein Nein für den Verkäufer! Für den Leser ist es eine Bestätigung der bisherigen Verhaltensweisen! (Es gibt nichts Neues, es gibt nichts Besseres. Also waren wir schon bisher gut und sind es auch noch für die nächste Zeit.)

Dies alles deutet schon auf die späteren Kapitel »Texten« hin. Unsere Antworten müssen dem Leser *mehr* Vorteile als bisher bieten. Wir erwarten schließlich eine Verhaltens-Änderung. Und diese Änderung ist von Seiten des Lesers nicht immer gewünscht. Überschätzen wir unser eigenes Produkt nicht. Es gewinnt den Kampf im Markt langfristig nur, wenn es dem Kunden mehr Vorteile als bisher bietet. Selbstverständlich finden sich immer einige Interessenten oder Käufer für ein Angebot ohne Vorteile. Aber hier wird nur der Lieferant gewechselt oder ein Produkt gegen das andere ausgetauscht, das typische Beispiel im Verdrängungs-Wettbewerb. Das hilft zwar dem einzelnen Anbieter, schafft aber keine neuen Märkte für die gesamte Volkswirtschaft.

Das schriftliche Gespräch im Direkt-Marketing geht viel weiter. Es sucht zusätzliche Bedürfnisse und zeigt auch dem Zufriedenen noch bessere Wege. Es ergänzt Vorhandenes mit neuen Zusatzteilen. Es bringt Lösungen für Probleme und Bedürfnisse, die vielleicht bisher nur latent vorhanden waren. Es öffnet den Weg auch für völlig neue Märkte oder schafft neue Zuwachsraten in bestehenden Märkten.

Woran erkennt man ein kleines »nein«, einen Filter, im schriftlichen Gespräch? Es ist eine Art Ablehnung, ein Anti-Response-Signal. Der Leser spricht nicht immer darüber. Aber seine Körpersprache ist deutlich genug. Die einfachsten Signale sehen Sie mit bloßem Auge. Es beginnt mit einem negativen Gesichtsausdruck und endet mit dem großen »NEIN« (Papierkorb). Die ersten 20 Sekunden sind das ergiebigste Feld zur Beobachtung. Wer das Kuvert recht »bösartig« aufreißt (nicht sorgfältig mit Brieföffner) und sich dabei langsam in Richtung Papierkorb bewegt, sendet ein eindeutiges Nein-Signal. Wer den Kuvert-Inhalt über dem Papierkorb entfaltet, hat nahezu die höchste Stufe des Anti-Response erreicht. Er braucht nur noch seine Hände zu öffnen!

Was ist geschehen? Was führt zu dieser ersten großen Wegwerf-Welle? Auf diese Frage konzentrierten sich unsere weiteren Untersuchungen. Welche Elemente auf dem Briefkuvert, auf dem Brief, auf der Antwortkarte und den Beilagen lösen die Ablehnungen aus? Wo befinden sich die Augen, während der Mensch negative Körpersprache-Signale sendet? Was liest er in diesem Augenblick? Welches Bild schaut er gerade an?

Für solche Beobachtungen genügt das bloße Auge allein nicht mehr. Die Signale treten zeitlich parallel und vor allem zu schnell auf. Wir zeichnen deshalb das Lese-Verhalten synchron mit Film- und Video-Kameras auf. Die Analyse in Zeitlupe zeigt dann die Zusammenhänge, und erst die Versuchs-Serien mit unterschiedlichen Zielgruppen bringen verläßliche und wiederholbare Werte. Wir stützen uns allerdings nicht nur auf die Aussagen der Versuchs-Personen. Das wäre zu ungenau. Wir verlassen uns mehr auf die Instrumente und Geräte zur Registrierung des Blickverlaufes, der Körpersprache und der emotionalen Erregung. Über die Methodik der Untersuchungen und die wissenschaftliche Leitung der Experimente berichte ich in einer separaten Veröffentlichung. Meines Wissens ist unser »Institut für Direkt-Marketing« das erste und einzige Institut in Europa, das sich in der Werbemittel-Forschung mit einer eigenen Augenkamera (=aufwendige Einrichtung für Blickregistrierung) *ausschließlich* auf das Direkt-Marketing (und hier vor allem auf das Direktwerbe-Package) konzentriert und diese Werbemittel auf Filter und Verstärker nach der Dialog-Methode untersucht.

Doch dies ist ein Buch für Praktiker schriftlicher Verkaufsgespräche. Sie brauchen das Ergebnis der Untersuchung nicht das Verfahren. Sie suchen die Filter und Verstärker für das Entwickeln von Mailings mit höherer Erfolgsquote. Ich will Ihnen zeigen, wie Sie sehr viel mehr kleine ja's bekommen und weniger kleine nein's, mehr Zustimmung und weniger Ablehnung, genauso wie im persönlichen Gespräch. Also bleiben wir bei den sofort anwendbaren Erkenntnissen.

30. Der sicherste Weg zum großen JA

Sie haben es bereits erkannt: Es gibt Verstärker und Filter im schriftlichen Gespräch. Beide bauen sich im Verlaufe des schriftlichen Dialoges auf. Überwiegen die Verstärker, liest der Mensch weiter. Überwiegen die Filter, unterbricht er das schriftliche Gespräch oder wirft alles in den Papierkorb. Die Aufgabe des Direktwerbers ist es also, zu keinem Zeitpunkt ein Übergewicht an nein's zu produzieren. Übrigens läßt sich diese Technik der Dialogmethode bei allen

Instrumenten des Direkt-Marketing einsetzen, bis hin zum Bildschirmtext. Auch dort steigt der Leser aus dem Programm aus, wenn die kleinen neins die Oberhand gewinnen.

Das alles klingt sehr einfach. Und wir wundern uns, warum man nicht schon lange diesen Weg gefunden hat. Aber vielleicht mußten wir bisher nicht über das WARUM nachdenken. Wir haben intuitiv konzipiert und Packages entwickelt. Im Grunde war das schon immer ein nachvollzogenes Verkaufsgespräch. Die Formulierung der Gedanken wurde erst nötig, als es darum ging, den Nachwuchs in dieser Branche auszubilden.

Wir haben jetzt eine Formel für die Praxis. Wenden Sie diese Formel an, wann immer Sie Reaktionen auf Ihre schriftlichen Verkaufsgespräche erwarten, ganz gleich, ob Sie ein Abonnement, eine Bestellung, einen Messe-Besuch, einen Besuch am Bankschalter oder aber das Abrufen weiterer Informationen meinen. Gehen Sie davon aus: Die gewünschte Reaktion, die Unterschrift oder das Kreuzchen auf Ihrer Antwortkarte, ist ähnlich der Summe vieler kleiner Vor-Entscheidungen, der vielen kleinen jas (Verstärker) abzüglich der vielen kleinen neins (Filter). Sie können das auch in dieser Formel zusammenfassen:

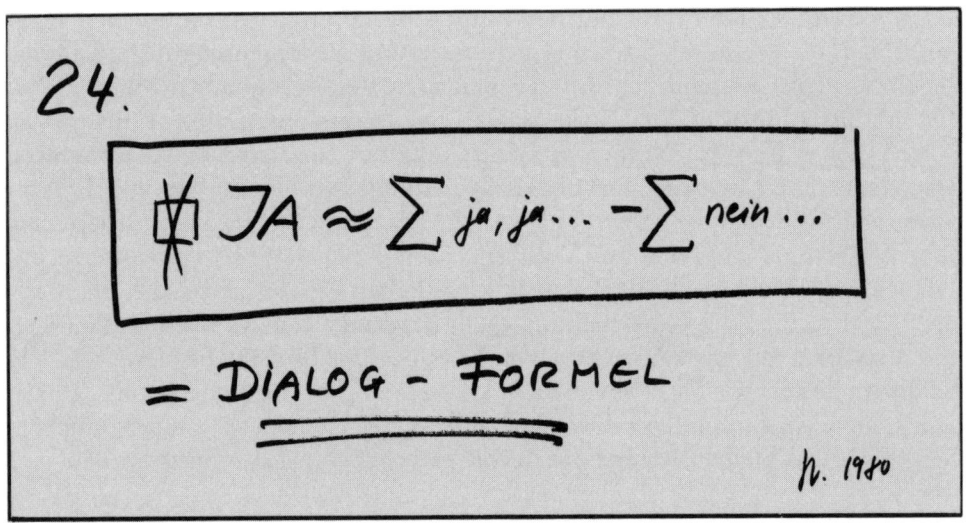

Bild 24: Das große »JA«, das Kreuzchen oder die Unterschrift auf der Antwortkarte ergibt sich aus der Summe vieler kleiner »jas« abzüglich der Summe aller kleinen »neins« (s. Kapitel 30).

Je mehr kleine jas Sie erzeugen und je weniger kleine neins im Dialog auftreten, desto höher ist die Reaktionsquote. Manche jas wiegen schwerer als andere. Genauso wie auch die neins unterschiedliche Wirkungen verursachen. Ein einziges ja kann fünf kleine neins aufwiegen und umgekehrt. Aus diesem Grunde setzen wir in der Dialog-Formel das Summen-Zeichen und meinen damit die Addition aller Verstärker bzw. Filter.

Damit ist eine Formel als Grundlage der neuen Dialogmethode gefunden. Dieses Buch und alle meine Seminare zu diesem Thema haben nur ein Ziel: Filter und Verstärker zu erkennen, zu beherrschen und gekonnt im schriftlichen Gespräch einzusetzen. Auf diese Weise wird es möglich, die Reaktionsquote bisheriger erfolgloser Direktwerbe-Aktionen in bestimmten Fällen bis zum fünf- manchmal sogar bis zum zehnfachen Wert zu steigern.

Nach dieser Dialog-Formel habe ich selbst neue Direktwerbe-Kampagnen für Beratungs-Kunden konzipiert. Und tausende Seminar-Teilnehmer haben ihre eigenen Mailings nach dieser Methode verbessert oder neu gestaltet. Heute ist die Dialogmethode sogar zu einer Untersuchungs-Methode ausgereift: Wir können anhand der erkennbaren Filter und Verstärker im voraus (als Pre-Test) die möglichen Reaktions-Änderungen eines neuen Packages voraussagen. Allerdings viel ungenauer als bei einer Test-Aussendung.

Ein sogenannter Dialog-Test hat allerdings nur dann einen Sinn, wenn bei größeren Auflagen mehrere Test-Packages entwickelt, aber nur wenige Varianten gedruckt werden sollen. In solchen Fällen lohnen sich die Kosten für diese Art von Pre-Test. Häufig untersuchen wir mit diesem Verfahren auch bereits gelaufene Mailings. Ganz einfach deshalb, um den Ursachen erfolgreicher und erfolgloser Mailings auf die Spur zu kommen.

31. Die Dialog-Stufen im schriftlichen Gespräch

Wir haben bisher noch sehr allgemein vom schriftlichen Dialog gesprochen. Doch im Gegensatz zum persönlichen Gespräch gibt es hier ein Problem: Wir legen das Gespräch in seiner gesamten Länge sofort auf den Tisch! Der Vertreter hingegen führt seinen Partner Stufe um Stufe durch das Verkaufsgespräch. Auf der Suche nach einer Lösung entdeckten wir ein menschliches Verhalten, das auch Ihnen völlig neue Wege in der Gestaltung öffnet.

Die Leserfragen im schriftlichen Dialog konzentrieren sich auf unterschiedliche Teile. Manche Fragen treten sogar schon auf dem Kuvert auf, allerdings nur bei besonderen Zielgruppen: Bei privaten Empfängern, die geschlossene Post aus dem Briefkasten entnehmen, und bei den vielen Kleinbetrieben, bei denen die Entscheidungs-Person oder der Chef persönlich noch die Post öffnet. Zielgruppen dieser Art sind z. B. alle Handwerksbetriebe, Einzelhändler, kleine Gastronomie-Betriebe usw. In diesen Fällen fragt der Leser schon auf dem Kuvert: »Was wird darin sein?«

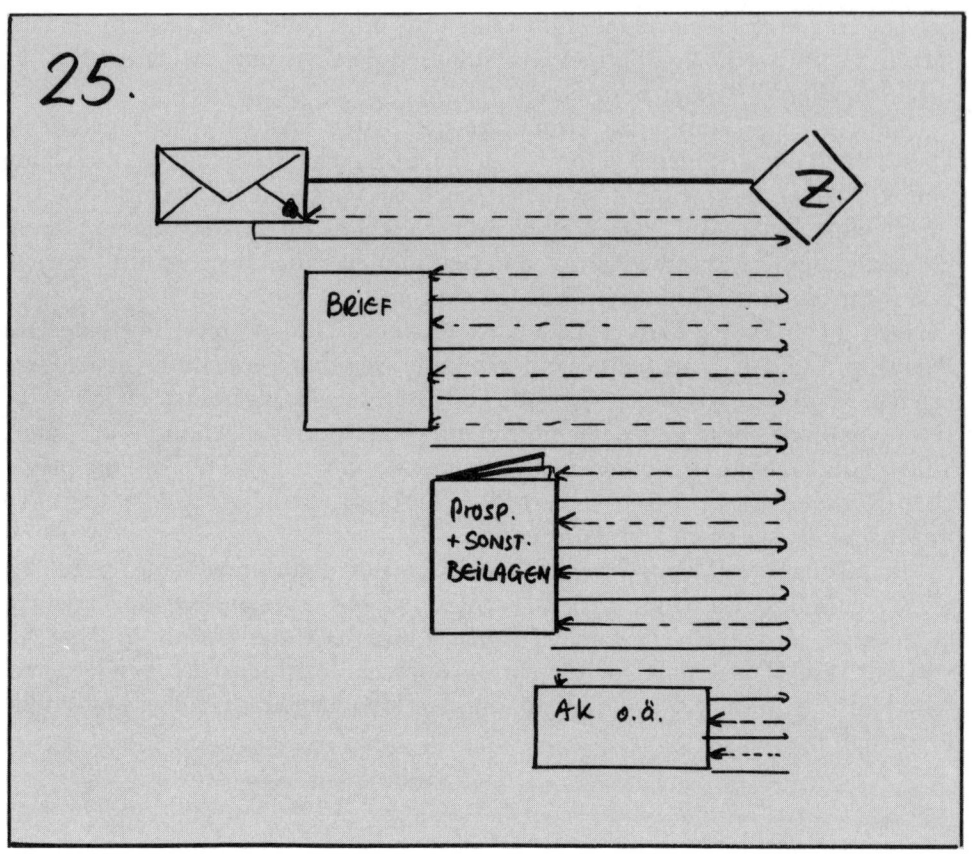

Bild 25: Die Leserfragen treten bei unterschiedlichen Package-Teilen auf. Manchmal schon auf dem Kuvert. Bestimmte Fragen konzentrieren sich nur auf den Brief, andere nur auf die Antwortkarte oder die Beilagen (s. Kapitel 31).

Das Kuvert ist also einerseits die Hülle oder der Überbringer der Botschaft, andererseits aber auch eine erste Kontakt-Stufe.

Die persönlichen Fragen treten immer nur auf dem Brief auf. Der Empfänger sucht die Antwort nur hier, nicht auf der Antwortkarte und nicht auf dem Prospekt. Beispielhafte Fragen sind: »Woher hat er meine Adresse? Warum schreibt er gerade mir? Warum schreibt er gerade heute? Wer unterschreibt?«

Der Brief ist die »Kontaktstufe« im schriftlichen Gespräch. Ihr Package braucht deshalb einen Brief, von wenigen Ausnahmen einmal abgesehen. Fehlt der Brief, dann verläuft das Gespräch ähnlich wie ein persönliches Verkaufsgespräch ohne Kontaktstufe. Aus diesem Grund bringen Direktwerbe-Aktionen mit einem separat beiliegenden Brief fast immer höhere Erfolgsquoten als Sendungen ohne Brief.

Wieder andere Fragen treten nur auf der Antwortkarte auf. Der Empfänger sucht bestimmte Antworten nur auf dem Reaktionsmittel. Die Fragen können hier folgendermaßen lauten: »Was soll ich tun? Muß ich etwas entscheiden? Hat die Antwort noch Zeit? Muß ich etwas unterschreiben? Muß ich frankieren?« Fehlt die Antwortkarte oder irgendein ähnliches Reaktionsmittel, dann reißt der Dialog zu früh ab. Ein Dialog ohne Reaktionsphase, ohne Abschlußphase, ist aber kein Verkaufsgespräch. Kein Verkäufer kann sich kurz vor der Abschluß-Phase verabschieden! Deshalb gehen die Erfolgsquoten zurück, wenn die Antwortkarte oder ein ähnliches Reaktionsmittel fehlt.

Brief und Antwortkarte o. ä. müssen also sein! Es gibt ganz wenige Direktwerbe-Aktionen, bei denen das anders ist. Auch der persönliche Verkäufer braucht eine Kontaktstufe und eine Abschlußphase. Bei uns sind dies Brief und Reaktionsmittel. Ein Brief ohne Antwortkarte o. ä. deuten dem Leser an, hier kommt eine Nachricht, auf die keine Reaktion erwartet wird, ein Einweg-Gespräch. Und dabei bleibt es auch!

Zwischen dem Brief und der Antwortkarte liegen nun eine ganze Reihe von Dialog-Stufen. Und tatsächlich gibt es Leserfragen, deren Antwort weder im Brief noch auf der Antwortkarte gesucht wird. Dies sind Fragen zum Produkt, zum Angebot, zur Qualität, zum Umfang, zum verwendeten Material, zur Technik. Informationen darüber sucht der Leser vorwiegend in der »Gesprächsmitte«. Alle Beilagen entsprechen deshalb dem sonst üblichen Hauptteil des Verkaufsgespräches, der Präsentations-Phase, der Erklärungs-Phase usw.

Will man also das Verkaufsgespräch ausdehnen, braucht man mehr Beilagen zwischen Brief und Antwortkarte. Das trifft vor allem beim Verkaufen per Post zu. Wer über Kauf oder Nichtkauf eines Produktes entscheiden soll, wer etwas bestellen soll, der möchte notfalls alles nachlesen über dieses Produkt und seine Vorteile. Ob er tatsächlich alles liest oder nicht, ist eine andere Frage. Er liest nicht alles! Er will nur das Gefühl haben, Sie selbst, der Anbieter, sind der kompetente Partner mit allem nur denkbaren Wissen über Angebote dieser Art.

Es gibt aber auch Gespräche, die wir nicht ausdehnen. Wenn ein persönlicher Besuch oder mehr schriftliche Informationen folgen sollen, bleiben einige Fragen offen. Diese nicht beantworteten Fragen bilden dann eine Art »Schub-Kraft«, eine Motivation für den zweiten Schritt, für das Anfordern weiterer Unterlagen. Deshalb ist die Frage nach der Informations-Dosis immer wieder neu zu entscheiden.

32. Der erste Kurz-Dialog

Ein zweites Lese-Verhalten kommt unseren Wünschen nach einem verläßlichen Gesprächs-Verlauf entgegen. Der Vertreter konnte sein Gespräch von Stufe zu Stufe führen. Von der Kontakt-Stufe bis zur Abschluß-Stufe. Er war selbst der Regisseur. Er konnte Fragen steuern, zurückhalten oder provozieren. Dies ist beim schriftlichen Gespräch völlig anders.

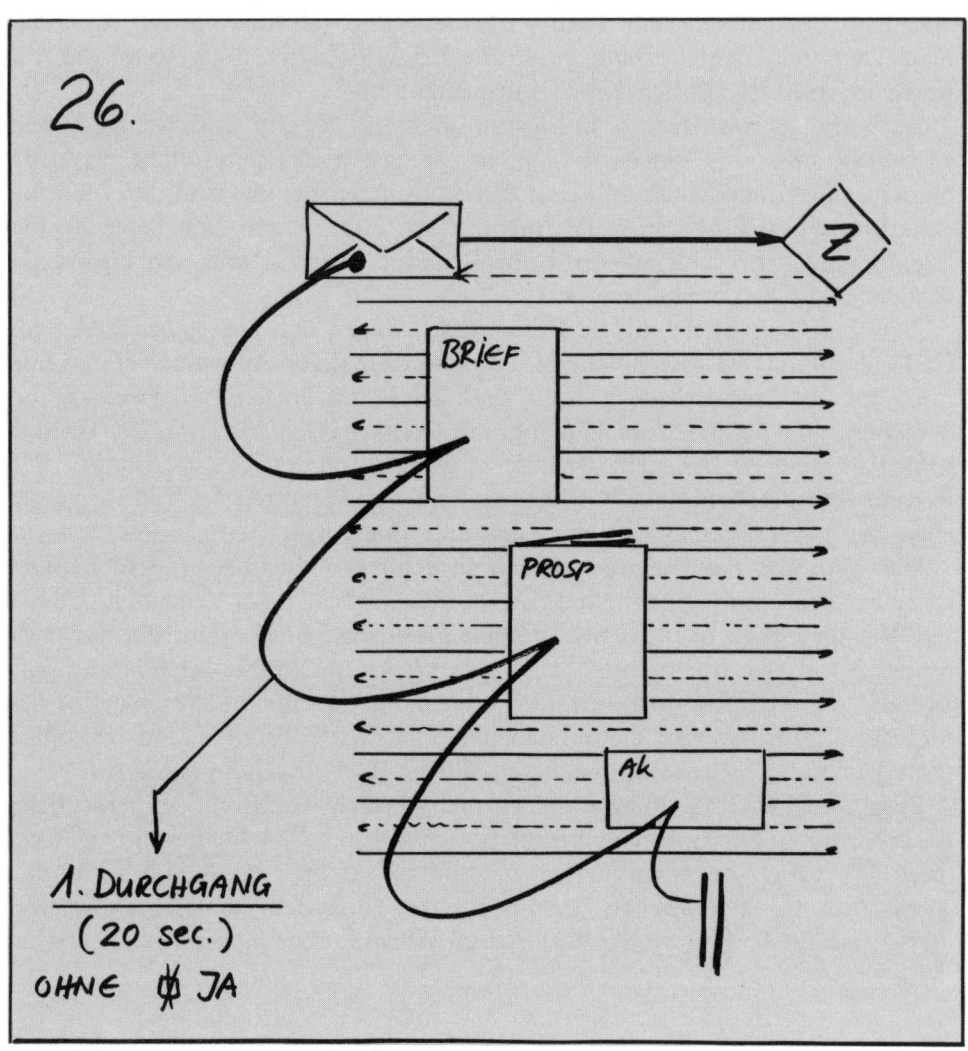

Bild 26: Der Leser verhält sich anders als der Gesprächs-Partner. In einem ersten schnellen Durchgang läuft eine Art »Kurz-Dialog« ab (s. Kapitel 32).

Niemand ist bereit, nach dem Öffnen des Kuverts langsam Zeile für Zeile zu lesen, beginnend mit der ersten Brief-Zeile über die einzelnen Seiten der Prospekte und Beilagen bis hin zur Antwortkarte. Ich meine das Nacheinander-Lesen der einzelnen Seiten und deren Zeilen. Nur Sie selbst haben vielleicht Ihr eigenes Mailing bisher so gelesen. Der Leser geht einen völlig anderen Weg.

Der Empfänger entfaltet die Package-Teile und hastet im Eiltempo durch das gesamte schriftliche Verkaufsgespräch! Die Augen wandern über alle Teile in einer Art Schnell-Durchgang. Wir nennen diesen Durchlauf auch den »Ersten Durchgang« im schriftlichen Gespräch. Er dauert in der Regel weit weniger als die berühmten 20 Sekunden. Denn je nach Zielgruppe gehen schon 8 – 12 Sekunden für das Öffnen und Entfalten verloren.

Der erste Durchgang ist also ein erstes Überfliegen, ein Sich-Orientieren. Aber bereits mit konkreten Leserfragen wie z. B.: Was ist denn das? Was soll denn das? Was wollen die von mir? Brauche ich das? Soll ich es lesen? usw.

Während dieses ersten Durchganges nehmen die Augen nur mit ganz bestimmten Stellen Blickkontakt auf. Parallel zu diesen Kontakten zeigen sich bereits erste Response-Signale positiver oder negativer Art. Der Mensch trifft also im Verlauf dieses ersten Durchganges auf Filter oder Verstärker. Das aber können nur Antworten auf die Leser-Fragen des ersten Durchganges sein.

Die Auswahl und Reihenfolge dieser ersten Verstärker oder Filter bestimmen das weitere Verhalten: Entweder Ablehnung oder steigendes Interesse am Weiterlesen (bis hin zum Handeln).

Im ersten Falle kommt es zum Wegwerfen innerhalb der 20-Sekunden-Grenze. Wenn das Maß der Ablehnung voll ist, »fällt die Tür zu«, fällt der Kuvert-Inhalt in den Papierkorb. Im positiven Falle baut sich mehr Interesse auf, und es kommt zum entscheidenden Übergang vom ersten in den zweiten Durchgang.

Zwischen diesen beiden Extrem-Fällen liegt das Nicht-Entscheiden und das Aufschieben. Wer im ersten Durchgang zwar Vorteile erkennt, aber nicht stark genug gefesselt wird, legt das gesamte Material zu Seite. Er will es später noch einmal anschauen. Das Zur-Seite-legen heißt nicht »später reagieren«. Es fällt auch nach Wochen noch etwas in den Papierkorb oder landet im Archiv.

Eines können wir aber jetzt schon festhalten: Im Verlaufe des ersten Durchganges kommt es noch nicht zum großen JA. Kaum jemand reagiert während der ersten 20 Sekunden mit einem Kreuzchen auf der Antwortkarte oder mit seiner Unterschrift. Es kommt nur zum großen NEIN, zum Wegwerfen! Unser Ziel also ist es, Mittel und Wege zu finden, mehr Leser vom ersten in den zweiten Durchgang hineinzuführen.

33. Der ausführliche, zweite Dialog

Den Beginn des zweiten Durchganges erkennen Sie ganz deutlich. Er wird eingeleitet durch ruhigere Augenbewegung, durch Interesse-Signale, vor allem durch das Lesen eines ausführlichen Textblockes. Auch dies ist eine Analogie zum persönlichen Verkaufsgespräch. Es ist genau der Augenblick, in dem Sie den

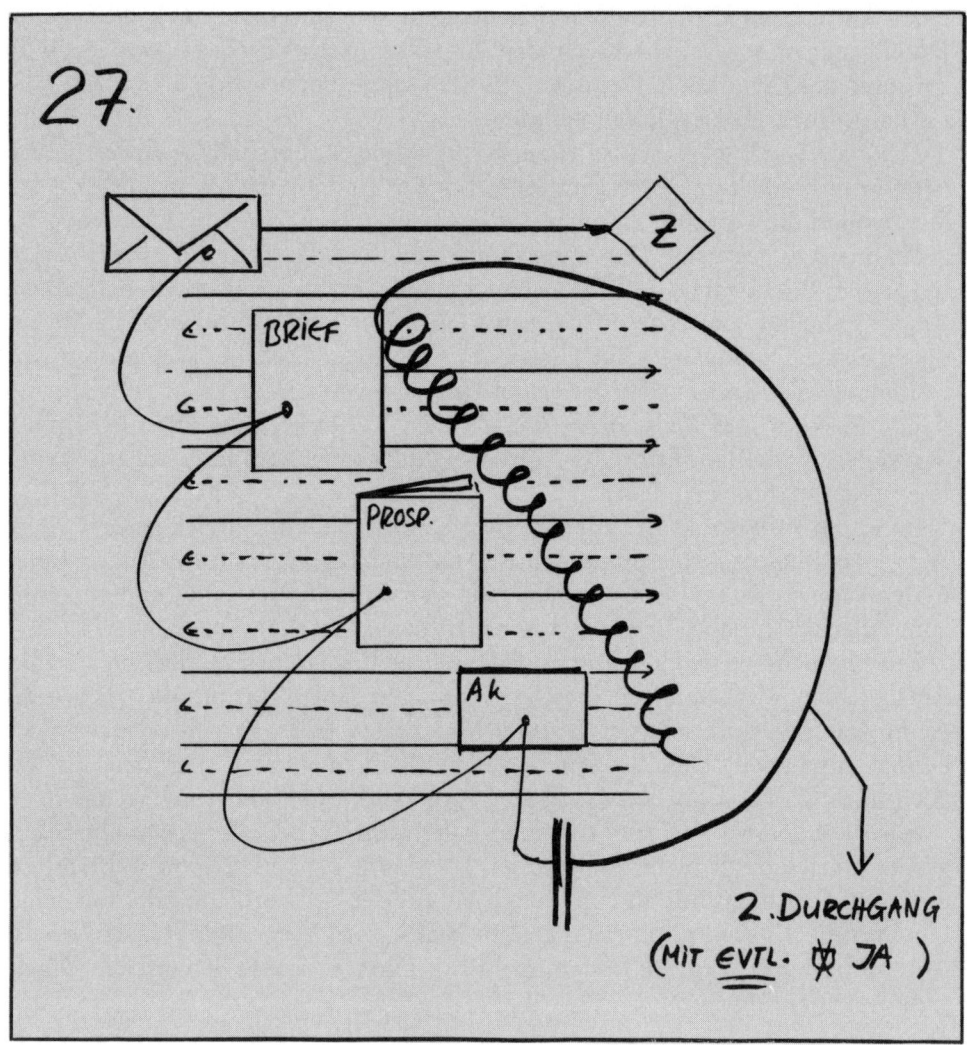

Bild 27: Nach dem ersten Kurz-Dialog folgt nur noch bei einem Teil der Leser ein zweiter, sehr viel ausführlicher Durchgang. Erst danach reagiert ein wiederum kleinerer Teil mit einem Kreuzchen auf der Antwortkarte (s. Kapitel 33).

Vertreter bitten, Platz zu nehmen und mehr über das angekündigte Thema zu erzählen.

Wir beobachten also plötzlich stärker werdendes Interesse des Lesers. Er will über irgendeinen Punkt mehr wissen. Das interessierte Lesen eines Textblockes, das Mehr-wissen-wollen über irgendein Detail, ist bereits Teil des zweiten Durchganges. Sobald dies zum erstenmal sichtbar wird, haben wir den Engpaß zwischen beiden Durchgängen überwunden.

Die begleitenden Signale dieser Phase sind z. B.: Der Leser nimmt sich mehr Zeit zum Lesen, er lehnt sich zurück, die Aufnahme störender Informationen wird geringer usw.

Insgesamt ist der zweite Durchgang sehr viel ergiebiger für die Beobachtungen menschlichen Verhaltens. Er umfaßt das ganze Feld zwischen dem ersten Interesse bis hin zur Handlung. Dieser ausführliche Dialog läuft übrigens nicht so kontinuierlich ab wie der erste. Nur bei ganz einfachen Botschaften, die der Leser sehr schnell versteht, liest er ohne Unterbrechung bis zur Handlungsphase. Je umfangreicher aber eine Package ist, desto häufiger blendet er wieder in einzelne Stufen zurück. Oder aber er legt den gesamten Inhalt für eine bestimmte Zeit zur Seite.

Auch das verläuft ähnlich dem persönlichen Gespräch. Auch dort fallen uns kurz vor dem Unterschreiben des Auftrages noch irgendwelche Fragen ein, auf die wir eine Antwort vom Vertreter erwarten. Im schriftlichen Gespräch fehlt dieser Vertreter. Der Leser sucht sich die Antwort selbst auf den einzelnen Teilen im Package. Deshalb blendet er noch einmal zurück und sucht ein bestimmtes Detail heraus. Manchmal wühlt er sogar im Papierkorb, weil er glaubt, er habe schon etwas weggeworfen.

Also fassen wir zusammen: Eine meßbare Reaktion, ein Kreuzchen auf der Antwortkarte oder eine Unterschrift auf dem Auftrag, das Einzahlen einer Spende oder das Abonnieren einer Zeitung, alles das findet erst am Ende eines intensiveren, eines zweiten oder dritten Dialog-Durchganges statt. Deshalb bin ich Ihnen jetzt eine wichtige Antwort schuldig: Wie führen wir unsere Leser vom ersten Durchgang in den zweiten?

34. Die Nahtstelle zwischen dem 1. und 2. Durchgang

Betrachten wir also den Übergang vom ersten in den zweiten Dialog noch einmal genauer. Es muß uns gelingen, mehr Menschen während des ersten Überfliegens so zu begeistern, daß sie nicht den Papierkorb, sondern ein zweites intensiveres Anschauen wählen. Die erste große Wegwerfwelle läuft innerhalb der 20 Sekunden. Sie ist übrigens die größte. Deshalb haben wir auch diese Phase stärker untersucht als alle anderen. Wir wollten wissen, welche Voraussetzungen ein Package erfüllen muß, damit sich mehr Leser für den genaueren Inhalt interessieren.

Ich fasse hier das Ergebnis unserer Untersuchung zusammen: Die Zahl der Leser, die vom ersten in den zweiten Durchgang drängt, nimmt sofort zu, wenn bereits im ersten Durchgang der VORTEIL eines Angebotes erkennbar wird. Wir sind also wieder bei dem bereits besprochenen menschlichen Verhalten. Wir alle können offenbar nichts ungelesen wegwerfen, wenn wir darin einen Vorteil vermuten. Wenn der Mensch ein Rezept erwartet, das ihm sagt, wie er über Nacht reicher, glücklicher, zufriedener, erfolgreicher wird, oder wie er plötzlich mehr verdient, mehr Geld spart, mehr Gewinne macht usw., dann muß er mehr darüber wissen. Merken wir uns also eine wichtige Regel: Vorteile erkennen heißt weiterlesen!

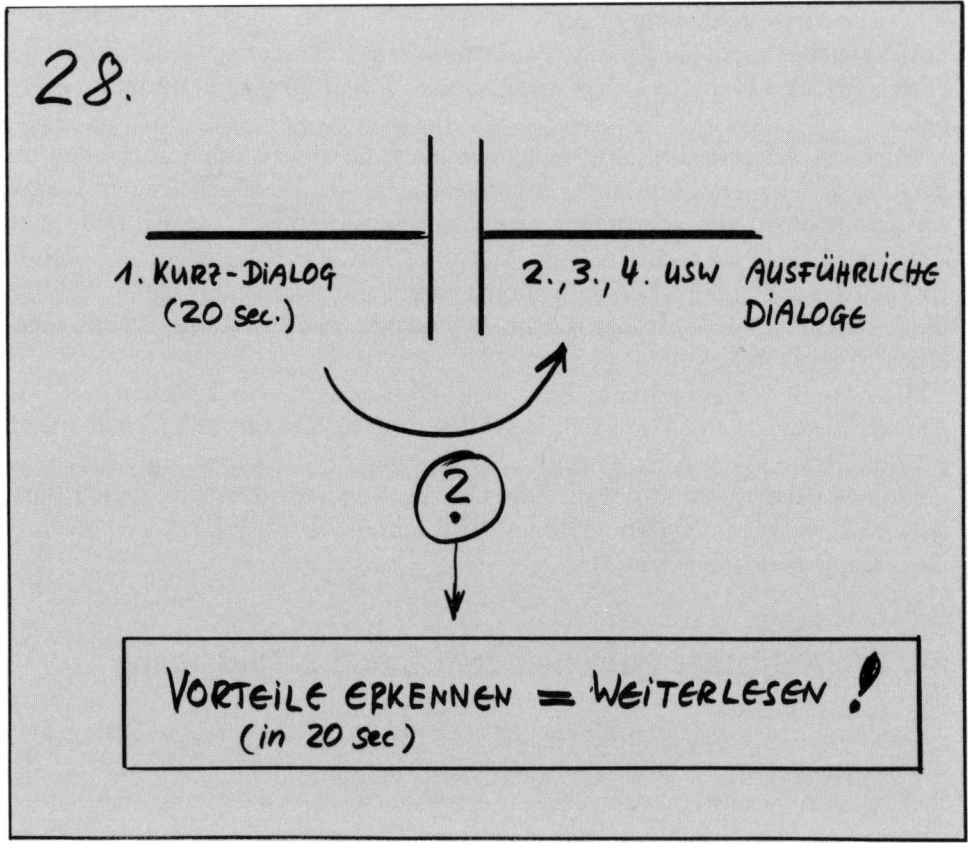

Bild 28: Das Ziel des ersten Kurz-Durchganges ist es, den Leser zum WEITERLESEN zu bewegen (s. Kapitel 34).

Hier sind einige Vorteile, die wir bisher als besonders gute Voraussetzungen für das Weiterlesen gefunden haben. Da sind zunächst einmal die sehr persönlichen Vorteile: gesünder, erfolgreicher, angesehener, hübscher, reicher, klüger, informierter und gebildeter zu werden. Informationen, die diese Vorteile avisieren, reizen den Menschen. Er will mehr darüber wissen. Ganz gleich, ob er diese Vorteile gesucht hat oder nicht. Probieren Sie es selbst. Zeigen Sie einmal einem Bekannten einen beliebigen Prospekt und sagen Sie dazu: »Hier ist ein Weg, wie Du innerhalb weniger Wochen 3000 Mark verdienen kannst. Ohne Vorkenntnisse, ohne Einsatz, ohne Arbeit.« Zögern Sie mit der Übergabe des Prospektes, schauen Sie Ihrem Freund tief in die Augen und weigern Sie sich, ihm den Prospekt zu geben. Sagen Sie ihm: »Nein, Du brauchst diesen Weg nicht, Du hast ja schon Geld genug.« Stecken Sie den Prospekt in die Tasche und sagen Sie dazu kein weiteres Wort. Ihr Freund verkraftet diesen Vorgang nicht. Er will mehr darüber wissen. Es dauert nicht lange, und er hakt nach. Der Mensch kann selten etwas wegwerfen, wenn er einen Vorteil persönlichster Art darin vermutet. Er muß sich überzeugen, ob der neue Weg auf ihn zutrifft oder nicht.

Bei anderen Vorteilen fehlt der vordergründige ICH-Bezug. Es sind Vorteile für die engste Gruppe, für die eigene Familie, für den eigenen Freundeskreis oder – im übertragenen Sinne – auch für die eigene Firma, für den »Brötchengeber«. Als Einkäufer eines Unternehmens entdecken wir sehr schnell Vorteile für unsere Firma, Nachrichten für die Gesundung des Unternehmens, für das Einsparen von Kosten oder das Auslösen höherer Gewinne. Genauso könnte es auch die Gesundheit der Familie betreffen, den Wohlstand, den Schutz und die Sicherheit. Die Familie scheint in nahezu allen Fällen vor dem Arbeitgeber zu rangieren.

Die dritte Gruppe sind allgemeinere Vorteils-Reize: Sich zu unterhalten, sich zu bilden, sich zu informieren.

Wir können also zusammenfassen: Sobald der Mensch einen Vorteil ahnt, spürt oder erkennt, will er mehr darüber wissen. Er bleibt an der jeweiligen Signal-Information hängen und liest weiter. Er steigt tiefer in die Botschaft ein. Er beginnt seinen ausführlichen Dialog mit dem schriftlichen Verkäufer. Und dies kann durchaus schon vor 20 Sekunden der Fall sein.

So bleiben für den ersten Durchgang nur noch zwei Probleme offen: 1. Wie schaffen wir es, den Blick des Lesers ausgerechnet dahin zu bringen, wo sein Vorteil zu sehen oder zu lesen ist? 2. Wie formulieren wir diesen Vorteil, damit ihn der Leser in den wenigen Sekunden auch versteht?

Der persönliche Verkäufer hat dies wieder sehr viel einfacher. Die Formulierung schafft ihm wenig Probleme. Er kann seinen Satz, seinen Vorteil so häufig wiederholen, bis der andere ein deutliches Signal des Verstehens sendet. Zur Frage der Blickführung gibt es erst recht keine Probleme. Der Verkäufer setzt Mimik, Gestik und eine ganze Reihe weiterer rhetorischer Hilfsmittel ein. Vor allem aber, er kann kontrollieren, ob der Blick des Kunden tatsächlich vom entscheidenden Produkt-Vorteil gefesselt wird oder nicht.

Doch auch im schriftlichen Gespräch sind wir heute nicht mehr hilflos. Wir fanden eine sehr einfache Lösung. Sie eignet sich einerseits ganz hervorragend für das Entwickeln und Gestalten neuer Direktwerbe-Aktionen und sie ist darüber hinaus eine Erklärung für alle die erfolgreichen Aktionen und Mailings der Vergangenheit.

Die Lösung heißt: Wir führen im ersten Durchgang einen *Kurz-Dialog*. Wir brauchen sekunden-schnelle Kurz-Antworten auf die ebenso schnell ablaufenden wichtigsten unausgesprochenen Leserfragen. Jetzt fehlt eine exakte Analogie zum persönlichen Verkaufsgespräch. Es gibt keinen Vertreter, der im Telegrammstil, mit Bildern und abgehackten Sätzen in wenigen Sekunden einen Schnelldurchgang durch sein gesamtes geplantes Verkaufs-Gespräch anbietet. Die Kunden wünschen diesen schnellen Verlauf. Der Verkäufer selbst macht dieses Blitz-Gespräch nicht mit.

Im schriftlichen Gespräch allerdings nimmt sich der Kunde die Freiheit, den Ablauf selbst zu steuern. Es ist schließlich *sein* stiller Dialog. Kein Partner, kein Verkäufer kann ihn daran hindern. Er rennt im Eiltempo ein erstes Mal durch den gesamten schriftlichen Dialog. Die Kunst des schriftlichen Verkäufers besteht also darin, die Vorteile seines Angebotes während der wenigen Sekunden im ersten Durchgang erkennbar zu machen.

35. Elemente im ersten Kurz-Dialog

Wie also führen wir den Leser in den ersten Sekunden an die richtigen Stellen im Mailing? Wie lenken wir die Augen des Lesers auf seinen Vorteil? Wie entdeckt er diesen Vorteil in den ersten Sekunden? Denn nur dann wird er interessierter weiterlesen (Vorteile erkennen heißt WEITERLESEN!).

Wieder einmal kommt uns das menschliche Verhalten entgegen: Denn die Augen unserer Leser nehmen während des ersten Durchganges vor allem mit drei »Blickfängen« Kontakt auf. Und genau das ist der Weg, einen Kurz-Dialog zu führen.

Die erste und beste Chance bieten die *Bilder*. Der Mensch kann offenbar nichts wegwerfen, ohne Bilder anzuschauen. Und auch das können Sie einmal selbst testen. Geben Sie einem Freund ein Buch in die Hand, in dem etwa vier Bilder sind, und fragen Sie ihn, ob er dieses Buch lesen möchte. Sie sehen es sofort: Ihr Freund blättert solange in dem Buch herum, bis er sicher ist, er hat alle Bilder gesehen. Erst dann äußert er sich!

Für dieses Verhalten gibt es entwicklungs-geschichtliche Erklärungen. Wir haben Millionen Jahre nur durch das richtige Beurteilen von Bildern überlebt. In Zeiten ohne Sprache und ohne Texte mußten wir unseren Weg durch die Umwelt über Bilder suchen. Unsere Umgebung, unser drei-dimensionales Umfeld, bestand aus Bildern, nicht aus Buchstaben! Das primäre Betrachten von Bildern zählt der Psychologe heute zu den sogenannten unbelehrbaren Verhaltensweisen des Menschen. Reflexe dieser Art sind im Stammhirn verankert. Unser Verstand hat darauf keinen Zugriff. Seine Kontrolle setzt zeitlich erst später ein.

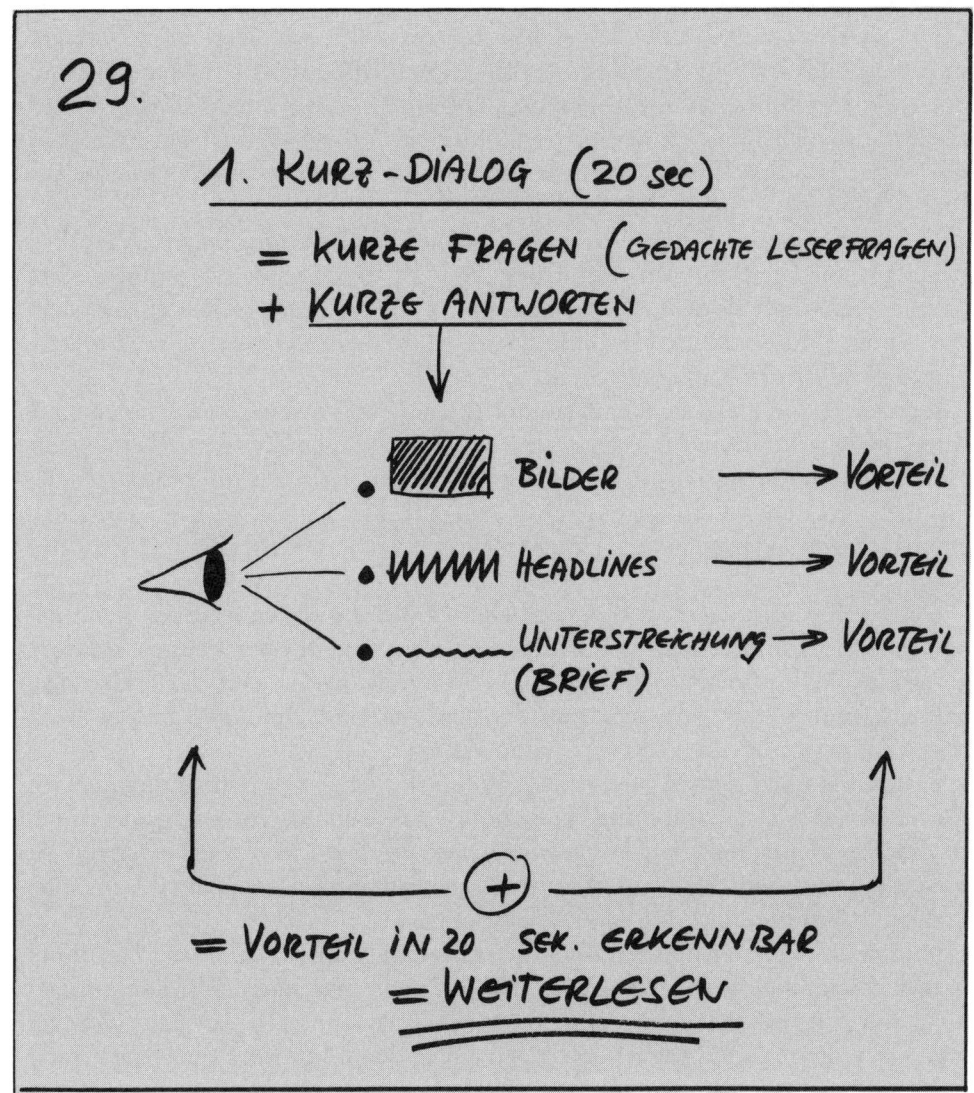

Bild 29: *Der natürliche Blickverlauf und das dadurch ausgelöste Leseverhalten bietet die Chance für einen Kurz-Dialog in wenigen Sekunden (s. Kapitel 35).*

Wenn also schon Bilder in Ihrer schriftlichen Botschaft auftauchen, dann muß der Bild-Inhalt auch einen Vorteil für den Kunden darstellen. *Sein* Vorteil ist gemeint, nicht unser Vorteil! Häufig wird das verwechselt. Dann sehen Sie ausgerechnet im größeren Bild des Prospektes die eigene Fabrik, das eigene Bürogebäude. Das ist primär *unser* Vorteil, nicht der unseres Lesers. Also: Bilder mit Vorteilen sehen, heißt, diese Vorteile schnell erkennen und das heißt WEITERLESEN!

Die zweite Chance, eine schnelle Kurzantwort an den Leser heranzutragen, sind die *Headlines*. Auf dem Sprung von Bild zu Bild erfaßt der Mensch gerade noch die Headlines. Wenn also schon Headlines, dann bitte Vorteile für den Leser in diese Headlines hineinpacken. Nur Sprüche wie »Wir sind die Größten« usw. – das ist *unser* Vorteil, nicht der des Lesers, zumindest nicht in den ersten paar Sekunden.

Die dritte Chance für eine Kurzantwort sind die *Unterstreichungen*. Aber diese Regel gilt vor allem für den gedruckten *Brief*. Er findet einerseits geringere Aufnahmebereitschaft als der Original-Brief, und er bietet andererseits weniger Chancen für ein Bild oder eine Headline. Dennoch braucht der Brief schnell erkennbare und erfaßbare Kurz-Antworten.

Jetzt haben Sie drei gute Chancen, mit Ihrem Leser in wenigen Sekunden einen Kurz-Dialog zu führen: Sie zeigen die Vorteile auf diesen drei schnell erfaßbaren Plätzen. Die bildliche Lösung Ihres Vorteils ist ein grafisches oder fotografisches Problem und sicher nicht die einfachste Aufgabe! Das Darstellen Ihrer Vorteile in einer Headline oder auf einer Unterstreichung wiederum ist eine textliche Aufgabe.

Denken Sie auch daran, daß die einzelnen Teile, die aus dem Kuvert herausfallen, in sich als Bildelement wirken. Sie heben sich mehr oder weniger von ihrer Umgebung ab und machen sich als Bild selbständig. Das ist eine der Erklärungen dafür, warum farbige Antwortkarten bei bestimmten Zielgruppen höhere Reaktions-Quoten bringen als schwarz-weiße Karten.

Fassen wir noch einmal zusammen: Wenn der Leser nur beim Erkennen von Vorteilen weiterliest, dann bringen wir diese Vorteile in den vorrangig und schnell erfaßbaren Elementen. Wir kombinieren also beides: Das Vorteils-Denken des Menschen und den Blickverlauf seiner Augen. Jetzt wird der Vorteil vor 20 Sekunden erkennbar, und das heißt Weiterlesen!

Und noch etwas: Prüfen Sie auch die »Lautstärke« Ihrer Bilder und Headlines. Je nach Zielgruppe könnte dies eine andere Tonart verlangen. Wir konkurrieren nicht nur mit den Prospekten und Briefen, die von unseren Konkurrenten verschickt werden. Wir kämpfen auch gegen alle anderen Informationen oder Nachrichten, die unsere Kunden gerade zu diesem Zeitpunkt erreichen. Das können die Schlagzeilen der *Bild-Zeitung* ebenso sein wie die der Wirtschafts- und Fachpresse oder die Nachrichten der *Tagesschau*.

Unterschiedliche Zielgruppen brauchen unterschiedliche »Lautstärken«. Wer im Privatbereich zum Zeitpunkt des Post-Einganges gerade die Schlagzeilen der Boulevard-Presse oder die Musik und die Texte des Werbefunks im Ohr hat, der braucht auch stärkere Energie in unseren Headlines und Bildern. Der höhere Impuls entscheidet über den Eingang in unser Bewußtsein. Und wer zum Zeitpunkt des Post-Empfanges gerade Nachrichten in der Wirtschaftspresse liest, für den könnte das Auftreten eines zu lauten »privaten« Verkäufers zu weit gehen. Das ist eine der möglichen Erklärungen für die unterschiedlichen Reaktionsquoten gleicher Werbemittel bei unterschiedlichen Zielgruppen.

Es gibt viele Chancen, die Bild-Inhalte und Headlines stärker von denen der Konkurrenz abzuheben. Elemente dieser Art sind Schlüsselreize, wie wir sie bereits besprochen haben. Alle diese Reize erhöhen den Aktivierungsgrad der Botschaft und geben der ankommenden Information mehr Durchsetzungs-Energie. Ein typisches Beispiel ist die Personalisierungs-Technik, die den Namen des Empfängers als Verstärker einsetzt.

Die Verstärker im ersten Durchgang haben vor allem eine Aufgabe: den Blick des Lesers noch schneller auf die Vorteile des Angebotes zu lenken. Er soll weiterlesen. Er überschreitet dann die Nahtstelle zwischen dem ersten und dem zweiten Durchgang. Und ab diesem Zeitpunkt ist die größte Gefahr, die erste große Wegwerf-Welle, überstanden.

Wir fassen wieder zusammen: Wenn schon Bilder, dann bitte Vorteile für den Leser hineinpacken! (Beachten Sie diese Regel zumindest bei Ihrem größten Bild.) Wenn schon Headlines, dann bitte auch hier Vorteile für den Leser einbauen (zumindest in der größten Headline). Und wenn schon Unterstreichungen im Brief, dann bitte nur Vorteile für den Leser unterstreichen. Dabei denken Sie immer an das Umfeld, das diese Botschaft antrifft. Unsere Vorteile müssen stärker sein als alle Botschaften und Informationen, die in der Umgebung des Lesers gerade auftauchen. Diese Forderung zu erfüllen, ist beim Direktwerbe-Package einfacher als bei Coupon-Anzeigen und Beilagen. Diese Instrumente müssen sich in derselben Zeitschrift sofort gegenüber der Konkurrenz behaupten!

36. Die Elemente für den ausführlichen 2. Dialog

Wer die ersten 20 Sekunden besser übersteht als bisher, hat bereits viel für eine höhere Reaktionsquote getan! Alle späteren Wegwerf-Wellen sind kleiner, und deshalb wirken auch die späteren Filter und Verstärker nicht mit der gleichen Intensität.

Wer zu irgendeinem Punkt Ihres Angebotes mehr wissen möchte, der sendet bestimmte Signale und beginnt dann den ausführlicheren 2. Dialog. Er ist der Reaktions-Phase etwas nähergekommen. Das deutlichste Signal ist ganz einfach das tiefere Einsteigen in ein gerade erfaßtes Thema. Ganz gleich, ob dieses Thema, ob dieser Vorteil per Bild oder per Headline angeboten wurde. Tieferes Einsteigen heißt in der Regel das Lesen der erläuternden Textblöcke.

Damit haben wir den Startpunkt für den zweiten und die späteren Dialog-Durchgänge gefunden. Das erste Lesen eines Textblockes definieren wir als den Eintritt in den zweiten, ausführlichen Durchgang. Ein ausführlicher Dialog braucht ausführliche Antworten, braucht Textblöcke.

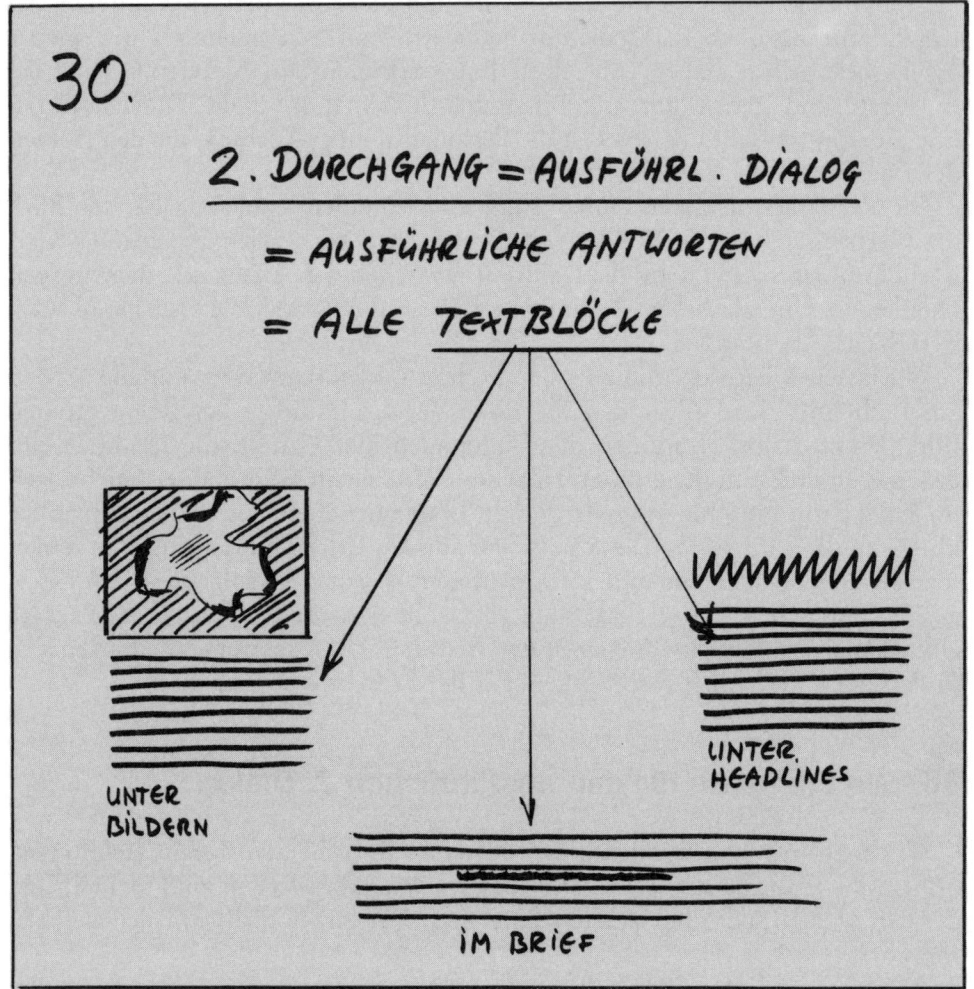

Bild 30: Das Lesen von Textblöcken ist das Signal für den Beginn des zweiten Durchganges. Die erste Wegwerfwelle ist überstanden (s. Kapitel 36).

Und da wir drei Arten von Kurz-Antworten kennengelernt haben, brauchen wir jetzt auch dreierlei Textblöcke als ausführliche Antworten:

Alle Textblöcke unter einem Bild sind die ausführlichen Antworten zur »Kurzantwort Bild«. Deshalb gibt es im erfolgreichen schriftlichen Verkaufsgespräch praktisch keine Bilder ohne einen deutlichen Textblock darunter.

Das gleiche gilt für die Headline als Kurz-Antwort auf eine bestimmte Leserfrage. Der dazu gehörende Textblock ist die ausführliche Antwort zur gleichen Leserfrage. Deshalb gibt es auch keine Headlines ohne einen deutlichen Textblock.

Der Textblock im Brief wirkt ähnlich. Wenn die unterstrichene Stelle die Kurz-Antwort zu irgendeiner bestimmten Leserfrage darstellt, dann ist der restliche Textblock die ausführliche Antwort zu diesem Thema.

Und vielleicht merken Sie sich an dieser Stelle noch etwas zur Länge des Textblockes. Ein Block aus nur ein bis zwei Zeilen ist kein Textblock in unserem Sinne! Eine einzelne Zeile ist eine Headline. Texte von dieser Kürze machen sich selbständig und springen aus dem übrigen Text heraus. Sie werden zur Kurzantwort. Also wenn schon Textblöcke, dann nehmen Sie als untere Grenze 2 bis 3 Zeilen. Das obere Maß liegt bei Briefen bei etwa 6 bis 7 Zeilen und bei Prospekten und sonstigen gedruckten Beilagen bei etwa 10 Zeilen. Danach unterbrechen Sie durch einen deutlichen Absatz.

37. Psychologische Wirkung der Textblöcke

Der Textblock nimmt übrigens im Gesamtkonzept der schriftlichen Botschaft noch eine Sonderstellung ein. Textblöcke im Aussehen einer Zeitungsspalte deuten rein optisch auf »Mehr Wissen« und Seriosität hin!

Mit Textblöcken dieser Art signalisieren Sie dem Leser also mehr fachliches Wissen. Nur bitte beachten Sie dabei die Typografie. Textblöcke in Grotesk-Schrift haben mehr Prospekt-Charakter! Diese schönen Schriften deuten mehr »Werbung« als »Wissens-Vermittlung« an. Mehr »Wissen« signalisieren wir besser mit der sogenannten Antiqua-Schrift, der typischen Zeitungsschrift. Alle Buchstaben mit Serifen, mit Füßchen, gehören zu solchen Antiqua-Schriften. Diese Schriften sind außerdem etwa 25 % besser lesbar!

Immer dann also, wenn Sie in einem schriftlichen Verkaufsgespräch Ihre Kompetenz signalisieren wollen, dann placieren Sie »seriöse« Textblöcke in Ihren Drucksachen. Haben Sie keine Angst vor der Fülle! Der Empfänger liest ohnehin nicht alles! Aber er braucht das Gefühl, Sie selbst wissen mehr als andere. Dies ist nicht anders als im persönlichen Verkaufsgespräch. Nehmen wir beispielsweise einen Besuch im Uhrenfachgeschäft. Wenn Sie während des Verkaufsgespräches Ihren Berater, Ihren Verkäufer fragen, was denn »Quarz« bedeutet, dann möchten

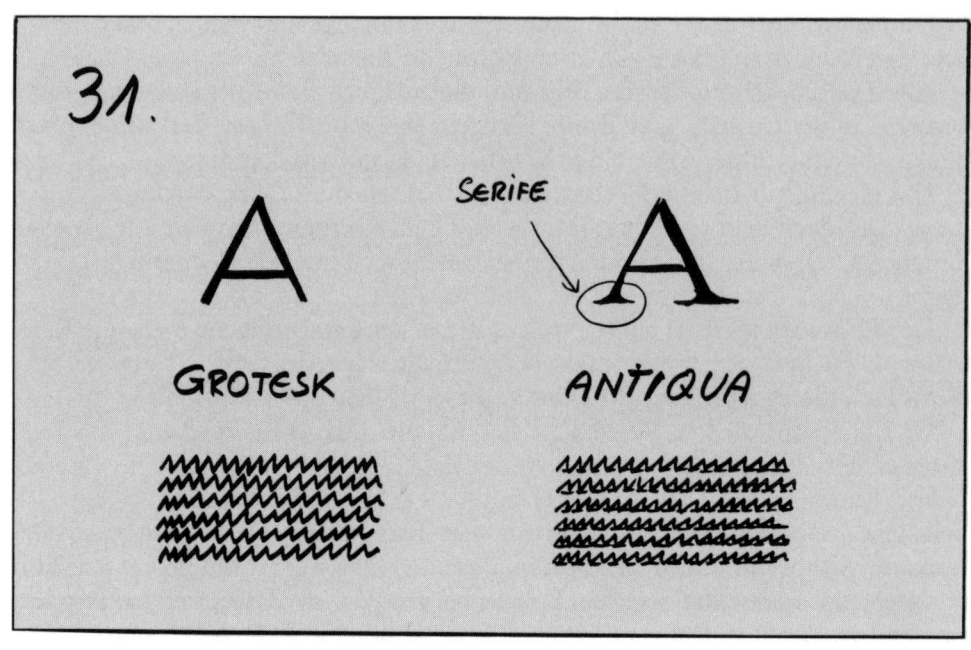

Bild 31: Grotesk-Schriften haben mehr »Werbe«- und »Verkaufs«-Charakter. Antiqua-Schriften zeigen mehr Zeitungs- und Buch-Charakter, signalisieren mehr »Wissens«-Vermittlung und Kompetenz und sind besser lesbar (s. Kapitel 37).

Sie, daß dieser Verkäufer möglichst spontan antwortet: »Quarz, das ist ganz einfach: erstens . . ., zweitens . . ., drittens . . .« usw. Und schon bremsen Sie Ihren Verkäufer, denn so genau wollten Sie es ja gar nicht wissen. Sie sind zufrieden, den »größten Fachmann aller Zeiten« gefunden zu haben. Wehe aber, dieser Verkäufer hätte Ihnen geantwortet: »Quarz?, das kann ich Ihnen nicht beantworten, darüber weiß ich genauso wenig wie Sie!« In diesem Falle würden Sie am liebsten das Geschäft wieder verlassen. Sie haben Angst, dieser Verkäufer oder dieses Geschäft sei auch später nicht in der Lage, Ihre Uhr zu reparieren.

Zögern Sie nicht beim Einsatz von Textblöcken. Sie wirken, auch wenn sie nicht gelesen werden. Im übrigen gibt es heute schon Zielgruppen, die »Reaktanz« gegenüber schriftlicher Werbung aufbauen. Unter Reaktanz verstehen wir ein gefühlsmäßiges Ablehnungs-Verhalten gegen zuviel Werbe- und Verkaufsdruck. Reaktanz läßt sich durch Textblöcke teilweise neutralisieren. Allerdings durch Textblöcke, die keinerlei werbliche Unterstreichungen und Hervorhebungen mehr haben, Textblöcke im typischen Zeitungsspalten-Image. Mehr Buch-Charakter und weniger Prospekt-Charakter!

Gestaltungs-Elemente dieser Art wirken besonders bei Zielgruppen mit höherem Reaktanz-Verhalten. Zu diesen Gruppen zählen wir z. B. promovierte Akademiker. Wenn die Zielgruppe aufgrund der eigenen Ausbildung einen höheren Wissensstand als der Verkäufer haben könnte, dann besteht die Gefahr aufkommender Reaktanz. Man zweifelt Ihre Kompetenz an. Man zweifelt, ob Sie mehr wissen, ob Sie genug wissen. Dieser Zweifel hat seinen Ursprung in der »Art und Lautstärke« des werblichen Auftritts.

Fassen wir zusammen: Kein Bild und keine Headline ohne Textblock! Denn dieser Textblock gibt dem Leser die Chance, mehr über den Vorteil in der Headline oder im Bild zu erfahren. Wer den Textblock liest, der befindet sich im zweiten Durchgang. Er hat die erste Wegwerfwelle überstanden! Und sollten Sie mit ganz bestimmten Zielgruppen arbeiten, die bereits Reaktanz-Verhalten zeigen, dann hat der Textblock eine zusätzliche Bedeutung: Er signalisiert Kompetenz!

38. Echte Gespräche nach dem stillen Dialog

Ab dem zweiten oder dritten Dialog-Durchgang wird aus dem schriftlichen Verkaufsgespräch häufig ein echtes Gespräch. Der Wunsch, sich abzusichern, kommt vor der Reaktionsstufe. Der Leser fragt dann einen Mitarbeiter, einen Freund oder jemanden in der Familie. Er spricht über seine Absicht, dies oder jenes anzufordern oder zu bestellen.

Jetzt entsteht eine neue Situation. Ihr Leser wird plötzlich zum »Verkäufer« für Ihr Angebot. Der von ihm angesprochene Partner hat die Information noch nicht oder nicht so intensiv gelesen wie Ihr Empfänger. Er stellt deshalb »dumme Fragen«. Und diese Fragen können Ihren eigentlichen Direktwerbe-Empfänger aus der Fassung bringen!

Jetzt wird Ihr Leser zum Multiplikator Ihrer Botschaft. Er vertritt Ihre Argumente im eigenen Kreis. Im Grunde »verkauft« er seinen Entschluß. Er muß sich bestätigen und will sich absichern. Wie aber soll er das, wenn er nicht geschult und seinem Gesprächs-Partner vielleicht nicht gewachsen ist?

Damit haben Sie eine neue Aufgabe als schriftlicher Verkäufer. Sie werden zum Verkaufsförderer Ihrer Leser. Sie tun nichts anderes als der persönliche Verkäufer in diesem Augenblick tun würde. Er würde seinen Kunden im Gespräch unterstützen. Er würde eingreifen und helfen. Genau dies ist jetzt die zusätzliche Aufgabe unserer Prospekte im schriftlichen Gespräch.

Der Aufbau unserer Informationen über Bilder und Headlines ist also nicht nur für den Leser und seinen ersten Kurz-Dialog bestimmt. Unsere Kurz-Antworten leisten mehr. Sie helfen dem Leser, sich gegenüber Dritten zu rechtfertigen. Alle dabei auftretenden Fragen sind im Grunde genau die unausgesprochenen Leserfragen, die zuvor Ihr Leser hatte. Ihre Antworten erfüllen jetzt auch die zweite

Aufgabe. Der Empfänger benutzt die Prospekte als »Display« oder »Sales-Folder« im Sinne der Verkaufsförderung. Aus diesem Grunde sind auch unsere Kurzantworten *weitergabefähig* getextet und gestaltet.

39. Das Verhalten vor der Reaktion

Wir fassen jetzt das Bisherige zusammen und entwickeln eine Lebenskurve für das Package. Sie wissen, der Mensch reagiert nicht urplötzlich. Die meßbare Reaktion ist ein Ergebnis vieler vorausgegangener kleiner Entscheidungen. Auf dem Weg vom ersten Kontakt mit dem Brief bis zur Reaktion selbst verlieren wir eine Menge Leser. Auf welchem Teilstück der gesamten Strecke ist dies nun geschehen?

Gedanken dieser Art kennen wir auch im persönlichen Verkaufs-Gespräch. Auch dort gibt es vor der Unterschrift eine ganze Reihe von Ausstiegs-Chancen. Dennoch bleibt ein bedeutender Unterschied zwischen dem persönlichen und dem schriftlichen Gespräch: Der Vertreter kann sein Verhalten auch nach dem Eintreten in das Verkaufsgespräch noch ändern. Er kann auf die Signale des Kunden reagieren. Er kann einen völlig anderen Gesprächs-Weg einschlagen. Er kann ein ganz anderes Ziel ansteuern. Notfalls kann er sogar ein anderes Produkt aus der Tasche ziehen, für das sein Gesprächs-Partner heute vielleicht mehr Interesse zeigt.

So einfach haben wir es im schriftlichen Gespräch nicht. Wir bauen zwar die gewünschte Reaktion langsam Stufe für Stufe auf. Aber wir haben keine Chance, diesen Verlauf während des schriftlichen Dialoges zu korrigieren. Ihre Arbeit als schriftlicher Verkaufsleiter ist bereits vollbracht, wenn Sie Ihre Packages der Bundespost übergeben. Sie ist eigentlich schon früher abgeschlossen, nämlich dann wenn Sie Ihr Manuskript und Ihr Layout für druckreif erklären.

Die Erfolgsquote erhöhen heißt also, schon im Vorfeld der eigentlichen Reaktion eingreifen. Betrachten wir einmal die Lebenskurve eines Packages, angefangen vom Augenblick des ersten Kontaktes. Wir nehmen dazu das Schaubild, das ich schon 1976 in der Fachzeitung »Direkt Marketing« veröffentlicht und beschrieben habe.

In diesem Schaubild zerfällt der gesamte Lebenslauf eines Packages in zwei Beobachtungs-Phasen. Nur der zweite Teil ist in unserem Sinne sofort meßbar und kontrollierbar. Der erste Teil ist zwar auch nachweisbar, läßt sich aber nicht über die tägliche Erfolgskontrolle messen.

Die erste Phase beginnt im Augenblick des ersten Kontaktes mit dem Package, im Nullpunkt. Sie sehen den Startpunkt im unteren Koordinaten-System unseres Bildes. Hier entwickelt sich eine Kurve in wellenförmigen Bewegungen. Dies ist noch keine Handlung in unserem Sinne, keine sichtbare, meßbare Reaktion. Kein

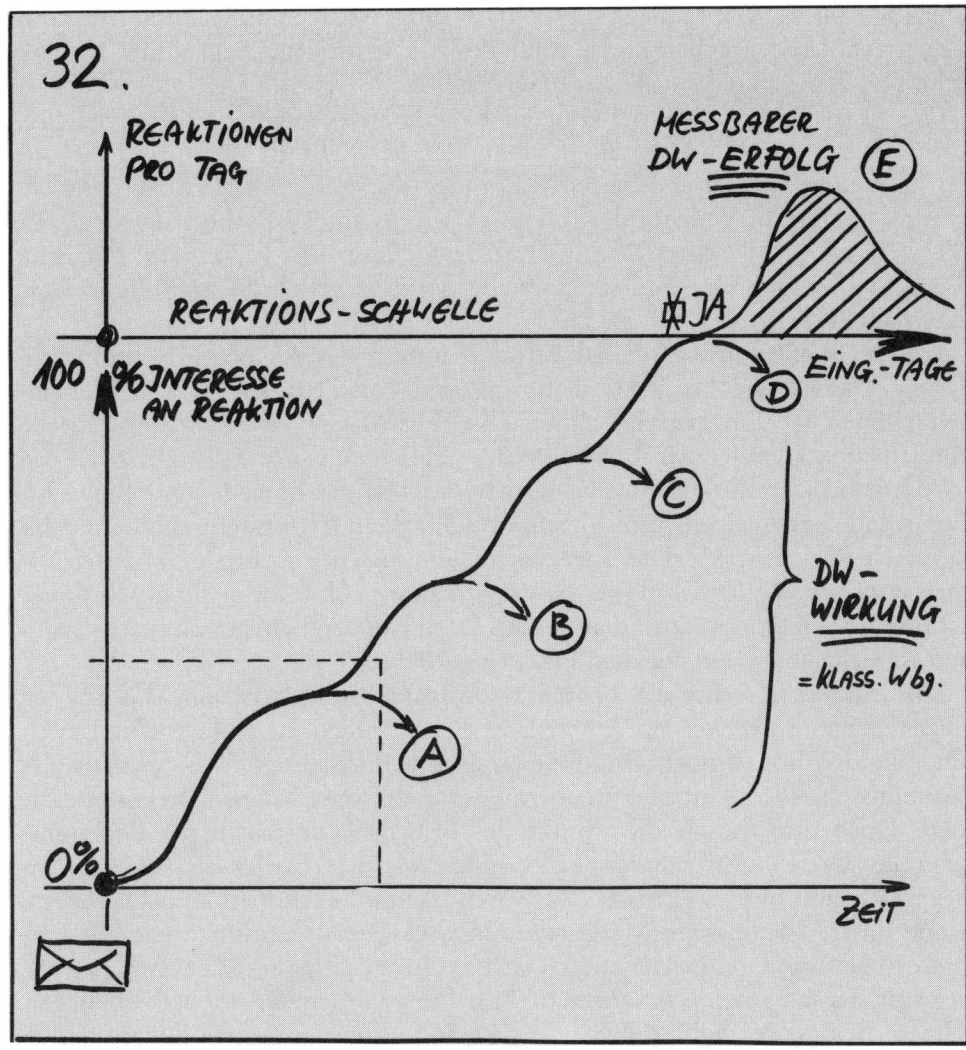

Bild 32: Wenn einige Tausend Mailings gleichzeitig bei der Zielgruppe ankommen, dann entwickelt sich eine Art »Lebenskurve« aller Mailings bis hinauf zur Reaktions-Schwelle. Auf dem Weg dorthin verlieren wir wieder die meisten Leser (zu Kapiteln 29–45).

großes JA! Wir erkennen in diesem Feld nur die kleinen ja's, die das Interesse an einer späteren Handlung signalisieren.

Wir messen auf der senkrechten Achse des unteren Koordinaten-Systems nur das prozentuale Interesse an einer Reaktion. Als Maßeinheit nehmen wir die

Werte 0 – 100 %. Wenn nun ein Leser 100 % Interesse an einer Reaktion hat, dann reagiert er. Unsere Lebenskurve stößt deshalb in diesem Augenblick an eine Schwelle. Wir nennen sie *die Reaktions-Schwelle.*

Die waagerechte Achse des unteren Koordinaten-Systems ist die Zeitachse, allerdings mit einem logarithmisch verkürzten Maßstab. Er beginnt mit Sekunden und endet mit Tagen. Der wellenförmige Kurvenverlauf weist auf ganz bestimmte Stufen im Verlaufe des Interesses hin. Es sind die schon angedeuteten Wegwerfwellen. Allerdings führt nicht jede Welle in den Papierkorb! Die erste Welle ist allerdings eine Papierkorb-Welle. Sie ist zugleich die größte und läuft innerhalb 20 Sekunden ab!

Für den meßbaren, sichtbaren Erfolg benutzen wir das obere Koordinaten-System. Die waagerechte Achse dient uns wieder als Zeitachse, und als Maßeinheit nehmen wir »Eingangstage«. Sobald die Lebenskurve diese Reaktionsschwelle überschreitet, kommen wir in das Feld des sichtbaren, *meßbaren Direktwerbe-Erfolges.* Ab dem ersten Reaktionstag beginnt die Auswertung. Es ist der erste Eingangs-Tag irgendeiner Antwort, ganz gleich, ob schriftlich, telefonisch oder auf einem sonstigen Reaktionsweg. Die Tage vor diesem ersten Eingangstag könnten Sie auch bewerten. Sie haben in diesem Vorfeld zwar noch keine sichtbare Reaktion auf Ihrem Schreibtisch, doch draußen bei Ihren Kunden bewegt sich bereits etwas und ist vielleicht schon auf dem Postweg zu Ihnen.

Die senkrechte Achse des oberen Koordinaten-Systems ist ein Maß für die eingehenden »*Reaktionen pro Tag*«. Als Maßstab wählen Sie einfach eine Einteilung, die den höchstmöglichen Tageseingang berücksichtigt. Was oberhalb der Reaktionsschwelle sichtbar wird, nennen wir den meßbaren »Direktwerbe-Erfolg«. Doch dies ist nur die »Spitze des Eisberges« unterhalb der Reaktions-Schwelle. Diesen unsichtbaren Teil nennen wir die »Direktwerbe-Wirkung« im Gegensatz zum obigen »Erfolg«. Auch wenn keine Reaktionen zurückkommen, haben unsere Mailings im Markt etwas bewirkt. Der Bekanntheitsgrad der Produkte ist gestiegen, und vielleicht hat sich das Image geändert. Wer etwas bewußt wegwirft, der hat zuvor etwas gesehen. Er hat den Firmennamen oder den Slogan gelesen. Beides, der höhere Bekanntheitsgrad und das geänderte Image, zählen wir aber zu den klassischen Werbezielen. Sie erreichen also im Vorfeld des Direktwerbe-Erfolges auch klassische Werbe-Ziele zum »Nulltarif«. Die Kosten werden vom sichtbaren Teil des Direktwerbe-Erfolges mit getragen!

40. Wie beeinflussen wir diese Aktivierungs-Kurve?

Nachdem Sie nun den ungefähren Verlauf der Interessenskurve und die meßbare Reaktion kennen, drängt sich eine Frage auf: Wie kommen wir so hoch wie möglich über die Reaktionsschwelle hinaus? Denn als Direktwerber und schriftlicher Verkaufsleiter interessiert uns nur das tatsächlich abgeschlossene Gespräch, die Zahl der Antworten, der meßbare Direktwerbe-Erfolg!

Die Antwort auf diese Frage ist nicht schwer. Wer höher über die Reaktions-Schwelle hinaus will, der braucht einen stärkeren Kurven-Anstieg im unteren Teil.

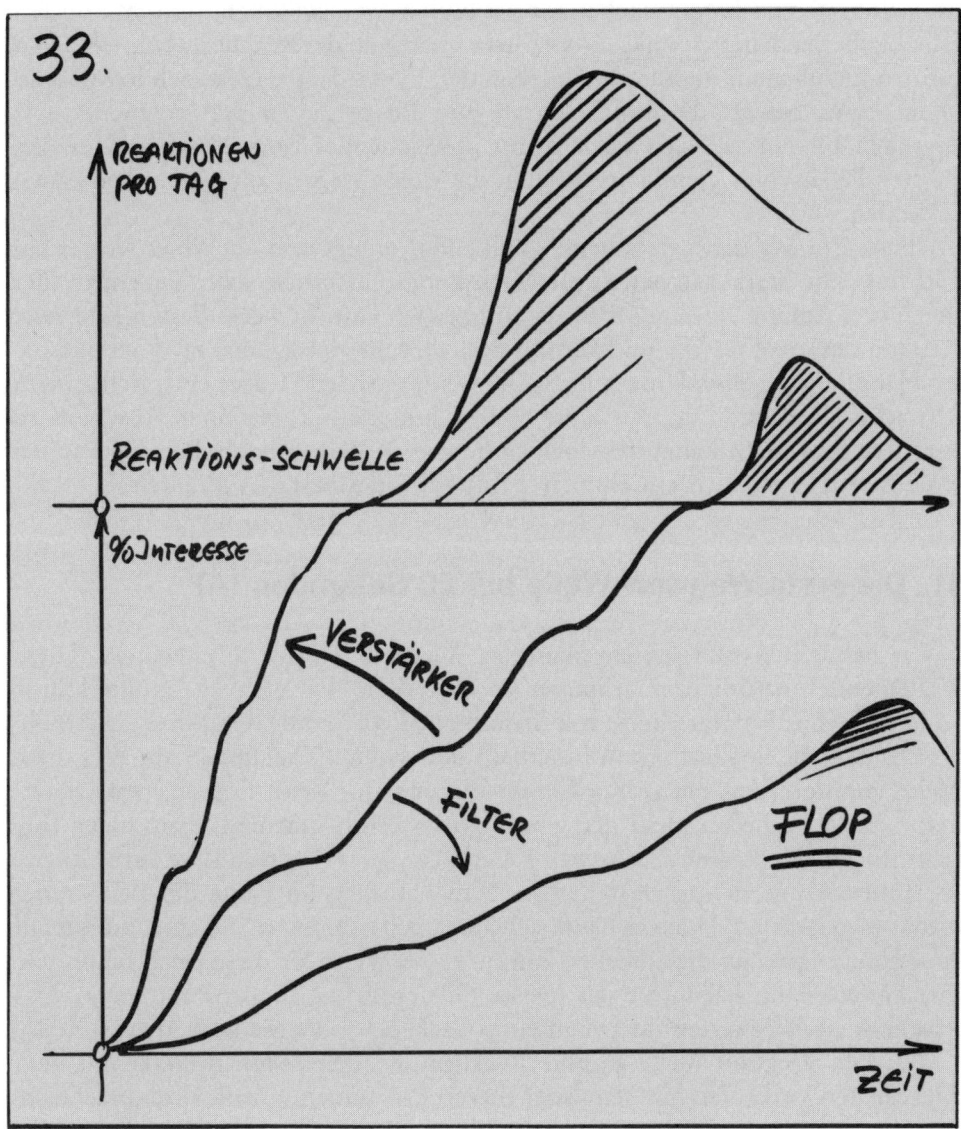

Bild 33: *Wer höhere Reaktionsquoten erreichen will, muß die Interessens-Kurve schon weit unterhalb der Reaktions-Schwelle durch Verstärker beeinflussen (s. Kapitel 40).*

Die Natur macht schließlich keine Sprünge. Wir müssen Wege finden, um die untere Kurve mehr nach links zu bewegen und sie damit steiler in Richtung Reaktions-Schwelle zu führen. Das Interesse an einer Handlung muß schneller ansteigen. Wir brauchen Verstärker, die schon in den ersten Sekunden wirken.

Das Gegenteil eines schnell ansteigenden Interesses ist eine abgeschwächte Kurve. Sie steigt sehr viel flacher aus der Null-Zone nach oben. Im schlimmsten Falle bleibt der Scheitelpunkt dieser Kurve unterhalb der Reaktions-Schwelle. Wir können nichts mehr messen und erleben den »Total-Flop«. Dennoch hat sich im Markt etwas bewegt. Bekanntheitsgrad und Image haben sich verändert. Die Ursachen für ein zu flach nach rechts abweichendes Kurvenbild sind in den meisten Fällen die vielen kleinen Filter, die vielen kleinen »nein's« in den ersten Sekunden.

Übertragen auf den persönlichen Verkäufer, drängt sich auch hier wieder ein Bild auf. Die stark aktivierte Interessenskurve entspricht dem Verkäufer, der gleich von Anfang an seinen Partner aufhorchen läßt. Er weckt dessen Interesse, verstärkt dessen Wünsche und kommt deshalb sehr viel sicherer zu einer meßbaren Handlung, zu einer Unterschrift. Die wenig aktivierte Kurve entspricht einem schwachen Verkäufer, der nur seine Spuren hinterläßt, ohne einen Abschluß zu erreichen. Natürlich hängt dies nicht immer vom Verkäufer ab. Bei Zielgruppen ohne Bedarf ergibt sich ein ähnliches Bild trotz des besten Verkäufers.

41. Die erste Wegwerf-Welle bei 20 Sekunden (A)

Wir betrachten nun die sogenannten Wegwerf-Wellen im einzelnen. Diese Wellen enden natürlich nicht immer im Papierkorb. Die erste, die größte Hürde im Leben eines Packages heißt mit Sicherheit »Papierkorb«. Und ihre gefährlichste Eigenart ist, sie läuft schon innerhalb der ersten 20 Sekunden ab. Wer diese Welle übersteht, hat die größte Gefahr hinter sich. Wenn Ihre eigenen Direktwerbe-Aktionen bisher nicht den gewünschten Erfolg brachten, dann fielen Ihre »schriftlichen Verkäufer« höchstwahrscheinlich dieser ersten Auslese zum Opfer.

Damit wir uns richtig verstehen, es wird natürlich im Laufe der Zeit immer wieder weggeworfen. Doch es häuft sich an ganz bestimmten Stellen. Und nur auf diese Häufungen, auf diese Wellen kommt es an. Wenn Sie diese Gefahrenpunkte entschärfen, dann haben Sie das meiste für den Erfolg Ihrer Aktion getan. Das gelegentliche Wegwerfen im Leben eines Packages sollte Sie jetzt nicht stören.

Die erste Wegwerf-Welle ist eine Reaktion auf den ersten Kontakt mit dem schriftlichen Verkäufer, mit dem Brief-Kuvert und seinem Inhalt. Und dieser erste Kontakt ist in mehr als 90 % der Fälle identisch mit dem schon beschriebenen 1. Durchgang. Also umfaßt dieses zeitliche Intervall auch das Entfalten und Überfliegen der einzelnen Package-Teile.

Die Zielgruppe selbst bestimmt, in welcher Phase der ersten 20 Sekunden dieser Kurz-Dialog beginnt. Wenn die betreffende Entscheidungs-Person selbst das Kuvert öffnet, beginnt der Dialog schon auf dem Umschlag. Sollte eine vorgelagerte Post-Stelle die Kuverts öffnen, dann beginnt der Kurz-Dialog eigentlich erst auf dem entfalteten Inhalt. Das Öffnen und Entfalten entfällt, der 1. Durchgang ist verkürzt.

Zu den Selbst-Öffnern zählen wir alle privaten Empfänger und auch die Kleinbetriebe, bei denen der Chef (oder die Chefin) noch selbst die Post annimmt, öffnet und liest, also Handwerksbetriebe, Einzelhändler, Gaststätten, Pensionen usw.

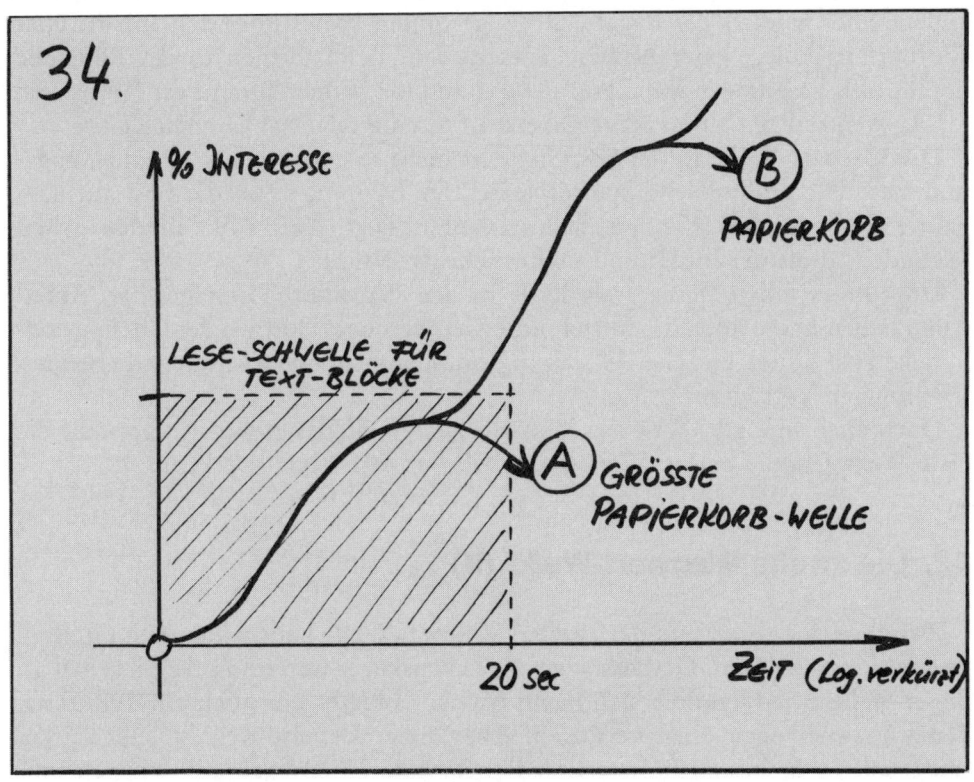

Bild 34: Die erste Wegwerfwelle läuft innerhalb der 20-Sekunden-Grenze. Sie ist zugleich die größte und heißt in der Regel »Papierkorb« (s. Kapitel 41 und 42).

Betrachten wir zunächst diese Gruppe der privaten Empfänger und Kleinbetriebe. Sie reagiert auf unsere Post genauso wie auf einen Vertreter-Besuch. Wenn der Vertreter klingelt, dann entscheiden ähnliche Eindrücke darüber, ob er hereingelassen wird oder nicht. Auch hier dominieren also ganz bestimmte »Leserfragen«. Zum Beispiel: »Woher kommt er? Was will er? Was habe ich von seinem Besuch? Was bringt er mir? Soll ich ihn anhören oder nicht?«

Allerdings verläuft diese erste Kontaktstufe im schriftlichen Dialog schneller. Wir alle werfen sehr viel früher einen Brief in den Papierkorb als wir einem Vertreter die Türe zuschlagen. Alle Antworten wie z. B. »Brauche ich nicht! Kenne ich schon! Interessiert mich nicht!« usw. führen geradewegs zur ersten Wegwerfwelle. Dieses Verhalten beobachten wir übrigens auch bei unseren besten Kunden. Auch die Stamm-Kunden haben nicht an jedem Tag genügend Zeit, genügend Geld, genügend Bedarf, um den Brief genauer zu lesen.

Die zweite Zielgruppe, die Großbetriebe mit separater Post-Stelle, reagieren anders. Hier wird in der Regel erst einige Stufen später über den Inhalt, über Wegwerfen, Ablage oder Antwort entschieden. Beim Öffnen in der Poststelle dominieren Leserfragen wie diese: »Ist das für uns? Woher kommt es? Für wen ist es? An wen müssen wir es weitergeben? Ist es eilig oder hat es noch Zeit?«

Die Wegwerf-Welle in der Post-Stelle ist nicht so groß wie ursprünglich angenommen. Die große Welle kommt später. Sie beginnt, wenn die Post auf dem Schreibtisch des betreffenden Sachbearbeiters liegt. Jetzt wirkt in den ersten Sekunden sofort der Inhalt und nicht mehr das Kuvert.

Ungeöffnet fallen weniger als 10 % in den Papierkorb. Den größten Anteil daran haben heute noch die Mittel- und Kleinbetriebe. Dort wo der Chef persönlich die Post öffnet, entscheidet sich in Sekunden-Schnelle das weitere Leben des schriftlichen Verkäufers.

Doch auch hier gilt: Wer den Wunsch zum Weiterlesen weckt, übersteht die erste Wegwerfwelle besser. Weiterlesen will nur, wer Vorteile erkennt.

42. Die zweite Wegwerf-Welle (B)

Zwischen der ersten und der zweiten Wegwerf-Welle haben wir einen Großteil unserer Leser verloren. Deshalb zeigt die Lebenskurve unseres Packages genau an dieser Stelle einen deutlich sichtbaren Knick. Es bleibt nur noch ein Teil übrig, den wir weiter nach oben verfolgen. Aber dieser kleinere Teil ist jetzt stärker »aufgeladen«. Er besitzt höhere Lese-Bereitschaft. Übertragen auf den persönlichen Verkäufer heißt dies: Der Partner hört uns besser zu, schenkt uns höhere Aufmerksamkeit und konzentriert sich besser.

In dieser Phase treten neue unausgesprochene Leserfragen auf wie z. B.: »Worin besteht der Vorteil? Trifft das für mich zu? Ist es besser als das Bisherige? Was kostet mich dieser Vorteil? Brauche ich es tatsächlich? Habe ich schon so etwas ähnliches? Wie habe ich das Problem bisher gelöst? Soll ich unbedingt umstellen? Brauche ich überhaupt etwas Neues?«

Auf der Suche nach diesen Antworten überschreitet der Leser jetzt eine Linie, die für unsere späteren Betrachtungen noch sehr wichtig sein wird. Ich nenne sie die »Lese-Schwelle für Textblöcke«. Ab hier informiert sich der Leser genauer. Unterhalb dieser Schwelle werden nur Bilder betrachtet und Headlines gelesen. Oberhalb dieser Linie beginnt der zweite, ausführlichere Durchgang.

Sobald die Leserfragen des zweiten Durchgangs wieder ein Übergewicht an nein-Antworten ergeben, kommt es zur zweiten Wegwerf-Welle. Sie heißt meistens noch einmal »Papierkorb«. Doch sie tritt eindeutig später auf als die erste Welle. Meistens liegen einige Minuten dazwischen. Solche nein-Antworten könnten sein: »Danke für die Information, mehr will ich nicht wissen! Vielleicht habe ich in einem halben Jahr wieder Bedarf! Das ist nichts Neueres als vor einem halben Jahr bereits gehört!« usw.

Ergeben die stummen Antworten in dieser Phase ein Übergewicht an kleinen »ja's«, liest der Mensch weiter. Das Package übersteht dann auch die zweite Wegwerfwelle, und der Leser kommt damit dem gewünschten Reaktions-Ziel noch näher.

43. Die Ablage- oder Archiv-Welle (C)

Die dritte Welle heißt schon nicht mehr »Papierkorb«, sondern »Ablage« ins Bezugsquellen-Archiv. Diese Welle erlebt besonders im gewerblichen Bereich ihren Höhepunkt. Es werden Dinge gesammelt und abgelegt, die auch in ferner Zukunft einmal eine Entscheidungshilfe sein könnten. Über das Ablegen und Archivieren entscheidet der Empfänger erst nach genauerem Lesen, nach dem Erkennen von Vorteilen für das eigene Unternehmen.

Leider ist diese Ablage-Welle für uns schriftliche Verkäufer kein lohnendes Ziel. Denn wer archiviert, der meldet sich nicht. Wir wissen nicht, wer unser Material sammelt. Und außerdem haben wir das Hauptziel verfehlt: Die meßbare, sichtbare, sofortige Reaktion bei uns!

Für diese Archiv-Welle gibt es wieder eine Analogie zum persönlichen Verkaufsgespräch. Denken Sie z. B. an einen verkaufsschwachen Vertreter, der ohne Aufträge von seiner Tour zurückkommt. Er wird Ihnen erzählen, wie gut er geredet, wieviel Material er verteilt, und wieviele Muster er in die Regale hineingeschoben hat. Über die tatsächliche Wirkung und den Erfolg wissen Sie wenig. Es sei denn, Sie wollten die gleiche Tour noch einmal abfahren und die Zielgruppe befragen.

So ähnlich ist es auch beim schriftlichen Gespräch. Selbstverständlich ist das Archivieren in der Direktwerbung besser als das Wegwerfen. Nur hat dieses Archivieren einen zusätzlichen Nachteil. Unsere Prospekte kommen aus diesem Gefängnis nur selten heraus. Und wenn sie herauskommen, dann sind sie meistens nicht mehr allein. Ganz einfach deshalb, weil in der Zwischenzeit auch die Prospekte der Konkurrenz im Archiv landeten. Unsere Briefe und Angebote liegen dann als eine der möglichen Bezugsquellen wieder auf dem Tisch. Das ist besser als der Papierkorb. Aber es ist schlechter als die sofortige Reaktion.

Es gibt Filter und Verstärker für das Archivieren. Ein Filter wäre z. B., zuerst nur Teil-Informationen zu senden. Der noch abzurufende 2. Teil vermindert das vorzeitige »Erledigt« durch Ablage und löst zunächst eine meßbare Reaktion aus.

Verstärker für das Archivieren sind alle Signale, die dem Kunden schon sehr früh sagen »bitte ablegen!« Hierher gehören alle vorgelochten Prospekte und Kataloge oder die Ösen und Haken, die das Einheften erleichtern.

Denken Sie daran: Was abgelegt ist, liegt außer Sichtweite! Die mögliche spätere Reaktion im Bedarfsfalle ist stark gebremst. Es besteht kein Augenkontakt zu den Unterlagen. Zu neuen Reaktionen kommt es meistens erst wieder durch neue Impulse von außen. Das führt erst dann zum Suchen, Vergleichen und vielleicht zum Reagieren (nach neuen Impulsen).

Aber auch dieser Weg ist heute sehr unwahrscheinlich. Wir erleben etwas anderes: Die verflossene Zeit wird zum Filter. Der Einkäufer oder wer auch sonst die Entscheidungen trifft, bezweifelt die Aktualität abgelegter Prospekte. Ergebnis: Er fordert von neuem Unterlagen an. Nicht nur bei Ihnen! In seiner Akte findet er auch die Adressen der Konkurrenz!

Besser also wäre es gewesen, Herr XY hätte die erste Information nicht stillschweigend abgelegt, sondern sich gemeldet. Wir hätten ihn dann als Interessent weiter gepflegt und mit ihm regelmäßig schriftliche Gespräche geführt, Kontakt-Gespräche, Informations-Gespräche, Werbe-Gespräche und natürlich auch Verkaufs-Gespräche.

44. Das »Zur-Seite-legen«-Phänomen (D)

Nach diesen ersten drei gefährlichen Wellen im Leben eines Packages kommt eine letzte große Hürde. Sie heißt nicht Archivieren oder Ablegen, sie heißt ganz einfach »Zur-Seite-legen«. Der Mensch erkennt irgendwelche Vorteile im Brief oder im Prospekt, doch im Augenblick kann er gedanklich nicht folgen. Irgendwelche Filter hindern ihn daran, sich intensiver mit dem Thema zu befassen. Vielleicht ist der Text zu schwierig. Das wäre einer der möglichen Filter. Zuviel Fachsprache z. B. signalisiert dem Leser unbewußt: »Jetzt mußt du denken!« Abstrakt denken aber kann der Mensch in dieser Situation nur sehr schwer. Er möchte die nicht angeforderte Werbung »nebenbei« erfassen und verstehen. Es gibt noch viele Filter für das »Zur-Seite-legen«. Beispiele: Etwas entscheiden, jemanden fragen, zusätzliche Unterlagen heraussuchen, etwas berechnen, etwas ausfüllen usw.

Alle diese Filter kurz vor der Reaktions-Schwelle führen zum gleichen Ergebnis: Der Mensch legt erst einmal alles zur Seite mit dem Gedanken »Heute Abend oder morgen oder am Wochenende habe ich vielleicht mehr Ruhe dazu. Jetzt nicht!«

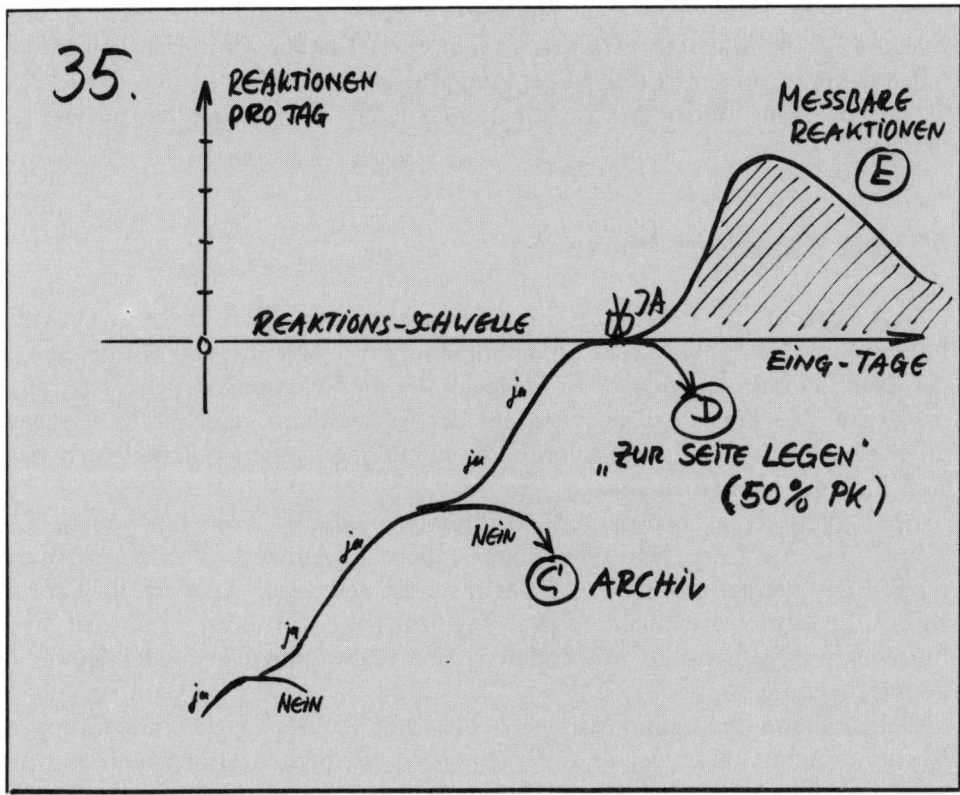

Bild 35: Zwischen »Papierkorb« und Reaktion liegen weitere Wellen, die sich durch Filter und Verstärker beeinflussen lassen (s. Kapitel 43 und 44).

Und damit ist das Schicksal unserer Werbung besiegelt. Denn diese ersehnte Ruhe wird nie kommen. Wer dazu neigt, Werbe-Briefe zur Seite zu legen, der stapelt noch mehr! Und wenn sich nach ein paar Tagen auf dem Schreibtisch ein ganzer Berg »zu erledigen« angesammelt hat, dann beginnt das Spiel von vorn!

Was dann folgt, kennen Sie wahrscheinlich auch: Der Stapel ist inzwischen zu dick geworden. Unsere »Zeit zum Aufarbeiten« verteilt sich auf zu viele Vorgänge.

Pro Brief haben wir nur noch einen Bruchteil der Zeit übrig! Und noch etwas ist inzwischen passiert: Auf unserem Stapel liegen Dinge, die viel wichtiger sind als die ungewollte schriftliche Werbung. Wir sortieren aus. Und selbstverständlich trifft das Papierkorb-Los vor allem die Dinge, die nicht unbedingt zu bearbeiten sind. Dazu gehört nun einmal unsere liebe gute Werbung, die wir unaufgefordert verschicken.

Kurz vor der Reaktionsschwelle wirken also Filter, die zum »Auf-die-Seitelegen« führen. Danach aber, so schätzen wir heute, gehen 50 % dieses zur Seite gelegten Werbe-Materials verloren. Es fällt eines Tages doch in den Papierkorb, selbst dann, wenn der Vorteil früher einmal erkannt war. Inzwischen ist viel Zeit vergangen. Neue Bilder und Informationen haben sich in das Bewußtsein gedrängt.

45. Die Reaktions-Phase (E)

Jetzt erreicht die Lebenskurve unseres schriftlichen Verkaufsgespräches die 100 %-Marke für das »Interesse an einer Handlung«. Wer aber 100 % Interesse an der Reaktion hat, der reagiert. Er überschreitet die Reaktionsschwelle. Jetzt setzt das große »JA« ein, das Kreuzchen auf der Antwortkarte oder die Unterschrift unter den Auftrag. Es ist die Summe der vorausgegangenen vielen kleinen »jas« abzüglich der kleinen »neins«.

Aber auch dabei beobachten wir unterschiedliche Verhaltensweisen. Ein kleiner Teil entscheidet sehr schnell und schickt die Antwort sofort ab. Ein anderer Teil entscheidet ebenfalls sehr rasch, sendet aber seine Antwort nicht sofort zurück. Er legt sie erst noch ein paar Tage zur Seite. Ein dritter Teil trifft seine Entscheidung gemeinsam mit anderen, also nach Rückfragen oder ähnlicher Zeitverzögerung.

Neben diesen drei Grund-Mustern beobachten wir noch viele Unter-Gruppen. Wir untersuchen diese Details z. Zt. bei unterschiedlichen Zielgruppen und mit unterschiedlichen Werbemitteln. Demnächst werden wir noch mehr über die Filter und Verstärker der Reaktions-Phase wissen.

In der Reaktions-Phase zeigen alle Direktwerbe-Aktionen einen ähnlichen Kurven-Verlauf: Steiler Anstieg in den ersten Tagen bis zu einem Maximum und danach ein relativ flacher Auslauf. Je steiler nun die Interessenkurve unterhalb der Reaktions-Schwelle verläuft, desto höher übersteigt sie diese Schwelle als meßbare Erfolgskurve. (E)

Die eigentliche Reaktions-Phase kann sich natürlich sehr lange hinziehen oder sehr schnell abgelaufen sein. Bei einfachen Aktionen, z. B. beim kostenlosen Anfordern weiterer Unterlagen, steigt sie sehr schnell an, erreicht nach wenigen Tagen ihr Maximum und läuft dann relativ schnell wieder gegen 0 zurück.

Bei komplizierten Aktionen läuft die Kurve zeitlich ausgedehnter. Das Maximum, der höchste Tageseingang, tritt später ein. Der Auslauf dauert entsprechend länger.

Über die Meßwerte dieser Kurve haben wir bereits gesprochen. Die waagerechte Achse ist ein Maßstab für die Eingangstage. Die senkrechte Linie ist ein Maßstab für die Anzahl der eingegangenen Antworten (Reaktionen) pro Tag. Die Analyse dieser Reaktions-Kurve führt uns zum Halbwerts-Zeitpunkt. Das Verfahren dazu zeige ich Ihnen im Kapitel 134.

46. Analyse der ersten 20 Sekunden

Wenn schon die ersten 20 Sekunden die wichtigsten im Leben eines Packages

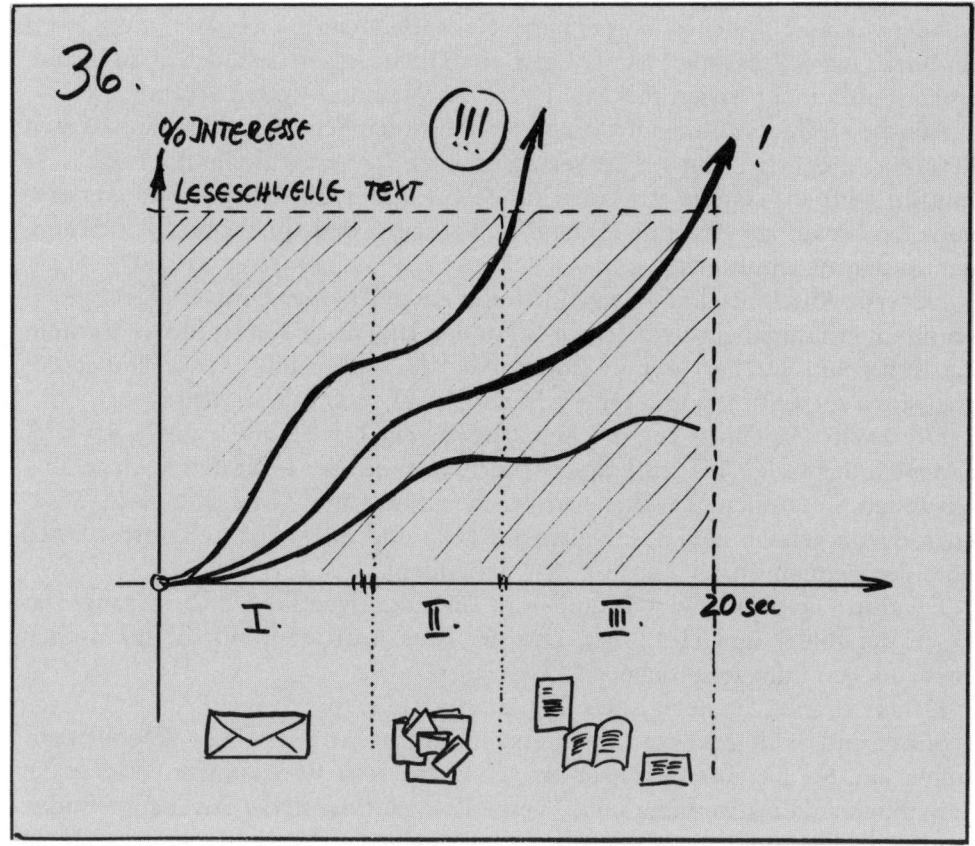

Bild 36: Die ersten 20 Sekunden gliedern wir in 3 Beobachtungs-Abschnitte. Die eigentliche Information sieht der Leser erst im letzten Teil (s. Kapitel 46).

sind, dann lassen Sie uns diese erste Phase noch einmal genauer untersuchen. Hier entscheidet sich ja doch sehr viel über das spätere Ergebnis, über Erfolg oder Mißerfolg eines schriftlichen Verkaufsgespräches.

Bei manchen Packages liest der Empfänger schon weit vor 20 Sekunden irgendeinen Textblock. Diese Packages erzielen auch später die höchsten Erfolge. Die Interessenskurve geht sehr steil nach oben zur Reaktions-Schwelle.

Daneben beobachten wir Packages, deren Empfänger gerade noch an der 20 Sekunden-Marke mit dem Textblock-Lesen beginnen. Auch das genügt noch. Das Interesse reicht aus, um später in ausreichendem Maß die Reaktionsschwelle zu übersteigen und meßbare Erfolge zu bringen.

Dann aber erkennen wir Packages, deren Leser auch bei 20 Sekunden nur Bilder und Headlines abtasten und keinen Textblock lesen. Bei diesen Packages ist die Wegwerfwelle am größten. Der Leser hat innerhalb der 20 Sekunden noch keine positive Kurz-Antwort gefunden auf die unausgesprochenen Leserfragen: »Was will der von mir? Welchen Vorteil habe ich davon? Brauche ich das? Ist das etwas für mich? usw.« Zumindest ist der Leser noch nicht so gefesselt, daß er zu irgendeinem Punkt mehr wissen möchte. Er hat noch keinen Vorteil erkannt.

Aus diesen Beobachtungen können Sie folgenden Schluß ziehen: Wir müssen den Leser möglichst weit *vor* 20 Sekunden über die Leseschwelle für Textblöcke bringen. Nur so schaffen wir einen möglichst sicheren Anstieg der Interessenskurve bis hinauf zur Reaktions-Schwelle. Wir teilen deshalb die ersten 20 Sekunden in drei Abschnitte auf.

Der erste Abschnitt umfaßt eigentlich nur das geschlossene Kuvert. Der Durchschnitt aller Empfänger sieht etwa 8 Sekunden lang noch keinen Inhalt. Er dreht das Kuvert hin und her, liest die Adresse, den Absender und sonstige Anmerkungen, sucht die Öffnung und reißt schließlich auf (= ⌀ 8 Sekunden).

Der zweite Abschnitt beginnt beim geöffneten Kuvert und endet nach dem Entfalten der Teile. Während dieser Phase entnimmt der Leser den noch gefalteten Inhalt. Die vielen Einzelteile wirken bereits auf ihn, ohne daß er ein Wörtchen davon gelesen hat. Er entfaltet die Teile und bildet sich sein erstes Urteil über den vermeintlichen Inhalt (⌀ 4 Sekunden).

Der dritte Teil von etwa 8 Sekunden ist dann der eigentliche 1. Durchgang: Das Lesen der Bilder und Headlines, also der Kurz-Antworten auf die inzwischen entstandenen unausgesprochenen Leserfragen.

Daraus können Sie noch etwas folgern: Bei Zielgruppen, deren Kuverts bereits geöffnet sind, fehlt das erste Drittel und somit tritt die erste große Wegwerfwelle früher ein. Sie hat ihren Höhepunkt schon bei etwa 10 Sekunden. Wer in der gewerblichen Direktwerbung seine Werbe-Post geöffnet in der Postmappe findet, hat bereits die entfalteten Teile vor sich. Er sieht die Einzelteile, bildet sich ein Urteil und fängt sofort an, Kurzantworten wie Bilder und Headlines zu überfliegen.

Wir suchen weiter nach Chancen, die Leseschwelle für Textblöcke so früh wie möglich zu überschreiten. Dies aber heißt, das Interesse des Lesers weit vor 20 Sekunden zu gewinnen. Sie wissen aus den früheren Kapiteln: Der Empfänger liest weiter, wenn er in den ersten paar Sekunden einen Vorteil erkennt. Wir wollten deshalb die Vorteile für den Leser in den Bildern und Headlines (= Kurz-Antworten) zum Ausdruck bringen.

Wie verständlich aber müssen diese Bilder oder diese Headlines sein? Wir wollen ja den Leser situations-gerecht ansprechen, nicht zu hoch und nicht zu tief. Was aber heißt »hoch«, und was heißt »tief« beim Lesen von Werbebriefen und Prospekten? Die Antwort darauf kennen wir erst seit kurzer Zeit. Sie hat uns den Weg für viele neue Verstärker geebnet.

C. Zusätzliche Strategien

47. Die Empfangs-Situation beim Leser

Nun kommen wir zu einigen deutlichen Unterschieden zwischen dem echten und dem schriftlichen Verkaufsgespräch. Der Vertreter sitzt sehr nahe vor seinem Partner. Er hat vielleicht zwei Meter Abstand. Er hat Blickkontakt und sieht jede Bewegung. Er arbeitet mit allen rhetorischen Hilfsmitteln wie Mimik, Gestik, Lautstärke, Melodik und Geschwindigkeit der Sprache. Er kann seinen Hörer, seinen Kunden, seinen Gesprächspartner sogar abschirmen gegen Störungen von außen! Er kann sagen: »Ich warte ein bißchen« oder »Darf ich mal das Fenster schließen.«

Diese rhetorischen Verstärker haben wir im schriftlichen Gespräch nicht. Wir sitzen keine zwei Meter vor unserem Partner. Wir arbeiten als schriftlicher Verkaufsleiter kilometerweit entfernt. Wir haben keinen Blick-Kontakt. Wir sehen keine Regungen und Bewegungen, die wir über die Körpersprache deuten könnten. Wir haben nur ein sehr diffuses Bild von unserem Gesprächspartner.

Das schlimmste sind die äußeren Störungen. Sie treten ja im schriftlichen Gespräch genauso auf wie im persönlichen, nur wirken sie viel stärker! Niemand schirmt unseren Leser vor diesen Störungen ab. Im Gegenteil: Diese Störenfriede sind alle viel näher am Empfänger als unsere schriftliche Botschaft und deshalb gewinnen sie die Oberhand.

Kein Empfänger sitzt im luftleeren Raum und wartet, bis er endlich einen Werbebrief lesen darf, ganz sicher nicht in der gewerblichen Direktwerbung. Es gibt Wichtigeres zu tun während der acht Stunden eines Büro-Tages. Im Grunde stört ja auch jedes ungewollte Vertreter-Gespräch den üblichen Arbeitsablauf. Und das trifft natürlich auch auf die ungewollte, nicht angeforderte Werbung zu. Deshalb muß der Werbebrief immer wieder vor Wichtigerem zurückstehen. Das

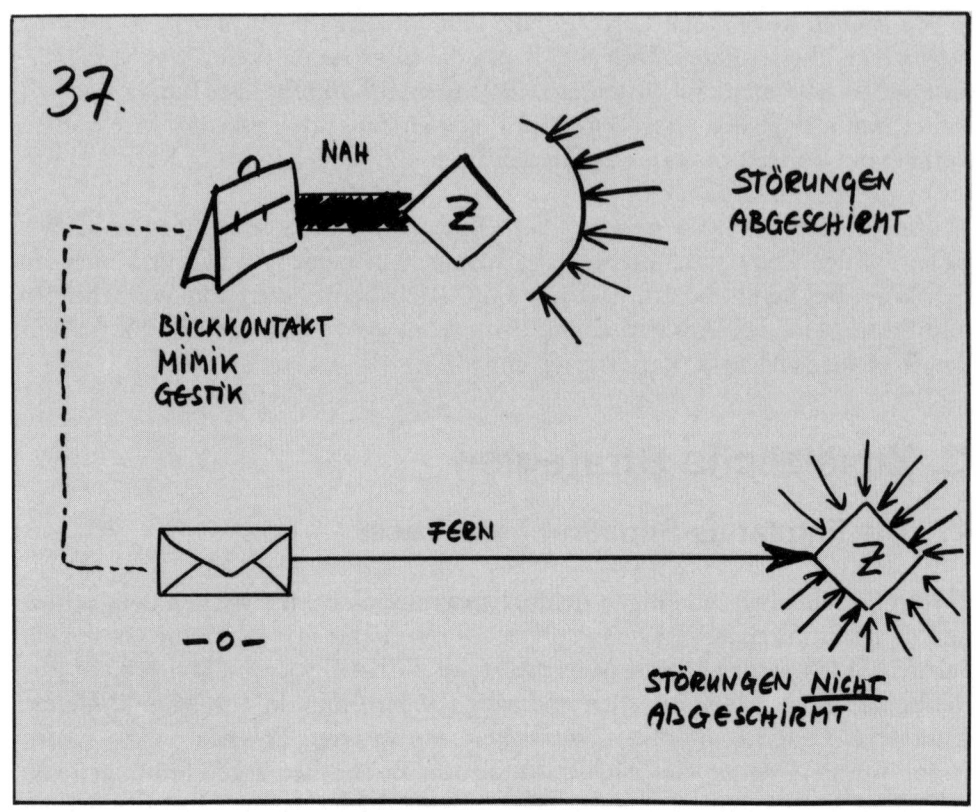

Bild 37: Wir haben Nachteile gegenüber dem persönlichen Verkäufer und erleben deshalb verminderte Empfangs-Bereitschaft im schriftlichen Gespräch (s. Kapitel 47).

hat allerdings auch Vorteile! Ein persönlicher Vertreter wartet nicht beliebig lange im Vorzimmer. Der Brief bleibt tagelang geduldig auf dem Schreibtisch liegen.

Denken Sie also bei der Gestaltung Ihrer Werbung daran: Alle Störungen, alle besonderen Ereignisse, alle Telefongespräche, alle schnellen Gedanken und Ideen haben beim Empfänger Vorrang. Deren Intensität übertrifft meistens die unserer Werbebotschaft. Die anderen gewinnen meist auch den Kampf um den Eingang ins Bewußtsein, weil sie höhere Energie, höhere Aufladung mitbringen. Kein Chef sagt seiner Sekretärin: »Bitte ab sofort keine Störungen mehr, ich lese einen Werbebrief.« Beim persönlichen Gespräch geben wir solche Anweisungen!

Gemessen an dieser Empfangs-Situation schätzen wir heute die Konzentrations-Bereitschaft beim Lesen von unaufgefordert erhaltener Werbung nur noch auf etwa 10 % gegenüber der Konzentration im persönlichen Gespräch.

48. Die Konzentrations-Bereitschaft des Lesers

Was bedeutet »10 % gegenüber dem persönlichen Gespräch«? Auch im persönlichen Gespräch hört der Kunde nicht 100 % zu! Nur der Verkäufer konzentriert sich voll auf sein gesprochenes Wort. Er ist ganz bei der Sache. Er engagiert sich für sein Thema. Nicht so der Zuhörer. Zumindest nicht im Durchschnitt aller Verkaufsgespräche.

Denken Sie einmal an Ihre persönlichen Erlebnisse dieser Art. Wie häufig schon saß ein Verkäufer vor Ihnen, blickte Ihnen tief in die Augen und setzte alle seine rhetorischen Hilfsmittel ein. Sie selbst haben ihm ebenfalls tief in die Augen geblickt und ihm vielleicht noch Response-Signale gesendet. Sie nicken ab und zu mit dem Kopf. Aber in Wirklichkeit haben sie an etwas völlig anderes

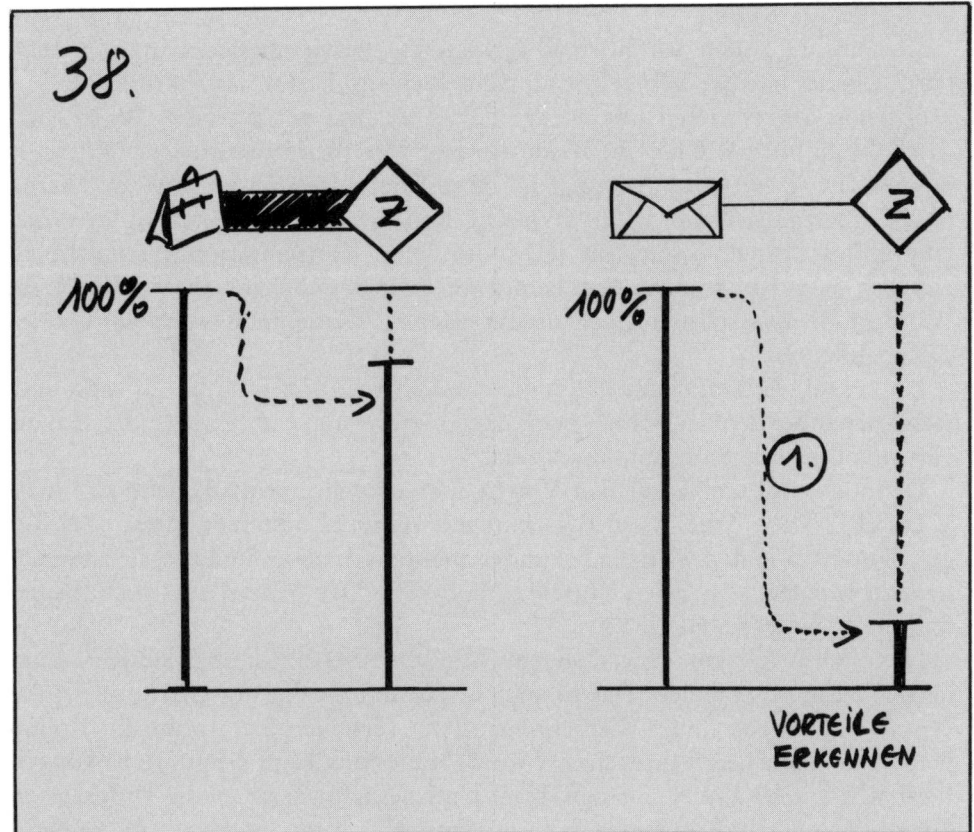

Bild 38: Zielgruppen-gerecht schreiben heißt auch empfangs-gerecht. Der Leser gibt uns nur einen Bruchteil seiner möglichen Konzentrationsfähigkeit. Dennoch muß er seinen Vorteil erkennen (s. Kapitel 48 und 122)

gedacht! An den gestrigen Abend, an den heutigen Abend und an die Arbeit, die Sie nach diesem Gespräch noch zu erledigen haben.

Wir schließen daraus: Selbst im persönlichen Gespräch konzentrieren wir uns als Zuhörer nicht zu 100 %. Wir haben deshalb einen Übertragungs-Verlust. Der Vertreter weiß dies und stellt sich in seinem Gespräch darauf ein. Er wird selten in zu hohem Fach-Chinesisch reden, wenn er auch nur im entferntesten das Gefühl hat, dies entspricht nicht unserer augenblicklichen Aufnahmebereitschaft.

Nun übertragen Sie einfach diese Erkenntnis auf das schriftliche Gespräch. Wir haben nur 10 % der Konzentration angenommen. Wenn wir beim echten Gespräch schon nicht mehr 100 %ig bei der Sache sind, wie klein ist dann eigentlich noch der Rest an Aufnahmebereitschaft im schriftlichen Gespräch?

Das Bild Nr. 38 versucht noch einmal, die Situation darzustellen. Die Verluste im persönlichen Gespräch sind bereits meßbar. Im schriftlichen Gespräch sind sie ein Vielfaches davon.

Gleichzeitig laufen wir höchste Gefahr, die Verständlichkeit unserer Texte falsch einzuschätzen. Wir selbst als Schreiber, als Texter, als schriftlicher Verkaufsleiter konzentrieren uns wieder 100 % auf das geschriebene Wort. Auch dann, wenn wir als Chef die Texte unserer Mitarbeiter beurteilen. Wir sagen tatsächlich: »Bitte keine Störung, ich korrigiere gerade unseren neuen Werbebrief.« Aber das ist eine völlig atypische Situation. Kein Mensch unserer Zielgruppe liest unsere Briefe mit dieser höchsten Konzentration. Vielleicht ein einziger: unser Konkurrent. Aber keiner von beiden, weder er noch wir, ist Käufer. Wir sind die atypischsten Leser unserer eigenen Werbebriefe, wenn wir unseren Text beurteilen.

Unser Leser ist weit entfernt von dieser höchsten Konzentration. Er kann noch vieles nebenbei denken, sehen, beobachten, sagen und tun. Er befindet sich auf einem völlig anderen Empfangs-Niveau.

Dennoch muß der Leser den Vorteil sehr schnell erkennen, denn das heißt WEITERLESEN. Trifft diese Botschaft mit zehnmal höherem Niveau bei ihm ein, dann ist er in den wenigen Sekunden meistens nicht in der Lage, sie zu verstehen, zu entziffern oder den Vorteil zu begreifen. Den Vorteil aber nicht begreifen, heißt NICHT weiterlesen!

Natürlich ist es sehr schwer, sich als Briefschreiber auf dieses niedrigere Empfangs-Niveau einzustellen. Das ist auch der Grund für die Vor-Urteile gegenüber den so einfach getexteten Werbebriefen. Jetzt verstehen Sie, warum Ihr Kollege manchmal beim Lesen Ihres neuen Werbebriefes den Kopf schüttelt: Er konzentriert sich wieder 100 % auf den Text! Und deshalb merkt er die Differenz im Sprach-Niveau. Ihr Kunde dagegen konzentriert sich nur zu etwa 10 %. Er befindet sich schon auf dem niedrigen Empfangs-Niveau.

Wer aber empfangs-gerecht angesprochen wird, versteht mehr – auch seinen Vorteil. Und wer Vorteile erkennt, liest mehr, hört länger zu. Er will mehr darüber erfahren, wie er »über Nacht« reicher, gesünder, glücklicher, zufriedener oder erfolgreicher wird. Er liest weiter.

Daraus ergeben sich zwei Wege für schnelleres Weiterlesen und besseres Verstehen. Mit dem ersten Weg vereinfachen wir die Botschaft, um sie dem Empfangs-Niveau des Lesers anzugleichen. Dies ist immer ein sicherer, einfacher und handwerklich machbarer Weg. Leicht lernbar für die Mitarbeiter im Marketing-Bereich. Diese Stufe erreichen wir heute schon am ersten Tag unserer Texter-Kurse.

Mit dem zweiten Weg vergrößern wir die Empfangs-Bereitschaft des Lesers durch verbale Verstärker und ganz bestimmte Schlüssel-Reize. Wir alle reagieren auf solche Reize, ob wir wollen oder nicht. Es sind angeborene Verhaltensweisen, die zu größerer Aufmerksamkeit führen. Unser Gehirn wird besser durchblutet, wir hören mehr, wir sehen mehr, wir denken besser, und wir speichern mehr Informationen.

Wenn das Angebot oder die Zielgruppe es erfordert, gehen wir beide Wege: Wir vereinfachen die Information und vergrößern die Empfangsbereitschaft. Das führt uns zu zwei Gestaltungsmethoden, deren erfolgreiche Wirkung schon zu allen Zeiten des Direkt-Marketing bekannt war: Die KISS-Methode und die RIC-Methode.

49. Die KISS-Methode und ihre Wirkung

Die erste dieser beiden Gestaltungs-Methoden ist am einfachsten zu merken. KISS steht für den englischen Satz: Keep it simple and stupid! Frei übersetzt heißt diese Regel: »So einfach wie möglich gestalten!« Den Grund kennen Sie schon. Der Leser kann bei einfacher Darstellung den Vorteil schneller (vor 20 Sekunden) erkennen und das heißt WEITERLESEN!

KISS funktioniert übrigens weltweit. Sie ist die einfachste und zugleich auch die preiswerteste Methode, mehr Reaktionen auf schriftliche Gespräche zu erreichen, vor allem in der gewerblichen Direktwerbung. Ein KISS-Brief liest sich sehr einfach und schnell. Dennoch hat er sehr viel Mühe und Schweiß gekostet. Sie wissen selbst, wieviel einfacher es ist, einen komplizierten Text zu schreiben als umgekehrt. Wir alle diktieren sehr viel schneller einen langen, für den Leser schwer verständlichen Text als kurze, knappe, präzise Sätze. Im übrigen erlebten dies auch die großen Meister des Wortes zu allen Zeiten. Viele unserer Autoren, Schriftsteller und Dichter haben lange mit ihren Texten gerungen, bis die gewünschte kurze, verständliche und anschauliche Form erreicht war. Selbst Goethe hat einmal einen persönlichen Brief etwa so eingeleitet: »Heute erhältst Du einen sehr langen Brief, denn ich habe wenig Zeit zum Schreiben.«

Im weiteren Verlauf dieses Buches konzentrieren wir uns vor allem auf die

KISS-Methode. Sie hilft Ihnen in der täglichen Praxis beim Aufbau schriftlicher Verkaufsgespräche und ist einfach und schnell erlernbar.

50. Die RIC-Methode und ihre Wirkung

Der zweite Weg ist die sogenannte RIC-Methode. Der englische Klartext dieser Abkürzung heißt Readerships involvement committment. Und auch das übersetzen wir etwas freier: »Den Leser (möglichst unbewußt) über 20 Sekunden festhalten, involvieren, ins Gespräch verwickeln.« Ein Weg, der bestimmte psychologische Elemente wie Spieltrieb, Neugier, Ich-Bedürfnis usw. als Verstärker benutzt. Motive, die den Leser dazu bewegen, sich mit der Gesamt-Information länger zu beschäftigen.
Sie selbst kennen solche Packages, die nach der RIC-Methode aufgebaut sind. Sie finden Sie vor allem in Ihrem privaten Briefkasten. Es sind die Kuverts, deren Inhalt wir x-mal entfalten. Prospekte und Karten, auf denen wir etwas rubbeln, etwas herausdrücken oder etwas hineinstecken. Gelegentlich finden Sie auch einen dreidimensionalen Blickfang in diesen Kuverts.
Die RIC-Wirkung erkläre ich Ihnen am besten wieder mit dem persönlichen Verkaufsgespräch. RIC-Packages entsprechen dem Vertreter, der mit irgendeinem Gag zur Tür hereinkommt oder Ihnen sofort ein Geschenk überreicht. Der Vertreter, der Ihnen eine verrückte, ausgefallene Idee zeigt, die Sie sofort fesselt und mit der Sie am liebsten gleich spielen möchten.
So ähnlich müssen Sie sich die Wirkung der RIC-Methode vorstellen. Der Leser vergißt die üblichen 20 Sekunden und überschreitet die erste Schwelle. Er fängt zu spielen an und beschäftigt sich mit einzelnen Teilen. Er ist involviert.
Auf das schriftliche Verkaufsgespräch übertragen heißt dies nun wieder: Unser Kunde hört uns länger zu, er ist »aufgeschlossen«, er ist interessiert. Er denkt intensiver und erkennt die Vorteile besser. Wer Vorteile erkennt, will mehr darüber wissen und liest weiter. Zu diesen Schlüsselreizen der RIC-Methode gehört auch das häufige Verwenden des Empfänger-Namens und der Einsatz von verbalen Verstärkern im Text.
Die RIC-Methode birgt aber auch Gefahren in sich. Das Problem liegt im Übergang vom Gag zum Produkt. Genauso wie ein Vertreter den richtigen Dreh von seinem Gag zum eigentlichen Angebot finden muß, so ist es auch hier. Der Aufhänger, das Spielchen, darf also nicht zu weit vom Produkt wegführen. Der Gag macht sich sonst selbständig, und die Nahtstelle zum Produkt wird zu einer Bruchstelle!
Mit Involvieren ist also nicht das Konzentrieren auf den Gag gemeint. Involviert wird der Leser in das Gesamt-Gespräch. Der Gag übernimmt nur einen kleinen Eröffnungs-Part. Er verstärkt die zu geringe Anfangs-Energie des Le-

sers und verbessert dadurch die Empfangs-Situation für die eigentliche Nachricht.

Die RIC-Methode richtig zu handhaben ist nicht einfach. Dazu brauchen Sie mehr Wissen, als dieses Buch vermitteln kann. Überlassen Sie dieses Feld zunächst den Direktwerbe-Profis und Agenturen. Konzentrieren Sie sich vorläufig mehr auf die KISS-Methode. Sie wirkt bei allen Zielgruppen, auch bei Empfängern mit höchstem Bildungsgrad. Und auch die RIC-Methode integriert die Bestandteile von KISS.

Fassen wir zusammen: Die KISS-Methode vereinfacht den Informationsinhalt so weit, daß der Leser auch bei nur 10%iger Konzentrationsbereitschaft den Vorteil erkennt. Vorteil erkennen heißt Weiterlesen! In bestimmten Fällen verstärken wir mit der RIC-Methode, so z. B. bei manchen Austausch-Produkten für den privaten Endverbraucher. Dann fesseln wir den Leser bei Gesprächsbeginn. Wir ziehen ihn ins Gespräch, ohne zunächst vom Produkt zu reden. Das lenkt von Störungen ab, erhöht die Konzentration, die Lesebereitschaft, die Denkfähigkeit und damit auch die Chance, einen vielleicht schwer zu verstehenden Vorteil noch zu erkennen und uns weiterhin zuzuhören.

51. Die Vor-Verstärker im schriftlichen Dialog

Wir haben bisher vom schriftlichen Dialog gesprochen und von den handwerklichen Regeln, die Sie künftig als »schriftlicher Verkaufsleiter« einsetzen. Doch dies ist nicht alles. Manchmal versagt der beste Dialog, wenn andere Elemente außerhalb des Dialoges negativ wirken. Ein anderes Mal gewinnt der schlechteste Dialog, wenn er Hilfe »von außen« erhält. Es gibt Filter und Verstärker außerhalb des eigentlichen Dialoges. Sie sind schon da, bevor der Dialog beginnt. Deshalb nennen wir sie *Vor*-Verstärker.

Wieder finden Sie hier eine Parallele zum persönlichen Gespräch. Auch derselbe hervorragende Verkäufer bringt unterschiedliche Ergebnisse bei unterschiedlichen Produkten oder bei unterschiedlichen Zielgruppen. Er zeigt mit Sicherheit auch Schwankungen innerhalb des Jahres. Und in Zeiten geringer Investitions-Neigung läßt sich sein Investitionsgut eben schlechter verkaufen als in der Hochkonjunktur. Da nützt auch das beste Verkaufsgespräch nichts. Vor-Verstärker dieser Art gibt es viele, und deshalb vertiefen wir dieses Thema jetzt. Der »schriftliche Verkaufsleiter« braucht einen geschulten Blick für diese Filter und Verstärker, genauso wie der Verkaufsleiter im herkömmlichen Sinne. Auch er kennt schwache Verkaufs-Ergebnisse, deren Ursachen nicht im Verkaufs-Gespräch liegen, sondern im Produkt, in der Konjunktur, in gesetzlichen Maßnahmen, im Bedarf, in der Zielgruppen-Auswahl usw.

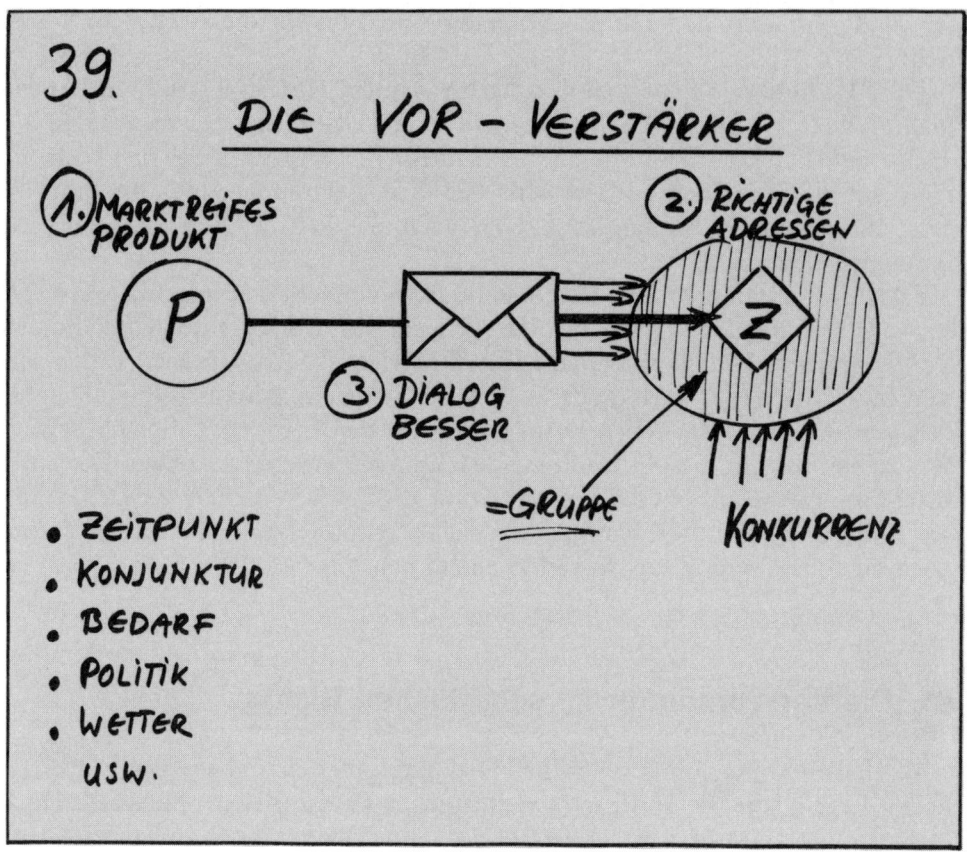

Bild 39: Neben dem eigentlichen Dialog beeinflussen sogenannte Vorverstärker das Ergebnis unserer Aktion (s. Kapitel 51).

Bild Nr. 39 gibt Ihnen einen Überblick über Vor-Verstärker. Weit vor dem Dialog wirken das Produkt, das Angebot, das Unternehmen, sein Bekanntheitsgrad, sein Image. Als Vor-Verstärker Nr. 1 nehmen wir also das *marktreife* Angebot und alles was dazu gehört.

Die Marktreife Ihres Produktes setze ich hier voraus. Ich nehme an, daß Bedarf, Preis, Nutzen, Preis-Leistungs-Verhältnis usw. stimmen und Ihr Produkt dem Kunden ganz bestimmte Vorteile bringt.

Wir brauchen marktreife Produkte, weil wir kostendeckende schriftliche Verkaufsgespräche planen. Der ausgelöste Umsatz soll u. a. auch die Kosten dieser Gespräche decken. Genauso wie beim persönlichen Verkaufen. Kostendeckende Verkäufe mit nicht marktreifen Produkten sind in gleichen Zielgruppen langfristig nicht zu schaffen, weder persönlich noch schriftlich. Auch Ihr bester Verkäufer versagt dabei. Er kann vielleicht für Ihr Produkt »werben«. Er kann das Produkt überall vorführen. Aber die Verkaufs-Quote wird weit unter der Grenze liegen, die er mit marktreifen Produkten erreicht hätte.

Klassische Werbe-Maßnahmen können Sie auch für nicht marktreife Produkte einsetzen. Wenn Sie mit einem Werbe-Etat von beispielsweise 500 000 DM den *Bekanntheitsgrad* eines Produktes erhöhen sollen, dann läßt sich dieser Auftrag für jede Art von Produkten erfüllen, ob marktreif oder nicht. Wieviel von diesem nicht marktreifen Produkt später tatsächlich verkauft wird, ist dann nicht das Problem der klassischen Werbung. Wir aber verstehen uns mehr als schriftliche Verkäufer und nicht als schriftliche Werber. Und zum Verkaufen, zum kostendeckenden Verkaufen, brauchen wir marktreife Angebote.

Der zweite *Vor*-Verstärker ist die richtige Zielgruppe (Z), die richtigen Adressen. Eine alte Faustregel sagt: Die schlechteste Direktwerbung an genau die richtigen Adressen (die richtigen Käufer-Adressen der nächsten Woche) bringt höhere Ergebnisse als die schönste, 4-farbige Werbung an die falschen Adressen.

Aber die »richtigen Adressen«, die Käufer der nächsten Woche, haben wir selten oder nie. Wir haben immer nur eine Adress-Gruppe. Wir zielen immer nur auf eine Gruppe, und wir hoffen, den potentiellen Käufer oder Interessenten in dieser Gruppe zu erreichen. Wir selektieren deshalb diese Gruppe so eng wie nur möglich. Dennoch bleibt es eine relativ große Gruppe, eine Zielgruppe.

Und noch etwas: Auf diese Gruppe zielen heute noch viele, vor allem Ihre Mitbewerber. Und auch sie zielen heute besser als vor etwa 20 Jahren. Die Methode des schriftlichen Verkaufens ist ja kein Geheimnis. Sie ist genauso übertragbar, wie die persönliche Verkaufstechnik. Und somit befinden wir uns heute in einer ähnlichen Situation, in der sich auch der Verkäufer vor 20 Jahren befunden hat. Auch damals wurde der Markt enger und die Konkurrenz härter. Das Ergebnis war eine immer bessere und häufigere Verkäufer-Schulung.

Weil das so ist, brauchen wir jetzt an dritter Stelle auch einen *besseren Dialog*, aufgebaut nach den psychologischen Erkenntnissen über das schriftliche Verkaufen, besser lesbar und leicht verständlich, einen Dialog mit meßbarer, sofortiger Reaktion.

52. Das marktreife Produkt als Vor-Verstärker

Über Ihr marktreifes Produkt kann ich Ihnen sicher weniger sagen als Sie selbst schon wissen. Nur über eine Empfehlung sollten Sie noch nachdenken. Ihr Vertreter bespricht die Vorzüge Ihres Produktes schön der Reihe nach. Er beginnt beim größten Nutzen und hört mit dem kleinsten auf. Den Preis nennt er wahrscheinlich erst spät. Es sei denn, der Preis liegt weit unter dem üblichen Niveau und ist deshalb der größte Vorteil. In diesem Falle beginnt das Verkaufsgespräch auch mit dem Preis.

Noch etwas: Ihr Vertreter spricht chronologisch. Er läßt den nächsten Satz erst über seine Lippen, wenn der vorangegangene verstanden wurde. Was er nicht sagen möchte oder noch nicht sagen will, hält er zurück. Selbst dann, wenn der Kunde ihn zu früh danach fragen sollte. Er versucht, dessen Neugier zu bremsen.

Ihr Vertreter präsentiert auch die Bilder über das zu verkaufende Produkt in einer ganz bestimmten Reihenfolge. Er legt nicht gleich alle Bilder nebeneinander auf den Tisch. Er führt den Kunden entlang einer geplanten Reihenfolge.

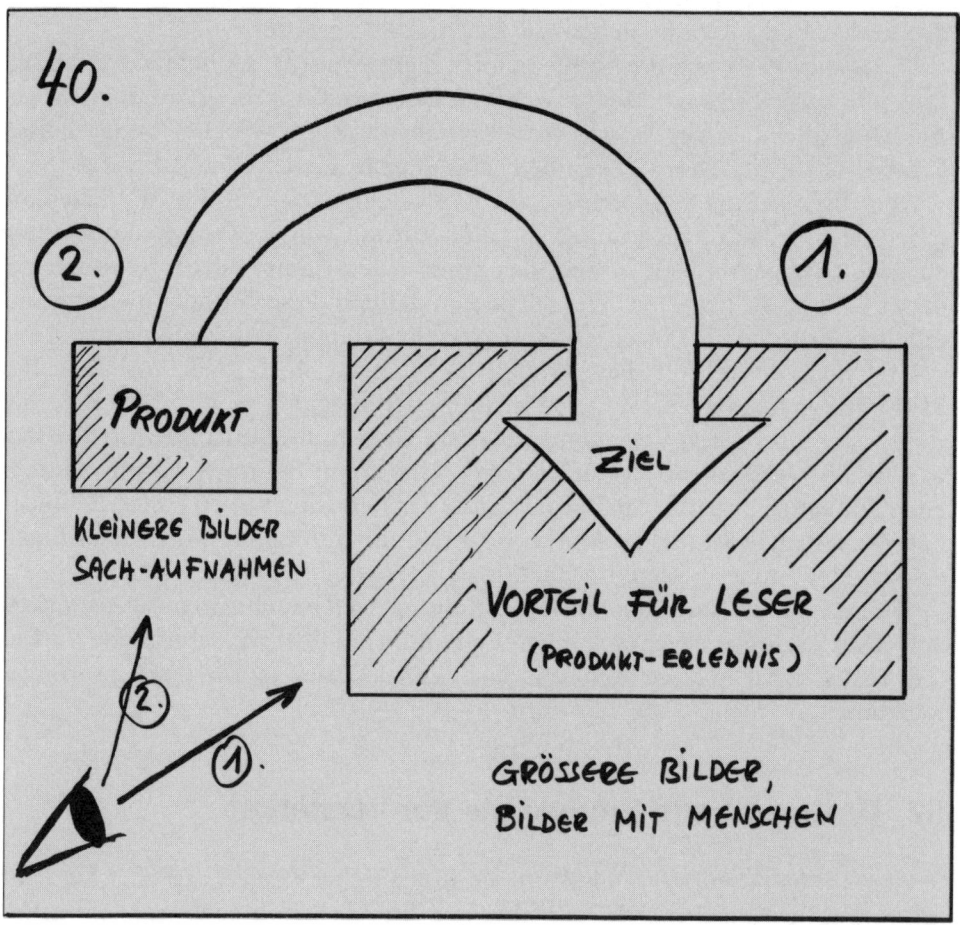

Bild 40: Das Verkaufsgespräch beginnt bei der Beschreibung der Vorteile für den Leser und nicht bei den Produkt-Details. Deshalb halten wir reine Sachaufnahmen kleiner als Anwendungs-Bilder mit Menschen (s. Kapitel 52).

Wie anders sieht das im schriftlichen Verkaufs-Gespräch aus! Wir legen tatsächlich alle Bilder sofort auf den Tisch. Und wir haben nur zwei Chancen: Entweder wir denken nicht weiter darüber nach und überlassen es dem Leser, sich selbst zurechtzufinden (ein sehr gefährliches Spiel!). Oder wir führen den Leser in der richtigen Reihenfolge, vom größten Vorteil zum kleineren. Wir nutzen dabei die angeborenen Verhaltensweisen und den Blickverlauf des Lesers.

Ich zeige Ihnen jetzt den Weg für eine über Bilder psychologisch aufgebaute Produkt-Darstellung. Sie haben sicher zwei Arten von Bildern: Reine Sach-Aufnahmen und solche, die Ihr Produkt oder Ihr Angebot in der Anwendung zeigen. Als Problemlöser und Erfolgserlebnis für den Anwender. Diese zweite Gruppe eignet sich besser für den Gesprächs-Anfang. Sie zeigt den Vorteil Ihres Produktes und damit auch den Grund, weshalb Ihr Leser dieses Produkt kaufen soll.

Wenn Ihr Leser aus verhaltens-psychologischen Gründen die reinen Sachaufnahmen zuerst anschaut und darin keinen Vorteil entdeckt, dann gibt es wenige Gründe zum Weiterlesen. Ihr Vertreter würde übrigens die technischen Details erst später besprechen, nachdem der größte Vorteil Ihrer Maschine, der Vorteil Ihres Angebotes den Zuhörer bereits gefesselt hat.

Präsentieren Sie deshalb Ihr Produkt wie in Bild Nr. 40 gezeigt. Handeln Sie genauso wie der persönliche Verkäufer. Betrachten Sie Ihr Produkt als Brücke zum Erfolg, zum Ziel, zum Vorteil für den Leser. Zeigen Sie ihm zuerst dieses »Paradies«, das Ziel seiner Wünsche. Denken Sie daran: Kaum jemand kauft unsere Produkte nur der Produkte wegen oder um uns einen Gefallen zu tun. Alle unsere Produkte sind Brücken zu irgendeinem gesuchten Ziel. Auch im privaten Bereich, wenn es um Prestige, Ansehen, Erfolg, Gesundheit oder Reichtum geht. Unsere Produkte helfen nur, solche übergeordneten Ziele zu erreichen. Und deshalb interessieren die reinen Sach-Aufnahmen erst an zweiter Stelle. Sie zeigen nur den Weg zum Ziel, nicht das Ziel an sich!

Zeigen Sie den Nutzen, den Vorteil Ihres Produktes, das Erfolgserlebnis für den Leser! Im schriftlichen Gespräch heißt das: Wir reservieren die größten Bilder für die Vorteile! Denn größere Fotos ziehen den Blick früher auf sich als kleinere.

Gerade dieser Punkt ist eine gefährliche Falle für den schriftlichen Verkäufer. Wir alle sind in unsere eigenen Produkte verliebt. Wir überzeichnen sie häufig. Die Sachaufnahmen unserer eigenen Produkte sind oft größer als die Bilder, die den Erfolg des Käufers auf einen Blick zeigen. Das bedeutet, unser Leser sieht zuerst nur Produkte, aber kein Ergebnis, keinen Vorteil.

Es ist sicher nicht immer einfach, die Vorteile für den Leser bildlich zu zeigen. Doch ein kleines bißchen mehr Einfühlungs-Vermögen in die Situation des Lesers hilft Ihnen. Sie wissen ja, welche Vorteile Ihre Zielgruppe sucht. Schließlich haben Sie doch Ihre Maschine oder Ihr Angebot auf diesen Wünschen aufgebaut. Zeigen Sie also mehr Produkt-Erlebnis. Und das wichtigste: Nehmen Sie dafür *die größten Bilder*.

Ich gebe Ihnen jetzt ein paar Tips zum Blickverlauf bei Bildern. Die Grundregel kennen Sie schon: Der Mensch schaut zuerst auf Bilder, bevor er Texte liest! Wenn mehrere Bilder auf einer Seite stehen, dann schaut der Mensch zuerst auf die größeren! Farbige Bilder ziehen vor schwarz-weißen Bildern, Action vor Ruhe, *Bilder mit Menschen vor Sachaufnahmen,* mehr Menschen vor einem einzelnen Menschen, Portrait vor Ganzaufnahme, Augen vor Portrait.

In dieser Bild-Reihenfolge liegen viele Chancen, den Leser richtig durch den Prospekt zu führen. Planen Sie zur Darstellung der Produkt-Vorteile erstens *das größte* Bild, zweitens das *farbigste* Bild und drittens das *Bild mit Menschen.* Sichern Sie sich auf diese Art dreifach den Blickverlauf Ihres Lesers. Und wenn ein Bild allein für die vielen Vorteile nicht genügt, dann bringen Sie mehrere Bilder, vielleicht auf mehrere Seiten verteilt und abgestuft in der soeben geschilderten Reihenfolge.

Noch ein kleiner Hinweis: Eine sehr schnell verständliche Methode zur Darstellung der Vorteile ist das »Bisher und Jetzt«, das »Mit und Ohne«, das »Vorher und Nachher«. Wenn Ihr Angebot also ein Problem besser löst als alle bisherigen Alternativen, dann zeigen Sie das auch mit unterschiedlichen Bildern. Bleiben Sie bei einem System-Vergleich, und gönnen Sie Ihrer neuen Lösung die größere Bild-Fläche. Halten Sie den Leser länger an der neuen Lösung fest. Lassen Sie mit Ihrem Produktvorteil auch Menschen im Bild auftreten. Zeigen Sie Menschen, die sich Wünsche und Ziele durch Ihr Produkt erfüllen.

Fotos über Angebots-Vorteile sind häufig schwerer zu produzieren als reine Produkt-Aufnahmen. Denken Sie deshalb auch über eine grafische Lösung nach. Sollten Sie auch dabei auf Schwierigkeiten stoßen, dann prüfen Sie noch einmal die Vorteile Ihres Produktes. Sind sie nur schwer darzustellen, oder sind sie eventuell auch schwer zu erklären, oder aber sind diese Vorteile auch schwer nachzuweisen? In diesem Falle läge der Verdacht nahe, daß es nur wenige oder überhaupt keine Produkt-Vorteile gegenüber bisherigen Lösungen gibt. Als schriftlicher Verkaufsleiter melden Sie dann sofort Ihre Bedenken für den erfolgreichen Verkauf dieses Produktes an, genauso wie Sie es auch als Verkäufer getan hätten.

Nicht alles läßt sich per Post verkaufen. Nicht jedes Angebot macht aus einem Leser auch einen Interessenten. Der private und gewerbliche Verbraucher hat ein gesundes Gespür für den Nutzen einer Sache. Verlassen Sie sich nicht auf Schein-Vorteile. Erfinden Sie keine Marktreife, wenn sie in Wirklichkeit nicht vorhanden ist. Beschreiben Sie keinen »Bratenduft«, wenn es diesen hinterher nie geben wird. Sie schaden sich selbst als schriftlicher Verkaufsleiter. Ihr Job ist langfristig angelegt. Und er hat die besten Chancen, Ihnen und dem Unternehmen auch langfristig Gewinne zu bringen. Aber nur dann, wenn Sie ihn genauso ernst nehmen wie das persönliche Verkaufen.

53. Das angestrebte Ziel als Vor-Verstärker

Sie erwarten von Ihrer Zielgruppe ein ganz bestimmtes Verhalten. Sie planen ein konkretes Reaktions-Ziel. Doch manchmal geht dieses gewünschte Ziel einen Schritt zu weit. In diesem Fall senden die Leser zwar kleine »ja«-Signale, aber zum Schluß, kurz vor dem großen JA, kommt das NEIN.

Stellen Sie sich vor, Sie schicken eine Direktwerbung an eine Zielgruppe X mit

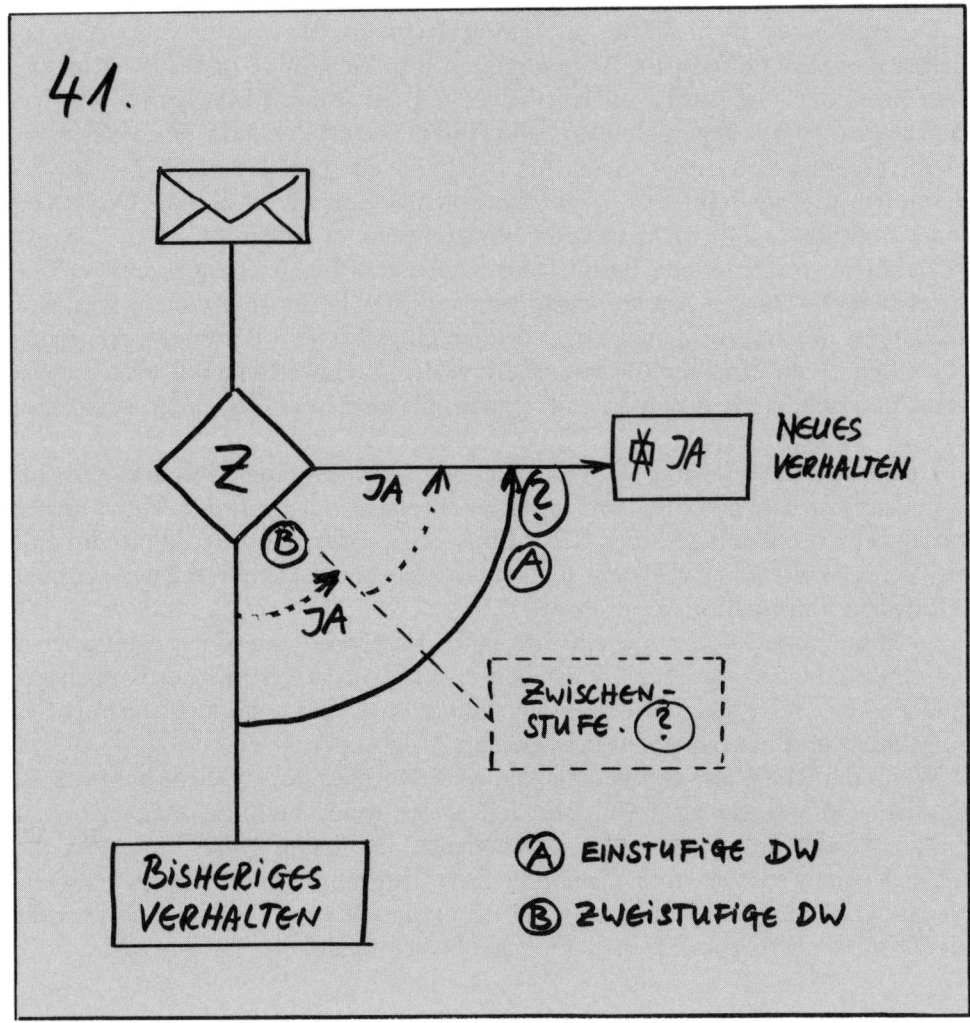

Bild 41: Das von der Zielgruppe verlangte Verhalten beeinflußt die Erfolgsquote. Ein zu großer Schritt ist ein Filter. Ein kleiner Schritt ein Verstärker (s. Kapitel 53).

einem ganz bestimmten Ziel, z. B. erstmals auf ein Angebot zu reagieren, häufiger zu reagieren, zur Messe zu kommen oder einen Vertreter anzufordern.

In Bild Nr. 41 wäre Ihr angestrebtes Ziel ein »gewünschtes Verhalten«. Ihre Zielgruppe sitzt aber nicht zu Hause und wartet auf Verhaltens-Anweisungen. Sie tut schon etwas! Dem gewünschten Verhalten steht also immer ein jetziges Verhalten gegenüber. Also müssen wir die Zielgruppe von irgendetwas wegziehen. Ist das auf schriftlichem Wege möglich? Wie weit kann man eine Zielgruppe in einem einzigen Gespräch vom jetzigen Verhalten zum gewünschten Verhalten bewegen?

Die Antwort ist nicht schwer. Es kommt darauf an, wie weit dieses jetzige Verhalten vom Ziel entfernt ist. Angenommen, Ihre Zielgruppe ist bei der Konkurrenz gebunden. Sie kauft vielleicht bisher nur bei Ihrem Mitbewerber und hat dort sogar Verträge abgeschlossen. Selbst Ihrem besten Verkäufer gelingt es dann nicht, potentielle Kunden dieser Art in einem einzigen Gespräch für uns zu gewinnen. Viel schlimmer ist das im schriftlichen Gespräch. Auch die Direktwerbung kann dieses Ziel nicht in einer einzigen Stufe erreichen.

Nehmen wir ein anderes Beispiel: Sie wollen, daß Ihre Zielgruppe einen »Vertreter-Besuch« auf der Antwortkarte ankreuzt. Stellen Sie sich einmal vor, Ihre Zielgruppe möchte zur Zeit aus irgendeinem Grund keinen Vertreter dieser Branche sehen. Auch in solchen Fällen schafft es die Direktwerbung nur selten, genügend potentielle Interessenten mit einem einzigen Brief für einen »Vertreter-Besuch« zu begeistern.

Dennoch gibt es Lösungen. Wir führen ganz einfach eine Zwischenstufe ein. Wir bewegen den potentiellen Interessenten zuerst zur Stufe Nr. 1 und später weiter auf die endgültige Stufe Nr. 2. Eine solche Zwischenstufe könnte im Fall des Vertreter-Besuches vielleicht heißen: »Noch keinen Vertreter! Zuerst einmal schriftliche Informationen per Post.«

So kommen wir von einer einstufigen Direktwerbung zu einer zweistufigen. Zwischenstufen sind wirksame Verstärker in der Strategie schriftlicher Verkaufsgespräche, besonders bei hochpreisigen Produkten, bei erklärungs-bedürftigen Angeboten und bei schwer zu bewegenden Zielgruppen.

Wann immer Sie also bisher eine zu niedrige Erfolgsquote erreicht haben, z. B. Quoten von weniger als 1 %, dann haben Sie wahrscheinlich auch einen zu großen Schritt von Ihrer Zielgruppe verlangt. In diesem Falle prüfen Sie die Chance einer Zwischenstufe. Gehen Sie Ihrer Zielgruppe soweit entgegen, bis ein weitaus größerer Teil »JA« sagen kann. Ein auf diese Weise verkürzter Schritt wirkt als Verstärker. (Bis zum 5fachen Wert bei bisher erfolglosen Aktionen.)

54. Konzeptionelle und sonstige Vor-Verstärker

Die Anzahl der Stufen, den Aufbau und den Inhalt dieser einzelnen Stufen bezeichnen wir auch als die »Konzeption« einer Kampagne. Und die daraus resultierenden Verstärker sind dann unsere »konzeptionellen Verstärker«. Das soeben besprochene Verkürzen des Zieles, die zweistufige statt der einstufigen Lösung, ist ein solcher Verstärker. Übertragen auf das persönliche Verkaufsgespräch heißt das: Nicht immer tritt der Star-Verkäufer selbst auf. Nicht immer verkaufen wir sofort. Es gibt Fälle, da setzen wir zuerst einen technischen Berater ein. Oder wir schicken zuerst einen Werber, der Termine vereinbart, genau wie im schriftlichen Verkaufsgespräch. Wir entwickeln von Fall zu Fall mehrstufige Lösungen. Und da wir heute etwa 50 bis 60 unterschiedliche Direktwerbe-Aufgaben erfolgreich lösen, kennen wir auch 50 bis 60 unterschiedliche Konzeptions-Varianten.

Der häufigste Anlaß für mehrstufige Aktionen ergibt sich durch die Zielgruppe. Unsere eigenen Kunden und Interessenten verkraften größere Schritte als fremde, gemietete Adressen.

Auch das Angebot verlangt manchmal den Einbau einer zusätzlichen Stufe. Es ist ein Unterschied, ob wir sofort per Post verkaufen oder nur Interessenten beschaffen, ob wir ein einzelnes Produkt verkaufen oder ein ganzes Produkt-Sortiment, ob wir Konsumgüter oder Investitionsgüter anbieten, ob wir lang- oder kurzlebige Artikel bringen.

Wir können natürlich nicht alle 50 bis 60 Varianten in diesem Buch behandeln. Doch ich zeige Ihnen im späteren praktischen Teil die wichtigsten Konzeptionen: Eine einstufige und eine zweistufige Konzeption sowie eine Wiederholungs-Aktion. Sie selbst entwickeln dann Varianten dazu oder verknüpfen diese Grund-Konzeptionen miteinander. Und wenn Sie darüber hinaus noch mehr Lösungen suchen, dann sehen wir uns vielleicht einmal in einem Konzeptions-Kurs. Dort entwickele ich individuelle Lösungen für und mit den Teilnehmern.

Natürlich gibt es noch mehr Vor-Verstärker. Einige davon liegen sogar außerhalb Ihres Entscheidungs-Bereiches. Nehmen Sie als Beispiel die allgemeine Konjunktur, die Mode, den Trend, die Investitions-Neigung, die politische Lage, die Steuer-Gesetzgebung, die Konkurrenz, die technische Entwicklung, die Prognosen für die wirtschaftliche Entwicklung und schließlich auch das Wetter. Alle diese Filter oder Verstärker können wir praktisch nicht beeinflussen.

Tatsächlich ist unser schriftliches Verkaufsgespräch auch ein wetter-abhängiges Medium. »Lesewetter« wäre ein Verstärker. Dieses Wetter stellt sich nicht jeden Tag ein! Unsere schriftlichen Verkaufsgespräche bringen wir aber in »geballter Ladung« an einem einzigen Tag zur Post. 2 bis 3 Tage später treffen diese Verkäufer auf unsere Empfänger. Einmal während herrlicher, sonniger Tage und einmal während kalter Regentage, die sich eher positiv auf die Lesebereitschaft auswirken. Ein Problem, das der persönliche Verkäufer nicht in diesem Maße kennt.

Seine Verkaufsgespräche liegen chronologisch hintereinander. Er führt Besuche zu allen Zeiten durch! Das Risiko ist verteilt. (Deshalb führen auch wir lieber häufiger kleinere Aktionen durch als nur eine oder zwei große Aktionen pro Jahr.

D. Aus der Adressen-Kunde

55. Die richtige Zielgruppe als Vor-Verstärker

Je besser die Zielgruppe selektiert ist, je mehr potentielle Kunden oder Interessenten in dieser Gruppe enthalten sind, desto höher ist die Erfolgschance. Aber welche Zielgruppen haben wir tatsächlich? In der Regel besitzen wir eigene Kunden-Adressen und mieten alles andere beim Adressenverlag.

Unsere Kunden-Adressen haben vielleicht Selektions-Merkmale. Sie erkennen Artikelgruppe, Bestellumfang, Firmengröße, Berufsgruppen, regionale Zuordnung, Bonität usw.

Auch die gemieteten, fremden Adressen lassen sich untergliedern – regional, nach Firmengröße, nach Branchen, nach Berufen, nach Kaufverhalten usw. Darüber informiert Sie jeder Adressenkatalog. Falls Sie davon zu wenig besitzen: Der ADV (Allgemeiner Direktwerbe- und Direktmarketing-Verband) hilft Ihnen weiter. Seine Anschrift finden Sie im Anhang dieses Buches.

Ihre eigenen Kunden-Adressen sind eine Art »heiße« Adressen. Die gemieteten Adressen nennen wir »kalte« Adressen. Ihre eigenen Kunden haben auf Direktwerbung wahrscheinlich bisher am besten reagiert, die gemieteten, kalten Adressen am schlechtesten. Zwischen beiden Extremfällen muß es abgestufte Ebenen geben. Diese Ebenen sind neue Chancen auch für Sie, vor allem, um höhere Reaktionsquoten außerhalb der Kunden-Kartei zu erzielen.

Denken Sie noch einmal daran, wie schwer es für einen persönlichen Vertreter ist, eine »kalte« Adresse (jemanden, der noch nie mit uns gesprochen hat) zu besuchen und sofort einen Auftrag abzuschließen. Also ist es auch für das schriftliche Verkaufsgespräch schwer, »kalte« Adressen in Käufer umzuwandeln. Deshalb suchen wir jetzt Zwischenstufen für ein erfolgreiches stufenweises Vorgehen.

Gehen wir einmal im obigen Bild vom inneren Kern stufenweise nach außen. Den großen äußeren Ring nennen wir Ihren Gesamtmarkt und bezeichnen ihn mit dem Kurzzeichen Z0. Das sind die gemieteten Adressen der gesamten Zielgruppe, die Ihnen der Adressen-Verlag für Ihr Produkt vorschlägt. Ganz gleich, ob Sie jetzt an private oder an Firmen-Adressen denken.

Den inneren Kern nennen wir die Stammkunden und meinen damit die Kunden, die bisher mindestens zweimal bei Ihnen bestellt oder gekauft haben, also die Nachbesteller. Selbstverständlich gibt es innerhalb dieser Stammkunden-Gruppe noch sehr viele Untergruppen, solche, die selten und andere, die regel-

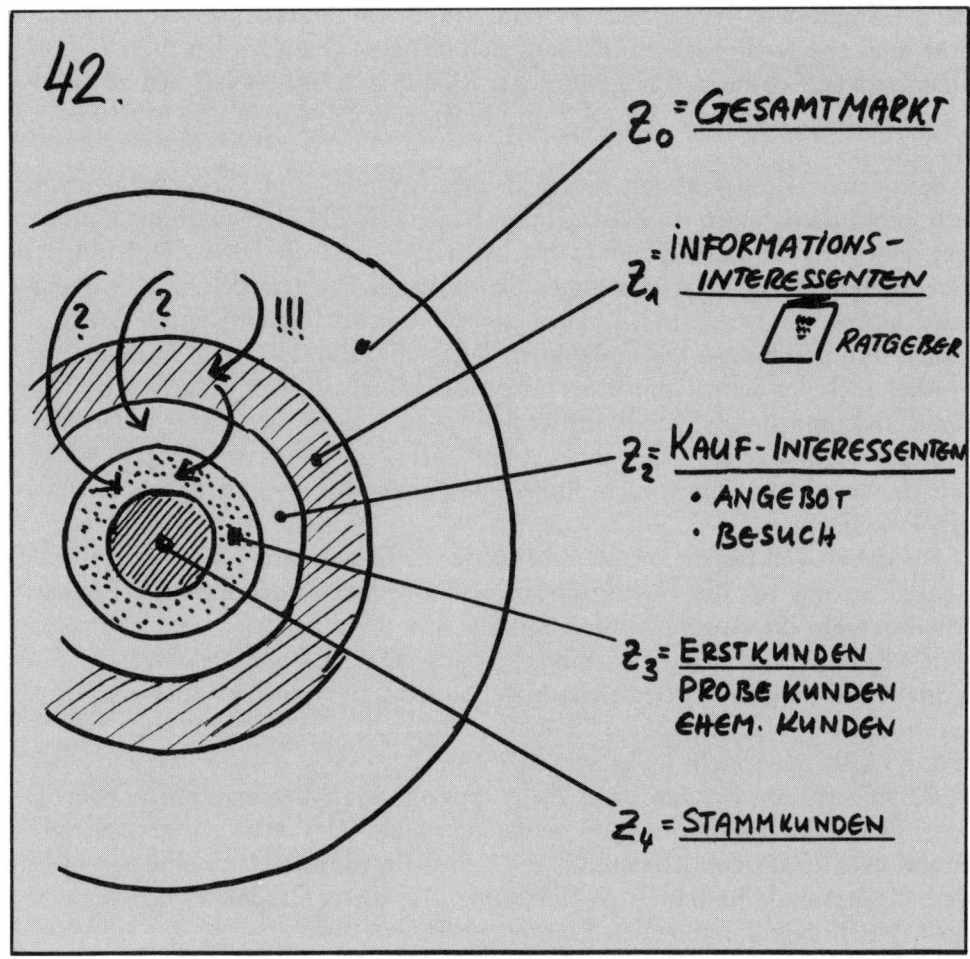

Bild 42: Jedes Unternehmen besitzt unterschiedlich »aufgeladene« Zielgruppen oder hat Zugang zu ihnen. Bei zu geringer Erfolgsquote verkürzen wir die Schritte (s. Kapitel 55).

mäßig nachbestellen. Auch Ihre »heißesten« Adressen finden Sie in dieser Stammkunden-Gruppe. Wahrscheinlich bringen sogar nur etwa 20 – 30 % Ihrer insgesamt vorhandenen Kundenadressen rd. 70 oder 80 % Ihres Umsatzes.

Gehen wir einmal stufenweise von dem inneren Kern der Stammkunden hinaus zu den »kalten« Adressen. Bevor ein Kunde ein Nachbesteller, also ein Stammkunde wird, ist er ein ERST-BESTELLER, vielleicht auch ein Probe-Käufer. Und damit erhalten wir einen weiteren Kreis um die Kern-Zielgruppe. Diese Einmal-Käufer verdienen eine besondere Behandlung. Sie haben vielleicht bisher bei der Konkurrenz gekauft. Das Vertrauen zu Ihrem Produkt, zum Reagieren per Post muß erst noch wachsen. Es muß sich festigen. Dennoch hat diese Gruppe einen großen Schritt in Ihre gewünschte Richtung getan. Sie hat sich zu einem ersten Kauf entschlossen. Sie zahlt und hofft, eine Problemlösung bei Ihnen zu finden.

Schriftliche Gespräche mit diesen beiden Gruppen, den Stammkunden und den Erstkäufern, fassen wir künftig unter KUNDEN-PFLEGE zusammen, immer mit dem Ziel, die Erstkunden zu Nachbestellern und die bereits vorhandenen Nachbesteller zu noch höherwertigen Stammkunden zu »veredeln«, zu überzeugten Kunden, die bereit sind, Ihrem Unternehmen auch langfristig die Treue zu halten und im engeren Bekanntenkreis Gutes über Ihre Firma zu erzählen.

Aber auch der Schritt zum Erst- oder Probekäufer ist noch weit. Obgleich wir diesen Schritt sehr erleichtern. Ein Probekauf ist ja noch nichts endgültiges. Das Rückgaberecht und ähnliche Anfangs-Verstärker erleichtern den Weg. Dennoch schaffen wir diesen Schritt nicht immer, besonders nicht bei erklärungs-bedürftigen Produkten.

Für diesen Fall finden wir im Vorfeld der Erstkäufer einen neuen Kreis, eine neue Selektion aus der Gesamt-Zielgruppe: *Die Kauf-Interessenten*, die Besuchs-Interessenten, die Angebots-Interessenten. Alle diese Adressen sind zwar noch weit weg von einer ersten Kauf-Entscheidung, aber sie bewegen sich bereits im Vorfeld. Sie holen sich Vergleichs-Angebote ein. Sie brauchen noch Sicherheit für ihre künftige Entscheidung. Sie suchen vielleicht eine bessere Lösung, weil sie mit der bisherigen nicht mehr zufrieden sind.

Wichtig für Sie ist, daß diese Zielgruppe das Gespräch mit Ihnen oder die schriftliche Produkt-Information verlangen muß. Das wäre unser erwartetes Reaktions-Ziel aus dem Gesamtmarkt Z0. Das Ergebnis ist dann eine gegenüber dem Gesamtmarkt höherwertige Zielgruppe. Aus dieser Gruppe werden wir kurz- oder mittelfristig unsere neuen Kunden gewinnen.

Vielleicht aber ist in Ihrem Falle auch diese Zielgruppe sehr schwer zu erreichen. Unter »schwer« möchte ich einmal eine Reaktionsquote um 1 % und weniger verstehen. Wenn Sie bei gut gestaltetem schriftlichem Dialog nur diese Quote erzielen, dann ist der Schritt von Z0 zum Kauf-Interessenten zu groß. Das schriftliche Gespräch ist dann überfordert. Ihre Zielgruppe Z0 ist mit den jetzigen Lösungen einigermaßen zufrieden und bewegt sich nur sehr schwerfällig davon weg. Jetzt kommen wir auch dieser Zielgruppe einen weiteren Schritt entgegen. Wir erleichtern ihr das Reagieren. Wir bieten ihr eine neue Chance an, die vom eigentlichen Produkt noch weit entfernt ist.

Wir finden dann eine neue, potentielle Zielgruppe: Die allgemeinen *Informations-Interessenten*. Eine Zielgruppe, die zunächst nur eine allgemeine Broschüre oder eine Mappe oder einen Katalog anfordert. Eine Broschüre z. B. mit dem Titel: »Der neue Weg zum Erfolg auf dem XY-Gebiet« oder »Alles über die XY-Forschung«

oder ähnliche Titel. Kurzum, das wichtigste dabei ist: Wir reden auf dieser Stufe noch nicht von unserem Produkt. Wir reden im Broschüren-Titel vom allgemeinen Erfolg, von neuen Chancen, völlig neutral, ohne direkten Bezug auf unser Unternehmen oder unser Produkt. Wir bieten eine Art *RATGEBER* an, eine Entscheidungshilfe, die eigentlich auch für die Kunden unserer Konkurrenz nützlich ist.

Ergebnis: Auf das Angebot, einen solchen Ratgeber abzurufen, melden sich vor allem die Adressen, die mit ihrer jetzigen Lösung nicht mehr ganz zufrieden sind. Der Kreis dieser Gruppe ist naturgemäß viel größer als die eigentlichen Produkt- oder Kauf-Interessenten. Er umfaßt auch diejenigen, die erst langfristig an einen Wechsel der bisherigen Problemlösung und des bisherigen Lieferanten denken.

Wer allerdings bei Ihrer Konkurrenz so fest verankert ist, daß ihn selbst Preis-Vorteile nicht von dort weglocken, der meldet sich auch auf ein solches Broschüren-Angebot selten. Das heißt, Sie bekommen jetzt eine Auswahl derer, die noch keine feste Bindung besitzen. Und genau in dieser Gruppe stecken mittel- und langfristig Ihre potentiellen Kunden.

Sie spalten also Ihren angeschriebenen Gesamtmarkt Z0 in die Nicht-Reagierer (die sich auch langfristig nicht von der Konkurrenz wegbewegen) und in die Reagierer, die nach neuen Lösungen suchen. Diese zweite Gruppe will die Broschüre über die »neuen Wege in der xy-Produktion« sehen oder lesen, bevor sie sich weiter für das eine oder andere Produkt interessiert.

Jetzt haben wir zwischen den eigenen Kunden und dem Gesamtmarkt Z0 mehrere Kreise aufgebaut. In vielen Fällen finden wir auch noch Zwischen-Kreise: Den Kreis der Messebesucher, der Teilnehmer an Symposien, an Vorträgen oder sonstigen Veranstaltungen. Doch bleiben wir einmal bei den jetzt gefundenen fünf Kreisen und numerieren wir sie beginnend mit Z0. Dann bekommen wir als Z1 die allgemeinen Informations-Interessenten. Wir erhalten als Z2 die konkreten Kauf-Interessenten (oder Gesprächs-Interessenten, Besuchs-Interessenten, Angebots-Interessenten), danach als Z3 die Probe- oder Erstkäufer und schließlich als Z4 unsere Stammkunden oder Nachbesteller.

Die Kommunikation mit Z3 und Z4 haben wir bereits als Kundenpflege bezeichnet. Bei Z1 und Z2 sprechen wir von Interessenten-Pflege. Alles, was wir dieser Gruppe schicken, dient dem Kontakt mit diesen Interessenten und der Gewinnung von Neukunden. Schließlich können wir alles, was wir an den Gesamtmarkt Z0 schicken, als Marktpflege bezeichnen mit dem Ziel, neue Interessenten und Kunden zu gewinnen.

Das alles bedeutet für Ihre Praxis: Jeder Kreis dieser unterschiedlichen Zielgruppen besitzt eine unterschiedlich hohe, positive Einstellung zu Ihrem Produkt, eine Art Energie, auf die Ihre schriftlichen Gespräche aufbauen. Eine Energie, die jedes weitere Gespräch verstärkt. Und deshalb nennen wir in der Dialog-Methode diese unterschiedlichen Zielgruppen auch Vor-Verstärker. Wenn also der Sprung von Z0 zu Z2 nicht gelingt, dann bauen Sie eine Brücke über Z1.

56. Reaktionsquoten unterschiedlich aktivierter Zielgruppen

Es ist ein wesentlicher Unterschied, ob Sie Ihr schriftliches Gespräch mit Z0 oder mit Z1, Z2, Z3, Z4 führen. Die Energien, die in diesen einzelnen Gruppen stecken, wirken sich sofort als Verstärker aus. Denken Sie daran: Wer sich einmal für Sie engagiert hat, wer eine Reaktion abgeschickt hat, wer sich zu einem Brief oder einer Antwort durchgerungen hat, der hat sich auch für Sie *aktiviert*.

Den Beweis hierfür finden Sie in Ihrem eigenen Unternehmen. Prüfen Sie es einmal selbst. Verschicken Sie zu irgendeinem Zeitpunkt ein ganz bestimmtes Angebot über eine neue Maschine an die Zielgruppe Z0 – Z4. Ein schriftliches Gespräch, bestehend aus Kuvert, Brief und Antwortkarte. Als Reaktions-Ziel erwarten Sie den Abruf einer Informationsmappe.

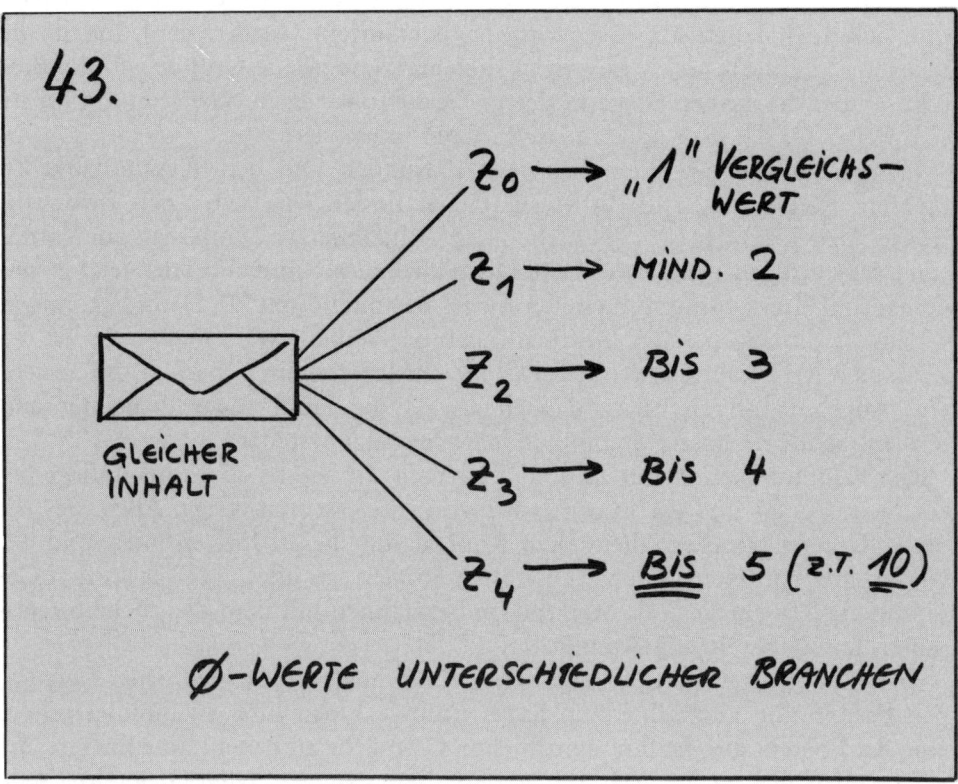

Bild 43: Die höhere Empfangs-Bereitschaft der unterschiedlichen Zielgruppen bietet Chancen bis zur 10fachen Erfolgsquote gegenüber Z0 (s. Kapitel 56).

In Bild Nr. 43 zeige ich Ihnen das zu erwartende Ergebnis. Das unveränderte Package (gleicher Inhalt) wird jetzt durch den unterschiedlichen Aktivierungsgrad (Rest-Energie) der einzelnen Zielgruppen verstärkt.

Ich nenne Ihnen die Vergleichswerte aus verschiedenen Branchen, die mit größter Wahrscheinlichkeit auch für Ihr Unternehmen und Ihren Markt zutreffen.

Nehmen Sie an, Ihr Package bringt in der Zielgruppe Z0 (z. B. alle Bäckereien des Bundesgebietes, wenn Sie ein Angebot für diese Branche haben), irgendeinen Wert X. Dieser Reaktionsquote aus Z0 geben wir den Vergleichsert »1«, ganz gleich, welchen tatsächlichen Wert Sie erzielen.

Mit demselben Package würden Sie bei den höher aktivierten Zielgruppen folgende durchschnittliche Vergleichswerte erreichen. (Die Zahlen sind Mittelwerte aus unterschiedlichen Branchen. Im Einzelfalle testen Sie diese Zahlen zur Sicherheit nach. Ich selbst habe Schwankungsbreiten bis zu 200 % um diese Mittelwerte erlebt!)

Die Zielgruppe Z1 bringt mindestens den zweifachen Wert (zweifache Verstärker-Wirkung)! Die Zielgruppe Z2 kommt schon *bis* zum dreifachen Wert. Die Zielgruppe Z3 bringt es schon *bis* zur vierfachen Wirkung und die Zielgruppe Z4, Ihre besten Stammkunden und bisherigen Nachbesteller, bringt Ihnen Ergebnisse *bis* zum zehnfachen Wert! Die höchsten Werte gelten natürlich nur für Ihre *besten* Stammkunden. Es sind wahrscheinlich nur 20 % Ihrer gesamten Kunden-Adressen.

Und genau diese Zusammenhänge wollte ich Ihnen, dem künftigen schriftlichen Verkaufsleiter, zeigen. Der Grund ist schnell erklärt: Es kann eines Tages wichtig sein, eine hohe Reaktionsquote in kürzester Zeit zu erreichen, und dies mit den geringsten Kosten. In solchen Fällen greifen Sie ganz einfach zu der hochwertigsten Zielgruppe. Sie haben dann neben den sonstigen Verstärkern des Produktes und den Verstärkern im Dialog auch noch die höhere Empfangs-Energie Ihrer Zielgruppen ausgenützt.

Im übrigen ist das auch für Ihre Verkäufer kein Geheimnis. Wenn Sie bisher von Ihren Vertretern einen schnellen Umsatz brauchten, haben Sie Ihre Truppe sicher nicht zu den »kalten« Adressen geschickt. Ihre Vertreter besuchten die besten Kunden und hatten in der kürzesten Zeit den höchsten Erfolg mit den geringsten Besuchskosten.

57. Externe Adreßgruppen für den Gesamtmarkt

Zur Neukunden-Gewinnung brauchen wir »frisches Blut« aus dem Gesamtmarkt Z0. Zu diesem Zweck greifen wir auf externe Adressen-Quellen zurück.

Sie selbst haben sicher schon alle möglichen Quellen in Betracht gezogen, angefangen bei Telefonbüchern, Branchenbüchern, Gelben Seiten bis hin zu Messekatalogen und Mitglieder-Verzeichnissen.

Mit diesen gedruckten und veröffentlichten Adreßquellen stoßen Sie allerdings auf ein Problem. Es sind weniger die Kosten, die beim Abschreiben und Pflegen dieser Adressen entstehen. Es ist das Alter der Adressen. Die bundesdeutschen Adressen ändern sich (im Durchschnitt aller Listen) um etwa 1,5 % pro Monat!!

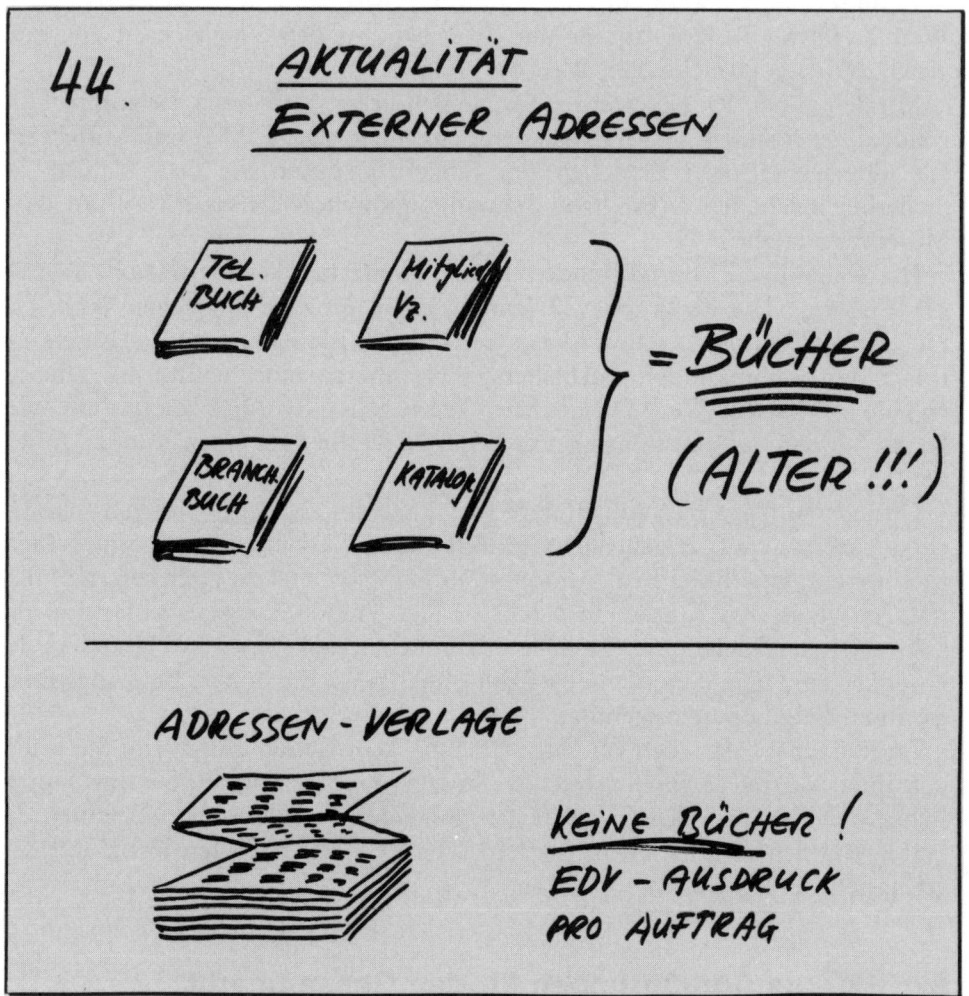

Bild 44: Externe Adreß-Quellen gibt es viele. Bei Büchern immer auf das Erscheinungsdatum achten (Alter der Adressen! Mobilität!) Adressen-Verlage verkaufen keine Bücher. Sie vermieten EDV-Adressen und drucken die Listen für jeden Auftrag neu. Sie erhalten den gerade aktuellen Stand der bereinigten Liste (s. Kapitel 57).

Und genau das ist das Problem beim Abschreiben von gedruckten Adreß-Verzeichnissen, von Adreßbüchern.

Fragen Sie immer nach dem Alter der Quelle. Wenn z. B. das Telefonbuch vor vier Monaten erschienen ist, dann gab es sicher noch einen Monat Produktionszeit. Das heißt, die dort abgedruckten Adressen sind mindestens fünf Monate alt. Fünf Monate bedeuten $5 \times 1{,}5\,\%$, das heißt 7 – 8 % der Adressen haben sich inzwischen geändert! Bei alten Mitglieder-Verzeichnissen sieht dieses Bild noch schlimmer aus.

Sie selbst kennen die geänderten Adressen nicht. Sie schreiben sie ab, erfassen sie, speichern sie und verschicken dann noch Briefe mit teurem Porto.

Aus diesem Grunde geht der schriftliche Verkaufsleiter heute einen ganz anderen Weg: Er kauft keine gedruckten Bücher, er mietet aktuelle Adressen vom Adressen-Verlag. Diese Verlage erfassen die freien Adreß-Daten aus öffentlich zugänglichen Quellen und bereiten sie selektionsfähig auf. Sie vermieten dann die Adressen und können sie dadurch auch ständig bereinigen. Der Adressen-Bestand erscheint nicht als Buch. Die Adressen sind auf EDV-Anlagen gespeichert und lassen sich bei Bedarf sofort ändern, löschen oder korrigieren.

Was der Adressenverlag heute in seinem Archiv bereinigt, ist morgen schon bei Ihrer Adreß-Bestellung berücksichtigt. Ihr Adressen-Auftrag wird als individuelle Einzel-Lieferung von der EDV ausgedruckt.

Dies also ist der Hauptgrund, weshalb Sie mit einem Verlag dieser Art zusammenarbeiten. Sie mieten die externen Adressen Ihres Gesamtmarktes Z0 allerdings nur für eine einmalige Verwendung, für eine einmalige Aussendung. Nur die Reaktionen, die Kunden oder Interessenten, die sich bei Ihnen melden, diese Adressen gehören Ihnen. Der Mietpreis pro 1000 Adressen umfaßt also nur den einmaligen Einsatz und das Überlassen der reagierenden Adressen.

Wenn Sie die aus der ersten Aktion gewonnenen Interessenten oder Kunden später wieder anschreiben, entfällt die Adressenmiete. Sie arbeiten jetzt mit Ihren eigenen Adressen. Eine Sonderrolle auf dem Markt externer Adressen spielen noch die sogenannten Adressen-Mittler. Verlage und Vermittler unterscheiden sich in einem wesentlichen Punkt: Der Adressenverlag besitzt ein eigenes Adressenarchiv, er ist Eigentümer dieser Adressen. Wichtiges Kennzeichen des Adressen-Verlages: Er speichert, pflegt, ordnet und vermietet Adressen aus den öffentlich zugänglichen Quellen.

Der Adressenmittler (oder Adressen-Broker) besitzt in der Regel kein eigenes Archiv. Er hilft Ihnen bei der Suche nach »direktwerbe-freundlichen« Adressen, eine Eigenschaft, die aus dem Telefonbuch nicht ablesbar ist. Das Bundes-Datenschutzgesetz gibt dazu eine gute Basis. Es hilft der Wirtschaft, Kosten zu sparen und effizienter zu arbeiten. Es erlaubt das Weitergeben von »direktwerbe-freundlichen« Adressen, sofern nur die allgemeinen, offenen Daten, also Name, Straße, Ort erscheinen.

Ich versuche, es Ihnen mit einfachen Worten zu erklären. Gesetzt den Fall, Sie haben ein neues Verfahren zum biologischen Anbau von Gemüse entdeckt, oder aber Sie sind schriftlicher Verkaufsleiter eines solchen Betriebes. Ihre Aufgabe soll es sein, dieses neue Mittel möglichst allen dafür in Frage kommenden privaten Interessenten anzubieten und per Post zu verkaufen.

Nun hätten Sie mehrere Möglichkeiten, an den Gesamtmarkt Z0 heranzukommen. Gehen wir einmal davon aus, Sie steigen neu in diesen Markt ein und besitzen deshalb keine eigenen Adressen. Sie sind also auf den externen Adressenmarkt angewiesen.

Ihre erste Überlegung wird sein: Dieses Mittel ist brauchbar für alle Menschen, die einen Garten haben und Gemüse anbauen. Also suchen Sie die Adressen von Gartenbesitzern, die gleichzeitig Gemüse anbauen. Schon taucht das erste Problem auf.

Der Adressenverlag kann Ihnen vielleicht noch die Adressen von landwirtschaftlichen Betrieben oder Einfamilienhaus-Besitzern vermieten, sofern sie öffentlich zugänglich sind. Er kann Ihnen auch die Adressen der Gartenbau-Betriebe und der Gärtnereien vermieten. Aber Sie möchten ja private Hobby-Gärtner erreichen, und außerdem solche, die für biologisches Anbauen von Gemüse ansprechbar sind.

Natürlich wären diese ausgewählten Adressen in der Gesamtgruppe aller Gartenbesitzer enthalten. Aber wieviele Gartenbesitzer bauen in ihrem Garten tatsächlich Gemüse an, und wieviele dieser Gemüse-Anbauer werden für Ihre neue biologische, gesunde Welle ein Ohr haben? Sie müssen also von vornherein mit hohen Streuverlusten rechnen.

Ein weiterer Punkt tritt hinzu. Nicht jeder Bundesbürger freut sich gleichermaßen über schriftliche Verkaufsgespräche. Genauso, wie sich nicht alle Bundesbürger über einen Vertreterbesuch freuen.

Also könnten wir unser Problem wie folgt eingrenzen: Wir brauchen Adressen von Gartenbesitzern, die direktwerbe-freundlich eingestellt sind, die außerdem Gemüse anbauen und sich gleichzeitig für eine rein natürliche Anbauweise und Düngung interessieren. Diese Adressen kann Ihnen der Adressenverlag aus dem eigenen Archiv kaum liefern, denn im Telefonbuch steht nicht: »Direktwerbefreundlich, Gemüse-Anbauer, an biologischer Düngung interessiert.«

Würden wir nun alle Gartenbesitzer anschreiben, wären die Streuverluste zu hoch. Die Kosten dieser Aktion wären nicht mehr durch die wenigen Verkäufe zu decken.

Eine solche Aktion käme einem Vertreter-Stab gleich, der ein einfaches Produkt zu einem niedrigen Preis verkaufen soll und zu diesem Zweck bei jedem Gartenbesitzer läutet und versucht, ein Gespräch zu führen. Eine Aktion dieser Art wäre zu teuer.

Genauso schwierig ist es, die Direktwerbung wirtschaftlich sinnvoll »an alle

Gartenbesitzer« zu streuen. Die Lösung bringt der Adressen-Mittler. Er kennt z. B. Versandhäuser, die ihrerseits Interessenten und Kunden per Direktwerbung für Gemüse gewonnen haben. Damit sind zwei wichtige Kriterien erfüllt: Direktwerbe-freundlich und Gemüse-Anbauer. Ein Test mit diesen Adressen lohnt sich. Die letzte Feinheit, den Sinn für biologische Anbauweise, können wir notfalls als Streuverlust akzeptieren, zumindest beim Test. Der Grund ist, daß mancher Hobby-Gärtner höchstwahrscheinlich deshalb selbst anbaut, weil er mit den käuflichen Gemüse-Produkten nicht ganz zufrieden ist. Wir schließen also aus dem bisherigen Kaufverhalten auf künftige Verhaltensweisen.

So hilft uns der Adressen-Mittler durch seine Kontakte zu einem Versandhaus zu besseren Ergebnissen. Wir haben die Hobby-Gärtner ausgeschieden, die nicht direktwerbe-freundlich eingestellt sind, denn wer nicht gern auf Direktwerbung reagiert, der kann wahrscheinlich auch kein Kunde eines Versandhauses sein. Wir haben uns gleichzeitig auf die engere Zielgruppe der Gemüse-Anbauer konzentriert, weil wir nur Postkäufer für Gemüse-Samen o. ä. eingesetzt haben. Allerdings erhalten wir über den Adressen-Mittler ebenfalls nur die öffentlich zugänglichen Daten dieser Postkäufer, genau wie aus dem Telefonbuch.

Und noch etwas: Postkäufer-Adressen gibt es vorwiegend für private Zielgruppen. Außerdem erhalten Sie solche Adressen meistens nicht von Versandhäusern, deren Angebot mit dem Ihren konkurriert! Bei sogenannten »sensiblen Adressen« gibt es zusätzliche Einschränkungen: Adressen dieser Art sehen Sie als Mieter nicht vor der Aussendung. Ihre Aktion wird auf »neutralem Boden« (das ist meistens ein Direktwerbe-Unternehmen oder der Adressen-Eigentümer selbst) konfektioniert und zur Post gebracht. Mehr darüber sagt Ihnen Ihr Adressen-Verlag.

Ein Wort zu den Kosten: Postkäufer-Adressen können durchaus 100 % mehr kosten als die üblichen Verlagsadressen, also die Branchen- und Berufsadressen. Doch dieser höhere Preis ist gerechtfertigt. Testen Sie es einmal. Es wäre nichts besonderes, wenn Ihr Ergebnis mit privaten Postkäufern für Garten-Produkte nahezu doppelt so gut ausfällt wie eine Aussendung *an alle* privaten Gartenbesitzer. Ein nahezu doppeltes Ergebnis aber bedeutet weit mehr Erlös, als Sie für die etwas teureren Adressen bezahlen mußten. Die Adreß-Kosten sind ja nur ein Teil der gesamten Direktwerbe-Kosten. Die übrigen Haupt-Kosten wie Porto usw. bleiben gleich.

58. »Mobilität« und unzustellbare Sendungen

Unter Mobilität verstehen wir in der Direktwerbung die Adressen-Änderungsquote pro Jahr. Sie beträgt in der Bundesrepublik Deutschland im Durchschnitt aller Adreßlisten (also private und gewerbliche Adressen) ca. 20 %. Etwa jede fünfte Adresse ändert sich einmal im Jahr. Diese Mobilität entsteht nicht nur durch Umzüge oder Namens-Änderungen. Häufig werden solche Adressen auch postalisch geändert durch neue Zustellbezirke, durch Zusammenlegen von Gemeinden u. ä.

Wenn Sie diese rund 20 % Mobilität pro Jahr auf die Monate verteilen, dann kommen Sie wieder auf die etwa 1,5 % Adressen-Änderungen pro Monat! Dieses Problem war der Grund für die im letzten Kapitel so ausführlich beschriebene Zusammenarbeit mit einem Adressen-Verlag.

Wer also seine Adreßkartei sechs Monate lang nicht bereinigt, hat theoretisch 6 × 1,5 % = 9 % unrichtige Adressen in seiner Kartei und schreibt sie an.

Die Mobilität von 20 % pro Jahr für alle Adreßlisten halbiert sich etwa, wenn Sie nur gewerbliche Adressen meinen. Etwa 10 % aller Gewerbe-Adressen ändern sich einmal im Jahr.

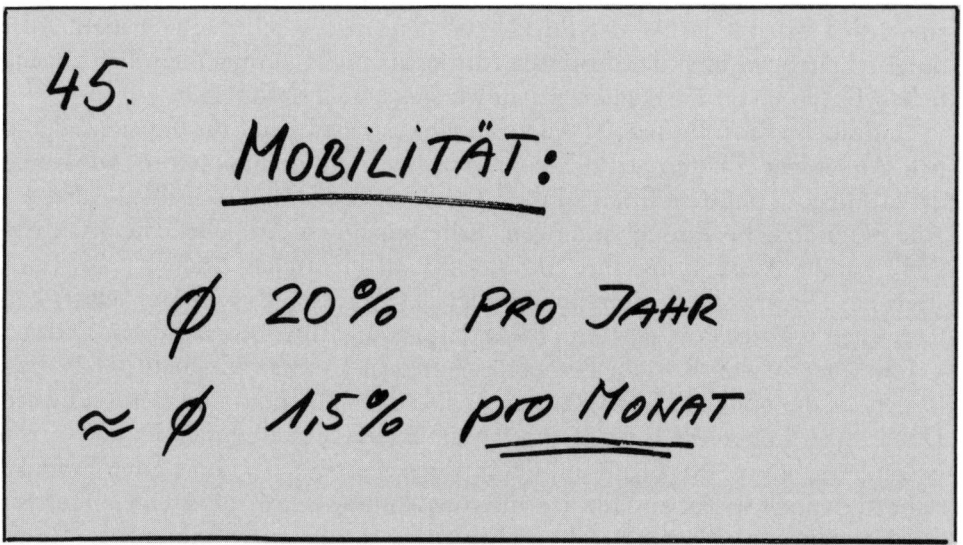

Bild 45: Im Durchschnitt aller privaten und gewerblichen Listen ändern sich ca. 20 % aller Adressen 1 x pro Jahr (s. Kapitel 58).

Doch gehen wir zurück zu der Gesamtzahl von 1,5 % pro Monat. Diese Zahl bedeutet, Sie können gar nicht so schnell bereinigen, um auf einen absoluten Reinheitsgrad zu kommen. Selbst die Bundespost, die ihre Fernsprechteilnehmer-Adressen über die Deutsche Postreklame und über die Adressenverlage vermietet, kann keinen Reinheitsgrad von 100 % garantieren, obwohl diese Fernsprechteilnehmer-Adressen wegen der monatlichen Gebührenrechnungen sicherlich sehr gepflegt werden.

Wegen der hohen Mobilität schleppen auch Sie in Ihrer eigenen Kundenkartei falsche Adressen mit. Rechnen Sie einmal nach, wann Sie das letzte Mal Ihre Adressen bereinigt haben. Was aber heißt bereinigen?

Sie können Ihre Adressen-Kartei nur dann bereinigen, wenn Ihre Kunden oder Interessenten Ihnen eine Änderung mitteilen, oder aber wenn der Briefträger selbst den Brief zurückschickt mit dem Vermerk, »unbekannt verzogen« oder »Firma erloschen« oder »Empfänger verstorben«.

Das Zurücksenden durch den Briefträger spiegelt nur einen Teil der Mobilität wieder. Nicht jede unrichtige Adresse ist auch unzustellbar! Ihr privater Briefträger stellt Ihnen sicherlich auch heute noch Briefe zu, die mit einem falschen Namen adressiert sind, mit einem Druckfehler, mit dem Namen Ihrer längst erloschenen Firma oder mit dem Namen Ihrer früher in Ihrem Hause wohnenden Mutter.

Wenn Sie selbst nie bestellt haben und keine andere Veranlassung zur Berichtigung dieser Adresse sahen, dann erfährt der Absender nie etwas von dieser falschen Anschrift. Der Briefträger aber weiß genau, daß Sie gemeint sind. Er wird Ihnen auch künftig die Briefe zustellen. Eine falsche Adresse, ein falscher Name ist nicht immer eine unzustellbare Adresse.

Falsche Adressen erfahren Sie übrigens häufig erst dann, wenn ein Briefträger-Wechsel stattfindet. Der neue Briefträger schickt sehr viel schneller falsche Namen, falsche Adressen zurück als sein langjähriger Vorgänger.

Allerdings dürfen Sie eine wichtige Postvorschrift nicht übersehen: Bei Massendrucksachen ist die Bundespost nur dann zur Rücksendung verpflichtet, wenn Sie dies mit einer sogenannten »Voraus-Verfügung« veranlassen. Diese Voraus-Verfügung kann ähnlichen Wortlaut haben wie z. B. »Falls unzustellbar, bitte mit neuer Adresse zurück an Absender«. Mehr darüber finden Sie im jeweils gültigen Postbuch, das Sie an Ihrem Postschalter gegen eine Schutzgebühr erhalten.

59. Über das Veredeln externer Adressen

Wer Direktwerbung an gemietete Firmen-Adressen schickt, der verwendet häufig Firmenanschriften ohne Bezugspersonen. In größeren Unternehmen gibt es aber die unterschiedlichsten Abteilungen als Ansprechpartner für Ihr Produkt. Was ist in diesem Falle zu tun?

Selbstverständlich wäre es am sinnvollsten, Sie schreiben der Firma XY mit der Zusatzzeile »zu Händen Herrn oder Frau ABC«. Doch bei gemieteten Adressen ist das ein Problem. Der Adressen-Verlag liefert Ihnen nur höchst selten auch gleichzeitig den Namen des betreffenden Einkäufers oder des Marketing-Leiters. Der Grund ist schnell erklärt: Diese Positionen wechseln noch schneller als die eigentliche Postanschrift. Das schlimmste aber ist, der Adressen-Verlag erfährt diesen Wechsel nur selten. Kein Briefträger schickt einen Brief zurück, weil vielleicht der bisherige Einkäufer jetzt eine andere Position hat. Hauptsache, die Adresse der Firma stimmt, mehr interessiert den Briefträger nicht.

Firmenadressen mit Namen der Bezugspersonen muß man deshalb selbst ständig pflegen. Ihr Außendienst oder sonstige Kontakte müssen dann diese Namen up to date halten. Aber selbst das ist eine große Aufgabe, die von den wenigsten Unternehmen bis heute zur vollsten Zufriedenheit gelöst wurde.

Es ist ein Filter, den inzwischen zum Direktor avancierten ehemaligen Einkäufer noch als Einkäufer anzusprechen. Es ist geradezu unverzeihlich, wenn wir immer noch »zu Händen Herrn ABC« schreiben, wenn dieser Mensch schon vor zwei Jahren gekündigt hat und heute bei der Konkurrenz arbeitet.

Beim persönlichen Vertreter besteht dieses Problem nicht. Er kann beim Portier immer fragen, ob Herr XY noch da ist. Er kann sofort auf eine eventuelle Änderung reagieren.

Fazit: Firmenadressen mit Bezugspersonen setzen Sie möglichst nur dann ein, wenn Sie selbst von der Richtigkeit dieser Adresse überzeugt sind. Dies wird häufig nur bei Ihren Interessenten oder noch besser bei Ihren Kundenadressen der Fall sein, also bei Ihren eigenen Zielgruppen Z4 und Z3 und vielleicht auch bei Z2 und Z1. Für den Gesamtmarkt Z0 gibt es nur wenige Adressen-Verlage, die Bezugspersonen anbieten. Diese Verlage sind dann meistens auf bestimmte Branchen spezialisiert und deshalb auch in der Lage, diese Daten aktuell zu halten. Am besten ist, Sie testen einmal ein solches Angebot mit ca. 3000 – 5000 Adressen und vergleichen das Ergebnis mit den bisher gemieteten Firmen-Adressen ohne Bezugsperson.

Bei den Anschriften des Gesamtmarktes empfehle ich Ihnen noch eine andere Methode: Um an den richtigen Schreibtisch in einem Großunternehmen zu kommen, führen Sie eine Zusatzzeile unter der Firmenadresse ein. Der Computer Ihres Adressenverlages druckt Ihnen jede Zusatzzeile zwischen den Firmennamen und die Straße. Diese muß nicht nur »Geschäftsleitung« oder »Einkaufsabteilung« heißen. Es gibt bessere und wirksamere Chancen.

Gehen Sie genauso vor wie der persönliche Verkäufer. Wenn er eine Firma des Gesamtmarktes Z0 besucht und keine Ahnung von seinem möglichen Ansprechpartner hat, dann redet er mit dem Portier. Er wird ihn fragen, wer denn wohl in diesem Betrieb für die Prüfung oder die Nachbestellung oder den Einsatz beispielsweise von Werkzeug zuständig ist.

Diese Methode können Sie auch im schriftlichen Verkaufsgespräch anwenden. Wählen Sie als Zusatzzeile zur Adresse eine produktbezogene Abteilung. Erfinden Sie eine solche Abteilung. Sie muß unter dieser Bezeichnung gar nicht vorhanden sein. Legen Sie sich nicht auf herkömmliche Bezeichnungen fest. Produktbezogene Abteilungen zu erfinden heißt, den Namen Ihres eigenen Angebotes für eine fiktive Abteilung einzusetzen.

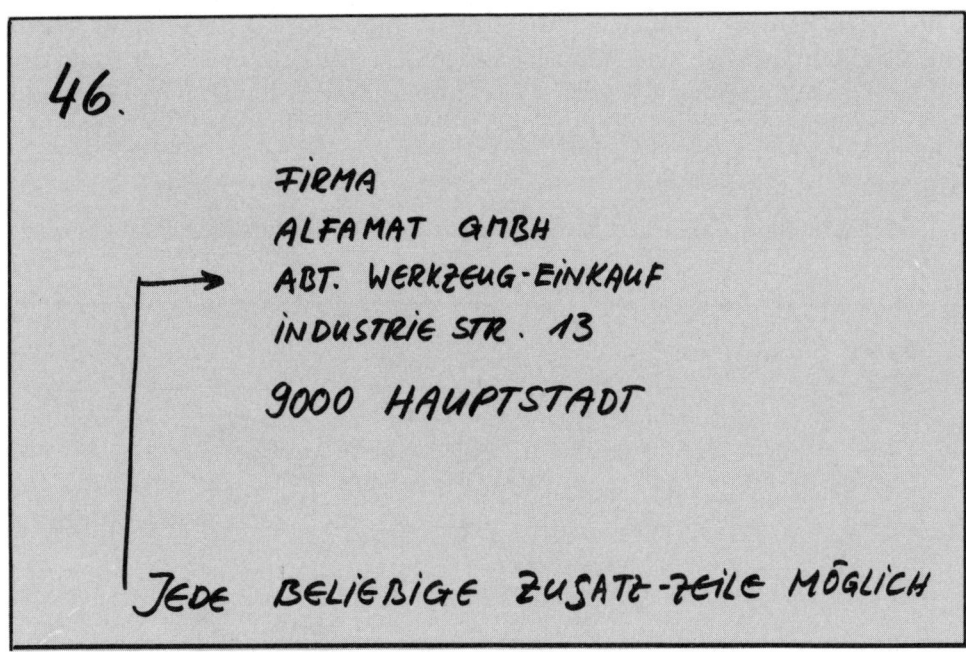

Bild 46: Der Adressen-Verlag liefert jede gewünschte Zusatzzeile in der Firmen-Adresse. Ein guter Verstärker anstelle der fehlenden Bezugsperson (s. Kapitel 59).

Bleiben wir beim Beispiel des Werkzeug-Vertreters. In diesem Falle könnte die Zusatzzeile lauten: »Abteilung Werkzeug-Einkauf« oder »Leiter des Werkzeug-Einkaufes« oder »z. Hd. Leiter Werkzeug-Prüfung« oder noch konkreter »Abt. Bohrmaschinen-Einkauf«.

60. Interne Adreßquellen

Die Zielgruppen Z1 bis Z4 sind unsere eigenen Adressen. Hier warten neue Aufgaben auf Sie als schriftlicher Verkaufsleiter, ganz einfach deshalb, weil die Kundenadressen zwar erfaßt, aber vielleicht nicht so selektierbar sind, wie Sie es wünschen. Andererseits aber besteht die Interessenten-Kartei vielleicht noch nicht oder erst in einem zu kleinen Umfang.

Selbst wenn diese Karteien schon vorhanden sind, prüfen Sie einmal, wie Ihre eigenen Adressen erfaßt wurden. Auch in den 80er Jahren, im Zeitalter der Telematik, gibt es noch einfache kleine Handkarteien. Zwischen dieser einfachen, handschriftlich geführten Kartei und der per EDV gepflegten Kunden- und Interessenten-Datei liegt ein weites Feld.

In vielen Betrieben finden Sie die eigenen Adressen auf dem vor 10 Jahren angeschafften Speicher- und Adressier-System. Da vielleicht in diesem Punkt das Kosten-Denken überwiegt, werden viele Entscheidungen vertagt oder überhaupt nicht getroffen. Als schriftlicher Verkaufsleiter allerdings brauchen Sie jetzt einen schnellen und sicheren Zugriff zu jeder selektierbaren Gruppe Ihrer eigenen Adressen.

Dieser schnellere Zugriff hilft Ihnen nicht nur bei der besseren Planung einer

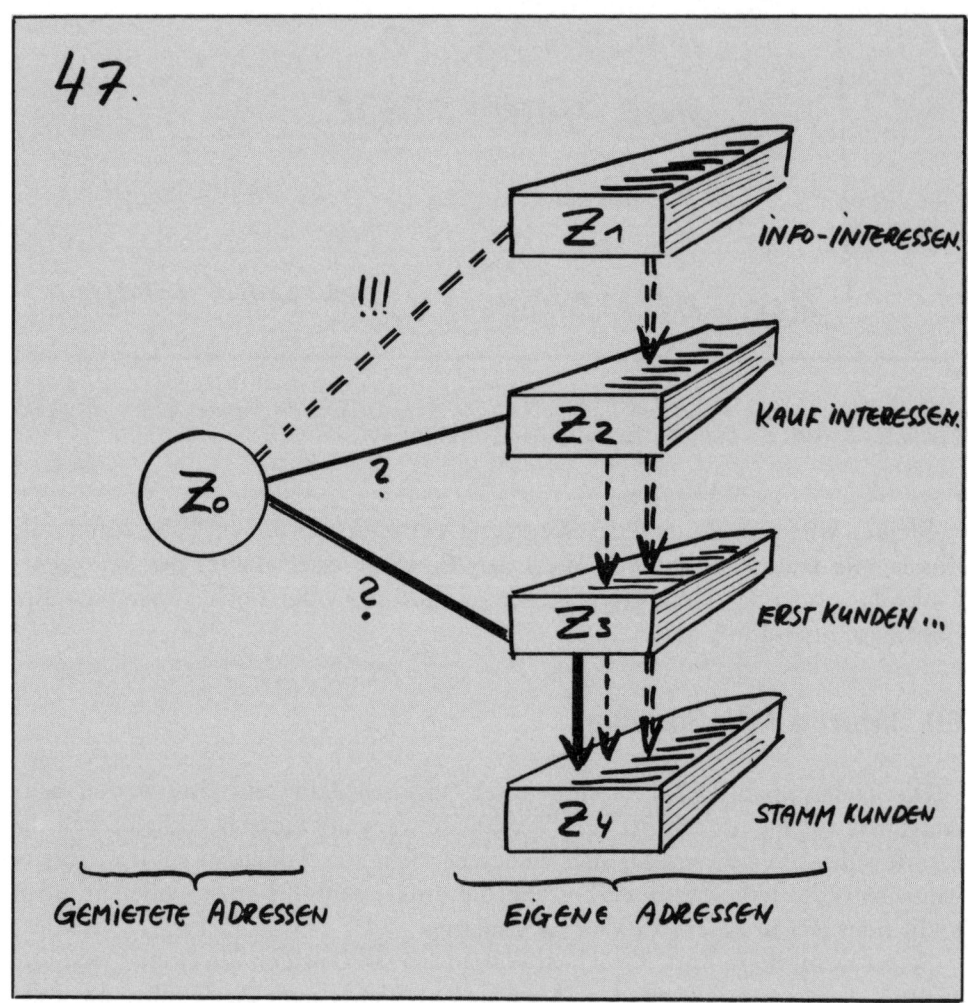

Bild 47: Das Gewinnen neuer Kunden aus den »kalten« Adressen Z0 ist nur eine Frage des richtigen Weges. Wenn der direkte Weg von Z0 zu Z3 nicht möglich ist, dann gehen wir über Z1 oder Z2 (s. Kapitel 60).

Aktion. Er ist vor allem eine neue Chance, bessere schriftliche Verkaufsgespräche zu führen. Schon die Adressen, die auf der Diskette einfacher Text-Systeme gespeichert sind, lassen sich sofort mit dem dazugehörigen Brief kombinieren.

Lassen Sie uns noch kurz über die Frage nachdenken, wo Sie die internen Adressen finden. Die Kundenadressen sind kein Problem, sie ruhen in einer Kundenkartei. Allerdings finden Sie in manchen Unternehmen diese Kundenkartei noch in der Buchhaltung in Form von Kunden-Kontenblättern. Versuchen Sie nach Möglichkeit eine Trennung der für das Marketing einsetzbaren Adressen und der für die Fakturierung benötigten Daten.

Die eigene Interessenten-Kartei ist häufig noch relativ klein. Doch sie muß das nicht bleiben. Wenn sie aber heute kleiner als die Kundenkartei ist, dann gibt es dafür eigentlich nur zwei Erklärungen: Entweder Ihr Unternehmen hat bereits einen Marktanteil von über 50 % der potentiellen Kunden, dann kann die Interessenten-Gruppe natürlich nicht mehr größer sein als die schon vorhandene Kunden-Gruppe. Oder aber, es wurden bisher überhaupt keine Interessenten-Gruppen ermittelt und gepflegt. Dann steht eine große Chance vor Ihnen: Sie selbst bauen diese Kartei auf. Deshalb hier noch einige Tips zu diesem Thema. Woher kommen unsere Interessenten-Adressen?

Einen der wichtigsten Wege kennen Sie schon: Das schriftliche Verkaufsgespräch, wie es in diesem Buch beschrieben wird. Alle Reaktionen, die meßbaren, sichtbaren, zählbaren Antworten auf eine Aussendung, erfassen wir in der Interessenten-Kartei, sofern es noch keine Bestellungen sind und diese Reaktionen von Nicht-Kunden stammen.

Die nächsten Quellen für Interessenten-Adressen sind alle aktiven Kontakte mit Noch-nicht-Kunden. Auch unter diesen Kontakten verstehe ich eine meßbare, sichtbare Reaktion, nicht nur das Erfassen irgendwelcher »möglicher« Interessenten, nicht die irgendwo abgeschriebenen Adressen! Das alles sind noch »kalte« Adressen. Als echte Interessenten betrachten wir nur solche Adressen, von denen wir irgendein Zeichen, eine Reaktion, erhielten.

Solche Reaktionen kommen aus vielen Quellen. Coupon-Anzeigen liefern uns Interessenten-Adressen, ebenso Zeitschriften-Beilagen, klassische Anzeigen, PR-Artikel, Kennziffer-Zeitschriften und alle schriftlichen oder telefonischen Anfragen. Messebesucher, die mit uns an unserem Messestand reden, sind entweder schon Produkt-Interessenten Z2 oder aber zumindest Informations-Interessenten, also Z1. In beiden Fällen haben Sie wertvolle Adressen für Ihre Interessenten-Kartei. Empfehlungs-Adressen vom Außendienst oder von Kunden gehören zunächst noch in die Werbe-Kartei Z0, sofern diese Adressen nicht von sich aus aktiv wurden. In der Werbekartei allerdings könnten sie eine Sonderstellung einnehmen, besonders dann, wenn wir den Empfehler dieser Adresse nennen dürfen. Eine solche Adresse hätte dann innerhalb der sonstigen Werbe-Adressen einen höheren Stellenwert.

Die Teilnehmer eines Kongresses oder die Besucher einer Ausstellung sind zunächst nur Werbe-Adressen für Ihre Werbe-Kartei, allerdings von hochwertiger Qualität. Immerhin wissen Sie etwas über diese Adressen und können sich auf den Besuch des Kongresses beziehen. Das erleichtert die Ansprache einer solchen Z0-Adresse und verstärkt den Übergang zu Z1 oder Z2.

Aus diesen Überlegungen sehen Sie noch etwas: Der Gesamtmarkt Z0 ist nicht nur über den Adressenverlag zu beziehen. Dort erhalten Sie zwar die größtmögliche Abdeckung, doch Sie selbst könnten nach und nach zumindest kleine Teile des Gesamtmarktes mit besonderen Selektions-Merkmalen erfassen. Neben den allgemeinen Messe- und Ausstellungsbesuchern finden Sie in den Fachzeitschriften auch Inserenten, über deren Angebote Sie auf einen bestimmten Bedarf schließen werden. Alle diese Quellen helfen Ihnen dann, wenn Sie eine ganz spezielle Zielgruppe ansprechen wollen, die Ihnen Ihr Adressen-Verlag nicht liefern kann.

Diese eigenen Adressen speichern Sie möglichst auf elektronischen Datenträgern. Die Hersteller von EDV-Anlagen bieten Ihnen Hardware in jeder Preislage und für jede Kartei-Größe. Von einfachen Schreibsystemen mit Disketten-Stationen bis zum Groß-Computer mit externen Band- oder Plattenspeichern ist alles auf dem Markt. Für 1 000 einfache Adressen bis zu Millionen Adressen mit kompliziertem Daten-Aufbau. Ihren Ideen sind keine Grenzen gesetzt – nicht von dieser Seite!

61. Selektion der besten eigenen Adressen

Als schriftlicher Verkaufsleiter wollen Sie vielleicht einmal nur die besten Adressen Ihrer Interessenten oder Kunden anschreiben. Gründe für solche Zwischendurch-Aktionen gibt es immer wieder.

Ich gebe Ihnen jetzt einige Kriterien, nach denen Sie die Aktivität einer eigenen Adresse besser beurteilen können. Diese Kriterien deuten darauf hin, daß die so ausgewählten Adressen bei der nächsten schriftlichen Ansprache besser reagieren werden als alle anderen. Der schriftliche Verkaufsleiter sollte einige dieser Selektionsmethoden kennen und als Verstärker ausnutzen.

Das Kriterium Nr. 1 für »aktive Adressen« ist das *Datum des letzten Kontaktes*. Wer vor drei Monaten das letzte Mal auf irgendeine Art reagiert hat, der antwortet auch auf das nächste schriftliche Gespräch sicherer als derjenige, der vor drei Jahren zum letztenmal ein Zeichen gab. Die Selektion nach den letzten Kontakten ist nicht schwer: Ihre EDV erfaßt mit jedem Vorgang auch den Zeitpunkt, also Monat und Jahr.

Das zweite wichtige Kriterium ist die *Kontakt-Häufigkeit*. Wer in den letzten drei Jahren zehnmal reagiert hat, reagiert mit größter Wahrscheinlichkeit auch bei der nächsten Aussendung besser als jener, der in diesen drei Jahren nur einmal reagiert hat. Auch dieses Selektions-Merkmal der Kontakt-Häufigkeit stellt für Ihre EDV kein Problem dar! Jeder erfaßte Kontakt innerhalb eines bestimmten Zeitintervalls wird gezählt.

Als drittes Kriterium nehmen Sie *den eigentlichen Bestellwert oder die Artikelgruppe*. Wer in den letzten Jahren überdurchschnittlich viel bei Ihnen bestellt hat, der ist auch bei der nächsten schriftlichen Ansprache schneller zu einem Kauf bereit. Schneller als jene, die im selben Zeitraum nur für einen Bruchteil dieses Betrages gekauft haben. Natürlich betrifft dieses Kriterium nur Ihre Kunden, also die Zielgruppe Z3 und Z4.

Die Herkunft und das Alter Ihrer Adressen sind weitere Kriterien für die Beurteilung der Qualität. Wer früher einmal per Direktwerbung, per schriftlichem Verkaufsgespräch angesprochen und gewonnen wurde, der reagiert in der Regel auch künftig besser auf schriftliche Gespräche, besser als jene, die über andere Wege zu Ihnen kamen.

Zur Selektion der besten Adressen haben die EDV-Spezialisten des Direkt-Marketing die unterschiedlichsten Programme entwickelt. Unterhalten Sie sich in dieser Sache einmal mit den Beratern Ihres Direktwerbe-Unternehmens. Übrigens, diese Firmen verwalten auch Ihre eigenen Adressen als Service. Sie erfassen und pflegen Ihre Daten und drucken sie in jeder gewünschten Form und Selektion aus.

E. Überlegungen vor dem Start

62. Kooperation mit Direktwerbe-Unternehmen und Agenturen

Ich möchte mich in diesem Buch nicht allzu viel mit der technischen Abwicklung größerer Aktionen beschäftigen. Doch ohne einige Hinweise kommen wir nicht aus, weil es mehrere Wege zum Erfolg gibt! Sie erinnern sich, wir haben den Erfolg als die Differenz zwischen dem erzielten Ergebnis und den entstehenden Kosten definiert.

Wir sprachen schon in den ersten Kapiteln über zwei Wege zur Vergrößerung dieses Erfolges. Der erste Weg hieß, die Kosten senken. Der zweite Weg, die Reaktionsquote vergrößern. Die Kosten lassen sich natürlich nur dann wesentlich senken, wenn es nicht zu Verlusten der werblichen Ansprache führt. Nicht alles, was preiswert ist, ist auch werblich vertretbar.

Doch es gibt gute Chancen zur Kostensenkung ohne negativen Einfluß auf die Werbewirkung. Ich meine alle Produktions-Techniken bis hin zum Postfertigmachen. Ein Brief ist noch immer ein Brief, ob er manuell oder von einer Maschine kuvertiert wurde. Automatisches Kuvertieren ist natürlich wesentlich preiswerter, doch die großen Kuvertier-Automaten lohnen sich erst bei entsprechend großen Auflagen und regelmäßiger Auslastung. Während Ihrer Startphase als schriftlicher Verkaufsleiter ist das sicher nicht der Fall. Vielleicht wird es auch später nie zu solchen riesigen Aussendungen kommen. Deshalb kooperieren Sie einfach mit einem Direktwerbe-Unternehmen und nutzen dessen Maschinenpark.

Wer täglich mehrere 100 000 unterschiedliche Sendungen kuvertieren muß, verfügt auch über die modernste Technik. Diese Technik steht anfangs auch Ihnen für die ersten tausend Packages zur Verfügung.

Dies ist nur eine der möglichen Varianten einer Kooperation mit Ihrem Direktwerbe-Unternehmen. Zum Konfektionieren kommt das Schneiden, das Falzen, das Zusammentragen, das Frankieren, das Bündeln, Zählen und Postausliefern. Das alles sind eigentlich nur Service-Leistungen rund um die gelieferte Adresse. Deshalb ergänzen diese Arbeiten meistens die zentralen Dienste wie das Vermieten der Verlags-Adressen und das damit verbundene Adressieren auf das betreffende Werbemittel.

Ein zusätzliches großes Feld ist die Produktion im Druckbereich. Auch hier gibt es viele Gründe, ganz bestimmte Arbeiten in die Hand Ihres Direktwerbe-Unternehmens zu geben, in die gleichen Hände, die später auch diese Drucksachen weiterverarbeiten und zur Post bringen. Vor allem wegen der postalischen Bestimmungen und des Einhaltens bestimmter Porto-Grenzen, die ja auch in die Papier-Formate und -Gewichte eingreifen.

Kurzum: Die Direktwerbe-Unternehmen verfügen heute über eine hervorragende Technik und helfen Ihnen bei der preiswerten Realisation schriftlicher Verkaufsgespräche in großen und kleinen Auflagen. Darüber hinaus finden Sie Hilfe und Rat bei Kuvertfabriken, Druckereien, EDV-Dienstleistern und der Bundespost. Jetzt fehlen eigentlich nur noch die Menschen, die dem Drucker sagen, was zu drucken ist. Menschen, die das Gespräch aufs Papier bringen. Schriftliche Verkaufsleiter mit einem Spezial-Wissen, wie Sie es hier in diesem Buch für Ihre eigenen, einfachen Aktionen lernen.

Bei schwierigen Kampagnen helfen Ihnen die Direktwerbe-Unternehmen auch auf diesem Sektor, ein Vorteil für Sie, besonders bei großen Auflagen. Das Honorar für Konzeption, Idee, Entwicklung, Gestaltung, Texten ist dann nur ein kleiner Teil der Gesamtkosten. Der Gesamt-Preis pro 1 000 Sendungen erhöht sich dadurch nur innerhalb tragbarer Grenzen.

Das hat noch einen zusätzlichen Vorteil: Direktwerbe-Aktionen bringen im Vorfeld des meßbaren Erfolges auch eine klassische Werbe-Wirkung. In diesem klassischen Bereich kann sich das Image positiv oder negativ verändern. Lassen Sie deshalb das visuelle Erscheinungsbild Ihrer eigenen Direktwerbung auch bei kleinen Aktionen gelegentlich von Werbe-Profis überprüfen oder neu gestalten.

Im persönlichen Verkaufsgespräch nutzen Sie diese externe Hilfe schon immer. Für Ihre Vertreter, für Ihre persönlichen Verkäufer, holen Sie von Zeit zu Zeit einen externen Trainer. Er bringt sein Wissen aus unterschiedlichen Branchen mit. Er trainiert Ihre Verkäufer und führt sie zu höheren Abschlußquoten. Von diesem Verkaufstraining zehrt dann der Außendienst wieder für eine längere Zeit. Genauso betrachten Sie die externe Hilfe beim Entwickeln von Direktwerbe-Packages.

Neben den hauseigenen Agenturen, den Beratungs- oder Gestaltungs-Abteilungen in den Direktwerbe-Unternehmen, finden Sie auch Full-Service-Agenturen im Bereich des Direkt-Marketing. Es sind manchmal Tochter-Unternehmen international tätiger klassischer Werbeagenturen. Töchter deshalb, weil die klassische Werbeagentur vor allem klassische Werbeziele erreichen muß, wie den Bekanntheitsgrad erhöhen, das Image verbessern usw. Die Direkt-Marketing-Agentur hingegen zielt auf sofortigen Response, auf sofortige Verhaltens-Änderung. Hierfür gelten teilweise ganz andere Gesetze. Sowohl in der visuellen als auch in der verbalen Gestaltung. Deshalb arbeiten diese Agenturen lieber mit speziellen Direktwerbe-Textern, -Grafikern, -Beratern und -Konzeptionern. Wenn Ihnen die Agentur für kleine Aussendungen zu aufwendig ist, finden Sie externe Hilfe auch bei einem freiberuflichen Direktwerbe-Spezialisten. Der ADV oder mein Institut nennt Ihnen gern Kontakt-Adressen in Ihrem regionalen Bereich. Sowohl von Spezial-Agenturen als auch von freiberuflichen Beratern.

Denken Sie bei allen diesen Überlegungen daran, eine Agentur braucht Mindestpreise. Wenn Sie »nur« einen einfachen Werbebrief für ein Mini-Honorar bestellen, dann überfordern Sie die Agentur. Sie braucht die Zeit, sich in Ihr Problem hineinzudenken und die richtige Lösung zu finden. Jede Agenturstunde kostet einen fixen Betrag in unterschiedlicher Höhe, je nachdem ob Sie den Cheftexter, den Grafiker, den Kontakter o. a. beanspruchen. Geben Sie Ihrer Agentur deshalb vor allem die großen Aufgaben.

Die kleinen, täglichen schriftlichen Verkaufsgespräche aus Ihrem eigenen Textsystem, die einfachen Briefe und Antwortscheine, oder die Antworten auf Kunden-Anfragen, diese Verkaufsgespräche entwickeln Sie selbst! Das Kunst-Handwerk des schriftlichen Verkaufsleiters ist erlernbar. Ich habe Mitarbeiter aus Unternehmen aller Branchen im Grundseminar ausgebildet. Sie alle konnten danach einfache Verkaufsgespräche selbst gestalten. Mehr noch, sie konnten auch die externe Beratungsagentur besser briefen und die Leistungen dieser Agenturen besser verstehen und beurteilen. Diese Kollegen führten auch selbst mehr schriftliche Gespräche, erreichten höhere Erfolgsquoten und berichteten darüber später in Aufbau-Seminaren und Texter-Kursen.

63. Der schriftliche Verkaufsleiter und seine »Abteilung«

Irgendwann, während Sie dieses Buch lesen, haben Sie die gleichen Fragen wie unsere Seminar-Teilnehmer: Kann ich diese schriftlichen Verkaufsgespräche mit meiner technischen Ausrüstung realisieren? Was brauche ich noch dazu?

Zunächst brauchen Sie nicht mehr als Sie bisher schon besitzen. Dieses Buch hilft Ihnen beim Entwickeln und Gestalten schriftlicher Gespräche. Die technische Durchführung bleibt davon zunächst unberührt. Das alles ist ja nur eine Frage der Reproduktion eines einzigen Briefes mit seinen Beilagen. Von Ihnen konzipiert und entwickelt, mit Ihrem neuen Wissen über die »Psychologie und Technik des Direkt-Marketing«.

Wie immer also Ihre technische Ausstattung aussehen mag, kümmern Sie sich in diesem Stadium des Lernens noch nicht so sehr um die spätere Technik. Überzeugen Sie sich zuerst vom Erfolg Ihrer neuen Methode. Erleben Sie zuerst einmal, wieviele zusätzliche Reaktionen Ihre neuen Werbebriefe auslösen. Testen Sie also die Dialog-Methode in Ihrem Unternehmen.

Zu diesem Zweck entwickeln Sie selbst einen neuen Brief und eine Antwortkarte oder Sie verbessern einen bisherigen mit den Verstärkern, die Sie hier kennenlernen. Im zweiten Teil dieses Buches zeige ich Ihnen die praktische Anwendung des bisherigen Stoffes. Sie finden dann die Rezepte und Regeln für das Entwickeln eines konkreten Packages. Den *neu gestalteten* Brief produzieren Sie dann mit derselben Technik, mit der Sie auch bisher gearbeitet haben, entweder im eigenen Haus oder bei Ihrem bisherigen Dienstleistungs-Unternehmen.

Erst wenn Sie sich von der Wirkung Ihrer neuen Briefe überzeugt haben, entscheiden Sie weiter. Die großen Aktionen werden Sie wahrscheinlich weiterhin über Ihren Adressenverlag und Ihren Lettershop abwickeln. Für Ihre täglichen schriftlichen Gespräche planen Sie dann vielleicht den Kauf oder die Miete eines Computer-Schreibsystems mit Terminal, Disketten-Station und Typenrad-Drucker. Systeme dieser Art kosten pro Monat heute nicht wesentlich mehr als eine gute Halbtagskraft.

Die Kapazität eines solchen Systems reicht zunächst aus. Sie erfassen damit Ihre eigenen Interessenten- und Kunden-Adressen und pflegen die Kartei. Sie ändern, ergänzen, löschen, so wie die Daten im eigenen Betrieb anfallen. Ihr Textsystem mischt dann auf Ihren Befehl hin ganz bestimmte Adreß-Gruppen mit Ihrem Werbebrief und schreibt nahezu 100 Original-Briefe pro Stunde.

Sollte ein solches Schreibsystem schon heute in Ihrem Büro stehen, dann herzlichen Glückwunsch! Denn Sie werden sofort nach dem Studium dieses Buches mit einem eigenen Text beginnen. Ihr Schreibsystem hat sicher einige Leerzeiten pro Tag. Diese Zeiten nutzen Sie aus. Sie »entwickeln« Ihre ersten schriftlichen Verkäufer, schicken Sie auf die Reise und erwarten meßbare Resultate.

Zum Start brauchen Sie also nicht mehr Technik als bisher. Ihr Direktwerbe-Unternehmen hilft Ihnen jederzeit bei der Realisation Ihrer Ideen. Sie nutzen dieses Unternehmen dann ganz einfach als externe »Abteilung« für die Produktion Ihrer neuen schriftlichen Verkaufsgespräche.

64. Die aktiven Branchen im Direkt-Marketing

Auf Kongressen, Symposien und Tagungen, in Seminaren und Kursen treffen sich heute Teilnehmer aus den unterschiedlichsten Bereichen. Diese Gruppen zeichnen indirekt ein klares Bild der am Direkt-Marketing interessierte Branchen. Sie zeigen aber auch die Ziele, die diese Unternehmen via Direkt-Marketing zu erreichen hoffen.

Beides hilft auch Ihnen. Sie sehen, wer sich das Know how über schriftliche Verkaufsgespräche aneignet und Sie finden neue Einsatzgebiete auch für Ihren Bereich. Was andere heute schon per Brief und Antwortkarte erfolgreich abwickeln, das hält demnächst auch Einzug in Ihrer Branche. Überlassen Sie den ersten Schritt nicht Ihrem Mitbewerber. Versuchen Sie zumindest testweise, wie weit dieser Weg auch für Sie gangbar ist.

In Kapitel 19 finden Sie eine Liste von 30 Branchen, die sich als erste in offenen und internen Seminaren und Kursen um das Know how im Direkt-Marketing bemüht haben. Branchen, die bis heute immer wieder neue Mitarbeiter zur Ausbildung schicken.

Zu dieser Auswahl der »ersten Generation« kommen alle jene hinzu, die erst in jüngster Zeit das Direkt-Marketing für sich erproben. In den Teilnehmer-Listen finden Sie deshalb heute Unternehmen aller Branchen und Größen. Das schriftliche Verkaufsgespräch bietet Chancen für alle Bereiche, und ich bin sicher, auch Sie werden Ihre Chance finden. Deshalb nenne ich Ihnen jetzt die häufigsten Einsatzgebiete. Jedes schriftliche Gespräch dieser Art ist zugleich eine der heute per Direkt-Marketing lösbaren Aufgaben. Alle Ziele sind sowohl als Einzel-Maßnahmen als auch als Teil einer Gesamt-Strategie, einer Jahres-Konzeption, denkbar.

65. Zwölf Varianten für schriftliches Verkaufen

Fangen wir mit dem interessantesten Gesprächs-Ziel an: Mit dem sofortigen Einholen von Bestellungen, von Aufträgen per Post, ohne Vertreter, ohne Zwischenhandel, direkt durch Sie, durch den Absender eines schriftlichen Verkaufsgespräches. Diesen Bereich nennen wir auch »Verkaufen per Post« oder »Mailorder«. Das ist die eigentliche Heimat des traditionellen Versandhandels.

Heute allerdings verkaufen wir durch alle Branchen per Brief und Antwortkarte. Die wenigsten dieser Firmen nennen sich Versandhändler. Überall dort, wo das persönliche Verkaufsgespräch zu teuer wurde, versuchen wir die Alternative per Post. Bei Investitionsgütern ebenso wie bei Dienstleistungen. Wenn das Produkt, die Angebotsform und die selektierbare Zielgruppe eine Chance für das Direkt-Marketing bietet, dann gehen wir diesen Weg – mit Erfolg. Und darunter verstehen wir mehr als nur die Deckung aller Vertriebskosten und die Erreichung des geplanten Mindest-Gewinnes.

Ich bin sicher, daß mehr als 40 % aller Leser dieses Buches schon heute das »Verkaufen per Post« in irgendeiner Form praktizieren, obwohl sich höchstens 10 % der Leser zum traditionellen Versandhandel zählen. Diese Zahlen ergeben sich einerseits aus der Zusammensetzung der Seminar-Teilnehmer und andererseits aus den Daten der Firmen, die sich bisher für das schriftliche Verkaufsgespräch interessiert und Informationen angefordert haben.

Hier sind nun die häufigsten Aufgaben für das »Verkaufen per Post«, zusammengefaßt in 12 Gruppen. In dieser Aufstellung interessiert nur das Ziel, nicht die Art der Werbemittel-Streuung und nicht die Zielgruppe (eigene oder gemietete Adressen zur Neukunden-Gewinnung).

a) Ein Gesamt-Sortiment an private Endverbraucher per Katalog und Einzel-Mailing verkaufen (Sortiments-Versender)

b) Ein Gesamt-Sortiment an private Endverbraucher über Sammel-Besteller per Katalog verkaufen (SB-Versender)

c) Spezial-Sortimente an private Endverbraucher per Katalog oder Einzel-Mailing verkaufen (Spezial-Versender)

d) Spezial-Sortimente über Clubs oder Mitgliedschaften an private Endverbraucher per Katalog, Club-Zeitschrift oder Mailing verkaufen (Buchclubs usw.)

e) Einzel-Produkte oder Kleinst-Sortimente per Solo-Mailing an private Endverbraucher verkaufen

f) Verlags-Objekte u. ä. per Abonnement an private Endverbraucher verkaufen

g) Mitgliedschaften an private Endverbraucher verkaufen (Mitglieder-Werbung per Post)

h) Bank-Dienstleistungen und Versicherungen an private Endverbraucher verkaufen per Post (Kredite, Sparverträge, Zusatz-Versicherungen)

i) Investitionsgüter, Rohstoffe, Bauteile, Service-Verträge, Dienstleistungen, Verbrauchsartikel usw. an gewerbliche Verbraucher und Weiter-Verarbeiter verkaufen

j) Handelsware an Wiederverkäufer per Post verkaufen

k) Teilnahme an Kongressen, Kursen, Schulungen, Lehrgängen, Reisen usw. an private oder gewerbliche Zielgruppen verkaufen per Post

l) Alle sonstigen Aktionen zum Einholen direkter Erst-Bestellungen oder Nach-Bestellungen per Post (auch Buchen von Reisen, Hotels usw.).

Für alle diese Ziele gibt es je nach Zielgruppe mehrere unterschiedliche Vorgehensweisen. Nicht jede Gruppe reagiert in gleicher Höhe auf unser Angebot. Darüber haben wir schon einmal in Kapitel 56 gesprochen. Die Empfänger im Gesamtmarkt Z0 entscheiden vorsichtiger als unsere eigenen Kunden. Daraus folgt von Fall zu Fall ein stufenweises Vorgehen: Wenn die weiter entfernt stehende Zielgruppe keine Kaufbereitschaft auf unser übliches Angebot signalisiert, dann kommen wir ihr einige Schritte entgegen.

Auf diese Weise entsteht ein mehrstufiges Verkaufssystem. Die erste Stufe ist dann eine Art Probe-Verkauf. Wir liefern das Produkt z. B. 10 Tage zur Ansicht per offener Rechnung und garantieren die problemlose Rücknahme im Original-Zustand. Oder wir erlauben eine Probe (z. B. einer Flasche Wein) und nehmen die Restlieferung zurück.

Stufenweises Vorgehen bei schwer reagierenden Zielgruppen bedingt also eine mehrstufige Konzeption. Nach der vorsichtigen ersten Stufe folgt im zweiten Schritt das eigentliche Angebot oder das Gesamt-Sortiment.

Denken Sie beim Verkaufen per Post auch an das sofortige Folge-Angebot mit der jeweiligen Lieferung! Selten ist die Chance für eine Bestellung größer als gerade in diesem Augenblick. Wenn der Empfänger, besonders der private Haushalt, das Paket öffnet, beschäftigt er sich weit mehr als sonst mit Ihnen, mit Ihren Produkten und mit dem Kauf per Post. Daraus entstand die »Paket-Beilage« als zusätzliche Angebots-Schiene. Im Versandhandel versuchen wir sogar, mit unseren Angeboten in die Pakete der nicht-konkurrierenden Firmen hineinzukommen, ganz einfach deshalb, weil wir in diesen Fällen meist eine höhere Reaktionsquote (bei niedrigen Kosten) erreichen als per Mailing an dieselbe Zielgruppe. Allerdings sind die Aussendungs-Mengen begrenzt. Der Versender-Kollege transportiert nicht beliebig viele Huckepack-Angebote in seinem Paket. Außerdem gibt es nicht allzu viele Kollegen-Firmen, die Paket-Beilagen aufnehmen. Die meisten Versender packen ihre eigenen Zusatz-Angebote ins Liefer-Paket. Also versuchen Sie es auch.

Falls Sie dennoch einmal eine »Paket-Beilage« irgendwo unterbringen wollen, hilft Ihnen der DDV, Ihr Adressen-Verlag oder Ihr Direktwerbe-Unternehmen und vermittelt Ihnen Kontakt-Adressen.

66. Neun Chancen für schriftliche Werbegespräche

Im letzten Kapitel ersetzten wir den persönlichen Verkäufer per Brief und Antwortkarte. Jetzt zeige ich Ihnen Einsatzgebiete für den »schriftlichen Werber«. Auch damit ersetzen wir einen Menschen, den wir schon lange nicht mehr haben oder nicht mehr bezahlen können: Den persönlichen Werber, der einen Besuchs-Termin mit dem Kunden vereinbart oder ihn direkt zur Messe, zur Ausstellung oder in unser Ladenlokal bringt. Ein Werber also, der selbst nicht verkauft, weil dazu eine fachliche Beratung, eine Vorführung oder ganz einfach die Ware selbst erforderlich wäre.

Daraus ergibt sich, ein schriftliches Werbegespräch übernimmt eine Teil-Aufgabe des späteren Verkaufs. Damit sind solche Mailings nur als Vorstufe in einer Gesamt-Konzeption eingeplant. Die Verkaufs-Aktion selbst, das eigentliche Ziel, folgt danach, persönlich oder noch einmal schriftlich. Hier sind neun Arten solcher Werbe-Gespräche für Sie zur Auswahl oder als Anregung für den späteren Ausbau Ihres eigenen Direkt-Marketing.

> a) Auslösen von Interessenten-Anfragen für weitere, ausführlichere schriftliche Information (Katalog, Broschüre, Muster usw.)
> b) Auslösen von Interessenten-Anfragen für einen persönlichen Besuch des Verkäufers oder Beraters
> c) Zu Messen und Ausstellungen einladen per Post
> d) Zum Besuch einer eigenen Veranstaltung einladen per Post (Tag der offenen Tür, Neu-Eröffnung, Modenschau, Vorführung, Informations-Tag usw.)
> e) Ins Einzelhandels-Geschäft oder zu anderen Wieder-Verkäufern einladen per Post
> f) Potentielle Kunden oder Interessenten zum Gespräch an den Bankschalter o. ä. einladen per Post
> g) Potentielle Interessenten veranlassen, ein Bildschirmtext-Programm einzuschalten
> h) Nachfolgende postalische Angebote avisieren und zum Beachten des Briefkastens motivieren
> i) Den Außendienst avisieren per Post.

Alle diese Beispiele führen zu einer meßbaren Reaktion. Auch die letzten drei Punkte, die zu einem anderen Direkt-Marketing-Instrument überleiten. Die Aufnahme-Bereitschaft auf dieser zweiten Stufe steigt, und die spätere Reaktionsquote ist meßbar besser. Die Reihe der Werbegespräche läßt sich noch fortsetzen und vor allem auf die anderen Instrumente des Direkt-Marketing übertragen. Hier zeigt sich übrigens ein starker Trend: Mit zunehmenden Mailing-Kosten weicht der schriftliche Verkäufer bei werblichen Vor-Gesprächen auf andere Medien mit niedrigeren Kontakt-Kosten aus. Ein typisches Beispiel hierfür ist das Beschaffen von Interessenten-Anfragen aus dem Gesamtmarkt. Die Coupon-Anzeige, die Zeitungs-Beilage, Funk- und Fernseh-Spots (bei privaten Zielgruppen) zeigen deutliche Zuwachsraten, besonders beim Anfordern von Katalogen!

67. Fünf Chancen für schriftliche Kontaktgespräche

Dieser Weg ist eigentlich nicht neu. Schon vor Jahrhunderten haben sich die Menschen Briefe geschrieben, um Kontakte zu pflegen, vor allem dann, wenn das persönliche Gespräch, der Besuch, nicht möglich war.

Kontaktpflege bewährt sich in allen Bereichen, auch in Ihrer Branche. Ganz gleich, ob Sie jetzt an Interessenten- oder Kunden-Kontakte denken. Wichtig für Sie ist nur eines: Das Kontakt-Gespräch darf nicht schon wieder Ihr Produkt und die Verkaufs-Absicht in den Vordergrund stellen, sonst führen Sie ein Verkaufs- oder ein Werbegespräch. Das Thema der Kontaktpflege heißt vielmehr HELFEN und DIENEN. Helfen Sie Ihren Interessenten oder Kunden klüger zu werden, mehr zu wissen als andere. Geben Sie einen guten Rat, der auch außerhalb Ihres Produkt-Programmes liegen darf.

Sie erkennen schon das Wesen des Kontakt-Gespräches: Wir ersetzen jenen Menschen, der früher bei seinen Kunden nur zum »Guten-Tag-Sagen« vorbeikam. Wir wollen dabei nicht nur verkaufen. Der Vertreter wußte ganz genau, daß sein Kunde jetzt nicht kauft, aber er hielt den Kontakt aufrecht bis zum tatsächlichen Bedarf. Dann deckten die Erlöse auch die Kosten der zwischenzeitlichen Kontakt-Besuche. Genauso sehen Sie das schriftliche Kontakt-Gespräch. Hier sind einige Beispiele:

a) Sich für einen Auftrag, einen Besuch, ein Gespräch per Brief bedanken
b) Zum Geburtstag oder anderen persönlichen Anlässen gratulieren
c) Eine Notiz aus der Tageszeitung, der Fachpresse oder aus einem Buch schicken. Besonders Nachrichten, die wichtig für unseren Kunden sind, aber keinen direkten Bezug zu unserem Angebot haben
d) Einen Prospekt von einem Messebesuch schicken, wenn dieser Prospekt das Produkt oder den Markt Ihres Kunden betrifft (nicht unseren Markt!)
e) Für das zehnjährige Bestehen unserer Geschäfts-Verbindung bedanken per Brief (Der Jahrestag des ersten Auftrages geht vielleicht aus Ihrer Kunden-Kartei hervor).

Schriftliche Kontakt-Gespräche dieser Art helfen Ihnen. Sie öffnen Ihnen die Tür für Ihre kommenden Verkaufsgespräche! Nutzen Sie diese Chance, bevor sie Ihr Mitbewerber regelmäßig einsetzt. Und denken Sie daran: Alle zwei Monate führen wir schriftliche Verkaufsgespräche mit unseren Interessenten und Kunden.

ein Kontakt-Gespräch zwischendurch erhöht die Aufnahme-Bereitschaft für das Verkaufsgespräch.

Wer seinen Kunden nur alle drei Jahre ein neues Produkt (z. B. Auto, Maschine usw.) verkaufen kann, der baut ein Periodikum, eine Art Kunden-Zeitung zur ständigen Kontaktpflege auf.

68. Elf zusätzliche Wege für schriftliche Gespräche

Heute führen wir mehr als 60 verschiedene Gesprächs-Arten per Brief und Antwortkarte. Alle diese Arten verlangen auch unterschiedlichen Aufbau, damit der Leser gleich nach dem Öffnen des Kuverts, während des ersten Durchgangs, den Sinn und den Vorteil dieses Gesprächs erkennt. Für Ihre Ideen-Sammlung gebe ich Ihnen hier noch einige Gesprächs-Varianten. Hinter jedem Beispiel steht wieder eine ganze Gruppe ähnlicher Anlässe.

> a) Über etwas NEUES (Produkte, Preise, Verfahren, Mitarbeiter usw.) nur informieren oder beraten per Post
> b) Verkaufs-Förderung beim Handel schriftlich einleiten und durchführen (Promotion per Post)
> c) Die Mitarbeiter im Außendienst schriftlich motivieren und schulen (Training per Post)
> d) Mitarbeiter im Innendienst und in den Filialen schriftlich informieren, motivieren und zu Reaktionen veranlassen (interne Kommunikation)
> e) Marktbeobachtung oder Marktbefragung durchführen per Post (Informationen einholen)
> f) Ehemalige Kunden oder Interessenten reaktivieren per Post
> g) Neue Zielgruppen für vorhandene Produkte oder Angebote suchen und finden per Post
> h) Die Daten der eigenen Kartei aktualisieren, pflegen, bereinigen, ausbauen usw.
> i) Besuchs-Termine vereinbaren per Post
> j) Wähler für politische Parteien gewinnen per Post
> k) Spenden sammeln per Post.

Auch bei diesen Beispielen gilt, was wir früher schon angedeutet haben: Wir ersetzen einen Menschen, weil sein persönliches Erscheinen für diese Aufgaben zu teuer oder aus zeitlichen Gründen nicht machbar wäre.

Suchen Sie sich eines dieser Ziele für Ihr nächstes schriftliches Verkaufsgespräch aus, oder erfinden Sie ein neues Ziel für Ihren speziellen Bereich. Im zweiten Teil dieses Buches zeige ich Ihnen dann, wie Sie Ihre Konzeption, das Package und seine Teile aufbauen. Beginnen Sie also immer mit dem gewünschten Ziel. Die einzelnen Schritte lassen sich dann einfacher und schneller entwickeln.

69. Der Name des Empfängers als Dialog-Verstärker

Bevor wir mit dem Konzipieren und Gestalten von Packages beginnen, zeige ich Ihnen noch einen wichtigen Dialog-Verstärker: Den Namen des Empfängers, das werbewirksamste Wort in allen Sprachen! Der persönliche Name ist ein sogenannter Schlüsselreiz. Sobald er in einer gedruckten Botschaft auftritt, aktiviert er die Aufmerksamkeit des Lesers.

Durch den Namen des Empfängers, also durch die adressierte Direktwerbung, erreichen wir in bestimmten Fällen Quoten bis zur fünffachen Höhe gegenüber der unadressierten Werbung. Dies zu testen, ist gar nicht so schwer. Sie könnten ja die linke Straßenseite einer Stadt mit adressierter Werbung beschicken und die rechte Straßenseite mit einer Postwurf-Sendung »An alle Haushaltungen«, alles zum selben Zeitpunkt, mit demselben Inhalt an dieselbe Zielgruppe im selben Wohngebiet. In diesem Falle steigt die Reaktions-Quote der adressierten Werbung bis zum fünffachen Wert. Wenn ich *bis* zur fünffachen Quote sage, dann deshalb, weil auch die sonstigen Elemente in Ihrem Package das Ergebnis (als Filter oder Verstärker) beeinflussen.

Was für den persönlichen Namen bei privaten Zielgruppen gilt, das gilt in ähnlicher Form auch für den Firmennamen bei gewerblicher Direktwerbung. Auch der Name des »Brötchen-Gebers« zieht den Blick an.

Wir testen die Wirkung des Namens immer wieder in den Seminaren und im Labor. Sie selbst können das übrigens auch im privaten Kreis versuchen. Schreiben Sie einige werbewirksame und einige weniger zugkräftige Wörter auf ein Blatt Papier. Also: neu, gratis, Erfolg, Gewinn, Glück, Liebe, gesund, reich, aber auch Leistung, Rechtsanwalt, Finanzamt, Strafprozeß usw. Decken Sie dann dieses Blatt mit einem anderen Papier zu. Jetzt fordern Sie Ihren Bekannten zu einem Test auf. Er soll versuchen, irgendein Wort zu lesen, während Sie für einen Sekunden-Bruchteil (etwa 1/4 Sekunde) die Wörter auf- und gleich wieder zudecken.

Ihre Freunde lesen vor allem die Wörter neu, gratis, Glück usw. Später verändern Sie die Versuchs-Anordnung: Schreiben Sie zwischen die obigen Wörter den Vor- und Familiennamen eines Ihrer Freunde. Wiederholen Sie dann den Test mit dem Teilnehmer, dessen Namen Sie auf das Blatt geschrieben haben. Er selbst weiß es nicht. Sie erleben dann die Wirkung des eigenen Namens: Über 95 % aller Versuchspersonen sehen jetzt nicht mehr NEU oder GRATIS. Sie sagen spontan

»Ich glaube, da stand mein Name!« Wenn Sie die Versuchsreihe fortsetzen und noch einmal das Blatt für 1/4 Sekunde aufdecken, sagen immer noch mehr als 90 % »Stimmt, da steht mein Name!« Alle sonst so werbewirksamen Wörter treten zurück.

Heute drehen wir den Versuchs-Ablauf in Seminaren um und sagen der Versuchsperson: »Gleich führen wir wieder einen Wort-Test durch. Versuchen Sie, eines der Wörter zu lesen, während die Schrift-Tafel aufgedeckt wird. Zwischen den Wörtern steht Ihr Name. Aber den brauchen Sie nicht zu lesen, den kennen Sie ja schon!« Wenn wir jetzt 1/4 Sekunde lang den Blick freigeben, sagen über 90 % der Versuchspersonen: »Tut mir leid, ich habe nur meinen Namen gelesen!«

Der persönliche Name wirkt am besten. Der Name des Arbeitgebers zeigt Schwankungen je nach Persönlichkeits-Struktur der Versuchsperson. Dennoch dominiert der Firmen-Name vor den übrigen werbewirksamen Wörtern. Natürlich liest der Mensch auch alle anderen Texte, wenn Sie ihm Zeit dazu geben. Doch diese Phase folgt erst später. Das Lesen unseres eigenen Namens scheint genauso wie das Hören unseres Namens ein Schlüssel-Reiz zu sein, der andere Informationen übertrifft.

Dieses Verhalten bewirkt noch etwas: Im gleichen Maße, wie wir den Leser aktivieren, läßt die Wirkung ablenkender Stör-Informationen nach. Da diese störenden Einflüsse immer vorhanden sind, erzielen wir mit dem Namen einen doppelten Effekt: Mehr Aufmerksamkeit und weniger Ablenkung!

Dennoch haben wir mit den Namen auch unsere Sorgen. Ein großer Verstärker kann sehr schnell zum größten Filter werden, zum Beispiel dann, wenn dieser Name falsch geschrieben ist. Leider enthalten bis zu 10 % aller Namen Tippfehler oder Hörfehler, auch in Ihrer Kartei. Ausgerechnet dieses wertvolle Wörtchen können wir nicht im Duden nachschlagen! Wenn uns der betreffende Kunde oder Interessent nie die fehlerhafte Anschrift meldet, dann werden wir diesen Fehler nie finden.

Es gibt kleine Tippfehler, die ungefährlich sind. Stellen Sie sich nur vor, Sie heißen »Wundermann«, und Sie erhalten Post auf den Namen »Wunderman« mit nur einem »n« am Namensende. Das wäre der gleiche Wortklang und deshalb ein verzeihbarer Endungsfehler. Erscheint aber ein anderer Buchstabe am Wortanfang, dann könnte aus einem »Wundermann« schon ein »Zundermann« werden, was Sie schon wesentlich mehr stört.

Wir sprechen also bis zu 10 % unserer Empfänger mit irgendwelchen falschen oder fehlerhaften Namen an. Schon überstrahlt dieser Fehler auch den übrigen Rest der Botschaft. Zumindest während der ersten Sekunden des Lesens, also während des ersten Durchgangs.

Auch hier können Sie eine Parallele zum persönlichen Verkaufsgespräch ziehen. Wenn der Vertreter an der privaten Haustür klingelt und er Sie plötzlich mit Herr »Bieder« anstatt »Bader« begrüßt, dann hören Sie die ersten Sätze seines

Verkaufsgespräches nur noch durch einen sogenannten »Kommunikations-Nebel«, also negativ!

Wenn der Vertreter diesen falschen Namen noch ein paarmal im Verkaufsgespräch wiederholt, wenn er Sie immer wieder als Herr Bieder anspricht, dann verdichtet sich dieser Nebel immer mehr. Sie beenden das Verkaufsgespräch recht bald. Ihr Vertreter steht sehr schnell wieder vor der geschlossenen Tür und weiß gar nicht so recht warum.

Sie haben eine kleine Chance, die Wirkung des Fehlers zu mildern. Irgendwo im Package, am besten in der Nähe der Adresse auf der Antwortkarte, bringen Sie den kleinen Satz: »Bitte korrigieren Sie Ihre Anschrift, falls Schreibfehler enthalten.« Diese Bemerkung entschuldigt vieles. Die 10 % Schreibfehler, Druckfehler, Hörfehler finden mehr Verständnis.

Der falsch geschriebene Name ist also ein kleines »nein«, ein Filter. Besonders dann, wenn er noch mehrmals im schriftlichen Gespräch wiederholt wird. Tragisch wird es, wenn dieser falsche Name dank moderner Druckverfahren riesengroß auf mehreren, beiliegenden Werbemitteln erscheint.

Ein großer Verstärker ist falsch eingesetzt also immer ein großer Filter. Der falsche Name also kann auch fünffach negativ wirken. Besprechen Sie deshalb diesen Punkt mit allen Ihren Mitarbeitern, die persönlichen Kontakt mit Ihren Kunden und Interessenten haben. Bitten Sie diese Kollegen, auf Fehler-Jagd zu gehen, falsche Namen und Adressen zu finden und zu melden. In der Interessenten-Kartei verbergen sich übrigens mehr Fehler als in der Kunden-Kartei!

Teil II: Die praktische Anwendung

F. So planen Sie Ihre eigenen Aktionen

Im folgenden Teil dieses Buches helfe ich Ihnen, das bisher Gelernte in die Praxis umzusetzen. Zu diesem Zweck bauen wir gemeinsam ein schriftliches Verkaufsgespräch auf. Von der ersten Idee über das Ablaufschema einer Kampagne bis hin zu den Skizzen und Text-Entwürfen. Wir beginnen mit der Konzeption.

70. Die Konzeption für ein schriftliches Verkaufs-Gespräch

Wenn Sie ein schriftliches Verkaufsgespräch entwickeln, um es einem Vorgesetzten oder einem Auftraggeber vorzulegen, dann rate ich Ihnen: Liefern Sie nicht nur den fertigen Brieftext und die Antwortkarte ab. Ihr Auftraggeber macht sich sonst ein falsches Bild von Ihrer tatsächlichen Leistung. Er ist kein schriftlicher Verkaufsleiter und weiß nicht, wieviele Überlegungen hinter diesem einfachen Brief und der Antwortkarte stehen. Sie selbst haben tagelang über eine Lösung nachgedacht. Sie sind vielleicht zu dem Ergebnis gekommen, die höchste Quote ist nur mit einem einfachen Brief und einer Antwortkarte zu erzielen, nicht mit einem umfangreichen Prospekt mit zuviel Information.

Diese Gedanken muß Ihr Auftraggeber kennen! Mündliches Erklären beim Abliefern Ihres Brieftextes und Ihrer Antwortkarte nützt wenig. Wer weiß, ob Sie dazu überhaupt Gelegenheit haben. Sollte Ihr Auftraggeber später die Texte einem Kollegen zur Begutachtung vorlegen, dann fehlen Ihre mündlichen Erklärungen. Helfen Sie deshalb Ihren Partnern, besonders dann, wenn das Wissen über schriftliche Verkaufsgespräche nicht im ganzen Hause verankert ist. Wahrscheinlich genügt dieses Vorgehen bei Ihrem ersten Auftrag. Die späteren Arbeiten beschränken sich dann auf die reinen Ergebnisse, also auf den Text und die Skizzen.

Was heißt das, die eigenen Gedanken präsentieren? Mein Rat ist: Diktieren Sie ganz einfach alles, was zu Ihrem Ergebnis führte. Skizzieren Sie Ihre Entwürfe und fassen Sie das Ganze in einer Art Konzeptions-Mappe zusammen. Ganz gleich, ob daraus 20, 50 oder 100 Seiten DIN A 4 entstehen. Binden Sie diese Mappe und legen Sie diese »Konzeption« Ihrem Auftraggeber vor. Ihr Partner kann jetzt die gesamte Entwicklungs-Geschichte und Ihre Gedanken nachlesen, die zu dem Package-Vorschlag geführt haben, ganz gleich, ob Sie persönlich bei der Präsentation anwesend sind oder Ihre Arbeit schriftlich einreichen.

Bild 48: Bei kritischen und schwierigen Aufgaben präsentieren Sie nicht sofort Layout und Textmanuskript. Legen Sie zuerst Ihre Gedanken und Untersuchungen in einer DW-Konzeption fest (s. Kapitel 70).

Ich gebe Ihnen hier einen Gliederungs-Vorschlag für Ihre Konzeption. Dies ist natürlich nur eine ungefähre Anleitung. Bitte wandeln Sie diesen Tip nach Belieben ab. Was für den einen Auftraggeber zu viel ist, kann vielleicht für den anderen schon wieder zu wenig sein.

1.) Inhaltsangabe

2.) Aufgabenstellung
Wiederholen Sie einfach die Ihnen übertragene Aufgabe möglichst im Wortlaut des Auftrages. Sie beugen damit späterem Zweifel am gewünschten Ziel vor.

3.) Kurzergebnis vorweg (1 Seite A 4)
Hier bringen Sie in wenigen Sätzen das Ergebnis Ihrer Arbeit für den Schnell-Leser. Sagen Sie einfach, Sie haben die Lösung wie gewünscht gefunden, oder aber, Sie haben eine Zwischenlösung eingebaut, weil die eigentliche, gesuchte Zielgruppe noch nicht vorhanden ist o. ä. Und erklären Sie gleichzeitig mit ein paar Sätzen den Aufbau dieser Konzeption.

4.) Der Ist-Zustand (beliebig viele Seiten)
Dies ist nichts anderes, als eine Zusammenfassung aller Gedanken, die Sie ohnehin während der Entwicklung Ihres schriftlichen Verkaufsgespräches durchdacht haben. Wenn Sie also schon viel Zeit investiert haben, um auf neue Ideen zu kommen, dann fassen Sie auch diese Überlegungen in der Konzeption zusammen. Ich zeige Ihnen in den folgenden Kapiteln einen Weg zum Erarbeiten des Ist-Zustandes. Über diese einzelnen Schritte kommen Sie systematisch zu neuen Ideen.

5.) Die neuen Ideen
Hier tragen Sie alle neuen Ideen zusammen, die Sie bei dieser Vorgehensweise gefunden haben, unabhängig davon, ob diese Ideen jetzt im ersten Package verwendet werden oder nicht. Erklären Sie dies auch in der Konzeption. Die zuviel gefundenen Ideen füllen den »Ideenspeicher« für spätere schriftliche Verkaufgespräche.

6.) Das Ablaufschema
Hier skizzieren Sie die einzelnen Stufen mit den jeweiligen Gesprächs-Phasen ähnlich wie ich es Ihnen zeigen werde. Anschließend beschreiben Sie Ihr Ablaufschema.

7.) Der Package-Inhalt
Hier geben Sie eine Zusammenfassung der geplanten Teile im jeweiligen Package, abgestimmt auf die Aufgaben und Ziele, die dieses Package zu lösen hat. Dazu machen Sie Angaben über Formate, Gewichte usw.

8.) Die Durchführungs-Pläne
An dieser Stelle können Sie bereits Kostenpläne, Zeitpläne, Streupläne, Kontrollpläne usw. aufstellen.

9.) Skizzen der Werbemittel
Jetzt skizzieren Sie (freihändig) die Umrisse der einzelnen Package-Teile mit den jeweiligen Kurzantworten, also Bilder, Headlines und Unterstreichungen. Ich zeige Ihnen diesen Weg in den späteren Kapiteln.

10.) Der Rohtext
Hier erklären Sie in Stichworten oder Halbsätzen den Inhalt der Textblöcke.

Nach Punkt 10 würde ich die schriftliche Konzeption zunächst abschließen und präsentieren. Wenn dies persönlich geschieht, dann erklären Sie den Inhalt und die Skizzen gleichzeitig auf einem Flip-Chart. Anderenfalls schicken Sie einfach die Konzeption an Ihren Auftraggeber. Er kann jetzt Ihre Gedanken und Ideen besser verstehen und sich ein Bild machen von der künftigen Form und vom Inhalt des schriftlichen Verkaufsgespräches, von Brief, Antwortkarte und Beilagen. Er kann beliebig ändern, korrigieren und streichen.

Erst nach Abschluß der Diskussion entwickeln Sie den Reintext und eventuell die Layouts. Wer dies zu früh vorlegt, darf sich nicht wundern, wenn von seinem mühsam erarbeiteten Text fast nichts mehr übrig bleibt.

Allerdings brauchen Sie eine schriftliche »Konzeption« dieser Art nur, wenn Sie Ihre Arbeit tatsächlich jemandem vorlegen. Wer sein eigener Chef ist, wird sich selbst keine Konzeption schreiben. Wer mit einer Werbeagentur zusammenarbeitet, kann diese schriftliche Konzeption auch als »Briefing« abliefern. In diesem Falle entstehen die konzeptionellen Überlegungen in Ihrem eigenen Hause. Die Durchführung, also die grafische und textliche Umsetzung dieser Konzeption, geben Sie dann in die Hände der Profis.

Handelt es sich nur um die einfachen, häufigen schriftlichen Verkaufsgespräche, um einfache Antwortkarten, Briefe und Mini-Prospekte, dann werden Sie auch die letzte Phase, also den Reintext, selbst entwickeln. Ihre Druckerei oder Ihr Direktwerbe-Unternehmen kommt mit der Handskizze als »Roh-Layout« zurecht. Ihre Werbeagentur wäre aus den bereits besprochenen Gründen mit Kleinst-Aktionen zu Kleinst-Honoraren nicht glücklich, ganz einfach deshalb, weil die Zeit für das Entwickeln und Gestalten nicht wesentlich geringer ist als bei großen Auflagen.

71. Der Ist-Zustand als Ausgangs-Basis

Sie haben jetzt eine grobe Gliederung für die Konzeption, also für das Entwickeln eines schriftlichen Verkaufsgespräches. Jetzt bearbeite ich mit Ihnen diese einzelnen Punkte. Ich zeige Ihnen einen Weg, wie Sie mit größter Wahrscheinlichkeit genügend neue Ideen finden für Ihr Verkaufsgespräch per Brief und

Antwortkarte. Die einzelnen Schritte werden Sie nur einmal pro Jahr für Ihr Produkt und für Ihre Firma durchdenken. Also lohnt sich die Mühe, ein solches Konzept zu erarbeiten. Ganz abgesehen davon ist dies auch ein guter Weg, sich beruflich zu profilieren.

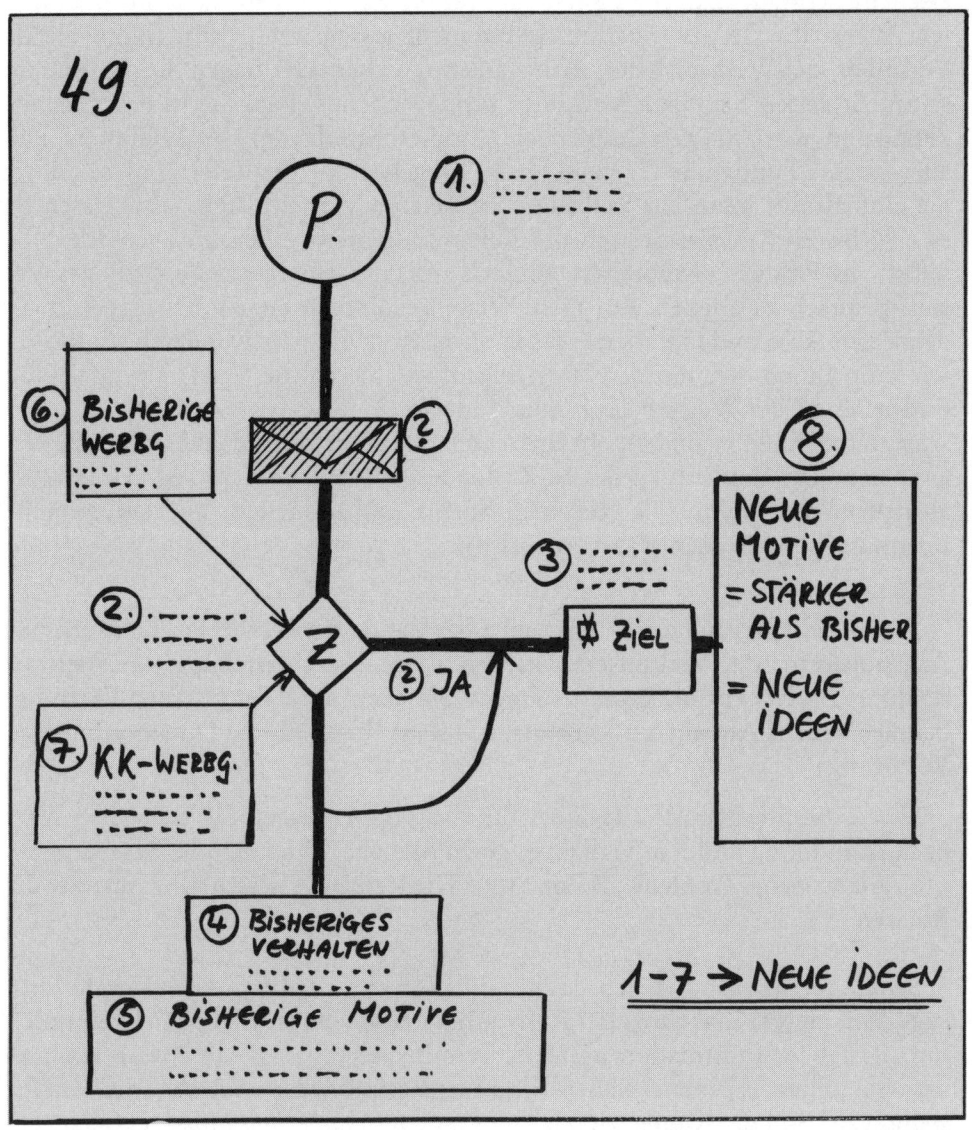

Bild 49: Ein Modell zum Erfassen des Ist-Zustandes und zum systematischen Entwickeln neuer Ideen für Ihr eigenes Package (s. Kapitel 71).

Zu den ersten drei Abschnitten Ihrer Konzeption (Inhaltsverzeichnis, Aufgabenstellung und Kurz-Ergebnis) brauchen Sie keine Hilfe. Wir beginnen mit der Erarbeitung des Ist-Zustandes. Versuchen Sie diesen Schritt bereits beim ersten Auftrags-Gespräch und fragen Sie Ihren Auftraggeber nach allen Details, die wir hier besprechen. Notieren Sie bei diesem Gespräch alles, was Ihnen wichtig erscheint, vor allem solche Punkte, die bereits Zündstoff für neue Ideen enthalten. Wenn Ihr Gesprächspartner selbst nicht genug weiß, dann fragen Sie die Verkäufer, den Verkaufsleiter, den Marketing-Leiter oder fragen Sie die Kunden selbst. Begleiten Sie einen Verkäufer zum Kunden. Gehen Sie in die Verkaufsräume und hören Sie den Gesprächen zwischen Kunden und Verkäufern zu. Dies alles ist eine Fundgrube für neue Ideen. Vergessen Sie das Telefon nicht. Hören Sie einmal mit, wenn ein Verkäufer am Telefon verkauft. Oder aber lassen Sie sich 10 bis 20 Kundenadressen mit Telefonnummern geben und versuchen Sie selbst, Ihr Produkt anzupreisen. Einfach nur, um ein echtes persönliches Verkaufsgespräch zu erleben. Auf diese Weise bekommen Sie ein besseres Bild von den Verstärkern und Filtern, die das künftige Reagieren des Kunden beeinflussen. Ich kann Ihnen hier nur den Weg zeigen, wie Sie solche Verstärker oder Filter finden. Es ist der Weg zu Ihren neuen Ideen.

Ich habe Ihnen in Bild Nr. 49 ein Schema skizziert als Gedankenstütze für Ihre Gespräche zur Erarbeitung des Ist-Zustandes. Ein Schema, das Sie systematisch zu neuen Ideen führt. Die einzelnen Stufen sind numeriert, und ich empfehle Ihnen, in dieser Reihenfolge vorzugehen.

Stufe 1: Schaffen Sie zuerst Klarheit über das anzubietende Produkt, über die Angebotsform, die Verkaufseinheit, den Preis, die Verpackung, die Lieferart, Zahlungsart, Rücknahmegarantie. Fragen Sie auch nach dem Kosten-Deckungsbeitrag. Wieviel Anteil vom Verkaufspreis steht Ihnen für die Direktwerbung zur Verfügung?

Stufe 2: Besprechen Sie alles über die Zielgruppe. Fragen Sie nach dem Alter, nach Ausbildung und Kaufverhalten. Nach Branche, Firmengröße, Beschäftigtenzahl, Ausstattung, Probleme, Bonität usw. Die Verkäufer wissen sehr viel über ihre Kunden.

Stufe 3: Jetzt lassen Sie sich das gewünschte Ziel erklären, die erwartete Reaktion. Von diesem Ziel hängt der Aufbau Ihrer Konzeption ab. Ihr Ziel heißt nicht nur: Bestellen, Information abrufen, Termin vereinbaren, zur Messe kommen usw. Sie sollten es genauer wissen. Sind Erst-Reaktionen gewünscht oder Nachbestellungen? Soll der Kunde nach langer Zeit endlich wieder einmal reagieren, soll er häufiger reagieren oder seinen bisher üblichen Bestellwert erhöhen? Fragen über Fragen, aber auch gute erste Hinweise für den späteren Aufbau des Packages!

Stufe 4: Wenn das Ziel klar ist, fragen Sie nach dem bisherigen und jetzigen Verhalten der Zielgruppe. Ihre Leser sitzen nicht da und warten, bis ein Werbebrief kommt und ihnen sagt, was zu tun ist. Ihre Zielgruppe tut bereits etwas! Sie handelt in irgendeiner Form. Sie kennt Lösungen für die Probleme und wenn es nur Not-Lösungen sind!

Ganz gleich, wie dieses bisherige Verhalten aussieht, ein gewünschtes neues Verhalten auslösen heißt, die Zielgruppe vom jetzigen Verhalten wegziehen. Fragen Sie also: *Was* tut die Zielgruppe bisher und noch heute?

Stufe 5: Dieser Schritt ergibt sich aus dem vorangegangenen. Fragen sie jetzt, WARUM tut die Zielgruppe dieses oder jenes. Denken Sie daran: Es gibt kein menschliches Verhalten ohne ein dazugehörendes Motiv! Also suchen Sie die Motive für das jetzige Verhalten. Es muß einen Grund geben, warum sich diese Zielgruppe bisher so und nicht anders verhalten hat.

Stufe 6: Ergründen Sie auch, welche werblichen Informationen bisher an diese Zielgruppe geschickt wurden. Wie sahen diese schriftlichen Verkaufsgespräche aus? Welche Filter und Verstärker waren enthalten, die ihrerseits zum jetzigen Verhalten geführt haben? Untersuchen Sie auch die klassischen Werbe-Medien. Prüfen Sie einfach alles, was bisher auf die Zielgruppe eingewirkt hat.

Stufe 7: Gehen sie noch einen Schritt weiter. Fragen sie nach den Aktivitäten der Konkurrenz. Welche Arten von schriftlichen Verkaufsgesprächen führen diese Leute. Untersuchen Sie die schriftlichen Werbemittel Ihrer wichtigsten Konkurrenten. Auch diese Informationen haben das bisherige Verhalten Ihrer Zielgruppe beeinflußt.

Stufe 8: Jetzt kommt der entscheidendste Schritt: Wenn es kein bisheriges Verhalten ohne bisherige Motive gibt, dann gibt es auch kein neues Verhalten ohne neue Motive. Diese neuen Motive müssen stärker sein als die bisherigen, sonst lösen Sie keine Verhaltens-Änderung aus! Stärkere Motive aber finden Sie nur, wenn Sie die bisherigen kennen. Diese neuen Motive sind zugleich die neuen Ideen für Ihr Package. Sie finden also Ihre neuen Ideen auf dem Weg über die sieben Stufen zum Ist-Zustand.

Wer das bisherige Verhalten seiner Zielgruppe und ihre Motive kennt, der versteht seine Zielgruppe besser. Er begreift die Spannungen und die Probleme, denen diese Zielgruppe ausgesetzt ist. Er wird die Fragen verstehen, die beim Ankommen unseres Packages auftreten. Er wird die Vorurteile besser einschätzen und vor allem, er wird neue Ideen finden, die stärker sind als die bisherigen.

Aus diesem Grunde gehe ich mit Ihnen jetzt einige Stufen des Ist-Zustandes durch.

72. Gedanken zur ausgewählten Zielgruppe

Wir haben schon über die einzelnen Segmente jeder Zielgruppe gesprochen (Z0 bis Z4). Prüfen Sie zu Beginn Ihrer Konzeption, ob Sie mit einer Z0, also fremden Adressen, oder mit einer anderen, höher »aufgeladenen« Gruppe arbeiten.

Daraus folgen neue Gedanken und Ideen. Zunächst einmal können Sie abschätzen, ob die Erfolgsquote an der oberen oder an der unteren Grenze zu erwarten ist. Sie kennen den Aktivierungs-Grad. Sie wissen, in welcher Höhe Sie Ihre Zielgruppe ansprechen können und Sie wissen mehr über die Lese-Bereitschaft. Daraus ergeben sich Hinweise für die zumutbare Menge an fachlichen Informationen.

Wenn es sich um eine Z0, also um die Adressen des Gesamtmarktes handelt, dann erfahren Sie vom Adressen-Verlag die öffentlich zugänglichen Daten wie Branchen, Berufe, Firmengröße, Gesellschaftsform und sonstige Gruppierungen.

Setzen Sie eigene Adressen ein, dann finden Sie solche Angaben im eigenen Hause. Am besten blättern Sie als schriftlicher Verkaufsleiter von Zeit zu Zeit einmal in der Kundenkartei. Das ist eine gesunde Übung, besonders vor dem Texten oder Gestalten neuer schriftlicher Gespräche. Die Zielgruppe erscheint

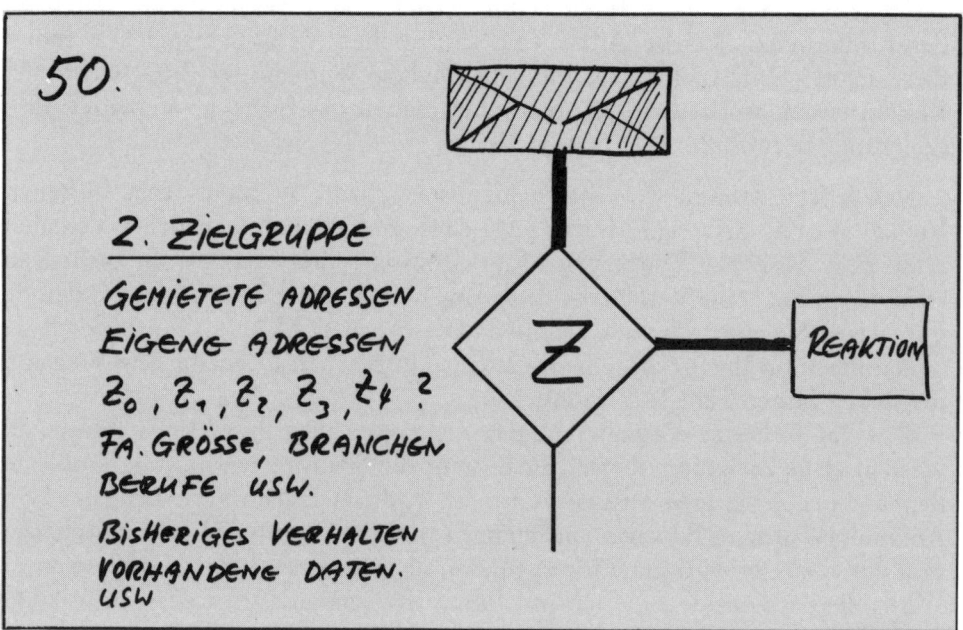

Bild 50: Bei der Beschreibung der Zielgruppen erfahren wir erste wichtige Hinweise für den Package-Inhalt und die mögliche Reaktionsquote (s. Kapitel 72).

dann klarer vor Ihren Augen. Ihre Gedanken konzentrieren sich besser auf die Menschen. Ihre Gespräche mit dieser Gruppe werden dann persönlicher, einfacher und verständlicher.

Das gleiche gilt auch für Ihre Interessenten-Kartei. Schauen Sie sich gelegentlich wieder diese Adressen an. Oder noch besser: Lesen Sie erneut die Interessenten-Anfragen, also auch Coupons oder Antwortkarten aus irgendeiner Aktion. Achten Sie auch auf die Schrift, ob flüchtig oder sorgfältig ausgefüllt wurde. Alles das gibt Hinweise auf die Verhaltensweise Ihrer Zielgruppe. Die Erkenntnisse nehmen Sie in Ihre schriftliche Konzeption auf, ferner alle Informationen, die Sie von Dritten erfahren und solche, die Sie selbst in Ihrer eigenen Kartei finden.

Sollte das Bild Ihrer Zielgruppe immer noch nicht klar sein, dann erproben Sie eine weitere Empfehlung: Rufen Sie einige Interessenten oder Kunden an. Sprechen Sie am Telefon über Probleme, Bedarf, Erfahrung, Trend, Pläne und was sich sonst noch während dieser Telefonate ergibt.

In manchen Mailorder-Häusern pflegen wir eine schon sehr alte Methode: Neue Texter und Gestalter müssen zuerst einmal echte, persönliche Verkaufsgespräche mit den Kunden führen. Wer selbst mit diesen Menschen gesprochen hat, der kennt sie besser. Media-Daten und Leser-Analysen sind gute Anhaltspunkte für die klassische Werbung. Doch sie will ganz andere Ziele erreichen. Wir lösen sofort meßbare Reaktionen aus. Dabei wirken andere Gesetze in der Gestaltung und Ansprache. Sie verstehen diese Wirkungs-Faktoren um so besser, je mehr Sie von Ihrer Zielgruppe wissen.

Sollten Sie einmal nicht genug Stoff und Material über Ihre Adreßgruppe finden, dann betonen Sie das in Ihrer schriftlichen Konzeption. Empfehlen Sie dem Unternehmen, mehr Daten über die anzusprechende Gruppe zu sammeln, entweder über den eigenen Mitarbeiter-Stab oder über ein Marktforschungs-Institut oder aber durch eine schriftliche Umfrage per Post.

Damit haben Sie schon wieder eine neue Idee, die sich später einmal ausbauen läßt. Schriftliche Befragungen dieser Art sind sehr ergiebig und dienen Ihnen als weitere Entscheidungshilfe. Es gibt auch Institute, die Ihnen schriftliche Befragungen anbieten. Die Abweichung gegenüber einer Aktion mit Original-Interviews ist nicht sehr groß. Für viele Befragungs-Ziele reicht die Genauigkeit aus.

73. Gedanken zum erreichbaren Ziel

Wir haben früher schon über das angestrebte Ziel als wichtigem Vor-Verstärker gesprochen. Sie erinnern sich: Je weiter das Ziel vom jetzigen Verhalten entfernt ist, desto stärker wirkt es als Filter. Je näher es dem jetzigen Verhalten ist, desto leichter reagiert die Zielgruppe.

Wir beurteilen die Chancen eines Zieles schon vor der Gestaltung eines Briefes oder einer Antwortkarte. Beschreiben Sie deshalb das gewünschte Ziel im Kapitel »Ist-Zustand«. Halten Sie fest, ob es sich um erstmalige oder um wiederholte Reaktionen handelt. Soll der Kunde häufiger reagieren als bisher? Soll er wieder einmal reagieren, weil es schon lange still um ihn geworden ist? Soll er zu irgendeiner Messe kommen? Soll er ein Seminar besuchen? Soll er etwas abonnieren? Soll er etwas spenden? Soll er einen Berater-Besuch anfordern?

Oder soll er nur sein Interesse an einem neuen Thema zeigen? Soll er etwas Neues lernen oder ein bisheriges Vorurteil revidieren? Soll er sein Vertrauen in die Firma festigen? Soll er ein neues Präparat probieren? Brauchen wir seinen Rat? Soll er an irgendeiner Verkaufs-Aktion im Einzelhandel teilnehmen? Und immer wieder die Frage: Soll er zum ersten Mal oder wiederholt handeln? Ist er also ein Erstkunde oder ein Nachbesteller?

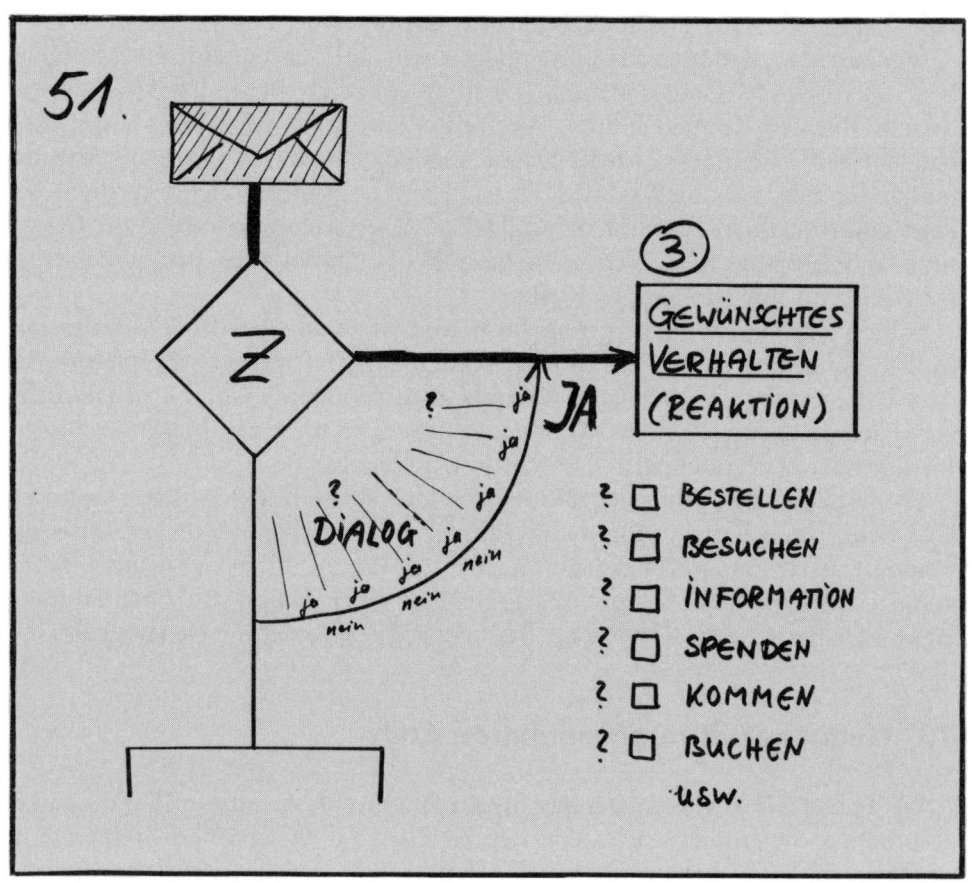

Bild 51: Das gewünschte Reaktionsziel entscheidet über die Höhe der Erfolgsquote. In besonderen Fällen ziehen wir Zwischenziele ein (s. Kapitel 73).

Alle diese Ziele ergeben sich aus Ihrer Aufgabenstellung. Definieren Sie diese Aufgabe so klar wie nur möglich. Falls Ihnen bei dem einen oder anderen Ziel bereits Bedenken kommen, dann schreiben Sie darüber in Ihrer Konzeption. Sollte es z. B. Ihre Aufgabe sein, mit einer einstufigen Direktwerbe-Aktion 30 % Bestellungen aus der angemieteten Adreßgruppe Z0 zu erreichen, dann lehnen Sie diese Aufgabe ab! Begründen Sie das mit Ihren Kenntnissen aus dem ersten Teil dieses Buches: 30 % Bestellquote sind Zahlen aus dem Bereich des *persönlichen* Verkaufs. Der Verkäufer besucht im Durchschnitt drei bis fünf Kunden, um einen Auftrag abzuschließen. So gut wie dieser persönliche Verkäufer kann der schriftliche Ersatz-Verkäufer nicht sein, also ist diese 30 %-Forderung nicht zu erfüllen, besonders dann, wenn sie in der Zielgruppe Z0 gemeint ist.

Der Gesamtmarkt Z0 kann nach Ihrem jetzigen Wissensstand nur 1/4 oder 1/5 dessen bringen, was Sie mit Ihren Stammkunden erzielen. Wenn aber die geforderten 30 % nur 1/4 des Stammkunden-Ergebnisses sein können, dann müßte die Stammkundschaft 120 % bringen! Allein über diese Rechnung können Sie jede unrealistische Vorstellung widerlegen.

Wenn Sie zum Ergebnis kommen, das geforderte Ziel kann erfahrungsgemäß nur eine Reaktionsquote von weniger als 1 % bringen, dann ziehen Sie auch hier Ihre Konsequenzen. Schlagen Sie ein Zwischenziel vor, z. B. beim Beschaffen von Interessenten-Anfragen für den Außendienst. Wenn in der Zielgruppe Z0 weniger als 1 % Reaktionen für Besuchs-Termine zu erwarten sind, dann ist dies in den meisten Fällen zu gering. Die Zwischen-Lösung heißt dann »noch keinen Besuch«, zuerst einmal weitere Informationen per Post. Das kann ein Verstärker bis zum fünffachen Wert sein.

Vergleichen Sie wieder mit dem persönlichen Verkäufer. Auch er löst solche Probleme auf diese Art. Wenn das angestrebte Ziel nicht erreichbar ist, schaltet er um auf ein Zwischenziel. Für ihn ist die Kurs-Korrektur noch während des Gespräches möglich. Im schriftlichen Gespräch steuern wir dieses Reaktions-Ziel von vornherein an.

74. Gedanken zum jetzigen Verhalten unserer Zielgruppe

Sie erinnern sich, was wir zur Verhaltensänderung gesagt haben: Jeder löst seine bisherigen Probleme auf seine Weise. Wir versuchen also, ein bisheriges Verhalten zu ändern. Mit diesem Thema befassen Sie sich in der Stufe 4 des Ist-Zustandes.

Ob dies so einfach möglich ist oder ob wir dazu mehrere Stufen brauchen, das hängt davon ab, wieweit das jetzige Verhalten von unserem Ziel entfernt ist. Deshalb untersuchen wir möglichst genau, wie dieses jetzige Verhalten aussieht. Geben Sie sich nicht mit Andeutungen oder Vermutungen zufrieden. Forschen und beobachten Sie genauer. Ihr Verkäufer hat es einfacher, er sieht alles an Ort und Stelle. Er erlebt das jetzige Verhalten während seines Besuches. Er sieht die Konkurrenz-Produkte, er beobachtet bisherige Ersatzlösungen, er berechnet den ungefähren Bedarf.

Im schriftlichen Verkaufsgespräch denken wir uns diese Möglichkeiten aus. Wir listen sie auf und bewerten sie. Verhaltensweisen, die wahrscheinlich für etwa 70 % bis 80 % unserer Zielgruppe zutreffen, bilden die Leitlinie für unsere Briefe.

Also fragen Sie nach dem bisherigen Verhalten Ihrer Zielgruppe. Entscheidend ist zunächst nur, *was* tut Ihre Zielgruppe, nicht *warum* tut sie das. Fragen Sie Ihre Verkäufer oder fragen Sie die Kunden selbst, am besten telefonisch. Sie finden dann Verhaltensweisen, die unter Umständen ähnlich klingen wie diese:

- ○ Nur bei der Konkurrenz gekauft
- ○ Auch bei der Konkurrenz gekauft
- ○ Verträge mit der Konkurrenz geschlossen
- ○ Noch nie solche Produkte gekauft
- ○ Von solchen Produkten noch nichts gehört
- ○ Zur Zeit Investitions-Stop
- ○ Problem bisher auf andere Art und Weise gelöst
- ○ Bisher nur auf Messen informiert
- ○ Schriftliche Informationen bisher weggeworfen
- ○ Information erhalten und abgelegt
- ○ Information erhalten, aber nicht auffindbar
- ○ Vertreter-Besuch z. Zt. nicht erwünscht

Wenn Sie noch mehr Anhaltspunkte über Ihre Zielgruppe brauchen, dann beobachten Sie die sonstigen Verhaltensweisen dieser Gruppe: Was kauft man außer Ihren Produkten? Wie ist das Verhalten bei anderen Produkten? Wer entscheidet überhaupt in dieser Zielgruppe? Wen müßten Sie ansprechen? Wie liest diese Zielgruppe Informationen? Was liest diese Zielgruppe? Liest diese Zielgruppe am Schreibtisch oder stehend an der Werkbank? Welche Störungen während des Lesens treten wahrscheinlich auf? Mußte diese Zielgruppe während ihrer Ausbildung sehr viel lesen oder nicht? Ist sie also lesegeübt oder will sie lieber Bilder anschauen?

Solche Informationen erhalten Sie natürlich nicht immer von Ihrem Verkäufer oder am Telefon. Aus diesem Grunde sammeln Sie alles, was Sie über das Verhalten von Menschen, von Zielgruppen, von Firmen lesen, hören und sehen.

Eine gute Quelle sind die Markt-Untersuchungen, Leser-Analysen und Studien, die unsere größten Verlage von Zeit zu Zeit veröffentlichen. Sobald eine neue Markt-Studie dieser Art erscheint, lesen Sie darüber in der Fachpresse. Manche Untersuchungen erhalten Sie sogar zum Nulltarif von den Verlagen.

Fassen wir auch zusammen: Je mehr Sie über das jetzige Verhalten Ihrer Zielgruppe wissen, desto besser werden Ihre schriftlichen Gespräche. Oder: Wer besser als bisher werden will, muß das Bisherige erst einmal kennen!

75. Die Motive für das bisherige Verhalten Ihrer Zielgruppe

Das Verhalten unserer Leser ist sichtbar. Es ist die Antwort auf die Frage: *Was* tun unsere Empfänger? Das aber war nur der erste Schritt. Denken Sie daran, es gibt kein Verhalten ohne ein dazugehörendes Motiv. Wir haben das bisherige Verhalten gefunden, also suchen wir dazu die bisherigen Motive und schreiben darüber in der Stufe 5 des Ist-Zustandes.

Wir versetzen uns einfach in die Situation unserer Leser und fragen, *warum* kauft ein ehemaliger Kunde jetzt bei der Konkurrenz? *Warum* reagiert er nicht mehr? *Warum* will er keinen Vertreter-Besuch?

Ich nenne Ihnen hier einige Motive, die immer wieder in unterschiedlichen Zielgruppen auftreten, sowohl bei gewerblichen als auch bei privaten Empfängern. Wählen Sie für Ihre Konzeption solche Motive aus, die auch in Ihrem Falle zutreffen oder benutzen Sie diese Liste als Input für neue eigene Ideen:

- Persönliche Kontakte zur Konkurrenz
- Kein Geld
- *Skeptisch* gegenüber Neuem
- Will Bisheriges nicht ändern *(Gewohnheit)*
- Schlechte Erfahrung mit ähnlichen Angeboten
- Zur Zeit überlastet
- Bisheriges ist *sehr bequem*
- Keine Information erhalten
- Information nicht verstanden
- *Zufrieden* mit den jetzigen Lösungen
- Glaubt nicht an die Vorteile
- Hat kein Vertrauen in neues Produkt
- Preis ist nicht akzeptabel
- Lieferzeit entspricht nicht seinen Vorstellungen
- Zu wenig Service
- Design und Aufmachung gefallen nicht
- Angst vor der Zukunft
- Bevorstehende gesetzliche Änderungen
- Private oder berufliche Probleme
- Vorteil nicht begriffen
-
-
-

Erstellen Sie eine eigene Liste möglicher Motive für das bisherige Verhalten Ihrer eigenen Zielgruppe. Am besten, Sie sammeln dieses Material im Rahmen eines Brainstorming. Setzen Sie Kollegen aus den unterschiedlichsten Bereichen zusammen: aus Verkauf, Vertrieb, Produkt-Entwicklung, Technik, Service, Kunden-Korrespondenz. Vielleicht gewinnen Sie auch einen Kunden und einen Interessenten als Teilnehmer hinzu.

Die so gesammelten Motive zeigen Ihnen die Kräfte, die Ihre potentiellen Kunden am jetzigen Verhalten festhalten. Gegen diese Kräfte kämpfen Ihre künftigen neuen Argumente! Wenn Sie Ihre Zielgruppe vom bisherigen Verhalten wegbewegen wollen, dann müssen die neuen Kräfte stärker sein als die bisherigen. Deshalb untersuchen Sie erst die bisherigen! Dieser Weg führt Sie am schnellsten zu neuen Ideen für Ihr künftiges Package. Neue Ideen finden, heißt also, stärkere Motive suchen.

76. Die neuen Ideen für Ihr eigenes Package

Für Ihre schriftliche Konzeption habe ich Ihnen einen Abschnitt »Neue Ideen« empfohlen. Jetzt wissen Sie mehr: Der Weg zu diesen neuen Ideen führt über die Analyse des bisherigen Verhaltens und der dazugehörenden Motive. Die neuen Ideen sollen ja zu einem neuen Verhalten führen, zu einer Verhaltensänderung. Dazu braucht Ihre Zielgruppe neue Motive (Beweg-Gründe), die stärker sind als die bisherigen.

Sammeln Sie zunächst alle Ideen für stärkere neue Motive und bauen Sie damit einen Ideen-Speicher auf. Er enthält weit mehr Gedanken, als Sie für Ihr erstes Package benötigen. Er ist Ihre Ideen-Quelle für die Aktionen der nächsten Monate.

Erfassen Sie alle gefundenen neuen Motive in Ihrer schriftlichen Konzeption. Was Sie davon nicht beim ersten Package einsetzen, das holen Sie vielleicht später als »Verstärker« aus der Schublade. Verschenken Sie also keine Ideen, um Ihr erstes Werbeziel zu erreichen. Wir kennen heute auch eine Art Obergrenze für die einzubauenden Verstärker.

Um gleich mit Ihrem ersten Package eine deutliche Verhaltensänderung auszulösen, suchen wir jetzt nach den stärksten Motiven. Eine Rakete braucht beim Abheben von der Startrampe die größte Energie, die größte Schubkraft. Ich zeige Ihnen einen Weg zur Ideen-Findung, den auch die Teilnehmer unserer Konzeptions- und Texter-Kurse erfolgreich anwenden.

Sie erinnern sich an das Grundmodell der Dialogmethode. Das Package löst bei der Zielgruppe Fragen aus: Die unausgesprochenen Leserfragen, von denen es mindestens 20 pro Package gibt. Die Kunst des Direktwerbers ist es, diese Fragen an genau der richtigen Stelle auf eine ganz bestimmte Art und Weise zu beantworten. Diese Antwort ist nichts anderes als ein starkes Motiv, das beim Leser ein kleines »ja« auslöst. Eine der vielen kleinen Vor-Entscheidungen vor dem großen »JA«. Und je mehr solcher kleinen »jas« wir bekommen, desto sicherer tritt die Reaktion, das große JA, die Unterschrift auf der Antwortkarte, ein. Damit die kleinen »jas« mehr Gewicht bekommen, setzen wir die stärksten Motive ein.

Stellen Sie sich vor, Ihre schriftliche Information trifft bei Ihrer Zielgruppe ein. Im selben Augenblick entstehen die ersten unausgesprochenen Leserfragen. Der stumme Dialog beginnt. Der Leser sucht Antworten auf seine Fragen. Deshalb sind die Leserfragen zugleich ein Wegweiser für das Suchen, Finden und Auswählen der besten Ideen und Motive.

77. Die unausgesprochenen Leserfragen Ihrer Zielgruppe

Wenn Sie schon lange mit Ihrer Zielgruppe arbeiten, dann kennen Sie bereits viele »Leserfragen«. Als Quelle dient das persönliche Verkaufsgespräch. Alle Fragen, die dort gestellt werden, sind auch unausgesprochene Fragen im schriftlichen Gespräch, auch solche Fragen, die im Telefon-Gespräch auftauchen, und schließlich auch jene Fragen, die während des Jahres in der Korrespondenz auftreten.

Schreiben Sie einfach die Fragen aus diesen drei Bereichen auf und legen Sie eine Strichliste über deren Häufigkeit an. Danach entscheiden Sie: Was allzu häufig im Gespräch, am Telefon oder im Brief auftritt, was also bereits *ausgesprochen* wird, das sind ganz sicher auch unausgesprochene Leserfragen Ihrer Zielgruppe.

In Kapitel 27 haben wir zwei Gruppen von Leserfragen behandelt. Sie unterscheiden sich in einem wesentlichen Punkt: Die einen treten immer, also zielgruppen-unabhängig, auf. Die anderen treten nicht immer auf, sie sind zielgruppen-abhängig oder produkt-abhängig und müssen deshalb immer wieder neu erarbeitet werden. Die erste Gruppe nennen wir die *Grundfragen*. Die zweite Gruppe erklären wir zu *Produktfragen.*

Am besten, Sie versetzen sich in ein persönliches Verkaufsgespräch. Auch dort tauchen »Leserfragen« auf. Vom ersten Blick-Kontakt bis zur Verabschiedung gibt es Gesprächs-Phasen, die von Interessen der Partner gesteuert werden, bewußt oder unbewußt. Angefangen von den ersten Fragen: »Wer sind Sie, woher kommen Sie?«, bis hin zu den letzten Fragen: »Wann liefern Sie die Einzelteile und an wen halte ich mich bei Reklamationen?«

Es gibt also auch beim Vertreter unterschiedliche Fragengruppen. Einige Themen tauchen bei allen Kunden immer wieder auf, andere nur von Fall zu Fall.

78. Die immer wiederkehrenden Grundfragen

Behandeln wir zunächst einmal die Grundfragen, denen Sie immer wieder begegnen, ganz gleich für welche Branche Sie arbeiten, an welche Zielgruppe Sie schreiben oder welches Produkt Sie anbieten.

Diese Fragen haben ihren Ursprung im menschlichen Verhalten. Neugier, Vorteils-Suche, Ich-Bedürfnis, alle diese Grundbedürfnisse des Menschen dominieren. Und da unsere Zielgruppe immer aus vielen einzelnen *Menschen* besteht, treten diese Fragen auch bei allen Zielgruppen gleichermaßen auf.

Wenn man wichtige Grundfragen nicht beantwortet, bleibt der Dialog stecken, genauso wie im persönlichen Gespräch! Bestimmte Grundfragen muß auch der Vertreter beantworten. Auf die Frage des Kunden »Warum kommen Sie gerade zu mir?« muß der Vertreter eine Antwort parat haben. Er kann weder schweigen noch mit »Das sage ich Ihnen nicht!« antworten. Beides stört den weiteren Dialog-Verlauf.

Unausgesprochene Grundfragen formuliert der Leser in Gedanken sehr einfach. Wir alle denken sehr viel einfacher als wir sprechen. (Und wir sprechen einfacher als wir schreiben.) Wahrscheinlich sind die hier formulierten Grundfragen noch viel zu ausgedehnt. Viele Gedanken sind nur verbale Bruchstücke, Satzteile, Stichwörter und am häufigsten nur bildhafte Vorstellungen.

Nur bei der Wiedergabe dieser Gedanken, bei der Beschreibung unserer bildhaften Vorstellungen, gebrauchen wir Wörter und Sätze. Betrachten Sie deshalb die Formulierungen der Leserfragen als eine Art Notlösung, die es in dieser Form eigentlich nicht gibt.

Hier sind nun einige Beispiele für Grundfragen, die wir bei unseren Untersuchungen gefunden haben. Wählen Sie aus, was auch auf Ihre Zielgruppe zutrifft, oder ergänzen Sie diese Liste mit Grundfragen aus Ihrem Bereich.

- ○ Woher kommt dieser Brief?
- ○ Was wird in diesem Kuvert sein?
- ○ Wer schreibt diesen Brief?
- ○ Wer unterschreibt?
- ○ Woher hat er meine Adresse?
- ○ Kenne ich den Absender?
- ○ Was weiß er von mir?
- ○ Warum schreibt er gerade mir?
- ○ Welchen Vorteil bietet er heute?
- ○ Soll ich den Brief überhaupt lesen?
- ○ Habe ich überhaupt Bedarf?
- ○ Wie habe ich diesen Bedarf bisher gelöst?
- ○ Welchen Vorteil bietet er gegenüber bisher?
- ○ Wer beweist das?

- Ist das etwas für mich?
- Wie kann ich mich persönlich überzeugen?
- Was soll ich konkret tun?
- Was passiert nach meiner Reaktion?
- Muß ich etwas Bestimmtes auswählen?
- Muß ich etwas unterschreiben?
- Muß ich etwas frankieren?
- Was sagt mein Chef dazu?
- Was sagt meine Familie dazu?
- Was sagen meine Freunde dazu?
- Hat die Antwort noch Zeit?
- Was passiert, wenn ich nicht reagiere?
- Soll ich mit jemandem sprechen?
- Kann ich das alles wegwerfen?
- Muß ich es aufheben?
- Soll ich es später nochmal lesen?
- Habe ich das alles schon einmal gehabt?
- Was steckt dahinter?
- Wo ist der Haken?
- Wer ist das Unternehmen?
- Wer ist persönlich für mich zuständig?
- An wen könnte ich mich wenden?
- Bringt mir das wirklich etwas Neues?
- Was kostet mich dieser Vorteil?
- Ist dieser Vorteil den Preis wert?
-
-
-
-
-
-
-

Sammeln Sie solche Fragen im Brainstorming mit allen Kollegen, die Kundenkontakt haben. Sie erfahren dann sehr schnell, was häufig in Briefen oder im Verkaufsgespräch am Telefon gefragt wird.

Ihre eigene Liste mit Leserfragen wird später die Basis für das Texten. Wir schreiben dem Leser nur, was ihn interessiert. In unseren Texter-Kursen gehen wir deshalb den gleichen Weg. Wir erarbeiten zuerst eine Liste der wahrscheinlich auftretenden Leser-Fragen. Die Antworten dazu ergeben dann den sogenannten *Rohtext,* den wir in 7 Schritten zum *Reintext* redigieren.

79. Die Produkt-Fragen Ihrer Zielgruppe

Die zweite Gruppe unserer unausgesprochenen Leserfragen nannten wir Produkt-Fragen, weil sie in der jeweiligen Zusammensetzung wahrscheinlich nur bei unserem Produkt und unserer Zielgruppe auftreten. In der Praxis vermischen sich diese Fragen mit den Grundfragen. Der Dialog beginnt und endet meistens mit Grundfragen. In der Mitte des Verkaufsgespräches dominieren Produkt-Fragen. Hier sucht der Leser genaue Informationen über das Produkt oder das Angebot und seine Details.

Der Ursprung solcher Produkt-Fragen liegt also nicht im allgemeinen menschlichen Verhalten. Diese Fragen entstehen durch den Bedarf, die bisherige Erfahrung mit ähnlichen Angeboten, die Konjunktur, den Trend und ähnliche Gedanken. Hier sind einige solcher Quellen:

○ Die bisherige Erfahrung mit uns
○ Die bisherige Erfahrung mit ähnlichen Produkten
○ Die bisherige Erfahrung mit unserer Branche
○ Der Preis
○ Der Bedarf
○ Die neuen technischen Entwicklungen
○ Die Konjunktur
○ Die Mode
○ Der Trend
○ Die gesetzlichen Bestimmungen
○ Die Liquidität
○ Das Vertrauen in die Zukunft
○ Die Beurteilung der politischen Lage
○ Die Jahreszeit

Diese variablen Quellen liefern Produkt-Fragen und deshalb ergeben sich immer wieder neue Variationen. Bei einer Zeitschriften-Werbung entstehen andere Fragen als bei einer Messe-Einladung oder bei einer Seminar-Buchung oder beim Verkauf von Delikatessen per Post.

Ich gebe Ihnen eine Liste möglicher Produkt-Fragen und empfehle Ihnen, eine firmen-interne Liste dieser Art aufzubauen und ständig zu ergänzen. Sie ist zugleich eine ständig sprudelnde Quelle für neue Ideen. Kreuzen Sie an, was wahrscheinlich auch in Ihrer eigenen Zielgruppe als Frage auftritt.

- Aus welchem Material besteht das Produkt?
- WelcheLebensdauer kann ich erwarten?
- Welche Verschleißteile enthält es?
- Wie hoch sind die Folgekosten?
- Was ist reparaturanfällig?
- Wer kann reparieren?
- Welcher Service wird geboten?
- Wo ist der nächste Vertragshändler?
- Wo ist die nächste Werkstatt?
- Wie schwer ist das Produkt?
- Wie leicht ist das Produkt?
- Wie wird es transportiert?
- Wie wird es geliefert?
- Wer stellt es auf?
- Muß ich vorher ausgebildet werden?
- Was mache ich mit dem bisherigen Produkt?
- Kann ich das alte Produkt verkaufen?
- Was bekomme ich noch dafür?
- Wie alt ist meine bisherige Lösung?
- Lohnt sich der Austausch jetzt schon?
- Wie ändert sich der Wert des neuen Produktes?
- Ist das Produkt völlig neu?
- Ist das Produkt altbewährt?
- Gibt es Patente, Prüfsiegel, Gutachten?
- Wer ist die Firma oder der Firmengründer?
- Wie alt ist diese Firma?
- Wo hat sie Niederlassungen?
- Wer sind die Gesellschafter?
- Wer sind die Kapitalgeber?
- Gibt es internationale Verflechtungen?
- Gibt es dieses Produkt auch im Ausland?
- Wo kann ich das Produkt billiger beziehen?˙
- Was bietet die Konkurrenz?
- Was ist bei der Konkurrenz besser/schlechter?
- Was kostet das Konkurrenz-Produkt?
- Welche Rabatte gibt es?
- Welche Mengennachlässe?
- Welche Versandeinheiten?
- Wie ist es verpackt?
- Ist es lagerfähig?
- Ist es leicht zu stapeln?

- Wie hoch ist die Umschlaggeschwindigkeit?
- Gibt es gesetzliche Vorschriften?
- Welche Qualitäts-Garantie gibt es?
- Wer kontrolliert die Qualität?
- An wen wende ich mich bei Reklamationen?
- Was kostet das Produkt?
- Wie ist es zu zahlen?
- Kann ich es mieten oder leasen?
- Wie lange ist die Lieferzeit?
- Was muß ich vorher noch entscheiden?
- Welche Angaben brauche ich zur Bestellung?
- Was geschieht mit meinen Daten?
- Wie lange läuft der Vertrag?
- Wie kann ich wieder kündigen?
- Welche Verpflichtungen gehe ich ein?
- Welches Risiko gehe ich ein?
- Welche Sicherheiten werden geboten?
- Paßt das Produkt in mein Sortiment?
- Paßt es zum Image meines Hauses?
- Soll ich jetzt reagieren oder erst später?
- Gibt es Ersatzlösungen?
- Wie teuer sind die Ersatzlösungen?
- Ist das Produkt umweltfreundlich?
- Ist es gesund?
- Wieviel Energie braucht dieses Produkt?
- Wie hoch sind die Betriebskosten?
- Wie hoch sind die Reparaturkosten?
- Was kosten Ersatzteile?
- Wo bekomme ich die Ersatzteile?
- Wer baut die Ersatzteile ein?
- Was kann ich selbst basteln und bauen?
- Was sagt mein Steuerberater dazu?
- Was sagt mein Anwalt dazu?
- Werden die Zinsen fallen oder steigen?
- Was erlebe ich später als Besitzer?
- Nützt das meiner eigenen Karriere?
- Nützt es meiner Firma?
- Wann hat sich das Produkt amortisiert?
- Ab wann verdiene ich damit Geld?
- Welche Handelsspanne bleibt mir?
- Welche Frachtkosten entstehen?

○ Was bekomme ich zusätzlich als Geschenk oder Prämie?
○ Was mache ich mit der Ware, wenn sie mir nicht gefällt?
○ Wie schicke ich sie zurück?
○ Wie verpacke ich die Rücksendung?
○ Wie bekomme ich mein Geld zurück?
○ Wie wird berechnet?
○ Wann wird berechnet?
○ Wann muß ich zahlen?
○ Wer betreut mich persönlich?
○ Wie weit ist die Firma von mir entfernt?
○ Wo kann ich das Produkt vorher anschauen?
○ Welche Probezeit wird mir eingeräumt?
○ Welche Größe ist für mich richtig?
○ Wie formuliere ich meine Bestellung?
○ Was muß ich vorher noch entscheiden?
○ Gibt es eine bessere Lösung als diese?
○
○
○
○

Ich bin sicher, Ihre Liste mit Produkt-Fragen ist sehr schnell erstellt, und sie ist größer und umfangreicher als die Liste der Grundfragen. Auf der Produktseite kennen wir uns alle am besten aus. Fragen dieser Art begegnen wir täglich und deshalb sind sie uns schneller gegenwärtig als die Grundfragen, über die wir seltener nachdenken.

Stellen Sie im Laufe der Zeit einen Katalog von mindestens 100 Produkt- und etwa 50 Grundfragen zusammen. Das hilft Ihren schriftlichen Verkaufsgesprächen. Ihr Fragen-Katalog wird zur Fundgrube für neue Ideen. Die Leserfragen-Methode ist schon seit Jahren zur Kreativitäts-Technik ausgebaut. Was ich 1980 zunächst nur zur Erklärung der Dialogmethode entwickelt habe, ist heute auch außerhalb der Direkt-Marketing-Branche ein erfolgreicher Weg zur Ideenfindung.

80. Die Antworten führen zu neuen Ideen

Jetzt erst sind wir an dem Punkt Ihrer schriftlichen Konzeption angelangt, den Sie mit dem Thema »Neue Ideen« überschrieben haben. Sie erinnern sich: Die neuen Ideen sind stärkere Motive. Jetzt zeige ich Ihnen, wie Sie ganz systematisch zu diesen neuen Motiven für Ihre Zielgruppe kommen. Ergänzen Sie Ihre unausgesprochenen Leserfragen mit Antwort-Ideen in Form von Stichwörtern.

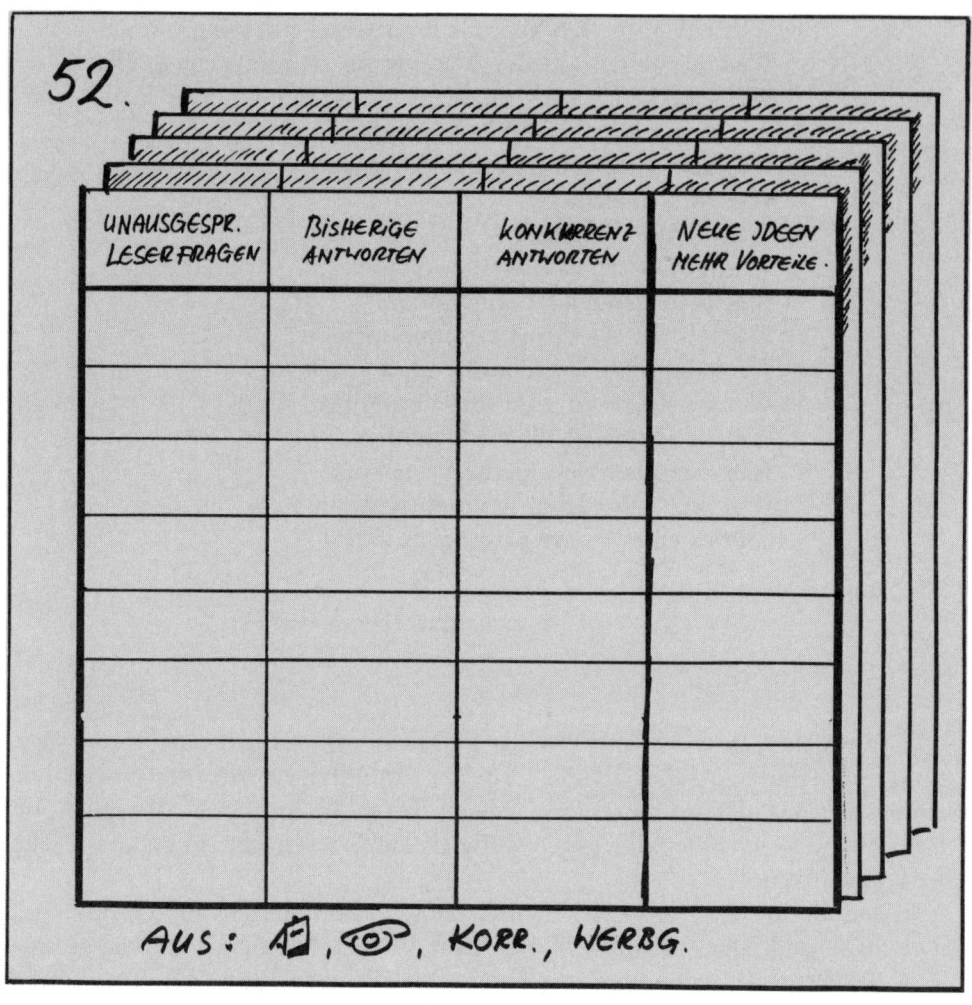

Bild 52: Neue Ideen finden über das Beantworten unausgesprochener Leserfragen ist ein Bestandteil der Dialog-Methode (s. Kapitel 80).

Sammeln Sie zuerst alle Antworten, die Ihr Innen- oder Außendienst bisher auf solche Fragen gegeben hat. Auch solche Antworten, die schriftlich in der Werbung oder in der Korrespondenz gegeben wurden. Das ergibt den Inhalt der zweiten Rubrik in der Liste »Leserfragen« und rundet somit den »Ist-Zustand« ab. Denn alle diese schon gegebenen Antworten haben zu dem bisherigen Verhalten der Zielgruppe geführt. Sie selbst aber erwarten künftig ein neues, ein besseres

Verhalten Ihrer Zielgruppe. Also haben die bisherigen Antworten nicht genügt. Das kann zwei Gründe haben:

Entweder, Ihre Zielgruppe hat diese Antworten zwar gehört oder gelesen, aber keine Vorteile erkannt (in diesem Falle waren die Antwort-Ideen zu schwach. Wir müßten dann stärkere Ideen suchen). Oder aber, die Zielgruppe hat Ihre guten Antworten noch nie gelesen! Sie haben vielleicht nie oder nur »unlesbar« darüber geschrieben.

Sollte diese zweite Möglichkeit zutreffen, dann kommen wir der Lösung schon viel näher: Wir verpacken jetzt Ihre noch nicht mitgeteilten Ideen in sichtbare und lesbare Vorteile für Ihre Empfänger!

Deshalb sammeln Sie zunächst alle Argumente und Ideen, die Sie schon bisher in der Werbung verwendet haben. Sollten Sie auf eine Leserfrage stoßen, die Sie bisher werblich noch nie beantwortet haben oder auf die Sie selbst keine Antwort kennen, dann betrachten Sie diese Frage als Ansatzpunkt für neue Ideen, für neue Antworten, die Sie jetzt zum ersten Mal entwickeln und veröffentlichen werden.

Erweitern Sie danach Ihre Ideensammlung auch mit den Aussagen Ihrer Konkurrenz. Überlegen Sie, welche Antworten Ihre größten Mitbewerber heute oder bisher auf die jeweilige Frage geben. Schauen Sie sich vor allem die Kurzantworten an, also die Bilder und Headlines. Was im Textblock steht, beeinflußt den Leser erst im zweiten Durchgang!

Der Sinn dieses Vorgehens ist Ihnen klar: Die Werbung der Konkurrenz stößt bei Ihrer Zielgruppe auf die gleichen Leserfragen und beeinflußt Ihre Leser genau im gleichen, entscheidenden Punkt. Sie erkennen somit die Spannungs-Verhältnisse, in denen sich Ihre Zielgruppe befindet.

Sollten Sie eine Leserfrage entdecken, auf die bisher nicht Sie, sondern Ihre Konkurrenz eine gute Antwort gab, dann ergibt das Minuspunkte für Sie. Eine positiv beantwortete Frage führt zu einem kleinen »ja«. Eine negative oder *nicht beantwortete* Frage führt zu einem kleinen »nein«.

Alle kleinen »ja's« und »nein's« addieren sich und entscheiden schließlich über die weitere Reaktion. Deshalb dürfen wir uns nicht wundern, wenn die Zielgruppe manchmal lieber bei der Konkurrenz reagiert, wenn sie dort die gesuchten Antworten findet oder die Vorteile schneller erkennt.

Eine Antwort-Idee führt dann zu einem kleinen »ja«, wenn der Leser einen Vorteil in dieser Antwort sieht. Denken Sie sich also bei jeder Antwort die zusätzliche Grundfrage: »Und was habe ich davon? Was bringt mir das?« Erst wenn der Leser diese letzte Nachfaß-Frage mit »ja« oder »gut«, »wunderbar«, »großartig« beantworten kann, dann bewährt sich Ihre Idee als Verstärker!

Erst nach dem Sammeln aller möglichen Antwort-Ideen bewerten Sie Ihre Antworten, Ihre Texte oder Bild-Ideen mit der prüfenden Grundfrage: »Was hat der Leser davon?« Nur die am besten bewerteten Ideen nehmen Sie in die engere Auswahl für Ihr neues Package.

Beim Vergleichen Ihrer eigenen Antworten mit denen Ihrer Konkurrenz sehen Sie noch mehr: Sie erkennen sofort die Stärken und Schwächen des eigenen Angebotes. Das ergibt schon wieder neue Ideen zum Produkt, zur Angebotsform, zur Ausstattung, zur Darstellungsart, zur Zielgruppe und allen anderen Erfolgs-Voraussetzungen, über die wir schon gesprochen haben.

Die unausgesprochenen Leserfragen der Dialogmethode entsprechen dem Marketing-Denken im eigentlichen Sinne. Wir beginnen beim Bedarf des Marktes! In diesem Falle bei den Fragen der Zielgruppe, denn diese Fragen signalisieren uns Interesse und damit auch den Bedarf.

In Ihrem Konzeptions-Teil »Neue Ideen« bringen Sie natürlich nur das Ergebnis, also die gefundenen neuen Ideen. Den Weg zu diesen Ideen können Sie vorläufig für sich behalten. Jeder Spezialist hat sein eigenes Handwerkszeug. Diese Technik der Ideen-Findung gehört zu Ihrem Werkzeug als Direkt-Marketing-Fachmann oder schriftlicher Verkäufer.

Jetzt wählen Sie aus der Liste der möglichen neuen Antwort-Ideen die 10, 20 oder 30 Ideen aus, denen Sie die größte Schubkraft in Ihrer Zielgruppe zutrauen. Das sind zunächst einmal solche Ideen, die von der Konkurrenz nicht verwendbar sind oder von ihr bisher noch nicht verwendet wurden, vor allem aber Antwort-Ideen, die ein eindeutiges, großes JA beim Leser auslösen.

Alle anderen Antwort-Ideen stellen Sie zurück für spätere Packages. Sollten Sie auch von den besten Ideen zu viele gefunden haben, dann reservieren Sie davon einen Teil als Verstärker für die nächsten Aktionen. Besonders die neuen Produkt-Ideen brauchen etwas Reife-Zeit.

Ich empfehle Ihnen, dieses Kapitel gleich in der Praxis zu erproben. Mit neuen Ideen laufen Sie Ihrer Konkurrenz am schnellsten davon. Ein besonders erfolgreicher Kollege hat mir vor vielen Jahren einmal sein Geheimnis für den »besten Urheberschutz« verraten, und ich habe mir diese Regel sehr oft zu eigen gemacht: »Nicht das Gesetz oder die Anwälte schützen uns vor Nachahmern. Der beste Urheberschutz sind weitere neue Ideen!« Schauen Sie also nicht so häufig zurück, blicken Sie lieber nach vorn, besonders im Bereich des geistigen Eigentums, also bei neuen Gedanken, neuen Headlines oder neuen Bild-Ideen. Drehen Sie sich nicht um auf der Suche nach dem, der Sie kopiert. Das Nachahmen mit »Änderungen« können Sie doch nicht verhindern. Öffnen Sie sich lieber für neue Gedanken und Ideen und lassen Sie die Konkurrenz in Atemnot geraten. Je schneller Sie voranschreiten, desto besser funktioniert dieser »Urheberschutz«. Wenn die Konkurrenz Ihre letzte neue Idee gerade erst begriffen hat und mit einer Variante auf dem Markt erscheinen will, dann bringen Sie Ihren nächsten oder übernächsten Schritt!

Probieren Sie also die Leserfragen-Methode für das Entwickeln neuer Ideen aus. Es sind nur drei einfache Schritte: Erstens, die Liste der möglichen Leserfragen (das Suchen nach Vorteilen) erstellen. Zweitens, alle eigenen werblichen

Antworten dazu stichwortartig erfassen. Drittens, die Konkurrenz-Antworten daneben schreiben. Und schon beginnt ein Strom neuer Ideen und versucht, den Unterschied zwischen Leserwunsch und Angebot auszugleichen!

Sie haben dieses Buch gekauft, um neue und bessere Ideen für den Verkauf zu finden. Dieses Kapitel bietet gerade dazu eine besondere Chance. Jetzt könnte sich Ihre Investition an Geld und Zeit schnell multiplizieren. Über die Leserfragen der Dialogmethode erschließen Sie sich eine sprudelnde Quelle für immer mehr neue Gedanken und Ideen. Vielleicht genügt schon ein einziger Gedanke, um die Erfolgsquote Ihrer Aktion zu vervielfachen. Aber denken Sie daran, die besten Ideen sind die Bilder und Headlines, die sofort den Vorteil für den Leser (nicht für uns!) zeigen.

81. Die neue Strategie für Ihre schriftlichen Verkaufsgespräche

Sie haben nun schon eine Menge Wissen über die schriftliche Verkaufstechnik aufgenommen und vor allem sehr viele Antworten auf mögliche Leserfragen gesammelt. Weit mehr als Sie in einem einzigen Package einsetzen. Wir wollten zunächst einen Ideenspeicher für viele weitere Gesprächsarten aufbauen. Jetzt beginnen wir, die jeweilige Informations-Dosis pro Aktion festzulegen.

Genau wie im persönlichen Verkaufsgespräch gehen wir von dem angestrebten Ziel, vom gewünschten Verhalten, aus. Wenn der Schritt für die Zielgruppe zu groß ist, wirkt er als Filter und bremst die Reaktionsbereitschaft. Wir haben dann zwar die Zielgruppe informiert und vielleicht auch motiviert, dennoch bleibt das große JA aus! Wenn also Ihre Erfolgsquote unter das kostendeckende Minimum oder z. B. unter 1 % absinkt, dann ändern Sie die Strategie. Jetzt brauchen Sie ein Zwischen-Ziel, einen Zwischen-Vorteil für den Leser.

Somit kommen wir zum Ablauf-Schema einer Kampagne. Wir entscheiden, ob das Ziel in einer einzigen Stufe oder über eine Zwischen-Stufe zu erreichen ist, und wir orientieren uns an den erreichbaren Ergebnissen. Was in einer Stufe machbar ist, das werden wir nicht aufteilen. Wer seine Werbekosten bereits mit dem ersten Package mehr als nur decken kann, braucht keine zweistufige Aktion.

Die Gründe für mehrstufige Kampagnen liegen deshalb meistens beim Produkt und bei der Zielgruppe. Bei beratungs-intensiven, teuren Investitionsgütern übernimmt die Direktwerbung nur die Akquisition in einer oder zwei schriftlichen Stufen. Danach kommt der Berater. Auch beim Verkaufen per Post ist nicht jedes Ziel in einer einzigen Stufe lösbar. Neue Postkäufer zu gewinnen aus den »kalten« Adressen des Gesamtmarktes Z0, das ist z. B. eine Aufgabe, die sich nahe an der Kostendeckungs-Grenze bewegt und deshalb eine besondere Strategie verlangt.

Wir haben schon früher von etwa 50 – 60 unterschiedlichen Aufgaben gesprochen, die heute per Brief und Antwortkarte lösbar sind. Es gibt auch etwa 50 – 60 unterschiedliche Konzeptionen für diese Aufgaben. Doch diese Varianten unterscheiden sich nicht alle in gleichem Maße. Es gibt nur einige Grund-Konzeptionen, auf denen alle anderen Lösungen aufbauen.

Deshalb zeige ich Ihnen in den folgenden zwei Kapiteln zwei der wichtigsten Beispiele: Eine typische einstufige und eine ebenso häufig verwendete zweistufige Kampagne. Sie selbst finden in diesen beiden Ablauf-Schemata alle Filter und Verstärker, die Sie auch für Ihre eigene Konzeption kennen sollen.

Am besten, Sie skizzieren ein solches Ablauf-Schema und beschreiben es schriftlich (Ihr Chef oder Ihr Auftraggeber versteht diese Zeichensprache nicht so gut wie Sie). Beides, das Bild und die Beschreibung bilden dann das Thema »Ablauf-Schema der Kampagne« in Ihrer schriftlichen Konzeption.

82. Beispiel für eine einstufige Aktion

Wir nehmen als Beispiel die Aufgabe »Verkaufen per Post«. Einstufiges Verkaufen per Post gelingt besonders gut bei eigenen Adressen und bei problemlosen Artikeln. Selbstverständlich verkaufen wir einstufig per Post auch an den Gesamtmarkt Z0, also an gemietete Adressen, dann allerdings mit geringeren Erfolgsquoten. Deshalb testen wir Fremdadressen zuerst, bevor wir eine komplette Liste einsetzen.

Bleiben wir also bei dem einfachen Beispiel: Einstufiges Verkaufen per Post an die eigene Zielgruppe, an Kunden oder Interessenten. Das sind die Zielgruppen Z4 und Z3 oder Z2 und Z1 nach unserer Selektions-Methode.

Bei einstufigen Verkaufsaktionen (Mail-order) geht ein Package »DW 1« an die betreffende Zielgruppe Z. Wir erwarten eine Reaktion »R1« und zwar: »JA, ich bestelle.« In der Kartei »K1« erfassen wir also *Käufer*. Das können Erstkäufer sein (Z3) oder Nachbesteller (Z4). Sobald die Bestellung eingetroffen ist, erhalten diese Besteller die Lieferung »L1«.

Bei einstufigen Post-Verkaufsaktionen ist es nichts besonderes, wenn Sie z. B. bei den Zielgruppen Z3 und Z4, also bei Ihren Kunden, eine Bestellquote von ca. 3 % erreichen mit einem Solo-Angebot für ein Produkt um die 150,– Mark Verkaufswert. Die Frage für Sie als schriftlicher Verkaufsleiter lautet nur: Was packen wir in das Package DW 1 hinein, damit dieses gute Ergebnis zustandekommt? Als Antwort gebe ich Ihnen eine wichtige Regel: Bei einstufigen Post-Verkaufsaktionen ist im Package DW 1 *viel* Information enthalten, je mehr, desto besser. Was aber heißt *viel*? Antwort: Ein komplettes schriftliches Verkaufsgespräch.

Ein komplettes Gespräch besteht aus einer Kontaktstufe und einer Abschlußstufe und allen erforderlichen Zwischen-Stufen zur Produktbeschreibung. Unser

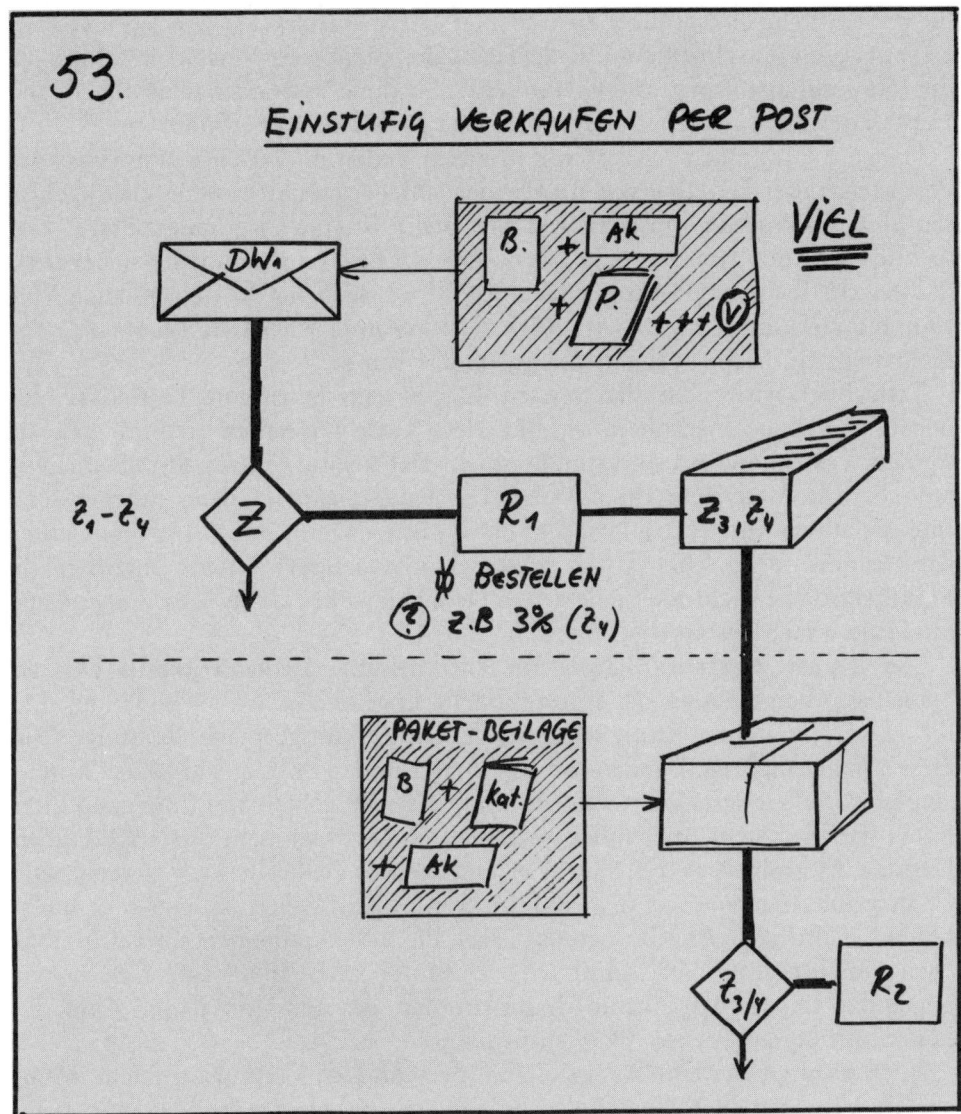

Bild 53: Bei einstufigen Aktionen »Verkaufen per Post« packen wir ein komplettes schriftliches Verkaufsgespräch in das Mailing Nr. 1. Also Brief, Antwortkarte und alle Beilagen (s. Kapitel 82).

Package DW 1 wird also enthalten: Erstens einen Brief (B), dann eine Antwortkarte (AK) und schließlich alle Produkt-Informationen (P), also Prospekte, Beilagen, Kataloge, außerdem das, was Sie von Fall zu Fall als Verstärker brauchen, um die erforderliche Erfolgsquote zu erreichen. Diese Verstärker setzen Sie allerdings erst ein, wenn Ihr schriftliches Verkaufsgespräch ohne diese Verstärker weniger als die Mindestquote bringt. Auch dann testen Sie diese Verstärker zuerst. Nicht alle Verstärker wirken in allen Zielgruppen oder passen zu allen Produkten.

Haben Sie bitte keine Angst vor zu vielen Teilen im Package. Wer etwas per Post kaufen, wer sich für etwas entscheiden soll, der möchte notfalls alles nachlesen über das Produkt. Ob er es liest oder nicht, ist eine ganz andere Frage! Tatsächlich liest der Mensch nicht alles! Aber ein Post-Käufer möchte sicher sein, daß Sie der kompetente Partner für ihn sind, genauso wie im persönlichen Verkaufsgespräch im Fachgeschäft. Auch dort erwarten wir einen Fachmann, der mehr weiß als der nicht fachlich ausgebildete Kunde.

Tatsächlich wird nicht alles gelesen. Es gibt ganz bestimmte Textblöcke, die unsere Bestellquote erhöhen, obwohl diese Texte nur selten zu Ende gelesen werden! Texte dieser Art sind zum Beispiel: »Das Institut für Geo-Physik in Colorado hat als Äquivalent für physikalische Experimente 13 neue systematische Interpretations-Konzepte entwickelt, die . . . usw.« Wenn dieser Textblock unter der Headline steht »Hier ist der wissenschaftliche Beweis«, dann entziffert die Mehrheit solche Fachtexte nicht weiter. Dennoch wirken sie als Kurz-Antwort auf die Frage: »Wer beweist die Vorteile?«

Soweit unser einfaches Beispiel für eine einstufige Verkaufs-Aktion. Denken Sie gelegentlich auch an die konzeptionelle Erweiterung: In der Lieferung »L1« führen wir mit großem Erfolg schon wieder ein Verkaufsgespräch. Versäumen Sie diese Chance nicht und »reden« Sie mit Ihren Kunden im Augenblick des Warenempfangs. Selten beschäftigt sich ein Post-Käufer so intensiv mit Ihnen und Ihrer Firma wie in diesem Augenblick. Jetzt hält er das dreidimensionale Produkt in Händen. Er probiert es, untersucht es und zeigt es vielleicht auch anderen. Die Chance für Angebote aus dem übrigen Sortiments-Bereich ist jetzt sehr hoch. Legen Sie also neue Angebote in das Paket, die Bestellquote liegt über dem üblichen Durchschnitt. Viele schriftliche Verkäufer lassen diese gute Gelegenheit ungenutzt verstreichen. Natürlich funktioniert das alles nur dann, wenn der Käufer mit der erhaltenen Ware zufrieden ist.

Auch dazu gibt es eine Analogie zum persönlichen Verkaufsgespräch: Wenn wir als Vertreter oder Berater das Produkt persönlich überbringen und beim Kunden volle Zufriedenheit erreichen, dann ist die Brücke zu Ergänzungs-Produkten oder Verbrauchs-Artikeln sehr schnell geschlagen. Das können Service-Verträge oder ähnliche Dinge sein, die zum gerade verkauften Produkt passen, oder ganz andere Sortiments-Teile, die mit dem gelieferten Produkt nichts zu tun haben.

Gehen Sie von dem Gedanken aus, Ihr Kunde kauft immer irgendwo irgendetwas. Es gibt immer irgendeinen Bedarf. Aber gelegentlich fehlt uns der richtige Lieferant. Der Kunde sucht eine sichere Quelle, die ihn richtig bedient. Und gerade in solchen Augenblicken haben Sie als Lieferant eine gute Chance. Geben Sie Ihrem Kunden also ein Signal. Zeigen Sie ihm weitere Produkte aus Ihrem Sortiment. Ein Teil Ihrer Zielgruppe reagiert immer. Innerhalb von 4 – 6 Wochen nach Lieferung erhalten Sie je nach Produkt und Zielgruppe bis zu 10 % und mehr Nachbestellungen. Alle Nicht-Reagierer erhalten nach ca. 2 Monaten wieder ein neues Angebot.

Bei einstufigen Aktionen taucht immer wieder die Frage auf: Eignet sich eine solche Konzeption auch für das Vereinbaren von Besuchsterminen für den Außendienst? Deshalb an dieser Stelle gleich eine Warnung: Wenn Sie bei einstufigen Aktionen auf der Antwortkarte im Package DW 1 »Vertreter-Besuch« ankreuzen lassen, dann haben Sie einen der größten Filter eingebaut. Heute meldet sich auf diese Aufforderung hin nur der aktuelle Bedarf! Nur wer gerade jetzt einen konkreten Bedarfsfall hat, wünscht sofortigen Vertreter-Besuch. Alle anderen schicken Ihnen die Antwortkarte nicht zurück.

Wer erst in einem halben Jahr etwas entscheiden kann, will jetzt noch keine Gespräche führen. Er scheut die Zeit für das Vertreter-Gespräch. Er legt Ihr Angebot ins Archiv in der Hoffnung, es zum geeigneten Zeitpunkt wiederzufinden.

Wenn Sie also aus einer Zielgruppe Z0 Interessenten-Anfragen für spätere Vertreter erwarten, dann eignet sich dafür die einstufige Aktion nicht. Sie erhalten sonst in den meisten Fällen weniger als 1 % Erfolgsquote. Der angekündigte Vertreter-Besuch auf der Antwortkarte im Package DW 1 wirkt als Filter so stark, daß er selbst die besten textlichen und bildlichen Verstärker im Package neutralisiert.

Es gibt eigentlich nur einen Grund, den Vertreter-Besuch auf der ersten Karte anzukündigen: Wenn Sie keine Interessenten für später, sondern nur den *aktuellen Bedarf* suchen. Wenn Sie also an Ihre vorhandenen Adressen Z1 bis Z4 schreiben, verzichten Sie auf alle späteren Bedarfsfälle und setzen ganz bewußt diesen Filter »Vertreter-Besuch« auf die Antwortkarte.

83. Beispiel für eine zweistufige Aktion

Wir nehmen hierfür als Beispiel eine Aktion mit dem Ziel »Beschaffen von Interessenten-Anfragen aus dem Gesamtmarkt Z0«, also Interessenten für einen Vertreter-Besuch, für ein persönliches Verkaufsgespräch, ein Beratungsgespräch, ein Informationsgespräch oder eine Vorführung.

Diese Konzeption eignet sich für Sie besonders dann, wenn Sie wenig eigene Interessenten-Adressen besitzen und eine solche Kartei erst aufbauen. Wir haben dann zwei schriftliche Stufen, und erst danach folgt die persönliche Kontakt-Stufe. In der ersten Stufe geht ein Package »DW 1« an die Zielgruppe »Z0«, und wir erwarten danach die Reaktionsquote »R1« (möglichst mehr als 2 %).

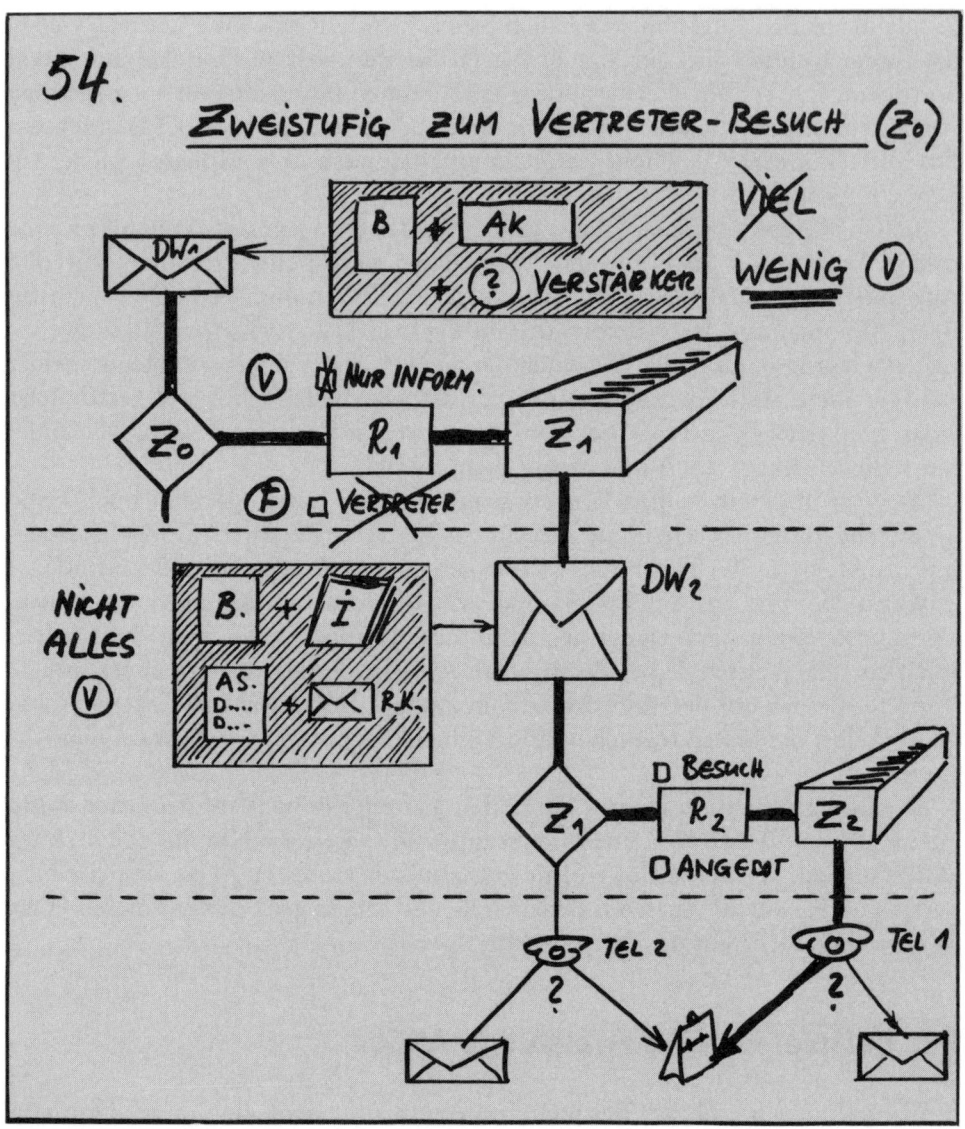

Bild 54: Bei zweistufigen Aktionen »Interessenten für Vertreter-Besuche« bietet das Mailing Nr. 1 zunächst nur »Mehr Information per Post« an (s. Kapitel 83).

Die Reaktion R1 darf deshalb nicht »Vertreter erwünscht« heißen. Das wäre einer unserer größten Filter. Die Besuchs-Andeutung im Package DW 1 drückt unsere Erfolgsquote aus Z0 meistens unter die 1 %-Marke. Die bessere Lösung auf der Antwortkarte heißt »Mehr schriftliche Information«. Und damit ist jetzt einer der größten Verstärker eingebaut, besonders dann, wenn Sie ganz deutlich herausstellen, daß die angeforderte Information *per Post* kommt.

Falls Sie bisher beide Elemente (schriftliche Information und Vertreter) auf Ihrer Antwortkarte im Package DW 1 an die Zielgruppe Z0 hatten, dann brachte diese Aktion wahrscheinlich keinen Erfolg. Sie hatten dadurch nämlich einen Filter und einen Verstärker auf der Antwortkarte. In diesen Fällen dominiert der Filter! Ihr Leser sieht zwei Möglichkeiten, eine davon ist der Vertreter-Besuch. Und er denkt sich, wenn dieser Besuch schon angeboten wird, dann kommt der Vertreter in jedem Falle, ganz gleich, was ich jetzt ankreuze! Es kommen deshalb weit weniger Antwortkarten zurück, als es dem tatsächlichen Interesse an Informationen entspricht.

Sollte bisher auch das »Nur mehr Information erwünscht« keinen Erfolg gebracht haben, dann wirkte wahrscheinlich ein zweiter starker Filter in Ihrem Package: Sie hatten vielleicht *zu viel* Information hineingepackt. Wer *viel* Information an seine Zielgruppe schickt, darf nicht erwarten, daß sie *noch mehr* Information anfordert. Wahrscheinlich hat Ihre Zielgruppe das Erste noch nicht gelesen und fragt sich, was soll ich eigentlich *noch alles* lesen? Die bessere Lösung ist dann, *wenig* Information im Package DW 1. Je weniger, desto besser!

Was also ist in diesem Package DW 1 enthalten? Antwort: Der Rest eines schriftlichen Gespräches. Dieser Rest besteht zumindest aus einer Kontaktstufe und einer Abschlußphase, also aus einem Brief und einer Antwortkarte. Wahrscheinlich genügen diese Teile. Nur in bestimmten Fällen brauchen Sie noch etwas mehr, einen ganz bestimmten Verstärker. Aber Verstärker setzen Sie erst ein, wenn Brief und Antwortkarte allein nicht genügen, wenn Sie z. B. weniger als 2 % Reaktion aus Z0 erreichen.

Wenn Sie also *wenig* Information in das Package DW 1 hineinpacken und auf der Antwortkarte nur »*mehr* schriftliche Information« ankreuzen lassen (keinen Vertreterbesuch), dann haben Sie zwei der größten Verstärker eingebaut. Sie haben jetzt die große Chance, Ihre Erfolgsquote von dem bisherigen schwachen Ergebnis (unter 1 %) *bis* zum zehnfachen Wert zu steigern. Ich betone das Wörtchen »bis«, weil das Ergebnis noch von weiteren Filtern und Verstärkern im Package abhängt. Und weil auch das Timing, die Zielgruppe und das Produkt die Steigerungs-Quote beeinflussen.

Die erste Stufe bringt Ihnen mit der Reaktion »R1« reine Informations-Interessenten. Nach unserer Zielgruppen-Einteilung ist das die Gruppe Z1.

Im ersten Brief schreiben wir etwa folgenden *Rohtext:* »Wir haben ein neues Produkt (ein neues Verfahren, eine neue Maschine, ein neues Angebot), darüber gibt es sehr viel zu sagen. Das läßt sich in einem einzigen Brief nicht alles beschreiben. Wir haben deshalb alle Informationen in einer Broschüre oder Mappe für Sie zusammengefaßt. Ihre Abrufkarte liegt bei. Schicken Sie einfach diese Karte zurück, dann erhalten Sie die kompletten Unterlagen.«

Jetzt folgt die zweite Stufe. Aber warten Sie damit nicht zu lange! Sobald der Empfänger auf der Stufe 1 reagiert hat, darf möglichst nur ein Wochenende verstreichen. Dann schicken Sie Ihren Interessenten das Package DW 2. Noch besser ist es, am selben Tag oder einen Tag nach Eingang der Reaktion »R1« die zweite Stufe zur Post zu bringen.

In diesem Package DW 2 ist (im Gegensatz zum Package DW 1) *viel* Information enthalten, aber *nicht alles*. Den letzten, wichtigsten Teil reservieren wir für das persönliche Gespräch. DW 2 enthält also einen Brief als Kontaktstufe, die angeforderte Broschüre oder den Katalog und ein Reaktionsmittel als Abschluß-Phase. Im Brief bedanken wir uns für die Abrufkarte und stellen den neuen Katalog oder die Broschüre vor. Allerdings gleich mit dem Hinweis, diese Broschüre enthalte zwar alles, nur *einen* Wunsch könne sie nicht erfüllen. Tatsächlich müssen in einer allgemein gehaltenen Broschüre bestimmte Dinge fehlen, z. B. das persönliche, individuelle Angebot. Ganz einfach deshalb, weil hierzu noch einige Daten nötig sind. Das erklären Sie im Brief und erbitten diese Daten auf einem beiliegenden Abrufschein. Als Signal für die erwartete Reaktion legen Sie ein Rückkuvert bei. Im Brief schlagen Sie noch vor, man könne diese Daten auch telefonisch oder beim nächsten Besuch des Außendienst-Mitarbeiters besprechen. Das ist in etwa der Inhalt des Packages DW 2 zum Beschaffen von Interessenten-Anfragen für den Außendienst.

Dieses zweite, umfangreichere Package erhalten zunächst nur die Interessenten der Zielgruppe Z1. Die große Zielgruppe Z0 erhielt nur wenig Information. So gesehen, muß die zweistufige Aktion nicht teurer sein als Ihre bisherige einstufige mit sehr viel Information im ersten Package.

Jetzt erhalten Sie eine Reaktion R2 mit unterschiedlichen Wünschen. Einige kreuzen »Besuchs-Termin« an und signalisieren damit den »Sofort-Bedarf«. Natürlich ist das nur der kleinste Teil Ihrer Zielgruppe.

Die Reaktion R2 bringt Ihnen aber eine zweite Chance: Ein weit größerer Teil Ihrer Zielgruppe wünscht ein *schriftliches* Angebot. Das ist der *mittelfristige Bedarf*. Diese Interessenten lassen sich noch etwas Zeit mit der Entscheidung und holen jetzt erst Vergleichsangebote ein.

Beide Gruppen erfassen Sie in Ihrer Kartei unter Z2, also den sogenannten »Besuchs-Interessenten«. Beide sind eigentlich »gesprächsbereit«.

Vor dem persönlichen Besuch planen Sie Telefonkontakt durch Ihren Innen- oder Außendienst ein. Während dieses Telefongesprächs vereinbaren Sie den genauen Termin. Und sollte dieser Besuch einmal nicht sinnvoll erscheinen, dann avisieren Sie die nächste schriftliche Stufe.

Noch ein Wort zu der Reaktion R2. Nicht alle Interessenten verwenden dazu Ihre Postkarte. Besonders in der gewerblichen Direktwerbung greift man heute schneller zum Telefon, vor allem, wenn ein sofortiger Besuch gewünscht wird. Wem die Zeit fehlt für eine schriftliche Anfrage, der braucht schnelle Hilfe. Reagieren Sie deshalb auch sehr schnell auf jeden Anruf. Telefonische Anfragen haben Vorrang vor allen schriftlichen. Der Anruf ist bereits ein Signal Ihrer Zielgruppe und heißt: »Ich melde mich *sofort* und erwarte *sofort* Hilfe.«

Die zweistufige Aktion gibt Ihnen eine zusätzliche Chance: Sie finden auch den *langfristigen* Bedarf in Ihrer Zielgruppe. Wer etwa zwei Wochen nach Erhalt des Packages DW 2 noch nicht reagiert hat, ist nicht verloren. In dieser großen Restgruppe steckt der langfristige Bedarf. Wenn die Zeit noch nicht drängt, legt der Leser mehr zur Seite.

Lassen Sie diesen langfristigen Bedarf nicht auf den Schreibtischen Ihrer potentiellen Kunden schmoren, bis vielleicht die Konkurrenz kommt und diesen Bedarf deckt. Melden Sie sich vorher. Ab zwei Wochen nach der zweiten Stufe können Sie nachfassen, entweder schriftlich oder telefonisch.

Wenn Sie diesen langfristigen Bedarf per Telefon abfragen, dann verläuft das Gespräch mit etwa folgendem Inhalt: Eigentlich wollten wir ein persönliches Angebot erarbeiten. Doch dazu fehlt uns noch die Antwort mit den zwei oder drei Daten. Frage also: Ist diese Antwort aus dem letzten Package gerade unterwegs? Oder wollen wir diese zwei Daten schnell telefonisch besprechen? Oder vereinbaren wir am besten gleich den Termin für einen Berater-Besuch? Oder schicken wir noch schriftliches Material? Oder betrachten wir die damalige Anfrage als erledigt? In diesem Falle stufen wir die Interessenten-Adresse zurück zu den allgemeinen Interessenten, die erst später wieder Post erhalten.

Diese Nachfaß-Aktion per Telefon können Sie auch durch Briefe ersetzen, wenn Sie mit einer geringeren Erfolgsquote zufrieden sind. Denn per Telefon erhalten Sie eine JA- oder NEIN-Antwort von vielleicht 60 – 70 % Ihrer angerufenen Interessenten. Beim Brief reagieren vielleicht nur 10 % der angeschriebenen Zielgruppe Z1. Aber auch das ist ein gutes und ausreichendes Ergebnis, besonders dann, wenn Ihr Außendienst ohnehin überlastet ist.

Wir gehen gern diesen Umweg über das schriftliche Gespräch, weil wir dann weniger Leerlauf und Zeitverlust haben. Denn die 50 – 70 % Telefon-Reaktionen heißen ja nicht 50 – 70 % Bedarf. Auch hier sind vielleicht nur insgesamt 10 – 20 % bearbeitungswürdige Fälle enthalten.

Als letzten Hinweis für diese zweistufige Aktion noch ein Wort zur Qualität des Vertreter-Besuches selbst. Wenn Sie Ihre Aktionen zweistufig aufbauen, dann hat es auch der Außendienst leichter. Er wird jetzt »gerufen«. Er muß nicht ständig selbst »drücken«. Das bringt ein besseres Gesamtergebnis: 5 bis 10 Antwortkarten (aus Stufe R1) ergeben im Durchschnitt aller Branchen 1 Verkaufsabschluß. Dieses Ergebnis läßt sich stufenlos ändern über Filter und Verstärker in den einzelnen Package-Teilen.

Insgesamt liegt das Ergebnis weit höher als die Verkaufsziffern bei einer einstufigen Direktwerbe-Aktion. Als Faustregel rechnen Sie mit etwa 3 – 4mal mehr Abschlüssen. Sie holen ja nicht nur den Sofort-, sondern zumindest auch den mittelfristigen Bedarf.

Doch die zweistufige Aktion bringt nicht nur mehr Käufer. Sie hilft Ihnen auch, eine neue Interessenten-Kartei aufzubauen (Z1), in der Sie langfristig Ihre neuen Kunden finden. Diese Kartei mit den allgemeinen Informations-Interessenten bringt nach 2 – 3 Monaten schon wieder neue Gesprächs-Interessenten. Das ist dann der inzwischen nachgewachsene Bedarf. Er hat sich zuvor nicht gemeldet. Vielleicht weil die erhaltenen Informationen nicht richtig gelesen oder nicht verstanden wurden. Jetzt, im Bedarfsfall, ist alles einfacher. Denn der tatsächlich vorhandene Bedarf prägt und fördert das Wahrnehmungsvermögen.

84. Eine Konzeption für Ihre Wiederholungs-Aktionen

Hier ist noch eine konzeptionelle Hilfe für alle, die nur kleine Zielgruppen ansprechen, ganz gleich, ob es nur wenig Adressen im Gesamtmarkt Z0 gibt oder ob Sie nur Ihre eigenen Adressen, die Interessenten oder Kunden einsetzen.

Sie brauchen dann ein Rezept für das kurzfristige Wiederholen schriftlicher Verkaufsgespräche an dieselbe Zielgruppe. Wer z. B. nur 3000 oder 10 000 oder 20 000 Adressen besitzt, kann diese Kollektion in 2 Monaten komplett bearbeiten. Er verschickt dann alle Packages zum selben Termin. Die Reaktions-Quote flaut in etwa sechs Wochen ab und damit auch der Umsatz. Die neue Vertriebsschiene soll aber kontinuierlich funktionieren.

Für Sie gibt es einen einfachen und erfolgreichen Weg. Er gilt übrigens auch für größere Zielgruppen. Ich zeige Ihnen eine Konzeption für Wiederholungs-Aktionen und skizziere Ihnen dazu ein Ablaufschema in Bild Nr. 55.

Nehmen wir an, Sie haben zuletzt ein Package DW 1 an irgendeine Zielgruppe Z1 geschickt und dabei eine Reaktionsquote R1 erreicht, z. B. 3 %! Wenn diese 3 % weit über der Zahl liegen, die zur Kostendeckung erforderlich ist, dann war dies eine sehr erfolgreiche Aktion. Was geschieht danach? Sie wollen diesen Erfolg immer wieder erleben, aber Sie haben keine neuen Adressen mehr. Die Zielgruppe Z1 hatten Sie komplett angeschrieben.

Die Lösung ist nicht schwer. Als schriftlicher Verkaufsleiter ahnen Sie schon, wie es weitergeht. Sie verhalten sich genauso, wie Sie es mit persönlichen Verkäufern getan hätten. Wenn Ihr Vertreter sehr erfolgreich war, aber nach zwei Monaten bereits sein gesamtes Gebiet bearbeitet hat, dann werden Sie diesen Menschen nicht entlassen. Sie geben ihm den Rat, wieder von vorn anzufangen und jetzt

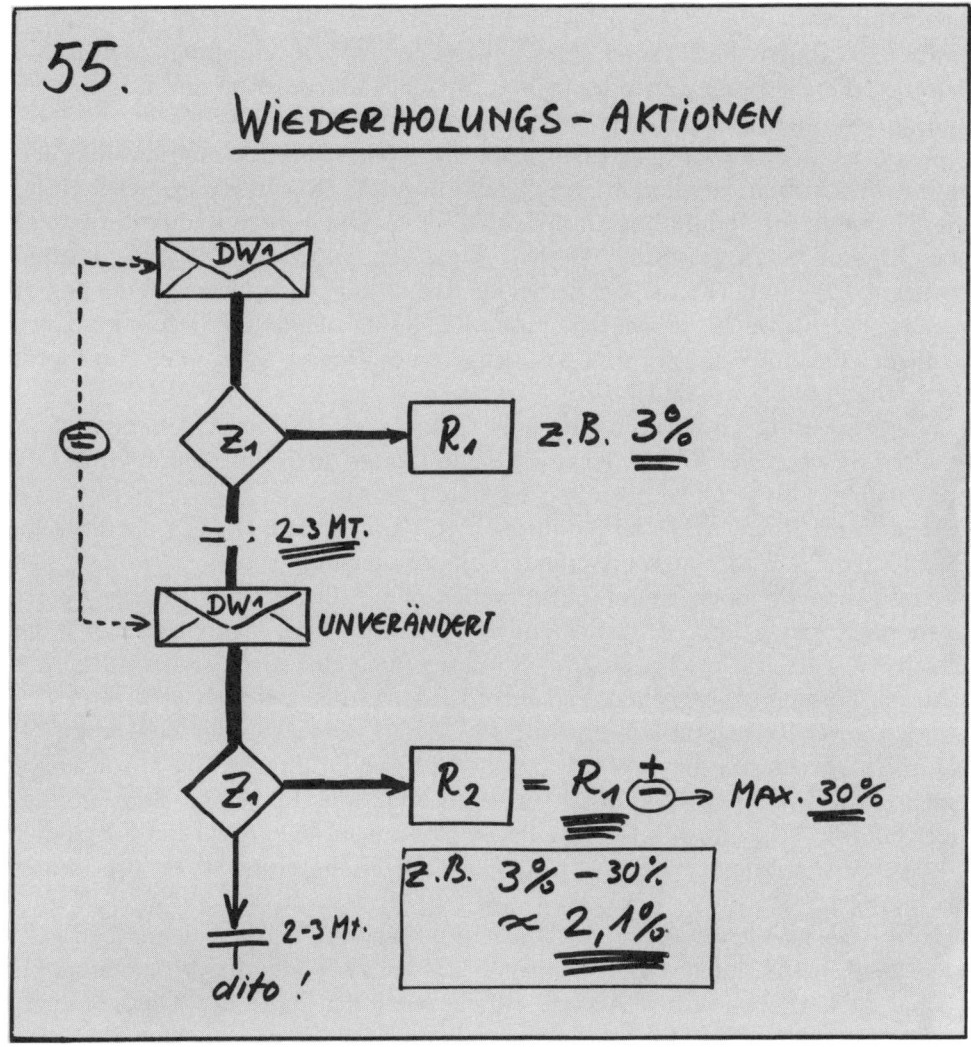

Bild 55: Eine erfolgreiche Aktion können Sie nach 2–3 Monaten unverändert oder mit einfachen Verstärkern wiederholen (s. Kapitel 84).

vielleicht nur die Firmen zu besuchen, bei denen er das letzte Mal nichts verkauft hat. Sie schicken also denselben Menschen zur selben Zielgruppe!

Genauso verhalten Sie sich auch als schriftlicher Verkaufsleiter. Wenn das letzte Package DW 1 sehr erfolgreich war, dann könnten Sie es sogar unverändert noch einmal an dieselbe Zielgruppe Z1 schicken. Sie geben dann nur einen zeitlichen Abstand von etwa 2 – 3 Monaten dazwischen. Wir nehmen jetzt einmal bewußt das drastische Beispiel einer unveränderten Wiederholungs-Aktion. Sie hatten vielleicht keine Zeit oder keine Lust für ein neues Package. Das frühere muß unverändert nachgedruckt werden. Hier ist die Lösung:

Wenn Sie dasselbe Package DW 1 nach 2 – 3 Monaten nochmals an die Zielgruppe Z1 schicken, erhalten Sie eine Reaktionsquote »R2« in etwa gleicher Höhe wie R1. Vielleicht vermindert um maximal 30 %. Doch diese Reduktion gegenüber R1 muß nicht einsetzen. Deshalb sagte ich, *maximal* 30 %! Wir erleben genügend Fälle in der Praxis, bei denen die Reduktion gleich Null ist. Und es gibt genauso Ergebnisse, bei denen die Quote »R2« höher ist als »R1«. Besonders dann, wenn der Bekanntheitsgrad und das Image eines Hauses oder eines Angebotes inzwischen gewachsen sind.

Wenn Sie z. B. als Reaktion R1 eine Quote von 3 % erreicht haben, dann erhalten Sie jetzt bei R2 im negativen Falle immer noch eine Quote von 3 % minus 30 %, also = 2,1 % nach 2–3 Monaten.

Und wenn Ihnen diese 2,1 % ausreichen, dann verwenden Sie das Package DW 1 nach 2 – 3 Monaten unverändert ein zweites Mal.

Jetzt gehen wir noch einen Schritt weiter. Wenn die zweite Reaktion immer noch hoch genug über dem Kostendeckungspunkt liegt, dann haben wir die Chance, das gleiche Spiel nach 2 – 3 Monaten noch einmal zu wiederholen. Wir schicken unseren schriftlichen Verkäufer wieder in das gleiche Gebiet und verwenden unser Package DW 1 ein drittes Mal, also wieder bei der Zielgruppe Z1. Natürlich planen Sie diese Wiederholung nur mit Produkten, die saison-unabhängig sind. In diesem Falle erhalten Sie als Reaktion »R3« einen Wert ähnlich »R2« oder im schlimmsten Fall wieder 30 % weniger. Wenn wir bei R2 zuletzt 2,1 % erreichten, dann wären es in diesem Falle 2,1 % minus 30 %, also immer noch etwa 1,5 %

Haben Sie also keine Angst vor Wiederholungs-Aktionen mit demselben Package. Es ist nichts anderes als der Vertreter, der vor zwei oder drei Monaten schon einmal da war, aber keinen Auftrag ehielt. Vielleicht hatte der Kunde damals keine Zeit, keinen Bedarf oder keine gute Laune.

Dies alles waren jetzt unveränderte Wiederholungs-Packages. Solche Aktionen sind durchaus möglich, wenn die Erfolgsquote hoch genug über dem Kostendeckungspunkt liegt. Falls dies nicht zutrifft oder Sie nicht wieder unverändert auftreten wollen, dann setzen Sie ganz bestimmte Verstärker ein, die wir gleich im nächsten Kapitel behandeln.

85. Verstärker für Ihre Wiederholungs-Aktionen

Wie verändern wir einen wiederholt auftretenden schriftlichen Verkäufer? Denken Sie einfach wieder an Ihren Vertreter. Sie schicken doch denselben Menschen wieder zum Kunden. Und häufig muß er dasselbe Produkt wieder anbieten. Auch das Verkaufsgespräch enthält vielleicht die gleichen Argumente, Preise und Lieferbedingungen. Das einzige, was dann anders sein wird, ist der erste Auftritt, die Kontakt-Stufe. Im äußersten Fall tauschen wir heute die Vertreter-Gebiete. Dann kommt zur selben Zielgruppe nur ein neues Gesicht, aber in der Vertreter-Tasche ist dasselbe Angebot.

Mit dieser Analogie finden Sie sehr schnell eine Lösung für Wiederholungs-Packages: Die Verstärker für diese Packages liegen innerhalb der 20-Sekunden-Grenze des ersten Durchganges. Und wie Sie aus der Dialogmethode gelernt haben, sind dies nur die Elemente des Kurz-Dialoges, also die Kurz-Antworten im ersten Auftritt.

Als erstes wirkt das Kuvert, aber nur bei privaten Zielgruppen und bei Kleinbetrieben, bei denen der Chef noch selbst die Post öffnet. Also werden wir bei Wiederholungs-Packages in dieser Zielgruppe am einfachsten das Kuvert und seinen Aufdruck ändern.

Der zweite Verstärker mit 20-Sekunden-Wirkung ist die Anzahl der Teile, die unser Leser dem Kuvert entnimmt. Ob viel oder wenig herauskommt, an diesen Eindruck kann sich der Empfänger vielleicht gerade noch erinnern. Also ändern wir die Anzahl und treten auch dadurch »neu« auf.

Der dritte Verstärker mit 20-Sekunden-Wirkung sind die Bilder im Package. Wahrscheinlich bringen sie sogar die größte Verstärker-Wirkung mit sich. Wir tauschen deshalb einfach einige Bilder aus. Das größte Bild genügt meistens. An die kleinen Bilder aus dem früheren Package erinnert sich der Leser nicht vor 20 Sekunden.

Der vierte Verstärker sind alle Headlines. Aber auch hier genügt es, die größten Headlines zu ändern. Die kleineren Zwischentitel können Sie unverändert übernehmen, wenn Sie keine neuen Text-Ideen finden. Sollte der Leser diese kleinen Headlines wiedererkennen, dann befindet er sich bereits im zweiten Durchgang und hat die größte Wegwerfwelle überstanden.

Der nächste Verstärker für Wiederholungs-Aktionen ist ein neuer oder geänderter Brief. Er entspricht am deutlichsten der Kontakt-Stufe des neuen Vertreters. Außerdem ist er relativ einfach und schnell zu produzieren. Vergessen Sie aber nicht, auch die Kurz-Antworten im Brief zu ändern: Die Betreff-Zeile, die Unterstreichungen und das PS. Nur diese Elemente dominieren in den ersten 20 Sekunden.

Danach kommen noch weitere Verstärker wie z. B. eine geänderte Schmuckfarbe, ein geändertes Layout, neue Produktvorteile oder neue Zusatznutzen.

Einen letzten Verstärker für Wiederholungs-Aktionen gibt es eigentlich zum Nulltarif: Den verlängerten Zeitabstand. Sobald Sie die Grenze von zwei bis drei Monaten überschreiten, verstärken Sie die neue Aktion. Bei etwa sechs Monaten Abstand zum letzten Package vermindert sich übrigens im Durchschnitt aller

Branchen die Reaktion fast nicht mehr. Als Faustregel merken Sie sich einfach: Nach sechs Monaten ist genau soviel Bedarf nachgewachsen wie Sie vor sechs Monaten abgedeckt haben, und deshalb liest jetzt ein ganz anderer Teil der Zielgruppe mit höherer Aufnahme-Bereitschaft. Der inzwischen vorhandene Bedarf prägt das Wahrnehmungsvermögen. Wir alle lesen intensiver und verstehen mehr, wenn eine Information genau unser aktuelles Interesse trifft.

G. So entwickeln Sie Ihre Kuverts, Briefe und Antwortkarten

In den vorangegangenen Kapiteln habe ich Ihnen gezeigt, wie Sie die neuen Ideen erarbeiten und das Ablaufschema Ihrer Kampagne entwickeln. Das war Punkt 6 Ihrer schriftlichen Konzeption in Kapitel 70. Aus dem Ablaufschema ergibt sich der jeweilige Package-Inhalt (Pkt. 7) und daraus entwickeln Sie den Produktions-Plan (Pkt. 8). Der nächste Punkt in Ihrer schriftlichen Konzeption im Kapitel 70 heißt »Skizzen der Werbemittel«. Diesen wichtigen Schritt erarbeiten wir jetzt wieder gemeinsam. Wir legen Form und Inhalt der einzelnen Teile fest.

86. Der äußere Auftritt des schriftlichen Verkäufers

Inzwischen wissen Sie, wann eine einstufige oder eine zweistufige Aktion zu planen ist und wie diese Aktionen aufzubauen sind. Sie kennen den Weg, alle zwei bis drei Monate mit Ihrer Zielgruppe zu sprechen, ganz gleich, ob Sie die eigenen Kunden, die Interessenten oder den Gesamtmarkt Ihrer Branche meinen. Sie stellen also einen Jahresplan auf. Und in diesem Jahresplan treten immer wieder unterschiedliche Packages auf. Deren groben Inhalt haben wir schon beschrieben. Jetzt untersuchen wir die einzelnen Teile näher auf ihre Filter und Verstärker.

Damit gestalten wir nun den schriftlichen Dialog im Detail. Doch die großen Verstärker, die wir beim Produkt, bei der Auswahl der Zielgruppe, beim richtigen Timing und vor allem bei den einzelnen Stufen der Konzeption gefunden haben, diese Werte erreichen wir durch die Einzel-Verstärker im Package sehr selten. Nur die Summe aller kleinen Verstärker im Package führt zu einem Gesamt-Verstärker, der dann seinerseits eine bisher schlechte Erfolgsquote wieder vervielfachen kann.

Damit Sie später in der Lage sind, die Erfolgs-Chancen besser abzuschätzen, muß ich Ihnen nun diese vielen kleinen Verstärker und Filter im Package vorführen. Wir gehen Schritt für Schritt durch das Package hindurch. Das ist im Grunde nichts anderes, als Ihre bisherige Analyse persönlicher Verkaufsgespräche.

Wenn Sie ein Verkaufsgespräch unter die Lupe nahmen, dann haben Sie auch bei der Begrüßung begonnen und alle Stufen untersucht bis hin zur eventuellen Unterschrift und zur Verabschiedung.

Fragen wir uns also, wie verhält sich der Vertreter, wenn er seine Kunden oder Interessenten besucht. Und schon erkennen wir deutliche Varianten. Zunächst einmal begrüßt er alte Kunden völlig anders als neue Interessenten. Auch beim Portier eines Großunternehmens spricht unser Vertreter anders als beim Chef, der

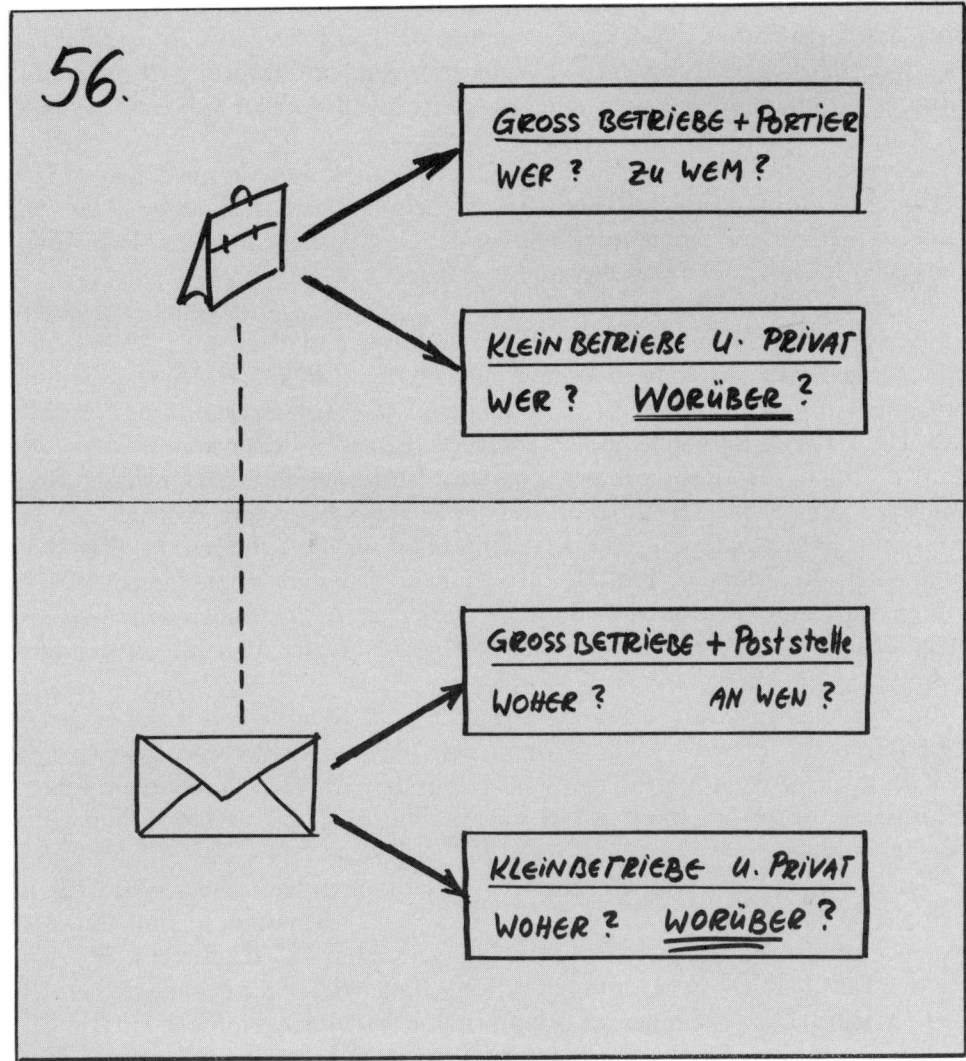

Bild 56: Bei der Frage »Kuvert gestalten oder nicht« gehen Sie ähnlich vor wie der Vertreter beim Kunden-Besuch (s. Kapitel 86).

selbst die Tür seines Kleinst-Betriebes öffnet. An der Wohnungstür des privaten Haushalts haben wir ein ähnliches Vertreter-Verhalten. Beim Portier treten nur zwei wichtige »Leserfragen« auf. Erstens: »Wer sind Sie, woher kommen Sie?« Zweitens: »Zu wem möchten Sie?«

Im zweiten Fall, beim Privat-Kunden oder beim Kleinbetrieb, tauchen schon an der Tür Zusatzfragen auf: »Was wollen Sie? Worüber wollen wir reden? Habe ich diesen Bedarf? Welchen Vorteil bringt mir das Gespräch?«

Im ersten Falle sagt der Vertreter wenig über den Inhalt seines geplanten Gespräches. Dem Portier gibt er darüber wenig oder keine Auskunft. Im zweiten Fall deutet er sehr früh an, daß er die Lösung für irgendein Problem mitbringt. Eine Lösung, die einmalig, preiswert und erfolgreich ist. Er avisiert also einen Vorteil, er deutet ihn an, ohne nähere Details zu verraten.

Diesen ersten Auftritt des Vertreters übertragen wir nun auf unser Kuvert und geben ihm unterschiedliche »Verhaltens-Regeln« je nach Zielgruppe. Auch wir haben zunächst zwei Arten von Zielgruppen: Großbetriebe mit einer Post-Abteilung oder Kleinbetriebe und private Empfänger.

Im ersten Falle trifft unser Kuvert bei einer zentralen Post-Verteilerstelle ein, einer Abteilung, die unsere Post öffnet, entfaltet und dann an die einzelnen Abteilungen oder zuständigen Damen und Herren weiterleitet. Diese Abteilung entspricht unserem Portier im persönlichen Verkaufs-Gespräch. Die Poststelle kennt nur zwei grundsätzliche »Leserfragen«. Erstens: Woher kommt das? (Die Antwort findet man im Absender). Zweitens: Ist das für uns, und an wen müssen wir das weitergeben? Die Antwort auf diese Frage findet die Poststelle in der Anschrift. Jede Zusatzzeile wäre jetzt eine Hilfe für die Kollegen der Postabteilung, z. B. die Zeile: »z. Hd. Herrn oder Frau XY« oder »Abteilung ABC«. Je zutreffender diese Leitfunktion ist, desto besser für das Erreichen der jeweiligen Ansprechpartner. Doch darüber haben wir bereits bei der Auswahl der richtigen Adressen gesprochen.

Im zweiten Falle, beim Privatkunden und beim Kleinbetrieb treten folgende Leserfragen auf. Erstens: Woher kommt das? (Absender) Zweitens: Ist das wirklich für mich? (Adresse). Drittens: Was wollen »die« von mir? Was wird im Kuvert sein? Diese dritte Leserfrage entscheidet häufig über das weitere Leben einer Werbesendung.

Genau wie der Vertreter seinem privaten Interessenten oder dem Chef des Kleinbetriebes schon an der Tür die Vorteile seines Besuches avisiert, so ähnlich lassen wir auch unsere schriftlichen Verkäufer in bestimmten Fällen auftreten. Wir deuten den Kuvert-Inhalt in bestimmten Fällen schon außen an! Alles andere hat sich nicht bewährt. Die Zeit, in der wir den privaten Briefempfänger mit einem falschen Auftritt »verführen« konnten, ist längst vorbei oder es hat sie nie gegeben. Von außen mit einem neutralen, weißen Kuvert einen privaten Brief vorzutäuschen, ist dann keine Lösung, wenn dieses Kuvert nur farbig bedrucktes Papier enthält.

87. Die Kuvert-Gestaltung und ihre Wirkung

Jetzt fällt es Ihnen leichter, Ihre Kuverts zu gestalten. Sie entscheiden einfach vor jeder Aktion, welche Zielgruppe Sie ansprechen. Gewerbliche Empfänger oder Private. Und wenn gewerbliche Empfänger, sind es dann vorwiegend Großbetriebe mit Post-Abteilungen oder vorwiegend Kleinbetriebe, bei denen der Chef persönlich die Post öffnet? Natürlich ist es schwer, die gewerbliche Zielgruppe ganz klar nach diesen Merkmalen zu trennen. Deshalb entscheiden Sie einfach nach der vermutlichen Mehrheit und gestalten dann das Kuvert für diese Mehrheit.

Das Kuvert für die Großbetriebe mit Poststellen ist am einfachsten zu gestalten. Sparen Sie sich am besten jeden Aufdruck auf dem Kuvert. Die Mitarbeiter der Poststelle, die erste Kontaktstelle in den Großbetrieben, interessieren sich wenig für den Nutzen des Brief-Inhaltes. Sie haben sehr selten die Befugnis, Briefe wegzuwerfen. Sie kennen nur einen Auftrag, die Briefe an die richtige Stelle weiterzuleiten. Deshalb tritt vor allem eine Leserfrage auf: »An wen weitergeben?« Diese Frage beantwortet meistens die Zusatzzeile in der Anschrift.

Ganz gleich, wie die Weitergabe erfolgt, das Kuvert mit eventuellen Aufdrucken sieht der eigentliche Leser in diesen Fällen selten. Meistens sieht er es überhaupt nicht. Es kann ihn deshalb nicht in der bisher vielleicht angenommenen Form beeinflussen.

Wenn aber ein Kuvert-Aufdruck bei Großbetrieben nur Kosten verursacht, ohne eine zusätzliche Verstärker-Wirkung auszulösen, dann ist er eigentlich nicht nötig. Aus diesen Überlegungen verwenden wir für diese Zielgruppe ganz einfach ungestaltete, neutrale Korrespondenz-Kuverts mit Fenster. Wir kleben die Adresse nicht auf das Kuvert, wir zeigen sie unter einem Fenster. Den Grund kennen Sie schon. Der Name ist das werbewirksamste Wort in allen Sprachen. Erscheint er nur außen auf dem Kuvert, dann fällt dieser große Verstärker am ehesten in den Papierkorb. Der Inhalt ohne Name und Adresse wäre dann nur soviel wert wie eine nicht personalisierte Zeitungs-Beilage.

Ein werblich bedrucktes Kuvert wirkt übrigens bei den Poststellen in Großbetrieben eher verzögernd. Manche Kollegen in diesen Abteilungen sortieren morgens: Weiße Post und farbige Post. Weiße Post »muß« Originalpost sein und ist deshalb vorrangig zu bearbeiten. Farbige Post ist Werbepost und hat noch etwas Zeit.

Versuchen Sie also, bei Großbetrieben auf den richtigen Post-Stapel zu kommen. Nehmen Sie Ihre weißen herkömmlichen Korrespondenz-Kuverts mit Fenster, und versuchen Sie, diese Kuverts zumindest mit Scheinverschluß zu schließen. Zu diesem Thema finden Sie alle Hinweise in den Katalogen der Direktwerbe-Unternehmen.

Der einzige Aufdruck auf diesen herkömmlichen Kuverts ist vielleicht Ihr

Absender. Und wahrscheinlich benutzen Sie auch Ihre Frankiermaschine, die neben dem Tages- und Portostempel ein Werbeklischee enthält. Sollten Sie einmal das Wörtchen »Drucksache« oder »Briefdrucksache« brauchen, dann lassen Sie diese postalischen Hinweise einfach mit der Frankiermaschine in der gleichen roten Farbe mitdrucken.

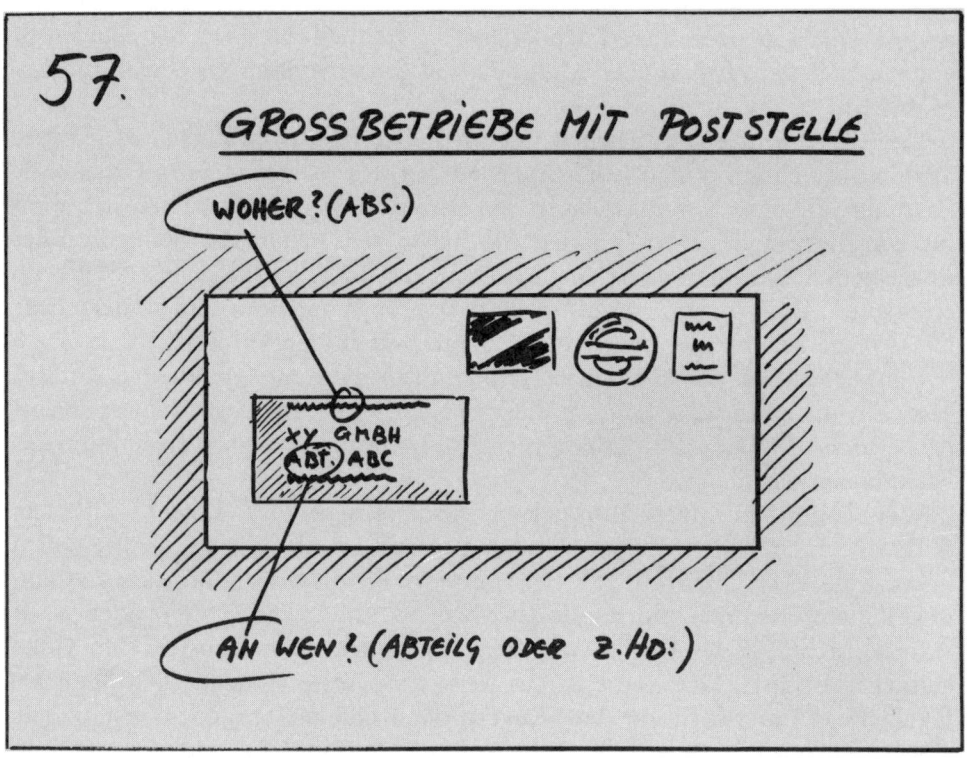

Bild 57: Die Post-Abteilung in Großbetrieben interessiert vor allem die eine Leserfrage: »An wen sollen wir das weitergeben?« (s. Kapitel 87)

Hier spielt vielleicht noch das Thema »Briefmarken« eine Rolle. Selbstverständlich bringen Marken einen hohen Aufmerksamkeitswert auf dem normalen Korrespondenz-Kuvert. Sie signalisieren dem gewerblichen Empfänger einen »individuellen Brief von einem sehr kleinen Unternehmen«. Falls Sie dieses Image aufbauen oder halten wollen, dann nehmen Sie eben Briefmarken. Die Zielgruppe »Großbetriebe« reagiert übrigens bei unseren Test-Aussendungen auf Briefmarken nicht meßbar besser als auf Frankier-Stempel. Der noch persönlichere Auftritt per aufgeklebter Marke zahlt sich bei dieser Zielgruppe nicht immer aus.

Bild Nr. 57 zeigt Ihnen eine Skizze für diese Kuvert-Gestaltung bei Großbetrieben mit zentraler Post-Eingangsstelle. Bringen Sie ein ähnliches Bild in Ihrer schriftlichen Konzeption, wenn Sie an diese Zielgruppe schreiben.

Nun kommen wir zu der zweiten Zielgruppe, zu den privaten Empfängern und den Kleinbetrieben. Hier haben wir zwei Gestaltungsmöglichkeiten. Auch in dieser Gruppe hat das weiße neutrale Kuvert eine gute Chance, wenn das Signal mit dem Inhalt übereinstimmt. Wenn der angeschriebene Empfänger selbst die Post öffnet, dann prägt der erste Kontakt mit dem Kuvert seine weitere Wahrnehmung. Ein weißes Original-*Brief*kuvert aus dem *Brief*kasten signalisiert zunächst einen Original-*Brief* und erst danach alles andere an Beilagen. Und genau das ist der Schlüssel zum Erfolg. Verwenden Sie nur dann ein neutrales weißes Kuvert bei dieser Zielgruppe, wenn auch ein Originalbrief aus dem Kuvert hervorkommt.

Originalbriefe dieser Art sind Automaten-Briefe, Text-System-Briefe, Computer-Briefe oder Laser-Briefe. Also alle Briefe, die deutlich sichtbar individuell geschrieben wurden mit Anschrift und eventuell auch mit Anrede.

Die Wirkung solcher Packages läßt sich über die Dialogmethode sehr einfach erklären: Der Empfänger vermutet einen Original-Brief. Er reißt das Kuvert auf und findet seine Erwartung bestätigt. In diesem Falle löst der Originalbrief ein kleines »ja« aus, ein Response-Signal, einen kleinen Verstärker. Fallen aus diesem neutralen weißen Kuvert nur unpersönliche und gedruckte Dinge heraus, dann kann der Leser nicht »ja« sagen. Die Erwartung wird enttäuscht. Statt dem kleinen »ja« erkennen wir ein kleines »nein«, einen Filter, der manchmal bis zur sichtbaren Verärgerung führt.

Aus diesem Grunde finden Sie bei Versandhäusern sehr selten neutrale weiße Kuverts, wenn sie nur gedruckte Informationen ohne Original-Brief an private Empfänger oder Kleinbetriebe verschicken, besonders dann, wenn der Erfolg exakt kontrolliert wird.

Also entscheiden Sie bei privaten Empfängern und Kleinbetrieben die Kuvert-Gestaltung nach dem Inhalt. Wenn nur gedruckte Beilagen und ein gedruckter, nicht personalisierter Brief im Kuvert steckt, dann führen wir den Leser rechtzeitig auf diesen Weg. Wir verhalten uns dann wie der Vertreter beim Besuch eines Kleinbetriebes. Wir nennen das Gesprächs-Thema sehr früh. Wir signalisieren den Inhalt auf zweifache Weise. Erstens, wir machen »Werbung« von außen ersichtlich. Zweitens, wir deuten den Vorteil für den Leser an.

Zum ersten Punkt ist nicht viel zu sagen. Werbung ersichtlich machen, heißt, das Kuvert bedrucken. Sobald Farbe, Text und Bild auf einem Briefkuvert erscheinen, erwartet der Leser keinen Originalbrief. Farbig bedruckte Kuverts enthalten Angebote! Wenn er ein solches Kuvert aufmacht, wird seine Erwartung bestätigt. Er zieht farbig bedrucktes Papier heraus. Ein erstes kleines »ja« ist erreicht!

Der zweite Punkt, der angedeutete Vorteil, ist viel wichtiger. Wie erreichen wir dieses Ziel? Am besten durch eine Headline oder ein Bildelement oder beides zusammen. In jedem Falle aber durch eine Kurz-Antwort, die dem Leser signalisiert: »In diesem Brief finden Sie die Lösung zu Ihrem Problem xy.« Wir deuten den Vorteil nur an. Um die tatsächliche Lösung zu finden, muß der Empfänger den Brief öffnen.

Genau an dieser Stelle lauert eine große Gefahr für Direktwerbe-Anfänger. Sie mißtrauen dem bedruckten Kuvert und geben dem neutralen weißen »Verführungs-Kuvert« den Vorzug. Sie gehen von ihrem eigenen Empfinden aus und

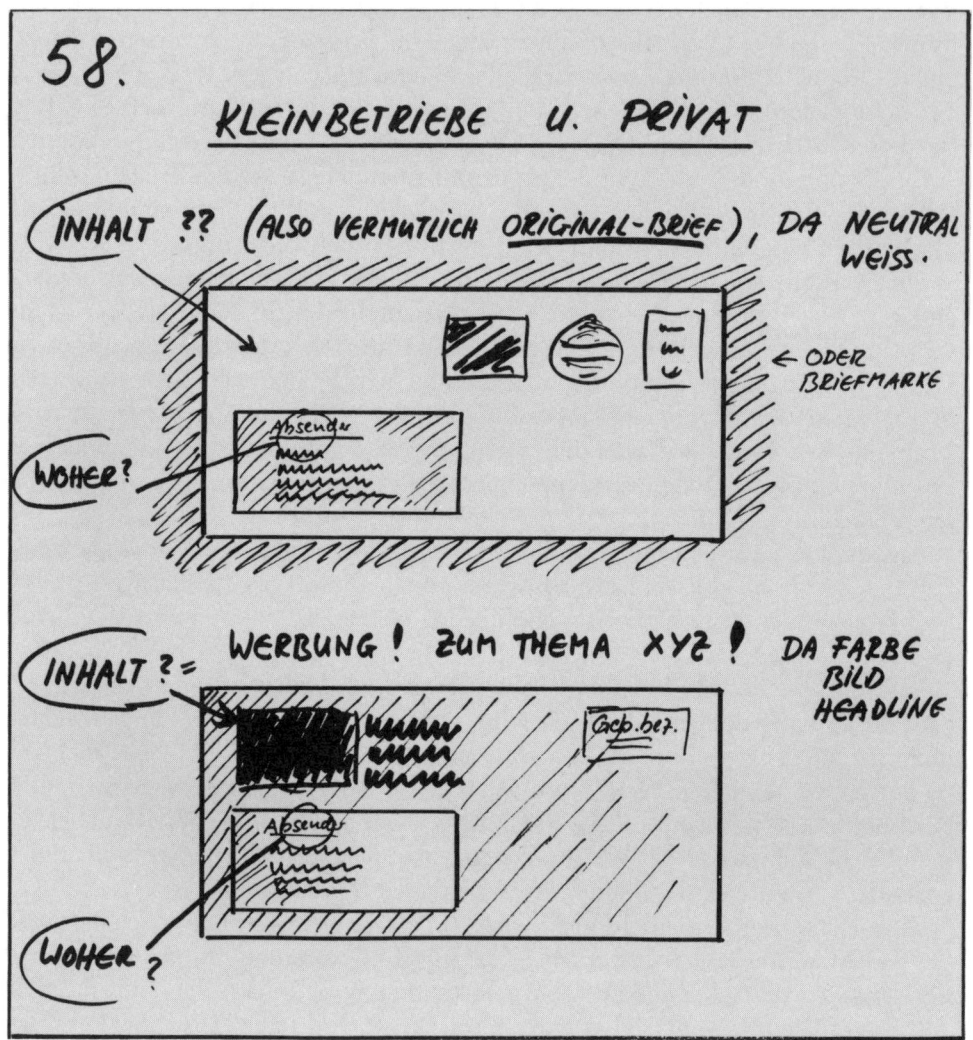

Bild 58: Kleinbetriebe (Chef öffnet die Post selbst) und Privat-Personen fragen sich unbewußt schon vor dem Öffnen »Was wird im Kuvert sein?« Und geben sich selbst (meist unbewußt) eine ungefähre Antwort. (s. Kapitel 87).

sagen, wenn ich von außen schon Werbung erkenne, dann werfe ich das Kuvert sofort in den Papierkorb. Dies ist richtig und falsch zugleich. Für die Mehrzahl der Packages mag das zutreffen. Deshalb erinnert sich unser Gehirn auch stärker an diese Sendungen. Aber etwa 10 % werfen wir eben nicht sofort weg! Besonders dann, wenn der angedeutete Inhalt uns interessiert, weil wir dieses Problem gerade haben und schon lange eine Lösung suchen.

Wenn Ihnen z. B. ein Kuvert signalisiert »In diesem Brief finden Sie die Lösung für die Sanierung von Flachdächern«, dann gibt es nur zwei Möglichkeiten. Entweder Sie haben ein Flachdach oder nicht. Wer ein Flachdach-Problem hat, muß diesen Brief öffnen. Sein Dialog beginnt dann positiv. Wer kein Flachdach und deshalb auch kein Problem mit der Sanierung hat, der darf diesen Brief gern wegwerfen, ohne ihn zu öffnen.

Kommt dagegen die gleiche gesuchte Information in einem neutralen weißen Kuvert an die Zielgruppe ohne Flachdach-Probleme, dann ist das Ergebnis viel negativer. Die Zielgruppe denkt zuerst an einen echten, individuellen Brief, an einen echten Vorgang. Sie ahnt nichts von Werbung und schon gar nichts von Flachdächern. Wer dann nur Farbe, Prospekte, Antwortkarten und sonstige gedruckte Dinge aus dem Kuvert zieht, kann nichts bestätigen. Er hat etwas ganz anderes erwartet. Er überfliegt jetzt die Information viel schneller, ist negativ »aufgeladen« und wirft schneller weg.

Der tatsächlich gesuchte Flachdach-Besitzer reagiert viel positiver beim bedruckten Kuvert (Immer vorausgesetzt, der gesamte Inhalt ist gedruckt ohne »echten« personalisierten Brief). Er sagt sich schon beim Betrachten des Kuverts: Hier kommt Werbung zum Thema »Sanierung meines Flachdaches«. Wer dieses Problem hat, der öffnet das bedruckte Kuvert. Was dann passiert, können wir heute im Labor beobachten: Der so geführte Leser sendet beim Öffnen des Kuverts zwei Response-Signale. Erstens: Stimmt. Hier kommt Werbung (Ich hab's doch gewußt!). Zweitens: Stimmt. Eine Lösung zum Sanieren von Flachdächern (Ich hab's gewußt. Ich bin klug, ich bin clever, ich habe es richtig gesehen!). Das alles sind keine bewußten Gesprächsinhalte. Doch es sind sekundenschnelle Response-Signale, die den Menschen weiter positiv auf das Angebot einstimmen.

Aus diesen Gründen finden Sie gerade im privaten Bereich und bei Kleinbetrieben mehr und mehr die Kuverts mit irgendeinem Aufdruck, einem sogenannten »teaser«. Elemente, die den Leser in das Package ziehen und gleich ehrlich zugeben: »Hier kommt Werbung. Ein Angebot zum Thema x. Wenn Dich das Thema x nicht interessiert, dann wirf mich weg.« Ehrlicher geht es nicht. Haben Sie keine Angst vor diesen schon auf dem Kuvert sichtbaren Zeichen, falls tatsächlich nur bedrucktes Papier im Kuvert steckt. Es gibt nur wenige Ausnahmen, bei denen diese Regel heute nicht zutrifft. Das sind jene Branchen, deren Vertreter auch an der Haustür sehr viel seriöser sprechen und auftreten. Denken Sie an Versicherungen, Banken und Kreditinstitute oder caritative Institutionen, aber auch bei Absendern, deren Angebote in die Intimsphäre des Menschen eingreifen. Persönliche Vertreter dieser Firmen sagen vor der Wohnungstür nicht laut und deutlich, weshalb sie kommen. Deshalb sind diese Branchen auch Ausnahmen in der Kuvert-Gestaltung. In diesen Fällen signalisieren wir von außen nicht: »Ich komme wegen Ihrer Schulden!«

Die Versandkuverts aller dieser Branchen haben einen dezenteren Auftritt. Der Leser befürwortet diese diskrete äußere Form, weil von außen noch niemand »zuhören« oder mitlesen kann. So läßt sich auch ein Kuvert dieser Branchen auf die Elemente eines persönlichen Dialoges zurückführen.

Wir haben jetzt das Kuvert in seinen Grundzügen besprochen und uns dabei an die schon erwähnte KISS-Methode gehalten. Die Kuvert-Gestaltung kann noch sehr viel weiter gehen. Beim Verkaufen per Post bedrucken wir heute je nach Zielgruppe auch die Rückseite und die Innenseiten. Doch das sind schon höhere Formen des schriftlichen Verkaufs-Gespräches, die den Rahmen dieses Buches sprengen. Wir behandeln hier die erprobtesten Formen der KISS-Methode für Ihre einfachen, ersten Aktionen, mit denen Sie künftig einen persönlichen Besuch ersetzen oder ergänzen.

88. Der Package-Inhalt und seine Wirkung

Bevor der Post-Empfänger mit dem Lesen beginnt, bildet er sich ein Urteil über den wahrscheinlichen Inhalt der einzelnen Teile. Dieses Phänomen kennen Sie auch von Ihrem eigenen Briefkasten. Bestimmte Package-Teile signalisieren uns etwas, das durch die bisherige Erfahrung bereits in unserem Gehirn gespeichert ist. Wir stellen uns dann auf den erwarteten Inhalt ein und finden durch »selektives Wahrnehmen« vorwiegend nur solche Informationen, die zu unserer Vor-Einstellung passen. Andere, nicht »passende« Inhalte nehmen wir seltener auf oder aber wir lesen sie falsch und damit wieder »passend« zu unserem Vorurteil.

Über diese Vorgänge denken Sie beim Gestalten Ihrer schriftlichen Gespräche nach. Ihre Informationen werden besser gelesen und verstanden, wenn Sie den Leser in den ersten Sekunden seines Kontaktes auf die »richtige Schiene« setzen. Sonst warten Sie vergebens auf höhere Reaktionen. Die Erfolgsquote sinkt, wenn Ihr Leser das eigentliche Ziel der Aktion entweder falsch gelesen oder nicht gelesen hat. Manche behaupten hinterher sogar, sie haben die Information nie erhalten!

Hier ist ein kurzer Überblick über die Leser-Eindrücke beim Entnehmen der Package-Teile. Bei 70 – 80 % der Versuchspersonen zeigt sich folgendes Ergebnis:

Fällt aus einem Kuvert nur ein Brief heraus, dann signalisiert er dem Leser, dies ist eine persönliche *Nachricht*, eine Mitteilung, auf die aber keine sofortige Reaktion, *keine Antwort erwartet* wird, eine Einweg-Information. Ihre Bitte um Rückruf

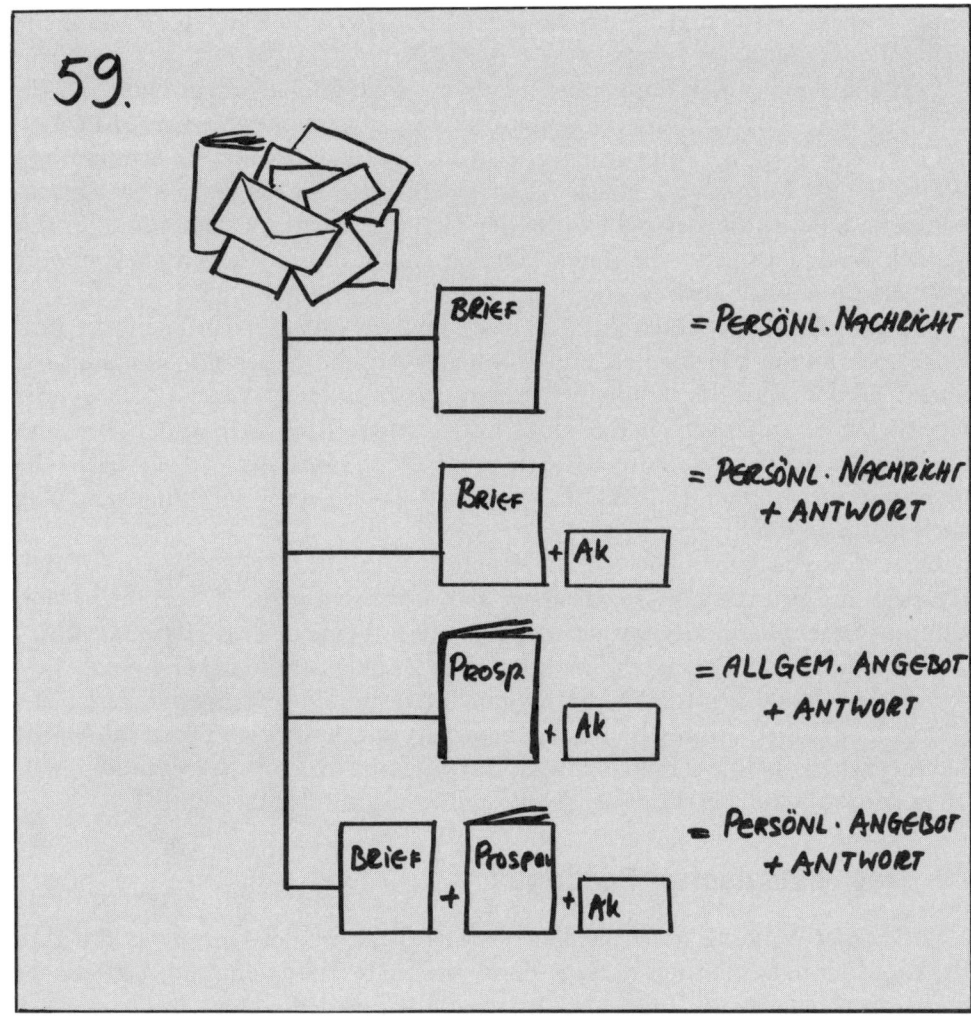

Bild 59: Der Gesamt-Inhalt eines Kuverts wirkt schon bevor der Empfänger ein einziges Wort gelesen hat (s. Kapitel 88).

oder Antwort, die Sie in irgendeinem Brief-Absatz geäußert haben, entdeckt Ihr Leser nicht sofort. Er überliest sie häufig.

Wenn ein Brief *und* eine Antwortkarte aus dem Kuvert herauskommen, signalisiert dieser Inhalt: Hier ist eine persönliche *Nachricht*, der Absender *wartet auf Antwort*. Schon während des Herausziehens, während des Entfaltens, während des Überfliegens der einzelnen Teile meldet unser Gehirn: »Du sollst reagieren!«

Und deshalb verstärkt jede separat beiliegende Antwort-Karte (oder ähnliche Teile) die Reaktion des Lesers.

Fällt nur ein Prospekt und sonst nichts aus dem Kuvert, dann heißt das für unseren Leser: Hier kommt ein unpersönliches, allgemeines Verkaufs-Angebot, auf das keine sofortige Antwort erwartet wird. Er denkt an eine Art Erinnerungs-Werbung oder Information mit dem Ziel, gelegentlich im Kaufhaus XY vorbeizukommen. Dies ist die klassische Form der Zeitungsbeilage im stationären Einzelhandel. Auch Prospekte, die durch Hausverteilung in die Briefkästen kommen, stuft der Empfänger etwa so ein.

Entnimmt der Leser einen Prospekt *und* eine Antwortkarte, dann denkt er zwar auch noch an ein allgemeines, unpersönliches Angebot, aber *mit erwarteter Antwort!* Und deshalb bringen alle nicht personalisierten Prospekte mit beiliegender separater oder anhängender Reaktions-Karte höhere Rücklaufquoten, allerdings noch nicht die höchsten. Finden Sie sich im Falle schriftlicher Verkaufsgespräche nicht mit zu niedrigen Quoten ab, wenn sich das Ergebnis auf einfachem Weg auch vermehren läßt.

Diese Chance haben Sie bei der Kombination aller Teile: Separater Brief, Prospekt und Antwortkarte signalisieren dem Leser schon vor 20 Sekunden: Hier kommt ein *persönliches Angebot*, dessen Absender auf eine *sofortige Antwort wartet*.

Daraus folgt: Der Package-Inhalt legt den Leser bereits in seiner Denkweise und seinem Lese-Verhalten fest. Wenn Sie nur Interessenten gewinnen wollen, dann genügt häufig die persönliche Nachricht (Brief) mit der Antwortkarte. Wenn Sie Käufer suchen, dann nehmen Sie Brief, Antwortkarte und Prospekte zur Beschreibung der Produkte, der Vorteile, des Bestellweges und der Lieferart.

89. Das »klassische« Package

Die Signal-Wirkung der einzelnen Package-Teile ist der Grund für die gute Reaktionsquote bestimmter Package-Formen. Sie alle haben zumindest zwei oder drei separat beiliegende Teile, also die separat wirkenden Gesprächs-Phasen.

Eine der Package-Formen mit diesem Inhalt erreicht übrigens bis heute die höchste Auflage in allen Ländern: Die Massensendung unter 20 Gramm. Deshalb nennen wir diese Form auch das »klassische Package«. Die Gewichts-Grenze ist eine Folge der Porto-Stufe bei 20 Gramm. In den meisten Ländern zahlen Sie bei Massen-Drucksachen und Briefsendungen unterhalb dieser 20 Gramm das niedrigste Porto.

Dieses klassische Package besteht also zumindest aus einem Kuvert, einem Brief und einer Antwortkarte oder einem ähnlichen Reaktions-Mittel. Bis hierher genügt es schon in vielen Fällen, so zum Beispiel beim Beschaffen von Interessenten-Anfragen für zusätzliche Informationen oder für ein persönliches Gespräch. Wir bezeichnen diese Form auch als das *kleine* klassische Package.

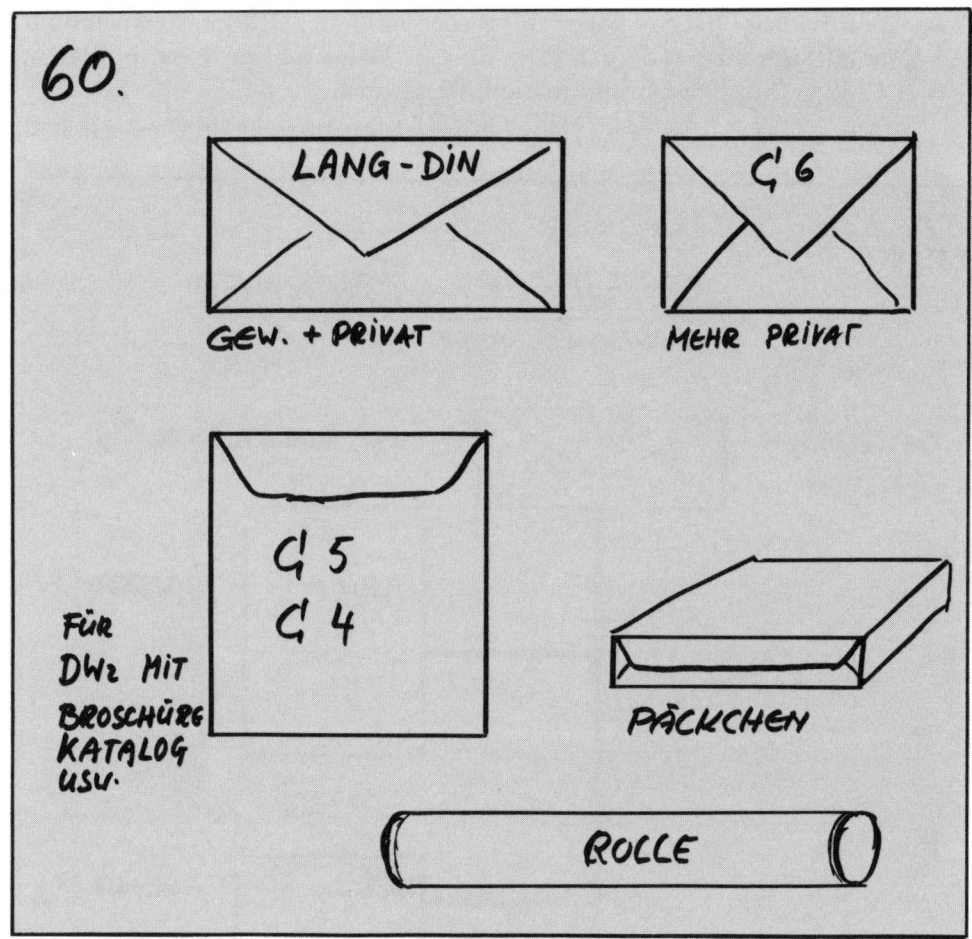

Bild 60: Es gibt viele Formen für den äußeren Auftritt eines schriftlichen Verkäufers. Konzentrieren Sie sich zunächst auf die gewohnten Kuverts C6, Lang-DIN, C5 oder 4 (s. Kapitel 89).

Meistens dehnen wir unser schriftliches Verkaufsgespräch weiter aus, besonders dann, wenn wir sofort per Post verkaufen. Dann erwartet der Leser auch einen Produkt-Prospekt oder sonstige Verstärker, die ihm seine Entscheidung erleichtern.

In diesem Falle sprechen wir vom *großen* klassischen Package. Alle Teile zusammen mit dem Kuvert wiegen immer noch weniger als 20 Gramm, wenn ganz bestimmte Papierformate und Gewichte eingehalten werden. Ein üblicher Brief im Format DIN A 4 (80 gr/m²), eine Antwortkarte im Lang-DIN-Format und ein

Prospekt im Format DIN A 4 (90 gr/m²) wiegen mit Lang-DIN-Fensterkuvert nur 18,6 Gramm. Sie haben also noch Platz für eine kleine Beilage, etwa im Format DIN A 6 (80 gr/m²) (Sonder-Information, Restposten usw.).

Noch ein Wort zur Adresse im klassischen Package. Sie steht entweder auf dem

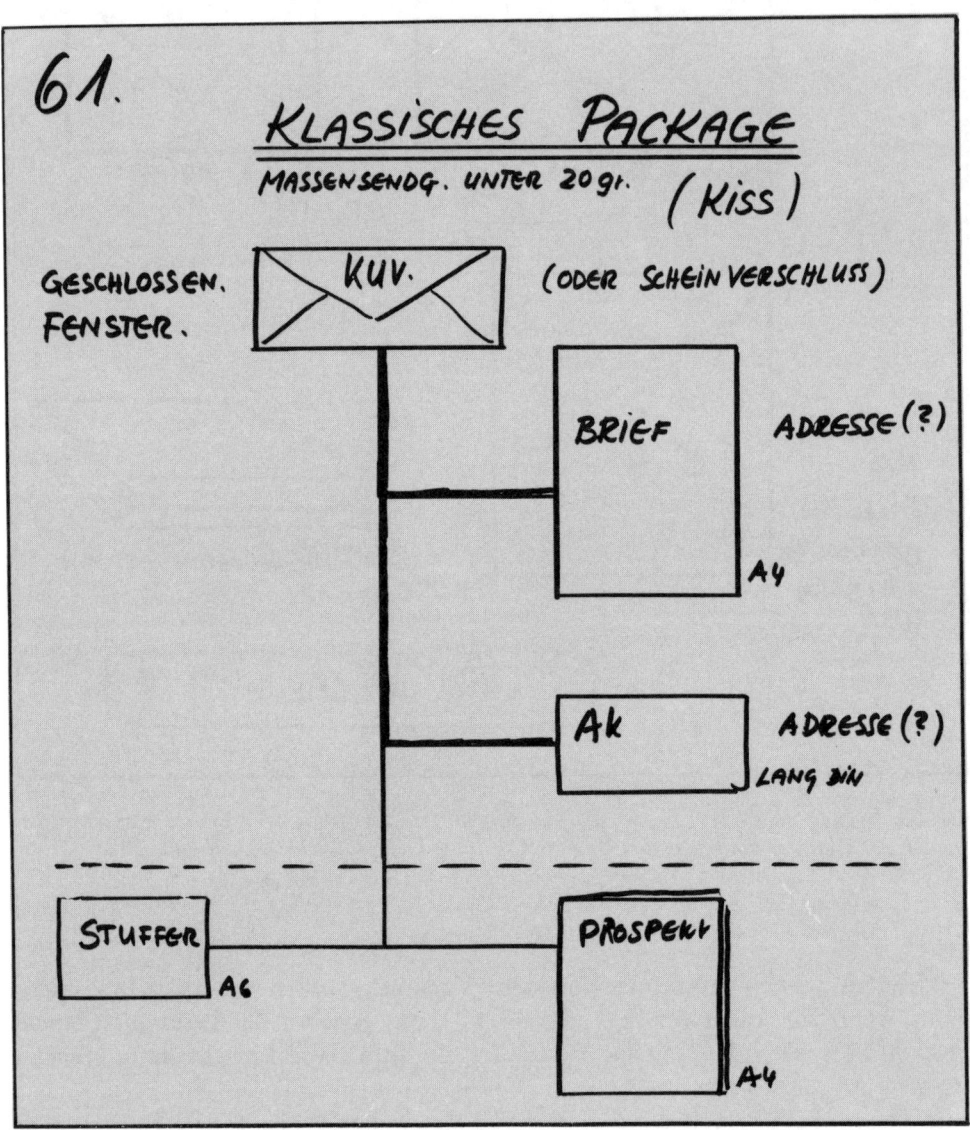

Bild 61: Das »klassische« Package bleibt unter 20 Gramm und zeigt die klare Trennung der einzelnen Gesprächs-Phasen: Kontaktstufe (Brief), Abschluß-Phase (Antwortkarte) und alle Beilagen (Produkt-Präsentation usw.) (s. Kapitel 89).

Brief oder auf der Antwortkarte. Den Brief personalisieren Sie immer dann, wenn er als Originalbrief, als Automaten-Brief, Computerbrief, Laserbrief oder ähnlich in einem Guß hergestellt wird. Dann ist die Adresse im Brief ein hochwertiger Verstärker.

Der nächstbeste Platz für die Adresse ist die Antwortkarte. Besonders dann, wenn der Brief nicht individuell hergestellt, also ohne Einfügungen gedruckt wird. In diesem Falle wirkt die Adresse auf der Antwortkarte als Verstärker besser. Der Empfänger braucht seinen Absender nicht mehr einzusetzen – ein großer Vorteil gerade bei Aktionen nach der KISS-Methode.

Die beste Form wäre, beide Teile zu personalisieren, also den Brief und die Antwortkarte oder ein anderes Reaktionsmittel. Doch dieses Verfahren bedeutet schon wieder einen höheren Aufwand und übersteigt häufig das Maß dessen, was wir per KISS-Methode verkraften. Bei sehr kleinen Auflagen ist das immer machbar: Bei Aktionen an die besten Kunden Ihrer eigenen Kartei kuvertieren Sie manuell. Die doppelt adressierten Briefe und Antwortkarten kommen dann sicherer ins gleiche Kuvert.

Diese Chance haben Sie natürlich auch bei großen Auflagen. Die Direktwerbe-Unternehmen und deren moderne Technik lösen heute dieses Problem. Sie adressieren Ihnen auf Wunsch mehrere Teile in einem Package. Während des Druckes hängen diese Teile meistens noch zusammen. Kurz vor dem Kuvertieren werden sie getrennt und liegen dann einzeln im Kuvert.

Mit »klassisches Package« meinen wir also vorwiegend die Sendung unter 20 Gramm. Die anderen Package-Formen erscheinen in jeder Größe, in jedem Format und mit jedem Gewicht. Doch in diesem Buch sprechen wir vorwiegend von der KISS-Methode, und deshalb bleiben wir auch bei den einfachen und häufigsten Package-Arten. Nehmen Sie ganz einfach die üblichen Kuverts, also DIN-Lang (das übliche Korrespondenz-Kuvert) oder Format C 5 und C 4. In ein C 4-Kuvert geht ein DIN A 4-Blatt ungefalzt hinein. Diese großen Formate brauchen Sie immer dann, wenn Sie größere oder mehrere Teile pro Package planen, vor allem beim Package DW 2 in einer zweistufigen Aktion. Aber auch dann, wenn Sie mit Ihrem ersten Package schon per Post verkaufen und Ihr Angebot nicht nur aus einem Solo-Prospekt, sondern aus einem Katalog und sonstigen Beilagen besteht.

Alle übrigen Package-Formen sollten wir in diesem Buch ausklammern, auch solche mit dreidimensionalem Inhalt, die sogenannten 3-D-Packages. Sie sind teurer und müssen deshalb auch viel mehr Reaktionen auslösen, falls Sie die Kosten decken wollen. Das schaffen wir meistens nur über zusätzliche Verstärker. Damit kommen wir zu der schon beschriebenen RIC-Methode, die Sie nicht ohne werbefachliche Hilfe anpacken, es sei denn, Sie erwarten keine Kostendeckung. Dann aber brauchen Sie wieder zusätzlich Geld aus einem Werbe-Etat, und gerade das wollen wir bei unserem schriftlichen Verkaufsgespräch vermeiden.

Wir behandeln in den folgenden Kapiteln jetzt die Filter und Verstärker auf den einzelnen Teilen im Package. Ich strebe damit zwei Ziele an: Erstens, sollen Sie selbst die einfachen Package-Teile Ihrer Aktion entwickeln und gestalten lernen. Zweitens, sollen Sie die künftigen Package-Teile besser nach Filtern und Verstärkern beurteilen können. Beides hilft Ihnen als »schriftlicher Verkaufsleiter«. Wir beginnen mit dem Brief, weil Sie gerade dieses Mittel am häufigsten noch selbst gestalten. Aus den einzelnen Brief-Teilen skizzieren Sie dann Ihren Brief mit allen Verstärkern und bauen ihn als Skizze in Pkt. 9 Ihrer schriftlichen Konzeption ein.

90. Der Brief und seine Verstärker

Nach dem Herausnehmen und Entfalten des Package-Inhaltes wirken die einzelnen Teile und beeinflussen das weitere Lese-Verhalten. Der Brief übernimmt dabei die Kontaktstufe wie im persönlichen Gespräch.

Die Zahl der Filter oder Verstärker im Brief beeinflußt das große »JA«, die Reaktion, das Kreuzchen auf der Antwortkarte. Ein Übergewicht von kleinen »ja's« heißt mehr Interesse am Weiterlesen. Zu viele kleine »nein's« heißt Aufhören oder Wegwerfen. Wo finden wir nun die Filter und Verstärker im Brief?

Der erste Verstärker ist der *separat beiliegende* Brief, ein separates Blatt Papier, das auf den ersten Blick so ähnlich aussieht wie ein Brief, ganz gleich, mit welcher Technik dieser Brief einmal hergestellt wurde. Ausnahmen von dieser Regel finden wir nur bei Direktwerbe-Aktionen, die außergewöhnlich häufig beim Empfänger eintreffen. Wenn z. B. der Pharma-Hersteller mehrmals pro Woche an die Ärzte schreibt, dann geht der Wert der Kontakt-Stufe »Brief« zurück. Der persönliche Berater, der jeden zweiten Tag käme, würde auch keine ausführliche Kontakt-Stufe inszenieren. Man kennt sich schließlich und kommt schneller zur Sache!

Der separat beiliegende Brief ist für viele Gestalter eine Falle. Wer rational an das Package und seine Analyse herangeht, glaubt, er könne auf das Briefpapier verzichten (das kostet ja nur Geld). Nur den Text möchte er retten. Der Brief-Text erscheint dann im Prospekt oder im Katalog. Diese Form ist bereits ein Filter. Der Brief im Katalog oder in der Broschüre wird zu spät entdeckt. Der erste Eindruck ist unpersönlich!! Die Kontakt-Stufe, das persönliche Gespräch, wirkt zu spät. Es entspricht dem Vertreter, der zur Tür hereinkommt, gleich mit der Produkt-Vorführung beginnt und erst nach einer halben Stunde sagt: »Ich habe ganz vergessen zu fragen, wie geht es Ihnen eigentlich?« Dieses Verkaufsgespräch nimmt einen völlig anderen Verlauf. Und weil die Abschluß-Quote sinkt, vermeidet der persönliche Verkäufer diesen Weg. Die Kontaktstufe liegt vor der Produkt-Demonstration!

Die Verlockung, den Brieftext in den Prospekt oder in den Katalog zu drucken, ist groß. Schließlich senkt diese Methode die Kosten. Aber sie senkt noch viel mehr die Erfolgsquote! Die Filterwirkung des fehlenden Briefes ist größer als die eingesparten Kosten. Damit bleibt unterm Strich weniger übrig. Der separat beiliegende Brief kann je nach seinem Erscheinungsbild die Wirkung eines klassischen Packages zwei- oder dreifach verstärken gegenüber einem Mailing *ohne* Brief. Wenn Sie allerdings einen 300-seitigen Katalog verschicken, dann geht die Verstärker-Wirkung des Briefes zurück. Dennoch ist sie spürbar vorhanden.

Der nächste Verstärker ist demnach die äußere Form des Briefes. Je näher Sie dem Original-Brief kommen, desto besser ist die Wirkung. Dazu gehören auch die Adresse und die Anrede, das Schriftbild, die Unterschrift und der Briefkopf. Deshalb werden wir gleich im Anschluß auch diese Elemente behandeln.

91. Leseverhalten Ihrer Werbebrief-Empfänger

Jetzt füge ich ein kleines Kapitel über den Blickverlauf ein. Vielleicht muß ich Sie dabei ein bißchen enttäuschen, wenn Sie sich bisher das Leseverhalten anders vorgestellt haben.

Niemand liest Briefe so, wie sie einmal von ihrem Absender geschrieben wurden: Zeile für Zeile bis hinunter zur Unterschrift. Der Blick läuft ganz anders über einen Brief. Die Kamera zur Blick-Registrierung zeigt das ganz deutlich. Sie selbst sehen es aber auch schon ohne Kamera! Schauen Sie einmal Ihrem Kollegen »auf die Augen«, wenn sie ihm die heutige Post auf den Tisch legen. Sie erkennen dann sehr schnell das, was wir in der Dialogmethode als den »ersten Durchgang« bezeichnet haben.

Nur wer einen Brief selbst diktiert oder geschrieben hat, beginnt gleich ganz oben und liest schön langsam Zeile für Zeile bis hinunter zur Unterschrift. Aber das ist ja ein ganz anderes Lese-Ziel: Wir informieren uns nicht über den Inhalt, wir prüfen und suchen eventuelle Fehler.

Der Brief-Empfänger liest ganz anders. Seine Augen beginnen beim Briefkopf mit der Leserfrage »wer schreibt mir, wie spricht er mich an?« und dann saust der Blick blitzartig hinunter zur Unterschrift mit der Leserfrage »wer unterschreibt?«. Erst dann ist der Mensch unbewußt bereit, einen Brief von oben zu lesen!

Dies alles geschieht sehr schnell und routinemäßig. Viele Leser nehmen diesen Vorgang gar nicht mehr im Bewußtsein wahr. Es ist übrigens nicht nur ein berufsmäßiges Leseverhalten. Wir haben schon Versuche mit Schulkindern durchgeführt, die das gleiche Ergebnis brachten: Sobald ein maschinen-geschriebener Brief eine Unterschrift trägt, rasen die Augen zuerst hinunter zu dieser Unterschrift und beginnen erst danach wieder oben mit dem Lesen.

Die Frage nach dem WARUM ist berechtigt. Nach heutigem Erkenntnisstand

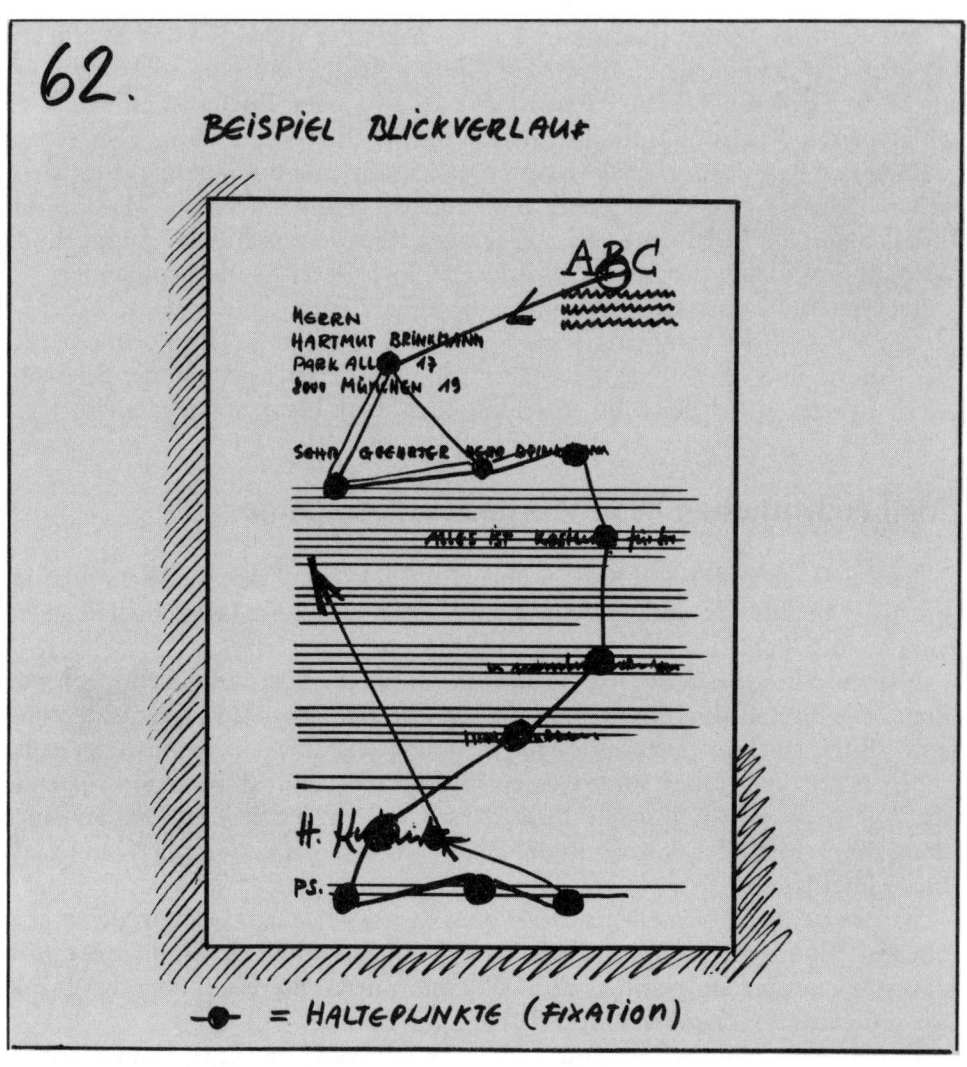

Bild 62: Bevor Ihr Brief Zeile für Zeile gelesen wird, überfliegt der Empfänger die ganze Seite in einem ersten Durchgang. Es kommt zu einer »Lesekurve« mit bestimmten Fixationspunkten. Diese Kurve können Sie durch Blickfänge beliebig korrigieren (s. Kapitel 91).

sehe ich zwei Gründe. Erstens: Die Unterschrift im Brief ist der »Rest eines Menschen«, der Rest der Persönlichkeit, die nicht persönlich anwesend ist und die wir durch das schriftliche Gespräch ersetzen. Dieses restliche Stückchen Mensch zieht uns mehr an als der maschinell fixierte Inhalt.

Die zweite Erklärung scheint mir sinnvoller: Die Unterschrift ist eine Art Bildelement. Bilder anschauen, gehört zu dem »unbelehrbaren Verhalten« des Menschen. Es steuert unseren Blickverlauf im ersten Durchgang. Das wissen Sie schon aus dem beschriebenen Grundmodell der Dialog-Methode. Der Briefkopf wirkt ebenfalls als Bildelement. Die Zeilen dazwischen sind Textblöcke und damit zweiter Durchgang.

So gesehen, wäre das Leseverhalten bei Briefen ein natürliches, »unbelehrbares« Verhalten, das wir nicht ändern können. Wir nennen diese Linie des natürlichen Blick-Verlaufes deshalb auch die »natürliche Lesekurve« (im Gegensatz zu korrigierten Lesekurven auf anderen Werbemitteln). Nun gilt es, entlang dieser natürlichen Lesekurve möglichst viele Vorteile anzudeuten, damit der Leser sicherer zum Briefanfang zurückkehrt. Wir setzen entlang der Lesekurve Signale, positive Elemente, die dem Leser signalisieren, »diesen Brief muß ich möglichst sofort lesen«.

Wir haben viele Chancen für solche Signale entlang der Lesekurve gefunden. Es sind die kleinen Verstärker, die kleinen »jas« im ersten Brief-Durchgang. Wer sie einsetzt, hilft dem Leser, den Vorteil des Briefes schneller zu erkennen. Vorteile ahnen oder erwarten, heißt WEITERLESEN, und das führt zum zweiten Brief-Durchgang.

Behandeln wir also zuerst die Verstärker entlang der Lesekurve. Das sind alle Kurz-Eindrücke und Kurz-Antworten, die unser Auge wahrnimmt, ob wir wollen oder nicht. Das Wissen über diese Signale gehört wieder zum Handwerkszeug Ihres neuen Jobs als »schriftlicher Verkaufsleiter«, denn ein nicht beachteter und deshalb nicht eingesetzter Verstärker wirkt als Filter und verringert die Erfolgsquote.

92. Die unterschiedlichen Briefformen

Die äußere Briefform ist ein Bild-Element in sich. Sie steuert deshalb das weitere Leseverhalten. Sie kann es mehr oder weniger positiv beeinflussen. Je näher wir dem Original-Bild eines persönlichen Briefes kommen, desto mehr steigt die Lesebereitschaft. Original-Nähe ist ein Verstärker. Diese Nähe zum individuellen Brief ist heute nahezu in jeder Auflagengröße technisch lösbar. Dieser Verstärker ist also ein Ergebnis unterschiedlicher Produktions-Techniken und deshalb kostenabhängig. Bei höheren Kosten brauchen wir höhere Reaktionsquoten. Wir schätzen deshalb die Verstärker-Chancen schon vor der Produktion und wählen dann die wirtschaftlich sinnvollste Herstellungsart für unsere Briefe.

Im Grunde gehen alle Werbebriefe auf drei Grundformen zurück. Ganz gleich, mit welcher Technik Sie Ihre Briefe produzieren. Diese unterschiedlichen Grundformen bewirken auch eine unterschiedliche Aktivierung der Zielgruppe.

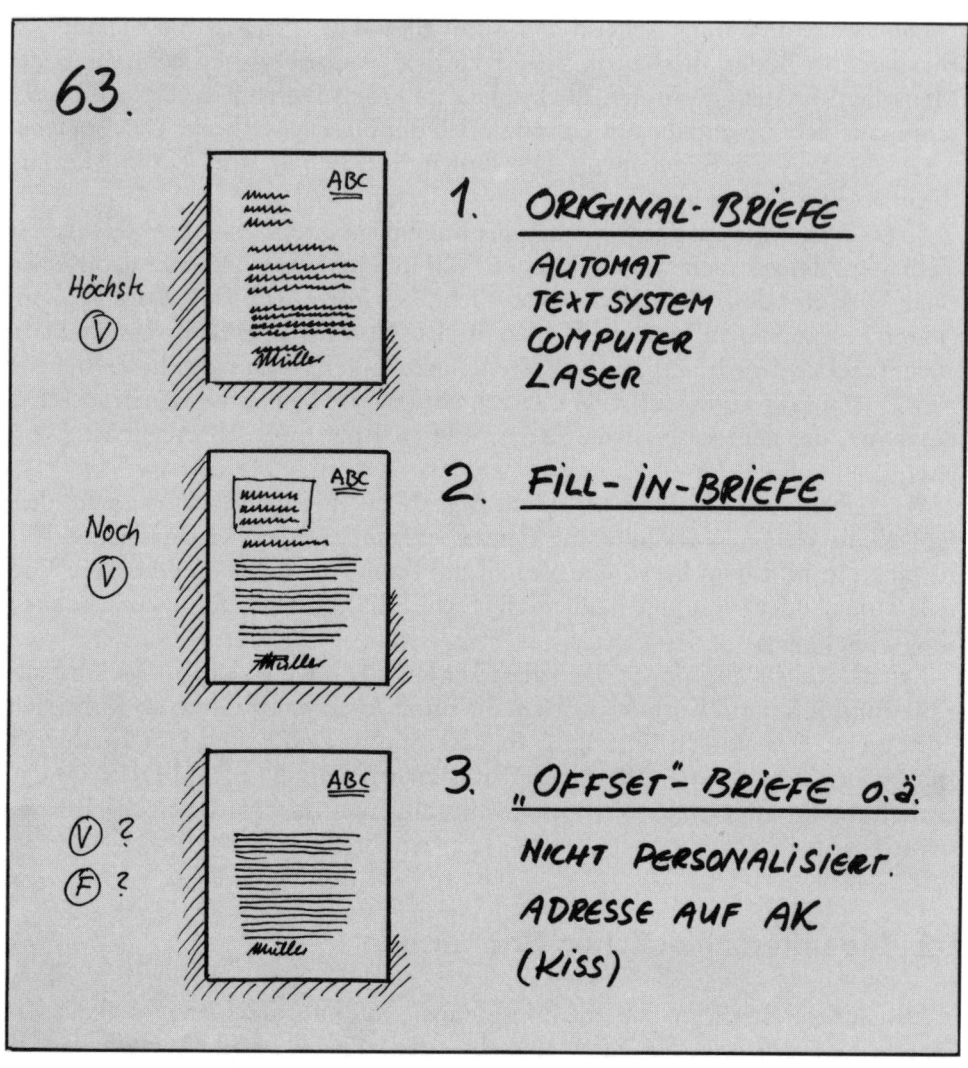

Bild 63: Es gibt eigentlich nur 3 Grundformen von Werbebriefen. Die einzelnen Erscheinungsbilder allein wirken bereits als Verstärker oder Filter. Das führt zu unterschiedlicher Aufnahme-Bereitschaft (Akzeptanz) (s. Kapitel 92).

Die größte Verstärker-Wirkung haben demnach alle »Original-Briefe«. Das sind natürlich nicht nur die einzeln auf der Schreibmaschine getippten Briefe. Für schriftliche Verkäufer wäre dies ein zu langsames und deshalb zu kostspieliges Verfahren. Original-Briefe in unserem Sinne sind vor allem die Automatenbriefe, die Textsystem-Briefe, die Computer-Briefe und die Laser-Briefe. Die ersten beiden Formen bringen die höchste Leser-Aktivierung. Bei allen Zielgruppen, ganz gleich, ob gewerbliche oder private Empfänger. Der Leser kann nicht mehr erkennen, ob nur ein Brief oder 100 oder 1000 von dieser Sorte verschickt wurden. Computer- und Laser-Briefe zeigen dem gewerblichen Empfänger schon den Massen-Charakter an. Bei privaten Empfängern wirken sie deshalb besser. Doch insgesamt gesehen, bringen alle diese Formen höhere Ergebnisse als die zweite und dritte Grundform.

Bei der ersten Grundform sind alle Teile eines Original-Briefes, also die Adresse, die Anrede und der gesamte Brieftext bis zur letzten Zeile in einem Guß geschrieben. Wann immer Sie Briefe dieser Art einsetzen, brauchen Sie sich um die Gestaltung des Briefes weniger Sorgen zu machen. Hier kommt es jetzt nur noch auf die Lesbarkeit an, und das ist eine Frage des Textens. Der Leser kommt also bei Original-Briefen sicherer zum Briefanfang zurück.

Die zweite Grundform wirkt auch noch als Verstärker, obgleich nicht mehr so sehr. Es ist die Form, bei der nur ein Rest des Original-Briefes erkennbar ist: Die Adresse und vielleicht auch die Anrede. Alles andere, der ganze übrige Brieftext, ist in der gleichen Schrift gedruckt. Diese Briefe nennt man »fill-in-Briefe«, ganz einfach deshalb, weil etwas eingefüllt wurde, die Adresse und vielleicht zusätzliche Daten. Für die individuellen Einfügungen eignet sich wieder jede Technik: Die Schreibmaschine, das Textsystem, der Computer oder der Laserdrucker.

Wann immer Sie also auch solche Briefe einsetzen. aktivieren Sie den Leser schon im ersten Durchgang. Er weiß, dies soll ein Brief sein, und hier lassen sich Antworten auf ganz bestimmte persönliche Leserfragen finden.

Aber auch der Fill-in-Brief ist vielleicht für Sie nicht immer die richtige Lösung, sei es wegen der Kosten oder wegen der fehlenden Technik. Deshalb haben Sie häufig zu einer dritten Grundform gegriffen: Zum Offset-Brief, der Briefform, bei der nichts mehr individuell eingefügt wird. Alles ist gedruckt.

Dieser Brief ist nicht personalisiert. Die Empfänger-Adresse steht auf der Antwortkarte. Offset-Briefe haben einen niedrigeren Aktivierungsgrad, die Aufnahme-Bereitschaft ist geringer. Diese Grundform ist am weitesten vom Original entfernt. Die Lesekurve zeigt deutliche Tendenz, weniger gern zum Brief-Anfang zurückzukehren.

Aus diesem Grunde behandeln wir an dieser Form die Gestaltungsregeln für Werbebriefe, das optische Erscheinungsbild, soweit es als Verstärker für die Lesebereitschaft dient. Diesen gedruckten Brief ohne individuelle Einfügungen haben Sie wahrscheinlich schon bisher eingesetzt. Er ist sehr preiswert herzustellen und erlebt deshalb als KISS-Methoden-Brief noch immer höchste Auflagen. Die Gestaltungsregeln für diesen Brief gelten natürlich analog auch für die zwei vorangegangenen Grundformen. Zum ersten Eindruck zählen wir heute auch die Reihenfolge der Textblöcke mit ihrem jeweiligen Inhalt.

93. Der Kurzdialog im Werbebrief

Der Brief ist die Kontaktstufe aus dem persönlichen Gespräch. In dieser Stufe dominieren ganz bestimmte Dialog-Fragen, wie Sie aus dem Grundmodell der Dialogmethode wissen. Ich zeige Ihnen jetzt Grundfragen auf dem Brief. Sie fügen dann bei Bedarf die Produkt-Fragen Ihrer Zielgruppe hinzu.

Grundfragen treten bei etwa 70 – 80 % Ihrer Leser in einer bestimmten Reihenfolge auf. Diese Fragen-Folge beeinflußt dann den Verlauf unserer Lesekurve im ersten und zweiten Brief-Durchgang. Hier ist ein Beispiel für den Ablauf des stummen Dialogs zwischen Brief und Empfänger.

---

1. Wer schreibt mir?
2. Wie spricht er mich an? Was will er von mir?
3. Wer unterschreibt?
4. Soll ich den Brief lesen?
5. Was bringt mir der Brief?
6. Warum schreibt er gerade mir?
7. Habe ich diesen Bedarf?
8. Wie habe ich ihn bisher gelöst?
9. Welchen Vorteil bietet er gegenüber bisher?
10. Wer beweist das?
11. Wie kann ich mehr erfahren?
12. Was ist zu tun?

Der Leser sucht die Antworten zu diesen Fragen entlang der Lesekurve. Die Skizze zeigt, wo wir diese Antworten plazieren.

Die Antworten auf die ersten Fragen findet unser Leser im Briefkopf. Auf dem Weg zur Unterschrift (»Wer unterschreibt?«) erfaßt er den Standort der übrigen Antworten. Erst im zweiten Durchgang liest er dann (vielleicht) diese ausführlichen Antworten, Hauptsache, diese Textblöcke sind vorhanden. Der Brief als Kontaktstufe wirkt ja auch dann, wenn er nicht genau gelesen wird. Er ist eine Art Höflichkeit gegenüber dem Leser, und Sie wissen, Höflichkeit wirkt manchmal auch im persönlichen Gespräch wie ein Luftkissen: »Es ist scheinbar nichts drin, aber es mildert die Stöße.« Schauen wir uns einmal die einzelnen Stationen entlang der Lesekurve an und untersuchen wir die Chancen für Verstärker und die Gefahren für Filter.

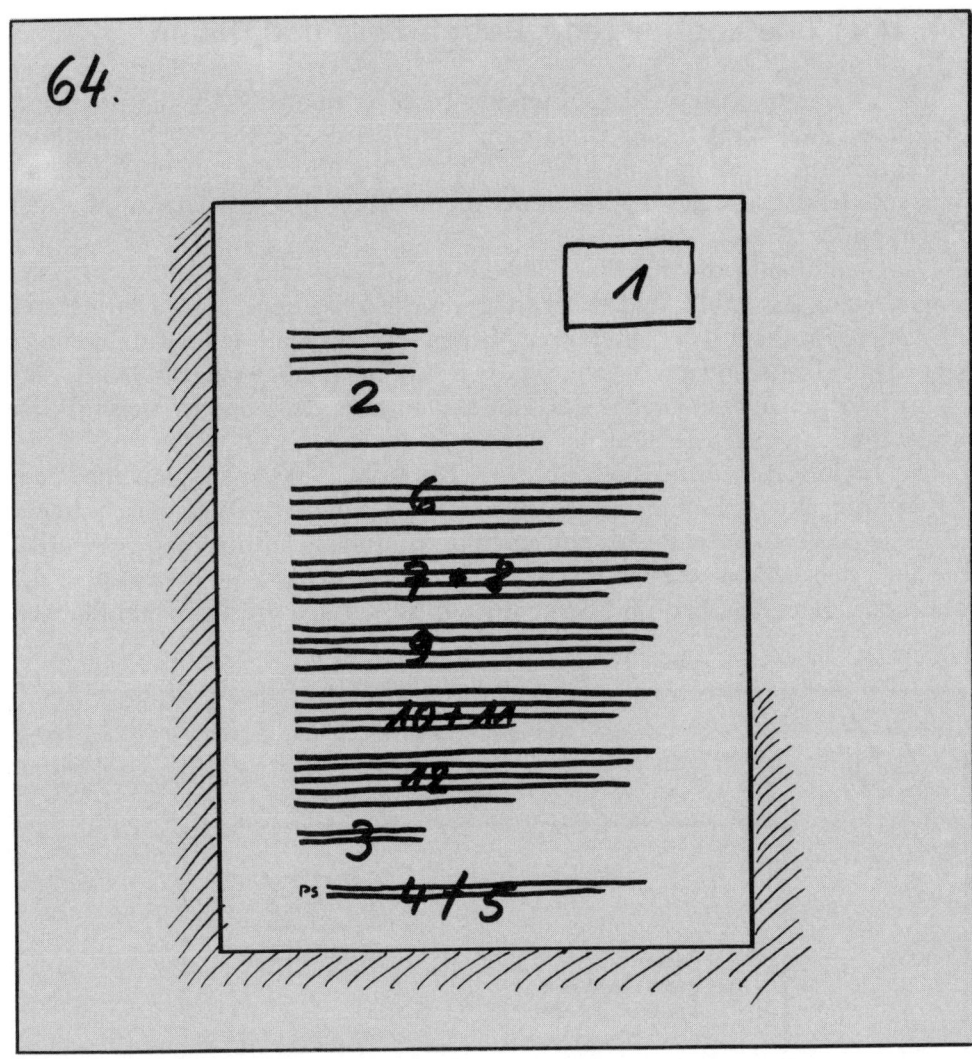

Bild 64: Die unausgesprochenen Grundfragen Ihrer Leser steuern den Dialog im ersten und zweiten Durchgang. Hier ist ein grober »Lageplan« für Ihre Antworten auf einem einseitigen Brief an gewerbliche Empfänger (s. Kapitel 93).

94. Über Briefkopf, Anrede, Betreff-Zeile und Datum

Die erste Station für die Augen unserer Leser ist zu etwa 80 % der Briefkopf. Wir haben zwei Wege für die Gestaltung. Entweder der herkömmliche Briefkopf mit Firmenzeichen, Namen und Details. Oder den werblich gestalteten Briefkopf. Wir entscheiden uns für die eine oder die andere Form je nach Aufgabe und Zielgruppe.

Den herkömmlichen Briefkopf verwenden Sie vor allem dann, wenn zwei Voraussetzungen erfüllt sind. Erstens, wenn die Zielgruppe Sie als Firma und Absender kennt, wenn der Leser Ihren Namen »kopfnickend« lesen kann, wenn er sagt: »Diese Leute sind mir bekannt, die beliefern mich schon lange.« Dann ist Ihr Name im Briefkopf ein kleines »ja«, eine Bestätigung, ein schneller, persönlicher Kontakt in den ersten Sekunden.

Die zweite Chance für Ihren üblichen Briefkopf ist jeder Originalbrief oder Fill-in-Brief. Wenn die Empfänger-Adresse wie gewohnt im Briefkopf erscheint, dann signalisieren Sie ja im Grunde einen herkömmlichen Brief. Also verwenden Sie auch den herkömmlichen Briefkopf. Aber bitte denken Sie einmal über die üblichen Zusatz-Angaben im Briefkopf nach. Was sollen die Bankverbindungen

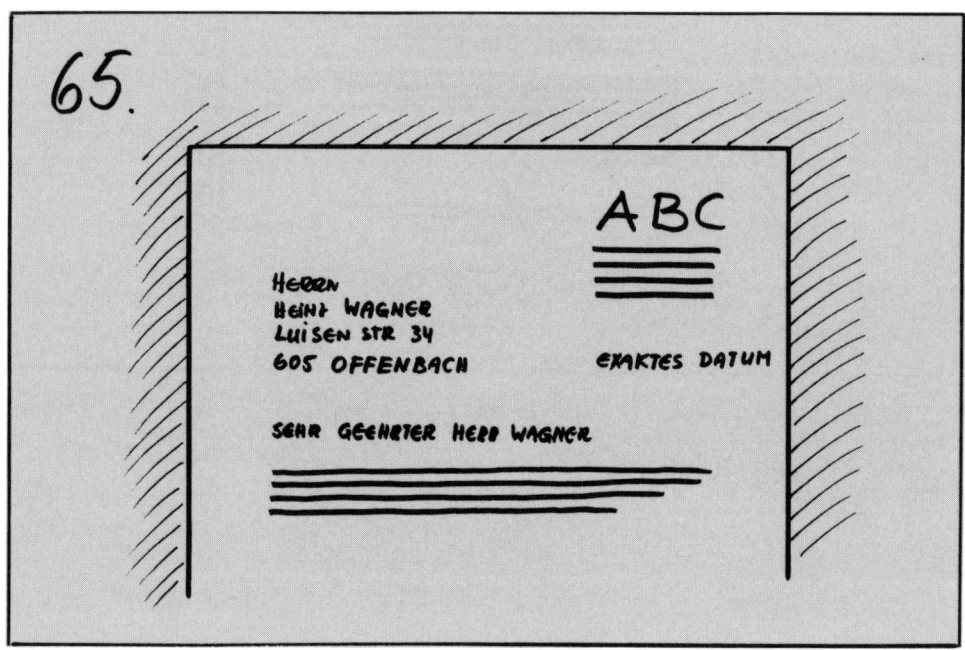

Bild 65: Der übliche Briefkopf wirkt nur bei Original-Briefen und bei bestimmten Fill-in-Briefen als Verstärker. Allerdings ohne die üblichen Bankverbindungen, Gerichtsstand usw. (s. Kapitel 98).

und vielleicht auch noch der »Gerichtsstand« beim ersten Blick-Kontakt in einem Werbebrief? Der Vertreter beginnt sein Gespräch auch nicht mit den Worten: »Guten Tag, ich komme von der Firma ABC. Unsere Bankkonten haben die Nummer XY, und unser Gerichtsstand ist in Z.« Nichts anderes aber sagt ein Briefkopf, der diese Angaben enthält! Also entfernen wir diese Hinweise aus dem ersten Blickfeld. Sonst wird aus dem Umwerben keine »Liebe auf den ersten Blick«.

Genauso sinnlos ist die vorgedruckte Bezugs-Zeile: Ihre Nachricht vom -.-, Ihre Zeichen -.-, unsere Zeichen: AB13/145. Niemand fordert von uns gedruckte *Werbebriefe* an. Also gibt es auch keine Daten und Zeichen von unserer Zielgruppe. Und deshalb entfernen Sie diese vorgedruckte Zeile vollkommen, anstatt einen Leerstrich als Ersatz für nicht vorhandene Zeichen zu benutzen. Striche an dieser Stelle sind Filter. Sie signalisieren dem Leser: Es gibt keinen Vorgang zu diesem Brief, er ist deshalb auch nicht so wichtig.

Der übliche, sparsam aufgebaute Briefkopf eignet sich also für Original- und Fill-in-Briefe. Der einfachste und preiswert herzustellende Brief hingegen ist ein Offset-Brief ohne Empfänger-Adresse und ohne persönliche Einfügungen. Jetzt fehlen die zwei wichtigsten Kriterien: Im Briefkopf steht *keine* Empfänger-Adresse und häufig sind Sie als Absender bei der Zielgruppe nicht genügend bekannt. Vor allem bei einer Neukunden- oder Interessenten-Werbung aus dem Gesamtmarkt Z0.

In diesem Falle hat es wenig Sinn, im Briefkopf zu sagen »hier kommt ein Werbebrief von Firma XYZ, Deutschlands großer Sowieso-Hersteller«. Wenn der Empfänger diese angeblich große Firma nicht kennt, dann führt das nicht zu einer spontanen Zustimmung. Das bringt keine kleinen »ja's«, das ergibt eher ein Wissens-Defizit beim Empfänger. Es entsteht bei ihm der Eindruck: Entweder der Absender übertreibt, oder aber ich bin nicht up to date! Beides ist negativ und damit ein kleines »nein«. Die negative Dominanz des Absenders verstärkt sich noch durch das Fehlen der Empfänger-Anschrift im Kopf dieser Briefform. Jetzt erscheinen nicht mehr beide Partner gleichzeitig zu Beginn des schriftlichen Gespräches. Der Empfänger selbst ist Null, der Absender ist Deutschlands Größter! Dieses ungleiche Verhältnis geht nicht gut aus für das unbewußte »Ich« des Brieflesers.

Aus diesem Grunde wählen wir bei Offsetbriefen *ohne* persönliche Einfügungen eine andere Methode. Wir nehmen unseren Firmennamen aus dem Briefkopf heraus und geben an dieser Stelle dem Empfänger etwas, das ihm mehr Erfolgserlebnis verschafft. Am liebsten liest er im Briefkopf seinen Namen, der aber jetzt fehlt. Das nächste Erfolgserlebnis anstelle seines Namens ist ein erkennbarer Vorteil für den Leser.

Wenn also die Empfänger-Adresse auf dem Brief fehlt, dann signalisieren wir schon im Briefkopf ganz deutlich die Vorteile des heutigen Angebotes. Und dazu benutzen wir zwei Gestaltungs-Elemente: Ein Bild-Element und einen speziellen Textblock.

Dort, wo sonst der Absender mit seinem Firmenzeichen steht, erscheint jetzt ein Bild. Das kann ein Foto sein, eine Zeichnung oder eine Grafik. Wichtig ist die Bild-*Aussage*. Der Vorteil für den Leser muß im Bild sofort erkennbar sein. Es ist die visuelle Umsetzung dessen, was Sie im Brief textlich als Vorteil beschreiben. Diese Bild-Idee zu entwickeln, ist das lohnende Ziel für alle Beteiligten im eigenen Unternehmen. Wir ersetzen also das bisherige »Firmen-Bild« des Absenders durch ein »Vorteils-Bild« für den Leser.

Jetzt suchen wir noch einen Ersatz für das eigentliche Adressenfeld, wo der Leser bisher seinen Namen und seine Anschrift gefunden hat. Ein leeres Adreßfeld ist ein Filter. Es zeigt dem Leser sehr schnell, dieser Brief ist eigentlich nicht für ihn. Sein Name, das werbewirksamste Wort, hat sich in Nichts aufgelöst. Und das alles sieht er beim ersten Blickkontakt im Briefkopf. Aus diesem Grunde plazieren wir an dieser Stelle eine Art »Adressen-Ersatzblock«. Einen Textblock, der den Vorteil unseres Briefes kurz beschreibt. Es ist der Brief in Kurzform. In der Fachsprache heißt dieser Textblock »Johnson-Box«. Damit ist das Schachtel-Spielzeug gemeint, bei dem mehrere geschlossene Schachteln ineinander stecken. Die erste ist schon eine komplette Box. Doch wenn Sie den Deckel öffnen, entdecken Sie eine neue komplette Box. Und auch in dieser steckt wieder eine neue, und so geht es weiter. Bei den Amerikanern soll diese Box ein gewisser Mr. Johnson entwickelt haben. Daher der Name »Johnson-Box«.

Tatsächlich erleben wir beim Entfalten des Kuvert-Inhaltes und vor allem beim Entfalten des Briefes einen ähnlichen Vorgang. Das obere Drittel, also den Briefkopf, sehen wir bereits beim noch nicht entfalteten Brief. Deshalb geben wir in diesen oberen Teil den Vorteil in Kurzform. Wer den Vorteil sehr früh ahnt, entfaltet und liest weiter.

Wo immer jetzt die Augen für einen kurzen Moment anhalten, entdeckt der Leser einen Vorteil. Genau das ist die Chance, beim Empfänger höhere Akzeptanz zu erreichen.

Gehen wir noch einen kleinen Schritt weiter entlang der Lesekurve. Wir kommen dann zur Anrede- oder zur Betreff-Zeile, die wir aus den üblichen Korrespondenz-Briefen kennen. Geben Sie Ihrem Werbebrief-Leser auch beim gedruckten KISS-Methoden-Brief eine ähnliche freistehende Zeile. Damit signalisieren Sie dem Leser schneller, »dies ist ein Brief«. Drucken Sie diese Zeile in Schreibmaschinen-Schrift und nicht in irgendeiner gesetzten Headline-Schrift. Bleiben Sie beim Brief-Bild. Wählen Sie eine allgemein gehaltene Anrede, falls diese für 100 % der Leser zutrifft, oder texten Sie eine Headline, die in den Brief hineinzieht. Bei Original-Briefen verwenden Sie am besten die *persönliche* Anrede.

Noch ein Wort zum Thema »Datum«. Bei Original-Briefen setzen wir ein Original-Datum ein. Also handhaben Sie diese Regel auch so bei Ihren gedruck-

Bild 66: Wenn die Empfänger-Adresse im Briefkopf fehlt (Offset-Brief), dann signalisieren Sie den Vorteil über ein Bild-Element und einen Textblock im Briefkopf (s. Kapitel 94).

ten Briefen. Wenn Sie genau wissen, in welcher Woche diese gedruckten Werbebriefe zur Post gehen, dann nehmen Sie ein Datum aus der betreffenden Wochen-*Mitte*, ein Original-Datum mit Diktatzeichen.

Wenn Sie Ihre gedruckten Briefe *mehrmals* verschicken, aber nur *einmal* drukken, dann unterschlagen Sie ganz einfach das Datum. Es ist psychologisch besser, auf gedruckten Briefen das Datum ganz wegzulassen, als ein *offenes* Datum zu verwenden. Offene Daten dieser Art wären z. B. »Im April 19 . .« oder »Frühjahr19..«.

Offene Daten haben einen großen Nachteil: Sie ziehen als Headline, als alleinstehende Zeile, sofort die Aufmerksamkeit auf sich. Man *muß* sie beachten. Der Inhalt dieser Zeile aber signalisiert dem Leser: »Du hast keine Eile, dies ist kein echter Vorgang, sondern eine zeitlich nicht genau festgelegte Werbe-Aktion an viele 1000 Empfänger.« Und vielleicht hat der betreffende Monat oder die Jahreszeit gerade erst begonnen. Dann sagen wir dem Leser indirekt: »Du hast noch viel Zeit zur Reaktion und kannst beruhigt erst einmal alles zur Seite legen.« Was dann passiert, wissen Sie schon aus dem Kapitel über die Wegwerfwellen.

Noch tragischer verläuft das Leben Ihres gedruckten Briefes, wenn Sie als Datum »siehe Poststempel« einsetzen. Dieser Befehl sagt nichts anderes als: »Bitte bücken Sie sich, wühlen Sie im Papierkorb herum und versuchen Sie, das Kuvert wiederzufinden.« Niemand bückt sich sofort in diesem Augenblick! Und sollte er den entnommenen Brief erst viel später lesen, dann ist das »Siehe Poststempel« erst recht sinnlos. Der Papierkorb ist längst geleert. Den Hinweis auf den Poststempel halte ich deshalb für die schlechteste Lösung. Fehler dieser Art entstehen sicher ohne nachzudenken. Allerdings denken die Schreiber heute sehr wenig an solche Elemente, denn jeder von uns findet täglich Werbebriefe mit »Siehe Poststempel« in der Post.

Das »vergessene« Datum ist bei gedruckten Werbebriefen ungefährlicher, weil es sich dann nicht als Headline, als Kurzantwort, selbständig machen kann. Sollte wirklich einmal ein Leser das Datum vermissen, dann sucht er einen Hinweis in den Brief-Absätzen, also den Textblöcken. Dann aber hat er bereits die ersten 20 Sekunden überschritten, die erste Wegwerfwelle überwunden. Er beschäftigt sich mit Ihrem Brief intensiver, und genau das ist doch Ihr Ziel.

95. Die Brief-Absätze als Verstärker

Nun folgen wir der Lesekurve weiter in Richtung Unterschrift. Auf diesem Weg gibt es eine gute Chance, die Lesebereitschaft zu verstärken. Wir sagen dem Leser indirekt, über den optischen Eindruck: »Diesen Brief kannst Du sehr schnell und einfach lesen, Du brauchst nicht viel Zeit.«

Wie signalisieren wir »schnell und einfach lesbar«? Das obige Bild zeigt Ihnen die Lösung. Im Grunde kennen Sie diesen Weg und haben ihn schon oft angewendet. »Schnell und einfach lesbar« signalisiert man durch die Zwischenräume, durch die Luft im Brief, durch die gegliederten Absätze. Die Form A sagt dem Leser, »diesen Brief kannst Du lesen, auch wenn Du nicht viel Zeit hast«. Das Gegenteil eines solchen Briefes ist die vollgepreßte Form B. Sie entspricht einem Vertreter, der zur Tür hereinkommt und Ihnen sagt »Ich komme von der Firma XY, haben Sie mal *zwei Stunden* Zeit für mich?«. Eine Begrüßung, die sehr schnell zum Abschied führt und die deshalb kein Vertreter über die Lippen bringt. Nur Werbebriefe erlauben sich manchmal solche taktischen Fehler, und schon passiert etwas ähnliches wie im persönlichen Gespräch. 70 % bis 80 % der Leser zeigen einen ganz eindeutig negativen Blickverlauf. Die Lesekurve kehrt nach dem ersten Durchgang nicht zum Anfang zurück. Der Empfänger weiß offenbar aus Erfahrung »diesen Brief kann ich jetzt nicht lesen, vielleicht später, vielleicht morgen, am Wochenende oder überhaupt nicht«.

Daraus folgen ein paar Regeln für die Absatzlängen im Werbebrief: Die Lesebereitschaft ist besser, wenn Sie eine *Obergrenze* von etwa 6 bis 7 Zeilen pro Absatz

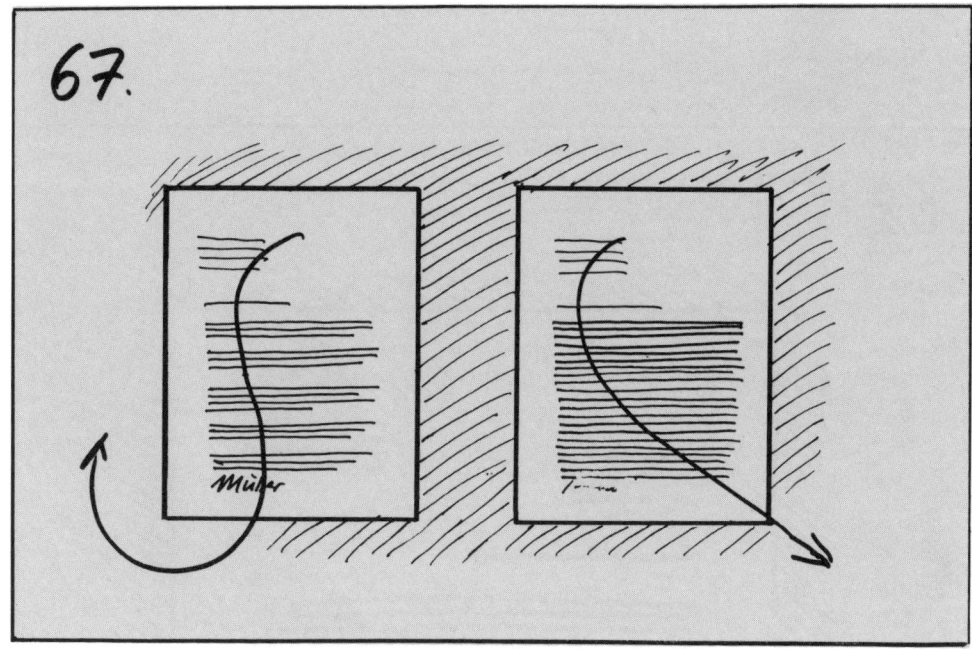

Bild 67: Die Absatzlänge beeinflußt die Lese-Bereitschaft. Signalisieren Sie Ihrem Leser, Ihr Brief sei schnell und einfach lesbar (s. Kapitel 95).

einhalten. Im Durchschnitt schreiben Sie etwa vier Zeilen pro Absatz. Aber Vorsicht, *eine* Zeile allein ist kein Absatz! Sie macht sich wieder selbständig und wird zur Headline. Sie springt aus dem Text heraus und wird zuerst gelesen. Das ist nicht immer sinnvoll. Wenn Sie z. B. mitten im Brief in einer freistehenden Zeile hervorheben, »deshalb kostet diese Maschine 1000 Mark mehr«, dann versteht Sie Ihr Leser falsch. Er liest oben Ihren Briefkopf »Firma XYZ« und dann sofort »deshalb 1000 Mark mehr«!! Solche allein stehenden Zeilen setzen Sie nur ein, wenn der Leser sie tatsächlich zuerst entdecken soll.

Und noch ein kleiner Tip: Lassen Sie die letzte Zeile eines Briefabsatzes nicht vorn mit einem Wort enden. Texten Sie noch ein bißchen hinzu oder nehmen Sie etwas weg. Die letzte Zeile sollte nach der Zeilenmitte aufhören. Ein alleinstehendes Wörtchen in einer Zeile zieht schon wieder den Blick auf sich und ergibt meistens keinen Sinn.

Und vielleicht noch ein Wort zur visuellen Gestaltung der Absätze: Schreiben Sie die Textblöcke im Brief nicht als »Blocksatz«, sondern als sogenannten »Flattersatz«. Erstens, weil dies der Originalform eines Briefes näher kommt. Zweitens,

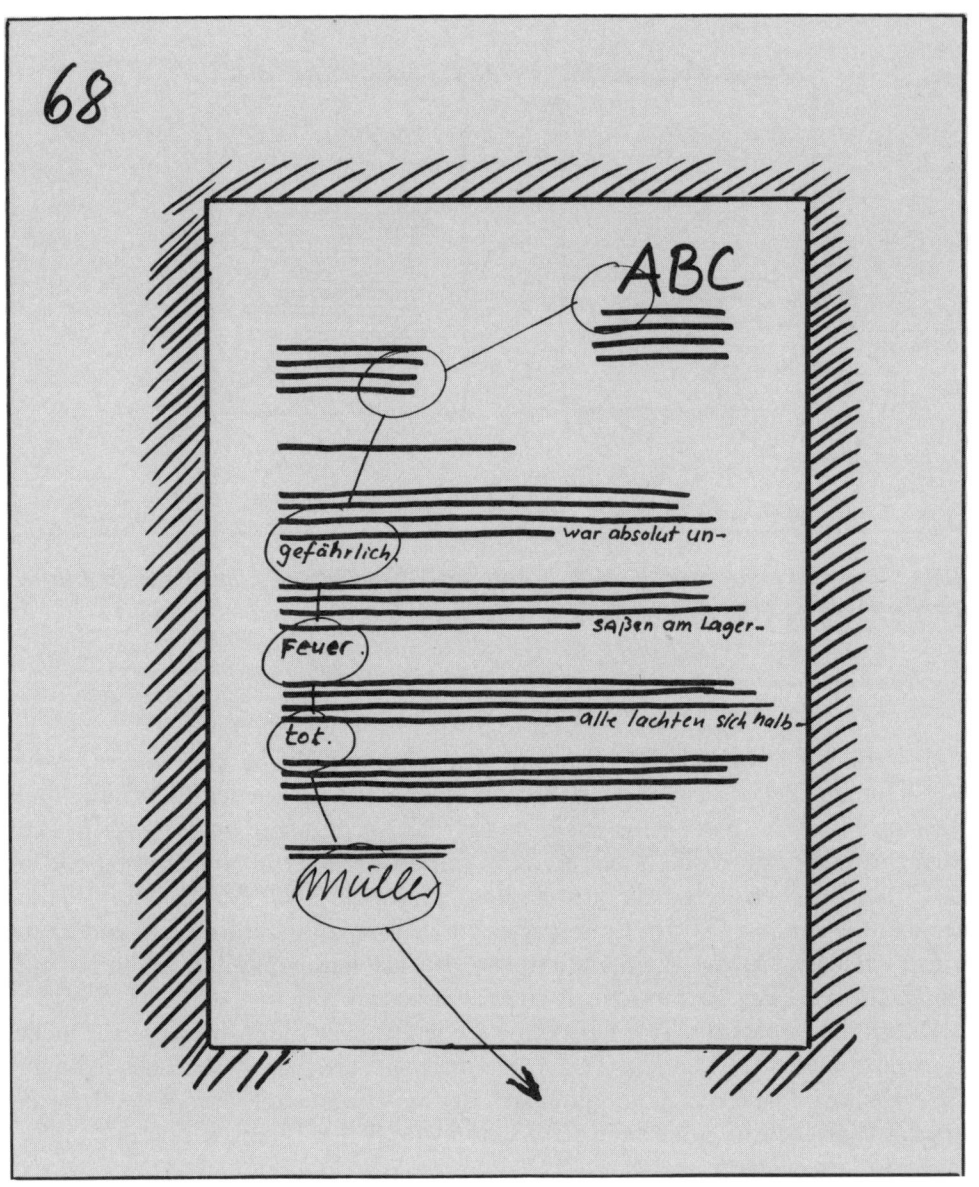

Bild 68: Einzelne Wörter in einer Zeile machen sich selbständig und ziehen den Blick schon im ersten Durchgang auf sich. Im negativen Falle führen diese Kurz-Antworten zu einem völlig falschen Urteil über den Brief-Inhalt (s. Kapitel 95).

weil diese Briefe besser lesbar sind. Beim Blocksatz werden zu viele Wörter am Zeilenende getrennt. Trennungen sind schwer lesbar. Am Zeilenanfang erscheinen halbe Wörter, die keinen Sinn ergeben.

Ausgeschriebene Wörter am Zeilenende sind verständlicher. Damit entsteht der sogenannte »Flattersatz«, bei dem längere und kürzere Zeilen auftreten. Dem Brief schadet das nicht. Im Gegenteil, es unterstreicht den Brief-Charakter auf den ersten Blick.

96. Zum Thema »Unterstreichungen«

Sie selbst kennen Werbebriefe, bei denen ganz bestimmte Sätze oder Satzteile unterstrichen sind. Dies hat seinen ganz besonderen Sinn. Wir haben das schon beim Grundmodell unserer Dialogmethode angedeutet: Die Unterstreichungen zählen zu den wichtigen Kurz-Antworten des ersten Durchganges. Es sind Haltepunkte, Fixationspunkte für die Augen auf dem Weg hinunter zur Unterschrift. Der Blick ruht für einen Sekunden-Bruchteil an diesen Stellen. Meistens weiß es der Leser gar nicht. Unser Blick stoppt unbewußt an Fixationspunkten, genauso wie beim Lesen einer Zeile dieses Buches. Die zeitliche Dauer unseres Haltepunktes liegt unterhalb der »Bewußtseins-Grenze«.

Beim Lesen springen unsere Augen von einem Haltepunkt zum anderen in Abständen von einigen Silben oder Wörtern. Aber auch das registrieren wir beim Lesen nicht. Wir glauben, kontinuierlich ohne Halt entlang der Zeile zu lesen. Sie können aber diese ruckartige Augenbewegung jederzeit bei Ihrem Gegenüber erkennen: Schauen Sie einmal einem Freund auf die Augen, während er liest.

Beim ersten Durchgang im Werbebrief läuft die Lesekurve nicht entlang der Zeilen. Sie rast zur Unterschrift. Leicht erfaßbare Blick-Bremsen nehmen unsere Augen gern an. Das sind die Unterstreichungen in herkömmlicher Form. Es sind Kurz-Antworten auf Leserfragen. Steckt also in einem Ihrer Briefabsätze ein besonders wichtiger Vorteil für den Leser, dann wäre dies eine Chance für eine Unterstreichung. Allerdings dosieren wir diese Technik je nach Zielgruppe:

Private Empfänger verkraften mehr Unterstreichungen als gewerbliche Zielgruppen. Verwenden Sie aber im Durchschnitt nicht mehr als eine Unterstreichung pro Absatz. Und noch etwas: Bei privaten Empfängern drucken Sie die Unterstreichung mit der Zusatzfarbe, die Sie auch für die Unterschrift einsetzen.

Bei gewerblichen Empfängern, besonders bei Großbetrieben mit zentralen Poststellen, gehen Sie sparsamer vor. Ein bis drei unterstrichene Stellen pro Briefseite genügen. Verwenden Sie hier nicht die zusätzliche Farbe, sondern drucken Sie die Unterstreichungen in der gleichen Farbe wie den Text. Das alles bringt mehr »Originalnähe« zum Geschäftsbrief. In der Original-Korrespondenz unterstreichen Sie auch nicht sehr viel und nur mit der Schreibmaschine, also in derselben Farbe.

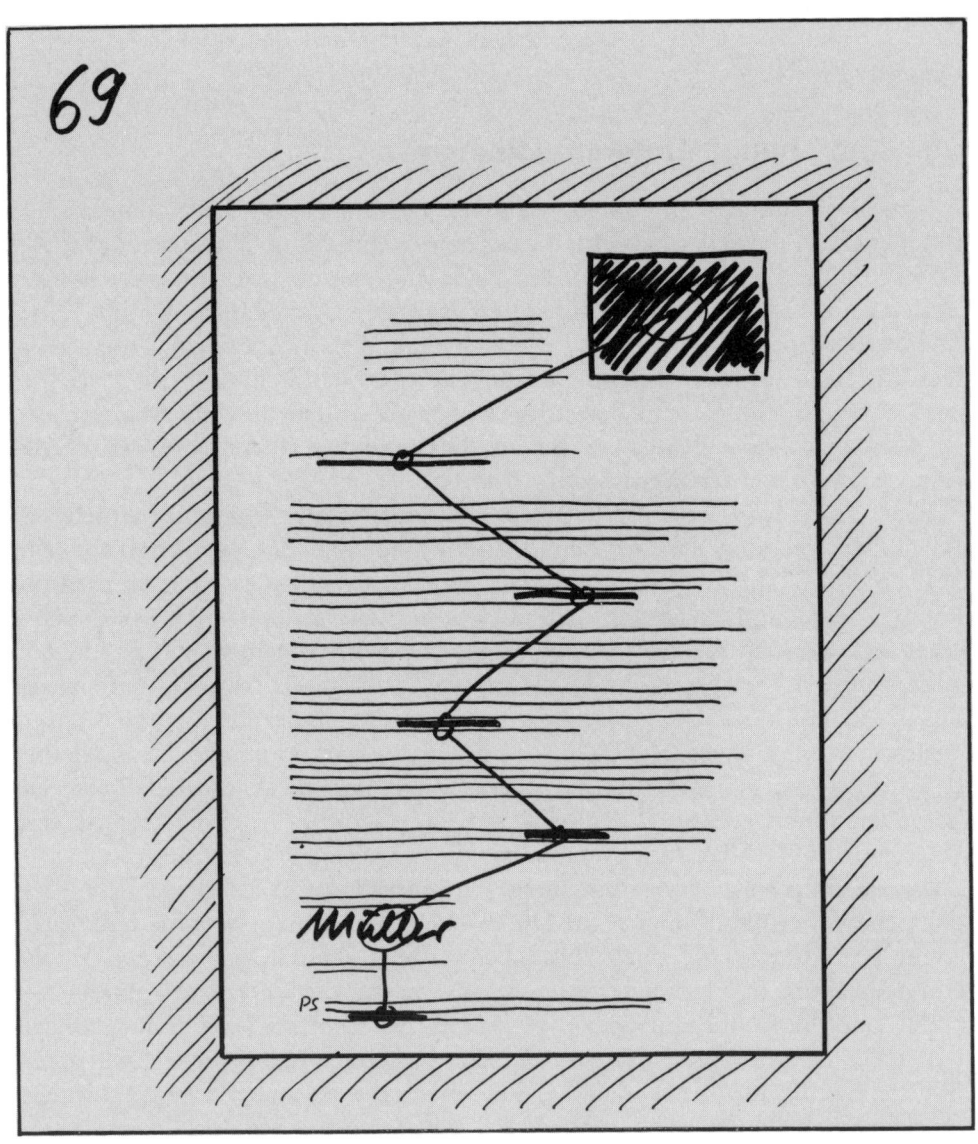

Bild 69: Unterstreichungen im Text wirken als Haltepunkte für die Augen während des ersten Durchganges. Setzen Sie diese Elemente als Kurz-Antwort besonders bei gedruckten Briefen ein und unterstreichen Sie nur Vorteile für den Leser (s. Kapitel 96).

Eine Unterstreichung ist also ein Blickfang für die Augen, der sehr schnell erfaßbar ist. Da taucht die Frage nach anderen Formen für das Hervorheben auf. Was ist mit gesperrt geschriebenen Wörtern, mit Versalien, mit einer anderen Schrift oder anderen Farbe?

Auf diese Frage gibt es heute eine ganz einfache Antwort. Gesperrt gedruckt ist schlechter lesbar, und damit entfällt diese Methode für das blitzschnelle Verstehen während des ersten Durchganges. Wörter in Großbuchstaben (Versalien) sind ebenfalls schlechter lesbar. Eine andere Schrift (kursiv oder fett gedruckt) hat zusätzliche Nachteile: Der Leser denkt bei solchen Auszeichnungen weniger an das Vorbild eines Originalbriefes als vielmehr an eine gedruckte *Beilage*. Der Grund ist schnell erklärt: Die meisten Leser sind heute noch nicht in der Lage, mit der Schreibmaschine per Knopfdruck schnell auf eine andere oder fette Schrift umzuschalten. Für 70 – 80 % Ihrer Leser sind solche Schrift-Änderungen ein Signal für »Setzerei und Druckerei«, zumindest in den ersten Sekunden-Bruchteilen. Doch dieser Eindruck prägt die weitere Wahrnehmung. Mit der verlorenen Original-Nähe verlieren wir auch einen Teil der Aufnahme-Bereitschaft.

Bleiben Sie also bei den ganz herkömmlichen Unterstreichungen. Aber beginnen Sie Ihren Strich nicht ganz am Zeilen-Anfang. Fangen Sie erst später an. Eine von vorn unterstrichene Zeile macht sich wieder selbständig und wird zur Headline. Das wäre eine völlig andere Form von Kurz-Antwort.

Unterstreichen Sie einen ganzen Satz, einen halben Satz oder nur wenige Worte. Alles ist richtig. Achten Sie aber auf den Informations-Inhalt und signalisieren Sie dem Leser, hier steht etwas, wie man gesünder, reicher, besser, angesehener usw. wird. Die unterstrichene Nachricht holt den Leser nach dem ersten Durchgang an den Absatz zurück. Ein *angekündigter* Vorteil ist deshalb besser als eine komplette Aussage.

Nehmen Sie als Beispiel einen 5-zeiligen Textblock, in dem der Satz steht: »Mit der neuen xy-Maschine von ABC *sparen Sie 1000 Mark*.« Wenn hier nur die vier letzten Wörter unterstrichen sind, kommt der Leser sicherer zum Lesen zurück als beim komplett unterstrichenen Satz.

97. Ihre Unterschrift als Verstärker

Das eigentliche Ziel der Lesekurve ist die Unterschrift. Die Leserfrage »Wer unterschreibt?« beschleunigt den Blick. Wir erwarten ein kleines »ja«. Also sollte die Unterschrift einigermaßen lesbar sein. Vielleicht ist Ihre eigene Unterschrift oder die Ihres unterschreibenden Chefs alles andere als dies. Dann wirkt diese Unterschrift besonders beim gedruckten Brief als Filter, und wir suchen deshalb nach einer Lösung.

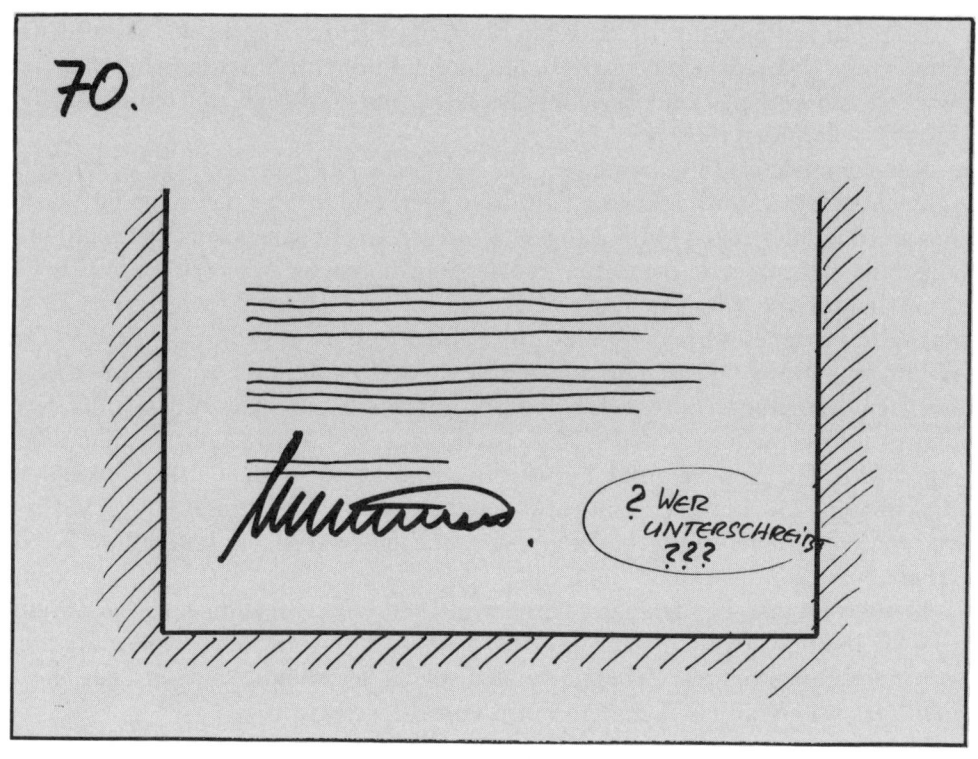

Bild 70: Eine unlesbare Unterschrift wirkt als Filter im ersten Lese-Durchgang (s. Kapitel 97).

Wenn Ihre Unterschrift so wie das Beispiel in Bild Nr. 70 aussieht, dann ergibt sie kein eindeutiges »Ja« beim Kunden. Es sei denn, Sie »schicken« ihm diese Unterschrift schon seit Jahren, und er kauft schon jahrelang bei Ihnen. Dann erkennt er sie. In allen anderen Fällen, besonders bei Neukunden-Werbung, erhält er keine Antwort auf die Frage »Wer unterschreibt?«

Was das für den Leser bedeutet, ahnen Sie beim Gedanken an ein Vertreter-Gespräch. Stellen Sie sich vor, ein Vertreter begrüßt Sie mit »Guten Tag, ich komme von der Firma XY, mein Name ist Noschwoschnoschkal«. Jetzt könnte der Vertreter die schönsten Sätze sagen, Sie würden ihm überhaupt nicht mehr zuhören. Ihr Gehirn beschäftigt sich nur noch mit der Frage »Wie heißt dieser Mensch?« Sie möchten ihn ja wahrscheinlich wieder ansprechen. Und genau dieses Bild zeigt die Analyse der Lesekurve. Bei unlesbaren Unterschriften verweilen unsere Augen gefährlich lange an den Hyroglyphen. Sie kreisen und die Körpersprache sendet eindeutig negative Signale. Die Lesebereitschaft nimmt ab.

Beim Vertreter erleben Sie diesen Fall übrigens sehr selten. Nur in Werbebriefen begegnen Sie täglich den »Noschwoschnoschkals«. Der persönliche Verkäufer mit einem derart schwierigen Namen kennt das Problem. Er legt Ihnen sofort seine Visitenkarte auf den Tisch und wartet auf Ihr »Verstanden«-Signal. Diese Technik haben wir alle schon im Geschäftsbrief übernommen. Unter der mehr oder weniger gut lesbaren Unterschrift wiederholen wir mit der Schreibmaschine unseren Namen.

Bild 71: Der mit Schreibmaschine ergänzte Name schwächt den Filter einer absolut unlesbaren Unterschrift etwas ab, neutralisiert ihn aber nicht vollkommen (s. Kapitel 97).

Dies ist ein möglicher Weg zum besseren Verständnis. Doch wenn die Unterschrift tatsächlich unlesbar ist, dann führt der wiederholte Name, besonders bei Neukunden-Werbung, noch nicht zum gewünschten Ziel. Wenn die Augen des Lesers vom Briefkopf zur Unterschrift rasen, dort etwas Undefinierbares mit einer Namenszeile finden, dann passiert folgendes: Die Augen drehen auf der Unterschrift nicht spiralförmig weiter. Sie springen sofort zum maschinen-geschriebenen Namen und tasten diese Zeile ab. Dann kommte eine Überraschung! Wenn der Unterschied der unlesbaren Hyroglyphen zum tatsächlichen Namen (z. B. Peter Keller) zu groß ist, dann geht der Leser nicht wie gewünscht nach oben zum Briefanfang. Seine Augen drehen noch einmal in die unlesbare Unterschrift hinein mit der Leserfrage: »Kann das wirklich Keller heißen?«

Auch aus dieser Spirale kommt er negativ heraus. Er zweifelt, ob das auch wirklich die Unterschrift von »Keller« ist. Es ist, als würde sich ein Verkäufer auf dem Messestand mit einem völlig anderen Namen vorstellen als auf seinem Namensetikett zu lesen ist. Auch in diesen Fällen ist der Partner sekundenlang völlig irritiert. Wir testen das gelegentlich bei unterschiedlichen Zielgruppen.

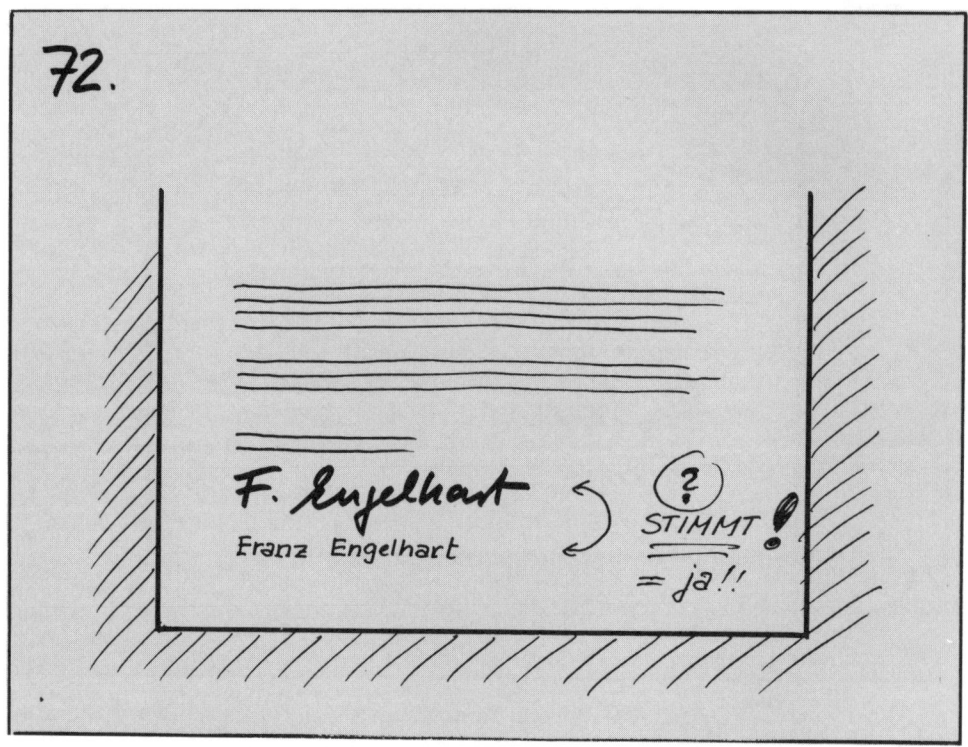

Bild 72: Ihre einigermaßen lesbare Unterschrift ist meßbar besser und wird durch den maschinengeschriebenen Namen noch verstärkt (s. Kapitel 97).

Gleichen Sie also den Schriftzug einigermaßen dem darunterstehenden Namen an. Das führt zu einer *positiven* Reaktion. Der Leser glaubt zuerst, die Unterschrift stammt z. B. von einem »Herrn Engelhart« oder so ähnlich. Seine Augen drehen auch sofort weiter zur Namenszeile und jetzt erleben wir ein kleines Phänomen. Der Leser zeigt eindeutig positive Response-Signale, sobald er den maschinengeschriebenen Namen »Engelhart« gelesen hat. Bei manchen Versuchs-Personen mündet dieses Signal sogar in einer Andeutung von Kopfnicken. Der Mensch bestätigt und belohnt sich offenbar unbewußt, weil er gerade zuvor etwas richtig entziffert hat. Er sendet ein kleines »ja«. Und auch diese Art von Verstärker brauchen Sie im schriftlichen Verkaufsgespräch.

Noch ein Tip für Sie. Wenn Sie die Namens-Zeile des Unterschreibenden hinzufügen, dann schreiben Sie auch seinen Vornamen dazu. Dies bringt zwei Vorteile: Erstens, der Leser kann sofort erkennen, ob es sich bei »Engelhart« um eine Frau oder einen Mann handelt. Der Vorname klärt in nahezu 100 % aller Fälle dieses Problem.

Zweitens, der ausgeschriebene Vorname bringt mehr persönlichen Touch in das schriftliche Gespräch, und das ist immer ein Verstärker. Wer sich mit Vornamen kennt, kennt sich besser. Also schreiben Sie auch Ihren Vornamen in die Namens-Zeile. Unterschreiben Sie auch mit vollem Vornamen, wenn Sie einen sehr kurzen, einsilbigen Familien-Namen haben. »Heinz Hell« klingt verbindlicher und persönlicher in der Unterschrift als nur »Hell«. Ein *Werbe*-Brief ist kein Drohbrief. Der sympathische Ton im Brief ist ein Verstärker, der Sie nichts kostet.

Bei mehrsilbigem Familien-Namen kürzen Sie Ihren Vornamen in der Unterschrift bis zum Anfangsbuchstaben ab. Ein zu langer handschriftlicher Namenszug, ausgedehnt über die halbe Blattseite, ist kein Verstärker. Er schafft zu viel psychologisches Übergewicht, also »W. Reichenbacher« in der Unterschrift und in der Namenszeile »Waldemar Reichenbacher«.

Übrigens, der Name selbst wirkt auch als Verstärker. Wann immer Sie in einem größeren Unternehmen entscheiden, wer seine Unterschrift unter den ersten Werbebrief setzt, dann denken Sie an die emotionale Wirkung dieses Namens. Es gibt Namen, die gefühlsmäßig positiver aufgeladen sind und als Verstärker wirken. Und es gibt solche, die emotional weniger sagen. Je nach Gesellschaftsform Ihres Unternehmens ergibt sich vielleicht eine Chance der Namens-Auswahl. Bei Firma »Hans Knall, Elektro-Versand« unterschreibt natürlich Herr Knall, auch wenn sein Familien-Name nicht gerade positiv aufgeladen ist. Er ist nun einmal Bestandteil des Firmen-Namens. Aber bei einer »Alpha GmbH & Co. KG« gibt es ja keinen »Herrn Alpha«. Also bieten sich hier für gedruckte Werbebriefe zur Neukunden-Werbung viele Chancen an.

Diese Empfehlung gilt für Sie natürlich nur dann, wenn Sie an sehr große private Zielgruppen schreiben. Denn je größer die Zielgruppe, desto größer ist auch der Anteil derer, die auf solche emotionalen Filter oder Verstärker reagieren. Sie finden dann sicher in Ihrem Betrieb einen Mitarbeiter, dessen Name vertrauter klingt als andere. In diesem Falle entscheiden Sie sich für den emotional stärker aufgeladenen Namen. Eine »Karin Sommer« oder »Ursula König« bringt z. Zt. bei privaten deutschen Empfängern etwas mehr Lese-Bereitschaft als die charmante Verkaufsleiterin »Cecilie Onshuus«, eine gebürtige Norwegerin.

Das alles ist heute nur dann sinnvoll, wenn sich der Namensträger tatsächlich mit der Kunden-Betreuung beschäftigt, zu dieser Abteilung gehört oder zumindest sofort den Kontakt zu einem Berater herstellen kann.

Natürlich wurde schon immer einmal eine »Karin Kaiser« frei erfunden. Doch diesen Rat gebe ich Ihnen nicht. Nehmen Sie einen Menschen, der tatsächlich zu Ihrem Betrieb gehört. Denn diese »Karin Kaiser« wird auch einmal am Telefon verlangt. Irgendwann gibt dann jemand eine »ehrliche« Antwort.

Nehmen Sie übrigens das Thema »Wohlklingender Name« nicht ganz so ernst. Es gibt andere Verstärker und Filter, die gravierender sind. Wenn Sie einen Vergleichswert suchen, hier habe ich ein Beispiel: Vor einiger Zeit hatten wir in der Schweiz eine recht große Test-Aktion zum Thema »Unterschrift«. Zwei Aussendungen mit je dem gleichen Inhalt an die gleiche Zielgruppe zum gleichen Zeitpunkt. Nur die Unterschrift war anders. Die eine Hälfte hatte einen schwer aussprechbaren, unverständlichen Namen und auch einen unlesbaren Namenszug. Die andere Unterschrift klang so vertrauensvoll wie »Peter Müller«. Der Unterschied war eindeutig: Die lesbare Unterschrift mit dem »vertrauten« Namen brachte 13 % mehr Reaktion. Sie sehen, die Unterschrift allein verstärkt nicht um 200 oder 300 %, wie wir es bei der Konzeption, bei der Zielgruppe oder beim Produkt erlebt haben. Allerdings haben die vielen kleinen Verstärker in der Summe ihres Auftretens auch eine Wirkung, die bis zum Zwei- oder Dreifachen gehen kann.

Zum Thema »Unterschrift« gibt es noch viele Fragen. Lassen Sie mich drei davon herausgreifen, die auch in den Seminaren am häufigsten auftreten. Die erste: Wieviele Unterschriften sollen unter den gedruckten Werbebrief? Antwort: Eine einzige Unterschrift ist besser. Der Leser fühlt sich bei zwei Unterschriften offenbar unbewußt »unter Druck« gesetzt. Auch das ist so ähnlich wie im persönlichen Verkaufsgespräch. Wir fühlen uns weniger wohl, wenn zwei Vertreter gleichzeitig auf uns einreden! Ich würde deshalb an Ihrer Stelle zumindest beim ersten werblichen Briefkontakt, bei der Interessenten- und Neukunden-Gewinnung nur eine Unterschrift nehmen, wenn die Briefe an private Zielgruppen geschickt werden. Aber bewerten Sie auch diesen Punkt nicht zu hoch. Wenn Sie aus betriebs-internen Gründen bei gedruckten Werbebriefen zwei Unterschriften brauchen, dann nehmen Sie eben beide. Gleichen Sie diesen kleinen Filter danach durch andere Verstärker wieder aus.

Die zweite Frage zur Unterschrift zielt immer auf den Titel. Soll eine Funktion oder sonstige Bezeichnung unter dem Namen stehen oder nicht? Nehmen Sie folgenden Rat aus der Praxis: Titel-Angaben haben nur dann einen Sinn, wenn sie dem Leser einen Vorteil bringen. Selbst-Darstellungen bringen dem Leser nichts. Lassen Sie diese Dinge lieber weg. Ein »Stellvertretender Bereichsleiter« sagt dem Kunden wenig. Er hilft dem Unterschreibenden nur im eigenen Bereich. Mit der Bezeichnung »Leiter des Kundendienstes« oder »Kundenberater für Bayern«

geben Sie dem Leser ein besseres Bild von sich und Ihrer Funktion, genauso wie mit Geschäftsführer, Verkaufsdirektor oder Werbeleiter. Aber auch dabei unterscheiden wir nach Zielgruppen. Dem privaten Empfänger bringt der »Verkaufsdirektor« einen anderen Beigeschmack als dem Einkäufer eines Supermarktes.

Die dritte Frage betrifft die Farbe der gedruckten Unterschrift. Originalbriefe unterschreibt man zu etwa 70 % in blauer Farbe (Kugelschreiber, Füllhalter, Filzstift usw.). Also gilt bei etwa 70 % Ihrer Leser dieses Blau als typische Unterschrifts-Farbe. Deshalb drucken Sie auch im Offsetbrief die Unterschrift in einem freundlichen, hellen Tintenblau. Dadurch brauchen Sie mindestens zwei Farben für den Druck Ihrer Werbebriefe.

Wer auch seine Hausfarbe im Werbebrief druckt, der verwendet manchmal auch diese Zusatzfarben für die Unterschrift und spart dann eine dritte Farbe ein. Dann aber eignen sich nur Farbtöne aus der Reihe Orange, Grün und natürlich alle Abwandlungen von Blau (bis hin zum Lila). Rot ist emotional zu einseitig ausgerichtet. Gelb gibt keinen Kontrast zum weißen Papier. Braun gibt wenig Kontrast zum schwarzen Text.

98. Das »PS« und seine Wirkung

In der Nähe der Unterschrift finden wir eine besonders gute Chance, den Leser zu aktivieren. Das »PS«, das Postscriptum, ist wieder ein kleines Phänomen! Denn es führt zu einem menschlichen Verhalten, das bei allen Zielgruppen ähnlich abläuft. Ein nahezu »unbelehrbares« Verhalten, wie wir es beim Bilder-Lesen schon erlebt haben. Beobachten Sie es einmal an sich selbst oder an Ihren Kollegen.

Sobald der Leser mit den Augen bei der Unterschrift angekommen ist und ein »PS« entdeckt, geht er nicht sofort nach oben zum Briefanfang. Mehr als 90 % aller Empfänger lesen jetzt zuerst dieses »PS«, und zwar relativ langsam, Wort für Wort. Wir brauchen pro PS-Zeile mehr Lesezeit als für eine sonstige Brief-Zeile.

Es geht uns allen so. Wenn wir in der täglichen Geschäfts-Korrespondenz beim Überfliegen eines Briefes unten ein »PS« sehen, ist unsere erste Frage: »Was hat er denn wieder vergessen?« Und dann lesen wir alle zuerst einmal treu und brav dieses »PS« vor dem eigentlichen Brief.

Das »PS« ist also der *erste* Brief-Absatz, nicht der letzte! Es ist der erste Textblock. Damit kommen wir unserem Ziel sehr viel näher. Wir suchen Textblock-Leser! Denn wer einen Textblock liest, der befindet sich nach der Dialogmethode im „zweiten Durchgang".

Das »PS« ist einerseits eine Kurzantwort, weil die Augen des Lesers diese Stelle im ersten Durchgang mitnehmen, ohne über diesen Vorgang nachzudenken. Andererseits ist das »PS« ein Textblock und damit bildet es eine Art Übergang

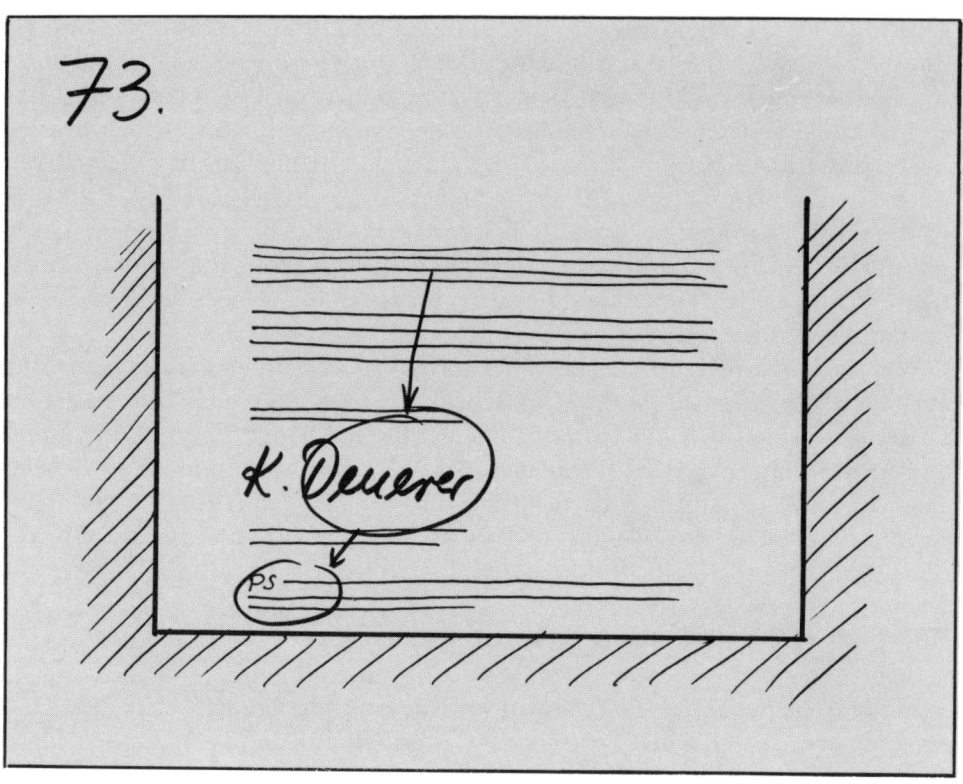

Bild 73: Das »PS« wird von über 90 % Ihrer Leser vor dem Brief gelesen. Es ist der erste Absatz, nicht der letzte. Bei mehrseitigen Briefen gibt es ein ähnliches Leseverhalten (s. Kapitel 98).

vom ersten in den zweiten Dialog-Durchgang. Deshalb avisieren wir im »PS« einen großen Vorteil, einen Nutzen für den Leser. Noch besser, wir verbinden den erreichbaren Vorteil mit einer Aufforderung, etwas zu tun. Damit signalisieren wir dem Leser sehr früh den Kurz-Inhalt des weiteren schriftlichen Gespräches: Den Brief genauer zu lesen, führt zu einem bestimmten Ziel, zu einem Erfolg. Im »PS« finden Sie deshalb sowohl Höhepunkte des Brieftextes wieder als auch neue Informationen über irgendwelche Zusatznutzen wie Prämien, Geschenke usw., die auf den Leser warten.

Natürlich meinen wir hier immer nur den Nutzen für den *Leser*, nicht für uns! Häufig erleben Sie genau das Gegenteil. Da lesen Sie PS-Texte wie: »... und würden uns sehr freuen, demnächst Ihren Auftrag zu erhalten ...« Das ist unser Vorteil und nicht der des Lesers!

Als durchschnittliche Länge des PS-Absatzes planen Sie etwa zwei bis drei

Zeilen bei den hier besprochenen einfachen Briefen, aufgebaut nach der KISS-Methode (keep it simple and stupid). Längere PS-Texte setzen Sie nur bei mehrseitigen Briefen ein. Dort wandert die Lesekurve schnell über alle Seiten und sucht die Unterschrift. Auf der vierten Seite verkraftet der Leser bis zu einer 1/3 Seite »PS«. Das ist der Brief in Kurzform. Wer hier liest, weiß in groben Zügen über alles Bescheid. Wer mehr wissen will, findet die Details im eigentlichen Brief. Doch mehrseitige Briefe zu schreiben, ist schon eine besondere Technik, und deshalb möchte ich Sie zunächst eher davon abhalten. Vierseitige Briefe involvieren den Leser nur dann, wenn die Story spannend genug ist. Dabei dominieren schon Elemente aus der besprochenen RIC-Methode.

Briefe nach unserer KISS-Methode für einfache und schnelle Reaktionen sind eher kurze Briefe. Also bleiben Sie bei einer Seite DIN A 4 bei gewerblichen Empfängern. Nehmen Sie die Rückseite nur im privaten Bereich oder bei »Kleinbetrieben« dazu. In diesen Fällen genügt auch ein kleineres Format als DIN A 4. Der Leser findet dann die Unterschrift auf der Rückseite. Signalisieren Sie deshalb die Fortsetzung schon auf der Vorderseite. Entweder durch »Bitte wenden!« (bei privaten Zielgruppen) oder aber durch das Beenden der ersten Seite mitten im Absatz, vielleicht sogar mitten in einem Wort (geeignet für alle Zielgruppen).

Das »PS« als Verstärker ist nicht so wichtig bei sehr kurzen oder sehr hochwertigen Briefen. Originalbriefe also, die von sich aus eine höhere Lese-Bereitschaft erzeugen, sind auf das »PS« nicht so sehr angewiesen.

99. Die Typografie im Werbebrief

Zu den rein gestalterischen Verstärkern im Brief zählen wir alles, was das schnelle Erkennen dieses Briefes unterstützt. Dazu gehören auch die Typografie, die Schrifttypen, die Schriftart. Je schneller Ihr Leser den Brief zwischen den übrigen Teilen entdeckt, desto besser. Die richtige Typografie hilft dabei. Wählen Sie deshalb herkömmliche Schreibmaschinen-Typen. Das sind die Buchstaben mit den »Füßchen«, die Sie in Bild Nr. 74 sehen. In der Fachsprache heißen sie »Serifen«.

Diese Schrifttypen bringen Ihnen zwei Vorteile. Erstens, sie signalisieren schneller einen Brief, weil sie für die meisten Leser mehr Brief-Charakter haben. Der zweite Grund ist noch wichtiger: Diese Schrift ist etwa 25 % besser lesbar als alle anderen Schriftarten ohne diese Füßchen. Denken Sie daran, besonders dann, wenn Ihnen jemand eine *schönere* Schrift als Ihre herkömmlichen Schreibmaschinen-Typen vorschlägt. Diese Berater haben recht, es gibt schönere Schriften als die Antiqua-Schrift mit den Füßchen. Doch die schöneren Schriften sind schlechter lesbar! Schriften ohne diese Füßchen, ohne Serifen, verschmelzen besser zu einer geschlossenen Fläche. Sie sind deshalb nur schöner für den visuel-

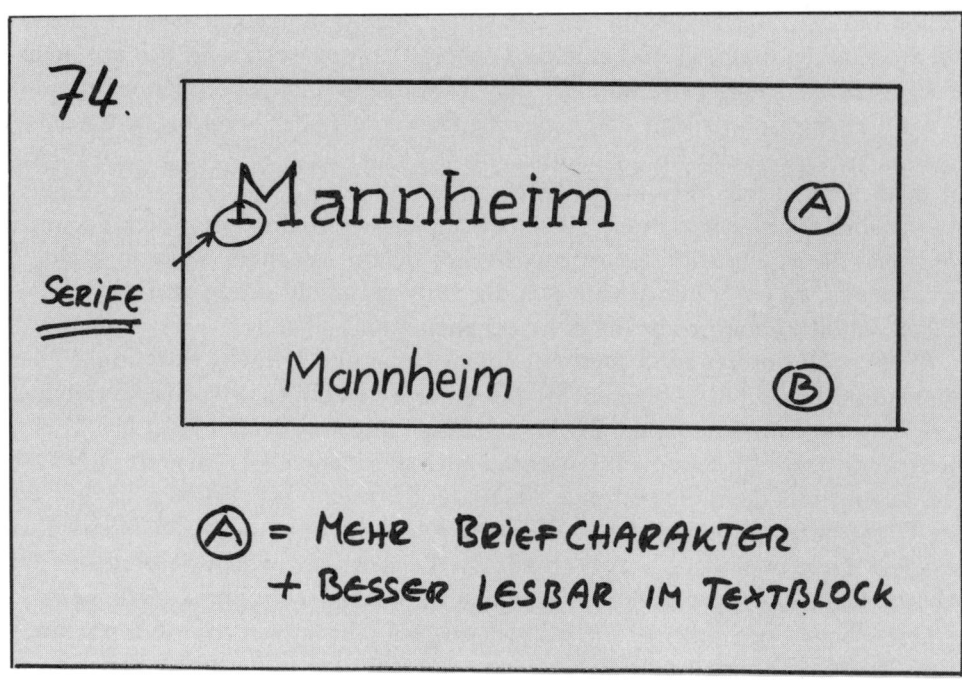

Bild 74: »Serifen«-Schriften in Ihrem Werbebrief wirken sich als Verstärker aus. Die Füßchen bilden eine »Augen-Führungslinie« (s. Kapitel 99).

len Gestalter. Ein Grafiker muß mehr in Flächen, in Schönheit und Ästhetik denken und wählt deshalb gern diese geschlossenen Schriftflächen.

Die Serifen- oder Antiqua-Schriften bilden keine geschlossene Fläche im Textblock. Durch die Füßchen entstehen sogenannte »Augen-Führungslinien«. Die Fläche zerfällt in Linien. Das ergibt keine schöne geschlossene Fläche, aber die Augen werden besser geführt und deshalb ist diese Schrift besser lesbar.

Damit Sie nie vergessen, welche Schrifttype im Textblock besser lesbar ist, denken Sie immer an die umfangreichen überregionalen Tageszeitungen. Sie haben die »FAZ«, die »Welt« oder die »Süddeutsche Zeitung« noch nie in der sogenannten Grotesk-Schrift, also in Buchstaben ohne Serifen gelesen. Ganz einfach deshalb, weil sie in der breiten Textspalte schlechter lesbar wäre. Sonst hätten die Zeitungen schon längst ihre Typografie geändert. Für Headlines eignen sich auch Grotesk-Schriften, denn diese Zeilen stehen ja allein. Sie verschmelzen deshalb nicht zur Fläche.

Wir sprechen jetzt besonders vom Werbebrief. Die Typografie-Regel gilt zwar auch für Ihre Prospekt-Beilagen. Auch dort ist die Schrift besser lesbar, wenn Sie eine sogenannte Antiqua-Schrift verwenden. Doch dies ist leider nicht immer möglich. Denn das Schriftbild Ihrer Prospekte und Ihrer sonstigen Drucksachen wird meistens vom gesamten Firmenbild, vom »corporate identity«, bestimmt. Wenn dieses Erscheinungsbild eine Grotesk-Schrift (ohne Serifen) vorsieht und alles für längere Zeit so geplant ist, dann haben Sie Lesbarkeits-Probleme. Geben Sie in diesem Falle einfach mehr Durchschuß, mehr Abstand zwischen die Zeilen hinein. Dann werden die Augen entlang der weißen Zeilen geführt, und Ihre Schrift ist wieder besser lesbar.

Beim Werbebrief bleiben Sie nach Möglichkeit beim herkömmlichen Schriftbild, bei den herkömmlichen Schreibmaschinen-Typen. Diese Typen hatten früher immer Serifen, und sie gibt es auch heute noch.

Eine andere Abweichung wäre die Schreibschrift. Ich empfehle sie Ihnen nur dann, wenn die Zielgruppe eine Vorliebe für solche Schriften bewiesen hat oder die Schrift zum Produkt paßt. Im allgemeinen trifft das aber nicht zu. Und nur Aufmerksamkeit erzeugen, heißt noch lange nicht, Reaktionen auslösen. Das gilt hier genauso wie im Vertretergespräch. Es gibt Verkäufer, die nur hohen Aufmerksamkeitswert haben, aber weniger Aufträge bringen. Dennoch erinnert man sich lange an sie. Dies allein also genügt nicht. Wirkung, Image und Bekanntheitsgrad ist nur eine Seite. Sie gehören mehr in den klassischen Bereich der Werbung. Wir gehen einen Schritt weiter. Wir halten den Leser nicht am Gag fest. Wir führen ihn durch das gesamte Gespräch hindurch bis zur Reaktions-Stufe, bis zum Kreuzchen auf der Antwortkarte.

Handschriftliche Anmerkungen (Marginalien) setzen Sie bitte nur sparsam ein. Das hat einen guten Grund: Eine Handschrift ist nicht von 100 % der Zielgruppe gleichermaßen gut lesbar. Es sei denn, es ist eine Schüler-Schrift. Dies aber wäre wieder Image-schädigend! Eine kurze Anmerkung oder auch einmal eine handgeschriebene Headline bei privaten Zielgruppen schaden nicht. Merken Sie sich einfach als Regel: Handschriftliches nur dann, wenn es in der betreffenden Zielgruppe auch üblich ist, in einem maschinen-geschriebenen Brief handschriftlich etwas zu ergänzen. Dies ist vorwiegend in der Privat-Korrespondenz der Fall. Also wenden Sie dieses Mittel vorwiegend nur bei Werbebriefen an private Empfänger an.

Über die Größe der Schreibmaschinen-Typen brauche ich Ihnen nicht sehr viel zu sagen: Bleiben Sie bei den herkömmlichen Schrifttypen. Dies kann nur die normal große Schreibmaschinenschrift oder die kleinere »Pica«-Schrift sein. Beides ist eigentlich bei allen Zielgruppen tragbar. Vielleicht richten Sie sich ganz einfach nach dem Briefumfang: Für kürzere Texte eine größere Schrift, für längere Texte eine kleinere Schrift.

Und ein letztes Wort zur Setz-Maschine oder zum Composer. Fotosatz oder Composersatz ergeben ein ganz anderes Schriftbild und machen aus Ihrem Brief eine Art »Drucksache« oder »Beilage«! Zumindest für Ihren Leser. Für ihn »fehlt«

der Brief. Ein fehlender Brief heißt unbewußt auch fehlende Kontaktstufe und damit eine geringere Erfolgsquote.

Auch Headlines, die in einer viel größeren Schrift gesetzt und gedruckt werden, bringen Ihnen nur Nachteile im Werbebrief. Sie signalisieren dem Leser: Das ist kein Brief, sondern eine Drucksache oder eine Beilage. Er sucht unbewußt noch immer den Brief, obwohl er ihn schon in seinen Händen hält.

100. Druckfarben und Papier als Verstärker

Wir beschäftigen uns immer noch mit dem ersten Eindruck und der Wirkung eines Briefes während des ersten Durchgangs. Auch die Farben und das Papier prägen diesen Eindruck. Bleiben Sie deshalb bei den üblichen Papier-Qualitäten für Briefe. Der Leser findet dann Ihren Brief schneller, und damit wirkt erst die »Kontaktstufe« im schriftlichen Gespräch. Im Zweifelsfall nehmen Sie mattes, weißes Schreibmaschinen-Papier. Die Farbe Weiß ist immer richtig, denn 90 % aller Korrespondenz erscheint auf weißem Briefpapier. Leichte Pastell-Töne eignen sich auch, wenn Sie für Ihre eigentlichen Briefbogen dieses Papier verwenden. Wenn Ihr Kunde oder Ihr Interessent später einmal Originalbriefe auf Chamois- oder Rosé-Papier lesen wird, dann eignen sich diese Farben auch für Ihre Direktwerbe-Briefe.

Aber bleiben Sie bei diesen Pastelltönen. Jeder zu satte Farbton schadet dem Image eines Briefes. Der Leser glaubt, eine Beilage vor sich zu haben und vermißt unbewußt den Brief. Das führt wieder ungewollt zu einem starken Filter.

Denken Sie auch an die Oberfläche des Brief-Papiers. Hier gibt es keine Alternative. Bleiben Sie immer bei *mattem* Papier und weigern Sie sich, glänzendes Papier für den Druck von Werbebriefen einzusetzen. Auch dann, wenn Ihnen jemand solche Bilderdruck- oder Kunstdruck-Papiere als besonders imagefördernd verkaufen möchte. Glänzendes Papier identifiziert der Mensch sehr viel schlechter als *Brief*. Vor allem während der ersten paar Sekunden. Man schreibt sich eben keine Briefe auf Kunstdruck-Papier!

Alles Glänzende im Package vermittelt den Eindruck eines Prospektes, eines Angebotes, einer Beilage. Brief-Papier glänzt nicht, sonst versagt sowohl die Schreibmaschine als auch der Kugelschreiber beim Unterschreiben. Bleiben Sie bei der üblichen Qualität, das ist 70 bis 90 gr/m² SM-Papier. Ihr Drucker weiß Bescheid.

Leinen-Papier oder gehämmertes Papier eignet sich auch, wenn Sie einmal ganz persönliche und ganz besonders aufwendige »Briefe der Direktion« produzieren und sie an besonders ausgewählte Kunden und Interessenten schicken. Diese Papiere gehören ja immer noch in den Bereich der Briefpapiere.

Eine zusätzliche Druckfarbe wirkt ebenfalls als Verstärker. Drucken Sie Ihren

Offsetbrief nicht nur in Schwarz. Sie brauchen zumindest eine zweite Farbe für die Unterschrift. Im Zweifelsfall nehmen Sie für die Unterschrift ein helles Tintenblau. Manchmal eignet sich dafür auch die Hausfarbe. Aber darüber haben wir bereits im Kapitel »Unterschrift« gesprochen.

101. Die Bilder im Werbebrief

Wir behandeln noch immer die äußeren Erkennungszeichen eines Briefes. Beim Herausnehmen des Kuvert-Inhaltes muß der Leser sofort erkennen, hier ist ein Brief, eine persönliche Information für mich. Achten Sie deshalb darauf, daß Ihr Brief nicht zum Brief-*Prospekt* wird. Setzen Sie nur wenig Bild-Elemente ein. Besonders bei der in diesem Buch behandelten einfachen KISS-Methode. Bleiben Sie bei ein bis zwei Bild-Elementen. Und plazieren Sie diese Bilder dort, wo sie die natürliche Lesekurve nicht stören. Dafür eignen sich eigentlich nur zwei Plätze: Der Anfang und das Ende dieser S-förmigen Blickverlaufs-Kurve.

Wenn Ihnen *ein* Bild genügt, besteht keinerlei Gefahr für die Lesekurve. Sie plazieren dann dieses Bild im Briefkopf. Wenn Sie zwei Bilder einsetzen, dann ein Bild oben rechts und das andere unten links, etwa in Höhe des PS.

Und das Wichtigste: Nehmen Sie das größere Bild nach oben, das kleinere nach unten. Die Lesekurve beginnt immer beim größeren Bild und springt dann zum kleineren. Wenn Sie das größte Bild nach unten setzen, dann beginnt der Blickverlauf auch hier unten, und das führt zu einem atypischen Brieflese-Verhalten. Daraus entsteht ein »a-typischer« Briefeindruck, der näher an das Image einer Prospekt-Beilage herankommt.

Sobald Sie zusätzliche Plätze mit Bildern belegen, reißen Sie die Lesekurve auseinander. Der Leser springt dann nur von Bild zu Bild, und das eigentliche Brief-Image ist verwischt. Aus Ihrem Brief wird dann ein Briefprospekt! Dafür gelten andere Gestaltungs-Regeln aus dem Bereich der RIC-Methode, die wir im Rahmen dieses Buches nicht behandeln. Wir konzentrieren uns auf die KISS-Methode und bleiben bei einfachen schriftlichen Verkaufsgesprächen, die Sie selbst entwickeln können. Für komplizierte Mailings und sonstige Direkt-Marketing-Instrumente holen Sie Rat beim Direktwerbe-Fachmann oder Ihrer Direktwerbe-Agentur.

Das Bild im Briefkopf kann auch einmal etwas anderes zeigen als den Vorteil Ihres Angebotes. Wenn dieser Vorteil schlecht darzustellen ist, dann verkraftet das Bild auch eine Grafik, eine Kurve, ein Diagramm, eine Tabelle oder sonstige bild-ähnliche Darstellungen des Leser-Vorteiles.

Sie haben noch andere Chancen für das Bild im Briefkopf: Zeigen Sie einen Menschen. Das Portrait des Firmen-Chefs oder eines Mitarbeiters, der Beraterin oder des Vertreters. Der Brief ist ein Ersatz für ein nicht stattfindendes persönli-

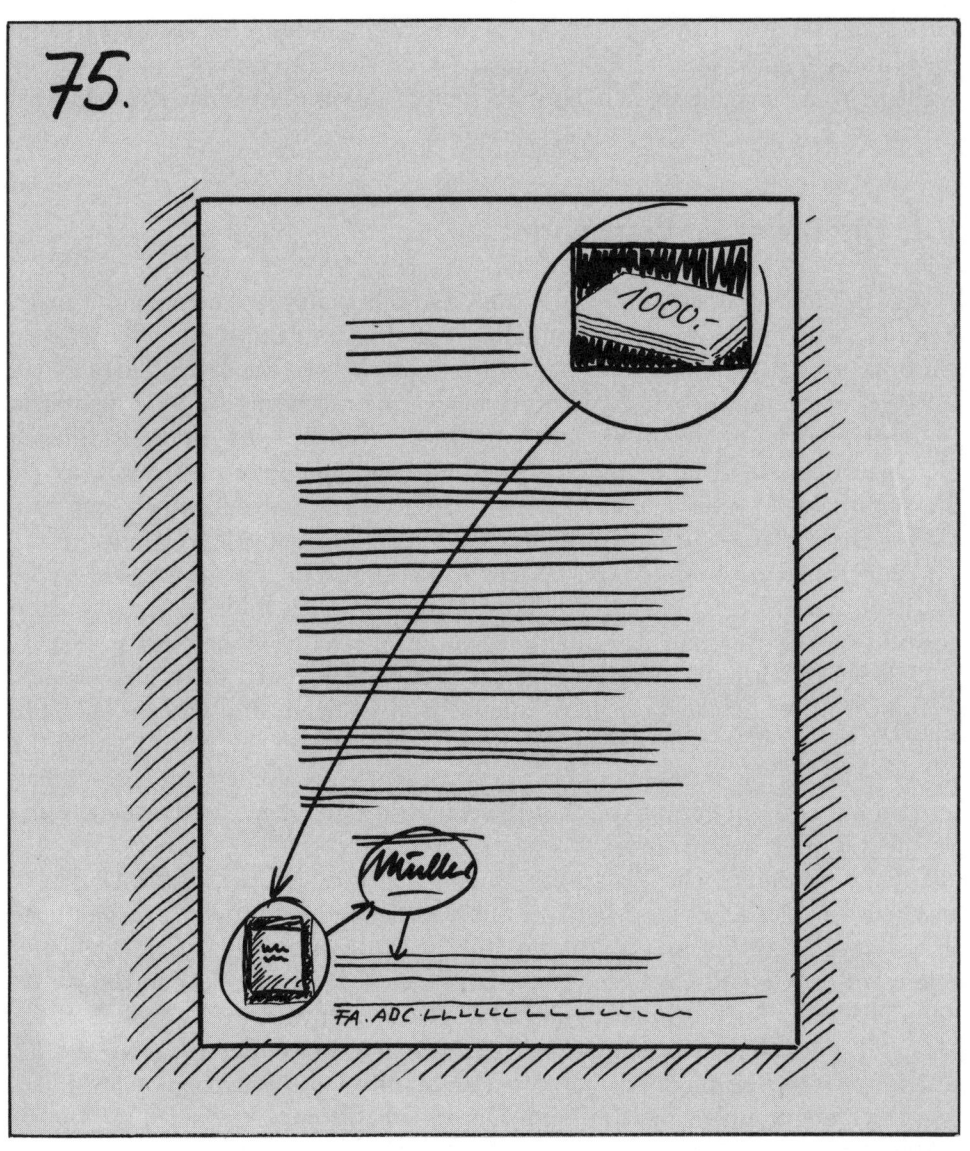

Bild 75: Bei mehreren Bildern im Werbebrief darf die natürliche Lesekurve nicht total geändert werden (vom Briefkopf in Richtung Unterschrift). Achten Sie deshalb auf die Wertigkeit und Rangfolge Ihrer Bilder (s. Kapitel 101).

ches Gespräch. Im persönlichen Gespräch sehen Sie Ihren Partner. Also zeigen Sie ihn gelegentlich auch im Brief.

Haben Sie übrigens keine Bedenken, ob der betreffende Kollege fotogen genug ist. Alle Anzeichen deuten darauf hin, daß ein weniger fotogenes Gesicht höhere Reaktionsquoten auslöst als ein Star-Portrait. Solche Fotos haben zwar einen höheren Aufmerksamkeitswert, bürgen aber nicht gleichzeitig für höhere Verkaufs-Erfolge. Der Durchschnitts-Leser bewundert das Bild, empfindet aber zu viel »Abstand« für ein persönliches Gespräch.

Wenn Sie einmal Ihren Vertreter mit einem Brief avisieren, dann eignet sich immer sein Portrait als Bild-Element. In diesem Falle ist die Frage nach dem

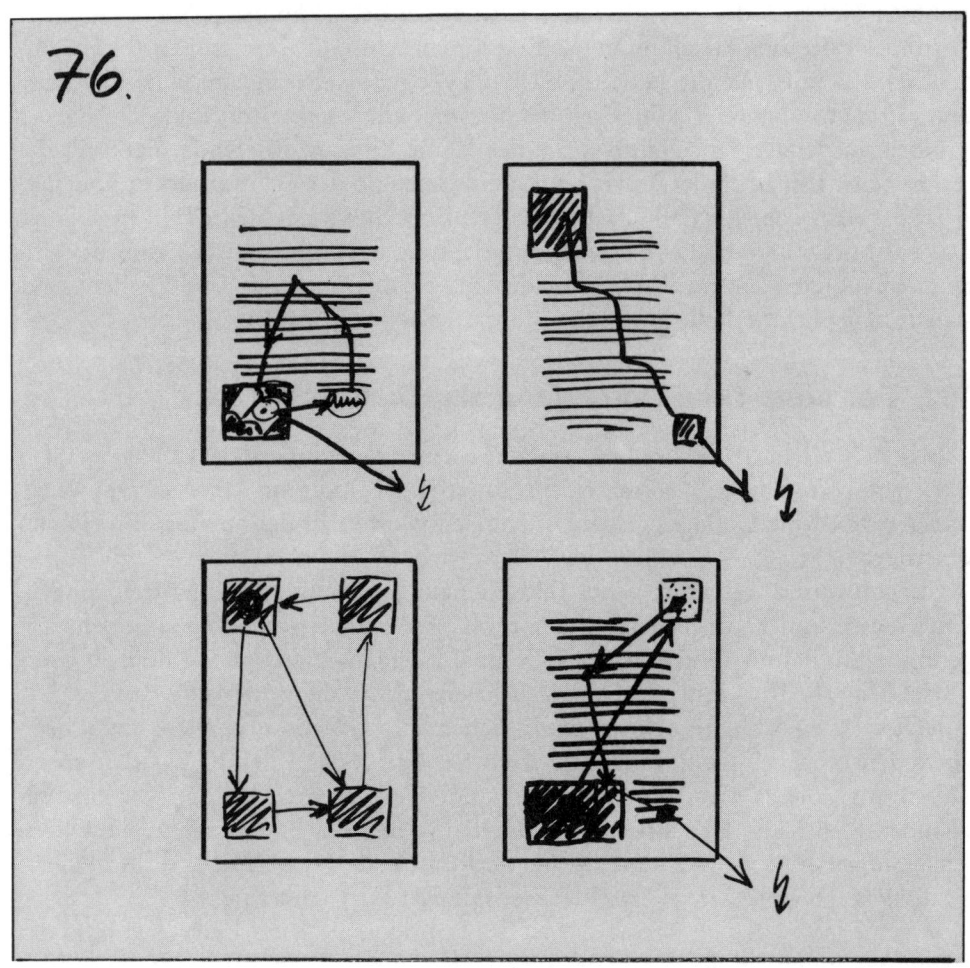

Bild 76: Falsch plazierte oder zu viele Bilder führen zu einem atypischen Leseverhalten (s. Kap. 101).

fotogenen Bild sowieso sinnlos. Dieser Mensch kommt ohnehin kurze Zeit danach zum Kunden, also kann er sich auch schon vorher per Bild zeigen. Wem dieses Bild nicht gefällt, dem wird auch später das Gesicht des Vertreters nicht gefallen. So filtern Sie bereits die Adressen aus, zu denen Ihr Vertreter wahrscheinlich nur sehr schwer Kontakt fände.

Das kleine Bildchen am Brief-Ende steht meistens neben dem PS. Zeigen Sie damit den Artikel, die Broschüre oder die Prämie, die für den Leser reserviert ist und beschreiben Sie dieses Bild im PS. Zum Beispiel so ähnlich wie: »Diese kostenlose Broschüre ist abrufbereit für Sie. Schicken Sie deshalb Ihre Antwortkarte usw. usw.«

Sollten Sie für den Vorteil Ihres Angebotes ein sehr großes Bild im Briefkopf brauchen, dann verkraftet Ihr Werbebrief durchaus einmal ein Bild von 1/3 Seite. Nehmen Sie dann das gesamte obere Drittel. Bei Bedarf kopieren Sie noch einen Textblock oder eine Headline in das Bild hinein. Unter diesem großen Bild beginnen Sie den Brief mit der herkömmlichen Typografie, also mit freistehender Zeile und mit den üblichen Textblöcken bis hinunter zur Unterschrift und dem PS.

Noch ein letzter Tip: Nehmen Sie das kleine Bild am Briefende nicht auf die rechte Seite. Der Blick des Lesers läuft dann gleich zu der Ecke, an der er üblicherweise das Blatt Papier verläßt. Ziehen Sie den Blick durch das kleine Bild nach links. Das entspricht auch mehr der Bewegungsrichtung nach oben zurück zum Briefanfang. Im übrigen ist die links stehende Unterschrift auch ein Bild-Element und steuert den Blick deshalb in unserem Sinne »weg vom Ausgang«.

102. Der erste Brief-Durchgang als »Dialog-Skizze«

Inzwischen wissen Sie, der Leser überfliegt einen Brief im ersten Durchgang. Sein Blick rast vom Briefkopf hinunter zur Unterschrift und zum PS. Auf dem Wege dieses ersten Kurz-Dialoges geben wir Kurz-Antworten zu den unausgesprochenen Leserfragen.

Kurzantworten im Brief sind Bild-Elemente, Headlines, Unterstreichungen, Unterschrift und PS. Gedruckte Briefe ohne persönliche Einfügungen finden eine geringere Aufnahme-Bereitschaft als Original-Briefe. Wir verwenden deshalb beim Offset-Brief alle Kurzantworten und signalisieren damit die Vorteile für den Leser.

Jetzt verrate ich Ihnen meinen persönlichen Trick: Wann immer Sie einen Brief entwerfen oder gestalten, dann skizzieren Sie zuerst das Briefbild für den ersten Durchgang. Dieses »Scribble« zeigt dann nur die Kurzantworten an der entsprechenden Stelle. Die Headline ist im Original lesbar, das Bild skizziert, die Unterstreichungen und das PS sind bereits ausformuliert. Alles übrige, die restlichen Textblöcke, ist unlesbar, in Strichmanier skizziert oder fehlt ganz.

Was Sie jetzt vor sich haben, das ist der Eindruck des Brief-Lesers während der ersten Sekunden im Kurz-Dialog. Lesen Sie einmal Ihren Brief nur über Bild, Headlines, Unterstreichung, Unterschrift und PS. Und fragen Sie sich kritisch, ob

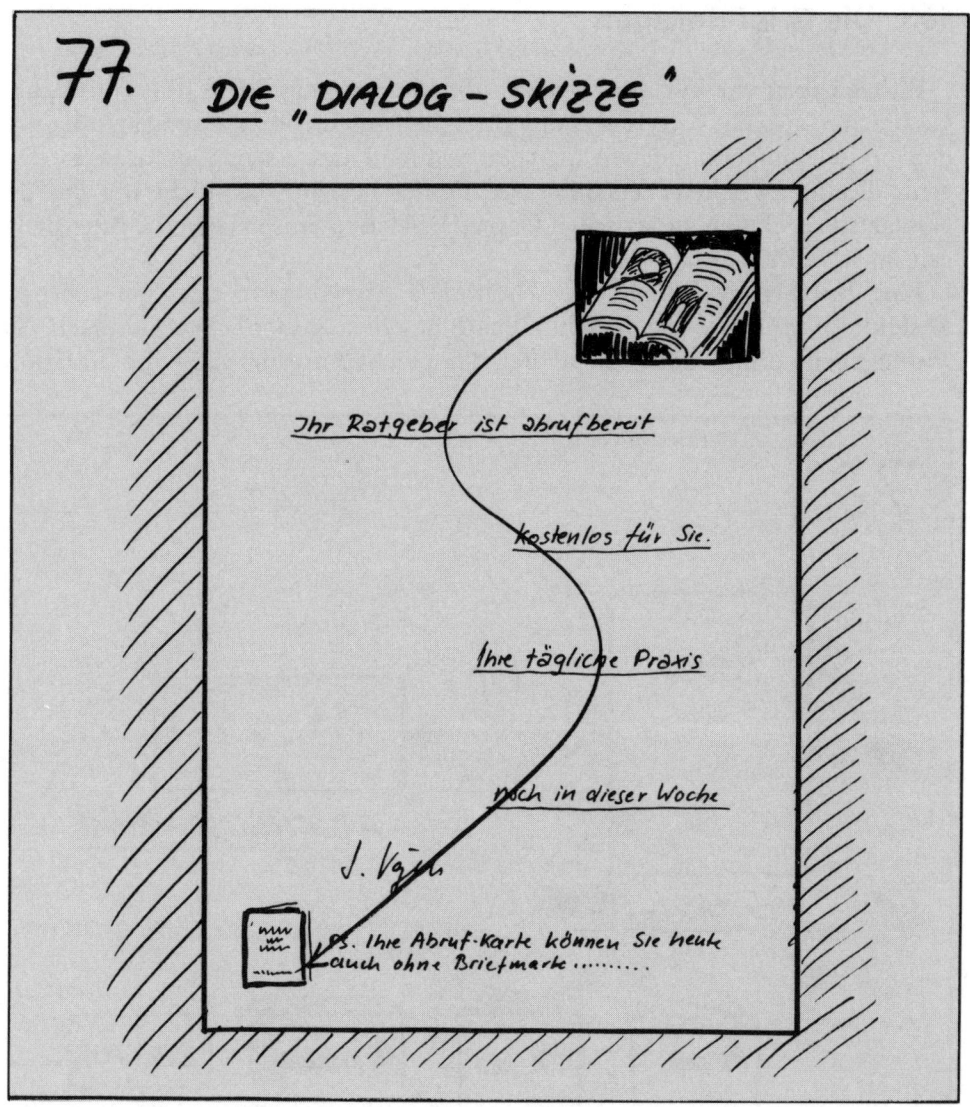

Bild 77: Meine neue »Dialog-Skizze« zeigt im Scribble nur die Kurz-Antworten des ersten Kurz-Dialoges. Die Textblöcke sind nur mit Linien angedeutet oder fehlen ganz (so wie hier). Das schriftliche Verkaufsgespräch muß per »Dialog-Skizze« schon verständlich sein (s. Kapitel 102).

jetzt der Vorteil für den Leser erkennbar ist. Das ist die schnellste Methode, einen erfolgreichen Brief zu entwerfen. Einen Brief, der den Leser in den Text hineinzieht. Denn Vorteile erkennen, heißt weiterlesen. Dieser Entwurf ist unter dem Namen »Dialog-Skizze nach Siegfried Vögele« bei unseren Seminar-Teilnehmern bekannt.

103. Die Brief-Beilagen

Bisher haben wir nur die Kontaktstufe, die Eingangs-Phase des schriftlichen Gespräches, also das Kuvert und den Brief, behandelt. Und wir sprachen nur von den optisch aufgenommenen Signalen während des ersten Durchganges. Der echte Dialog zwischen Verkäufer und Käufer besteht aber nicht nur aus der Kontaktstufe. Diesen zusätzlichen Gesprächs-Phasen entsprechen die Brief-Beilagen im schriftlichen Dialog.

Eine Briefbeilage kennen Sie schon: Die Antwortkarte oder ein sonstiges Reaktionsmittel. Also die Abschlußphase aus dem persönlichen Gespräch. Sie wissen auch, ohne diesen sichtbaren Gesprächs-Ausgang sinkt die Reaktion.

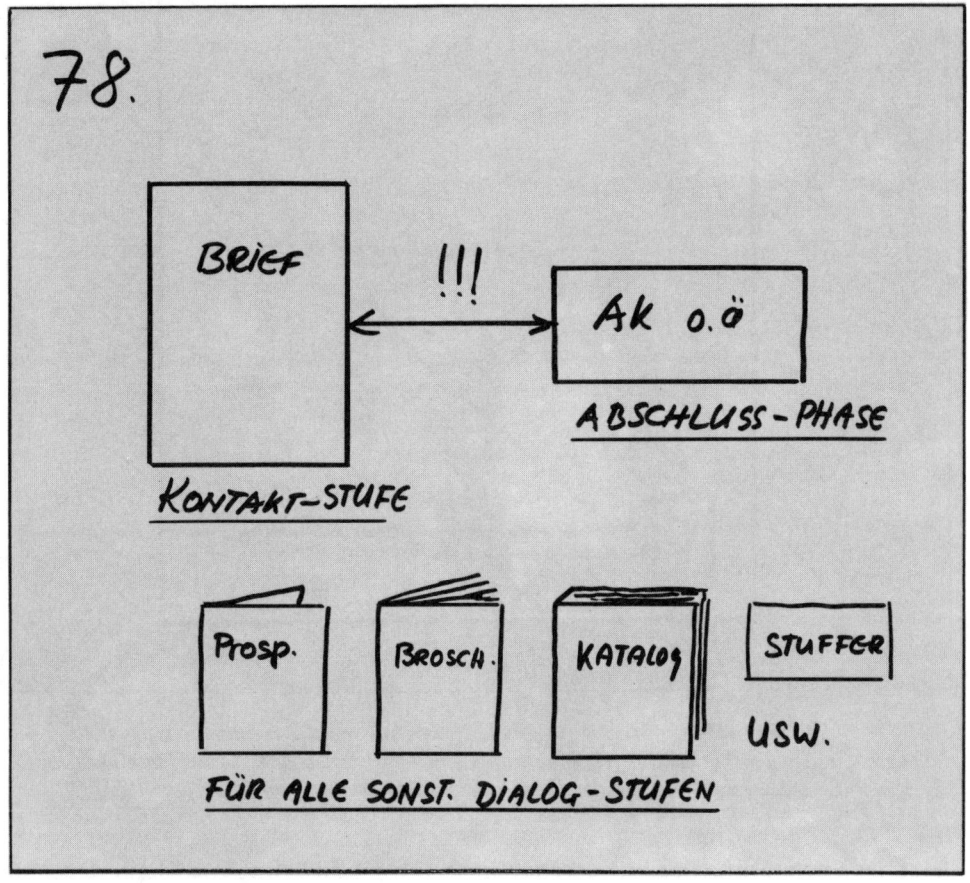

Bild 78: Eine unentbehrliche Briefbeilage kennen Sie schon: Die Antwortkarte oder ein ähnliches Reaktions-Mittel. Alle anderen Beilagen entscheiden Sie nach dem schon besprochenen Ablaufschema (s. Kapitel 103).

Zumindest aber ist das Fehlen eines Reaktionsmittels ein sehr starker Filter. Die Antwortkarte oder etwas ähnliches muß also sein.

Alle übrigen Beilagen sind nicht zwingend. Wir entscheiden über Prospekte, Kataloge, Stuffer usw. ganz einfach nach dem jeweiligen Werbe-Ziel. Sie erinnern sich an die Regeln, die wir in den Kapiteln über die richtige Konzeption kennengelernt haben: Beim Beschaffen von Interessenten-Anfragen *wenig* Information im ersten Package. Beim Verkaufen per Post, beim Einholen von Bestellungen *viel* Information. Den Gesamtumfang entnehmen Sie ganz einfach den einzelnen Stufen im Ablaufschema.

Für den textlichen Inhalt gelten für alle Brief-Beilagen annähernd die gleichen Regeln. Wir führen das schriftliche Verkaufsgespräch durchgehend im gleichen Sprach-Niveau. Über diese besondere Technik des Textens sprechen wir noch in den Kapiteln über die Direktwerbe-Sprache. Eine Besonderheit allerdings könnten wir hier schon vorwegnehmen: Die Teile zwischen dem Brief (Kontakt-Stufe) und der Antwortkarte (Abschluß-Phase) eignen sich bei Bedarf auch für etwas mehr Fachsprache.

Der »Mittelteil« des Verkaufsgespräches beantwortet die unausgesprochenen Leserfragen zu den Produkt-Details. Hier beweisen wir unsere Kompetenz, unser Fachwissen. Deshalb verkraftet unser Leser an dieser Stelle am besten unsere Fachausdrücke. Vor allem solche, auf die wir nicht verzichten können.

Ein bißchen *Mehr-Wissen* zu demonstrieren, schadet also nicht. Wir werden zwar später noch sehen, *zuviel* Fachsprache ist schädlich. Aber diese Regel zeigt vor allem Höhe und Menge der eingesetzten Fachsprache an. Ein »zuviel« ist dann erreicht, wenn Sie damit den Kontakt zum Leser verlieren. Die Grenze ist schwer zu ziehen. Je besser Sie Ihre Zielgruppe kennen, desto leichter finden Sie den richtigen Ton. Nehmen Sie zwei Grenzwerte als grobes Maß: Etwa 5 % Fachwörter im Brief verkraftet der Leser. Mit dieser Dosis setzen Sie sich nur eine kleine Stufe über ihn. Bei 15 % Fachwörtern im Text ist die obere Grenze bereits überschritten. Das gilt auch für den fachlichen Mittelteil des Gespräches, für alle Teile zwischen Brief und Antwortkarte. Alle Teile zeigen aber neben der sprachlichen Einheit noch deutliche Unterschiede in der grafischen Gestaltung, in den Headlines und im eigentlichen Inhalt. Deshalb behandeln wir jetzt die einzelnen Briefbeilagen und deren Dialog-Aufbau. Vor allem die Reaktions-Mittel und die Prospekte, denen Sie als künftiger Direktwerber begegnen werden.

104. Die Antwortkarten und ihre Verstärker-Wirkung

Wir nehmen uns als erste Beilage die Antwortkarte und ähnliche Reaktions-Mittel vor. Aus zwei Gründen: Erstens, weil dieser Teil im Package die größte Chance besitzt, die Erfolge Ihrer Aktivitäten zu erhöhen. Zweitens, weil Sie selbst vor allem Antwortkarten gestalten oder beurteilen. Bei den übrigen Package-Teilen entscheiden Sie meist nicht allein. Bei der Gestaltung der Prospekte, Broschüren und Kataloge holen Sie häufiger die Hilfe der Spezialisten ein. Deshalb räume ich dem Reaktions-Mittel einen größeren Besprechungsrahmen ein.

Der erste und gleichzeitig einer der größten Verstärker ist die *separat beiliegende* Antwortkarte. Wenn in den ersten Sekunden nach dem Öffnen eine Postkarte aus dem Package herausfällt, beantworten wir bereits eine wichtige Leserfrage: »Was will diese Firma von mir?« Die separat erscheinende Postkarte wirkt als Bild-Element. Der Leser kennt solche Karten und beantwortet seine erste Frage selbst mit: »Ich soll antworten!« Schon löst diese erste schnelle Reaktion weitere Fragen aus. Der Leser stellt sich selbst auf einen Dialog ein. Ein Brief mit einer Antwort-Karte ist eben keine Einweg-Kommunikation. Der erste Kurz-Dialog prägt die weitere Wahrnehmung und das Verhalten. Der Empfänger liest, denkt und versteht die Information im zweiten Durchgang als Dialog, weil sich seine Gedanken bereits auf dieser Schiene bewegen.

Also packen Sie in Ihr Package ein Reaktions-Teil hinein, das so eindeutig wie möglich einer Postkarte oder einem Rückkuvert gleichkommt. Je klarer, desto besser! Alle anderen Lösungen haben sich nicht bewährt. Alternativen zu den separat beiliegenden Teilen sind alle eingebauten Reaktions-Mittel. Die kritische Grenze ist überschritten, wenn Ihr Gestalter aus ästhetischen Gründen die Postkarte zu stark in den Prospekt integriert. Ihr Gestalter hat vielleicht recht. Diese Elemente könnten tatsächlich manchmal *»schöner«* sein. Aber Schönheit allein verkauft nicht. Wenn der Leser in den ersten Sekunden kein Reaktions-Mittel erkennt, dann denkt er an eine Einweg-Information. Und genauso liest und versteht er auch Ihr Package. Natürlich trifft das nicht auf alle Leser zu. Doch wenn nur 50 % Ihrer Empfänger (soviel sind es mindestens!) diesen ersten Eindruck gewinnen und mit diesem Vorurteil weiterlesen oder wegwerfen, dann fehlt Ihnen die Hälfte der möglichen Reaktionen.

Tatsächlich erleben wir diese Ergebnisse bei Testaussendungen immer wieder. Ein Package mit separat beiliegender Antwortkarte bringt bis zu zwei- oder dreimal höhere Reaktionsquoten gegenüber einem Package ohne deutlich erkennbare Reaktions-Mittel. Wenn die Aufforderung zum Handeln nur im letzten Brief-Absatz oder irgendwo im Prospekt versteckt ist, dann wirkt sie nur teilweise oder gar nicht. Die meisten Leser finden sie nicht, weil sie diese Information nicht suchen. Und auch hier haben wir es mit einem nahezu »unbelehrbaren« Verhalten aller Zielgruppen zu tun.

Wenn Sie trotzdem Packages Ihrer Konkurrenz oder anderer Direktwerber finden ohne ein separat beiliegendes Reaktions-Mittel, dann kann dieses Verfahren in folgenden Fällen funktionieren: Einmal aus Kostengründen. Sie erinnern sich, als Erfolg bezeichneten wir die Differenz zwischen den Kosten und dem ausgelösten Umsatz. Wer die Antwortkarte oder den Antwortschein in die Beilage oder den Prospekt integriert, spart häufig Produktions-Kosten ein. Beim Drucken und beim Kuvertieren. Die eingesparten Druckkosten können in bestimmten Fällen die geringere Reaktionsquote ausgleichen. Und deshalb kann eine solche Aktion immer noch »erfolgreich« sein. Doch das ist nicht immer gesichert und müßte zuvor getestet werden. Und deshalb bleiben Sie bei Ihren Aktionen bei den besprochenen separat beiliegenden Antwortkarten oder sonstigen Reaktions-Mitteln.

Der zweite Grund für das Funktionieren dieser Werbemittel »aus einem Stück« ist die optisch gesteuerte Gestaltung. Auch eine anhängende Antwortkarte kann während der ersten Sekunden schon wirken und den Leser auf die Antwort-Schiene bringen. Sobald das typische Bild einer Postkarte oder eines Bestellscheines aus dem üblichen Umfeld hervortritt, haben Sie eine wirksame aber immer noch schwächere Alternative zur separat beiliegenden Karte.

Den besten Beweis für die Verstärker-Wirkung separat beiliegender Reaktions-Mittel erkennen Sie in den neuen Werbemitteln aus dem Laser-Drucker. Ich meine die mehrfach personalisierten Package-Teile, die auf derselben Papierbahn gedruckt werden, also Brief mit Adresse und Anrede, Antwortschein mit Adresse und vielleicht auch noch zusätzliche Stuffer, ebenfalls personalisiert. Alle diese Teile werden zusammenhängend gedruckt und vor dem Kuvertieren wieder auseinander geschnitten! Ganz einfach deshalb, weil das Package mit diesen getrennten »Gesprächs-Teilen« höhere Quoten bringt.

Beobachten Sie übrigens immer wieder die Aktionen der Versender und Verlage. Denken Sie daran, was nach jeweils zwei Monaten wiederholt vom selben Versender eingesetzt wird, ist wahrscheinlich erfolgreich, sonst käme diese Package-Form nicht immer wieder vor. Was nur einmal auftritt, das kann auch mal eine Test-Aktion sein. Beurteilen Sie also den Erfolg fremder Ideen erst nach ihrem wiederholten Auftreten vom selben Absender.

Die Beobachtung fremder Packages ist natürlich nur ein ungefährer Anhaltspunkt für Sie. Denn vergessen Sie nicht, unsere eigene Werbung ist nur ein Glied unter vielen in der gesamten Kette der Erfolgs-Ursachen. Vor allem aber, sie spielt nicht die dominierende Rolle. Das marktreife Produkt, die jeweilige Zielgruppe und ihr Bedarf bestimmen die Erfolgs-Chancen stärker als die jeweilige Form der Werbung.

Nehmen Sie noch eine allgemeine Verstärker-Regel für die Reaktions-Mittel zu Ihrem Handwerkszeug: Die einfache Art und Weise der Handhabung. Der visuelle Aufbau, die Gliederung, die schnelle »Führung« durch die Reaktions-Phase beeinflussen die Erfolgsquote. Unterstellen Sie Ihrem Leser keine zu hohe Konzentrations-Bereitschaft. Eine Antwortkarte ist kein Suchbild. Denken Sie einfach an das persönliche Verkaufsgespräch. Wenn der Kunde Kauf-Bereitschaft signalisiert, dann hilft ihm der Vertreter sogar beim Ausfüllen des Auftrages. Er treibt kein Verwirr-Spiel. Er überläßt nichts dem Zufall. Er sagt dem Kunden nicht:

»Hier haben Sie ein kompliziertes Bestell-Formular, versuchen Sie, bei Gelegenheit daraus klug zu werden und füllen Sie dann alles korrekt aus!«

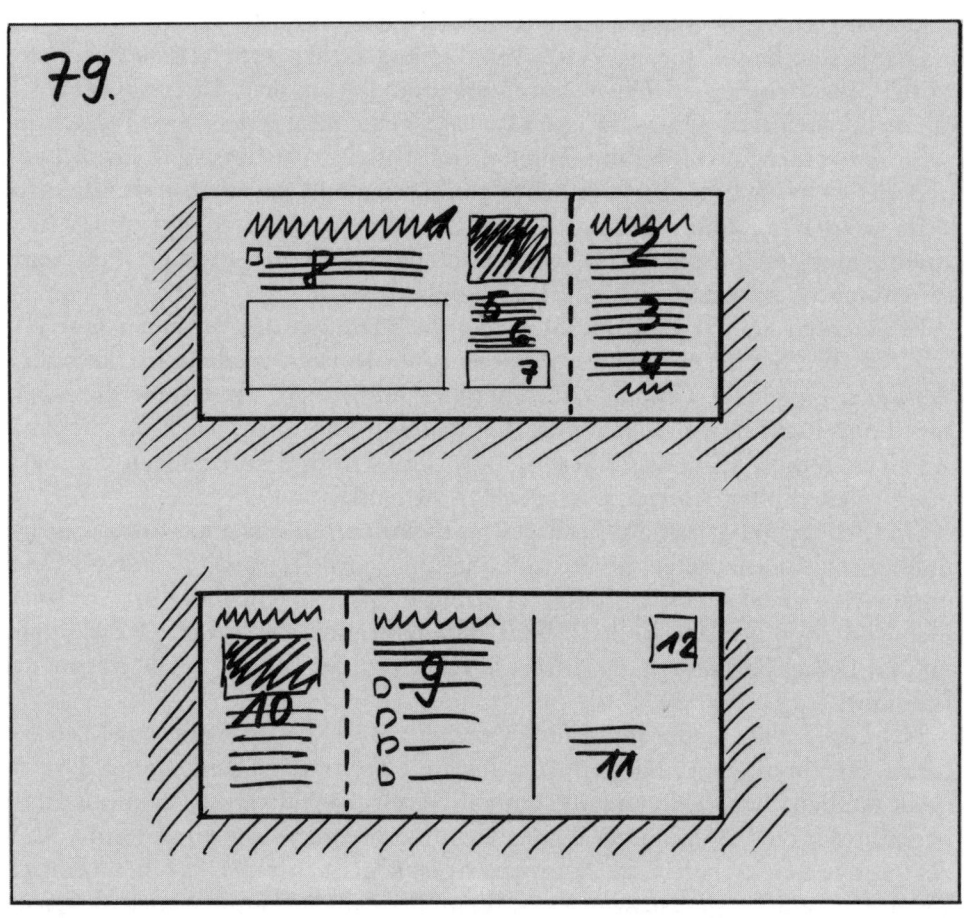

Bild 79: Plazierungs-Vorschlag für die Antworten zu den wichtigsten Grundfragen jeder Zielgruppe (s. Kapitel 105).

Eine richtig aufgebaute Reaktions-Stufe (Antwortkarte, Bestellschein usw.) gibt kurze Antworten auf etwa folgende unausgesprochene Leserfragen (Grundfragen):

1. Was soll ich mit dieser Karte abrufen?
2. Welches Risiko gehe ich ein?
3. Was passiert nach meiner Reaktion?
4. An wen kann ich mich wenden?
5. Wie wird geliefert?
6. Wie ist zu bezahlen?
7. Muß ich etwas unterschreiben?
8. Wie formuliere ich meine Bestellung?
9. Was muß ich entscheiden oder auswählen?
10. Was erhalte ich (Detail)?
11. Wer wartet auf meine Antwort?
12. Wie muß ich frankieren?

Diese Leserfragen treten nicht immer gemeinsam auf. Wer eine kostenlose Broschüre abruft, fragt nicht wie er bezahlen soll. Nehmen Sie dennoch diese Fragen sehr ernst. Denken Sie an die Abschlußphase im persönlichen Gespräch, und helfen Sie dem Leser, den richtigen Weg zu finden. Vergessen Sie nie die wichtigen Grundfragen: Was habe ich davon? Was soll ich jetzt tun?

Die Frage nach der richtigen Entscheidung und nach dem Vorteil dominiert immer, aber ganz besonders hier auf der Antwortkarte.

Die Leserfragen sind so wichtig, daß wir heute schon jeder Frage einen Platz für die Antwort zuordnen. Manchmal geben wir nur Kurz-Antworten per Bild-Element oder Headline.

105. Die Empfänger-Adresse auf der Antwortkarte

Wir kennen heute etwa 30 verschiedene Filter und Verstärker auf den Reaktions-Mitteln. Sie beeinflussen die Reaktionsquote unterschiedlich hoch. Wir behandeln in diesem Buch die Elemente, die den größten Einfluß haben. Auf diese Weise haben Sie größere Chancen, die bisherigen Erfolgsquoten zu verbessern.

Zur besseren Orientierung finden Sie in Bild 79 eine Art »Lageplan« für die Verstärker auf der Antwortkarte. Da wir vor allem an die KISS-Methode denken, verwenden wir auch hier eine einfache Antwortkarte, die Sie selbst überall einsetzen können. Haben Sie keine Angst, sich an ein solches Raster anzulehnen, auch dann nicht, wenn Sie diesem Karten-Aufbau häufig begegnen. Es ist für den Leser immer noch besser, sich in der Abschlußphase schnell zurechtzufinden, als hilflos vor einem neuen Reaktions-Mittel zu stehen, besonders dann, wenn sich diese neue Karte sehr weit vom gewohnten Bild wegbewegt. Daraus ergibt sich übrigens eine weitere Regel: Entfernen Sie sich mit neuen Gestaltungsformen nicht zu weit vom gewohnten und vor allem vom schnell erkennbaren Bild.

Der nächste Verstärker nach der separat beiliegenden Karte ist der Empfänger-Name auf der Karte. Er wirkt auf mehrfache Art. Er ist außerdem zwingend, wenn Sie einen nicht personalisierten Offset-Brief im Kuvert verschicken, das einfache KISS-Methoden-Package, bestehend aus einem Fensterkuvert, einem gedruckten Brief und Beilagen. In diesem Falle ist die Antwortkarte der Adreßträger.

Aber auch bei personalisierten Briefen wirkt die Empfänger-Adresse auf der Antwortkarte oder dem Antwortschein. Sie ist dann ein zusätzlicher Verstärker. Die eigentlichen Gründe sind mehr psychologischer Art. Eine solche Antwortkarte erweckt im Leser den Eindruck, als wäre sie bereits »ausgefüllt«. Es ist, als habe sich der Versender schon intensiver mit dem Leser befaßt. Und dieser Eindruck zieht den Leser tiefer in das schriftliche Gespräch hinein. Wir kommen damit zu einer Situation, die auch der Kunde im persönlichen Verkaufsgespräch erlebt: Der Vertreter füllt den Bestellschein soweit wie möglich selbst aus. Nicht nur mit Namen und Anschrift. Er geht noch weiter. Er fragt nach Einzelheiten wie Stückzahl, Liefertermin, Zahlungsart und notiert auch diese Daten für den Kunden. Und er weiß genau, ein solcher Verlauf der Abschluß-Phase führt sicherer zum Ziel.

Doch es geht nicht nur um dieses stärkere »Hineinziehen« ins schriftliche Gespräch. Auch das Angebot selbst wird persönlicher, wenn der Empfänger-Name auf dem Reaktions-Mittel zu lesen ist. Eine Antwortkarte ohne Adresse zählt weniger. Sie wirkt mehr als unpersönliche Streu-Werbung. Besonders dann, wenn sie später allein zwischen irgendwelchen Unterlagen auftaucht. Sie rückt in die Nähe der unadressierten Werbung, der Postwurfsendung, der Anzeigen mit aufgeklebten Karten, der nicht personalisierten Zeitungsbeilagen. Diese Instrumente bringen geringere Erfolgsquoten als die persönlich adressierte Direktwerbung zum gleichen Thema.

Noch ein letzter Gedanke verstärkt die Wirkung der Empfänger-Adresse: Der Leser müßte vor dem Zurücksenden selbst seinen Absender eintragen. Genau diese »Arbeit« scheint eine Hemmschwelle zu sein. Wer seinen Absender irgendwo einsetzt, der schreibt zwangsläufig seinen Namen. Wer seinen Namen schreibt, der nähert sich im psychologischen Verhalten dem »*Unterschreiben*«. Eine verlangte Unterschrift aber ist eindeutig ein Filter im schriftlichen Verkaufsgespräch. Wir behandeln dieses Thema noch in einem separaten Kapitel.

Neben dieser psychologischen Verstärker-Wirkung denken Sie bei adressierten Antwortkarten auch an die formalen Vorteile. Sie helfen mit der vorgeschriebenen Empfänger-Adresse Ihrer eigenen Organisation. Der zurückkommende Name ist leichter zu lesen, besser zu identifizieren und der jeweiligen Adreß-gruppe zuzuordnen. Wir fügen dem Namen häufig eine Kennziffer hinzu. Das spart Such-Kosten und erleichtert die Erfolgskontrolle, besonders beim Einsatz gleicher Antwortkarten bei unterschiedlichen Aktionen, also beim Testen unterschiedlicher Adreß-Listen, Briefbeilagen, Kuvert-Formen, Produkt-Namen, Angebots-Varianten oder konzeptionellen Unterschieden.

Die Kennziffer koppeln wir in diesen Fällen einfach mit dem Namen. Sie erscheint dann in der oberen rechten Ecke des Adreß-Feldes, ganz gleich, ob per Etiketten adressiert oder direkt beschriftet wird. Beides ist heute problemlos machbar. Die Technik ist vorhanden. Ihr Adressenverlag oder Direktwerbe-Unternehmen hilft Ihnen bei der Auswahl der zweckmäßigen Technik. Die Entscheidung hängt meistens von der Größe der jeweiligen Auflage ab. Nur kleinste Mengen adressieren Sie selbst noch manuell per Selbstklebe-Etikett oder Schreibmaschine. Aber spätestens ab 1000 Antwortkarten ist die maschinelle Personalisierung wirtschaftlicher, sowohl für die direkte Beschriftung als auch für den Einsatz von Adressen-Aufklebern, geschnitten aus einer endlosen EDV-Adressen-Liste.

Die Techniken dieser Adressier-Verfahren haben sich in der Geschichte der Direktwerbung häufig geändert. Das wird auch künftig so sein. Doch das alles ist nur für Sie und die Senkung der Produktionskosten gedacht. Der Leser interessiert sich nur am Rande für die Verfahren, und auch dann höchstens der gewerbliche Brief-Empfänger. Private Zielgruppen schauen auf »wichtigere« Informationen als auf Produktions-Details. Der Leser will so persönlich wie möglich »adressiert« sein und so wenig wie möglich als »Masse« behandelt werden.

Achten Sie deshalb auf eine möglichst original-getreue Personalisierungs-Technik. Unter einem »Original« verstehen wir die ganz individuell, einzeln adressierte Antwortkarte. So gesehen, wirkt die direkte Beschriftung etwas besser als das aufgeklebte Etikett. Doch gerade bei Antwortkarten haben sich die Leser auch an das Bild des Adressen-Aufklebers, der sogenannten »Cheshire-Etiketten«, gewöhnt.

Wenn Ihre Auflagenhöhe ausreicht, zum gleichen Preis auch direkt zu beschriften, dann wählen Sie diesen Weg. Orientieren Sie sich künftig ganz einfach am Wunsch Ihrer Leser. Entscheiden Sie sich für die Technik, die diesem Wunsch zu einem tragbaren (Kostendeckung beachten!) Preis am besten entspricht.

Die mitgedruckte Kennziffer oder die Kundennummer ist natürlich ein kleiner Störfaktor und deutet eine Massen-Aussendung an. Aber inzwischen hat sich der Leser auch daran gewöhnt. Der Filter ist auch hier kleiner als der dadurch gewonnene Effekt für die Erfolgskontrolle. Also bauen Sie die Kennziffer irgendwo ein, wenn Sie nicht darauf verzichten wollen. Bei der direkten Adressierung suchen Sie sich eine Stelle auf dem Antwortschein aus, die weniger stört. Ihr Computer steuert diese Codierung ganz nach Ihrem Wunsch, also auch weit entfernt von der Adresse. Häufig läßt sich dann die Kennziffer als Gestaltungs-Element irgendwo einbauen. Nur beim Personalisieren über Etiketten funktioniert dies nicht (Sie brauchten sonst zwei Aufkleber).

Zwei letzte Anmerkungen noch zu diesem Kapitel. Erstens zum Adreßfeld: Bei einfachen KISS-Methoden-Packages mit adressierten Antwortkarten ist der Brief nicht personalisiert. Also brauchen wir die Empfänger-Adresse auch als postalische Versand-Anschrift unter dem Fenster unseres Kuverts. Aber nur die Adresse und vielleicht noch die Absenderzeile, nicht mehr! Gestalten Sie deshalb die Fläche des Adressen-Feldes (auf Antwortkarten, Bestellscheinen usw.) etwa 10 mm größer als das Kuvert-Fenster. Anderenfalls erscheinen im Fenster auch andere Elemente Ihrer Antwortkarte und signalisieren Dinge, die Sie vielleicht auf dem geschlossenen Kuvert noch verschweigen wollen. Ihre Antwortkarte rutscht ja unter dem Fenster etwa 5 – 10 mm hin und her. Wenn dabei plötzlich das Unterschriftsfeld sichtbar wird, beginnt Ihr schriftliches Verkaufsgespräch falsch. Der Vertreter sagt an der Tür nicht: »Guten Tag, Herr Wolfgang Suppan, Sie sollen mir hier etwas unterschreiben . . .!« Also vermeiden Sie solche zu frühen Signale im Fenster-Kuvert.

Der zweite Hinweis gilt den Tippfehlern, Hörfehlern und Schreibfehlern in Ihrer eigenen Kartei. Durch diese Pannen wird aus dem großen Verstärker des persönlichen Namens plötzlich ein ebenso großer Filter. Darüber haben wir beim Thema »Adressen« bereits gesprochen. Wir alle haben nahezu 10 % solcher Schreibfehler in unserer eigenen Interessenten-Kartei. Also sprechen wir etwa 10 % unserer potentiellen Kunden falsch an! Schwächen Sie diese Gefahr etwas ab und verwenden Sie den Hinweis, den Sie schon häufig in der Nähe der Adresse gelesen haben: »Bitte korrigieren Sie Ihre Anschrift, falls Schreibfehler enthalten.« Oder eine ähnliche Bitte um Prüfung und evtl. Korrektur. Das baut den Ärger über den falschen Namen etwas ab und hilft, die Kartei zu pflegen. Sollte sich der mit falschem Namen angesprochene Leser nicht melden, dann hat er weniger Grund sich zu ärgern.

106. Der »Garantie«-Abschnitt als Verstärker

Etwa 70 % der Leser betrachten auf einer Antwortkarte die Seite mit dem Empfänger-Namen zuerst. Wir nennen Sie deshalb die »Vorderseite«. Auf dieser Vorderseite bietet sich eine weitere Chance für einen Verstärker. Sie ist technisch bedingt und wirkt sich besonders bei Lang-DIN-Packages aus.

Die Bundespost befördert Postkarten nur dann zum günstigsten Tarif, wenn sie typisches »Postkarten-Format« haben. Das ist etwa das Format DIN A 6. Natürlich will der Direktwerber diesen niedrigen Portosatz ausnutzen. Wenn aber unsere Antwortkarte die Empfänger-Adresse trägt und diese Adresse genau unter dem

Fenster eines Lang-DIN-Kuverts liegen soll, dann ergeben sich Probleme. Die übliche Postkarte verrutscht hinter dem Fenster, die Adresse verschwindet teilweise, und der Briefträger wird ratlos.

Deshalb verlängern wir ganz einfach die herkömmliche DIN-A-6-Postkarte um einen kleinen Abschnitt. So entsteht die Lang-DIN-Antwortkarte. Das kleine zusätzliche Stück lassen wir vom Leser abtrennen, bevor er seine Karte zurückschickt. Diese Aufgabe signalisieren wir dem Leser durch mehrere Bild-Elemente. Zunächst durch die sogenannte »Druck-Perforation«. Der kleine Abschnitt läßt sich dadurch problemlos ohne Schere abtrennen. Als zusätzliches Signal drucken Sie je eine Schere an das obere und untere Ende dieser Abriß-Linie. Und ziehen Sie außerdem eine gestrichelte Linie von Schere zu Schere. Auf diese Weise erkennt der Leser auch bei geringster Konzentrations-Bereitschaft, was zu tun ist.

Alle diese Elemente wirken sich deshalb als Verstärker aus. Wer noch mehr Führungs-Elemente braucht, unterbricht die Farbfläche zwischen eigentlicher Antwortkarte und Abriß. Entlang der Schneidelinie bleibt dann eine etwa 5 mm breite weiße Fläche und wirkt noch einmal als kleiner Verstärker für die eigentliche Abschluß-Phase. Gelegentlich lesen Sie auch noch die Bemerkung: »Dieser Abschnitt bleibt bei Ihnen!« Auch dieser Satz hilft und ist ein Wegweiser während der letzten Schritte. Alle diese Verstärker sind Teile aus dem persönlichen Verkaufsgespräch. Auch der Vertreter bringt Standard-Sätze wie »Diese Kopie gehört Ihnen«.

Obwohl dieser abzutrennende Abschnitt ursprünglich technisch bedingt war, hat er inzwischen eine zusätzliche Verstärker-Funktion übernommen. Er wurde zur Pseudo-Quittung. Wenn wir den Leser ohnehin mit dem Abreißen beauftragen, dann sollte er selbst auch einen Vorteil davon haben. So entstand der Garantie-Abschnitt, und er entpuppte sich als großer Verstärker, besonders bei privaten Zielgruppen.

Deshalb lesen Sie so häufig das Wörtchen »Garantie« als Headline auf diesem kleinen Abschnitt. Das ist eine Kurzantwort auf die wichtige unausgesprochene Leserfrage »Welches Risiko gehe ich ein?« oder »Was passiert nach meiner Reaktion?« Im Textblock unterhalb dieser »Garantie« finden Sie dann Formulierungen wie: ». . . bestätigen wir Ihnen, daß Sie diese Broschüre tatsächlich kostenlos per Post erhalten . . .« oder bei Probe-Bestellungen: ». . . Prüfen Sie alles 14 Tage lang in Ruhe zu Hause. Wenn Ihnen das Produkt YX nicht gefällt, dann schicken Sie es einfach innerhalb dieser Zeit im Original-Zustand wieder zurück. Sie schulden uns dann keinen Pfennig . . .«

Alle Texte dieser Art erklären das Follow-up. Der Leser muß wissen, was auf ihn zukommt. Vor allem aber, wie er notfalls seine Reaktion wieder rückgängig machen kann. Diese Leserfragen dominieren beim Gewinnen neuer Kunden stärker als bei Angeboten an unsere Stammkunden. Wer noch nie von uns beliefert wurde, kennt uns schlechter. Das Vertrauen zu uns, zum Produkt, zur Angebots-

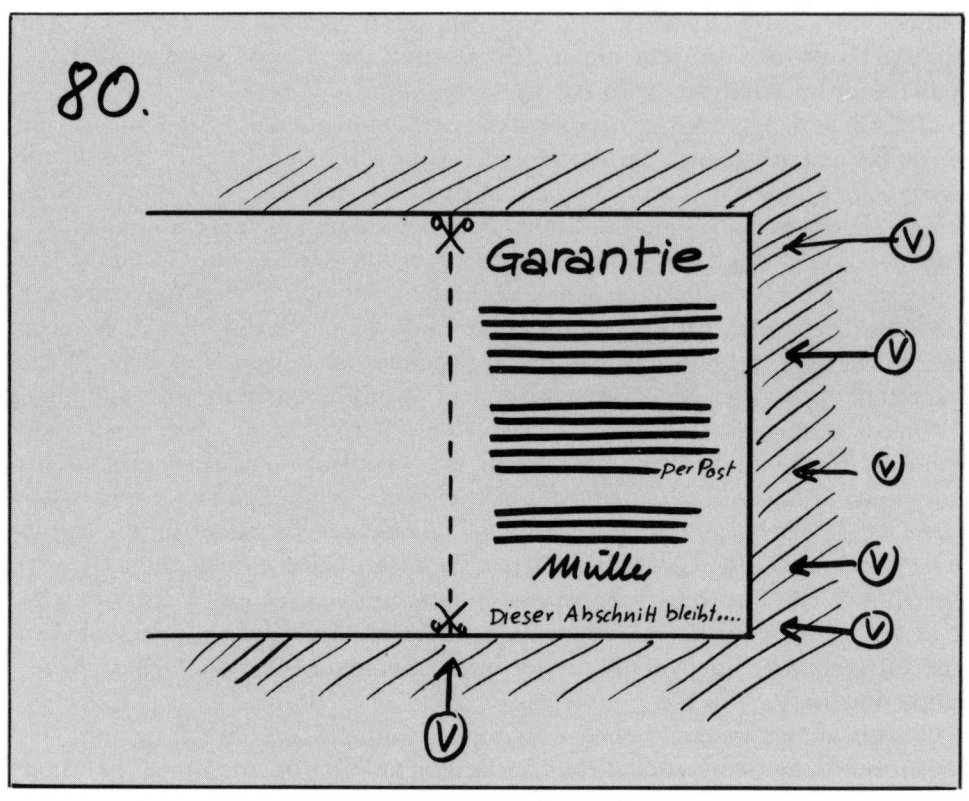

Bild 80: Der Garantie-Abschnitt einer Antwortkarte bietet Ihnen Chancen für wirksame Verstärker (s. Kapitel 106).

art, zum Kaufen per Post, muß noch wachsen. Also geben Sie ihm mehr Sicherheit. Der Abschnitt an der Antwortkarte eignet sich dafür ganz hervorragend.

Manche Angebote verunsichern den Leser in der Frage: Wie erhalte ich die Ware oder das angeforderte Angebot? Sobald der Verdacht eines Vertreter-Besuches aufkommt, sinkt die Erfolgsquote. Deshalb sagen Sie es so deutlich wie möglich: »... Sie erhalten diese Broschüre völlig unverbindlich und kostenlos *per Post!*« Auch für diese Erklärung bietet Ihnen der Garantie-Abschnitt eine gute Chance.

Wer telefonische Kontakte mit seinen Interessenten oder Neukunden anstrebt, der motiviert den Empfänger dazu. Auch dafür bietet sich der Garantie-Abschnitt an. Sie finden zu diesem Thema Texte wie: »... Falls Sie danach noch irgendwelche Fragen haben, helfen wir Ihnen telefonisch gern weiter. Rufen Sie einfach an. Telefon Nr. 0 8171/7210. Verlangen Sie Herrn Buchner...« Die Zahl der Rückrufe erhöht sich übrigens durch die Angaben der Telefon-Nr. und des Ansprech-Partners im Textblock. Verlangen Sie vom Leser nicht zuviel Denkleistung. Er hat Wichtigeres zu tun, als irgendwo im Package nach der Telefon-Nr. zu suchen. Erleichtern Sie ihm die Arbeit. Sagen Sie ihm, *wie* er anrufen und wen er verlangen soll. Wir haben so bei Test-Aktionen im Bereich gewerblicher Zielgruppen bis zu 200 % mehr Rückrufe gemessen!

Garantien, Bestätigungen oder Zeugnisse sind normalerweise unterschrieben. Also runden Sie das Bild Ihres »Garantie«-Abschnittes ab und drucken Sie Ihre Unterschrift unter den Textblock. Auch dieser Zusatz ist ein kleiner Verstärker und bewirkt ein kleines »ja«. Vor allem aber, er kostet Sie keinen Pfennig. Also stehen Sie zu dem, was Sie Ihrem Leser auf dem Garantie-Abschnitt zusagen. Unterschreiben Sie Ihr Versprechen!

Wann immer Sie irgendwelche andere Ideen für diesen Karten-Abschnitt suchen, denken Sie daran, dem Leser einen Vorteil zu bieten. Damit haben Sie noch viele Chancen. Im Zweifelsfall bleiben Sie bei der »Garantie«.

107. Der Karten-Titel als Verstärker

Sobald der Leser die separat beiliegende Antwortkarte entdeckt, taucht wieder eine unausgesprochene Leserfrage auf: »Was soll ich tun? Was bedeutet diese Karte? Was erwartet der andere von mir?«, oder ähnlich formulierte Grundfragen.

Alle diese Fragen wirken schon im ersten Blickverlauf durch das Package. Sie lösen den Kurz-Dialog aus. Zu diesen blitzartig ablaufenden gedachten Fragen brauchen wir jetzt auch die ebenso schnell wirkenden Kurz-Antworten. Aus den Kapiteln über das Grundmodell der Dialogmethode wissen Sie noch, Kurz-Antworten sind vor allem Bilder und Headlines. Diese beiden Elemente setzen wir jetzt auch für den Kurz-Dialog auf der Antwortkarte ein.

Wir koppeln ganz einfach eine Headline mit der Aussage über Sinn und Zweck der Karte. So kommen wir zum *Karten-Titel,* der die Funktion dieser Postkarte sofort zu erkennen gibt.

Auf diese Weise entstehen all die Namen wie Abrufkarte, Informations-Gutschein, Beratungs-Scheck, Ansichts-Gutschein, Teilnahme-Karte, Stammkunden-Karte, Abholkarte und ähnliche Formulierungen, die Sie täglich bei Ihrer eigenen Eingangs-Post entdecken. Wählen Sie einen Titel aus, der dem eigentlichen Sinn Ihrer Karte am nächsten kommt. Damit haben Sie schon wieder einen Verstärker in Ihrem Package.

Die Erklärung ist nicht schwer. Wer beim ersten Blickkontakt das Wort »Abrufkarte« liest, der muß zumindest noch solange weiterlesen, bis er weiß, *was* er abrufen soll. Der Titel »Abrufkarte« zündet also eine neue Leserfrage im Dialog, nämlich »*was* soll ich abrufen?« Jetzt führen Sie den Leser tiefer hinein in den

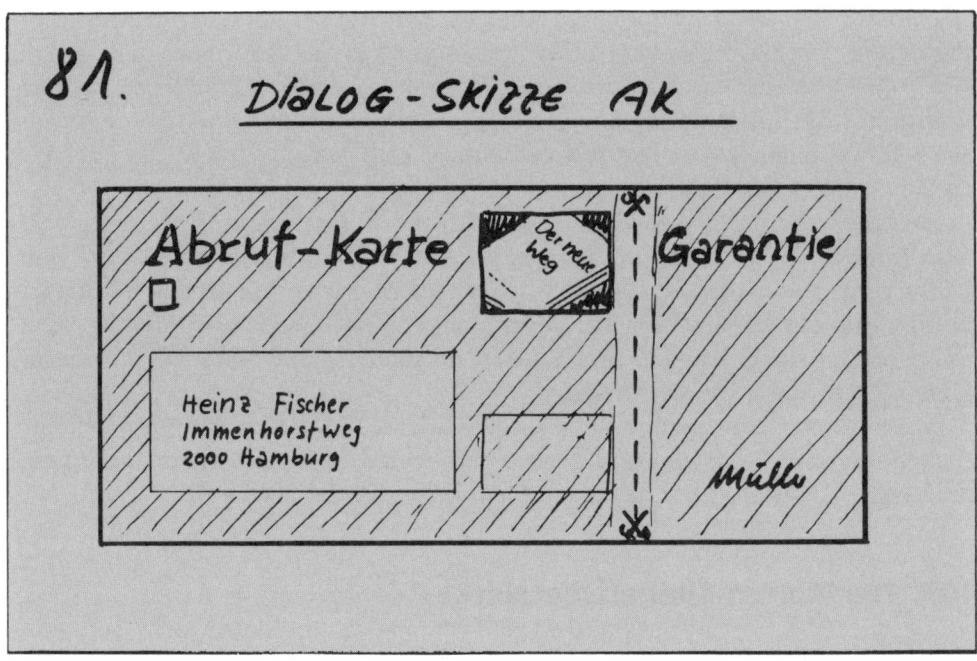

Bild 81: »Dialog-Skizze« für eine einfache Antwortkarte zur Beschaffung von Interessenten-Anfragen. Kartentitel und Bild-Element eröffnen den Dialog (s. Kapitel 107).

schriftlichen Dialog. Außerdem sagt der Titel »Abrufkarte« vordergründig, es ist nichts zu bestellen oder zu kaufen. Auch dieser Eindruck ist ein Verstärker für das weitere Lese-Verhalten unserer Empfänger.

Der Kartentitel bringt also die Funktion dieser Karte zum Ausdruck. Er signalisiert dem Leser einen Vorteil. Etwas »abrufen« oder »abholen« deutet auf »kostenlos« hin, und schon öffnen sich die Pupillen unserer Brief-Empfänger stärker, und die Gesamt-Information wird intensiver gelesen.

Achten Sie beim Verstärker »Kartentitel« aber noch auf zwei gestalterische Punkte, erstens auf die Schriftgröße dieser Headline. Nur 2, 4 oder 6 Punkt größere Schrift ist kein ausreichendes Signal für eine Kurz-Antwort. Nehmen Sie eine mindestens doppelt so große Schrift wie beim darunter stehenden Textblock. Denken Sie zweitens auch an die Lesbarkeit in Sekunden-Bruchteilen. Dabei helfen Ihnen die Schriftart und die Wortlänge. Wörter in Groß- und Kleinbuchstaben sind besser lesbar als solche, die nur in Versalien (Großbuchstaben) geschrieben sind. Wörter mit bis zu drei Silben sind schneller erfaßbar als vier- und mehrsilbige.

Kartentitel sind Kurz-Antworten. Also berücksichtigen Sie die obige Regel, dann wirkt auch dieser Verstärker besser. Verzichten Sie auf Versalien-Wörter (eine Ausnahme sind Firmen- und Produktnahmen, wenn diese Namen ansonsten immer in Versalien geschrieben werden). Trennen Sie zu lange Wörter oder suchen Sie ein neues besseres Wort. Schon der Bindestrich macht aus einem schwer lesbaren »INFORMATIONSGUTSCHEIN« einen schneller verständlichen »Informations-Gutschein«.

Wenn Sie einen zusätzlichen Schritt zur besseren Lesbarkeit gehen wollen, dann verwenden Sie auch bei Ihrer Antwortkarte eine sogenannte »Antiqua-Schrift«, also eine Schrift mit Füßchen (Serifen), über die wir bei der Typografie der Werbebriefe schon gesprochen haben.

Wenn Ihre Leser die Kurz-Antwort »Abruf-Karte« o. ä. gelesen haben, suchen sie mehr Details. Die Augen wandern dann in den Textblock, der genau unter dem Kartentitel steht. Deshalb formulieren wir hier ganz einfach den eigentlichen Bestell- oder Abruftext. Damit ist dann auch sehr früh eine weitere Leserfrage beantwortet: »*Wie* soll ich bestellen oder abrufen.« Eine Frage, die wir sogar zu den Grundfragen aller Zielgruppen zählen. Sie taucht immer wieder auf, besonders wenn der Leser auf einem eigenen Briefbogen antwortet oder etwas abruft oder bestellt. Sie finden dann häufig Ihren eigenen Bestelltext im Brief Ihres Kunden.

Noch ein letzter Tip zu diesem Thema: Legen Sie sich zuerst eine Art »Rohtext-Sammlung« mit Kartentiteln an, die Ihnen inner- und außerhalb Ihrer eigenen Branche begegnen. Entwickeln Sie dann einen neuen, eigenständigen Kartentitel oder greifen Sie auf die bewährten Titel zurück. Bleiben Sie bei kurzen Titeln, die schnell und präzise die Funktion der Karte erklären. Bei gewerblichen Empfängern ist eine »*XY-Abrufkarte*« immer noch besser als eine »XY-Informations-Defizit-Stoppkarte«. Bei privaten Empfängern dürfen die Kartentitel aber durchaus einmal barocke Formen annehmen, sofern sie der bildhaften Vorstellung des Lesers dienen (Weihnachts-Wunschzettel u. ä.).

108. Das Bild-Element als Verstärker auf Antwortkarten

Der Kartentitel als Headline ist nur eine der Chancen, eine kurze, schnelle Antwort zu geben. Die Frage, was diese Karte auslöst, beantworten wir deshalb noch schneller mit einem Bild. Wir zeigen dem Leser im Bild, was er mit seiner Antwortkarte abruft, oder was er zusätzlich als Geschenk erhält. Wir lassen ihn optisch Besitz ergreifen von dem zu erwartenden Produkt. Die Antwortkarte ist der eigentliche Ort der Kaufhandlung, der Moment des »Zugriffs«. Aber sie ist auch der Augenblick der letzten Entscheidung über das »Soll ich oder soll ich nicht reagieren?« Deshalb wirkt eine bildliche Darstellung des zu erwartenden Vorteils als Verstärker.

Welche Art von Bild wählen wir, und wo plazieren wir es? Das letztere ist schnell erklärt. Bei der Technik des Skizzierens haben wir schon erfahren: die Kurz-Antworten plazieren wir entlang der Lesekurve. Also prägen Sie sich den Blickverlauf ein, dann wissen Sie künftig sehr schnell, wo Sie das Bild-Element plazieren.

In Bild Nr. 82 finden Sie zwei Skizzen mit Lesekurven auf Antwortkarten. Beide Karten unterscheiden sich nur durch die Stellung des Adressen-Feldes. In beiden Fällen beginnt der Leser bei seinem eigenen Namen, beim Wort mit dem höchsten Aufmerksamkeitswert. Der Blick läuft dann weiter in einem großzügigen Bogen über die Kopfleiste und verläßt die Karte unten rechts. Mehr als 70 % der Leser zeigen dieses Verhalten, und deshalb legen wir diesen Verlauf als »Lesekurve« zugrunde.

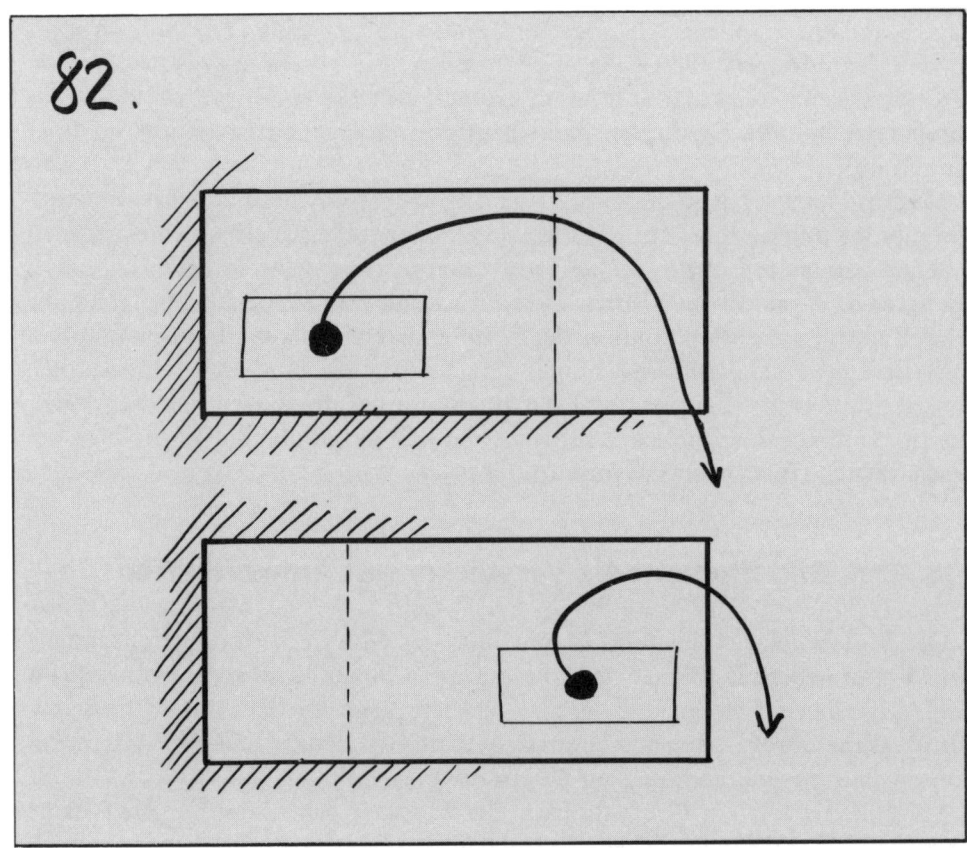

Bild 82: Die Stellung des Adressen-Feldes beeinflußt den Verlauf der Lesekurve. Bei zu kurzer Verweil-Dauer korrigieren Sie mit dem Bild-Element (s. Kapitel 108).

Diese Grundregel führt natürlich zu unterschiedlicher Verweildauer auf der Karten-Vorderseite. Steht das Namensfeld links, dann ergibt sich zwangsläufig eine längere Kurve. Bei rechts stehender Adresse ist der Karten-Ausgang schneller erreicht. Eine solche, nicht beeinflußte Kurve nennen wir eine »natürliche Lesekurve«.

Nun plazieren wir die Kurz-Antworten, in unserem Falle das Bild, entlang der natürlichen Lesekurve. Allerdings nur dann, wenn diese Kurve ohnehin die gesamte Fläche erfaßt, so wie im obigen Beispiel mit der Adresse auf der linken Seite.

Im anderen Falle, bei relativ kurzen, natürlichen Lesekurven, benützen wir den Blickfang »Bild« gleichzeitig als Korrektur-Hilfe. Wir ziehen mit dem Bild den Leser aus der zu kurzen Kurve heraus und verlängern somit die Verweildauer auf

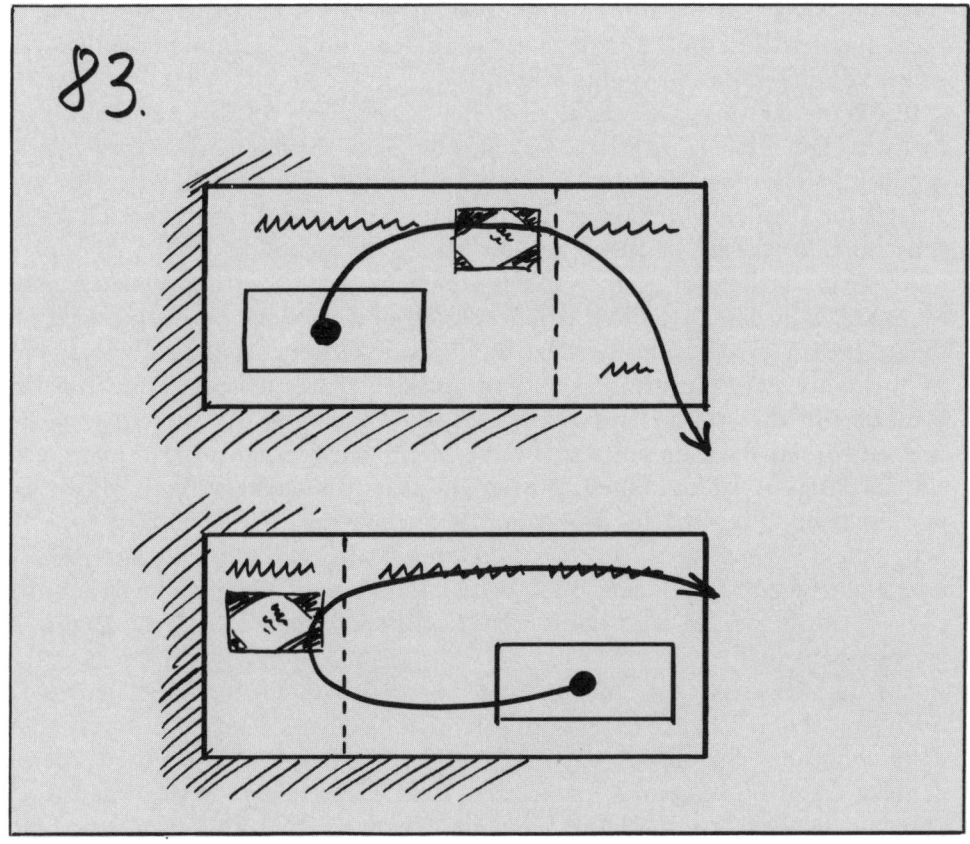

Bild 83: Bild-Elemente plazieren wir entweder entlang der »natürlichen Lesekurve« oder auf einem sonst nicht beachteten Seitenteil. Das führt zu einer »korrigierten Lesekurve« mit längerer Verweildauer pro Seite (s. Kapitel 108).

der Karten-Vorderseite. Jetzt wird aus der natürlichen eine korrigierte Lesekurve. Somit erhalten Sie auch zwei Plätze für die Bild-Elemente auf der Vorderseite von Antwortkarten. Sie sehen diese beiden Varianten auf der nächsten Skizze.

Nun zum Bild selbst. Sparen Sie sich einen allzu großen Aufwand, wenn Sie an die bisher behandelte einfache Antwortkarte (nach der KISS-Methode) denken. Da Sie nur ein Bild auf dieser Seite einsetzen, rivalisieren die Bilder nicht untereinander. Eine einfache schwarz-weiße Wiedergabe genügt. Fotografieren Sie also die Broschüre, den Katalog oder das Geschenk nur in schwarz-weiß. Achten Sie auf eine gute Kontrast-Wirkung zwischen Hintergrund und Objekt. Sorgen Sie für eine plastische Wirkung, und geben Sie dann dieses Foto als Halbton-Vorlage zur Reproduktion. Legen Sie vorher noch den gewünschten Ausschnitt fest. Ihre Repro-Anstalt liefert Ihnen dann einen fertigen Film für Ihre Druckerei.

Beim Festlegen des Ausschnittes schneiden Sie die Broschüre an den Ecken etwas an. Sie erhalten dann ein Bild, wie Sie es in der Skizze Nr. 84 sehen. Im Ergebnis wirkt Ihre Broschüre jetzt etwas größer, und Sie gewinnen damit wieder einen Verstärker, der Sie nichts kostet.

Ihre Karte läßt natürlich nicht allzu viel Platz für ein Bild, und deshalb bleibt Ihr Foto klein. Planen Sie etwa 2 x 3 cm. Aber auch in dieser Größe erreichen Sie genügend Verstärker-Wirkung. Sie steigern diese Wirkung noch, wenn Sie zwei zusätzliche Elemente einbauen: Den lesbaren Titel und die sichtbare Dicke der Broschüre. So wie ich es Ihnen auf der Skizze angedeutet habe.

An dieser Stelle gibt es auch einen Übergang zur bereits angedeuteten RIC-Methode. Wer den Leser über den Spieltrieb und ähnliche psychologische Elemente fesseln möchte, der benutzt die Antwortkarte gern als Spielwiese. Vom Rubbeln bis zum Herausdrücken und Aufkleben irgendwelcher Marken und Symbole ist alles schon einmal dagewesen. Doch diese Art des Involvierens wollten wir aus unserem einfachen KISS-Methoden-Package ausklammern, ganz einfach deshalb, weil dazu mehr Wissen und Handwerkszeug nötig ist, als wir hier in diesem Buch behandeln. Wann immer Sie also derartige Spiel-Elemente planen, holen Sie sich den Rat eines Direktmarketing-Spezialisten, einer Agentur oder eines Beraters. In diesem Buch helfe ich Ihnen vor allem, einfache schriftliche Verkaufsgespräche selbst zu führen. Dafür reicht die KISS-Methode aus, die wir hier behandeln.

Auf der Rückseite der Antwortkarte, auf dem Abreiß-Abschnitt, haben Sie noch einmal eine Chance für ein Bild-Element. Wenn Sie kein neues Foto haben, dann verwenden Sie einfach das Bild von der Vorderseite. Haben Sie keine Bedenken, dieses Bild zweimal einzusetzen. Kein Mensch sieht Vorder- und Rückseite zur gleichen Zeit. Vielleicht schneiden Sie den Bild-Ausschnitt ganz einfach anders an.

Auf beiden Seiten also plazieren Sie das Foto über den zu erwartenden Vorteil. Somit hat Ihr Leser sein Produkt schon bildlich in der Hand. Auch der

Bild 84: *Das abzurufende Objekt (Broschüre, Katalog, Buch, Geschenk) zeigen wir auf der Antwortkarte mit besonderen Verstärker-Elementen (s. Kapitel 108).*

Vertreter beschreibt dem Kunden vor der Unterschrift genau, was er später als Lieferung erhält. Somit wird Ihr schriftliches Gespräch wieder ein nachvollzogenes persönliches Verkaufsgespräch.

109. Die verlangte Entscheidung als Filter oder Verstärker

Zielgruppen, die bisher wenig mit Ihnen zu tun hatten, dürfen Sie nicht beim Auswählen oder Entscheiden überfordern. Ein Zuviel wirkt sich als Filter aus. Reduzieren Sie einfach alles auf ein oder zwei Entscheidungen, also auf ein oder zwei Kreuzchen, wenn Sie »kalte« Adressen ansprechen, zumindest auf der Vorderseite Ihrer Antwortkarte.

Der Leser hat immer eine Grundfrage, die etwa so lautet: »Muß ich etwas entscheiden?« Die Kurz-Antwort darauf geben wir einfach über die Anzahl der anzukreuzenden Kästchen. Je mehr davon schon im ersten Durchgang hervortreten, desto mehr Entscheidungen befürchtet der Leser. Genau das will er nicht.

Geben Sie deshalb dem Leser auf der Karten-Vorderseite ein Kästchen und eine

Antwort vor, die er sofort bejahen kann. Alle Formulierungen wie: »JA, schicken Sie mir diese neue Broschüre kostenlos und unverbindlich per Post an meine untenstehende Adresse...« helfen dem Leser und führen schneller zur Reaktion als 10 Entscheidungen zur Auswahl.

Sollten Sie tatsächlich auch bei kalten Adressen noch zusätzliche Entscheidungen benötigen, dann verlangen Sie diese Antworten lieber auf der Rückseite. In diesem Falle ergänzen Sie einfach den Bestelltext auf der Vorderseite etwa so: »... und fügen Sie die auf der Rückseite angekreuzten Artikel bei...«

Noch ein Wort zu diesen Bestelltexten. Eigentlich sprechen Sie an dieser Stelle mit den Worten des Lesers. Also verwenden Sie auch eine Sprache, zu der die meisten Ihrer Brief-Empfänger JA sagen werden. Im Zweifelsfalle ist das eine recht einfache und knappe Sprache. Sätze wie: »Ja, schicken Sie mir Ihre neue...« sind Ihrer Zielgruppe mit Sicherheit näher als Formulierungen wie: »... Ich bin von Ihrem Angebot überzeugt und bitte Sie höflich um Zusendung von...«

Wenig Auswahl verlangen, ist natürlich schneller gesagt als getan. Wer per Post verkaufen muß, der braucht mehr Angaben als beim Abrufen einer kostenlosen Broschüre. Dennoch, reduzieren Sie die Entscheidungen bei kalten Adressen auch beim Verkaufen per Post. Bieten Sie einfach nur den oder die Bestseller aus Ihrem Sortiment an. Geben Sie Ihrem neuen Leser die Chance, sich erst einmal von der Qualität Ihrer Produkte zu überzeugen. Beim Bestseller-Angebot verlangt dies weniger Entscheidung als beim Auswählen aus einem Gesamtsortiment. Je mehr Auswahl Ihr Leser sieht, desto mehr Zeit glaubt er fürs Auswählen zu benötigen. Deshalb legen mehr Leser Ihre Prospekte zur Seite, wenn Sie mit dem ersten Kontakt signalisieren, Ihr Angebot verlange sehr viele Vor-Entscheidungen.

Die kritische Schwelle bei kalten Adressen überschreiten Sie auch sehr schnell mit einer risikovolleren Angebots-Form. Ein neuer Firmen-Name und ein neues Produkt verlangen viel Vertrauen vom künftigen Kunden. Vermeiden Sie deshalb selbst jedes Anzeichen von Mißtrauen gegenüber der neuen Kontakt-Adresse. Mißtrauen wirkt sich als Filter aus. Die Erfolgsquote sinkt überdurchschnittlich. Eines der Mißtrauen-Signale ist z. B. das Verkaufen per Nachnahme oder Vorauszahlung. Natürlich gibt es dafür auch ganz rationale Gründe, z. B. die Einsparung von Zeit, Mühe und Kosten für das Fakturieren, Mahnen usw. Aber Ihr neuer Kunde sieht das anders. Er wittert Gefahr und sieht Probleme für den Fall, daß er mit der bestellten Ware unzufrieden sein wird.

Die Erfolgsquote steigt, wenn Sie Ihre neuen Produkte gegen offene Rechnung anbieten. Damit erleichtern Sie Ihrem Leser das Reagieren. Wenn Sie ganz offiziell 10 Tage Probezeit erlauben, dann verstärken Sie die Reaktionsquote zusätzlich. Halten Sie solche Testzeiten allerdings nicht zu kurz. Weniger als 10 Tage Probezeit anzubieten, wirkt eher als Filter.

Denken Sie auch in diesem Punkte einfach wieder an das persönliche Verkaufsgespräch. Der Vertreter hilft dem Neukunden bei einer Erstbestellung mehr als dem Stammkunden. Er kommt dem Neuen weiter entgegen, vorausgesetzt er will ihn tatsächlich gern als Kunden gewinnen. Er räumt Probezeiten ein, gibt zusätzliche Garantien und verspricht, die Ware notfalls wieder abzuholen. Das alles ist nichts anderes, als wir es bei der schriftlichen Neukunden-Gewinnung erleben.

Bei komplizierten Produkten oder termingebundenen Angeboten erreicht der Vertreter sein Verkaufsziel nicht beim ersten Besuch. Er verabschiedet sich ohne Auftrag, aber mit der Zusage des Interessenten, zu einem späteren Termin noch einmal darüber zu reden. Dieses Ergebnis ist dem Vertreter zwar weniger wert als ein Abschluß, aber es ist dennoch bedeutsamer als eine absolute Ablehnung oder ein nicht stattgefundenes Gespräch.

Solche Erlebnisse erzielen wir auch im schriftlichen Verkaufsgespräch, aber nur wenn wir diese Leser-Entscheidung veranlassen. Deshalb geben wir einfach ein »Nein«-Kästchen zum Ankreuzen auf die Antwortkarte. Diese Strategie bringt Ihnen mehr Reaktionen, aus denen sich zu einem späteren Zeitpunkt Verkäufe realisieren lassen. Sobald Sie vermuten, Ihre Zielgruppe ist mit einem sofortigen »JA« überfordert, dann probieren Sie einmal dieses »Nein, jetzt noch nicht!« Eine »Mini«-Reaktion ist immer noch wertvoller als gar keine Reaktion.

Diese Warnung vor zu viel Entscheidungskriterien galt vor allem für das Gewinnen von Neukunden aus dem Gesamtmarkt Z0, also aus den gemieteten Adressen. Ihren eigenen Kunden-Adressen dürfen Sie gern mehr Arbeit beim Auswählen und Entscheiden zumuten. In dieser Gruppe sind Sie als Lieferant bekannt, das Vertrauen ist bereits hergestellt, die Angst vor irgendwelchen »Haken und Ösen« entfällt.

110. Die verlangte Unterschrift als Filter

Sie sehen, die Abschlußphase im schriftlichen Verkaufsgespräch birgt eine lange Reihe von Klippen und Gefahren in sich. Ein einzelner Filter oder Verstärker fällt vielleicht nicht sehr ins Gewicht. Aber die Summe wirkt sich aus. Besonders in der letzten Phase der Entscheidung, kurz vor der Reaktionsschwelle. Es kommt dann zur berühmten »Zur-Seite-legen-Welle«. Was aber zur Seite gelegt wird, das geht zur Hälfte verloren. Irgendwann später wandert es dann doch in den Papierkorb, dann, wenn dieser Stapel höher und höher geworden ist.

Ein weiterer Filter auf der Antwortkarte ist die verlangte Unterschrift. Sobald der Mensch ein vorbereitetes Kästchen für seine Unterschrift sieht, wird er sehr kritisch. Es tauchen völlig neue Leserfragen auf: »Was soll ich unterschreiben? Welches Risiko gehe ich ein? Wozu verpflichte ich mich? Wie lange verpflichte ich mich? usw. usw.«

Diese zusätzlichen Leserfragen führen zu neuen Überlegungen. Der Leser wird

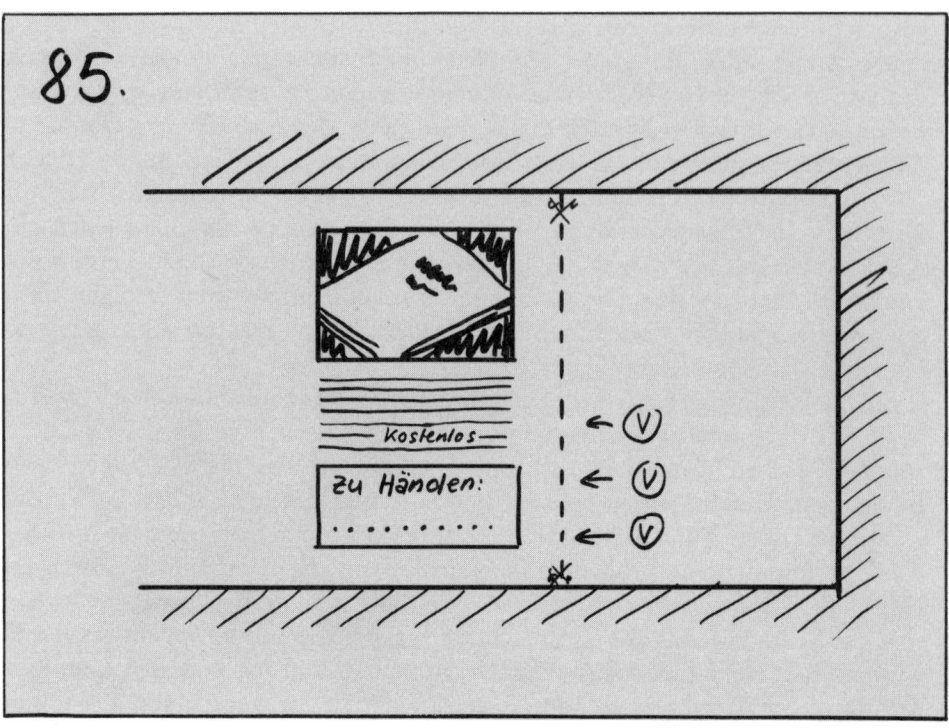

Bild 85: Unterschriften verlangen Sie nur, wenn Sie aus rechtlichen Gründen tatsächlich eine Unterschrift brauchen (Verkaufen per Post). Wenn Sie nur den Namen der Bezugsperson erfahren wollen, wirkt »z. Hd.: . . . .« besser (s. Kapitel 110).

vorsichtig und möchte Näheres wissen. Natürlich brauchen wir in vielen Fällen seine Unterschrift, besonders dann, wenn es sich um echte Bestellungen von Neukunden handelt. In solchen Fällen nehmen wir die Filterwirkung bewußt in Kauf. Lieber etwas weniger Aufträge, aber dafür bessere Kunden und weniger Problemfälle!

Im Kreis der eigenen Stammkunden verzichtet man auch gelegentlich auf die Unterschrift, besonders im gewerblichen Bereich. Kunden, die schon jahrelang das gleiche Produkt bei Ihnen bestellen und bezahlen, sind Ihnen auch ohne Unterschrift willkommen, besonders dann, wenn Sie diese Kunden persönlich kennen.

Das ist im echten persönlichen Verkaufsgespräch zwischen dem Vertreter und seinem Stammkunden genauso: Wenn er von diesem Kunden seit 10 Jahren die Aufträge bekommt, dann pocht er nicht auf die Unterschrift. Er wird den Auftrag notieren und ihn hinterher schriftlich bestätigen.

Ein ähnliches Beispiel haben Sie auch im Telefon-Marketing. Wenn der Kunde telefonisch seinen Auftrag erteilt, fehlt die Unterschrift. Trotzdem nehmen wir den Auftrag gern an. Wir bestätigen dann allerdings sofort diesen telefonischen Auftrag.

Verzichten Sie also auf eine Unterschrift immer dann, wenn Sie diese aus rechtlichen Gründen nicht benötigen. Verlangen Sie keine Unterschrift, wenn Sie nur eine kostenlose Broschüre, einen Katalog oder sonstige schriftliche Informationen anbieten.

Allerdings gab es bisher auch gute Gründe für eine Unterschrift, obwohl Sie nichts zu verkaufen hatten. Sie wollten den Namen dessen erfahren, der die kostenlose Broschüre anfordert. Sie suchten den Ansprechpartner. Wenn Sie z. B. einen kostenlosen Ratgeber an ein Großunternehmen schicken, dann möchten Sie den Entscheidungsträger kennen, um später mit ihm persönlichen Kontakt aufzunehmen.

Wenn dies der Grund für die verlangte Unterschrift, für den Filter, war, dann gebe ich Ihnen jetzt einen besseren Tip. Drehen Sie einfach den Filter um in einen Verstärker. Bieten Sie dem Leser einen Vorteil. Formulieren Sie den Text unter dem Unterschriftsfeld etwa so: »Schicken Sie diese Broschüre am besten gleich zu Händen von ...« Jetzt schreiben Ihnen weit mehr Interessenten den Namen gut lesbar in Blockschrift in das ehemalige Unterschriftsfeld. Genau das wollten Sie doch erreichen.

Falls Sie auch die Telefonnummer Ihrer Interessenten wünschen, dann ergänzen Sie das Namensfeld mit dem Zusatz: »Telefon für evtl. Rückfragen: ....« Diese Formulierung bringt mehr Eintragungen, als die einfache Aufforderung: »Telefon: ......« Lassen Sie also auch in diesem Punkt den Leser nicht ganz im Unklaren. Er fragt sich sonst, wozu Sie seine Telefonnummer benötigen. »Für evtl. Rückfragen« ist zumindest eine teilweise befriedigende Antwort.

Noch ein Wort zur Plazierung des eigentlichen Unterschriftsfeldes beim Einholen von Bestellungen. Dieses Feld zieht den Blick sehr schnell auf sich. Prüfen Sie deshalb, ob Sie diesen Filter nicht eher auf der Rückseite Ihrer Antwortkarte unterbringen. Gönnen Sie also dem Leser auf der Karten-Vorderseite ein wenig mehr Zeit, um sich mit den Vorteilen zu beschäftigen. Wenn es auch nur ein paar Bruchteile von Sekunden sind. Bei 10 000 und mehr schriftlichen Gesprächen wirken sich solche kleinen Verstärker meßbar aus. Den Bestellabschnitt auf Antwortkarten plazieren Sie ohnehin besser auf der Rückseite, weil sie dort mehr Platz haben. Also geben Sie auch das Unterschrifts-Feld auf die Rückseite.

Noch ein Tip zu diesem Thema: Verwenden Sie punktierte Linien dort, wo Ihr Leser noch etwas eintragen soll. Das ist ein eindeutiges Signal für das »Hier fehlt noch etwas!« Ihr Drucker oder Ihr Setzer benutzt häufig durchgezogene Strichlinien. Das mag schöner sein, aber Sie erhalten dadurch im Durchschnitt weniger

Eintragungen. Striche deuten unbewußt »erledigt« an. Das gilt übrigens auch für Ihre Coupons in Anzeigen.

Bei Abzahlungs-Geschäften, Raten-Zahlungen, Fest-Abonnements usw. an private Endverbraucher verlangt das Gesetz leider einen doppelten Filter. Der Kunde muß zweimal unterschreiben. Einmal für seinen Auftrag und das andere Mal für die Kenntnisnahme der Widerrufs-Klausel. Gehorchen Sie dem Gesetz. Ihr Anwalt wird Sie beraten. Außerdem finden Sie genügend Formulierungs-Ideen auf den Antwortkarten von Verlagen und Fernlehr-Instituten.

111. Druckfarben für Antwortkarten

Jede Antwortkarte löst eine Art Reaktions-Mechanismus beim Empfänger aus. Dieses psychologische Verhalten tritt sicherer ein, wenn sich die Karte optisch von den übrigen Papieren abhebt und wenn der Blick des Lesers schnell und präzise zu den Reaktions-Elementen, zu den Kästchen usw. geführt wird.

Beide Forderungen lösen wir mit der Druckfarbe. Wir verschicken keine weißen Antwortkarten mit schwarz gedrucktem Text. Solche Karten vermischen sich optisch mit allen sonstigen weißen Papieren auf dem Tisch und verlieren ihr

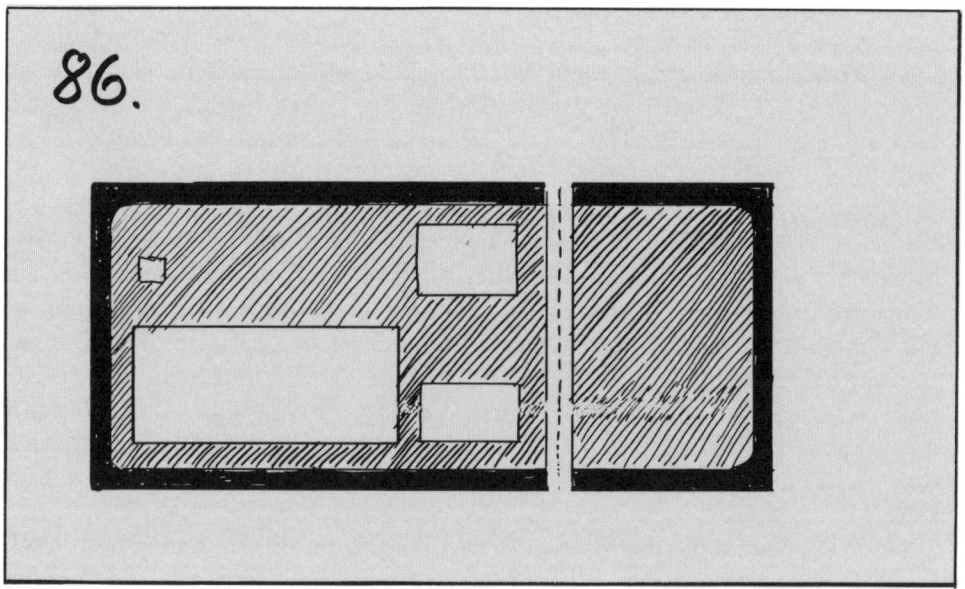

Bild 86: Über die Hintergrundfarbe auf der Antwortkarte helfen Sie dem Leser, sich schneller zurechtzufinden (s. Kapitel 111).

Erscheinungsbild als Abschlußphase. Also drucken wir eine Schmuckfarbe als Hintergrund zur Schrift.

Im Bereich der gewerblichen Direktwerbung genügt meist die Hausfarbe oder ein ähnlicher Farbton, der durch Aufrastern einen mehrfarbigen Eindruck schafft. Im privaten Bereich gestalten wir je nach Produkt auch buntere Antwortkarten. Die Palette ist sehr groß und vielseitig. Sie reicht von einfachen Schmucklinien bis hin zu Sonderformen, die mehr einem Garantie-Schein, einem Zertifikat oder einem Glückslos ähneln.

Die zweite Forderung betrifft die Blick-Führung hin zu den wichtigsten Reaktions-Elementen. Auch dabei hilft uns die Farbe. Alle Kästchen zum Ankreuzen und alle Felder zum Eintragen bleiben weiß, ebenso das Adressenfeld, das Bild-Element und die Schnittlinie zum Abtrennen des Garantie-Abschnittes.

Manche Farben ergeben durch einen Raster einen Mehrfarben-Effekt. Beziehen Sie diese Chance in Ihre Gestaltung ein. Auf diese Weise geben Sie z. B. Ihrer Karte einen Rahmen im Vollton der Druckfarbe. Die übrige Restfläche drucken Sie in etwa 20 – 30 % Rasterton. Die Reaktions-Teile bleiben weiß wie bereits besprochen.

Auf diese farbig grundierte Fläche kommt dann die schwarze Schrift. In diesem Fall erhalten Sie zweifarbig gedruckte Karten. Die zweite Farbe für die Schrift können Sie gelegentlich einsparen. Sie drucken dann einfach den Text im Vollton der ausgewählten Farbe und die Fläche in etwa 10 – 20 % Rasterton. Natürlich harmoniert das nur, wenn Ihre Druckfarbe einen dunklen, satten Vollton ergibt. Bei Dunkelblau, Dunkelbraun, Dunkelgrün usw. ist das kein Problem. Allerdings treten Sie mit solchen Spar-Karten auch etwas »farblos« und sparsam im Markt auf. Das kann durchaus Ihre Strategie sein. Dann produzieren Sie ruhig solche Karten. In allen anderen Fällen zahlt sich die zusätzliche Schmuckfarbe aus, besonders beim Druck von Bild-Elementen. Die zweifarbig gedruckte Karte hinterläßt deutlichere Spuren.

Wir haben bisher vor allem von der Karten-Vorderseite gesprochen. Auch die Rückseite bietet Chancen für Verstärker und Gefahren für Filter. Das fängt mit den Kurz-Antworten an und hört ebenfalls bei der Farbe auf.

112. Die Rückseite der Antwortkarte und ihre Chancen

Wenn Sie die bisher beschriebene Antwortkarte umdrehen, dann erscheint einmal die Rückseite des Garantie-Abschnittes und dann die Rückseite der eigentlichen Postkarte. Die rechte Hälfte dieser Postkarte »gehört« übrigens der Bundespost. Es ist das Anschriftenfeld, das durch eine senkrechte Linie von der linken Seite abgegrenzt ist.

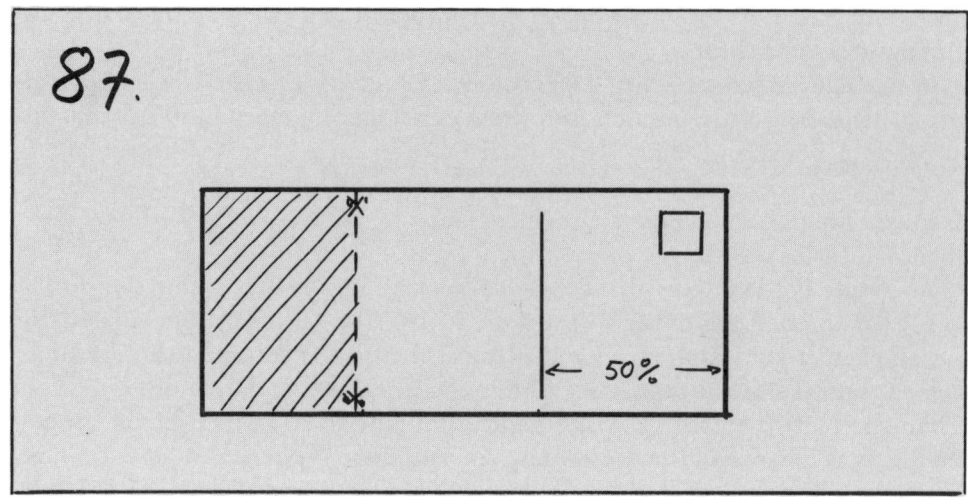

Bild 87: Auf der Rückseite der KISS-Methoden-Karte finden Sie zusätzliche Verstärker (s. Kapitel 112).

Diese eigentliche Postkarte tritt deutlicher hervor, wenn Sie Ihre zusätzliche Schmuckfarbe, die Farbfläche, nur auf die Rückseite des Garantie-Abschnittes drucken. Die Postkarte bleibt weiß und gibt so ein deutliches »Postkarten«-Bild. Selbstverständlich drucken Sie auch wieder die gestrichelte Linie und die beiden Scheren zwischen Garantie-Abschnitt und Postkarte.

Wir behandeln jetzt zuerst die für Bestellungen oder andere Antworten freie Fläche, also die linke Hälfte der Postkarte. Sie bietet Ihnen gute Chancen für alle Kunden-Reaktionen, die Sie aus psychologischen Gründen nicht auf der Vorderseite verlangt haben. Für das Verkaufen per Post hat dieses Feld übrigens eine andere Funktion als beim Beschaffen von Interessenten-Anfragen und beim Anbieten kostenloser Informations-Broschüren.

Nehmen wir zuerst einmal den Fall des kostenlosen Informations-Abrufes. Wenn Ihr Interessent auf der Vorderseite nur eine kostenlose Broschüre ankreuzt, dann genügt Ihnen das vielleicht noch nicht. Sie erwarten noch Informationen über die Größe des Unternehmens und dessen künftigen Bedarf. Diesen Wunsch hat auch der persönliche Verkäufer. Auch er kommt vom Kundenbesuch zurück und bringt eine Menge Informationen mit.

Für eine solche Kunden-Befragung bietet sich die Karten-Rückseite an. Nehmen wir einmal den Fall, Sie haben ein neues Produkt für kleine Hotels und Pensionen anzubieten. Ein Produkt, das Sie durch Ihre Vertreter verkaufen. Sie schalten eine zweistufige Direktwerbe-Aktion vor, weil Sie noch keine eigenen

Interessenten-Adressen besitzen. Sie beschaffen diese Adressen mit der ersten Stufe und bieten deshalb eine kostenlose Broschüre an mit dem Titel »Neue Wege im Hotel-Service«. Das Anfordern der Broschüre allein genügt nicht. Sie möchten wissen, wie bedeutend der potentielle Kunde ist. Es hat wenig Sinn, Ihren Interessenten jetzt einfach nach der Zahl seiner Hotelbetten zu fragen. Dies würde schon wieder eine unausgesprochene Leserfrage auslösen, wie z. B.: »Warum will er das wissen?«

Bild 88: Beim Einholen von Interessenten-Anfragen erhalten Sie zusätzliche Informationen vom Leser, wenn Sie einige Verstärker beachten (s. Kapitel 112).

Für diesen Fall gebe ich Ihnen eine bessere Idee: Bieten Sie Ihrem Interessenten einen Vorteil für diese Auskunft. Halten Sie beispielsweise noch Sonder-Informationen oder Sonderdrucke für unterschiedliche Hotelgrößen bereit. Sagen Sie Ihrem Interessenten, Sie würden ihm gern zusammen mit der Broschüre den für ihn zutreffenden Sonderdruck schicken. Er möge Ihnen einfach auf der Karten-Rückseite ankreuzen, für welche Größe er sich interessiert.

Erleichtern Sie ihm diese Antwort. Geben Sie ihm die verschiedenen Größen vor. Bringen Sie drei, fünf oder sieben Zeilen mit einem Kästchen zum Ankreuzen auf der Rückseite der Antwortkarte. Nennen Sie die unterschiedlichen Hotelgrößen beim Namen, z. B. Sonder-Informationen für Hotels und Pensionen mit weniger als 20 Betten, dann eine Zeile für Hotels von 20 bis 50 Betten, eine Zeile für 50 bis 100 Betten und schließlich eine Zeile für Hotels über 100 Betten.

Geben Sie Ihrem Leser auch die Chance, eigene Angaben einzutragen. Drucken Sie dazu einfach eine Leerzeile in Form einer punktierten Linie. So ähnlich, wie es die Skizze hierzu zeigt. Sie erhalten dann insgesamt mehr Reaktionen auf dieser Rückseite. Eine Leerzeile zieht die Augen des Lesers an, und er beschäftigt sich etwas intensiver mit dem Text. Über diesen Seiten-Teil geben Sie noch eine Headline als Kurz-Antwort auf die Leserfrage: »Muß ich noch etwas auswählen oder entscheiden?« Lösungen wie »Zusätzliche Unterlagen für Sie« haben sich immer bewährt.

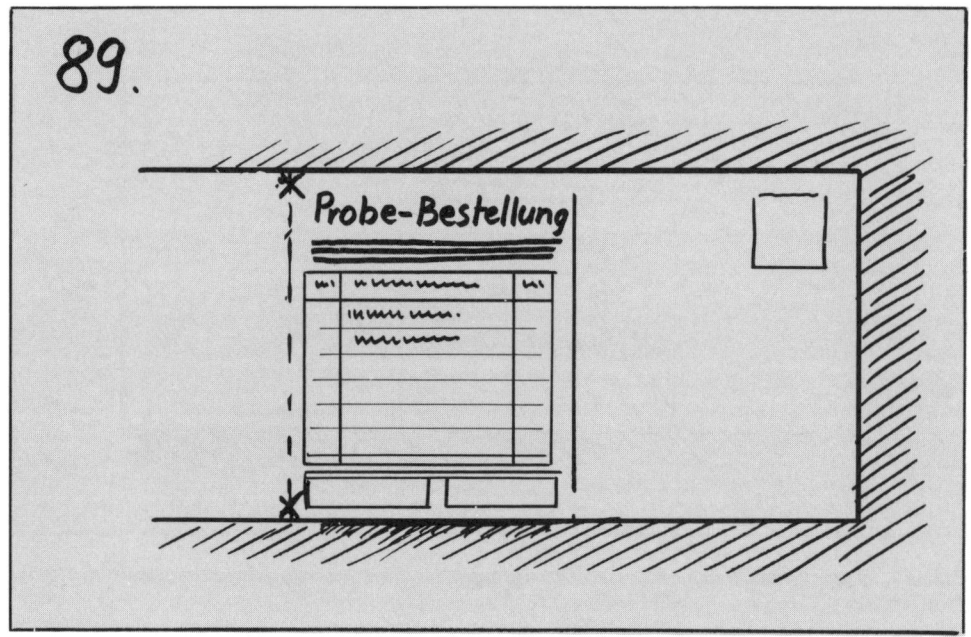

Bild 89: Die Karten-Rückseite dient auch als Bestellfeld (beim Verkaufen per Post), als Namensfeld für Empfehlungs-Adresse oder als Feld für den Firmenstempel usw. (s. Kapitel 112).

Beim Verkaufen per Post ist dieser Teil der eigentliche Bestellabschnitt. Natürlich nur dann, wenn die Fläche dazu ausreicht. Sonst planen Sie besser einen Bestellschein, der mehr Platz zum Eintragen bietet.

Als Kurz-Antwort bringen Sie eine Headline, angepaßt an Ihre gewerbliche oder private Zielgruppe. Titel wie »Meine Wünsche«, »Mein Abruf«, »Probe-Bestellung«, »10 Tage zur Ansicht« und ähnlichen Formulierungen begegnen Sie immer wieder. Solche »Wegweiser«-Headlines über dem eigentlichen Bestelltext haben sich bewährt. Im Textblock unter dieser Headline bringen Sie einen kurzen Hinweis auf Ihr heutiges Angebot (Prospekt oder Katalog) und dann den eigentlichen Bestell-Rahmen mit Stückzahl, Bestell-Nummer, Artikel-Bezeichnung und Preis.

Für diesen Bestellkasten gibt es zwei Versionen: Entweder, Sie haben nur einen, zwei oder drei Artikel anzubieten, dann drucken Sie diese Artikel mit Preis in den Kasten hinein. In diesem Falle muß der Leser nur noch die Stückzahl einsetzen. Oder aber, Sie bieten ein breites Sortiment an und benutzen trotzdem nur eine Bestell-Postkarte. Lassen Sie dann die Zeilen einfach frei. Der Leser trägt seine ausgesuchten Artikel selbst ein. Er läßt sich aber auch gern helfen. Er akzeptiert es, wenn Sie einen besonders preiswerten Artikel, einen Mitnahme-Artikel oder ein Produkt, das Sie ihm dringend empfehlen, im Bestellfeld vordrucken. Die übrigen Felder lassen Sie frei.

Unter dem Bestellfeld bringen Sie einen kleinen Absatz über die besonderen Vorteile Ihrer Liefer- und Zahlungsbedingungen, genauso wie der Vertreter im persönlichen Verkaufsgespräch kurz vor der Unterschrift noch einmal das Positive der Probelieferung oder der Zahlungsweise herausstellt.

Formulieren Sie also Texte wie »Alle diese Artikel erhalten Sie unverbindlich 10 Tage zur Ansicht. Was Ihnen nicht gefällt, können Sie ohne Angabe von Gründen zurückschicken ... usw. Wir liefern porto- und verpackungsfrei ab einem Bestellwert von DM ... Darunter berechnen wir einen Kostenanteil von nur DM ...« Unter diesem Textblock plazieren Sie dann das Feld für Datum und Unterschrift.

Dieser Bestellabschnitt bietet Ihnen auch andere Chancen. Denken Sie z. B. an das Beschaffen von Empfehlungs-Adressen.

Bei der Direktwerbung an Ärzte braucht man auf den Muster-Abrufkarten den Stempel des Arztes. Auch in diesem Falle nutzt man diese Seite der Antwortkarte für ein Stempelfeld.

Bei manchen Angeboten ist es sinnvoll, die gleiche Information an den Steuerberater des betreffenden Interessenten zu schicken. In diesem Falle läßt man sich auf diesem Abschnitt die Adresse des Steuerberaters mitteilen. Verbunden mit dem klaren Hinweis, auf Wunsch auch ihm die kostenlose Broschüre zu senden.

113. Die Verstärker auf dem Garantie-Abschnitt

In der Abschlußphase nutzen wir jede Chance aus, dem Leser Sicherheit zu geben, ihn zu führen oder ihm bei seiner Entscheidung zu helfen. Die Rückseite des Garantie-Abschnittes eignet sich dafür ganz besonders, weil dieser Teil beim Leser als »Beweis« zurückbleibt.

Die Leserfragen an dieser Stelle heißen meistens »Was erhalte ich konkret? Soll ich reagieren oder nicht?« Also geben wir einmal kurze und dann auch ausführliche Antworten auf diese Fragen. Diese Antworten bauen wir natürlich so auf, daß sie in das gerade ablaufende Verkaufsgespräch hineinpassen. Beim Abrufen kostenloser Informationen verhalten wir uns anders als beim Verkaufen per Post, bei Neukunden anders als bei den besten Stammkunden.

Beginnen wir wieder mit der Abrufkarte für kostenlose Broschüren. Am besten, Sie zeigen Ihrem Leser dann mehr Details über diesen zu erwartenden Ratgeber, über sein Aussehen, seinen Inhalt und seinen Nutzen.

Als Kurz-Antworten bringen Sie ein Bild und eine Headline. Das Bild kann nahezu identisch sein mit dem Foto auf der Vorderseite. Oder aber Sie zeigen eine Doppelseite der aufgeschlagenen Broschüre. Der Leser kann sich dann »ein Bild machen« vom Inhalt dessen, was er kostenlos erhält. Das erleichtert die Entscheidung und verstärkt die Abschlußphase.

Als Headline nehmen Sie Wegweiser wie: »Reserviert für Sie. Kostenlos für Sie. Abrufbereit für Sie.« Wenn das Bild-Element unmittelbar unter dieser Headline erscheint, dann versteht Ihr Leser diese Kurz-Information auch, wenn er nicht konzentriert weiterliest.

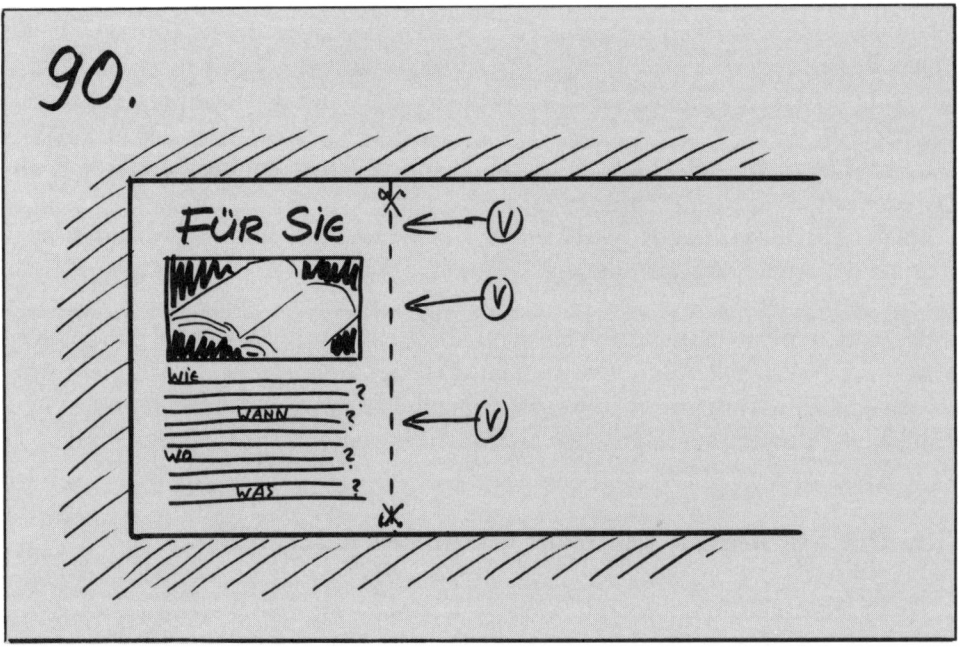

Bild 90: Den Garantie-Abschnitt gestalten Sie auch auf der Rückseite als »Verkaufsförderer«. Zeigen Sie Ihrem Leser noch einmal seine Vorteile, die er nach dem Absenden der Karte erwarten darf (s. Kapitel 113).

Unter dem Bild beschreiben Sie den Inhalt der Broschüre. Bringen Sie diesen Inhalt möglichst in Frage-Form und nicht als komplette Aussage. Fragen wirken als Verstärker. Inhaltsangaben wie »Neue Wege zum XY-Erfolg. Wie Sie täglich eine Stunde Zeit gewinnen. Wie Sie die Produktions-Kosten senken«, erzeugen mehr Interesse an Ihrer Broschüre als Angaben wie »Mit der XY-Maschine sparen Sie viel Zeit und Geld«. Wer diese Aussage liest, weiß schon fast alles, vor allem aber, daß Sie ihm eine neue Maschine verkaufen wollen.

Beim Verkauf per Post nutzen Sie diesen Abschnitt für Handlungshinweise, zum Herausstellen eines besonderen Artikels oder aber zum Erinnern an die Test-Prämie, die Ihr Empfänger bei einer Probebestellung zusätzlich erhält, und die er in jedem Falle behalten darf, auch wenn er das eigentliche Produkt wieder zurückschickt und nichts bezahlt.

Das alles sind eigentlich verkaufsfördernde Maßnahmen, die Sie auch auf den übrigen Package-Teilen fortsetzen können. Doch gerade zu dem Thema Geschenke oder Prämien noch ein Hinweis. Beginnen Sie damit nicht zu früh. Als schriftlicher Verkaufs-Manager setzen Sie solche Verstärker erst dann ein, wenn ohne sie die Kostendeckung gefährdet ist. Prämien und Geschenke kosten Geld. Sie belasten Ihre Kosten pro Auftrag. Vor allem aber, wenn Sie Ihre Kunden erst einmal auf die »Geschenk-Schiene« gesetzt haben, tritt sehr schnell ein Gewöhnungs-Effekt ein. Und plötzlich geht ohne Prämien, Gewinn-Spiele, Verlosungen, early-birds, Reisen, Autos, Geld und Gold überhaupt nichts mehr. Viele Versender-Kollegen versuchen vergebens, von dieser Schiene herunterzukommen.

Versuchen Sie Ihre ersten Schritte in diesem Geschäft zunächst ohne Geschenke. Für ein marktreifes Produkt an eine vorhandene und erreichbare Zielgruppe finden Sie genügend andere verkaufsfördernde Verstärker in diesem Buch. Verstärker, die Ihnen meistens keine zusätzlichen Kosten verursachen, größere und kleinere Verstärker. Alle zusammen erhöhen Ihre Erfolgsquote, wenn Sie bisher ohne diese Verstärker gearbeitet haben. Erst später, wenn Sie einmal alle Filter aus Ihrem schriftlichen Gespräch entfernt und alle Verstärker eingebaut haben, dann prüfen Sie die zusätzlichen Maßnahmen.

Denken Sie auch in diesem Punkt immer an den Vertreter. Die Zeit der großzügigen Geschenke an alle Interessenten ist dort längst vorbei. Geschenke in diesem Bereich dienen vor allem der Kontaktpflege bei besten Kunden. Prämien für langjährige Treue sind auch im schriftlichen Verkaufsgespräch gute Investitionen.

Was immer Sie also auf der Rückseite des Garantie-Abschnittes sagen, geben Sie einen letzten Motivationsschub. Helfen Sie dem Leser, das große »JA« zu sagen, die Karte auszufüllen und abzuschicken.

114. Der Porto-Hinweis als Verstärker

Vorsicht, dieses Kapitel gilt nur bei den deutschen Post-Bestimmungen. Außerhalb der Bundesrepublik Deutschland gelten teilweise andere Regeln und andere Gewohnheiten.

Die Briefmarken-Ecke auf der Postkarte bietet immer eine Chance für einen Verstärker. Etwa die Hälfte Ihrer Leser weiß nie so genau, welches Porto die Postkarte kostet. Bei privaten Empfängern ist dieser Anteil natürlich viel höher als bei den Firmen. Aber auch dort gibt es immer wieder Leserfragen, ob dies nun eine Postkarte, eine Drucksache oder eine Briefdrucksache sei.

Geben Sie auf diese Leserfragen eine Antwort. Sie wirkt immer als Verstärker. Nun kommt es darauf an, was Sie von Ihrem Leser erwarten. Soll er die Postkarte frankieren, dann sagen Sie es ihm und nennen den Porto-Betrag. Dazu haben Sie mehrere Chancen: Die Postbestimmungen schreiben zwar bestimmte Formulierungen vor, doch in diesem Punkt ist die Post sehr flexibel. Sie können durchaus Texte wie diese verwenden: ». . . Bitte mit XY Pfennig frankieren« oder »XY Pfennig, die sich lohnen« oder »XY Pfennig für Ihre Gesundheit«.

Bild 91: Den Porto-Hinweis planen Sie bewußt als Verstärker oder Filter. Sie steuern damit die Quantität oder die Qualität der Reaktion (s. Kapitel 114).

In all diesen Fällen helfen Sie Ihrem Leser und erleichtern ihm das Reagieren. Die Leserfrage »Muß ich frankieren und wie?« ist damit beantwortet. Achten Sie ganz einfach auf die Formulierungen, die Sie selbst in Ihrer Werbepost finden. Das führt Sie zu eigenen neuen Ideen.

Der nächste Porto-Verstärker ist die kostenlose Rücksendung. Niemand zwingt Sie übrigens, die frühere Floskel zu verwenden: »Nicht freimachen, Gebühr bezahlt Empfänger«. Dadurch ist zwar die Anzahl der unfrei eintreffenden Antworten am höchsten. Aber erstens ist darunter auch viel »Abfall«, mit dem Sie später vielleicht einmal Probleme haben werden. Zweitens kostet Sie diese Art mehr nachzuzahlende Postkarten- und Werbeantwort-Gebühr. Drittens klingt diese Aufforderung so, als hätten Sie Geld zu verschenken.

Aus diesen Gründen gehen wir nicht mehr so großzügig mit dem Porto um. In Deutschland formulieren wir dann in dieser Briefmarken-Ecke meistens: »Bitte XY Pfennig, falls Marke zur Hand.« In diesem Falle erhalten Sie etwa 75 % frankierter Antwortkarten und 25 % unfrankiert.

Die deutschen Postbestimmungen verlangen jetzt allerdings noch das Wörtchen »Werbeantwort« auf der Postkarte. Die Vorsilbe »Werbe-« ist natürlich nicht gerade positiv, und deshalb erlaubt Ihnen die Post auch das Wörtchen »Antwort«. Zu diesem Punkt lesen Sie bitte immer wieder einmal die jeweils gültigen Postbestimmungen. Diese Regeln ändern sich von Zeit zu Zeit. Oder noch einfacher, fragen Sie den Berater Ihres Direktwerbe-Unternehmens.

Wenn das Wörtchen »Werbeantwort« oder »Antwort« fehlt, dann verlangt die Post bei »unfrei« ankommenden Antwortkarten ein »Strafporto«. Das ist immer höher als die Nachgebühr bei richtig gekennzeichneten Antwortkarten. Für das Einlösen richtiger Karten zahlen Sie das normale Postkarten-Porto plus die jeweils gültige Werbeantwort-Gebühr.

Nochmals »Vorsicht« wegen der Post-Bestimmungen außerhalb der deutschen Grenzen. Dort gelten nicht nur andere Verordnungen. Dort sind auch andere Formulierungen üblich. Bleiben Sie am besten bei den in Ihrem Land üblichen Hinweisen für das Porto. Ganz einfach deshalb, weil sich der Leser an diese Formulierungen gewöhnt hat.

Wer noch mehr Verstärker für das Porto sucht, der denkt immer wieder daran, die Briefmarke für das Rückporto gleich im voraus aufzukleben. Dies löst natürlich einen sehr starken psychologischen Handlungs-Drang aus. Es bringt selbstverständlich auch höhere Rücklaufquoten. Doch denken Sie daran, was wir unter »Erfolg« in der Direktwerbung verstehen:

Erfolg ist die Differenz zwischen den aufgewandten Kosten und dem erreichten Ergebnis. Die auf Antwortkarten aufgeklebten Briefmarken können die Kosten Ihrer einfachen Aussendung nahezu auf das Doppelte erhöhen. Selbst wenn Sie also jetzt die doppelte Reaktionsquote erreichen, dann haben Sie noch nichts gewonnen. Die doppelte Reaktionsquote ist aber durch das aufgeklebte Rückporto kaum zu erreichen. Sie erzielen also mehr Antworten, aber weniger Erfolg. In bestimmten Ausnahme-Fällen ist diese Strategie sinnvoll. Bei der hier behandelten einfachen KISS-Methode verzichten Sie besser auf den Briefmarken-Verstärker im ersten Package an eine Zielgruppe.

Bevor Sie einmal solche Verstärker einsetzen, testen Sie alles sorgfältig. Gehen sie davon aus, wer tatsächlich an Ihrem Produkt interessiert ist, der schickt die Antwortkarte auch dann zurück, wenn Sie Porto verlangen oder die portofreie Antwort zulassen. Der psychologische Handlungsdrang »Briefmarke« wirkt sich also weniger bei den potentiellen Interessenten aus.

Aufgeklebte Briefmarken haben allerdings eine gute Chance – im Package DW 2 bei zweistufigen Aktionen. Wenn Sie die angeforderte Information nur an Interessenten schicken, die jetzt ein zweites Mal antworten sollen, dann testen Sie einmal die Briefmarke auf dem Rückkuvert. Hier in diesem Kapitel sprechen wir von der Antwortkarte vor allem im ersten Package DW 1. Bei dieser Karte sparen Sie sich die Marke.

Wenn wir schon von der Briefmarken-Ecke als Verstärker reden, dann denken Sie auch über die Filter nach. Es gibt viele Gründe, den Rücklauf Ihrer Antwortkarten zu bremsen. Wenn Ihr Außendienst später die Interessenten besucht, dann wünscht er sich Abschlußquoten. Die Qualität der Antworten sinkt mit zunehmender Rücklaufquote. Die Verstärker wirken sich dann negativ aus. Der Außendienst besucht Interessenten, die im Grunde noch keinen Bedarf haben. Das ist keine gute Motivation für Ihren Vertreter. Wenn seine Abschlußquote unter 10 % sinkt, dann brauchen Sie höherwertige Interessenten-Anfragen.

Sie erreichen die bessere Qualität durch bewußt eingebaute Filter auf der Antwortkarte. Wenn Sie dem Leser das Rücksenden der Karte erschweren, steigt der relative Anteil der ernsthaften Interessenten. Die Briefmarken-Ecke ist ein solches Steuerungs-Element. Wenn sie z. B. nur angeben »Bitte frankieren!«, dann wirkt das schon als Filter. Ein Teil Ihrer Empfänger weiß nicht sofort, wie er frankieren soll und legt den Vorgang auf die Seite. Ganz ähnlich wirkt ein leeres Briefmarken-Feld. Ihr Leser steht dann erst recht hilflos da. Alle unvollständigen Informationen wirken als Filter. Sie bringen etwas weniger Rücklauf und heben dadurch die durchschnittliche Qualität der Anfrage.

115. Die »menschliche« Firmenadresse als Verstärker

Im Anschriften-Feld der Postkarte steht Ihre eigene Firmenadresse. Hier bietet sich wieder ein Verstärker an. Viele Ihrer Leser schauen kurz vor der Reaktion noch einmal auf diese Adresse mit der Leserfrage: »Wohin geht diese Karte? Wer empfängt diese Karte? Wer bearbeitet diesen Vorgang?«

Findet der Leser an dieser Stelle nur eine anonyme Kapitalgesellschaft, dann bleibt das Bild seines Gesprächspartners sehr verschwommen. Lassen Sie deshalb bei solchen Adressen einen Menschen auftreten, den zuständigen Sachbearbeiter, den Geschäftsführer, den Abteilungsleiter, den Kundenberater oder Sie selbst. Ihre Adresse lautet dann so, wie ich es Ihnen in Bild 92 zeige.

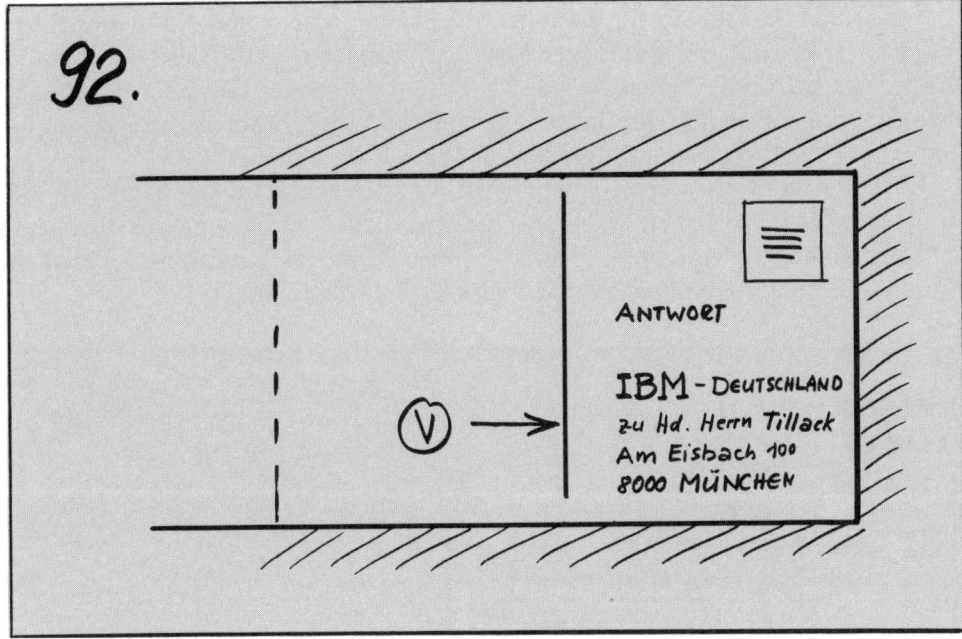

Bild 92: Je nach der Firmierung Ihres Unternehmens lassen Sie einen »Menschen« in der Firmen-Adresse auftreten. Auch ein schriftliches Gespräch braucht einen Gesprächs-Partner (s. Kap. 115).

Personen-Angaben sind ein Verstärker, besonders dann, wenn Sie auch den Vornamen nennen. Aber darüber haben wir beim Brief gesprochen. Vornamen bringen mehr menschliche Nähe in das schriftliche Gespräch. Nehmen Sie als Bezugsperson am besten denselben Menschen, dessen Unterschrift auf dem Werbebrief erscheint. Das erhöht die Verstärker-Wirkung zusätzlich.

Ihre eigene Firmenanschrift eignet sich auch für die verschlüsselte Kennziffer der jeweiligen Aktion. Wann immer diese Ziffer nicht mit der Empfänger-Adresse auf die Antwortkarte übertragen wird, drucken Sie einen Code auf die betreffende Kartenanzahl. Das muß nicht immer eine Ziffer sein. Eine bestimmte »Abteilung« wirkt genauso wie ein anderer Name bei dem »z. Hd. ...«.

116. Der Antwortschein und das Rückkuvert

Nicht für alle Aktionen eignen sich postkartenähnliche Antwortkarten. Dies aus zwei Gründen: Erstens, Ihre Antwortkarte kann einmal zu klein sein, weil Sie mehr Bestelldaten brauchen, als auf dieser Karte Platz finden. Zweitens, Ihre Firma gehört vielleicht zu jenen Branchen, bei denen »offene« Postkarten als Filter wirken.

Tatsächlich gibt es solche Branchen. Die Interessenten und Kunden glauben offenbar unbewußt, ein Briefträger habe nichts anderes zu tun, als Postkarten zu lesen. Für bestimmte Themen wie Teilzahlungs-Kredite, Geldanlagen, Steuer, Krankheit und vor allem für den gesamten Bereich der Intimssphäre erhalten Sie auf »offenen« Postkarten weniger bis gar keine Reaktionen.

Es sind etwa die gleichen Branchen, die wir auch schon bei der Kuvert-Gestaltung kennengelernt haben. Wer über seine sexuellen Wünsche oder über seine privaten Schulden spricht, der tut das lieber hinter verschlossenen Türen. In unserem Falle auf einer verschlossen zurückgeschickten Antwort.

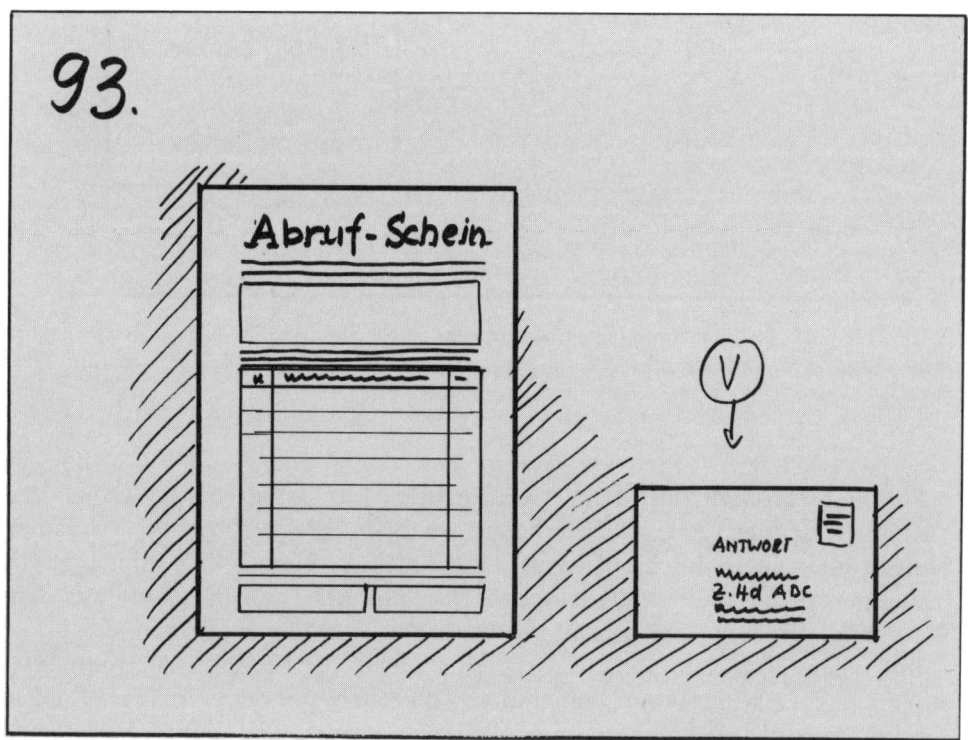

Bild 93: Bei bestimmten Branchen und bei zu großem Sortiment brauchen wir Antwort-Scheine statt Antwortkarten. Das Rückkuvert wirkt dann als Verstärker (s. Kapitel 116).

In all diesen Fällen verwenden wir deshalb einen Antwortschein und ein Rückkuvert. Dieses Kuvert übernimmt jetzt die Funktion des Reaktions-Auslösers. Das Rückkuvert ist das Signal für die Abschlußphase. Nur wenn ein solches Kuvert aus dem Package herausfällt, dann sagt sich der Leser: »Ich soll etwas zurückschikken.« Daraufhin sieht er den Package-Inhalt ganz anders und sucht meist unbewußt nach dem Abruf- oder Bestellschein.

Dieser Antwortschein kann jedes Format haben. Wenn also schon die Postkarte zu klein war, dann muß der Antwortschein größer als die A 6-Karte sein. Sie kommen dann sehr schnell zum Format DIN A 5 oder sogar zu DIN A 4. Denken Sie an die Bestellscheine im dicken Sortiments-Katalog unserer großen Versandhäuser.

Was wir über die Empfänger-Adresse auf separat beiliegenden Antwortkarten sagten, gilt auch für Antwortscheine: Der personalisierte Antwortschein ist ein Verstärker. Also geben Sie gelegentlich Namen und Adresse Ihres Lesers auf den Antwortschein. Ob Sie nur diesen Schein oder auch den Brief personalisieren, hängt von Ihren technischen Möglichkeiten ab. Bei kleinen Auflagen ist das noch leicht machbar. Achten Sie dennoch darauf, daß nichts vertauscht wird, sonst hat Herr Meyer den Antwortschein von Herrn Müller im Package und so läuft das durchs ganze Alphabet. Am besten, Sie überlassen die Doppel- oder Mehrfach-Personalisierung Ihrem Direktwerbe-Unternehmen. Dort löst man Ihr Problem mühelos auch bei größten Auflagen.

Noch ein Hinweis zum Rückkuvert. Verwenden Sie eine ähnliche Anschriftenseite wie bei der Antwortkarte. Also eine Briefmarkenecke mit dem schon beschriebenen Text. Dazu evtl. das Wörtchen »Antwort«, falls Sie auch unfreie Kuverts zurücknehmen. In Ihrer Firmenadresse lassen Sie wieder einen Menschen auftreten: »z. Hd. Herrn oder Frau XY«.

Ein letzter Hinweis noch zum Rückkuvert. Die Kuvertfabriken halten eine ganze Reihe bedruckter Rückkuvert-Muster bereit und sagen Ihnen, welche Formen für Ihren Fall am geeignetsten sind.

117. Über telefonische, elektronische, persönliche Reaktionen und sonstige Varianten

Wir haben bisher nur über Antwortkarten und Antwortschein gesprochen und dachten dabei an das Abrufen kostenloser Informationen oder an Bestellungen. Sie kennen jetzt die heute noch am häufigsten eingesetzten Reaktionsmittel. Aber diese beiden Varianten sind dennoch nur ein Teil dessen, was inzwischen schon sehr erfolgreich im Einsatz ist.

Ich denke jetzt nicht nur an die vielen Sonderfälle einer Antwortkarte, an Abholkarten, Eintrittskarten, Zahlkarten, Gewinnlose und Fragebogen, die immer noch eine gedruckte Variante der Antwortkarte darstellen. Ich meine vielmehr die Reaktion, die wir nicht per Post zurückerhalten, sondern per Telefon, per Bildschirmtext oder als persönlichen Besuch. Diese Wege führen weit über die hier behandelten einfachen Packages hinaus. Das alles gehört schon zur »Höheren Mathematik« des Direkt-Marketing. Der berufliche Nachwuchs lernt diese Technik erst in der Aufbaustufe seiner Ausbildung. Dennoch sollten wir an dieser Stelle noch einige erste Hinweise für Ihre Praxis geben.

Schauen wir uns zuerst die gedruckten Reaktions-Varianten an. Am besten, Sie sammeln nach und nach unterschiedliche Werbemittel dieser Art und bauen sich ein eigenes Archiv auf. Nicht, um zu kopieren! Nur als Anregung für Ihre eigenen kreativen Schöpfungen.

Abholkarten z. B. sehen meist so ähnlich aus wie Abrufkarten. Manchmal vereinen sie sogar beide Funktionen in sich. Wir setzen sie vor allem im Direkt-Marketing des stationären Einzelhandels ein. Der Interessent oder Kunde erhält eine briefliche Einladung, zu einer bestimmten Zeit ins Geschäft zu kommen. Gründe dafür gibt es viele: Die neue Saison hat begonnen, ein Umbau ist been-

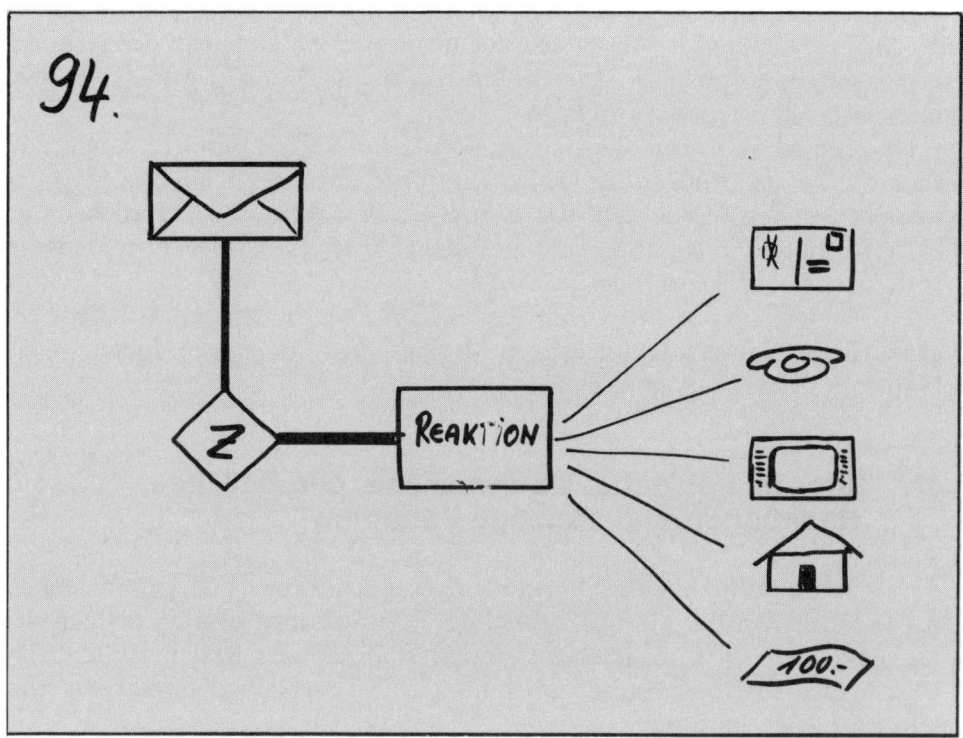

Bild 94: Die Gesprächspartner reagieren auf unterschiedlichen Kanälen. Alle Reaktionen sind das Ergebnis eines positiven stillen Dialoges (s. Kapitel 117).

det, ein Tag der offenen Tür, eine Vorführung, eine Modenschau, eine Service-Woche zum Überprüfen irgendwelcher Geräte. Dem modernen Einzelhandels-Manager gehen die Ideen für solche Anlässe nicht aus. Ein Jahr später werden die besten Veranstaltungen wiederholt. Als Verstärker erhält der Besucher irgendeine kleine Aufmerksamkeit. Auch dies signalisieren wir per Abholkarte im Package. Selbstverständlich versuchen wir, diese Karte zu personalisieren. Der Kunde bringt die Karte mit und gibt sie ab. Wir benutzen sie zur Erfolgskontrolle und zur Pflege der Adreßkartei.

Zu diesem Bereich gehören auch die Stammkunden-Karten, die wie Kreditkarten aussehen. Ein Mittel zur Kontaktpflege, das wir inzwischen in vielen Einzelhandels-Branchen mit Erfolg einsetzen, besonders seit diese Karten preiswert herzustellen und zu kuvertieren sind. Die Karte kommt dann in bestimmten Zeitabständen immer wieder mit verlängerter »Gültigkeit«.

Zahlkarten und Überweisungsaufträge brauchen wir vor allem bei Spenden-Aktionen, ein großer Bereich im Direkt-Marketing, den heute alle bedeutenden caritativen Institutionen nutzen. Das Reaktionsziel heißt »spenden«. Auch hier ersetzen wir einen Menschen, den persönlichen Spendensammler, ein Helfer, der von Tür zu Tür geht und um eine Spende bittet. Dieser hilfreiche Mensch ist heute praktisch nicht mehr zu finden. Er kostet mehr als er einbringt. Freiwillige für solche Aktionen gibt es weit weniger als gebraucht werden. So entstand das schriftliche Spenden-Gespräch. Im sehr sparsam aufgemachten Kuvert steckt zumindest ein Brief als Kontaktstufe und eine Zahlkarte als Abschlußphase. Dazwischen liegen ähnliche Informationen, die auch der persönliche Spendensammler mitgebracht hätte, vor allem die Bestätigung für die zweckmäßige Verwendung der Spendengelder.

»Fragebogen« als Reaktions-Mittel finden Sie sehr häufig in der Werbepost, nicht nur von Markt- und Meinungsforschern oder kommunalen und staatlichen Institutionen. Die Umfrage funktioniert auch sehr gut im Bereich des Direkt-Marketing. Wann immer Sie einmal mehr über den augenblicklichen Stand Ihres Marktes, über den Trend, über das Verhalten Ihrer Zielgruppe wissen wollen, dann ist die direkte schriftliche Befragung ein legales und sicheres Instrument, ganz gleich, ob Sie eine solche Aktion bei Ihren Kunden unter Ihrem eigenen Namen durchführen oder ob Sie ein neutrales Institut als Absender auftreten lassen. Fachliche Beratung ist allerdings sehr wichtig, der Konzeption und der psychologisch richtigen Entwicklung des Fragebogens bis hin zur Auswertung. Als Reaktions-Mittel kommen jetzt ausgefüllte Fragebogen zurück.

Das gesamte Package besteht also aus einem Brief (Kontaktstufe mit dem Warum, Weshalb und Wie), evtl. noch einer erläuternden Beilage, dem Fragebogen und (wichtig!) einem Rückkuvert. Als besonderen Verstärker kleben wir gelegentlich auch die Briefmarke als Rückporto bereits auf. Ein weiterer Verstärker ist ein konkretes Versprechen, ein Danke-schön-Geschenk oder das Überlassen des Ergebnisses ausschließlich an die Rücksender.

Sie finden heute noch viele Arten von gedruckten Reaktions-Mitteln, vom Teilnahme-Gutschein über Klebemarken bis hin zu den drucktechnischen Sonderformen, die Antwortschein und Rückkuvert vereinen, eine sehr sinnvolle Lösung, besonders bei hohen Auflagen. Über den Einsatz dieser Formen fragen Sie zuvor Ihre Agentur, Ihr Direktwerbe-Unternehmen oder direkt einen Kuvert-Hersteller, der auf diese Formen spezialisiert ist.

Telefonische Reaktionen Ihrer Interessenten und Kunden zeigen zunehmende Tendenz, vor allem im Bereich gewerblicher Zielgruppen. Aber auch für dieses Reaktionsziel gibt es Verstärker, sowohl für den ersten Kurz-Dialog von wenigen Sekunden als auch für den zweiten ausführlicheren Dialog.

Als verstärkende Kurz-Antworten setzen Sie Bilder und Headlines ein. Denken Sie nicht nur an das übliche Telefon-Symbol als Bild-Element oder Pictogramm. Das ist zwar immer eine brauchbare Kurz-Antwort. Bauen Sie aber auch einmal ein echtes Foto eines telefonierenden Mitarbeiters ein. Sie finden meistens auf den letzten Seiten Ihres Prospektes einen geeigneten Platz.

Und vergessen Sie nicht, bei jeder Aufforderung zur telefonischen Reaktion auch die »Verbindungs«-Person zu nennen. Ihre Interessenten und Kunden rufen häufiger zurück, wenn sie diesen Anruf »bildlich« vor sich sehen. Dazu gehört zwar minimale Vorstellungskraft, aber selbst dieses Wenig ist offenbar schon zu viel. Der Hinweis »Verlangen Sie Herrn Preisinger« erleichtert den Griff zum Telefon. Ihr Leser »sieht« den Verlauf des Telefon-Gespräches jetzt viel klarer vor sich. Er ist sicher, Herr Preisinger weiß über alle Details Bescheid. Das Telefon-Gespräch erscheint dem Leser gefühlsmäßig kürzer und einfacher. Dieser im voraus entstehende Eindruck ist wieder ein deutlich meßbarer Verstärker, der Sie nichts kostet.

Alle telefonischen Reaktionen addieren wir natürlich zu den schriftlichen und errechnen aus der Summe beider die täglichen Eingänge und schließlich den »Halbwerts-Zeitpunkt«. Dennoch gibt Ihnen jede telefonische Reaktion ein besonderes Signal des Kunden und eine Chance, mehr daraus zu machen und den Kontakt auszubauen.

Telefonische Reaktionen signalisieren unausgesprochen u. a.: »Ich habe nicht viel Zeit, ich möchte mit Ihnen reden, ich habe zuvor noch einige Fragen, die briefliche Reaktion ist mir zu umständlich.« Denken Sie ganz einfach an Ihre eigenen Gedanken, wenn Sie einmal lieber telefonieren als die Antwortkarte an irgendeine Firma zurückzuschicken.

Dann aber denken Sie auch darüber nach, wer wann und wie die telefonischen Reaktionen in Ihrem Hause annimmt, wer die Signale Ihres Kunden versteht, sie richtig deutet und auswertet, nicht nur für das augenblickliche Gespräch, sondern auch für den Ausbau des persönlichen Kontaktes und für die Entwicklung neuer schriftlicher Gespräche. Gerade dort fließen Informationen und Erkenntnisse aus dem telefonischen Kunden-Kontakt sehr sinnvoll zusammen.

Am besten, Sie spielen selbst einmal für eine bestimmte Zeit »Herr Preisinger« in Ihrem Unternehmen. Wer schriftliche Verkaufsgespräche führt, ersetzt persönliche Kontakte. Das Telefon-Gespräch ist ja ein persönliches Gespräch. Und die Rückrufe Ihrer Kunden sind Gespräche zum Nulltarif. Preiswertere Chancen, Kontakte persönlich zu pflegen und gleichzeitig Ideen und Argumente für das schriftliche Gespräch zu sammeln, kann ich Ihnen kaum bieten.

Dieser telefonische Kontakt und diese Lern-Chance hilft natürlich allen, die bei der Gestaltung Ihrer schriftlichen Gespräche mitwirken, bei Ihrer Direktwerbung und bei allen anderen Instrumenten des Direkt-Marketing.

Also führen Sie auch einmal ein paar Telefon-Tage für Konzeptioner und Texter ein. Sollten Sie selbst der Chef Ihres Unternehmens sein, dann gilt dieser Tip ganz besonders auch für Sie. Wann immer Sie selbst wieder einmal im Büro über Ihren Markt, Ihre Zielgruppe, den Trend, den Bedarf usw. nachdenken, nutzen Sie das Telefon zum Nulltarif. Lassen Sie sich einige Kunden-Anrufe durchstellen. Das »Ohr am Markt« zu haben, war schon immer eine ergiebige Fundgrube neuer Ideen.

An dieser Stelle noch einen Tip zum Ausbau Ihrer telefonischen Kunden-Beratung, wenn Sie sofort per Post verkaufen. Die Anrufe Ihrer Kunden und Interessenten sind dann ja meistens telefonische Bestellungen. Jetzt hat Ihr Mitarbeiter eine seiner größten Chancen, den Auftragswert zu vergrößern. Das fängt mit kleinen Verbrauchs-Artikeln und Ergänzungs-Produkten an und geht bis zum Verkauf eines völlig anderen hochwertigeren Modells der ursprünglich gedachten Art.

Das ist nur eine kleine Andeutung dessen, was wir im Mail-order-Geschäft, im Versandhandel, das »up-trading«, das »Hinauf-Verkaufen«, nennen. Die Verkaufs-Chancen gehen viel weiter. Jedes bestellte Produkt läßt Rückschlüsse zu auf die Absicht und die Planung des Kunden. Wer aber die Pläne kennt, ahnt auch die Probleme und kann deshalb zusätzliche Lösungen anbieten aus einem Sortiments-Bereich, den der Kunde nicht bei uns vermutet. Doch verlassen wir dieses Thema wieder. Dies ist ein Buch über schriftliche Gespräche. Ich wollte Ihnen nur die Chancen zeigen, die Ihnen telefonische Reaktionen bieten.

Eine andere Variante meßbarer Reaktionen auf unsere Briefe kommt via Bildschirmtext (Btx). Ihre an Btx angeschlossenen Interessenten und Kunden wählen aufgrund eines Werbebriefes oder anderer Impulse Ihre Btx-Seiten an, private Zielgruppen ebenso wie gewerbliche. Ihre Informationen erscheinen auf dem Bildschirm des normalen Fernsehgerätes. Sie selbst fordern innerhalb dieser Texte zum Handeln auf. Ein Teil der bis dahin gefolgten Interessenten drückt jetzt auf die »JA«-Taste. Und mit einer Geschwindigkeit von 300 000 km pro Sekunde, also praktisch im selben Augenblick, empfangen Sie dieses Reaktions-Signal mit Namen, Adresse, Datum, Uhrzeit und den Daten zum jeweiligen Angebot.

In der ersten Zeit erfassen Sie diese Abrufe und Angaben und bedienen dann den Interessenten persönlich weiter, telefonisch oder schriftlich. Diese elektronische Reaktion per Btx ist also nichts anderes als eine neue Variante des uralten Zieles im Direkt-Marketing: Meßbare, sichtbare Reaktionen auszulösen. Die Ergebnisse erfassen Sie genauso wie bisher, nur schneller, einfacher und bequemer. Btx liefert Ihnen die Statistik gleich mit.

Später bedient sich Ihr Interessent oder Kunde gleich selbst – elektronisch. Mit der höheren Technologie greift er direkt in Ihren programmierten Betriebsablauf ein – natürlich nur mit Ihrer Zustimmung. Er ruft kostenlose Broschüren ab und veranlaßt deren Versand und damit auch den Begleitbrief selbst. Er bestellt Waren und veranlaßt deren Versand. Er zahlt Rechnungen und veranlaßt selbst die Buchung. Das alles durch einen Tastendruck an seinem eigenen Fernsehgerät.

Doch dies gehört zu den Aufbaustufen Ihres Direkt-Marketing-Wissens. Deshalb verlassen wir das Btx-Thema und merken uns nur zwei wichtige Ergebnisse: Erstens, auch die elektronischen Reaktionen auf unsere schriftlichen Verkaufsgespräche zählen wir und bewerten sie täglich, genauso wie alle anderen Reaktionen. Zweitens, der Brief mit seinen Beilagen wird auch bei den neuen Technologien gebraucht. Wir führen die Zielgruppe zunächst in das Btx-Programm hinein und später, nach der elektronischen Reaktion, bedanken wir uns, schicken das gewünschte Material und pflegen den Kontakt, per Post, per Brief und Antwortkarte. Und Sie als künftiger Direktmarketing-Fachmann haben dann nicht weniger, sondern mehr zu tun.

Die letzte Reaktions-Variante ist die wertvollste. Deshalb auch hierüber noch ein paar Worte, obwohl diese Variante erst recht den Rahmen unseres schriftlichen Gespräches sprengt: Der persönliche Besuch des Reagierenden. Der Empfänger reagiert nicht schriftlich, telefonisch oder elektronisch, er kommt selbst, zu Messen, Ausstellungen, Veranstaltungen und vor allem in den stationären Fachhandel.

Gerade in dieser Branche beobachten Sie künftig einen noch stärkeren Trend zum Direkt-Marketing. Hier heißt das oberste Reaktionsziel: In den Laden kommen!! Allein oder auch gemeinsam mit den sonstigen Entscheidungsträgern.

Die Reaktionen der persönlichen Besuche zählen wir genauso wie schriftliche auch dann, wenn der Besucher keine Abholkarte, Kundenkarte oder ähnliche Kennzeichen mitbringt. Das führt natürlich zu einer erschwerten Erfolgskontrolle, aber sie ist lösbar. Wir bauen in das schriftliche Gespräch bereits Elemente ein, die der Kunde als »Kennziffer« mitbringt. Er fragt entweder nach einem ganz bestimmten Mitarbeiter, nach einem ganz bestimmten Produkt, nach einer Abteilung o. ä. Alle Fragen sind Kennzeichen für uns. Denn selbstverständlich hat jede Aktion ein besonderes Thema und deshalb auch andere Ansprechpartner oder Abteilungen.

Aber auch hier gibt es »kostenlose« Verstärker zur Steigerung der Erfolgsquote.

Nicht nur die teuren Geschenke, Cocktails oder Überraschungs-Pakete. Wenn diese Dinge wirken sollen, dann kosten sie meist mehr als sie einbringen. Kostenlose Verstärker liegen in der Konzeption und Gestaltung.

Dazu nur ein Hinweis: Irgendwohin eingeladen zu werden, löst sofort unausgesprochene Leserfragen aus, z. B. »Wo ist das? Wie komme ich dort hin? Was erwartet mich dort? Was erlebe ich, wenn ich dahin komme? Wie sieht die Firma aus? Wo gibt es Parkplätze?« Also beantworten Sie einfach diese Fragen (als Kurz-Antwort und auch ausführlich), und schon haben Sie die besten Verstärker für solche Aktionen gefunden.

Beschreiben Sie »Action« so bildhaft wie möglich, z. B. »Parken Sie einfach in unserer Tiefgarage (Einfahrt Königsstraße). Fahren Sie dann mit dem Lift in den 3. Stock und fragen Sie nach Frau Fischer. Am besten, Sie bringen diesen Brief mit!« Verbinden Sie solche Texte auch mit Bildern. Der Lageplan ist für Neulinge immer sinnvoll. Aber auch andere Bilder helfen, wie der »Ort der Handlung«, also das Äußere unseres Gebäudes und die Innenräume, die beim Photografieren nicht gerade menschenleer (Kunden-leer) sein sollten.

Für alle Reaktions-Varianten gilt also das, was wir im schriftlichen Gespräch die Dialog-Formel genannt haben: Das große »JA« (Unterschrift, Anruf, Tastendruck oder Besuch) ist gleich der Summe vieler kleiner »jas« minus der Summe aller kleinen »neins«.

H. So beurteilen Sie Dialog-Prospekte und ihre Wirkung

Zwischen dem Brief (Kontaktstufe) und der Antwortkarte oder dem Antwortschein (Abschlußphase) ist theoretisch jede Art gedruckter Beilage denkbar.

Aber mit jeder optisch unterschiedlichen Beilage ändert sich der erste Eindruck über den Sinn und das Ziel dieses schriftlichen Gespräches. Deshalb ist jedes Werbemittel zwar theoretisch denkbar, aber nicht immer sinnvoll. Sonst führen Sie den Leser unbewußt in eine Richtung, die Sie nicht beabsichtigt haben.

Das ist beim Vertreter-Besuch genauso. Stellen Sie sich vor, ein solcher Mensch klingelt an Ihrer Wohnungstür. Sie öffnen, hören ein paar freundliche Worte und dann entdecken Sie plötzlich einen Warenkorb mit Seife, Zahnpasta, Shampoon, Körperlotion und allerhand sonstigen Toiletten-Artikeln. Jetzt kann der Vertreter Ihnen erzählen, was er will. Sie hören ihm nur noch teilweise zu, denn Sie glauben, den Sinn dieses Besuches schon verstanden zu haben. Ihr Urteil fällt sehr schnell. Sie haben ein Bild-Element (Waren im Korb) gesehen, und dieses Bild hat schneller kommuniziert als die Worte. Im Normalfall stimmt Ihr Urteil. Ein

Mensch mit solchen Artikeln an der Wohnungstür will diese Waren verkaufen. Sollte er seinen Warenkorb nur rein zufällig dabei haben, dann entgleitet ihm sein Verkaufsgespräch. Die Tür ist zu, bevor er den eigentlichen Sinn seines Besuches erklären konnte.

So geht es auch vielen Direktwerbe-Packages. Der erste Eindruck wird vor allem durch die Beilagen geprägt. Dort findet der Leser die größeren und schöneren Bilder. Also konzentriert er sich im ersten Durchgang auf diese Beilage. Schon entsteht in seinen Gedanken ein Urteil über das Gesamt-Package. Manchmal ein Vor-Urteil. Deshalb ist es wichtig, mehr über die Wirkung der Briefbeilagen, ihre Filter und Verstärker zu wissen. Wir behandeln in den folgenden Kapiteln den Prospekt als Beilagen-Beispiel, weil er am häufigsten auftritt.

118. Der Prospekt im Package und seine Dialog-Wirkung

Zunächst einige Grundregeln über die »non-verbale« Kommunikation der Prospekt-Beilage. Unsere Leser bilden sich ein erstes schnelles Urteil, sobald sie das Package und seinen Inhalt sehen und entfalten. Dieses erste Urteil muß stimmen. Der tatsächliche Inhalt und der Zweck unseres schriftlichen Verkaufsgespräches muß den ersten Eindruck bestätigen. Wie also wirken Prospekt-Beilagen?

Halten Sie sich an folgende Orientierungs-Punkte, dann führen Sie Ihren Leser besser zum Ziel: *Wenig* Prospekt-Material deutet auf *wenig* Verkaufs-Absicht hin. Viele Prospekt-Beilagen signalisieren große Sortimentsbreite oder -tiefe zu günstigen Preisen. Wenig Farbe im Prospekt deutet ebenfalls weniger auf Verkauf hin als 4-farbig gedruckte Beilagen. Weniger Bilder deuten auf Informationsabsicht hin, viele Bilder auf Verkaufsabsicht.

Glänzendes Prospektpapier deutet mehr »Verkauf« an als mattes Papier. Aber billiges Papier, schwarz bedruckt mit einer einzigen Schmuckfarbe und einem etwas schreienden Layout signalisiert »Discount«-Angebote, Ausverkauf, Massenware, Mitnahme-Artikel, billigste Preise. Ebenso deuten viele Artikel auf einer Seite »preiswertere« Ware an als nur ein einzelnes Produkt pro Seite mit viel freiem Gestaltungsraum.

Das alles sind aber nur sehr grobe Anhaltspunkte. Sie heben sich manchmal gegenseitig auf oder werden durch andere Führungs-Elemente (auf dem Kuvert, dem Brief, der Antwortkarte) neutralisiert. Dennoch ist es sinnvoll, Sie beachten solche Elemente und irritieren Ihre Leser nicht. Ihr Text wird sonst nach einer falschen Vor-Information gelesen, und das deutet auf falsches Verstehen hin.

Also, wer sofort verkaufen will, der zeigt das durch mehr Bild, mehr Farbe, mehr Prospekt. Wer nur Interessenten zu gewinnen versucht, signalisiert mehr Information, also weniger Bild, weniger Farbe, weniger Glanz, weniger Prospekt.

Trifft nun die erste Grob-Information auch das Interesse des Lesers, erkennt er einen gesuchten Vorteil, dann wandern seine Augen entlang einer Leselinie durch den Prospekt. Sie ist der chronologische Ablauf des Kurz-Dialoges im Prospekt. Unterschiedliche Prospekt-Formate und Seitenzahlen führen zu unterschiedlichen Lesekurven. Der natürliche Blickverlauf trifft aber im Prospekt nicht immer alle Flächenteile. Deshalb führen wir die Augen des Lesers auch auf die weniger bevorzugten Stellen, damit wir die kostbare Fläche nicht umsonst gestalten, drucken und mit hohem Porto verschicken. Nach diesem Eingriff entsteht eine korrigierte Lesekurve.

Diese Kurve trifft dann weitgehend alle Flächenteile unserer Prospekte. Entlang dieser Prospekt-Lesekurve führen wir den Hauptteil des schriftlichen Dialoges, den Teil zwischen Kontaktstufe und Abschlußphase. Für den ersten Kurz-Dialog

Bild 95: Wenn der Leser nicht durch Bild-Elemente abgelenkt wird, beobachten wir in 70–80 % aller Fälle eine innerhalb gewisser Schwankungs-Breite immer ähnlich laufende Blickrichtung (»natürliche Lesekurve«) im ersten Lese-Druchgang (s. Kapitel 118).

brauchen wir Bilder und Headlines, für die späteren ausführlicheren Durchgänge Textblöcke.

Die Bilder im Prospekt sind gleichzeitig unsere Steuerungs-Elemente für den Blickverlauf. So läßt sich sehr einfach beides kombinieren: Der Leser findet seine bildlichen Kurz-Informationen zugleich in der richtigen Reihenfolge entlang seines Blickverlaufes. Wir führen ihn durch das schriftliche Gespräch, wie der Vertreter seine Kunden durch das persönliche Verkaufsgespräch lenkt. Genauso redet auch der geschulte Verkäufer im Einzelhandel, der Berater auf der Messe, der Politiker auf der Wahlversammlung, der Mensch im privaten Alltag, der Verliebte beim Rendez-vous. Jeder führt seinen Partner bewußt oder unbewußt entlang einer ganz bestimmten Dialog-Linie zu einem angestrebten Ziel. Jeder sammelt viele kleine »ja's« auf dem Weg zum großen »JA«. Wer dieses Ziel auf einem falschen oder irreführenden Weg ansteuert, kommt nicht an. Wenn die kleinen »nein's« die Oberhand gewinnen, steigt der Hörer oder der Leser aus dem Dialog aus.

Wie also verläuft die Lesekurve auf unseren Prospekten? Mit diesem Thema müssen wir uns noch befassen. Danach plazieren Sie Ihre Kurz-Antworten sicherer entlang der Lesekurve. Denken Sie aber daran, nur etwa 70 – 80 % der Leser folgen diesen Blickverlaufs-Kurven. Wenn dieser Prozentsatz der Versuchspersonen aus allen Zielgruppen das gleiche Lese-Verhalten zeigt, dann erklären wir eine solche Lese-Linie als »allgemein« verbindlich. Sie selbst entdecken bei Einzelbeobachtungen durchaus auch einmal ein völlig anderes Lese-Verhalten.

Über diese Untersuchungen mit Blickregistrier-Geräten habe ich ja schon in früheren Kapiteln gesprochen. Deshalb hier nur die Ergebnisse: Die natürlichen, nicht beeinflußten Lesekurven auf gleichartig gestalteten Prospekt-Seiten zeigen einen Verlauf ähnlich Bild Nr. 95.

Auf einer einzelnen Seite beginnen die meisten natürlichen Lesekurven oben links und laufen nach unten rechts. Dort verlassen unsere Augen im Normalfall ein Blatt Papier.

Die zwei Innenseiten eines 4-seitigen Prospektes ergeben eine Doppelseite. Allerdings eine solche, die man nicht aufblättert wie eine Broschüre oder einen Katalog, sondern eine Doppelseite, die man auf-faltet. Dadurch wirkt sie mehr als entfaltete Gesamtfläche. Der Blick springt auch jetzt nach oben links und wandert dann, falls nicht künstlich beeinflußt, von oben links etwa diagonal nach unten rechts zum Seiten-Ausgang. Die Rückseite wirkt wieder als Einzelseite.

Durch andere Falztechniken entstehen mehrseitige Prospekte als Sonderformen und -formate. Auf diese Weise erreichen wir gleichzeitig mehr Einzelseiten und halten den Leser länger im Prospekt fest. Die Einzelseiten bringen wieder eine natürliche Lesekurve wie gehabt, von oben nach unten, allerdings in diesem »sauberen« Verlauf erst ab dem zweiten Durchgang. Im ersten Kurz-Dialog weicht die Kurve von der Ideal-Linie ab. Sie springt zu den neuen Seitenteilen, die während des Entfaltens sichtbar werden.

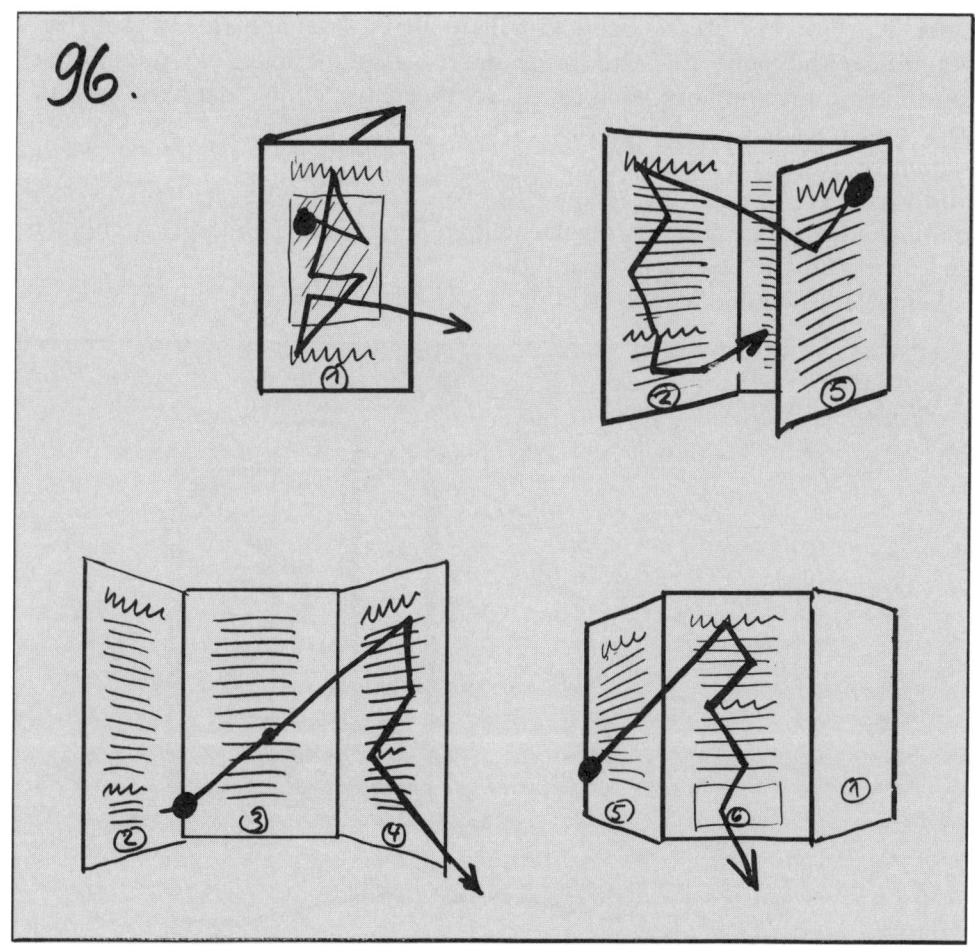

Bild 96: Der häufig verwendete 6seitige DIN A 4-Prospekt bringt gute Chancen auch ohne Bilder. Die natürliche Lesekurve tastet nahezu alle Seiten in gleichem Maße ab und verweilt länger auf der Gesamtfläche. Nur Seite 3 bedarf einer kleinen Korrektur (s. Kapitel 118)!

Dadurch entsteht ein Bild, wie Sie es in der obigen Skizze am Beispiel des 6-seitigen DIN A 4-Prospektes sehen. Eine Falzart, die gerade im klassischen Package der Direktwerbung erfolgreich ist. Sie bringen damit drei »normal« breite Textspalten (analog Zeitung!) auf einem DIN A 4-Blatt unter. Mit diesem Blatt bleibt das Gesamt-Package, also Prospekt, Brief, Antwortkarte und Kuvert, unter den entscheidenden 20 g (unterste Porto-Stufe).

Bei diesem 6-seitigen A4-Prospekt beobachten wir auf Seite 1 den typischen Blickverlauf für Titelseiten. Die Augen tasten Bilder und Headlines ab, bevor der

Leser den Prospekt öffnet. Beim Entfalten dieses sogenannten »Wickelfalzes« beginnt der Blick auf Seite 5 und springt dann erst auf die Seite 2. Dort folgt er der gewohnten Linie von oben nach unten rechts. Inzwischen hat der Leser auch die nach innen gefalzte Seite 5 geöffnet: Der natürliche Blickverlauf wandert dann von unten diagonal über die Seite 3 hinauf zur Kopfleiste der Seite 4. Diese Seite wird wieder entlang der Ideal-Linie von oben nach unten abgetastet. Die obere Hälfte der Seite 3 ist also etwas benachteiligt. Hier müssen wir später nachhelfen und die natürliche Lesekurve beeinflussen.

Beim Verlassen der Seite 4 dreht der Leser das gesamte Blatt um. Er sieht ein

Bild 97: Geheftete und gebundene Werbemittel werden aufgeblättert und nicht aufgefaltet. Bei gleichartiger Gestaltung wird die rechte Seite länger und häufiger abgetastet als die linke. Die linken Seiten brauchen Verstärker (s. Kapitel 118).

zweites Mal die Seite 5 und springt dann zur Kopfleiste der Seite 6. Diese letzte Seite zeigt wieder den Ideal-Verlauf von oben nach unten.

Entlang dieser *natürlichen* Blickverlaufs-Kurven plazieren wir nun unsere Dialog-Stufen, die kurzen und die ausführlichen Antworten auf die unausgesprochenen Leserfragen, immer in der richtigen Reihenfolge, aufgebaut wie ein persönliches Verkaufsgespräch.

Beim 6-seitigen Wickelfalz-Prospekt trifft also die Lesekurve nahezu alle Seiten gleichartig, mit Ausnahme der Seite 3. Die natürliche, unbeeinflußte Lesekurve kommt nicht genügend auf die obere Hälfte. Deshalb ziehen wir die Kurve bewußt dorthin. Als Steuer-Elemente dienen uns die Bilder. Also setzen wir ein großes Bild-Element oder eine besondere Headline an diesen Platz. Damit korrigieren wir die natürliche Lesekurve. Die Augen springen jetzt auf der Seite 3 nach oben und erst danach auf die Seite 4.

Sobald der Prospekt *zu viele* Seiten umfaßt, wird er geheftet, und daraus entsteht bereits eine Broschüre oder ein kleiner Katalog. In dieser gebundenen oder gehefteten Form verläuft die Lesekurve wieder anders. Jetzt wird die Doppelseite nicht entfaltet sondern *aufgeblättert*.

Ganz gleich wie der Leser blättert, ob von vorn nach hinten oder umgekehrt, die rechte Seite ist immer länger im Blickfeld. Während eine linke Seite noch dreht, steht eine rechte Seite schon ruhig. Probieren Sie es einmal selbst. Blättern Sie einmal eine Zeitschrift sehr schnell durch: Die rechte Seite ist bevorzugt.

Die Lesekurve auf solchen Doppelseiten beginnt meistens auf der rechten Seite oben rechts und endet auf derselben Seite unten rechts. Die linke Seite ist benachteiligt, wenn wir den Blick nicht bewußt auf die linke Seite ziehen. Deshalb korrigieren wir auf jeder dieser Doppelseiten und benutzen dazu vor allem unsere Bilder.

Entlang der Lesekurve plazieren wir die Antworten auf die unausgesprochenen Leserfragen. Welche Leserfragen treten nun im Prospekt auf? Es sind vor allem die Produkt-Fragen, im Gegensatz zum Brief (Kontakt-Fragen) und zur Antwortkarte (Abschluß-Fragen). Aber auch die Grundfragen aller Zielgruppen mischen sich in den Prospekt-Dialog.

Hier ist eine kleine Liste solcher Fragen zum Auswählen und Ergänzen:

○ Was bringt dieser Prospekt (Titelseite)?
○ Habe ich diesen Bedarf?
○ Wie habe ich ihn bisher gelöst?
○ Wie soll ich ihn künftig lösen?
○ Welchen Vorteil habe ich von der neuen Lösung?
○ Wer beweist diesen Vorteil?
○ Wer hat das schon erprobt?
○ Wie kann ich mich vorher selbst überzeugen?
○ Wie funktioniert das alles im Detail?
○ Aus welchem Material ist das?
○ Seit wann gibt es das?
○ Warum höre ich erst jetzt davon?
○ Wie lange ist die Haltbarkeit?
○ Was kostet es?
○ Wie muß ich bezahlen?
○ Wann wird geliefert?
○ Wie wird geliefert?
○ Welche Garantie gibt es?
○ Welchen Service gibt es?
○ An wen kann ich mich wenden?
○ Was mache ich mit meinen bisherigen Produkten?
○ Soll ich reagieren?
○ Wie soll ich reagieren?
○ Wer ist diese Firma?

Ergänzen Sie diese Liste so, wie bereits im Kapitel über Leserfragen empfohlen. Wählen Sie dann für Ihr Produkt nur die Fragen als Dialog-Stufe aus, die auch Ihr Vertreter im persönlichen Gespräch höchstwahrscheinlich behandeln würde.

119. Die Kurz-Antworten entlang der Lesekurve im Prospekt

Die ausgewählten Leserfragen bilden jetzt die Grundlage für das Gestalten Ihres Prospektes. Dafür gibt es zwei Wege: Wenn Sie selbst werbefachlich ausgebildet sind, dann entwickeln Sie alles selbst bis hin zum Layout und zum Textmanuskript. Im anderen Falle beauftragen Sie Ihre Werbe-Abteilung, Ihren Berater oder Ihre Agentur und legen nur eine einfache Handskizze vor. Eine solche Skizze für schriftliche Verkaufsgespräche schaffen Sie auch ohne werbefachliches Studium.

Sie wollen ja keine Anzeigen-Kampagne entwerfen, sondern ein Verkaufsgespräch schriftlich nachvollziehen.

Also schlagen Sie auch beim Prospekt den Weg ein, den ich Ihnen schon beim Brief empfohlen habe: Zuerst den Umfang und das Format skizzieren. Dann die natürliche Lesekurve in die Skizze hineindenken. Und jetzt die Kurz-Antworten entlang dieser Kurve plazieren, also Bilder und Headlines. Das ergibt wieder die schon beschriebene »Dialog-Skizze«. Auf den restlichen Druckflächen entstehen dann noch die Textblöcke.

Über Format und Umfang haben wir schon gesprochen. Beides wirkt auf den Leser und bildet in ihm einen ersten Eindruck vom Package-Inhalt, vom Sinn und

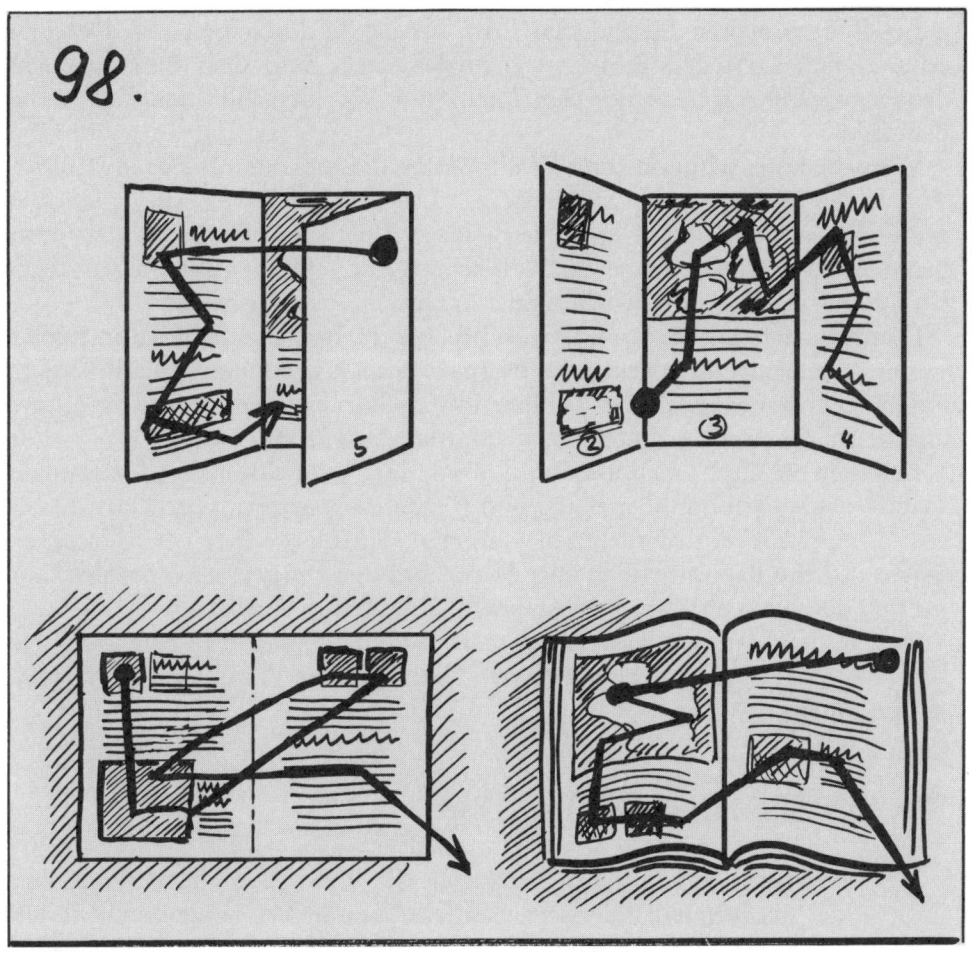

Bild 98: Plazieren Sie die Kurz-Antworten entlang des natürlichen Blickverlaufes. Die »lautesten« Antworten (größte Bilder usw.) benutzen Sie zur Korrektur der Lesekurve (s. Kapitel 119).

Zweck des Angebotes, also *viel* Prospekt beim Verkaufen per Post, *wenig* Prospekt beim Gewinnen von Interessenten.

Die natürliche Lesekurve skizzieren oder nur denken zeigt Ihnen sehr schnell die Schwachstelle des Blickverlaufes. Überall dort, wo die natürliche Lesekurve nicht hinkommt, helfen wir durch Bilder nach. Direkt auf der natürlichen Lesekurve erübrigen sich theoretisch die Bilder als Blickfang! Diese Plätze finden die Augen der Leser ohnehin. Dennoch plazieren wir Bilder auch direkt auf der Ideal-Linie. Der Grund ist klar: Wir brauchen immer wieder Kurz-Antworten. Korrekturen sind ja nur dann nötig, wenn die natürliche Lesekurve nicht alle Teile einer Fläche abdeckt. Ansonsten plazieren wir die Kurz-Antworten für den ersten Kurz-Dialog direkt auf die natürliche Blickverlaufs-Kurve.

Bei Bildern achten Sie auf den Platz für die Bild-Beschreibung. Der Leser erwartet unbewußt den Bild-Titel entweder direkt *unter* dem Bild oder *rechts* daneben. Seine Augen suchen den Titel selten über dem Bild oder links neben dem Bild.

Versuchen Sie, schon in Ihrer Dialog-Skizze die geplanten Bilder in Umrissen anzudeuten oder schneiden Sie ähnliche Bilder aus alten Prospekten in der richtigen Größe aus, und kleben Sie diese Bilder in Ihre Skizze. Die Headlines formulieren Sie als Rohtext oder bereits als Reintext. Alle geplanten Textblöcke skizzieren Sie nur in Form von Strichen oder Sie lassen diese Plätze leer.

Damit entsteht ein »Scribble« wie in Bild Nr. 98. Und mit diesem Roh-Entwurf »testen« Sie bereits Ihren geplanten Prospekt hinsichtlich seiner Schnell-Wirkung im ersten Durchgang. Zeigen sie Ihre Dialog-Skizze einigen Versuchspersonen und fragen Sie, welche Vorteile in diesem Prospekt zu finden sind.

Bewerten Sie diese Ergebnisse sehr kritisch. Ihre Versuchspersonen müssen den wichtigsten Vorteil nur über Bilder und Headlines erkennen. Genau da ist ja der erste Kurz-Dialog im schriftlichen Gespräch. Textblöcke liest der Mensch erst später und erst dann, wenn er über Bilder und Headlines einen Vorteil erkannt hat und deshalb mehr darüber wissen will. Sollten Ihre Versuchspersonen keinen Vorteil finden, dann entwickeln Sie neue Bild-Ideen und neue Headlines. Ihre Leser hätten wahrscheinlich auch keinen Grund (keinen Vorteil) für das Weiterlesen gefunden.

120. Die Bild-Inhalte im Prospekt

Die Leserfragen Ihrer Zielgruppe kennen Sie inzwischen. Auch die Reihenfolge, in der sie auftreten. Sie wissen ebenfalls über die Lesekurve Bescheid. Und Sie plazieren im Geiste auch schon die Bilder als Kurz-Antworten auf die natürliche Lesekurve, oder korrigieren die Lesekurve mit Bildern in eine Ecke des Prospektes, die der Leser sonst nicht sicher angesehen hätte.

Welchen Inhalt brauchen nun unsere Bilder? Die Kurz-Antworten geben zunächst eine kurze Auskunft auf Fragen. Aber sie haben auch eine zweite Bedeutung. Sie ziehen den Leser in den zweiten Durchgang hinein. Sie führen ihn an den Textblock heran. Deshalb verschweigen die typischen Direktwerbe-Bilder häufig noch etwas, denn die 100 % Bildaussage führt nicht immer zum Weiterlesen!

Das Titelfoto Ihres Prospektes ist ein typisches Beispiel für eine Hinein-Ziehen-Information. Die erste Leserfrage: »Was erwartet mich im Prospekt?« beantworten wir durch das Andeuten eines besonderen Vorteiles. Das Reaktionsziel des Titel-Fotos heißt: Öffne diesen Prospekt und Du findest einen Vorteil für Dich, für Deine Arbeit, Deine Familie, Deine Welt.

Dieses Titelfoto ist der zuerst wirkende Verstärker Ihres Prospektes. Durch das Titelbild führen Sie den Leser in eine bestimmte Richtung, die alle folgenden Lesevorgänge beeinflußt. Also lohnt es sich, für den Prospekt-Titel sehr viel mehr Entwurfszeit einzusetzen, neue Ideen zu entwickeln und unterschiedliche Titel zu skizzieren. Geben Sie Ihrem Fotografen den gleichen Auftrag: Das Titelfoto vom Prospekt-Vorteil wünschen Sie sich in mehreren Spielarten. Nicht nur, um mehr Chancen zur Auswahl der besten Fotos zu haben. Sie erreichen damit auch eine Kosten-Ersparnis: Sie besitzen dann gleichzeitig andere gute Titel-Variationen für den evtl. Bildaustausch bei späteren Wiederholungs-Aktionen an dieselbe Zielgruppe. Sofort mehrere Bild-Ideen zu fotografieren, ist preiswerter als später alles noch einmal von vorn aufzubauen und zu organisieren.

Übrigens, nicht jedes Bild muß ein Foto und nicht jedes Foto muß ein Farbfoto sein. Bleiben wir zunächst bei den Farbfotos. Es gibt Themen, die lassen sich besser schwarz-weiß darstellen. Denken Sie an Produkte im Bereich Medizin, Krankheit, Gesundheit. Die große, naturgetreue Farbaufnahme einer Hautkrankheit ist nur für die an der Behandlung solcher Krankheiten beruflich interessierten Fachkreise von Vorteil. Für den Facharzt für Hautkrankheiten treffen solche Fotos sogar das Erfolgsziel seines Berufes. Er »lebt« von solchen Krankheiten und deren Behandlung. Für den betroffenen Laien hingegen bedeuten diese Bilder keinen Vorteil. Er braucht diese Krankheit nicht zum Leben, ganz im Gegenteil. Deshalb braucht der Laie unbewußt auch keine lebensnahen, farbigen Krankheits-Bilder! Schwarz-weiß-Aufnahmen oder grafische Darstellungen der Krankheit genügen. Damit »lebt« das Negative nicht mehr so deutlich. Die gesunde oder geheilte Lösung hingegen bringen wir so lebensnah wie nur möglich, also auch vierfarbig.

Auch bestimmte Produkte oder Dienstleistungen im gewerblichen Bereich verlangen nicht unbedingt nach teuren Farbfotos. Werkzeuge, Eisenrohre, Schrauben, Nägel usw. sind auch schwarz-weiß gut darzustellen. Natürlich nur, wenn Sie dadurch den 4-Farb-Druck insgesamt einsparen und den Prospekt z. B. nur zweifarbig (mit einer Schmuckfarbe) drucken. Das spart nicht nur Druckkosten, Sie haben auch weniger Reproduktions-Kosten und signalisieren Ihren Lesern, hier läßt sich »preiswerter« einkaufen.

Die einzelnen Bild-Inhalte entsprechen den Leserfragen im Prospekt. Sie lassen sich gruppenweise zusammenfassen. Das sind zuerst die vielen Fragen nach dem Vorteil und dem Nutzen. Also brauchen wir vor allem viele Bilder über diese Leser-Vorteile. Für diese Bilder reservieren wir die größten und sichersten Plätze ziemlich am Anfang der Lesekurve. Eine andere Gruppe behandelt das Problem und die bisherigen (unbefriedigenden) Lösungen. Also brauchen wir auch eine Bildserie zu diesem Thema. Aus dieser Serie wählen wir die besten für die erste Prospekt-Auflage aus.

Denken Sie auch an die Leserfragen zum Thema Beweis, Garantie, Referenzen. Für diese Gruppe brauchen wir andere Bild-Elemente als Kurz-Antwort. Wenn Sie die Fachpresse als Beweis zitieren wollen, dann fotografieren Sie eben den Titel der Zeitschrift zusammen mit einem Ausschnitt aus der zitierten Veröffentlichung. Oder zeigen Sie das »Firmen-Zeichen« des Deutschen Patentamtes in München oder einen Minister, falls Sie sich auf Aussagen berufen.

Hinzu kommt der große Fragen-Komplex zum Thema »Trifft dieses neue Produkt meinen Bedarf?« Auch dazu brauchen Sie vielleicht Bilder als Kurz-Antworten. Zeigen Sie einfach Betriebe ähnlicher Art, Menschen in ähnlicher Situation, Einsatzgebiete in ähnlichem Umfeld usw. Der Leser kann dann schneller »ja« sagen und bezieht die angebotene Problemlösung deutlicher auf sich.

Vor allen anderen Tips aber denken Sie an diesen: Bringen Sie Menschen ins Bild, besonders bei der Aufnahme über den Vorteil Ihres Angebotes. Vorteile Ihres Produktes dienen letztlich den Menschen, Ihren Lesern. Also signalisieren Sie das so früh wie möglich. Im Bild! Lassen Sie Menschen auftreten, denn Ihr Angebot ist für Menschen bestimmt. Reine Sachaufnahmen mögen sehr deutlich und schön sein. Sie sind es meist nur für uns selbst. Der Leser sieht das anders. Vor allem erkennt er im Bild nicht immer seinen Vorteil gegenüber dem Konkurrenz-Produkt.

Zur Wirkungsweise der Bilder gebe ich Ihnen noch ein paar Tips. Sie brauchen solche Hilfen zum Beurteilen des Blickverlaufs. Wenn Sie eine ganz bestimmte Reihenfolge beim Betrachten der Bilder erwarten, dann denken Sie an folgende Wertigkeit. Wenn mehrere Bilder auf einer einzelnen Seite oder einer Doppelseite erscheinen, dann ziehen Bildinhalt, Farbe und Form unterschiedlich stark den Blick auf sich. Dieses Verhalten gilt für nahezu alle Zielgruppen. Es ist ein menschliches Verhalten und kein Zielgruppen-Verhalten. Ein Erbe aus unserer langen Entwicklungs-Geschichte, während der wir weder Sprache noch Schrift kannten und nur über unsere fünf Sinne die Umwelt und ihre Gefahren erlebten und verstanden. Lebensgefahren auszuweichen, hieß damals vor allem, die Gefahren rechtzeitig erkennen! Aus dem »Gesamtbild« der Umgebung mußten unsere Urahnen vor Millionen Jahren blitzschnell die wichtigste Information herausfiltern. Sie mußten Gefahr von Nicht-Gefahr trennen. Und nur wer seine Umgebung in der richtigen Reihenfolge mit den Augen »abtastete«, der konnte überleben und uns etwas vererben! Nehmen Sie dieses sehr vereinfachte Denkmodell als Erklärung für das bei Versuchspersonen aller Zielgruppen zu beobachtende Verhalten beim Betrachten von Bildern.

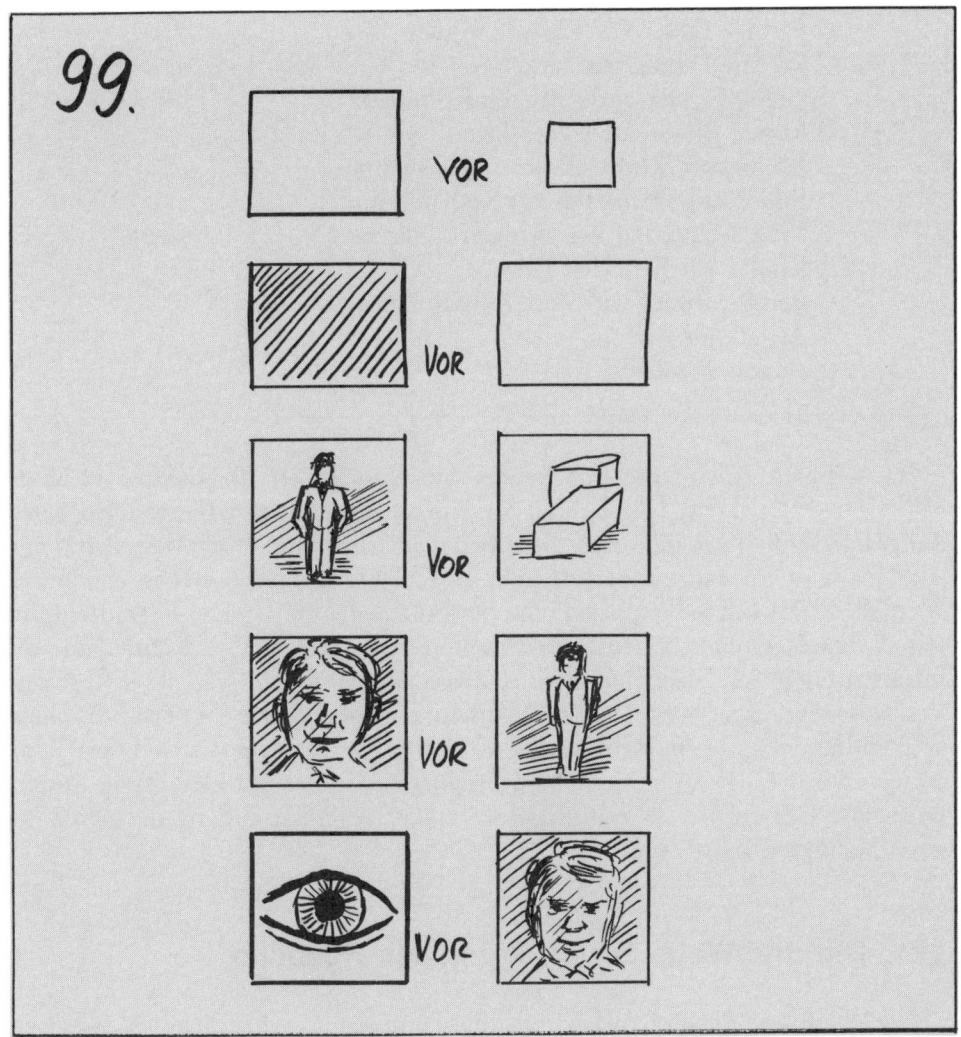

Bild 99: Es gibt eine »natürliche« Betrachtungsfolge für Bilder. In dieser Reihenfolge selektiert Ihr Leser im ersten Durchgang die Bilder aus und korrigiert damit selbst seine sonst übliche Lesekurve. Prüfen Sie einmal in Ihrem Prospekt, ob dieser korrigierte Blickverlauf tatsächlich Ihrem gewünschten Dialog-Ablauf entspricht (s. Kapitel 120).

Hier sind einige Rangfolgen, für die Praxis paarweise zusammengefaßt. Alle diese Prioritäten lassen sich kombinieren. Auf diese Weise erzeugen Sie mit Bildern jede beliebige Lesekurve. Die Leser schauen Bilder überwiegend in folgender Reihenfolge an:

- Große Bilder vor kleinen
- Farbige Bilder vor schwarz-weißen
- Warme Farben vor kalten
- Grelle Farben vor mittleren Farbtönen
- Runde Bilder vor rechteckigen
- Senkrechte Rechtecke vor waagerechten
- Bilder mit Menschen vor Sachaufnahmen
- Viele Menschen vor wenigen Menschen
- Kinder vor Erwachsenen
- Portrait-Bilder vor Ganz-Aufnahmen
- Augen vor Portrait
- Action vor Ruhe

Nach diesen Anhaltspunkten prüfen Sie einmal den Blickverlauf in Ihren bisherigen Prospekten. Numerieren Sie einfach die dortigen Bilder nach deren Rangfolge. Prüfen Sie dann, ob diese Folge auch im Sinn Ihres Gespräches verläuft. Falls nicht, dann ändern Sie die Bildfolge analog der soeben genannten Wertigkeit. Denken Sie einfach an das persönliche Gespräch: Der Verkäufer führt sein Verkaufsgespräch in einer bestimmten Reihenfolge. Der Kunde hört die Informationen nur nacheinander in dieser Reihenfolge. Wir als schriftliche Verkäufer sind nicht beim Kunden, während er unsere Briefe und Prospekte liest. Wir können ihm keine Reihenfolge vorschreiben. Er steuert sich selbst. Und dieses natürliche Leseverhalten berücksichtigen Sie bei der Gestaltung unserer Prospekte. Führen Sie Ihr schriftliches Verkaufsgespräch entlang der psychologisch bedingten Bild-Folge.

121. Die drei Wege zur erfolgreichen Headline

Die Headlines, die großen Überschriften, erfüllen im schriftlichen Verkaufsgespräch drei wichtige Funktionen. Erstens geben sie im ersten Durchgang verbale Kurz-Antworten auf die unausgesprochenen Leserfragen. Zweitens halten sie den Leser fest und ziehen ihn hinein in den Textblock und damit in den zweiten Durchgang. Drittens helfen sie dem Leser, die Fragen anderer schneller und besser zu beantworten. Diese drei besonderen Funktionen schauen wir uns noch etwas genauer an.

Zunächst die Headline-Funktion »Kurz-Antwort«. Über dieses Thema haben Sie inzwischen schon viel gehört. Besonders bei der Erklärung der Dialogmethode. Sie erinnern sich, es gibt immer einen ersten schnellen Lese-Durchgang und danach vielleicht noch mehrere ausführlichere Durchgänge durch unseren Dialog. Der erste Schnell-Durchgang ist ein stummer Kurz-Dialog in weniger als 20 Sekunden. Für diesen kurzen, nur in Gedanken ablaufenden Dialog brauchen wir kurze Fragen und kurze Antworten. Die kurzen Fragen sind die unausgesprochenen Leserfragen. Die kurzen Antworten sind die Bilder und die Headlines. Beides zusammen wirkt nur dann verstärkend auf den nachfolgenden ausführlichen Dialog, wenn während der ersten Sekunden bereits ein Vorteil für den Leser sichtbar, »lesbar« oder auch nur in »Umrissen« erkennbar ist. Denn einen Vorteil erkennen, heißt weiterlesen.

Die Funktion einer *Kurz*-Antwort erfüllt die Headline, wenn sie auf die unausgesprochenen Leserfragen eingeht. Zumindest auf die wichtigsten Grundfragen. Also »Was bringt mir das? Was habe ich davon? Wer beweist das alles? Was soll sich tun?« usw. Daraus ergeben sich die ersten Wege für das Entwickeln von Headlines: Wir versuchen, in einem einfach aufgebauten ganzen oder halben Satz drei Elemente einzubauen: 1. Ein Wort, das Vorteile avisiert (neu, Erfolg, Gewinn, sparen, Ziel, kostenlos, bequem, preiswert usw.). 2. Ein Wort, das den Vorteil auf den Leser bezieht, also ein persönliches Fürwort (Sie, Ihnen, Ihr, für Sie, gerade Sie, Menschen wie Sie, Betriebe Ihrer Branche usw.). 3. Ein Wort, das den Leser zum Handeln, zur Action, zum Wahrnehmen seines Vorteils auffordert, also ein »Tun«-Wort, ein Zeitwort, ein Verb.

Die zweite Funktion der Headline heißt, den Leser festhalten und ihn in den Textblock hineinziehen, den Übergang schaffen zum ausführlichen zweiten Durchgang. Diese Aufgabe löst Ihre Headline, wenn Sie ihr eine Wegweiser-Funktion geben. Wenn Sie zwar den Vorteil avisieren aber gleichzeitig andeuten, im Textblock ist mehr zu diesem Thema zu lesen. Dies gelingt Ihnen am besten auf zwei einfache Arten. Texten Sie Ihre Headline nicht als komplette Aussage, die alle Informationen enthält. Und verwenden Sie Wörter, die eine Wegweiser-Funktion erfüllen.

Sie deuten also mit einigen Headlines nur den Vorteil zu etwa 50 % an und signalisieren dem Leser, den Rest fände er im Textblock gleich unter der Headline. Und dazu verwenden Sie Wörter wie »Hier . . ., So . . ., Jetzt . . .« usw. Ein Beispiel: Die Headline »So gewinnen Sie bares Geld« geht einerseits auf eine wichtige Leserfrage ein (was habe ich davon?) und zieht gleichzeitig stärker in den Textblock hinein als die komplette Aussage »Die XY-Maschine hilft Ihnen Produktionskosten einzusparen«. Oder bringen Sie noch mehr Action in die Headline, dann wird aus dem »So gewinnen Sie bares Geld« der auffordernde Rat

»Sparen Sie 450 Mark Produktionskosten!« Das ist zwar ein Imperativ, eine Befehlsform, vor der viele ungeübte Texter Angst haben. Verwenden Sie trotzdem solche Formen ohne Bedenken, wenn Sie damit Ihrem Leser einen guten Rat geben. Es liegt doch nichts Negatives in der Aufforderung »Sparen Sie . . ., Gewinnen Sie . . ., Überzeugen Sie sich selbst . . ., Probieren Sie 10 Tage lang kostenlos . . .« und ähnliche Action-Headlines.

Die dritte Funktion der Headline ist die Argumentations-Hilfe für Ihre Leser. Irgendwann vor, bei oder nach seiner Reaktion braucht er diese Hilfe. Irgendwer fragt ihn bestimmt, warum er sich gerade jetzt, gerade bei Ihnen, gerade für dieses Produkt entschieden habe. Jetzt braucht Ihr Leser dringend Hilfe! Am liebsten wäre es ihm, Sie selbst könnten ihn unterstützen. Sie sind auf solche Fragen besser vorbereitet. Er nicht. Vor allem aber, er hat nicht alle Antworten parat, die auch den anderen überzeugen. Dieser andere kann ein Kollege im Büro sein oder ein Freund zu Hause. Ihr Leser muß jetzt seine Entscheidung begründen. Er muß diesen anderen überzeugen. Aus Ihrem Leser wird plötzlich Ihr »Verkäufer«, ein Helfer im Markt, ein Verteidiger Ihrer Ideen, ein Verkaufsförderer zum Nulltarif, ein Multiplikator Ihres Umsatzes.

Diese kostenlosen Helfer im Außendienst arbeiten Tag für Tag für Sie. Jedes Unternehmen hat ein ganzes Heer dieser freiwilligen Helfer unterwegs. Sie selbst können die Größe Ihrer Hilfstruppe sogar, zumindest ungefähr, zahlenmäßig erfassen. Die Zahl ist mindestens so groß wie die Anzahl Ihrer zufriedenen Kunden. Das ist der Kern Ihrer »Hilfstruppe«. Diese Helfer »vertreten« immer wieder Ihre Ideen und Produkte, weil sie den eigenen Entschluß verteidigen oder begründen. Es sind »Vertreter«, die eigentlich mehr Überzeugungs-Chance haben als Ihr bezahlter Verkäufer! Gerade weil Sie diesem Ideen-Verbreiter keine Provision zahlen. Und weil die Interessenten diese Nicht-Bezahlung kennen.

Um die zahlenmäßige Größe Ihrer kostenlosen »Vertreter« genauer zu erfassen, verdoppeln Sie einfach die Zahl Ihrer aktiven Kunden. Erstens, weil es im engsten Kreis jedes Kunden mindestens noch einen Menschen gibt, der dessen Entschluß gleichermaßen verteidigt. Der Ehepartner, die Eltern, ein guter Freund, ein sehr enger Mitarbeiter. Zweitens, weil jedes Unternehmen neben seinen Kunden das große Heer der »Beinahe-Kunden« besitzt. Wir kennen deren Namen meistens nicht. Aber wir wissen von ihrer Existenz. Es sind alle jene Menschen in unserer Zielgruppe, die ihre eigenen Partner nicht überzeugen konnten. Noch nicht! Auch diese Leser versuchten, unsere Produkte und Angebote zu erklären und eine geplante Entscheidung zu rechtfertigen. Aber sie drangen nicht durch. Kein Wunder, sie sind ja auch keine geschulten, bezahlten Verkäufer. Dennoch erhöhen auch sie die Zahl unserer unbezahlten »Verkaufshelfer«.

Fassen wir einmal alle diese Gedanken für Ihr eigenes Unternehmen zusammen. Sie verfügen über eine treue Schar von indirekten Verkäufern. Diese Helfer verteidigen den eigenen Entschluß und damit indirekt Ihr Produkt. Tag für Tag.

Helfen Sie diesen kostenlosen »Verkäufern«, sich besser zu behaupten. Dadurch helfen Sie Ihrem eigenen Unternehmen. Der Weg ist sehr einfach und kostet Sie keine zusätzliche Mark: Liefern Sie *weitergabefähige Headlines* in Ihren Prospekten.

Dieses Ziel erreichen wir sehr schnell. Wir ergänzen alle bisherigen Bedingungen an eine Headline um eine Stufe: Wir texten *lernfähige* Headlines. Was der Mensch schneller lernt und speichert, das läßt sich bei Bedarf wieder abrufen und einsetzen.

Lernfähige Headlines brauchen folgende Elemente: Einfache Sprache, einfachen Satzbau, Sprach-Rhythmus, bildhafte Vorstellung und hohe Lese-Energie. Die bisher schon genannten Headline-Teile bleiben bestehen, also VORTEILE für den Leser, persönliche Fürwörter, aktive Zeitwörter, bildhafte und konkrete Sprache.

Einfache Sprache heißt einfachere Wörter als wir sie im Textblock verwenden. Also denken Sie im Durchschnitt an 1,5 Silben pro Wort. Einfacher Satzbau heißt natürlich auch kurze Sätze. Halten Sie eine *Ober*grenze von etwa 9 Wörtern pro Headline ein (im Durchschnitt etwa 5).

Am besten ist, Sie legen sich auch für die Prospekt-Headlines eine Art »Rohtext-Sammlung« an. Sie sehen so viele Prospekte und Anzeigen aus den unterschiedlichsten Branchen. Sammeln Sie die Headlines, bei denen die besprochenen Kriterien erfüllt sind, nicht um zu kopieren, nur als Beispiele. Wann immer Sie einmal später nach einer besseren Formulierung suchen, dann hilft Ihnen diese Rohtext-Sammlung. Sie führen eine Art »Solo-Brainstorming«. Die Ideen der anderen zünden eine neue eigene Idee, eine neue Headline als Kurz-Antwort für den ersten Durchgang und als Wegweiser zum Textblock (zweiter Durchgang)!

Nehmen Sie in Ihre Sammlung auch folgende Headlines auf, die als verbale Wegweiser schon viele Millionen-Auflagen erlebt haben und immer wieder ihr Ziel erreichen:

- Hier ist der Beweis
- So war es bisher
- So ist es jetzt
- Überzeugen Sie sich selbst
- Testen Sie 10 Tage lang kostenlos
- Endlich ist es soweit
- Die drei Wege zum Erfolg
- So sparen Sie 390 Mark
- Das alles gehört Ihnen
- Hier ist Ihr Geschenk
- Jetzt ist es soweit
- Ein guter Rat für Sie
- Der nächste Schritt
- Eine neue Chance für Sie
- Hier ist die richtige Lösung
- Für Sie gelesen
- So erreichen Sie Ihr Ziel
- Sichern Sie sich Ihren Vorteil
- Kostenlos für Sie
- Das ist Ihr Vorteil
- Jetzt gewinnen Sie mehr Zeit
- Reserviert für Sie

Das alles sind Direktmarketing-Headlines, die zum Textblock führen. Headlines, die den Leser länger festhalten und seine Bereitschaft am Weiterlesen erhöhen. Ich nenne sie deshalb »Dialog-Headlines« (nach Dialogmethode) im Gegensatz zu klassischen Headlines, die auch alleine, ohne Textblock wirken müssen. Vielleicht sehen Sie solche Dialog-Headlines recht häufig. Ziehen Sie dann daraus keine falschen Schlüsse. Glauben Sie nicht, diese Headlines seien abgegriffen und deshalb unwirksam. Denken Sie eher an das Gegenteil: Für häufig eingesetzte Headlines gibt es meistens gute Gründe. Die meisten haben in Tests besser abgeschnitten als andere. Wer in »der Nähe« dieser auflagenstarken Headlines bleibt, hat weniger Risiko. Wer sich zu weit von ihnen entfernt, wagt mehr. Wer viel wagt, kann auch viel gewinnen. Er kann! Und weil dies nie sicher ist, testen Sie Ihre völlig andersartigen Headlines, bevor Sie eine Großauflage riskieren.

I. So texten Sie Ihr schriftliches Verkaufs-Gespräch

Wir haben nun über die wichtigsten Teile im Brief-Kuvert gesprochen. Sie kennen den Verlauf des ersten Lese-Durchganges und die Wirkung der Bilder und Headlines. Brief und Antwortkarte erfüllen besondere Aufgaben (Kontakt- und Abschluß-Phase). Die Beilagen dazwischen führen die eigentlichen Fachgespräche. Von diesen Beilagen haben wir den Prospekt als typisches Beispiel besprochen. Die anderen Hauptbeilagen sind Kataloge, Informations-Broschüren, Kunden-Zeitschriften, Stuffer und Flyer.

Die Kurz-Antworten für den 1. Lese-Durchgang kennen Sie schon. Jetzt brauchen wir noch die ausführlichen Antworten für den zweiten und dritten Durchgang. Wir brauchen die Textblöcke unter den Bildern und Headlines. Auch über den Inhalt dieser Textblöcke haben wir schon gesprochen: Wir beantworten im Textblock die jeweilige Leserfrage im Detail. Wir vertiefen den mit Bild oder Headline angedeuteten Vorteil.

Nach dem *WAS* fehlt uns noch die Antwort auf die Frage, *WIE* sagen wir es unserem Leser. Er soll ja weiterlesen, verstehen und vor allem handeln. Dieses Ziel zu erreichen, ist bis zu einem hohen Grad handwerklich erlernbar. Wir erarbeiten dieses »Kunsthandwerk« in unseren Texter-Kursen. In den folgenden Kapiteln zeige ich Ihnen daraus einige handwerkliche Regeln, die Sie sofort in die Praxis umsetzen können.

122. Das Sprachniveau als Filter oder Verstärker

Über die anfangs geringe Lesebereitschaft unserer Empfänger haben wir bereits gesprochen. Der Leser hat zunächst wichtigeres und schöneres zu tun, als unaufgefordert ankommende Werbung zu studieren. Sobald er allerdings einen Vorteil für sich erkennt, liest er auch »Werbung«. Diesen Vorteil signalisieren wir ihm mit einfachen Kurz-Antworten, mit Bildern und Headlines.

Mit den ausführlichen Antworten im Textblock beginnt die intensivere, die zweite Beschäftigungsphase während des Lesens. Es beginnt ein Dialog, der auch seinerseits mit dem relativ niedrigen Konzentrationsgrad auskommen muß. Etwas »be-greifen« ist ein Erfolgserlebnis für den Leser. Nur wer am Ende eines Satzes den Gedanken des Schreibers versteht, der erreicht sein eigentliches Lese-Ziel. Er liest, um etwas zu erfahren und zu verstehen. Dieses »Erfolgserlebnis« am Satzende gibt einen kleinen Impuls für das Weiterlesen. Unser Gehirn beschäftigt sich lieber mit einem Text, wenn es dafür belohnt wird. Etwas verstanden zu haben, ist eine solche Belohnung.

Wer einen Satz liest, ohne ihn zu verstehen, hat eigentlich nur drei Möglichkeiten. Entweder er liest den Satz immer wieder, bis er seinen Sinn begriffen hat (Das ist ärgerlich und kostet wertvolle Zeit). Oder er liest weiter, ohne den vorangegangenen Satz zu verstehen (Das verursacht wahrscheinlich das Nicht-Verstehen des nächsten Satzes). Oder aber er hört sofort mit dem Lesen auf. Alle drei Alternativen führen nicht zum gewünschten Ziel. Ein Verkäufer, der in einer für den Kunden unverständlichen Fremdsprache redet, bleibt ohne Auftrag.

Verminderte Konzentration und geringere Lese-Bereitschaft verlangen geringeres Sprachniveau, um verstanden zu werden! Da nutzen alle Forderungen nach höherer und gepflegterer Ausdrucksweise wenig. Sprache ist für die Verständigung da. Direktwerbe-Sprache muß Reaktionen auslösen. Das schaffen wir in ausreichender Zahl nur dann, wenn der Leser den Vorteil des Angebotes (auch bei geringerer Konzentration) begreift.

Die Vorwürfe, der Direktwerbe-Texter würde die Zielgruppe als ungebildet, dumm und kindlich einstufen, sind deshalb falsch! Genau das Gegenteil veranlaßt uns, bescheiden im Sprachniveau aufzutreten: Wir wissen, wieviel das menschliche Gehirn heute aufzunehmen und zu verarbeiten hat. Wir stellen uns auf das kleine Quantum anfänglicher Konzentrations-Bereitschaft ein, das für unsere Werbung noch übrigbleibt. Dieser kleine Rest an freier, noch nicht anderweitig gebundener »Denk-Leistung« sinkt bei den meisten Zielgruppen auf einen sehr niedrigen Pegel ab.

Zu dieser ersten Beobachtung kommt noch eine zweite: Der Pegel sinkt nicht bei allen Zielgruppen im gleichen Maß. Das führt zu einem relativ angeglichenen Verständigungs-Niveau, trotz unterschiedlicher Ausbildung. Hier sind einige Faustregeln für das »Reaktions-Sprachniveau« bei unterschiedlichen Bildungsgraden.

Im *Privat-Haushalt* erreichen wir die höchste Reaktionsquote, wenn wir für das *Verständnis* (nicht Ausdrucksweise!!) der etwa 12jährigen Kinder dieser Zielgruppe schreiben. Wer das Text-Niveau eines solchen Werbebriefes testen will, der liest seinen Briefentwurf einem 12jährigen Zuhörer vor. Wenn der wesentliche Inhalt für die Kinder begreifbar ist, dann versteht ihn auch die gesamte Zielgruppe. Und bitte denken Sie daran, ich sprach vom Verständnis und nicht von der Ausdrucksweise. Die 12jährigen Kinder haben teilweise einen eigenen Wortschatz, den wir natürlich nicht einsetzen.

Nehmen wir eine zweite Zielgruppe als Beispiel. Denken Sie an ganz *bestimmte Berufsgruppen,* die Sie am Arbeitsplatz schriftlich ansprechen. Auch in diesem Fall muß ich Sie etwas enttäuschen: Die Reaktionsquote steigt nicht mit höherem, fachlich klingendem Sprachstil. Im Gegenteil, Sie erreichen die höchsten Werte bei Vergleichs-Tests, wenn Sie für das Verständnis der Lehrlinge, der Auszubildenden (im 1. oder 2. Lehrjahr) texten. Was dieser berufliche Nachwuchs bereits versteht, das versteht deren Chef auch bei verminderter Konzentrations-Bereitschaft, also auch beim »Lesen« der unaufgefordert erhaltenen Werbebriefe und Prospekte. Die Höhe der Fachsprache und die Zahl der einsetzbaren Fachwörter ist damit eingeschränkt.

Als dritte Gruppe suchen wir einmal einen *besonders hohen Bildungsgrad*. Denken Sie z. B. an promovierte Akademiker irgendeiner Fachrichtung. Hier erreichen wir beste Reaktionsquoten, wenn wir im Verständnis der etwa 18jährigen Gymnasiasten (noch vor dem Abitur) schreiben! Erste Erklärung: Herr oder Frau Doktor gibt uns für unaufgefordert eintreffende Werbung nur soviel Konzentration frei, wie der 18jährige Gymnasiast bei Volleinsatz seiner geistigen Kräfte zur Verfügung hat. Menschen mit höchstem Bildungsgrad haben Wichtigeres zu denken oder zu tun als Werbung zu lesen. Zweite Erklärung: Herr oder Frau Doktor müssen nicht nur mehr Informationen pro Tag verarbeiten, sie erhalten auch mehr Werbepost. Die vorhandene »freie Lese-Energie« verteilt sich also auf viele Einsender, und so bleibt pro Brief nur noch sehr wenig Energie übrig.

Was immer die Ursachen sind (für steigende Reaktionen bei einfacher Sprache), in der Praxis genügt es, das Sprachniveau zu senken. Damit sind wir wieder beim Thema »KISS«-Methode, die auch für den Direktwerbe-Texter gilt.

Die Bandbreite ist nicht groß, und deshalb arbeitet der Direktwerbe-Texter erfolgreich für nahezu alle Zielgruppen. Er stellt sich auf diese niedrige Empfangssituation des Lesers ein und kommuniziert mit ihm auf dieser Ebene. Alles andere, eine hochgebildete Fachsprache, bringt keinen Dialog zustande. Wer als Texter nicht verstanden wird, der hat für sich selbst geschrieben. Er hat die Welt um einen »Monolog« reicher und seinen Auftraggeber um einiges ärmer gemacht.

Diese Empfehlungen gelten vor allem für die unaufgefordert verschickte Werbung. Wenn der Kunde oder Interessent eine Information anfordert (2. Stufe), dann zeigt er höhere Lese-Bereitschaft. Er verkraftet dann auch etwas mehr Fachsprache.

Nun haben wir als Texter natürlich ein Problem: Wir selbst steigen 100%ig konzentriert in unsere Arbeit ein. Wir verstehen deshalb auch die kompliziertesten Texte! Aber nur wir oder vielleicht noch zwei andere: Unser Chef und die liebe Konkurrenz. Das aber wäre die falsche Zielgruppe. Beide kaufen unsere Produkte nicht! Sie haben ganz andere Motive, unseren Werbebrief konzentriert zu lesen.

Wir selbst als Texter können also die Verständlichkeit unserer eigenen Texte am schlechtesten beurteilen. Wir haben uns beim Schreiben 100%ig konzentriert und lesen deshalb nicht mehr mit dem unbefangenen Gehirn unserer Zielgruppe.

Dennoch gibt es auch für Sie als Texter eine gute Chance: Sie betrachten Ihre Text-Ideen und Ihren ersten ausführlichen Text-Entwurf einfach als *Rohtext* und redigieren ihn nach ganz bestimmten Verständlichkeitsregeln so lange, bis daraus der Reintext für Ihre Werbung entsteht. Das alles ist heute handwerklich machbar. Hauptsache, Sie haben genügend gute Text-Ideen und wissen, *was* Sie Ihren

Lesern sagen wollen. *Wie* dieser Rohtext dann lesbarer, einfacher, verständlicher, lebendiger und persönlicher wird, das lernen Sie in den folgenden Kapiteln. Zuerst aber noch ein Wort zum Erarbeiten Ihres Rohtextes.

123. So entsteht Ihr Rohtext

Direktwerbe-Texte sind verständliche Antworten auf unausgesprochene Leserfragen. Daraus ergeben sich zwei Forderungen: Der richtige Inhalt und die verständliche Sprache.

Zum richtigen Text-Inhalt kommen Sie am sichersten, wenn Sie sich wieder an die früher schon einmal gesammelten Leserfragen anlehnen. Die große Gefahr für jeden Texter ist, etwas zu schreiben, was den Leser nicht interessiert. Wer Antworten auf unausgesprochene Leserfragen gibt, hat diese Gefahr ausgeschaltet, denn was den Leser nicht interessiert, das fragt er nicht.

Nehmen Sie sich also Ihre eigene Liste der wichtigsten Leserfragen vor und schreiben oder diktieren Sie Antworten dazu. Beide Wege führen zum Ziel. Wer etwas Geschriebenes sehen muß, um den Faden nicht zu verlieren, der *schreibt* seinen Rohtext per Hand oder tippt ihn in die Maschine. Kümmern Sie sich dabei weniger um Satzlänge und die Wahl des richtigen Ausdrucks. Schreiben Sie sich einfach alles »von der Seele«, was Sie auf diese Fragen gern antworten möchten. Wir brauchen einen guten inhaltsreichen *Rohtext* und noch keinen geschliffenen Reintext. Dieser erste Entwurf darf deshalb ruhig doppelt so umfangreich sein, wie es der spätere Reintext laut Layout erlaubt. Je mehr Quantität im Rohtext, desto sicherer finden wir darin auch qualitativ brauchbare Einzelformulierungen für das spätere Redigieren.

Wer den Rohtext gern *diktiert*, hat zusätzliche Vorteile: Durch die laute Formulierung der Gedanken erreicht der Selten-Texter meistens etwas mehr Sprachrhythmus als beim Schreiben. Dieser Effekt kommt dem Rohtext zugute. Ich gebe Ihnen für Ihre Texterarbeit mit dem Diktiergerät noch zwei Tips: Erstens, denken Sie sich einen Telefonhörer in Ihrer Hand und nicht das Mikrofon. Stellen Sie sich vor, ein Kunde hat Ihnen die betreffende Leserfrage gerade jetzt am Telefon gestellt. Geben Sie ihm also sehr spontan die Antwort in Ihr Schein-Telefon (ins Diktiergerät). Ihre Sprache wird dadurch sofort menschlicher und einfacher. Zweitens, diktieren Sie einmal ohne Interpunktion, ohne Komma, Punkt und Absatz. Überlassen Sie diese Entscheidung Ihrer Phonotypistin. Auch dadurch erreichen Sie mehr Nähe zum echten Gespräch. Wir sagen im echten Gespräch auch nicht »Punkt« und »Komma«.

Bei der Auswahl der möglichen Text-Ideen entscheiden Sie ganz einfach nach vier Kriterien:

a) Worüber würde sich der Leser besonders freuen? Worauf also würde er mit einem eindeutigen »Ja, großartig, sehr gut« usw. antworten? (Besonders große Vorteile)
b) Auf welche Grundfragen braucht der Leser in jedem Falle eine Antwort, ganz gleich wie bequem sie ausfällt? (Z. B. Antwort auf die Frage: Wer beweist die Angaben? Was soll ich jetzt tun?)
c) Welche Antwort-Ideen könnte Ihre Konkurrenz *niemals* verwenden?
d) Welche Ideen hat Ihre Konkurrenz *noch nicht* verwendet?

Nach diesen vier Punkten prüfen Sie Ihre Ideen, bevor Sie darauf den Rohtext formulieren. Und denken Sie schon beim ersten Entwurf daran, Ihr Text soll

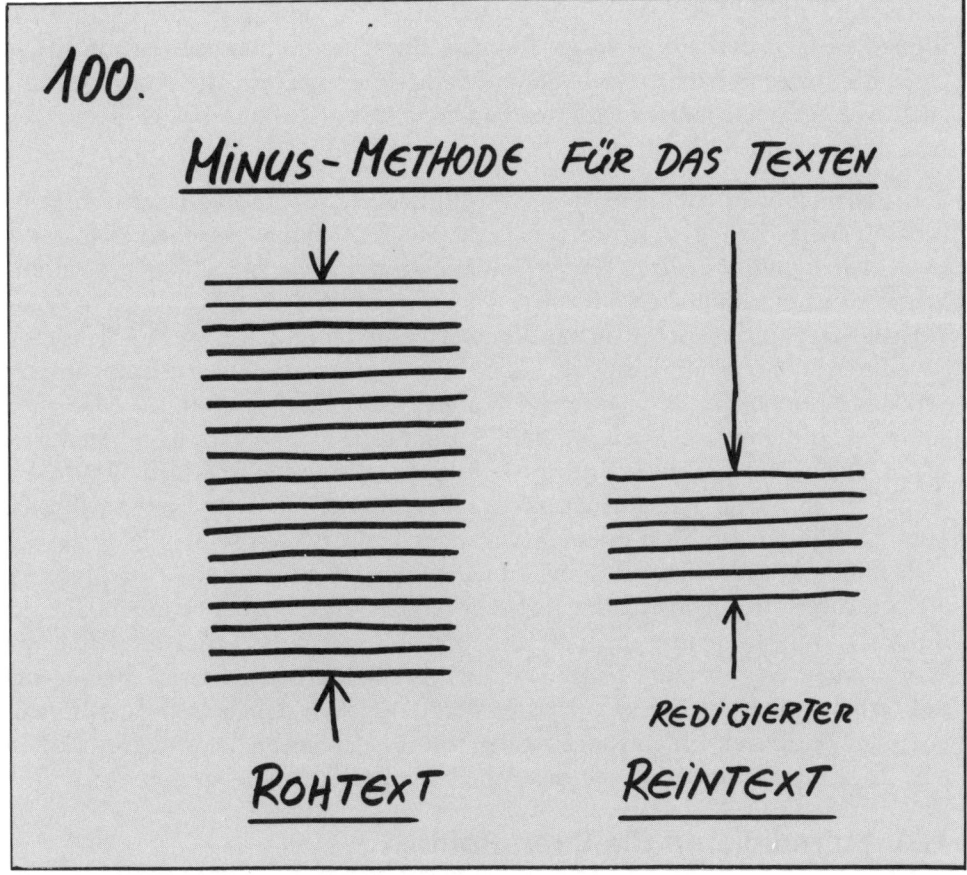

Bild 100: Bei fehlendem Texter-Talent setzen wir die »Minus-Methode« ein: Wir verdichten und komprimieren den Rohtext nach ganz bestimmten Texter-Regeln zum brauchbaren, lesbaren, verständlichen und packenden Reintext (s. Kapitel 123).

später einmal einen Menschen zum Handeln bewegen! Also bringen Sie alle Vorteile, die Ihr Leser später durch sein Handeln, seine Reaktion, seine Bestellung erleben wird. Versprechen Sie ihm dieses künftige Erlebnis und schildern Sie es so deutlich wie möglich, genauso wie einem Partner am Telefon, den Sie trotz seiner vielen »Leserfragen« zum Kaufen bewegen. Aber versprechen Sie nichts, was Sie hinterher nicht halten können. Der eigentliche Erfolg schriftlicher Verkaufsgespräche kommt erst durch den zufriedenen Kunden, durch seine Nachbestellung, durch seine Weiterempfehlung und durch seine Bereitschaft, künftige Briefe von Ihnen positiv aufzunehmen.

Was Sie auf diese Art diktiert oder geschrieben haben, kommt dem persönlichen Verkaufsgespräch näher. Der so entstandene Rohtext ist *gesprochene Sprache.* Das erleichtert dem ungeübten Texter das spätere Redigieren. Unsere Texter-Kurse sind nach dieser Methode aufgebaut. Wir nennen sie die »Minus-Methode«, einfach deshalb, weil der Reintext durch verdichten des zu umfangreichen Rohtextes entsteht. Nach dieser Methode entwickeln die Kursteilnehmer auch dann gute Gebrauchstexte für die Direktwerbung, wenn das große angeborene Textertalent fehlt.

Übrigens gibt es gar nicht so viele Naturtalente, wie sie von den schriftlich verkaufenden Branchen heute gebraucht werden. Doch zwischen dem kaum erreichbaren und deshalb zu teuren Talent und dem nicht brauchbaren Monolog-Schreiber ist ein breites Feld für den (kunst-)handwerklich ausgebildeten Texter. Verbale Gags sind im schriftlichen Verkaufsgespräch ohnehin nicht sehr gefragt. Sie führen nicht zwangsläufig zu höheren Erfolgsquoten. Die einfache Sprache verkauft besser als das blumenreiche Wortgemälde. Das beweisen die Millionen-Auflagen erfolgreicher Mailings. Die Ausnahmen von dieser Regel sind sehr selten. Auch diesen Beweis finden Sie in der täglichen Werbepost. Was immer wieder in ähnlicher Art auftritt, ist höchstwahrscheinlich erfolgreich. Einmal-Mailings können ein Flop oder ein negativer Test gewesen sein.

Beginnen wir also Ihren Rohtext zu redigieren. Ich zeige Ihnen eine Methode, die Sie sofort an eigenen oder fremden Rohtexten erproben können. Fremde Rohtexte redigiert man natürlich schneller und bequemer, weil die Sätze und Wörter nicht so »vertraut« klingen und wir deshalb kritischer lesen. Bei eigenen Rohtexten tritt dieser Effekt auch ein, wenn zwischen dem ersten Text-Entwurf und dem Redigieren einige Tage vergangen sind. Also lassen Sie Ihren Rohtext ein paar Tage ruhen, bevor Sie mit der Arbeit des Redakteurs beginnen.

124. So redigieren Sie Ihren Rohtext

Aus Ihrem Rohmanuskript, dem Rohmaterial, formen wir jetzt den eigentlichen Werbetext. Bevor wir mit dem Redigieren beginnen, *unterstreichen* wir alle Formulierungen, Wörter und Satzteile, die uns im Rohtext besonders gut gefallen. Es sind die Fragmente, die Bruchstücke, die Stichwörter, die unser Leser in jedem Falle so oder ähnlich hören will. Wörter, die überzeugen, gewinnen, Vorteile signalisieren, etwas garantieren usw.

Markieren Sie diese gelungenen Formulierungen gleich beim ersten Lesen Ihres Rohtextes. Auf diese Weise müßte eigentlich jeder Satz eine Unterstreichung erhalten. Sätze ohne eine solche Unterstreichung sind wahrscheinlich später problemlos zu entfernen. Sie enthalten nichts Vorteilhaftes für den Leser, sagen ihm nichts neues! Solche Sätze sind meist entbehrlich. Wir wollen auf keinen Fall den Briefleser mit »leeren« Passagen bedienen. Er hat schließlich unsere Werbebriefe nicht gekauft wie ein Buch oder eine Zeitung. Er liest nicht weiter, wenn er keinen Vorteil darin entdeckt.

Wir unterstreichen die wichtigsten Stellen, damit wir diese Wörter beim weiteren Redigieren nicht mehr verlieren. Ganz gleich, ob wir sie später unverändert in den Reintext übernehmen oder durch bessere, aktivere Wörter ersetzen. Wichtig ist nur die Wort-Idee, also der Vorteil für den Leser.

Je mehr Ideen im Rohtext, desto ergiebiger unsere Arbeit des Redigierens. Alle nicht unterstrichenen Stellen im Rohtext werden als Bindeglieder übernommen oder entfernt, verkürzt, komprimiert oder durch bessere Formen ersetzt. Diese Arbeit nehmen wir in mehreren Stufen vor.

Zunächst noch eine grundsätzliche Überlegung für Ihre Arbeit am Text. Alle unsere Untersuchungen über das Leseverhalten unterschiedlicher Zielgruppen zeigen ein gemeinsames Ergebnis: Jeder Werbetext besteht aus vielen »Einzel-Texten«, aus Absätzen, Sätzen, Wörtern, Silben, Buchstaben und anderen Zeichen. Nur wenn die kleine Text-Einheit einfach zu verstehen ist, wird die größere Einheit interessiert gelesen.

Greifen wir uns »den Satz« als Beispiel für ein Text-Quantum heraus. Die Lesebereitschaft ist am Satzbeginn sehr hoch, neigt sich dann aber wieder sehr schnell der Nullinie entgegen. Unterschiedliche Texte, Angebote oder Nachrichten bewirken auch unterschiedliche »Anfangs-Energien«. Unaufgefordert erhaltene Werbebotschaften führen zu relativ niedrigen Lese-Energien.

Je kürzer nun unser Satz ist, desto sicherer reicht die geringe »Lese-Energie« aus, die gesamte Satzkonstruktion zu überbrücken. Bei zu langen Sätzen bestehen zwei Gefahren. Entweder der Leser hört vor dem Punkt zu lesen auf, oder aber er schleppt sich bis zum Punkt am Satzende hin. Dann aber hat er den Satzanfang oder den eigentlichen Inhalt verloren. In beiden Fällen führt das Lesen nicht zu einem »Ja, verstanden«. Genau diese Selbstbestätigung gibt neue Energie für das Weiterlesen. Sie ist eine Art Belohnung für die Lese-Arbeit. Ein kleines, häufig unbewußtes Erfolgserlebnis, das die Lese-Energie für den nächsten Satz verstärkt. Einen gelesenen Satz auch verstanden zu haben, ist ein kleiner Verstärker, ein kleines »ja«, das wir im schriftlichen Verkaufsgespräch so dringend benötigen.

Wie erreicht man nun diese vielen kleinen Verstärker an jedem Satzende? Am

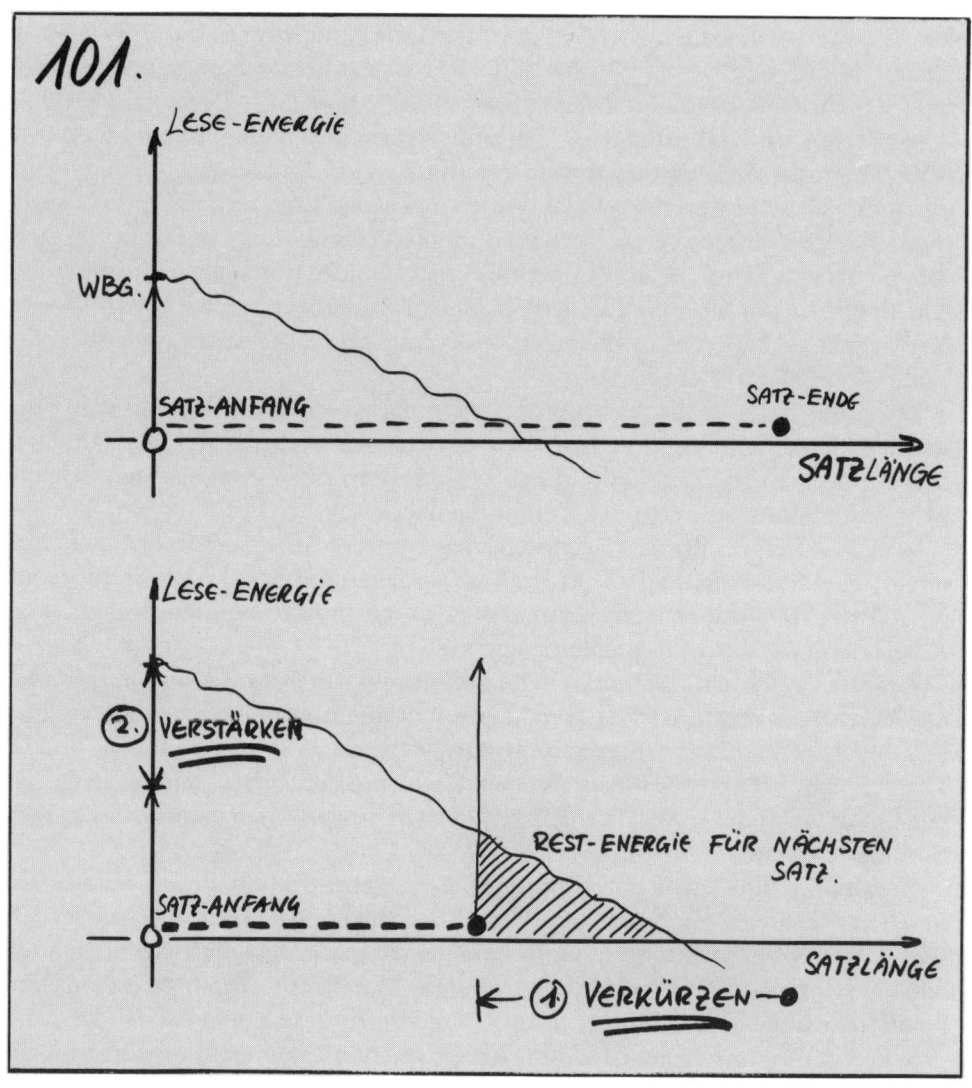

Bild 101: Denk-Modell für die Wirkung von Satzlänge und verbalen Verstärkern (s. Kapitel 124).

besten auf zwei Wegen: Erstens, die Sätze verkürzen (Dadurch wandert der »Punkt« näher an das Feld der noch vorhandenen Lese-Bereitschaft). Zweitens, die Anfangsenergie erhöhen (Dadurch erstreckt sie sich über eine größere Anzahl von Wörtern und kommt sicherer zum Satzende).

Im Ideal-Falle läuft die Lese-Bereitschaft weit über das Satzende hinaus! Auf diese Weise entsteht der packende, fesselnde Text, den ein Leser erst zur Seite legt, wenn er auch den letzten Satz gelesen und verstanden hat. In der Skizze Nr. 101 habe ich versucht, Ihnen diesen Vorgang darzustellen. Das ganze ist natürlich ein vereinfachtes Denkmodell. Doch für das Redigieren von Rohtexten hat sich dieses Modell als sehr nützlich erwiesen. Je länger die Leselust unserer Empfänger über den »Punkt« am Satzende hinaus anhält, desto besser ist es für unseren schriftlichen Dialog, desto mehr kleine Zustimmungen, kleine »jas«, erhalten wir. Und genau das ist der Weg zum großen »JA«, zur Reaktion, zum Kreuzchen auf der Antwortkarte.

Auf diesem Denkmodell bauen wir jetzt unsere Arbeit des Redigierens auf. Wir überarbeiten unseren Rohtext nach ganz bestimmten Regeln so lange, bis dieses Verständlichkeitsziel erreicht ist. Dies läuft in zwei Hauptstufen ab: Erstens durch Verkürzen, zweitens durch Verstärken.

Das »Verkürzen« erledigen wir in einfachen Schritten. Einmal durch das »Ersatzlos streichen«, zum anderen durch das »Vereinfachen« von zu umständlichen Wort- und Satzgebilden.

Das »Verstärken« gelingt uns durch den Einbau sogenannter »verbaler Verstärker«, also ganz bestimmter Wörter mit positivem Einfluß auf die Lesebereitschaft.

Beide Stufen sind erlernbar. Wir trainieren dieses Verfahren in unseren Texter-Kursen mit großem Erfolg seit vielen Jahren. In den folgenden Kapiteln zeige ich Ihnen die wichtigsten Schritte quasi als Schnellkurs für Ihre tägliche Praxis. Ich behandele die einzelnen Schritte getrennt in kurzen Einzelkapiteln. Sie selbst werden später in der Praxis wahrscheinlich alle Schritte in einem einzigen oder höchstens in zwei Redigier-Vorgängen erledigen.

Hier sind 6 Stufen als Einzelschritte:

Zum Thema VERKÜRZEN
○ ersatzlos streichen (Sätze, Wörter, Silben)
○ Sätze kürzen
○ Wörter kürzen und vereinfachen

Zum Thema VERSTÄRKEN
○ lebendiger schreiben
○ persönlicher schreiben
○ bildhafter und konkreter schreiben

Am besten, Sie nehmen gleich einen beliebigen »Rohtext« aus Ihrem Hause zur Hand (Brief, Bericht, Bedienungsanleitung o. ä. ausführliche Texte) und redigieren parallel zum Lesen der nächsten Kapitel.

125. Redigieren Stufe I: Ersatzlos streichen

Unser Text wird besser, wenn wir die Energie unserer Leser nicht vergeuden. Wer die »leeren« Teile aus dem Rohtext entfernt, erhöht die Kraft der restlichen Wörter. Denken Sie beim »Ersatzlos streichen« an ganze Sätze, Wörter und Silben.

a) Sätze streichen

Ganze Sätze streichen Sie aus Ihrem Manuskript dann, wenn Sie erstens keine wichtige (Vorteils-)Information für Ihren Leser in diesem Satz finden, und wenn zweitens der Sinn des restlichen Absatzes voll erhalten bleibt! Treffen beide Kriterien zu, dann greifen Sie rücksichtslos zum Rotstift. Streichen Sie den nutzlosen Satz! Ihr Leser dankt es Ihnen durch verstärkte Lese-Bereitschaft für die restlichen Sätze. Die vorhandene Energie teilt sich jetzt auf weniger Text auf.

Ein **Beispiel** zum Streichen von Sätzen.

Rohtext: »Dieses Gerät hilft auch Ihnen. Dies ist eine Behauptung, die sich jederzeit durch einen Test nachweisen läßt. Überzeugen Sie sich selbst. Sie erhalten das neue Modell 10 Tage zur Probe.«

Reintext (ohne den zweiten Satz): »Dieses Gerät hilft auch Ihnen. Überzeugen Sie sich selbst. Sie erhalten das neue Modell 10 Tage zur Probe.«
Sie merken es selbst: Ein gestrichener, nichts neues sagender Satz erhöht die Kraft der übrigen Sätze und damit die Kraft des gesamten Textblockes.

b) Wörter streichen

Dieselbe Technik wenden Sie jetzt auf die Wörter an. Kürzere Sätze nutzen die Lese-Energie der Zielgruppe besser. Also gehen Sie auf die Suche nach nichtssagenden Füllwörtern, die beim Lesen sinnlose Kraft kosten, ohne die Verständlichkeit zu verbessern. Im Rohtext sind solche Füller sehr willkommen. Auf diese Weise sprudelt der Text üppiger und schneller. Man gerät nicht ins Stocken und erhöht somit die Chance für neue, ähnliche und bessere Formulierungen.
Also streichen Sie jetzt in Ihrem Rohtext alle die Wörter, die keine neue Information enthalten und den Sinn der übrigen Wörter nicht beeinflussen

Ein **Beispiel** zum Streichen von Wörtern:

Rohtext: Herzlichen Dank für Ihre zurückgeschickte Antwortkarte.

Reintext: Herzlichen Dank für Ihre Antwortkarte.«

Jetzt sehen Sie es selbst. Das Wegnehmen eines einzigen überflüssigen Wortes erhöht die Kraft der restlichen Wörter im Satz! Die Lese-Energie pro Satz wird nicht durch sinnlose Wörter aufgezehrt. Sie konzentriert sich vielmehr auf weniger Wörter, und damit bleibt mehr Energie pro Wort übrig. Die »*Antwortkarte*« ist viel kraftvoller als die »zurückgeschickte Antwortkarte« (Das »zurückgeschickt« sagt kaum etwas Neues. Fehlt es, bleibt der Sinn erhalten. Eine Antwortkarte gilt bereits als zurückgeschickt!).
Solche Füllwörter finden Sie in jedem Rohtext. Unser Gehirn produziert sie auf Befehl! Wahrscheinlich stammt dieser Befehl aus unserem Diktat-Verhalten bei der täglichen Korrespondenz. Gerade dort fließen solche Füllwörter ständig ein, besonders dann, wenn wir viel schreiben wollen (mindestens eine Seite DIN A 4), aber eigentlich »nichts zu sagen« haben. Diesen Befehl nimmt unser Gehirn auf, und schon produziert es »nichtssagende Wörter«.
Zu diesem Bild gehören auch die typischen Füllwort-Beispiele, die Sie heute in vielen Korrespondenz-Büchern finden: »Ihr telefonischer Anruf...« statt »Ihr Anruf«! (Ein »Anruf« kommt ja »telefonisch«.) Oder: »Unsere getroffene

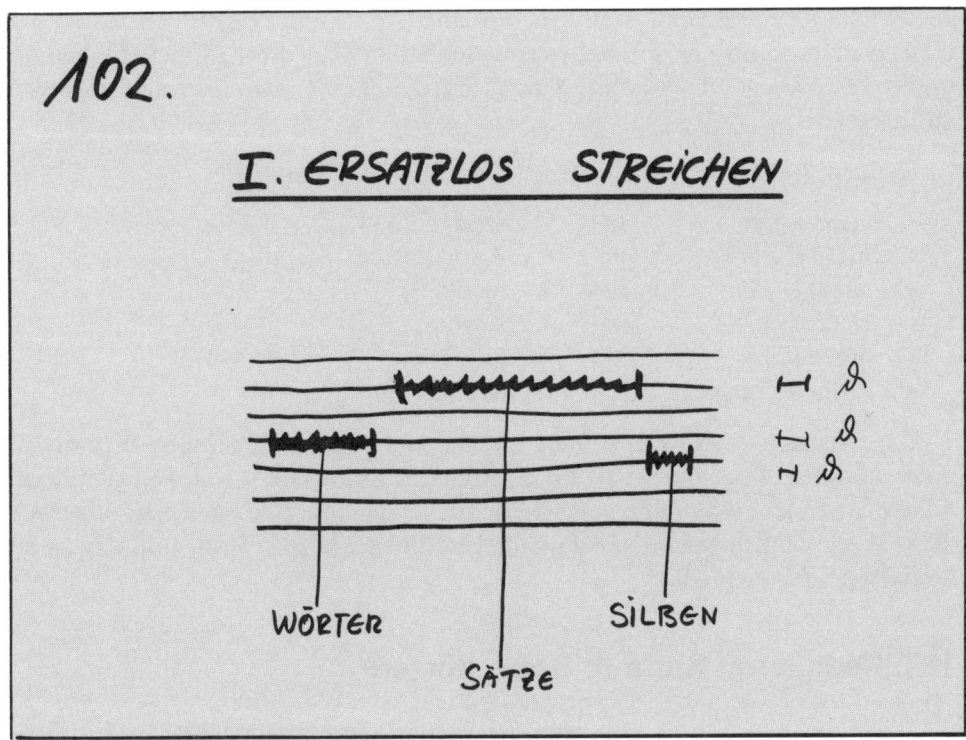

Bild 102: Versuchen Sie selbst diese erste Stufe des Redigierens in einem beliebigen Rohtext. Nichts ändern. Nur ersatzlos streichen. Der restliche Text wird kräftiger (s. Kapitel 125).

Vereinbarung« statt »unsere Vereinbarung« (Eine Vereinbarung ist in der Regel etwas »getroffenes«).

Gehen Sie also auf die Jagd nach solchen überflüssigen, Energie verbrauchenden Füllwörtern. Streichen Sie diese Wörter ersatzlos! Ihr Text wird dann kraftvoller, ohne nur ein einziges Wort zu verändern! Weniger ist mehr!

An dieser Stelle erinnere ich mich an meinen Lehrer Heinz Hartwig, Fachdozent für Werbetext, Wirtschaftsjournalist und Autor vieler Fachbücher zum Thema »Text«. Er sagte uns schon in seiner ersten Vorlesung: »Ein Werbetexter ist kein Dichter. Er ist höchstens ein Ver-Dichter.«

Stellen Sie sich vor, Sie hätten nur die Erlaubnis für ein 200 Wörter umfassendes Verkaufsgespräch. Sie würden jedes Wort »auf die Goldwaage« legen. Alle zu leicht befundenen Wörter würden Sie streichen. Die sinnlosen Füllwörter und Floskeln wären sicher dabei.

c) Silben streichen

Diese Technik beherrschen Sie sehr schnell. Nehmen Sie Ihren Rotstift und gehen Sie gleich beim ersten Lesen Ihres Rohtextes auf Silben-Jagd. Sie finden genug Chancen, etwas zu streichen. Vor allem Vor- und Nachsilben haben sich völlig nutzlos in unsere »Schreibe« eingeschlichen. Alle diese Zusätze blähen nur unsere Texte künstlich auf, ohne gleichzeitig dem Leser einen Informationsvorteil zu bringen.

Denken Sie nur an die immer wiederkehrenden Worte wie:

»...*über*senden...«	(statt	»...senden...«)
»...*Rück*antwort...«	(statt	»...Antwort...«)
»...*als*bald...«	(statt	»...bald...«)
»...*Un*kosten...«	(statt	»...Kosten...«)
»...mit*tels*...«	(statt	»...mit...«)
»...Mühe*waltung*...«	(statt	»...Mühe...«)

Ganz besonders kritisch prüfen Sie alle vier- und mehrsilbigen Wörter. Ab dieser Länge wirkt ein Wort als Filter. Aber auch die Wörter mit weniger als vier Silben freuen sich über eine gestrichene nichtssagende Vor- oder Nachsilbe. Auf diese Weise senken Sie die *durchschnittliche* Silbenzahl pro Wort, und das ist der Lesbarkeit sehr dienlich.

126. Redigieren Stufe II: Sätze kürzen

Diesen zweiten Schritt erledigen Sie später zusammen mit der ersten Stufe. Jetzt aber, beim Durcharbeiten dieses Buches nehmen Sie wieder Ihren eigenen Muster-Rohtext und einen Rotstift und kennzeichnen die verbalen Filter und

Verstärker in der hier beschriebenen Reihenfolge. Diese Schritt-für-Schritt-Methode hat sich bisher bei allen Kursteilnehmern bewährt. Sie hilft auch Ihnen, das Handwerkliche am Texten sehr schnell zu lernen und anzuwenden.

Im letzten Kapitel haben wir den stärkeren Text durch ersatzloses Streichen erreicht. Jetzt behandeln wir die übrigen Fälle, bei denen das Streichen nichts verbessern würde, ganz einfach deshalb, weil der Sinn sich ändern oder die eigentliche Information verloren ginge.

Der Einfluß der Satzlänge auf die Lesbarkeit eines Textes und das Verständnis seines Inhaltes wurde schon mehrfach untersucht und in Veröffentlichungen dargelegt. Es gibt Formeln und Tabellen zum Messen der Lesbarkeit von Werbetexten. Auch wir benutzen diese Erkenntnisse in den Texter-Kursen und ermitteln den Lesbarkeits-Index der Rohtexte, bevor wir mit dem Redigieren beginnen.

Lassen Sie mich dieses Verfahren für Sie hier im Buch verkürzen. Ich zeige Ihnen das Ergebnis aller Untersuchungen als Sofort-Weg für Ihre Praxis. Der Lesbarkeits-Index, eine Skala von 0 (sehr schwer lesbar) bis 100 (sehr leicht lesbar), ist von der durchschnittlichen Anzahl »Wörter pro Satz« und der durchschnittlichen Anzahl »Silben pro Wort« abhängig. Bleiben wir zunächst bei der Satzlänge, dann ergeben sich folgende deutlich erkennbare Kriterien für schnell verständliche Sätze in der Direktwerbung:

○ maximal 15 Wörter pro Satz
○ maximal 30 Silben pro Satz (= ø zweisilbige Wörter)
○ durchschnittlich 10–12 Wörter pro Satz
○ nur ein Gedanke pro Satz
○ wenig Nebensätze

Nach diesen fünf Praxis-Regeln redigieren Sie Ihren Rohtext hinsichtlich Satzlänge. Die erste Regel gilt als absolute Obergrenze. Nach 15 Wörtern setzen Sie in Ihrem Direktwerbe-Text einen Punkt und nichts anderes. Für ein Komma wäre es jetzt zu spät.

Die maximal *30 Silben pro Satz* grenzen die erste Regel noch weiter ein. Bei 15 Wörtern und 30 Silben deutet diese Regel auf die durchschnittliche Verwendung von zweisilbigen Wörtern hin. Natürlich ist das nur ein statistischer Wert. Er zeigt Ihnen aber auch, wieviel einsilbige Wörter Sie brauchen, damit Sie sich einmal ein unentbehrliches 4- oder 5-silbiges Wort erlauben können. Anders ausgedrückt, bei vielen mehrsilbigen Wörtern pro Satz ist die maximale Satzlänge (30 Silben) oft schon bei 8–10 Wörtern erreicht.

Die dritte Regel der *durchschnittlich 10–12 Wörter* pro Satz deutet auch auf die minimale Satzlänge hin. Die sogenannten »Asthmatiker-Sätze«, also Halbsätze mit nur 1–3 Wörtern, sind nur als gelegentliche Spannungselemente zwischen zwei üblichen Satzlängen brauchbar. Ansonsten zerschlagen sie den »persönlichen« Dialog. Beispiel für eine »Asthmatiker-Konstruktion«: »Diese XYZ gilt zu allen Zeiten. Gestern. Heute. Morgen. Übermorgen. Im Frühjahr. Im Sommer. Im Herbst. Im Winter.« So spricht kein Verkäufer. »Asthmatiker-Sätze« sind Ketten von Halbsätzen. Der Mensch sieht eigentlich in jedem Punkt eine kleine Pause. Zum Luftholen! Das kommt aus der gesprochenen Sprache. Dort atmen wir besonders beim Punkt deutlich ein. Wenn diese Atem-Plätze zu dicht aufeinander folgen, bleibt von der natürlichen Atem- und Sprechweise wenig übrig.

Die kurzatmige Werbe-Sprache hatte deshalb wenig Chancen im schriftlichen Verkaufsgespräch. Ihr Platz ist mehr das klassische Werbe-Deutsch. In der Anzeige mit geringem Text-Anteil waren verbale Gags lange Zeit sehr beliebt, ebenso Gedanken- und Buchstaben-Spiele. Sie gelten auch heute noch als willkommene »Stolper-Schwellen« und »Stopper« gegen das zu schnelle Überblättern von Anzeigen.

Die vierte Regel ist wieder dem echten Verkaufsgespräch nachempfunden. Wir reden viel einfacher als wir schreiben (Und wir denken noch einfacher als wir

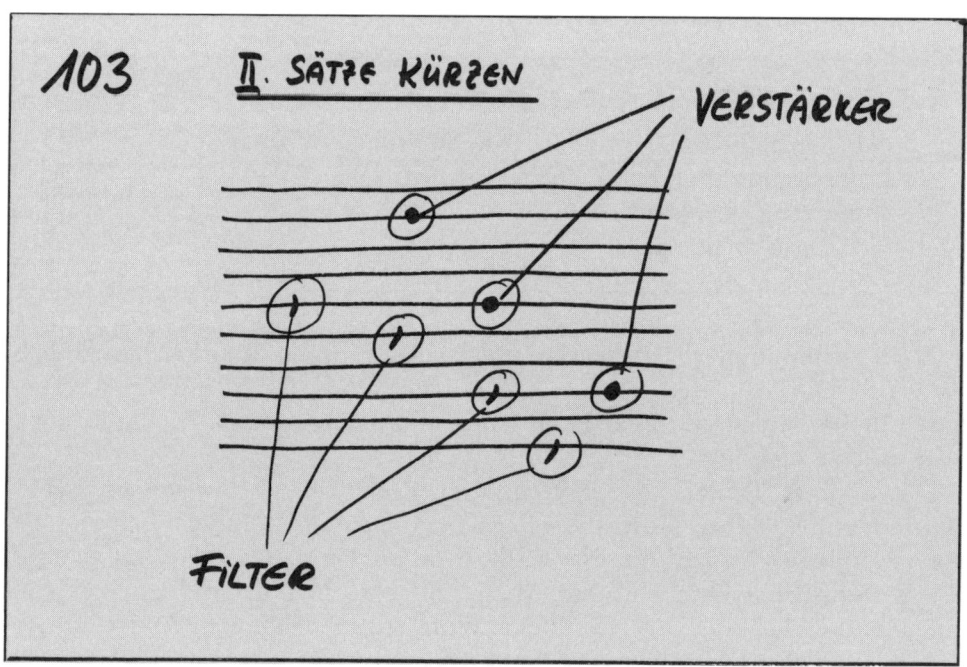

Bild 103: Die meisten Kommata trennen Haupt- und Nebensätze. Diese Konstruktion wirkt als Filter. Schreiben Sie den Nebensatz als Hauptsatz, und setzen Sie einen Punkt dazwischen. Sie nützen dann die Energie und Konzentration Ihrer Leser besser aus (s. Kapitel 126).

reden!). Nur registrieren wir unsere kurzen Sätze beim Sprechen nicht, weil wir nicht immer »Punkt« oder »Gedankenstrich« oder »Absatz« sagen. Zwingen Sie sich einfach zu dieser Praxis-Regel: Ein Gedanke pro Absatz genügt. Dann setzen Sie wieder einen Punkt und kein Komma.

Gedankenstriche haben übrigens bei unseren Text-Versuchen die Verständlichkeit erschwert. Solche Striche treten ja meistens paarweise auf. Der erste Strich sagt dem Leser: »Bitte halte diesen ersten Gedanken fest, ich gebe Dir einen neuen Gedanken dazwischen.« Der zweite Gedankenstrich sagt: »Der eingeschobene Gedanke ist zu Ende, jetzt kannst Du den ersten Gedanken wieder aufnehmen.« Genau dieses Verhalten scheint der Leser nicht mitzumachen, zumindest nicht bei unaufgefordert ankommenden Werbetexten.

Das Komma eignet sich nur bei Wiederholungen und Aufzählungen als Verstärker, nicht zum Abtrennen von Nebensätzen, mit denen wir Nebengedanken an einen Hauptgedanken anhängen. Damit ist auch die letzte Regel verständlicher: Wenig Nebensätze und mehr abgeschlossene Hauptsätze helfen dem schnellen Verständnis. Dazu gibt es eine sehr einfache und wirksame Übung: »Fragen« Sie einmal jedes Komma in Ihrem Rohtext, ob es nicht lieber ein Punkt sein möchte! Die meisten Kommata sind damit einverstanden, denn die meisten trennen Haupt- und Nebensätze. Diese Kommata sind Filter im Text, ganz besonders jene, die einen »daß-Satz« einleiten. Punkte sind Verstärker. Sie erlauben dem Leser, einen einfachen Gedanken zu verstehen und abzuschließen.

Kreisen Sie einfach in Ihrem Rohtext alle Kommata und Gedankenstriche (nicht Bindestriche) ROT ein und alle Punkte (und evtl. Doppelpunkte) GRÜN. Jetzt sehen Sie das Verhältnis Filter zu Verstärker in Ihrem eigenen Text. Wenn Sie ein deutliches Übergewicht von grünen Kreisen erreichen, dann freuen Sie sich. Ihr Text reizt den Empfänger zum Weiterlesen. Eine gute Relation zwischen Verstärker und Filter haben Sie, wenn mindestens 75 % aller Satzzeichen als »Punkt« (oder Doppelpunkt, Ausrufe- oder Fragezeichen) erscheinen und alle anderen Zeichen nur 25 % ausmachen. Ein solcher Text signalisiert dem Leser schon beim ersten »Überfliegen«: Dieser Text ist schnell und einfach lesbar! Das ist einer der vielen gesuchten Verstärker, eine Zustimmung, ein kleines »ja«!

127. Redigieren Stufe III: Wörter kürzen und vereinfachen

Das herkömmliche Korrespondenz-Deutsch hat nicht nur die Sätze aufgebläht. Auch die einzelnen Wörter haben unter dieser Krankheit gelitten. Vielleicht erkennen Sie das selbst an Ihrem Rohtext. Da gibt es Wörter, die wir in dieser Form in einem persönlichen Gespräch nie aussprechen. Sobald wir schreiben oder diktieren, öffnen sich in unserem Gehirn ganz andere Wortspeicher und versuchen, ihren Inhalt in unsere »Schreibe« einzubauen. Beim Rohtext ist dagegen nichts einzuwenden. Den umständlichen Korrespondenz-Stil ändern wir dann beim Redigieren, und so entsteht ein schnell und einfach lesbarer und leicht verständlicher Reintext. Das Ziel kennen Sie noch: Durchschnittlich nur zwei Silben pro Wort! Wir brauchen also viele einsilbige Wörter, damit wir uns hin und wieder ein unentbehrliches längeres Wort erlauben können. Merken Sie sich einfach folgende Faustregel: 1- und 2-silbige Wörter sind Verstärker, 3-silbige sind noch tragbar, 4- und mehrsilbige Wörter sind verbale Filter im Werbetext.

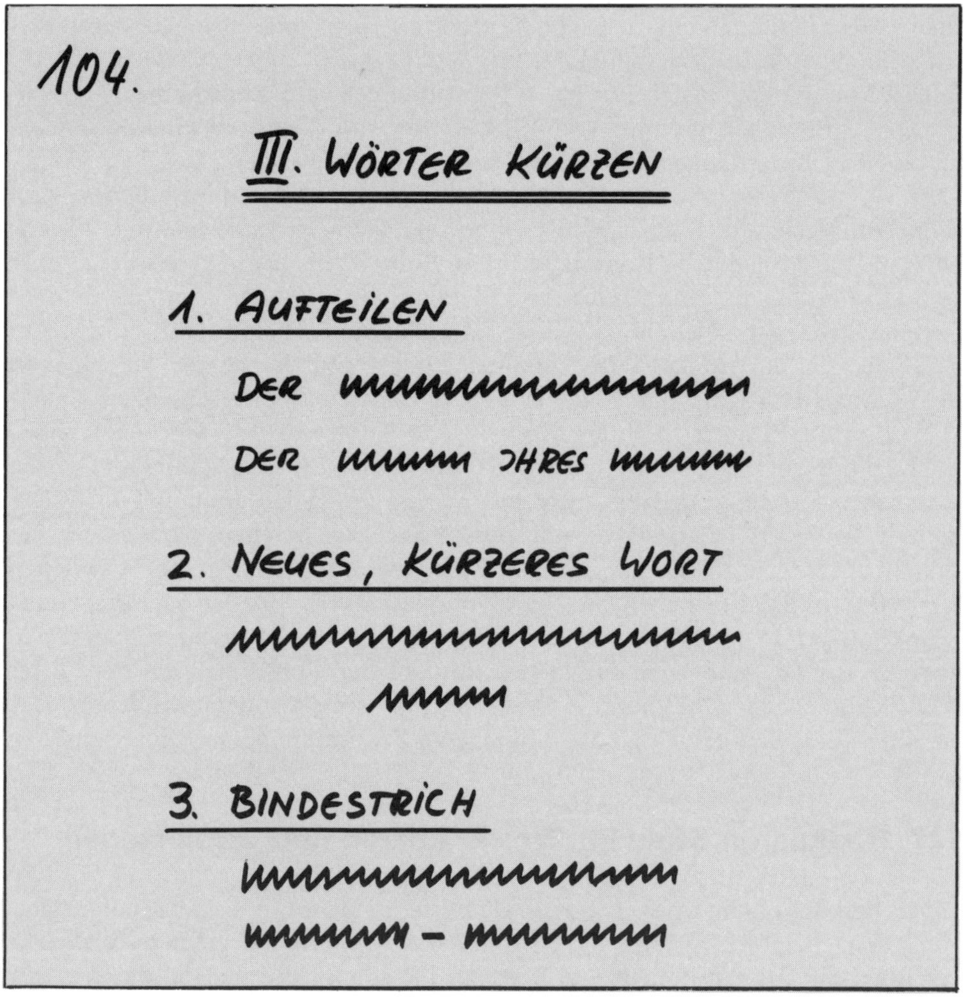

Bild 104: Die meisten 4- und mehrsilbigen Wörter wirken als Filter. Sie bremsen die Lese-Bereitschaft und damit den Erfolg. Nur etwa 5–10 % davon sind tragbar. Alle anderen wandeln Sie in Verstärker um (s. Kapitel 127).

Damit ist das Redigieren in Stufe III schon vorgezeichnet: Die 4- und mehrsilbigen Wörter werden wir möglichst ganz eliminieren oder notfalls durch viele einsilbige Wörter neutralisieren. Das totale Entfernen dieser Filter-Wörter bringt das beste Ergebnis für die Lesbarkeit. Doch manchmal leidet die Verständlichkeit des Textes darunter, weil es kein kürzeres Ersatzwort gibt. In solchen Fällen verkraftet unser Werbetext auch ein 4- und mehrsilbiges Wort. Allerdings gibt es eine Grenze für diese Ausnahmen. Sie liegt bei 5 bis maximal 10 %. Wenn 100 Wörter maximal 5 bis 10 Filter-Wörter enthalten, dann bleibt dieser Text für die Werbung gerade noch lesbar.

Aus diesen Regeln ergeben sich nun zwei Aufgaben für Sie: Erstens, die 4- und mehrsilbigen Wörter *müssen* redigiert werden (bis auf die Ausnahmen von 5–10 %). Zweitens, die 2- und 3-silbigen Wörter *können* manchmal auch weiter gekürzt oder vereinfacht werden. Das verbessert den durchschnittlichen Soll-Wert von zwei Silben pro Wort. Selbstverständlich gilt die Forderung in dieser Strenge nur für Werbetexte, die unaufgefordert zum Leser kommen. Hingegen das Erwartete, die angeforderte Information, löst höhere Konzentrations-Bereitschaft aus. Das allein ist schon ein Verstärker, der auch mehr Filterwörter verkraftet, genauso wie Sie selbst Ihren *gekauften* Zeitungen, Zeitschriften oder Büchern höhere Lesebereitschaft entgegenbringen als einem kostenlosen Streuprospekt.

Für das Kürzen der 4- und mehrsilbigen Wörter gibt es drei handwerklich anwendbare Techniken:

a) Sie versuchen, das zu lange Wort *in mehrere Wörter aufzuteilen.* Das geht nicht immer, aber es führt in vielen Fällen zu guten Lösungen. **Beispiel:** statt »... die Teppichqualität...« aufteilen in: »... die Qualität Ihres Teppichs...«

b) Sie *verwenden ein kürzeres, anderes Wort.* Das ist zwar schneller gesagt als getan. Aber die deutsche Sprache bietet häufig die Chance für ein kürzeres, sinnverwandtes Wort, für ein »Synonym«. Wenn dieses andere Wort zugleich noch treffender, noch bildhafter, noch bezeichnender ist, dann haben Sie die handwerklich beste Lösung gefunden. Hier ist die Nahtstelle zwischen dem Handwerk und dem Kunsthandwerk des Texters. Über dieses Thema gibt es im Kapitel »Bildhafter schreiben« noch einiges zu sagen.

Ein **Beispiel** für die Synonym-Lösung: Statt »Erkennungszeichen«, kürzer: Merkmal, Signal, Symbol, Kennwort, Marke, Emblem, Nummer, Abzeichen, Geste usw.

Ein Synonym ist ein sinnverwandtes und kein sinngleiches Wort! Sie brauchen deshalb möglichst viele Synonyme zur Auswahl und finden darunter dann meist das treffendste Wort für Ihren Text. Das Suchen solcher Wörter ist sehr einfach. Sie kaufen sich ein sogenanntes Synonym-Wörterbuch und schlagen unter dem jeweiligen Stichwort nach. Das obige Beispiel stammt aus »Das treffende Wort« von Peltzer/Normann, erschienen im Ott-Verlag, Thun. Unter »Erkennungszeichen« finden Sie dort 41 sinnverwandte Ausdrücke. Ich habe nur neun aufgeführt. Wörterbücher dieser Art gibt es noch viele und auch in unterschiedlicher Preislage. Ihr Buchhändler hilft Ihnen sehr schnell weiter.

c) Sie schreiben das zu lange Wort *mit einem Bindestrich.* Auch dann, wenn Sie früher im Schulaufsatz nicht so großzügig mit diesem Zeichen umgehen durften. Jetzt sind Sie Gebrauchstexter und werden (leider) nur am Erfolg Ihrer Texte gemessen, nicht an deren Schönheit oder grammatikalischen Reinheit. Lesbarkeit und Verständlichkeit haben deshalb einen hohen Stellenwert. Die Reaktionsquote zeigt dem Direktwerbe-Texter, wie gut oder schlecht er seinen Job ausübt. Das alles ist natürlich dem Erhalt deutschen Sprachgutes nicht gerade dienlich. Das ist die traurige Seite der Texter-Medaille! Aber leider bezahlt Sie der Auftraggeber nicht für die Pflege der deutschen Sprache. Er honoriert den Direktwerbe-Texter für die höhere Reaktionsquote, die seine Texte auslösen. Einfache, verständliche und schnell lesbare Wörter sind verbale Verstärker.

Also setzen Sie einen Bindestrich zwischen zwei Wortteile, wenn Sie keine andere Lösung finden und nur dadurch Ihr unentbehrliches, aber zu langes Wort lesbarer wird. Der Bindestrich macht aus einem schwer lesbaren 6-silbigen Wort zwei leicht lesbare Wörter à 3 Silben.

Beispiel: statt »Quellwasserqualität« lesbarer: »Quellwasser-Qualität«.

Selbstverständlich sind die beiden vorangegangenen Lösungen a) und b) besser, aber nicht immer einsetzbar. Deshalb greifen Sie zum Bindestrich, wenn Sie keine andere Chance sehen. Nur halten Sie die Bindestrich-Wörter in Grenzen. Mehr als einmal pro Satz oder mehr als fünfmal pro Absatz ist schon wieder zuviel. Ich selbst habe in diesem Buch sehr häufig die Bindestrich-Methode angewendet. Für ein Fachbuch eigentlich zu oft. Ein Fachbuch ist kein unbezahlter Werbetext. Aber ich hatte Ihnen im Vorwort angekündigt, aus Lerngründen im Direktwerbe-Deutsch zu schreiben. Das betrifft die Bindestriche genauso wie die Satzlänge und die Wortwahl.

Jetzt noch ein Wort zu den 2- und 3-silbigen Wörtern. Wann immer Sie eine Chance zum Vereinfachen und Kürzen sehen, tun Sie es. Was in einer einzigen Silbe gesagt wird, wirkt stärker. Vor allem aber kommen diese kürzesten Wörter unserer gesprochenen Sprache und damit dem Verkaufsgespräch viel näher. **Beispiele** hierfür gibt es in jedem Rohtext:

aus: »sämtliche«	... wird: »alle«
aus: »lediglich«	... wird: »nur«
aus: »anderenfalls«	... wird: »sonst«
aus: »hingegen«	... wird: »aber«
aus: »seinerzeit«	... wird: »damals«
aus: »dergestalt«	... wird: »so«

Gerade das letzte Beispiel ist typisch für unser Korrespondenz-Deutsch der vergangenen Jahrzehnte. Im persönlichen Verkaufsgespräch bringt ein Verkäufer das Wörtchen »dergestalt« kaum über seine Lippen. In der alten Kanzlei-Sprache (aus der sich das Korrespondenz-Deutsch entwickelt hat) muß es wohl ein Zeichen von Bildung gewesen sein, *nicht* so zu schreiben wie das damals »ungebildete« Volk sprach. Obwohl sich der Briefstil in der geschäftlichen Korrespondenz mit jeder nachwachsenden Generation vereinfacht, finden sich noch genügend aufgeblähte Wörter aus der längst vergangenen Zeit der Rats-Schreiber.

Natürlich gibt es auch heute noch schwer lesbare Informationen und Mitteilungen offizieller Stellen. Aber das sind keine werblichen Angebote, deren Kosten nur durch den Verkauf getragen werden. Wer die Mißachtung einer Nachricht oder eines (Gesetzes-)Textes mit Gefängnis bestraft, der braucht sich weniger um die Lesbarkeit zu kümmern. Unsere Werbetexte hätten sich wahrscheinlich ähnlich den Gesetzes-Texten entwickelt, wenn die Polizei das Nicht-Lesen oder Nicht-Kaufen überwacht hätte.

Unsere Werbepost-Empfänger lesen ohne Zwang! Sie lesen nur, wenn sie für sich einen Vorteil im Angebot erkennen. Um diesen Vorteil zu verstehen, brauchen wir eine lesbare, verständliche Sprache. Besonders bei den einfachen und deshalb zahlenmäßig so großen Zielgruppen. Wer diesen Menschen schwer zu lesende und schwer zu verstehende Botschaften schickt, benachteiligt sie! Wer das weiß und trotzdem nicht bereit ist, sich »verständlich« auszudrücken, der darf sich nicht über den ausbleibenden Verkaufs-Erfolg wundern.

Zum Schluß dieses Kapitels noch ein Hinweis auf Redewendungen aus dem aufgeblähten Korrespondenz-Stil. Diese Gebilde tauchen auch im schnell und unkontrolliert geschriebenen Rohtext auf. Wir tauschen diese verbalen Filter einfach durch ein kurzes Wort, durch einen Verstärker, aus.

Hier sind einige **Beispiele:**

aus: »einen Besuch abstatten«	wird: »besuchen«
aus: »zur Anwendung bringen«	wird: »anwenden«
aus: »zur Auslieferung bringen«	wird: »liefern«
aus: »in Angriff nehmen«	wird: »beginnen«
aus: »unserem Bedauern Ausdruck verleihen«	wird: »bedauern«
aus: »auf schriftlichem Wege«	wird: »schriftlich«
aus: »eine Beratung durchführen«	wird: »beraten«

Alles was ich Ihnen bisher zum Vereinfachen und Kürzen von Werbe-Texten gesagt habe, gilt genauso für Stil, Satzlänge und Wortwahl in der geschäftlichen Korrespondenz. Jeder Geschäftsbrief aus Ihrem Hause ist eigentlich ein »Werbebrief«, besonders in der Angebots- und Verkaufs-Korrepsondenz. Aus diesem Grunde sitzen in unseren Texter-Kursen heute neben den Werbe-Textern auch Kunden-Betreuer und Verkaufs-Sachbearbeiter aus dem Innendienst.

128. Redigieren Stufe IV: Lebendiger schreiben

Das wichtigste, was Sie von Ihrem Leser erwarten, ist eine Reaktion. Er soll etwas tun. Zu dieser Aktivität regen wir auch im Text, im schriftlichen Gespräch an. Die einfachste Methode ist, wir benutzen viele aktive Verben. Das Verb, das Zeitwort, heißt im Deutschen auch »Tätigkeits-Wort«. Wenn Sie also eine »Tätigkeit«, eine »Handlung« vom Leser erwarten, dann sagen Sie es ihm mit einem »Verb«.

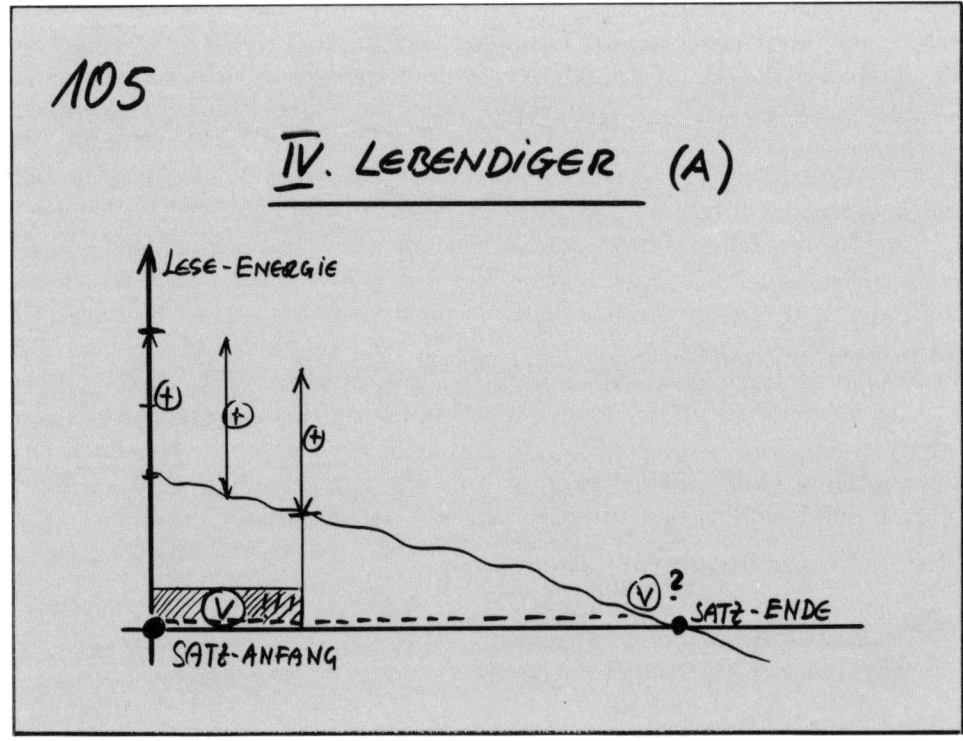

Bild 105: Verben sind Verstärker und multiplizieren die Lese-Energie. Am Satz-Anfang ist dieser Effekt weit höher als am Satz-Ende (s. Kapitel 128).

Formulierungen wie »... über eine gelegentliche Rückäußerung Ihres Hauses würden wir uns sehr freuen ...« bewegen heute nichts mehr oder zu wenig. In dieser Form würde Ihr Verkäufer am Telefon auch nicht reden. Er baut aktive Verben ein. Dann klingt das etwa so: »Überzeugen Sie sich selbst. Schicken Sie einfach Ihre Antwortkarte zurück. Sie erhalten dann die gewünschten Muster völlig unverbindlich und kostenlos per Post!«

Damit kennen Sie schon die wichtigsten Verstärker für den lebendigen Text. Es sind alle aktiven Verben, alle Zeitwörter. Wir verwandeln den herkömmlichen Hauptwort-Stil aus der Korrespondenz in den sogenannten Verbal-Stil. Hauptwörter bringen Ruhe und Statik in den Text, Zeitwörter bringen Bewegung und Leben in die Sprache.

Die Anzahl der Verben allein führt allerdings noch nicht zum gewünschten Erfolg. Ein Verstärker kann nur dort wirken, wo genügend Energie zur Verstärkung da ist.

Am Satzende geht die Lese-Energie gegen Null. An dieser Stelle bringt der beste Verstärker nur noch kleine oder gar keine Zuwachsraten. Selbst wenn er hier die Rest-Energie verdoppeln würde, beeinflußt dieser Effekt den zu Ende gehenden Satz nur noch wenig.

Verbale Verstärker stellen wir deshalb an den Satzanfang. Dort wo die Lese-Bereitschaft noch am größten ist, haben wir auch die beste Chance, meßbare Wirkungen auszulösen. Deshalb gibt es für unsere Verben eigentlich nur drei Plätze im Satzgefüge.

a) Der erste Platz: In diesem Fall steht das Verb als erstes Wort am Satzanfang und führt zur Befehlsform, zum Imperativ. Eine Form, vor der manch ungeübter Direktwerbe-Texter zurückschreckt. Doch die Angst vor dem Imperativ ist eigentlich unbegründet. Der Leser reagiert nicht negativ, im Gegenteil, die Reaktionen steigen, wenn Sie in den letzten Absätzen zum Imperativ greifen.
Beispiel für den ersten Platz: *Probieren* Sie es selbst ... *Überzeugen* Sie sich persönlich ... *Sparen* Sie 100 Mark ... *Gewinnen* Sie etwas mehr Zeit ... *Verlangen* Sie ein Muster ... usw. usw. Sie sehen es selbst, diese Formulierungen könnten aus einem persönlichen Verkaufsgespräch stammen. Der Verkäufer redet genauso. Nutzen Sie deshalb auch im schriftlichen Verkaufsgespräch diese Form des Verstärkers.

b) Der zweite Platz: Jetzt erscheint das Verb als zweites Wort am Satz-Anfang. Auch diese Lösung bringt sehr gute Verstärker-Wirkung. Besonders wenn ein persönliches Fürwort vor dem Verb erscheint.
Beispiele für den zweiten Platz: Sie *sparen* 100 Mark ... Sie *gewinnen* mehr Freizeit ... Sie *erhalten* ein Original-Muster ... Sie *genießen* den Vorteil ... Jetzt *wissen* Sie mehr über ... Wir *helfen* Ihnen beim ... usw. usw.

c) **Der dritte Platz:** Dieser Platz sollte für die meisten Verben die letzte Chance sein. An dieser Stelle bringt das Zeitwort noch genügend Verstärker-Kraft in den Satz, und der Leser verkraftet den restlichen Satz besser.
Beispiele für den dritten Platz: Diese Maschine *hilft* Ihnen beim ... Der Motor *überwacht* den weiteren ... Die Brille *schützt* Ihre Augen vor ... Der Staat *schenkt* Ihnen ein ... usw.

Sollten Sie in Ausnahme-Fällen Ihr Zeitwort auf den vierten Platz verschieben, dann bleibt Ihr Text immer noch aktiv und lebendig. Dafür sorgen die Sätze vor und nach dem Ausnahme-Satz. Betrachten Sie übrigens alle diese Texter-Regeln nicht zu eng! Es sind handwerkliche Mittel, mit denen auch das Nicht-Talent zu druckreifen Werbetexten kommt, zu reaktions-fördernden Texten, zu Response-Texten. Genau das ist der Sinn dieses Schnellkurses aus unserem Texter-Lehrgang.

Es gibt aber auch verbale Filter, die jedes aktive Leben im Satz zerstören. Ich fasse die wichtigsten Filter dieser Art hier zusammen:

```
○ Hilfsverben              ○ passive Formen
○ Streckverben             ○ zu viele Hauptwörter
```

Zur ersten und zur letzten Gruppe noch ein paar Tips für Ihre Praxis. Hilfsverben sind verbale Filter aus zwei Gründen. Erstens verlängern sie den Satz um mindestens ein schwaches Wort, das nicht allein existieren kann, eben um das Hilfsverb.

Zweitens schickt das Hilfsverb leider das wichtigste Wort, das Zeitwort, ganz ans Ende des Satzes. Bei Hilfsverben denken Sie an die Wörter: wollen, sollen, können, dürfen, müssen und möchten (Die Wörter »haben« und »sein« lassen wir an dieser Stelle unberücksichtigt. Wir brauchen sie zum Konjugieren der einzelnen Zeitformen unserer Verben).

Beispiel für Hilfsverben-Filter: »Wir *möchten* jetzt sehr gerne alle Vorschläge zum Thema Zeit-Ersparnis nach erfolgter Prüfung aller Daten *belohnen*.« Das wichtigste steht am Ende des Satzes. Entweder der Leser hört mit dem Lesen auf, bevor der Satz zu Ende ist (dann erfährt er nicht, was wir eigentlich »möchten«), oder er arbeitet sich bis zum Ende durch, verschleißt seine Lese-Energie und hat deshalb keinen Nutzen vom verbalen Verstärker »belohnen«.

Ergebnis: Wenn wir sowieso etwas belohnen möchten, dann belohnen wir gleich. Am Satzanfang. Entweder »Heute belohnen wir ...« oder »Wir belohnen heute ...«

Wichtig also für das Redigieren: Streichen Sie einfach die genannten Hilfsverben, wann immer sie Ihnen begegnen. Dadurch ändert sich der Satz und der

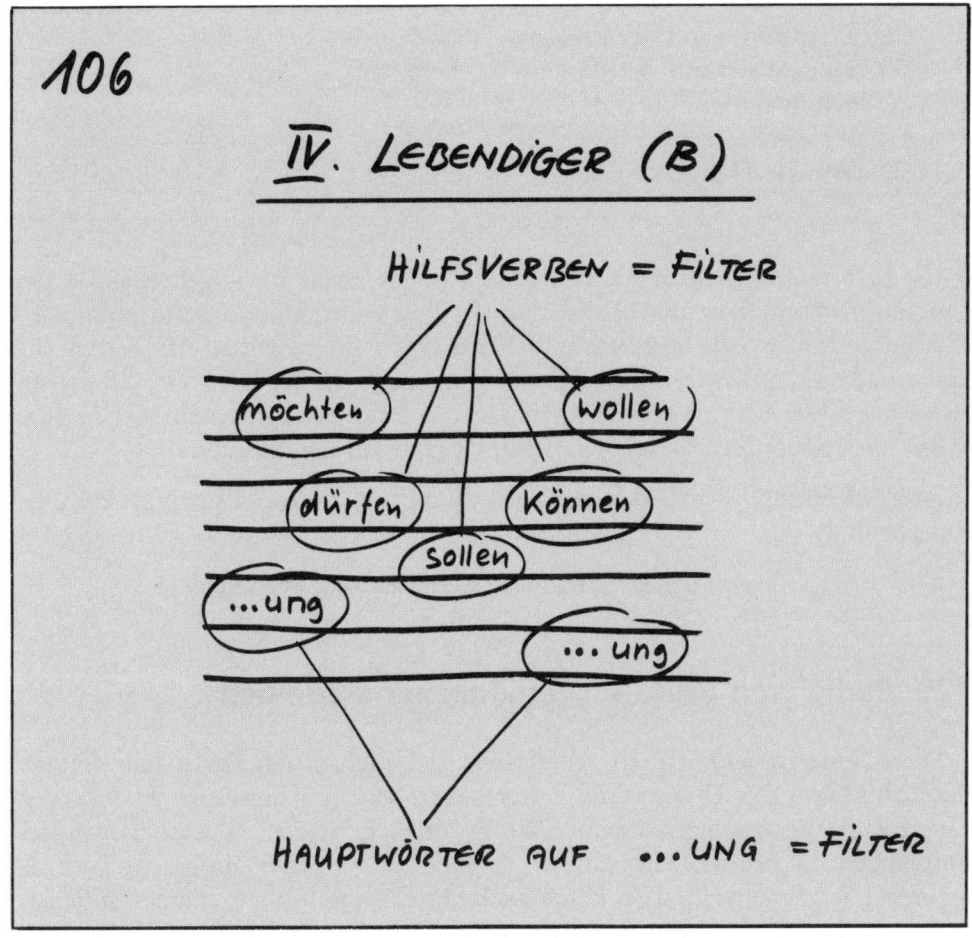

Bild 106: Hilfsverben und zu viele Hauptwörter zerstören das Leben im Text. Suchen Sie die wichtigsten Filter dieser Art im Rohtext. Die meisten ersetzen wir durch ein Zeitwort. Das bringt zusätzliche Kraft in den Reintext (s. Kapitel 128).

Satzanfang. Es ist auch eine gute Übung, im Rohtext alle Hilfsverben ROT einzukreisen. Sie erkennen dann sehr drastisch die Anzahl der im Rohtext vorhandenen Filter.

Die »Hauptwörter als Filter« behalten Sie ebenfalls gut unter Kontrolle. Diese Wörter zerstören sonst Ihren aktiven Verbalstil. Es sind vor allem fünf Hauptwort-Arten, die Sie beim Redigieren ersetzen, ändern oder ersatzlos streichen.

> ○ Hauptwörter mit der Endung ».. .ung«
> ○ Hauptwörter mit der Endung ».. .heit« und ».. .keit«
> ○ Fremdwörter
> ○ zu viele Fachwörter
> ○ abstrakte Hauptwörter

Ihr Text verkraftet auch hiervon etwa 5 bis maximal 10 %, gemessen an der Gesamt-Wortzahl. Beschränken Sie deshalb diese Ausnahmen auf die unentbehrlichen Ausdrücke. Alle anderen werden ein Opfer Ihrer Zensur! Am besten, Sie kreisen alle Hauptwörter auf die Endung ».. .ung« wieder ROT ein. Sie haben allein mit dieser Gruppe genug Arbeit. Gerade durch das Entfernen oder Ändern dieser Gruppe steigern Sie die Kraft Ihres Textes am deutlichsten.

Aus: Lieferung, Rücksendung, Anwendung, Beratung, Leistung, Prüfung, Entscheidung

wird: liefern, anwenden, beraten, leisten, prüfen und entscheiden.

129. Redigieren Stufe V: Persönlicher schreiben

Diese Stufe ist sehr schnell zu erklären und auch in der Praxis sehr einfach durchzuführen. Der Direktwerbe-Texter besitzt sehr umfangreiches Handwerkszeug für das Personalisieren seiner Werbemittel. Er setzt z. B. den Namen des Empfängers an den Vorzugsplätzen ein. Doch diese Personalisierungs-Technik meine ich jetzt nicht. Ihr Text klingt auch ohne Namens-Nennung persönlicher, mehr auf den Empfänger bezogen. Zu dieser Technik gebe ich Ihnen einige Tips. Die Gesamtpalette für das »Personalisieren ohne Empfänger-Namen« kennt folgende wichtige Praktiken:

> ○ Die persönlichen Fürwörter
> ○ Ein Name aus unserem Haus
> ○ Der gemeinsame Nenner

Lassen Sie mich in diesem »Schnellkurs« ein paar Handwerks-Regeln für Ihre Praxis zusammenstellen. Am ergiebigsten in der Wirkung ist der richtige Einsatz der persönlichen Fürwörter. Sie sind eine Art »Ersatzname« für den Texter. Wir verwenden sie genauso wie gegenüber einem Gesprächs-Partner, an dessen Namen wir uns nicht erinnern. In diesem Fall fließen in unser Gespräch ständig die Wörtchen »Sie, Ihnen, Ihr« usw. ein. Aber auch Formulierungen wie: »gerade Sie, Menschen wie Sie, Sie mit Ihrem Geschmack« usw. mischen sich in den Dialog.

Genauso »personalisieren« wir auch das schriftliche Gespräch, wenn wir den

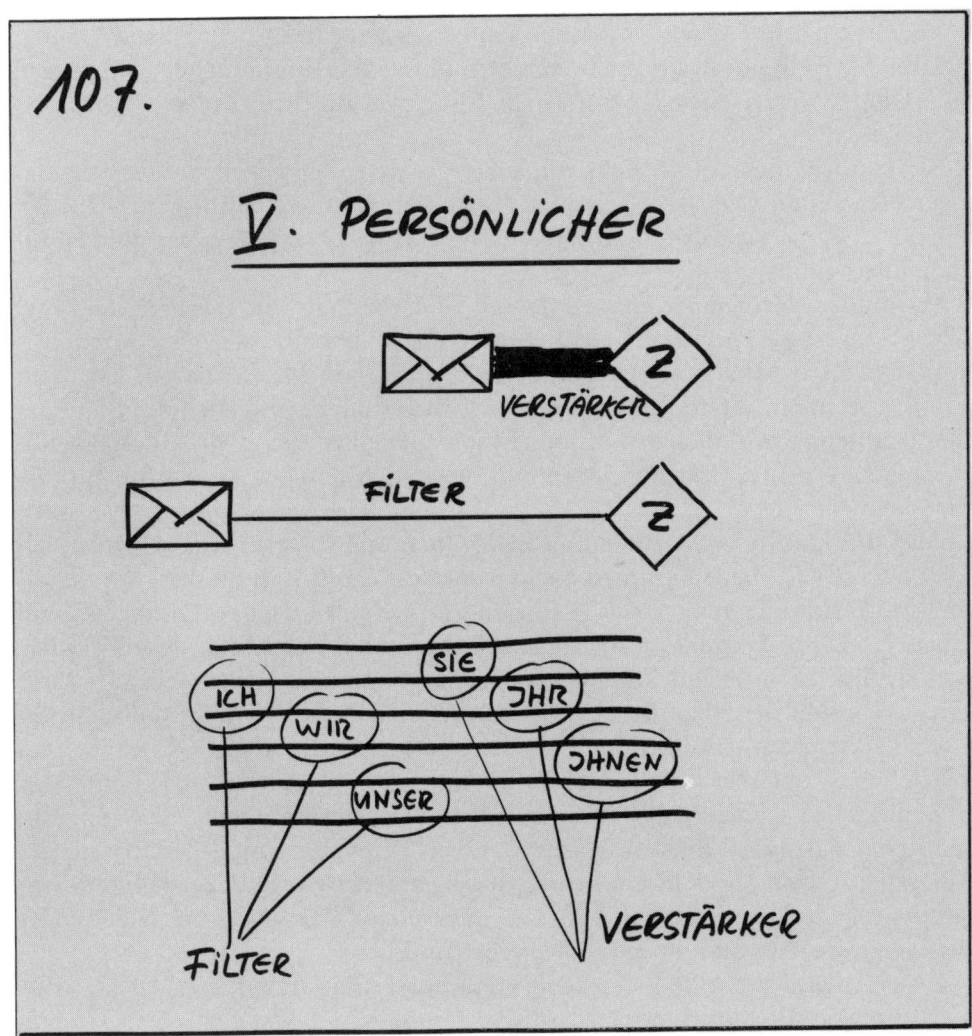

Bild 107: Die persönlichen Fürwörter »Sie, Ihnen, Ihr« sind Ersatznamen und wirken als Verstärker. Sie »personalisieren« das schriftliche Gespräch ohne den Namen zu nennen. Ihre Texte brauchen mehr »Sie, Ihnen, Ihr« als »Ich, wir, unser«. Ausnahme: Sie meinen mit »Wir« und »Unser« das gemeinsame zwischen Ihnen und Ihrem Leser (s. Kapitel 129).

Namen des Lesers nicht erneut einsetzen wollen oder ihn nicht kennen (wie z. B. in Katalogen, Prospekten, Zeitungsbeilagen usw.).

Merken Sie einfach als Faustregel: Alle »Sie, Ihnen, Ihr« sind Verstärker im Text. Die meisten »ich, wir, unser« sind Filter. Also geben Sie ein Übergewicht an Verstärkern in Ihren Text. Ein gutes Maß ist: 75 % »Sie, Ihn, Ihr« und nur 25 % »ich, wir, unser«. Damit haben Sie das Ich-Bedürfnis Ihres Leser befriedigt. *Er ist jetzt der Größte.* Dies zu sein, ist sein gutes Recht als Kunde.

Hier ist ein sehr einfacher Test zum Prüfen der Verstärker- oder Filter-Wirkung: Kreisen Sie in Ihrem Rohtext alle »ich, wir, unser« ROT ein und alle »Sie, Ihnen, Ihr« GRÜN. Jetzt sehen Sie auf einen Blick, welche Elemente in Ihrem Text dominieren.

Sie können nicht ohne »ich, wir, unser« texten. Begrenzen Sie deshalb das eigene Ich auf die Dienste am Kunden. Texte wie: *Wir danken* Ihnen ... *Wir helfen* Ihnen ... *Wir sorgen* dafür ... *Wir garantieren* Ihnen ...« usw. liest der Werbepost-Empfänger immer gern.

Persönliche Namen aus *unserem* Hause sind ebenfalls gut geeignet, den Text sehr preiswert zu »personalisieren«, ganz einfach deshalb, weil jetzt Menschen auftreten. Zwar Mitarbeiter unseres Hauses, aber eben Menschen mit Vor- und Familien-Namen. Wenn Personen namentlich auftreten, wird auch der Text oder die Erzählung persönlicher und interessanter. Denken Sie an Ihre liebsten Romane oder Abenteuerbücher. Jeden auftretenden Menschen lernen Sie mit Namen kennen.

Also tritt künftig nicht nur »unser EDV-Chef« auf, sondern »Klaus Töpfer, der Leiter unseres Rechenzentrums«. Nicht jeder Text eignet sich für diese Art der indirekten Personalisierung. Doch in Briefen und Prospekten gibt es dafür genügend Chancen. Diese Technik ist vor allem sehr preiswert! Der Name »Klaus Töpfer« darf schließlich in jedem Mailing und Katalog auftreten. Wir drucken ihn also genauso und in derselben Auflage wie den übrigen Text. Wenn Sie auf diese Art noch stärker »personalisieren« wollen, dann zeigen Sie Ihren EDV-Chef auch im Bild. Dieser Verstärker wirkt je nach Zielgruppe besser als die verbale Präsentation.

Zum Thema »gemeinsamer Nenner« fällt Ihnen selbst sehr viel ein. Wir berühren damit das Sozial-Bedürfnis unserer Leser, eines der Grund-Bedürfnisse des Menschen. Sagen Sie es Ihrem Brief-Empfänger, wenn Sie *gemeinsame* Interessen, *gemeinsame* Ziele, *gemeinsame* Hobbies, *gemeinsame* Kunden usw. haben. Das verringert den Abstand zwischen Schreiber und Leser.

Abschließend zur Stufe V des Redigierens noch eine Anmerkung: Mit allen Personalisierungs-Techniken ersetzen wir die persönliche Nähe des echten Gespräches. Der Verkäufer spricht mit seinem Kunden in einem Abstand von vielleicht 2–3 Metern. Er hat Augenkontakt und kann alle rhetorischen Hilfsmittel einsetzen. Alles das entfällt im schriftlichen Gespräch. Mit dem persönlichen Text holen wir psychologisch etwas von dieser verloren gegangenen Nähe wieder zurück.

130. Redigieren Stufe VI: Bildhafter und konkreter schreiben

Dieses Kapitel öffnet die eigentliche Schatzkammer des kreativen, erfolgreichen und gut bezahlten Direktwerbe-Texters. Hier liegt der eigentliche Schlüssel zum packenden und fesselnden Text. Alle anderen Techniken sind einfach zu lernen. Hier liegt die Nahtstelle zwischen Handwerk und Talent.

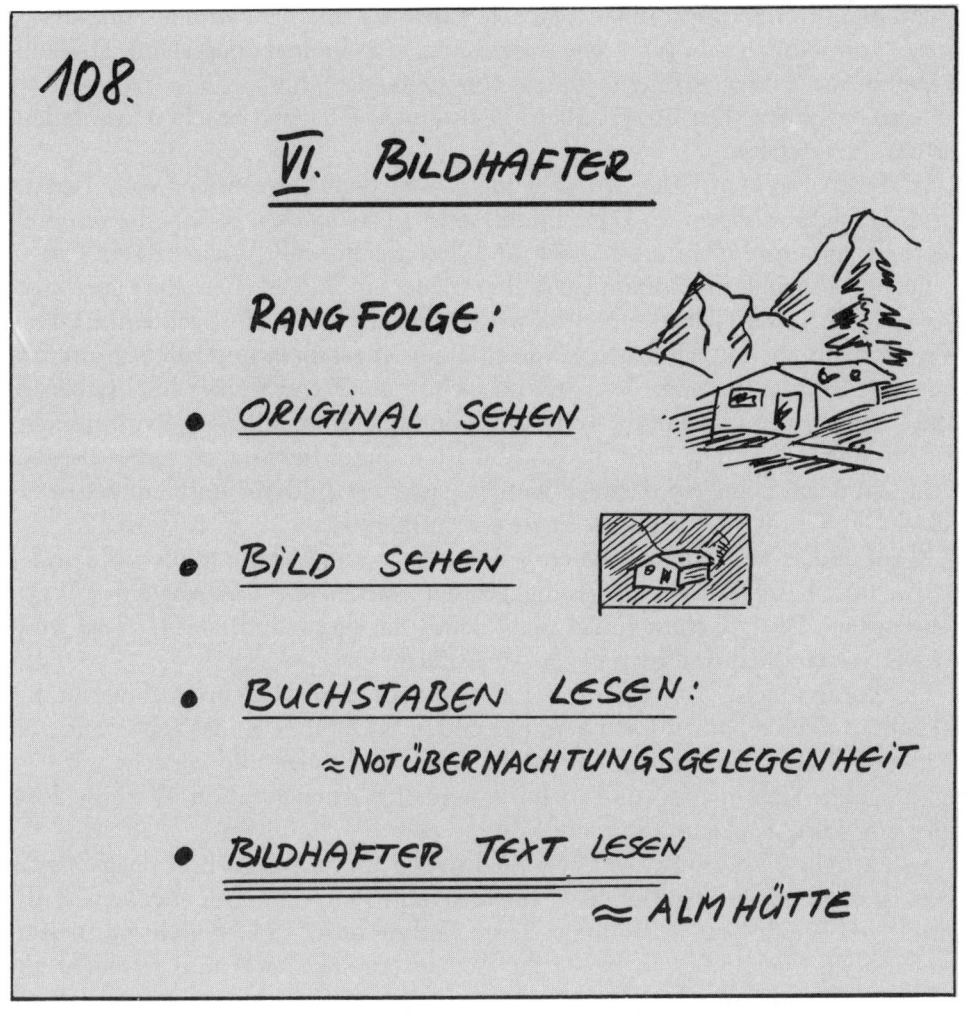

Bild 108: Der Mensch versteht am schnellsten, wenn er das Original sieht. Das Foto kommt dem Original am nächsten. Lesen von Buchstaben und Übersetzen von abstraktem Text ist am weitesten vom Original entfernt. Als Zwischen-Lösung hilft Ihnen der »bildhafte Text« (s. Kapitel 130).

Doch wir haben weniger Texter-Talente als wir brauchen. Deshalb habe ich auch für diese Stufe VI einen »handwerklich« erreichbaren Zugang geschaffen. Er hat sich in allen unseren Texter-Kursen bewährt. Dieser Weg eignet sich auch für Sie, wenn Sie glauben, kein großes Texter-Talent zu sein.

Der Mensch würde am liebsten das *natürliche Original* eines Produktes sehen. Dies ist die älteste Kommunikations-Form und praktisch durch nichts zu übertreffen. Sie stammt aus unserer Entwicklungsgeschichte. Original-Produkte können wir aber nicht immer zur Ansicht schicken. Also greifen wir zu *Bildern,* zur zweitbesten Kommunikations-Chance. Je näher das Bild der Natur kommt, desto besser kommuniziert es (von den Ausnahmen jetzt einmal abgesehen). Deshalb schauen wir bewegte Bilder (Film) vor stehenden Bildern an, farbige vor schwarz/weiß usw. Der Bildgestalter hat also mehr Chancen beachtet zu werden als der Textgestalter.

In diesen Kapiteln reden wir aber nicht vom Grafiker, sondern vom Texter. Und als solche schicken wir keine Bilder, sondern *Buchstaben,* aneinander gereihte Zeichen, die unser Gehirn erst lesen und decodieren muß. Wir schicken Text.

Dieser Text muß in unserem Geist aber wieder ein Bild ergeben. Eine gewaltige Leistung für unser Gehirn, über die wir im Alltag nicht mehr nachdenken. Die Wörter häufig benutzter Gegenstände sind gut eingefahren und rufen sofort das passende Bild aus unserem Speicher im Gehirn ab. Wenn wir die Buchstaben B und l und e und i und s und t und i und f und t zusammenhängend vor unseren Augen sehen, dann lesen wir die Kombination dieser Buchstaben als »Bleistift«. Und sofort erscheint ein dazugehörendes passendes Bild vor unserem geistigen Auge. Der Text ist verständlich. Er ist gut zu merken.

Ganz anders bei den Buchstaben V und i und s und k und o und s und i und t und ä und t. Im Zusammenfassung gelesen ergeben diese Zeichen das Wort »Viskosität«. Unser Gehirn findet nicht sofort das passende Bild. Der Text wird schwer verständlich und ist schlecht zu merken.

Der verständliche Text kommt der Arbeitsweise unseres Gehirns entgegen. Er erleichtert die Sucharbeit nach dem passenden Bild. Ohne Bilder geht wenig, in manchen Zielgruppen geht nichts mehr. Ohne passendes Bild versteht nur das gut geschulte Gehirn etwas und auch nur bei hoher Konzentration. Werbung löst aber nur wenig Konzentration aus.

So entsteht als Lösung zwischen Buchstaben und Original-Bild der *bildhafte Text.* Er ist der eigentliche Schlüssel zur verständlichen, einfachen aber keinesfalls primitiven Werbesprache. Bildhafte Texte sind für unser Gehirn nicht nur besser verständlich. Sie sind auch besser zu merken (zu speichern) und schneller zu erinnern (abzurufen).

Ich empfehle Ihnen zu diesem Thema das Büchlein von Vera F. Birkenbihl »Stroh im Kopf? Gebrauchsanleitung fürs Gehirn« (Band 6 der GABAL-Schriftenreihe, Speyer). Sie finden dort auf etwa 90 Seiten eine einfache (und vielleicht gerade deshalb so erfolgreiche) Methode, die Arbeitsweise unseres Gehirns selbst zu erleben und künftig besser zu nutzen.

Fassen wir zusammen: Ein bildhafter Text findet schneller Zugang zu unseren grauen Zellen. Er schlägt alle weniger bildhaften Texte im Wettstreit um die Lese-Bereitschaft. Bildhafte Texte haben »Vorfahrt in unserem Gehirn«. Wie kommen wir nun zu farbigen Texten?

Die erste Chance bieten alle *konkreten Hauptwörter*. Alle Bezeichnungen und Namen konkreter Gegenstände führen schneller zu einem Bild (als die abstrakten Begriffe). Und damit dieses »Ding-Wort« tatsächlich für die gesamte Zielgruppe farbig genug ist, schreiben wir natürlich von »Dingen«, die nahezu 100 % unserer Zielgruppe kennt. Jetzt kann unser Gehirn »Ja, verstanden!« sagen, und diese Zustimmung fördert das Weiterlesen.

Damit diese »Dingwort-Methode« nicht zum primitiven Text ausartet, greifen wir ganz einfach ein bißchen tiefer in unseren Wortspeicher. Wir nehmen nicht die ganz oben liegenden, immer wieder verwendeten Wörter. Wir suchen das treffendste, nicht abgegriffene, aber dennoch sofort verständliche Wort.

Der Grund ist schnell erklärt: Häufig benutzte Wörter sind meistens »Oberbegriffe« und gelten für viele Unterbegriffe. Das ist im Alltag bequemer für unser Gehirn. Beim Geplauder setzt unser biologischer Computer möglichst wenig Energie ein. Er sucht nicht lange im Speicher, er nimmt das geläufigste Wort, das gerade noch den Sinn trifft. Das ist einfacher für ihn, energiesparender und schneller. Notfalls gibt er unserer Mimik und Gestik einige Zusatzbefehle und schon »deuten« wir mit den Händen an, was wir eigentlich mit Worten deutlicher sagen wollten. Dieses Gestikulieren klappt vielleicht im persönlichen Gespräch. Im gedruckten Dialog versagt die Gestik. Deshalb führt das ständige Verwenden abgegriffener Wörter nicht zu treffenden, bildhaften Aussagen.

Vor allem aber fehlt dem ständig gebrauchten Wort die »Farbe«. Das hängt mit dem gleichen Problem der Abnutzung zusammen. Ich versuche einmal, Ihnen dies mit den beiden Wortschatz-Arten zu erklären.

Wir alle haben einen aktiven und einen passiven Wortschatz. Zum *aktiven Wortschatz* gehören alle die Wörter, die wir selbst in der Umgangs-Sprache immer wieder benutzen. Das sind für uns deutsche Bundesbürger im Durchschnitt weniger als 1000 Wörter. Ein einzelnes Wort aus diesem aktiven Wortschatz steht also stellvertretend für viele andere Begriffe. Wenn das so ist, dann zeichnet dieses Wort aus dem aktiven Wortschatz ungenau. Wir nennen es deshalb auch den Grauwert im Text. Graue Töne kennen Sie auch von den schwarz/weiß Fotos. Auch dort steht der Grauwert für irgendwelche Farben. Sie erinnern sich noch an eine Regel: Schwarz/weiß Bilder werden erst nach den Farbbildern angeschaut. Also Farbe dominiert. Und das gilt auch für Ihren Text. Besonders wenn er unaufgefordert beim Empfänger eintrifft. Durch Farbe entsteht schneller ein Bild vor dem menschlichen Gehirn. Bilder führen zum schnelleren

Verständnis. Etwas verstehen ist ein Erfolgs-Erlebnis und bewirkt das WEITER-LESEN.

Wir alle besitzen auch einen *passiven Wortschatz*. Das sind alle jene Wörter, die wir selbst sehr selten oder nie benutzen, aber die wir alle sofort verstehen. Dieser Wortschatz umfaßt bei durchschnittlichem Bildungsgrad (Mittlere Reife) mehr als 10 000 Wörter. Ein einzelnes Wort aus dieser Gruppe zeichnet deshalb besser. Der passive Wortschatz ist deshalb auch die »Farbe« im Text. Es sind die treffenden, konkreten Begriffe, die keinen Zweifel an der Bedeutung aufkommen lassen.

Nehmen Sie ein Beispiel: Das Wort »stehen« gehört z. B. zu unserem aktiven Wortschatz. Überall »steht« irgendetwas (in der täglichen Umgangssprache). Hier *steht* ein Baum, dort *steht* ein Kirchturm, draußen *steht* ein Auto, drüben *steht* eine Kerze usw. Das Wörtchen »steht« zeichnet schlecht und gibt kein Bild. Nun tauschen wir das Zeitwort »steht« gegen solche aus dem passiven Wortschatz aus und schon klingt der Text anders. Jetzt *wächst* hier ein Baum, dort *ragt* ein Kirchturm in die Höhe, draußen *parkt* ein Auto, drüben *flackert* eine Kerze usw. Das Bild wird deutlicher. Unser Gehirn versteht die Information besser, »sieht« ein Bild und will WEITERLESEN.

Der passive Wortschatz hat aber auch eine negative Seite: Wörter aus diesem Speicher sind nicht nur treffender, sie werden auch langsamer und betont gelesen. Das bringt Probleme in der Direktwerbe-Sprache mit sich. Wir brauchen sehr viel Text für einen schriftlichen Dialog, viel mehr als für eine klassische Image-Anzeige, bestehend aus einem Bild, einer Headline und einem Textblock. Direktwerbe-Sprache verkraftet deshalb nur selten ein Übergewicht imposanter und bildhafter, aber insgesamt langsamer zu lesender Wörter.

Tatsächlich gehen unsere Erfolgsquoten zurück, wenn wir ausschließlich schmückende, bildhafte und auserlesene Wörter in des Dichters geschliffenem Deutsch präsentieren. Diese Sprache eignet sich vielleicht als Einweg-Botschaft für klassische Werbeziele. Für den schriftlichen *Dialog* ist sie unbrauchbar. Lassen Sie sich in diesem Punkt in der Diskussion nicht auf Meinungen ein. Überzeugen Sie sich selbst. Testen Sie zwei Sprach-Versionen mit je 3000 Adressen. Die Reaktionsquote spricht ein unerbittliches Urteil, das schon so manchen Dichter unter den Werbetextern im Direkt-Marketing enttäuscht hat.

Die Ursache für dieses Verhalten unserer Leser finden Sie selbst. Denken Sie einfach wieder an das persönliche Verkaufsgespräch. Sie finden auch dort keine Dichter unter den erfolgreichsten Verkäufern. Dichter und Verkäufer verkörpern zwei völlig verschiedene Welten für unseren Leser. Wer aus freien Stücken zur Dichtung greift, wer sie liest oder tief versunken ihren Worten lauscht, der denkt nicht an materielle Vorteile. Er bewundert den Dichter, und er akzeptiert dessen alles überragenden Genius.

Drehen Sie die Situation um, und schon verstehen Sie es besser: Wer Einkaufs-Vorteile sucht, der wartet nicht auf die bewundernswerte Sprache eines großen

Geistes. Er selbst ist der »König«. Er ist der »Kunde«. Der König wird unsicher, wenn ihm sein Diener in Sprache, Gewandtheit und Ausstrahlung meilenweit überlegen ist, besonders dann, wenn dieser Diener seine überragende Größe mit jedem Satz beweist.

Nach diesem kleinen Ausflug in die Psychologie der Sprache wieder zurück zu den griffigen Regeln für Ihre tägliche Praxis. Als Ergebnis der vorangegangenen Gedanken gilt für Sie und Ihr Direktwerbe-Deutsch: *So flüssig wie möglich und so treffend wie nötig!*

Geben Sie dem aktiven Wortschatz genügend Raum im Satzgefüge. Aber colorieren Sie möglichst viele Sätze mit einem einzigen Wort aus dem besser zeichnenden passiven Wortschatz. Das ist genug für die meisten Zielgruppen und reicht für nahezu alle Produkte. Nur wenige Ausnahmen wie Kosmetik, Mode, Urlaub usw. verkraften der bildhaften Worte etwas mehr. Als äußerste obere Grenze merken Sie sich: Maximal 1/3 aller Wörter nehmen Sie aus dem passiven, selten gebrauchten und deshalb nicht abgenützten Speicher. Wer mehr benutzt, schreibt für sich selbst. Er schreibt einen Monolog und keinen Dialog. Er findet vielleicht viele Bewunderer seiner Sprache, aber wenig Käufer für seine Produkte.

Wir gehen in unseren Texter-Kursen einen einfachen Weg, der auch für Sie sofort anwendbar ist: Unterstreichen Sie einmal in Ihrem Rohtext alle Wörter, die Sie im Gespräch *betonen* würden. In jedem Satz müßten Sie ein solches Wort finden. Dieses Wort sollten jetzt auch Ihre Brief-Empfänger beim Lesen betonen. Also müßte es ein farbiges, treffendes Wort aus dem passiven Wortschatz sein. Falls Ihnen das zu betonende Wort zu einfach, zu alltäglich und deshalb zu farblos klingt, ersetzen Sie es. Denken Sie an unser Beispiel parken, wachsen, flackern, emporragen, anstelle von »stehen«.

Nehmen wir ein anderes Beispiel: Das Wort GEHEN ist ebenfalls aktiver Wortschatz und deshalb abgegriffen und wenig zeichnend. Falls Sie mehr Farbe und Betonung brauchen, dann wählen Sie unter: rennen, laufen, wandern, schlendern, schlurfen, tippeln, hüpfen, marschieren, traben, stelzen, stromern usw.

Wir haben schon in einem früheren Kapitel über das Synonym-Wörterbuch gesprochen. Verwenden Sie einfach dieses Handwerkszeug auch zum Suchen und Finden der bildhafteren und treffenderen Wörter aus dem passiven Wortschatz.

Es gibt noch viele Erkenntnisse zum Thema Texten. Doch für Ihre ersten Schritte im schriftlichen Verkaufsgespräch haben Sie nun mehr als genug gelernt. Ersparen Sie sich vorerst die weiteren Feinheiten. Wenn Sie das bisher Behandelte anwenden, schreiben Sie ohnehin bessere Texte, als heute im Durchschnitt bei der Bundespost aufgeliefert werden. Das liegt nicht immer am Wissen und Können der Briefschreiber. Eine sehr häufige Ursache für schwer lesbare Texte ist die fehlende Zeit. Das Suchen nach einfachen, verständlichen Wörtern braucht eben Zeit und auch etwas Ruhe. Beides ist heute Mangelware in der Hektik des Büro-

Alltags. Der Setzer wartet manchmal schon auf das Manuskript, noch bevor es geschrieben ist! Für ein flüchtiges Lesen und Korrigieren reicht vielleicht die Zeit noch aus. Aber das heißt nicht Redigieren in unserem Sinne. Deshalb finden Sie heute noch so viel schwer lesbare Werbepost. Denn der eingehaltene richtige Versand-Termin mit einem schwachen Text bringt meistens mehr Umsatz als ein falscher Termin mit ausgezeichneten Texten. Denken Sie z. B. an die Einladungen zu einem Seminar. Der Faktor »rechtzeitig eingeladen« übertrifft in seiner Verstärker-Wirkung weit den möglichen Filter eines schwachen Textes!

J. So kontrollieren Sie Ihren Erfolg

Fassen wir zusammen, was Sie bisher für Ihr eigenes Package getan haben: Das Ablauf-Schema Ihrer gesamten Kampagne steht. Sie kennen den jeweiligen Pakkage-Inhalt mit Brief, Antwortkarte und Beilagen. Sie haben die Zielgruppe bestimmt und die Adressen selektiert. Sie kennen die unausgesprochenen Leserfragen zu Ihrem Angebot. Sie sehen die Vorteile Ihres Produktes mit den Augen Ihrer Leser und haben diese Vorteile in Bild-Ideen und Headlines umgesetzt. Sie bieten Ihren Lesern also Kurz-Antworten auf deren unausgesprochene Fragen. Und Sie plazieren diese Kurz-Antworten auf Ihren Package-Teilen entlang der besprochenen Lesekurven. Daraus entstanden die »Dialog-Skizzen« für Ihre Werbemittel mit erkennbaren Bildern, Original-Headlines und Unterstreichungen. Die Textblöcke haben Sie auf Ihren Skizzen mit Strichlinien angedeutet. Das Textmanuskript liegt inzwischen als redigierter Reintext vor.

Beides, die Skizze und das Textmanuskript, dient zur Herstellung der Druckvorlagen. Jetzt beginnt die Arbeit des Fotografen, des Grafikers und des Setzers. Aus der Skizze entsteht ein Layout und danach die Reinzeichnung für die Repro-Abteilung Ihrer Druckerei.

Über die Zusammenarbeit mit diesen externen Dienstleistern haben wir im ersten Teil des Buches bereits gesprochen. Vor allem über die Adressen-Verlage, die Direktwerbe-Unternehmen und Lettershops. Sie nehmen Ihnen diese Arbeiten ab, auch das Postaufliefern zum günstigen Massendrucksachen-Tarif.

Doch ein paar wichtige Schritte bleiben auch jetzt in Ihrer eigenen Regie. Über diese Arbeiten gebe ich Ihnen in diesem Abschnitt noch einige Tips.

131. Das Timing für den Postversand

Wann ist der günstigste Zeitpunkt für den Versand der Werbepost? Hängt die Reaktionsquote vom Timing ab? Diese Fragen werden praktisch in jedem Seminar gestellt und auch nahezu gleichlautend von direktwerbe-erfahrenen Teilnehmern beantwortet.

Natürlich gibt es saison-abhängige Termine. Doch sie gelten nur für ganz bestimmte Branchen und sind deshalb keine allgemein gültige Regel. Daneben zeigen sich aber auch branchen-*unabhängige* Ergebnisse, an denen Sie sich orientieren können.

Zunächst einmal gilt: Die Reaktionsquote kennt kein totales Sommerloch in dem häufig vermuteten oder prophezeiten Ausmaß. Die *Durchschnitts-Quote* der wichtigsten Branchen zeigt auch in den Monaten Juli und August Werte, die erfolgreiches Direkt-Marketing erlauben, besonders wenn Sie die regional unterschiedlichen Ferien-Termine beachten. Am besten, Sie überzeugen sich einmal selbst durch eine Test-Aussendung im Sommer. Der »Werbe-Stop« der anderen und die dadurch *frei werdende* Lese-Bereitschaft kommt Ihrem eigenen schriftlichen Verkaufsgespräch entgegen. Diese Erfahrung machen wir besonders bei privaten Empfängern. Aber auch im gewerblichen Bereich bleiben die Qouten im angeblichen Sommerloch erfreulich hoch. Nur etwa in der Woche vor den großen Ferien-Terminen scheint bei gewerblichen Empfängern etwas mehr »verloren« zu gehen. Wahrscheinlich sind der Zeitdruck und die noch zu erledigenden Arbeiten schuld an der verminderten Lese-Bereitschaft zu diesem Zeitpunkt.

Betrachten wir die Reaktionsquoten im gesamten Jahresverlauf, dann zeigt sich folgendes Bild im Durchschnitt der wichtigsten Branchen: Am Jahres-Anfang sehr hohe Reaktions-Bereitschaft, dann etwas Absinken bis hin zur Jahresmitte, neues Hoch wieder im Herbst und starkes Absinken ab Mitte Dezember. Einzelne Branchen laufen diesem Zyklus genau entgegen (z. B. steuerbegünstigte Anlagen zum Jahres-Ende.)

Wenn Sie 12 Monate lang ein eigenes nahezu unverändertes Mailing an dieselbe Zielgruppe einsetzen, dann erhalten Sie die für Sie zutreffende Jahres-Kurve. Aus diesem Kurven-Verlauf lesen Sie dann z. B. ab: Ein gutes Test-Ergebnis im Januar/Februar bringt einen »natürlichen Schwund«, wenn die Haupt-Aussendung erst im Mai/Juni zur Post geht. Und ein Test im Mai/Juni bringt einen »natürlichen Zuwachs« im September/Oktober.

Noch ein Wort zu den einzelnen Wochentagen. Zielen Sie bei privaten Empfängern, wenn möglich, lieber auf den Zeitraum Wochenmitte bis -ende. Die herannahende vermehrte Freizeit scheint die Lese-Bereitschaft zu verstärken. Nutzen Sie deshalb bei diesen privaten Empfängern auch Wochen mit Feiertagen. Auch die zusätzlich gewonnene Freizeit scheint die Lese-Freudigkeit zu erhöhen.

Genau umgekehrt verhalten Sie sich bei gewerblichen Empfängern. Vermeiden Sie in diesen Zielgruppen das zu nahe Wochenende. Am Freitag und am Montag bleibt offenbar nicht viel Lese-Bereitschaft für unvorhergesehene Werbung. Das gleiche gilt für Wochen mit Feiertagen. Die Arbeitszeit ist verkürzt, aber nicht immer die Arbeitsmenge. Und so bleibt das Unwichtigste meist unerledigt. »Werbung« lesen gehört nicht zu den wichtigsten Aufgaben.

132. Die Arbeiten zur Erfolgskontrolle

Nach der Postauflieferung beginnt die interessanteste Zeit für jeden Direktwerber. Mit jedem Tag steigt die Spannung. Wieviel Reaktionen werden kommen? Wann werden die Kosten gedeckt sein? Wieviel Gewinn werden wir erzielen?

Wir haben am Anfang dieses Buches über den sogenannten »Break-even-point« gesprochen. Ich zeigte Ihnen eine Formel und einen einfachen Weg, diesen »Kostendeckungspunkt« zu berechnen. Genauso gehen wir auch bei unserer konkreten Aktion vor. Wir berechnen den BEP aus den Werbekosten und dem Deckungsbeitrag.

$$BEP = \frac{\text{Werbekosten pro 100 Briefe}}{\text{Deckungsbeitrag pro Bestellung}} \, [\%]$$

Die genauen Erklärungen zu dieser Formel finden Sie im früheren Kapitel über den Break-even-point. In Ihrem konkreten Fall ergibt diese Rechnung einen Wert, der sich von 0,...% bis weit über 3% bewegen kann. Gemeint ist immer die prozentuale Mindest-Rücklaufquote, ab der die Kosten unserer Aktion gedeckt sind. Ab diesem BEP-Wert beginnt der »Erfolg«. Je niedriger der BEP, desto größer die Erfolgs-Chance. Am besten, Sie zeichnen sich ein Koordinaten-System, wie ich es Ihnen in Bild Nr. 15 gezeigt habe. Auf die waagerechte Achse nehmen Sie »Eingangs-Tage« als Maß-Einheit. Auf der senkrechten Achse notieren Sie die prozentualen Reaktionsquoten, z. B. von 0 bis 5 oder 10% oder was Sie sonst als optimale Obergrenze erwarten.

Jetzt markieren Sie Ihren errechneten BEP-Wert auf der senkrechten Achse. Von diesem Punkt ausgehend ziehen Sie eine waagerechte Linie. Das ist Ihre Kostendeckungs-Grenze, die es zu überschreiten gilt. Über dieser Linie beginnt die Gewinnzone, unter dieser Linie bleiben wir in der Verlustzone.

Als schriftlicher Verkaufsleiter werden Sie sehr bald nach Ihrer Prognose über das Ergebnis gefragt. Halten Sie sich mit Ihren Antworten zurück, solange noch keine Reaktion eingetroffen ist. Es sei denn, Sie führen eine Wiederholungs-Aktion durch, oder Sie wissen schon etwas mehr über das wahrscheinliche Ergebnis aus ähnlichen Aussendungen an dieselbe Zielgruppe.

Für Ihre genaueren Auskünfte warten Sie die Reaktion der ersten Tage ab. Am besten Sie bereiten sich eine Liste für Ihre Eingangs-Statistik vor. Ich gebe Ihnen im nächsten Kapitel ein Muster, das Sie einfach je nach Bedarf abwandeln. In diese Tabelle tragen Sie alle Werte der ersten zwei Wochen ein. Sie erinnern sich noch an das Kapitel über den Zeitpunkt der Erfolgs-Messung. Damals nannte ich Ihnen den Begriff »Halbwertszeitpunkt«. Das ist ein bestimmter Tag auf der Zeitachse. Er liegt häufig schon zwischen dem 5. und 15. Tag nach Eingang der ersten Reaktion.

Jetzt ermitteln wir diesen Tag genauer, damit Sie Ihre Prognose für das Gesamt-Ergebnis abgeben können. Von Ihrer exakten Angabe hängt schließlich auch Ihr Ansehen als Direktwerber, als »schriftlicher Verkaufsleiter« ab. Ich zeige Ihnen den Weg in den folgenden zwei Kapiteln.

133. Die Eingangs-Statistik

Wenn Sie schon bisher Direktwerbe-Aktionen durchgeführt und kontrolliert haben, besitzen Sie sicher Ihre eigenen Formblätter für die statistische Auswertung. Benutzen Sie Ihre Blätter einfach weiter oder ergänzen Sie einige Spalten.

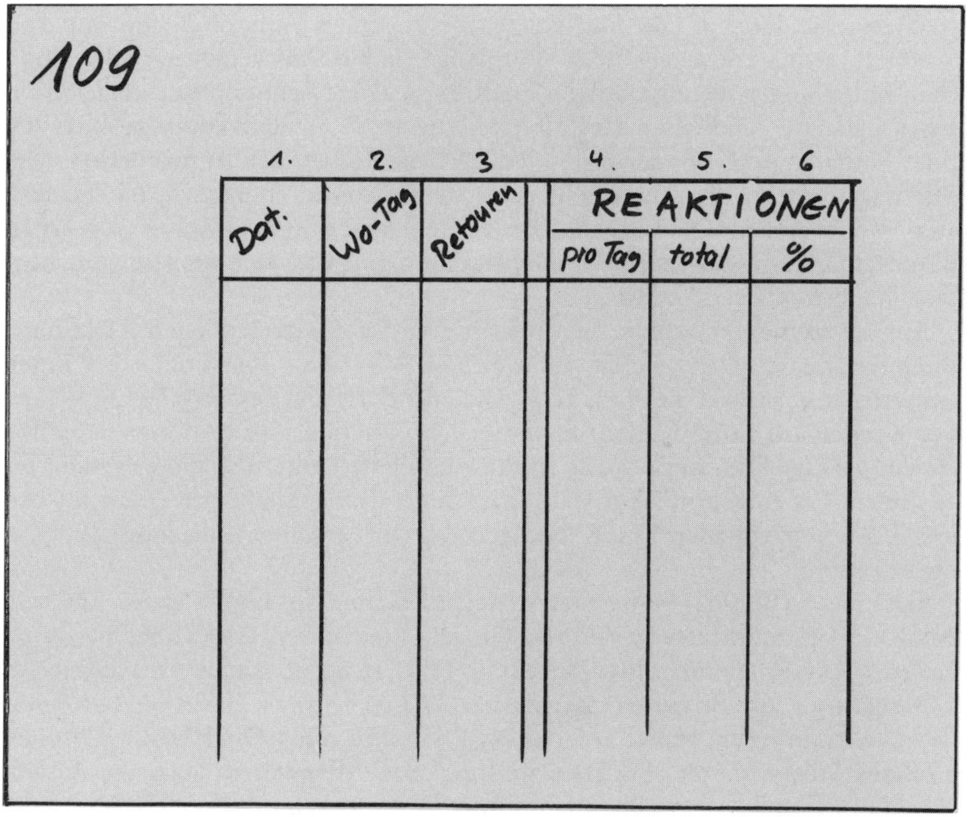

Bild 109: So ähnlich bauen Sie eine einfache Eingangs-Statistik auf. Sie brauchen diese Werte zum Berechnen des Halbwertszeitpunktes (s. Kapitel 133).

Hier ist eine auf die Minimal-Information reduzierte Form. Falls Sie mehrere Zielgruppen oder mehrere Test-Packages parallel beobachten, dann untergliedern Sie die betreffenden Spalten oder verwenden Sie eine separate Statistik für die Test-Varianten.

Ihre Eingangs-Statistik beginnt mit dem jeweiligen Datum und dem Wochentag. Diese zweite Spalte ist für spätere Kontrollen sehr sinnvoll. Der Montag z. B. ist ein atypischer Post-Eingangstag, weil er auch die Post vom Samstag und den theoretischen Eingang vom Sonntag erfaßt. Es kommt zwar am Sonntag keine Post an, aber sie ist bereits unterwegs zu Ihnen. Aufgeliefert am Freitag oder Samstag, staut sie sich am Sonntag irgendwo und trifft am Montag bei Ihnen ein. Bei gewerblichen Absendern ist dies nicht so deutlich meßbar, weil die Firmen zwei Tage lang (Samstag und Sonntag) selten Post abschicken. Bei privaten Kunden spüren Sie diesen Montags-Effekt um so mehr. Die Privat-Haushalte »arbeiten« und reagieren auch am Wochenende.

In der dritten Spalte Ihrer Statistik erfassen Sie sehr wichtige Zahlen: die unzustellbaren Sendungen. Das sind Briefe, die zu Ihnen zurückkommen mit dem Vermerk »Firma erloschen« oder »Empfänger unbekannt verzogen« oder ähnlichen Mitteilungen des zuständigen Briefträgers. Diese Retouren sind zugleich ein erstes Signal für den Beginn der Postverteilung. Im Normalfall kommen die ersten Brief-Retouren noch vor den ersten Reaktionen, also vor den Antwortkarten. Der Briefträger schickt die »Unzustellbaren« gleich zurück, er trägt sie nicht zuerst zum »verstorbenen« Adressaten. Die verstreichende Zeit zwischen der ersten Brief-Retoure und der ersten Kunden-Reaktion gibt uns wichtige Hinweise über die Chancen unserer Aktion.

Auf der rechten Seite Ihrer Statistik erfassen Sie die tatsächlichen Reaktionen Ihrer Empfänger. Ganz gleich, auf welchem Weg diese Reaktionen bei Ihnen eintreffen, ob per Post, Telefon, Telex, Btx oder durch das persönliche Erscheinen des Kunden im Einzelhandel. In der ersten Reaktions-Spalte notieren Sie die *Anzahl pro Tag*. Die zweite Spalte ist die kumulierte Reihe, also die insgesamt bis zu diesem Tag eingetroffene Anzahl. Und in der dritten Spalte berechnen Sie den jeweiligen prozentualen Wert, bezogen auf die gesamte Aussendungsmenge dieser Aktion.

Mit einer so ähnlich vorbereiteten Statistik warten Sie auf die ersten Zeichen. Noch ein Tip: Informieren Sie die Posteingangsstelle Ihres Hauses über die gerade laufende Aktion und über Ihre Ungeduld. Erklären Sie aber auch, daß Sie eigentlich zuerst auf die Brief-Retouren warten. Diesen Hinweis geben Sie besonders dann, wenn in Ihrem Hause noch wenig Erfahrungen mit Direktwerbe-Aktionen größeren Stils vorliegen. Erklären Sie Ihren Post-Mitarbeitern auch die Zusammenhänge: Es gibt keine 100 % reine Adreß-Liste wegen der 10–20 % Mobilität, also der Adressen-Änderungen pro Jahr, über die wir im Kapitel »Adressen« schon ausführlich gesprochen haben.

Wer diesen Hinweis über die erwarteten Retouren vergißt, erlebt überraschte Gesichter. Statt der angekündigten Bestellungen oder Antwortkarten legt man Ihnen (nicht ohne entsprechende Bemerkungen) die Brief-Retouren der »Verstorbenen« auf den Tisch!!

An der zeitlichen Differenz zwischen Retouren und Reaktionen erkennen Sie schon erste Trends. *Doch bitte Vorsicht,* dies sind nur Faustregeln, die im Einzelfall und besonders bei kleinen Auflagen zu völlig anderen Zahlen führen können.

a) Erste Briefretouren *einen Tag vor* den ersten Reaktionen: Es handelt sich wahrscheinlich um eine ganz normale, durchschnittliche Direktwerbe-Aktion. Keine Top-Ergebnisse, aber auch kein Total-Flop.

b) Erste Briefretouren *gleichzeitig* mit den ersten Reaktionen (mehr als eine!): Sie haben wahrscheinlich eine sehr gute Aktion vor sich.

c) Erste Briefretouren *einen Tag nach* den ersten Reaktionen (mehr als eine): Sie dürfen wahrscheinlich die Top-Aktion des Jahres erwarten. Blitz-Reaktionen dieser Art kommen meistens per Telefon und sind deshalb schneller als die am selben Zustell-Tag vom Briefträger zurückgeschickten Retouren.

d) An den ersten 2–3 Tagen nur Brief-Retouren und keine Reaktion: Sie haben eine sehr geringe Reaktionsquote zu erwarten. Je mehr Tage ohne Reaktion verstreichen, desto wahrscheinlicher endet diese Aktion als Flop.

Diese vier Faustregeln benutzen Sie bitte *nicht* zur Abgabe irgendwelcher Prognosen oder Hochrechnungen. Dazu sind diese Trends zu ungenau! Ich gab Ihnen diese Tips aus einem anderen Grund: Sie stellen Ihr Verhalten im Unternehmen auf diese Eventualitäten ein. Es hat wenig Sinn, nach drei reaktionslosen Tagen (Briefretouren sind bereits da) noch vom wahrscheinlich großen Erfolg zu reden. Das schadet Ihrem eigenen Image und Ihrem Ansehen als Direktmarketing-Fachmann oder -Fachfrau. Denn aus den drei ersten Tagen werden sehr schnell drei Wochen, dann liegt die Wahrheit auf dem Tisch. Umgekehrt verhalten Sie sich sehr zuversichtlich, wenn die ersten Reaktionen vor den ersten Briefretouren eintreffen.

Alle diese ersten Trend-Meldungen führen schon ein paar Tage später zu verläßlicheren Aussagen. Auch deshalb warten Sie diese Tage ab, bevor Sie sich konkret äußern. Damit schalten Sie auch die Gefahren und Folgen eines Zufalls-Treffers aus. Solche »Irrlichter« haben schon manche voreiligen Hoffnungen zerstört. Seien Sie also besonders vorsichtig, wenn die ersten »Reaktionen pro Tag« nur eine oder zwei Antworten umfassen. Eine einzige Zufalls-Reaktion mehr verfälscht das Ergebnis sofort um 100 % oder 50 %. Achten Sie auch bei Test-Aktionen auf diese Gefahr. Alle relativ kleinen Aussendungen führen auch zu niedrigeren Anfangszahlen pro Tag. Am besten, Sie warten die Halbwertszeit ab, bevor Sie offizielle Diagnosen herausgeben. Das sind ja nur etwa 10–15 Tage nach Eingang der ersten Reaktion.

Betrachten wir ein konkretes Beispiel für die Eingangs-Statistik: Nehmen wir eine Aussendung von 10 000 Massendrucksachen. Der vorher berechnete Break-

110 BEISPIEL: AUFLAGE: 10.000
BEP: 1,2%

Dat.	Wo-Tag	Retouren	REAKTIONEN		
			pro Tag	insges.	%
3.	Di	5	—	—	—
4.	Mi	20	5	5	0,05
5.	Do	40	20	25	0,25
6.	Fr.	30	40	65	0,65
9.	Mo	15	45	110	1,10
10.	Di	5	47	157	1,57
11.	Mi	¦	43	200	2,0
12.	Do	¦	40	240	2,4
13.	Fr.	¦	35	275	2,75
¦	¦	¦	30	315	3,15
↓	↓	↓	25	340	3,4

Bild 110: Beispiel einer Eingangs-Statistik für folgende Aktion: 10 000 Stück Massendrucksache. Break-even-point = 1,2 % (s. Kapitel 133).

even-point soll bei 1,2 % liegen. Diesen Wert haben wir in unser Koordinaten-System eingetragen. Nach dem Versand beobachten wir die Eingänge. Wir setzen eine »normale« Aktion voraus und erleben dann folgendes Bild.

Am ersten Tag z. B. 5 Briefretouren, aber keine Reaktion (Normal-Fall). Insgesamt also ebenfalls 0 Reaktionen oder 0 %. Am zweiten Tag z. B. 20 Retouren und die ersten 5 Reaktionen. Also jetzt insgesamt 5 oder 0,05 % der Aussendung (10 000).

Am dritten Tag kann die Retourenzahl noch einmal ansteigen, z. B. auf 40 Stück (oder mehr, je nach eingesetzter Adreßliste und deren Reinheitsgrad). Wir haben dann insgesamt 65 oder mehr Retouren am 3. Tag. Das wäre bei 10 000 Aussendungen ebenfalls ein ganz normales Ergebnis. Immer vorausgesetzt, die Bundespost schickt Ihnen aufgrund Ihrer Versandart die unzustellbaren Sendungen zurück. Das gilt z. Zt. bei Massendrucksachen nur dann, wenn Sie die sogenannte »Vorausverfügung« (Falls unzustellbar, zurück an Absender o. ä.) auf der Anschriften-Seite vermerken. Ohne diese Vorausverfügung erhalten Sie bei Massendrucksachen zwar auch einige Retouren. Aber das sind nur die wenigen Stücke, die der Briefträger übersehen hat. Sie genügen als Signal für die angelaufene Verteilung, aber sie erlauben keinen genauen Rückschluß auf den Zustand der Adreßliste.

An unserem dritten Tag sollen die Reaktionen in unserem Beispiel vierfach ansteigen. Also notieren wir 20 Antworten pro Tag und damit 25 insgesamt oder 0,25 %.

Am vierten Tag nehmen wir als Beispiel die doppelte Reaktionszahl. Das sind 40 Antworten pro Tag, 65 insgesamt oder 0,65 %.

Am fünften Tag könnte in unserem Fall der Tageswert nochmals ansteigen z. B. auf 45 Reaktionen, damit auf 110 insgesamt oder 1,1 %. Jetzt kommen wir schon sehr nahe an den Break-even-point, den wir mit 1,2 % im voraus errechnet haben.

Am sechsten Tag steigt vielleicht in unserem Beispiel der Tageswert noch einmal an, sagen wir auf 47 Reaktionen pro Tag. Danach sollen die Tageswerte wieder langsam sinken, z. B. 43, 40, 35, 30, 25 usw.

Auf diese Weise ergeben sich in der Spalte »Reaktionen insgesamt« die Werte 157 am sechsten Tag. Danach 200, 240, 275, 315, 340 an den folgenden Tagen. Die prozentualen Werte heißen dann 1,57 % am sechsten Tag (Der BEP ist bereits überschritten!), danach 2,0 %, 2,4 %, 2,75 %, 3,15 %, 3,4 % an den folgenden Tagen.

Das obige Beispiel kann in Ihrem Fall auch völlig anders aussehen. Unabhängig vom Verlauf der Ergebnisse notieren Sie täglich alle Werte, zumindest während der ersten zwei Wochen. Dann haben Sie höchstwahrscheinlich den gesuchten Halbwertszeitpunkt überschritten, und Sie können wieder etwas großzügiger kontrollieren.

Achten Sie allerdings auf die gleichzeitige Post-Auflieferung Ihrer Aktion.

Denn die nachfolgende Methode für das Hochrechnen trifft nur zu, wenn die zu berechnende Gesamtmenge am selben Tag bei Ihrem Postamt aufgeliefert wurde. Anderenfalls brauchen wir noch zusätzliche Verfahren, um die sich überlagernden Werte aus verschiedenen Versandterminen richtig zu deuten.

134. Ermitteln der Halbwertszeit

Bisher haben wir zur Erfolgskontrolle zwei Vorarbeiten erfüllt: Das Koordinaten-System mit dem Break-even-point liegt bereit und wartet auf die einzutragenden Ergebnisse. Die Eingangs-Statistik ist erstellt und wird täglich fortgeschrieben.

Die vorletzte Spalte, also die »Reaktionen insgesamt«, übertragen wir jetzt in das Koordinaten-System. Jeder Posteingangstag (waagerechte Achse) bekommt seinen Reaktions-Wert (senkrechte Achse). Die so entstehenden Punkte verbinden wir zu einer Kurve. In unserem Beispiel (aus dem letzten Kapitel) überschrei-

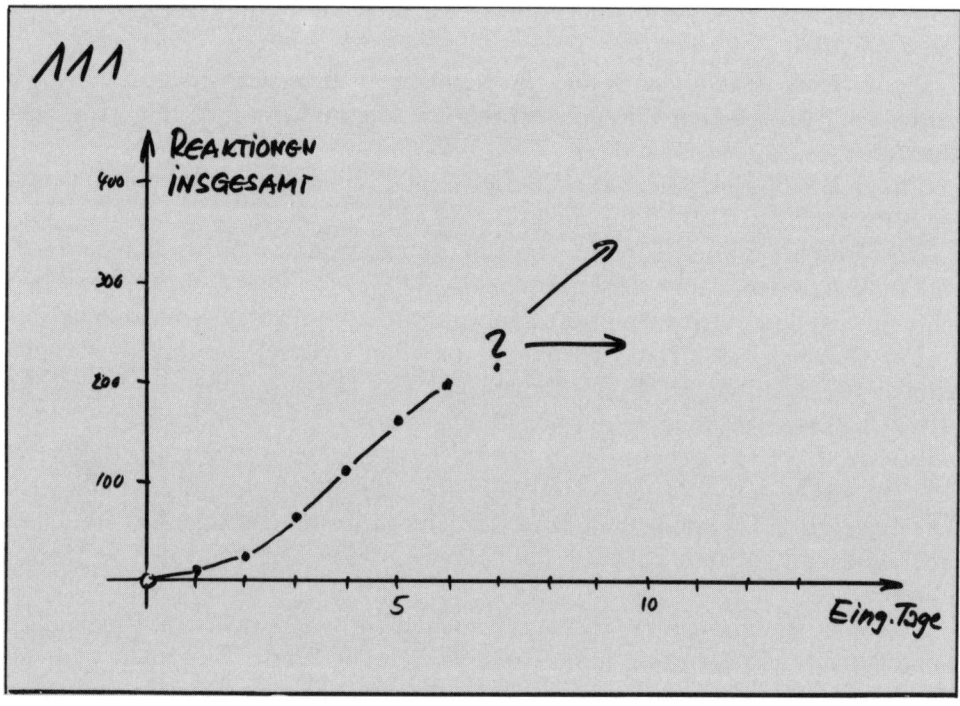

Bild 111: Die insgesamt eingegangenen Reaktionen unseres Beispiels ergeben die obige Kurve. Nach den ersten Tagen erwarten Sie eine Prognose für den weiteren Verlauf. Für diese Hochrechnung zeichnen Sie sich zusätzlich die Tages-Kurve (s. Kapitel 134).

tet die Kurve zwischen dem 5. und 6. Tag die BEP-Linie der Kostendeckung. Damit haben Sie mit Ihrem schriftlichen Verkaufsgespräch das erste Ziel erreicht. Ihre Aktion trägt sich selbst. Genau wie ein selbständiger Verkäufer im Außendienst, der seine Kosten durch seine Provision (einkalkuliert im Verkaufspreis) selbst erwirtschaftet.

Jetzt kommt die nächste Frage an Sie heran. Ihr Unternehmen will sehr früh wissen, wie weit die Erfolgsquote in den nächsten Wochen und Monaten noch ansteigen wird. Von Ihrer Antwort hängen eine ganze Reihe von Konsequenzen ab. Soll der Lagerbestand erhöht werden, reicht unsere Produktionskapazität aus, müssen wir Ware hinzukaufen, läßt sich die Aktion wiederholen oder fortsetzen? Alle diese Fragen warten auf Ihre Prognose über den weiteren Reaktions-Verlauf.

Deshalb zeichnen Sie sich jetzt eine zweite Kurve zur Bestimmung des Halbwertszeitpunktes. Diese Methode gehört zu Ihrem künftigen Handwerkszeug als Direktmarketing-Spezialist. Sie gilt übrigens nicht nur für Mailings. In etwas abgewandelter Form trifft sie auch auf die anderen Instrumente des Direkt-Marketing zu.

Den Halbwertszeitpunkt finden Sie am leichtesten über die Tages-Eingangskurve. Zeichnen Sie sich wieder ein Koordinaten-System. Auf der waagerechten Achse erscheinen die Post-Eingangstage wie gehabt. Auf der senkrechten Achse nehmen wir die »Reaktionen pro Tag« als Maßstab. Also in unserem Beispiel aus dem letzten Kapitel eine Skala von 0 bis 100 (R/Tg).

Jetzt übertragen Sie ganz einfach die Werte aus der ersten Spalte Ihrer Eingangs-Statistik, die Reaktionen pro Tag, in dieses Koordinaten-System. Jedem Tag ordnen Sie wieder den entsprechenden Reaktionswert zu. Daraus entsteht jetzt ein ganz anderer Kurvenverlauf. Die Tageskurve zeigt einen steilen Anstieg während der ersten Tage, dann erscheint ein Maximum (ein höchster Tageswert) und danach folgt ein sehr langsamer Abstieg, der sich in einem relativ flachen Auslauf der Null-Linie nähert.

Sie finden jetzt den Halbwertszeitpunkt, wenn Sie sich folgende Praxis-Regel merken: Immer dann, wenn diese Tages-Kurve ihr Maximum (ihren höchsten Punkt) um 1–2 Tage überschritten hat, dann haben Sie den Halbwertszeitpunkt erreicht.

Sie beobachten also nur die Tageskurve. Solange sie noch ansteigt, freuen Sie sich. Der Halbwertszeitpunkt ist dann noch lange nicht erreicht. Nach dem Tages-Höhepunkt warten Sie noch ein paar Tage, ob es tatsächlich keinen weiteren Anstieg mehr gibt. Wenn jetzt die Kurve stetig fällt, dann sind Sie überzeugt: 1–2 Tage nach dem Maximum war die Hälfte des insgesamt zu erwartenden Ergebnisses erreicht.

Diese Regel stimmt unabhängig davon, wann das Maximum eintritt. Es gibt Kurven mit einem sehr schnellen Anstieg, sie zeigen aber auch einen sehr schnellen Abstieg. Also auch hier stimmt diese Regel. Kurven mit einem ausgeprägt

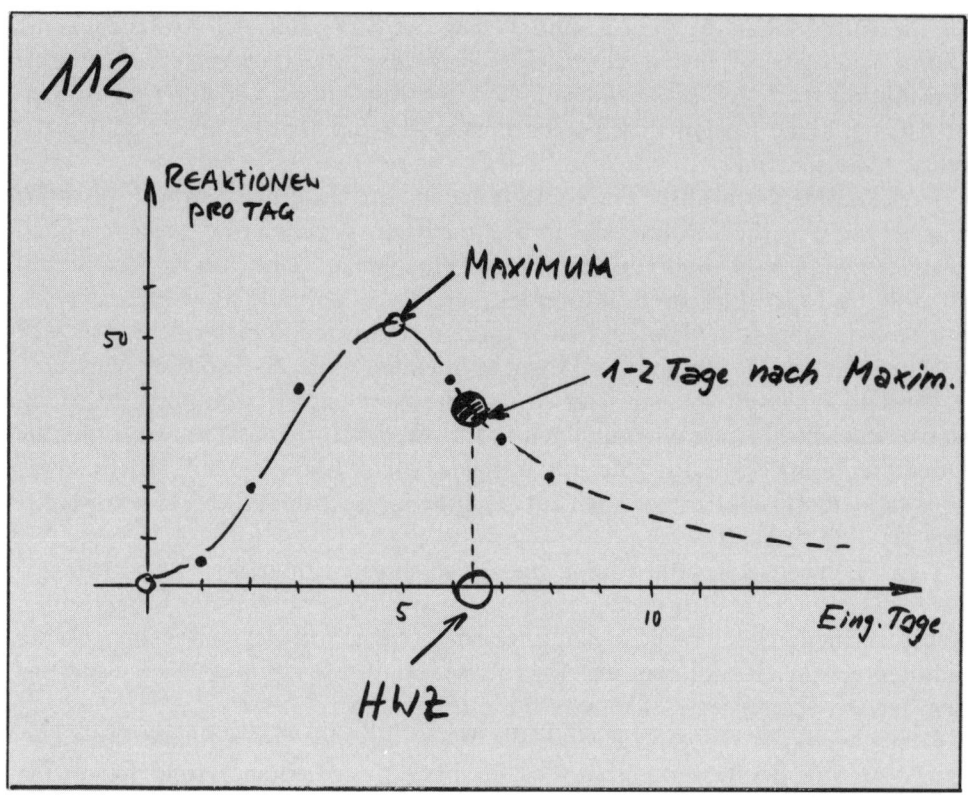

Bild 112: In der Tages-Kurve finden Sie den Halbwertszeitpunkt. Er liegt 1–2 Tage nach dem Maximum (s. Kapitel 134).

langsamen Anstieg zeigen auch einen noch langsameren Abstieg. Auch hier ist der Halbwertszeitpunkt etwa 1–2 Tage nach dem Maximum erreicht.

Zum besseren Erinnern merken Sie sich diese Regel einfach so: Die Tageskurve verläuft asymmetrisch. Zum Halbwertszeitpunkt (HWZ) muß die linke Kurvenfläche genauso groß sein wie die noch kommende recht Fläche (I muß gleich groß II sein). Dieser Punkt tritt bei Kurven dieser Art erst 1–2 Tage *nach* dem Maximum ein. Je schneller das Maximum erreicht ist, desto mehr neigt sich der HWZ, dem Wert »1 Tag nach Maximum«. Je später das Maximum eintritt, desto mehr liegt der HWZ bei 2 Tagen.

Sollte einmal Ihre Tageseingangskurve kein eindeutiges Maximum, sondern zwei gleich hohe Spitzen zeigen, dann zeichnen Sie eine theoretische Spitze zwischen die beiden höchsten Punkte. Verlängern Sie einfach die beiden äußeren

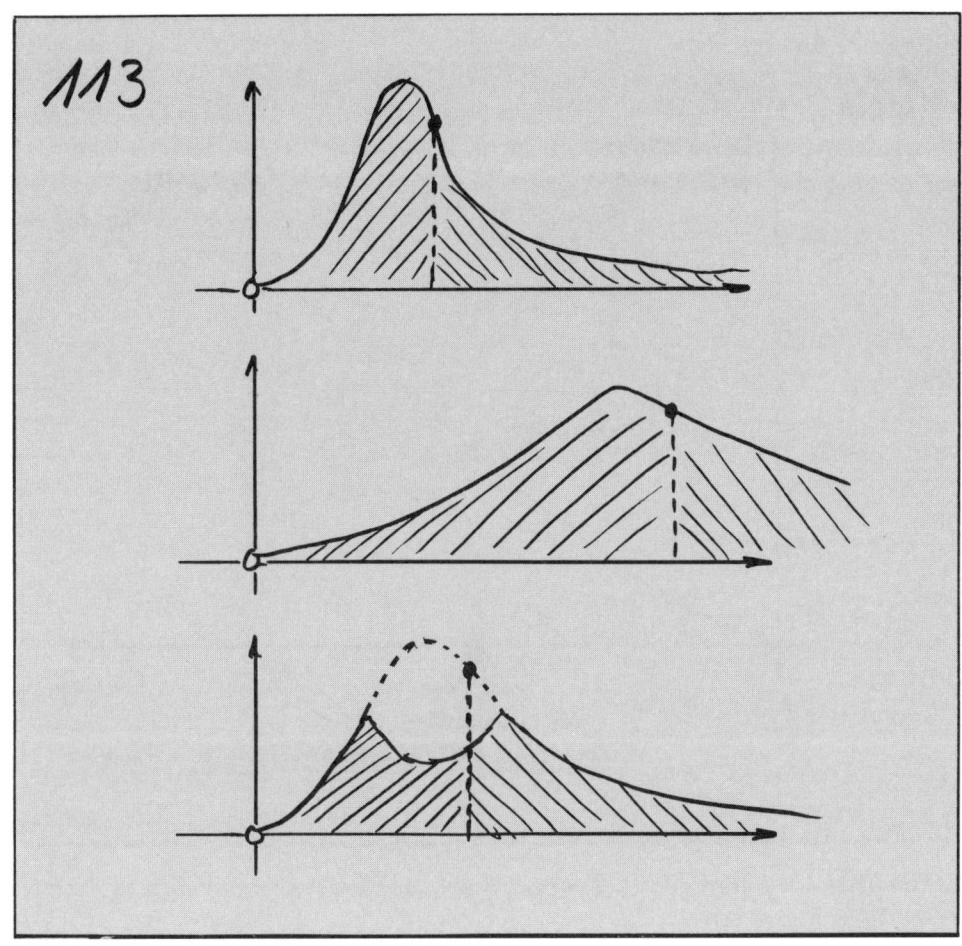

Bild 113: Die Praxis-Regel zur Ermittlung des Halbwertszeitpunktes stimmt unabhängig davon, wann das Maximum eintritt (s. Kapitel 134).

Kurventeile, dann kommen Sie zu diesem theoretischen Maximum. Diesen Wert nehmen Sie dann als Ausgangspunkt zum Ermitteln der Halbwertszeit. 1–2 Tage nach diesem theoretischen Maximum haben Sie die Hälfte aller insgesamt eingehenden Reaktionen erreicht.

Jetzt erstellen Sie Ihre Prognose auf das Endergebnis. Fragen Sie zum Halbwertszeitpunkt, wieviel Reaktionen insgesamt eingetroffen sind. Diesen Wert finden Sie in Ihrer Eingangsstatistik und im Kurvenbild der insgesamt eingegangenen Reaktionen.

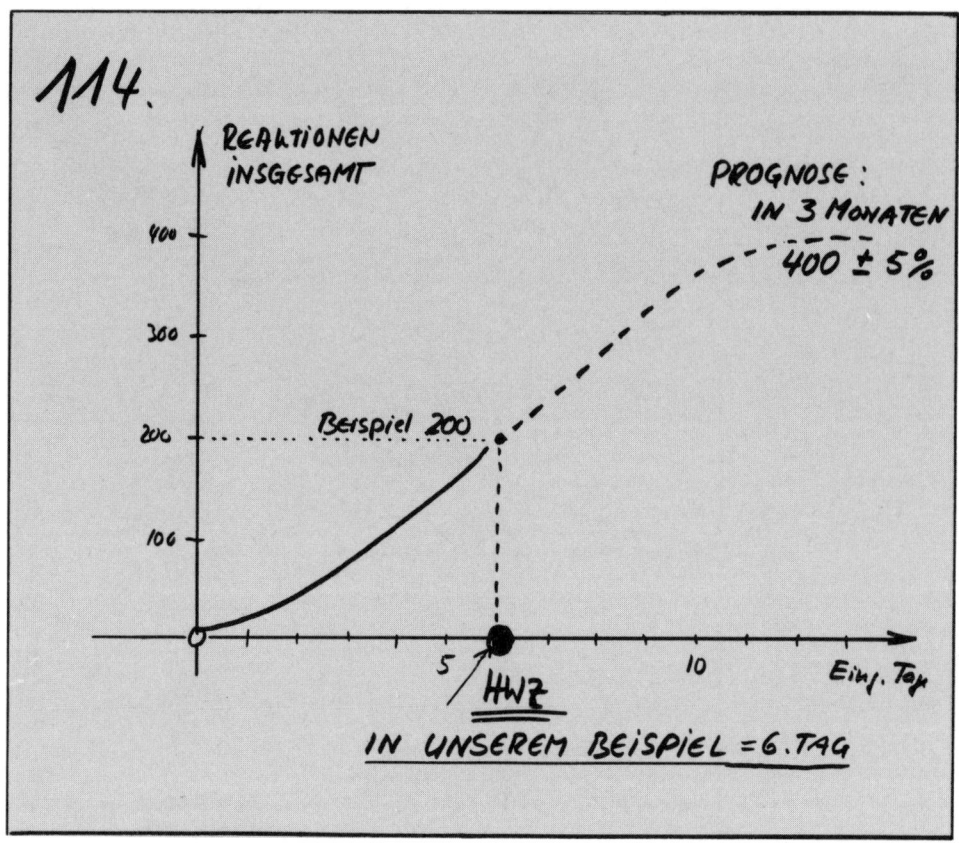

Bild 114: Nach dem Erreichen des Halbwertszeitpunktes sagen Sie den weiteren Verlauf der Reaktionen voraus (s. Kapitel 134).

Sollten Sie also zum Halbwertszeitpunkt z. B. insgesamt 200 Reaktionen erhalten haben, dann verdoppeln Sie diesen Wert, und Sie erhalten das ungefähre Endergebnis Ihrer Aktion.

Dieser verdoppelte Wert schwankt durchschnittlich etwa um ± 5 %. Bei 200 Reaktionen zum Halbwertszeitpunkt sagen Sie also folgendes Gesamt-Ergebnis vorher: 200 x 2 = 400 ± 5 % = *380 – 420* Reaktionen.

Diese Praxis-Regel prüfen Sie möglichst bald nach. Sie finden vielleicht in Ihrem Archiv noch die Eingangszahlen einer früheren Aktion, die längst gelaufen ist und deshalb ihren Endwert erreicht hat. Suchen Sie nach unserer Methode jetzt den Wert »1–2 Tage nach dem höchsten Tages-Eingang«. Dieser Wert muß dann etwa die Hälfte des späteren Gesamtergebnisses sein.

Wann immer Sie also nach Ihrer Prognose über den weiteren Verlauf einer Direktwerbe-Aktion gefragt werden, lassen Sie sich zuerst die Zahlen der ersten Reaktionstage nennen. Suchen Sie dann das Maximum, gehen Sie 1–2 Tage weiter, und Sie haben den ungefähren Halbwertszeitpunkt. Dann erst erstellen Sie eine Prognose auf das in etwa drei Monaten erreichbare Ergebnis (mit einer Schwankungsbreite von ± 5 %).

135. Was tun bei schlechtem Gesamt-Ergebnis?

Jeder Direktwerber hat das schon erlebt: Der Halbwertszeitpunkt deutet einen Flop an. Selbst bei optimistischer Hochrechnung bleibt das Gesamtergebnis unterhalb des Break-even-point. Flops dieser Art sollte es eigentlich nur während der Testphase geben. Wenn wir neue Angebote, neue Zielgruppen oder neue Werbemittel erstmals einsetzen, dann tragen wir immer ein gewisses Test-Risiko. Doch wir begrenzen dieses Risiko durch die Größe der Test-Aussendung.

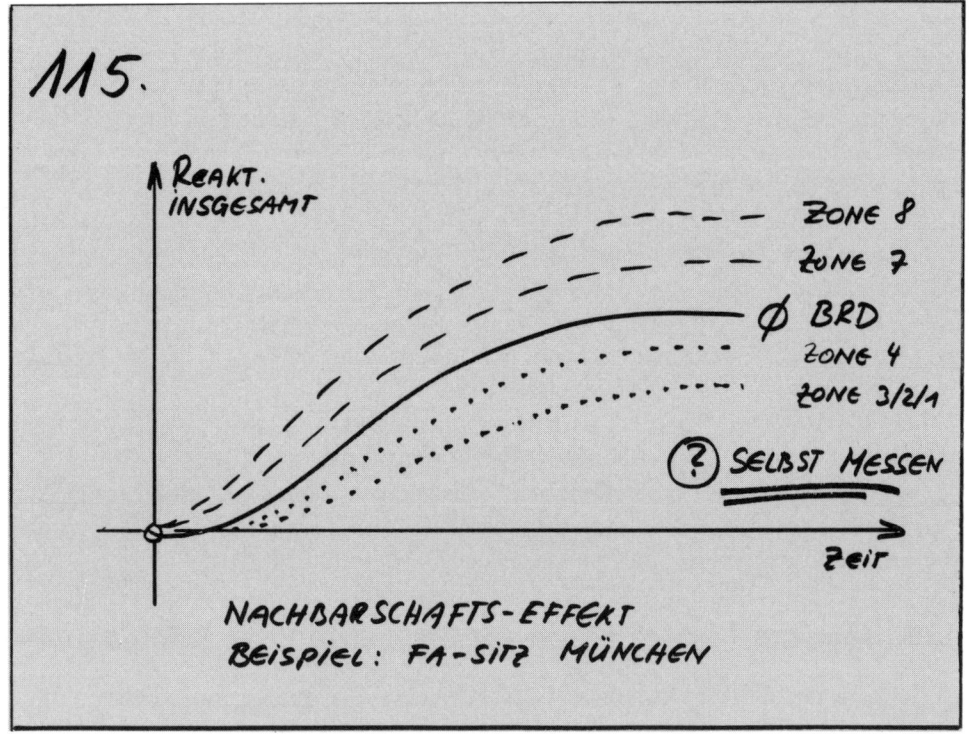

Bild 115: Je kürzer die Entfernung zwischen der Zielgruppe und dem Sitz der Firma, desto höher ist meistens auch die Erfolgsquote. (Vorsicht, stimmt nicht immer) (s. Kapitel 135).

Die Ursache des Flops suchen wir zuerst dort, wo die größten Filter oder Verstärker zu erwarten sind. Das ist nicht immer das Werbemittel. Über die Reihenfolge der Erfolgs-Ursachen haben wir zu Beginn dieses Buches gesprochen. Produkt und Zielgruppe sind weit wichtiger als die einzelnen Teile des schriftlichen Dialoges. Im Falle mehrerer Test-Aktionen finden wir die beste und schlechteste Lösung sehr schnell über die Kennziffer auf der Antwortkarte.

Tritt ein solcher Flop bei einer einzigen Hauptaussendung auf, dann ist die Suche nach erfolgreichen Teilmengen unserer Aktion erschwert. Bei nur einer Package-Variante gibt es keine Kennziffern im üblichen Sinn.

Dennoch haben wir eine Chance. Wenn das Gesamt-Ergebnis einer einzigen überregionalen Aktion unter dem BEP bleibt, dann ist noch nicht alles verloren. *Eine* Kennziffer finden wir immer: Die Postleitzahl! Und damit haben wir eine Chance, unterschiedliche Reaktionsquoten in den unterschiedlich entfernten Gebieten oder in bestimmten Postleitzahlen-Bereichen zu ermitteln.

Wir benutzen jetzt einfach die Postleitzahl zur Auswertung und erhalten neben dem Durchschnittswert für das ganze Bundesgebiet zwangsläufig auch bessere und schlechtere Werte. Wir kennen die verschickten Mengen pro Zone. Dieser Zahl stellen wir die Reaktionen aus dieser Zone gegenüber. In der grafischen Darstellung erscheinen dann einige Kurven über und andere unterhalb der Durchschnittskurve. Einige Kurven übersteigen auch unsere Linie des BEP. Und damit haben wir regionale Teile des Bundesgebietes gefunden, in denen sich unsere Aktion selbst getragen hat. Einige davon eignen sich vielleicht sogar für spätere Wiederholungs-Aktionen.

Bei dieser Auswertung entdecken Sie selbst den sogenannten »Nachbarschafts-Effekt« in der Direktwerbung: Je kürzer die räumliche Entfernung zwischen Absender und Empfänger, desto höher die wahrscheinliche Erfolgsquote. Diese Regel stimmt nicht für alle Branchen. Doch wir schätzen, daß etwa 80 % aller Anbieter diesen Effekt beobachten. Vor allem solche Firmen, deren Produkte einen besonderen Kundendienst erfordern.

Das Risiko einer neuen Aussendung vermindert sich also in der »Nachbarschaft« des eigenen Unternehmens. Wenn Ihre Firma in München sitzt, haben Sie wahrscheinlich in der Postleitzone 8 die höchste Quote und in der Zone 2 die niedrigste. Diese Grundwerte messen Sie gelegentlich einmal in Ihrer Zielgruppe. Sie erhalten dann wertvolle Hinweise für Ihre spätere Strategie.

136. Über die Testverfahren zur Steigerung der Erfolgsquote

Beim Regional-Test im letzten Kapitel war das Zielgebiet eine »Testvariante«. Die Postleitzahl diente als Kennziffer für die Erfolgskontrolle.

Es gibt natürlich noch viele Varianten, die uns gelegentlich zum Testen reizen. Angefangen vom Grundsatz-Test für das Produkt über seinen Namen, seinen

Preis, die Angebotsform, die Adresse, das Timing usw. bis hin zu den einzelnen Werbemittel-Tests wie Kuvertformen, Briefarten und Beilagen. Jeder Test-Variante geben wir dann eine Test-Kennziffer auf der Antwortkarte.

Die Test-Chance gehört genauso wie die exakte Erfolgskontrolle zu den Privilegien des Direkt-Marketing. Eine Test-Aussendung ist der sicherste und beste Weg, das wirksamste Mailing zu finden. Er ist sicherer und zuverlässiger als die Pre-Test-Verfahren, die wir heute in unseren psychologischen Testlabors einsetzen. Die tatsächlichen Reaktionen einer Zielgruppe sagen mehr als der unter Versuchs-Bedingungen gemessene Erregungszustand und der Blickverlauf einzelner Versuchspersonen.

Doch jede Test-Aussendung kostet Geld, und das zeigt schon eine der Grenzen für Test-Serien an. Man kann zwar alles testen, aber man kann sich auch »tot-testen«.

Es gibt noch eine zweite Sackgasse: Testen kostet Adressen! Pro Test-Variante planen Sie zwischen 2000 und maximal 10 000 Adressen. Im Durchschnitt etwa 3–5000. Das bedeutet, für 10 Test-Varianten brauchen Sie 10 x 3000 = 30 000 Adressen. Im Bereich gewerblicher Direktwerbung ist das häufig mehr, als die

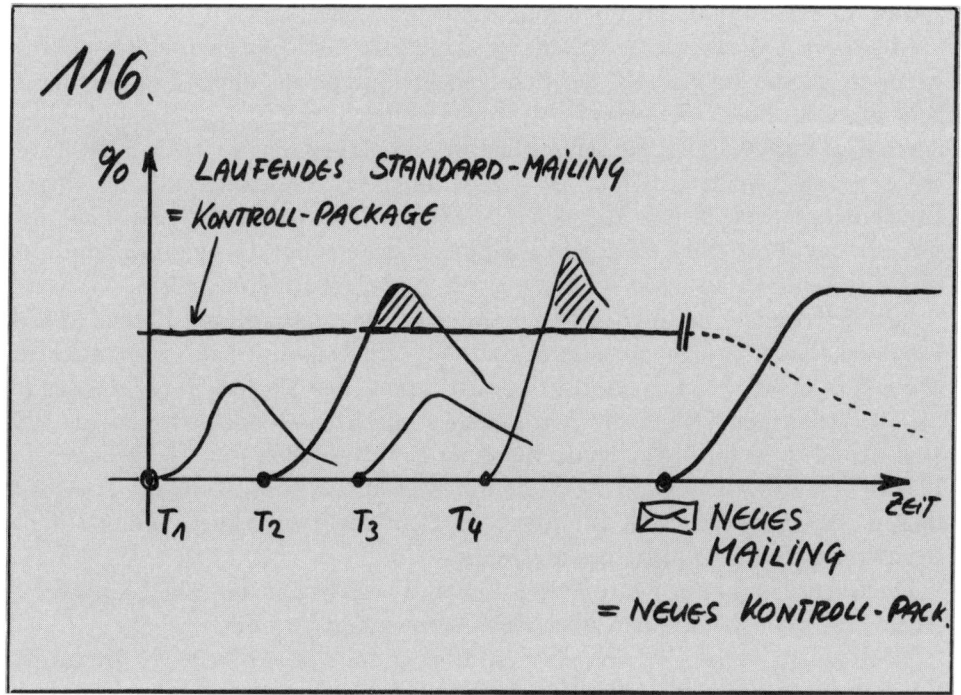

Bild 116: Parallel zum laufenden Standard-Package testen Sie gelegentlich neue Varianten des Produktes, der Angebotsform, der Zielgruppe und der wichtigsten Package-Verstärker (s. Kap. 136).

gesamte Zielgruppe umfaßt. Wie also wollen Sie 10 Varianten per Aussendung testen?

Testen ist also nicht immer möglich. Aber es ist auch nicht immer erforderlich. Es gibt soviele vor- und nachgetestete Elemente, die Sie sich sparen können. Die in diesem Buch besprochenen Filter und Verstärker sind solche getesteten Elemente. Bevor Sie also Feinheiten im Text oder in der Gestaltung mit je 3000 Adressen testen, konzentrieren Sie sich auf die schon besprochenen viel wichtigeren *Vor*-Verstärker. Diese Tests sind ergiebiger und bieten große Chancen für ein besseres Gesamtergebnis.

Deshalb konzentrieren Sie sich vor allem auf Produkt- und Angebots-Tests. Die gleichen Chancen (aber viel einfacher zu handhaben) bieten Adressen-Tests. Sollten Sie tatsächlich einmal Werbemittel-Tests planen, dann nehmen Sie sich die größten Filter oder Verstärker vor, also die Konzeption (ein- oder mehrstufige Mailings) oder den Package-Inhalt (viel oder wenig) oder das Reaktions-Ziel (Vertreter, Information, Bestellungen usw.) oder die wichtigsten Kurz-Antworten (Bilder, Headlines, Unterstreichungen).

Testen Sie aber diese Elemente nur, wenn noch genügend Adressen für die spätere Hauptauflage übrigbleiben. Ansonsten planen und gestalten Sie Ihre Aktion mit den in diesem Buch beschriebenen Verstärkern.

Mit *einem* Test allerdings haben Sie ständig zu tun. Mit dem Adressen-Test, wenn es um die Suche nach der richtigen Zielgruppe aus dem Gesamtmarkt Z0 geht. Ihr Adressen-Verlag empfiehlt Ihnen vielleicht mehrere Listen und schlägt einen Test vor. Nehmen Sie seinen Rat an und planen Sie die ca. 2–5000 Adressen pro Liste, wenn möglich, als sogenannten »Querschnitts-Test«. In diesem Falle erhalten Sie z. B. jede 10., jede 50. oder jede 100. Adresse aus einer Gesamtliste. Das damit erzielte Test-Ergebnis läßt sich sicherer auf das gesamte Bundesgebiet hochrechnen als 5000 Adressen aus z. B. derselben Großstadt.

Für die jeweilige Testmenge gibt es eine einfache Praxis-Regel: Immer so viele Adressen testen, daß Sie mindestens 30–50 Test-Reaktionen pro Variante erreichen. Falls Sie ca. 1 % Erfolgsquote erwarten, brauchen Sie also 5000 Adressen für ca. 50 Reaktionen. Wenn Sie 2 % Reaktion erwarten, genügen Ihnen ca. 3000 Test-Adressen (= 60 Reaktionen). Bei einer Erwartung von nur 0,3 % planen Sie 10 000 Test-Adressen (= 30 Reaktionen). Sobald Sie weniger als 30 Test-Reaktionen erreichen, läßt sich Ihr Ergebnis nicht mehr verläßlich genug auf das Resultat der Gesamtauflage hochrechnen.

Doch darüber gibt es heute Test-Tabellen, Formeln und Vorschläge, die Sie in jedem Adressen-Katalog der führenden Adressenverlage finden.

Nach jedem Test ergibt sich etwa ein Bild, wie Sie es in Skizze Nr. 116 finden. Sie haben das Ergebnis Ihres Standard-Mailings (Kontroll-Package) und die Resultate Ihrer Test-Mailings.

Einige übertreffen die bisherigen Werte, andere bleiben unterhalb der Soll-

Linie. Nach Ende der Test-Phase optimieren wir die besten Mailings zu einem neuen Standard-Package an dem wir später wieder neue Entwürfe messen. Das ist alles leichter gesagt als getan. Für eine derartige Test-Konzeption brauchen Sie nicht nur mehr Geld. Solche Tests brauchen auch viel (Lehr-)Zeit, Erfahrung und Wissen. Am besten Sie sprechen deshalb mit Ihrem Direktwerbe-Unternehmen, Ihrem Berater oder Ihrer Agentur, wenn Sie einmal eine umfangreiche Text-Kampagne planen.

K. Ihre zusätzlichen Chancen

Dieses Buch hat Ihnen vor allem die Urform des schriftlichen Gespräches gezeigt, den Brief mit allen seinen Beilagen. Er war schon immer der Ersatz für ein nicht stattfindendes Gespräch. Geändert hat sich immer nur die Produktions-Technik und der Transport. Die modernen Instrumente des Direkt-Marketing funktionieren ähnlich wie Brief und Antwortkarte, denn sie alle zielen auf eine sofortige Reaktion der Zielgruppe.

Reaktionen und Antworten aber sind das Ergebnis eines Dialogs. Was Sie für das schriftliche Verkaufsgespräch (per Brief und Antwortkarte) gelernt haben, gilt in leicht abgewandelter Form für alle Dialog-Arten in unserer Branche. Also warten zusätzliche Aufgaben auf Ihr Wissen und Können als schriftlicher Verkaufsleiter.

Das Grundmodell bleibt immer gleich: Wir beantworten unausgesprochene Leserfragen auf einfache, verständliche Art. Zuerst als Kurz-Dialog, der den Vorteil für den Leser erkennbar macht. Dann als ausführlichen Dialog, aufgebaut nach dem Modell des echten, persönlichen Verkaufsgespräches. Sie werden sich im Laufe der Zeit Fachbücher über die übrigen Direkt-Marketing-Instrumente kaufen oder Seminare besuchen. Nutzen Sie die Chancen und bauen Sie Ihr jetziges Wissen aus. Ganz gleich, auf welcher beruflichen Ebene Sie heute stehen. Kommunikation ist als eine der größten Wachstumsbranchen vorhergesagt. Die direkte Kommunikation gehört schon heute dazu. Wer diesen Weg beherrscht, wächst mit dem Medium. Sie haben sich mit diesem Buch das Grundwissen über das »Schriftliche Verkaufsgespräch per Brief und Antwortkarte« erworben. Jetzt gebe ich Ihnen noch einige Hilfen zu den übrigen Instrumenten.

137. Über den Einsatz von Coupon-Anzeigen und Zeitschriften-Beilagen

Das verbreitetste Response-Medium neben dem Mailing ist die Coupon-Anzeige. Auch in der Anzeigen-Werbung ziehen Sie gedanklich einen Trennungsstrich zwischen Anzeigen mit klassischen Werbezielen (Imagepflege, Bekanntheitsgrad usw.) und solchen, die sofortige Reaktionen auslösen müssen.

Die klassische Anzeige verankert eine Idee, einen Slogan, eine Aussage im Gehirn der Leser und Verbraucher. Auf diesen Erinnerungswert bauen die weiteren klassischen Marketing-Instrumente auf: Der Verkauf, der Vertrieb, die Verkaufsförderung, die Waren-Präsentation im Supermarkt usw.

Die typische Coupon-Anzeige denkt nicht so sehr an später. Sie braucht den sofortigen, direkten Response. Die schnelle Reaktion, die dann irgendwann zum Kauf führt und dadurch die Kosten der Anzeige nachweislich trägt. Und damit sind wir wieder im bisher gelernten Stoff. Das Verkaufs-Ziel kann einstufig erreicht werden. Dann ist der Coupon ein Ersatz für die Bestellkarte. Vieles läßt sich aber nur zwei- oder mehrstufig verkaufen. Dann ist Ihre Coupon-Anzeige vergleichbar mit dem Mailing DW1 bei zweistufigen Direktwerbe-Aktionen. Der Coupon übernimmt die Funktion der Abrufkarte für »mehr schriftliche Information« oder für ein konkretes Angebot.

Ganz gleich, ob ein-, zwei- oder mehrstufig, die Coupon-Anzeige kontrollieren wir genauso exakt wie das Mailing. Beim Vergleich der Ergebnisse zeigt sich schon die erste Grundregel: Je deutlicher der Dialog eines Mailing nachvollzogen wird, desto höher die Erfolgsquote! Der stille Dialog besteht auch hier aus kurzen und ausführlichen Antworten auf die unausgesprochenen Leserfragen. Da wir mehr

Bild 117: Bei Coupon-Anzeigen und Zeitschriften-Beilagen beobachten wir ein ähnliches Dialog-Verhalten wie beim Mailing. Allerdings in verkürzter Form und mit teilweise eigenen Filtern und Verstärkern. Die Grundformel der Dialog-Methode zeigt Ihnen auch hier den Weg zu besseren Ergebnissen (s. Kapitel 137).

als eine Leserfrage beantworten, brauchen wir mehr als nur ein Bild oder eine Headline. Und so kommen wir zu einem, gegenüber der klassischen Anzeige, völlig anderem Layout. Bei klassischen Anzeigen finden Sie vorwiegend nur ein Bild, nur eine Headline und vielleicht nur einen Textblock. Dort genügen diese wenigen Elemente. Sie erreichen damit die klassischen Ziele wie Imagepflege, Bekanntheit usw. Als Response-Anzeige eignet sich dieses Layout nicht oder nur in seltenen Fällen. Wir brauchen einen Dialog mit vielen Fragen und Antworten und keinen Monolog mit nur einem Ruf hinüber zur Zielgruppe.

Denken Sie beim Gestalten von Coupon-Anzeigen an die Elemente des Mailings. Zeigen Sie z. B. die Abschluß-Phase sehr deutlich. Aus der separat beiliegenden Antwortkarte im Mailing wird jetzt der deutlich sichtbare Coupon. Er hebt sich optisch von der übrigen Anzeige ab und signalisiert das »Reagieren sollen« durch Strichlinien, Scheren usw. Wie die Antwortkarte, so bekommt er eine Headline, einen Namen, der die Funktion andeutet (Abruf-Coupon, Probebestell-Coupon usw.). Und soll Ihr Leser z. B. eine Broschüre anfordern, dann zeigen Sie ihm diese Broschüre auf dem Coupon. Das alles kommuniziert schneller. Der Leser sieht dann im Foto einen Ratgeber, liest »Abruf ... kostenlos«, und schon erkennt er den Sinn und den Vorteil dieser Anzeige während des ersten Lesedurchganges.

Gerade das ist eine der zusätzlichen Grundregeln für die Coupon-Anzeige: Den Vorteil des Lesers erkennbar machen! Dazu haben wir weniger Zeit als im Mailing. Aber wir brauchen auch nicht soviel Lesezeit, denn wir haben in der Regel nur eine einzige Seite anzuschauen. Keine Vorder-, Innen- oder Rückseiten wie beim Inhalt eines Kuverts (Brief, Antwortkarte, Beilagen, Stuffer usw.).

Leider fehlt der Coupon-Anzeige einer der wichtigsten Verstärker: Der Name des Lesers. Das ist einer der Gründe für die geringere Reaktionsquote gegenüber dem Mailing. Sie erinnern sich an die Wirkung des persönlichen Namens. Dieser Verstärker ist um so größer, je enger die Bindung zwischen Adresse und unserem Unternehmen ist. Bei der Zielgruppe Z0, beim theoretischen Gesamtmarkt für unser Angebot, geht die Verstärker-Wirkung auf ihr niedrigstes Niveau zurück. Unsere Mailing-Ergebnisse sinken bei »kalten Adressen«. Je nach Zielgruppe kommen wir in die Nähe der niedrigeren Ergebnisse von Coupon-Anzeigen und Zeitschriften-Beilagen.

Diese Erfahrungen sind heute die großen Chancen für Coupon-Anzeigen. Besonders bei der Zielgruppe Z0, also bei der Ansprache des Gesamtmarktes. Die niedrigere Reaktionsquote wird durch zwei andere Faktoren ausgeglichen: Durch die viel niedrigeren »Kosten pro Gespräch« und durch die höhere »Gesprächs-Anzahl« in einer vorgegebenen Zeitspanne.

Für die Neukunden-Gewinnung oder das Beschaffen von Interessenten-Anfragen aus Z0 denken Sie also künftig auch an die Coupon-Anzeige. Testen Sie vor allem dann, wenn Sie Zeitungen oder Zeitschriften finden, deren Leser möglichst identisch mit Ihrer Zielgruppe sind. Auch Ihre bisherigen Anzeigen könnten Sie künftig als Response-Anzeigen gestalten. Das bedeutet dann ein anderes Layout und ein anderer Inhalt, aber dieser neue Weg führt zu Reaktionen und damit zu neuen Adressen für Ihre Kartei Z1 bis Z4. Nach der Coupon-Anzeige folgt also wieder unser schriftliches Verkaufsgespräch per Brief und Antwortkarte. Interessenten- oder Kundenpflege per Post an die neu gewonnenen eigenen Adressen.

Die Reaktionsquote auf Ihre Anzeige steigt weiter, wenn deren Aufbau sich noch stärker dem Mailing nähert. Eine Original-Antwortkarte in die Anzeige eingeklebt, wirkt als Verstärker.

Die Ursache für diesen Anstieg ist Ihnen als schriftlichem Verkaufsleiter klar: Das Ziel des Dialoges erkennt der Leser noch schneller. Er bekommt sofort die Antwort auf seine wichtige Leserfrage »Was soll ich tun?«. Die Abschluß-Phase selbst ist ebenfalls erleichtert. Wer eine Antwortkarte in die Hand bekommt, der zerschneidet keine Anzeige, braucht kein Kuvert und spart sich dessen Adressierung.

Sie kennen Anzeigen dieser Art sehr gut. Sie finden sie heute sowohl in Fach- als auch in Publikums-Zeitschriften. Ihre Werbeagentur oder die Verlage selbst beraten Sie und geben Ihnen Gestaltungs-Tips. Einer dieser Tips heißt: Unter die aufgeklebte Antwortkarte muß ein zusätzlicher Coupon als Ersatz für die bereits von einem Kollegen abgeschickte Karte.

Mit Coupon-Anzeigen belegen Sie in der Regel die gesamte Auflage eines Werbeträgers. Manchmal übersteigt dies die Höhe Ihrer geplanten finanziellen Mittel. In diesen Fällen greifen Sie zur Response-Beilage. Ein Instrument, das zwar pro Kontakt meistens mehr kostet als Ihre Anzeige, das aber gleichzeitig mehr Reaktionen auslöst. Die Beilage liegt in ihrer Wirkung zwischen dem Mailing und der Anzeige (s. auch hierzu die Tabelle »Erfolgs-Relationen«).

Die höhere Erfolgsquote führt zu einer intensiveren Durchdringung des Marktes. Doch für Sie gibt es vielleicht noch einen anderen Grund: Sie müssen nicht die gesamte Zeitschriften-Auflage belegen. Und daraus ergibt sich eine gute Chance für das Testen sowohl des Werbeträgers (also des Zeitschriften-Titels) als auch der Beilage selbst. Sie streuen einfach je ca. 10 000 Stück in den zu testenden Zeitschriften. Die Reaktionen zeigen Ihnen dann über Kennziffern, welche Beilage in welcher Zeitung die höchsten Erfolge bringt. Die besten Titel werden Ihre Haupt-Werbeträger. Höhere Erfolge heißt auch hier: niedrigste Kosten pro Auftrag. Und damit sind wir wieder beim Erfolgs-Denken des Direkt-Marketing, über das Sie hier schon viel gelesen haben.

Der höhere Erfolg von Beilagen hat viele Ursachen. Von der visuellen Gestaltung über den Text, die Produktion bis hin zu Auswahl der Streuwege und zur richtigen Interpretation der Leser-Analysen. Das alles ist Stoff genug für ein ganzes Buch. Doch Sie finden schon jetzt die richtigen Ansätze, wenn Sie nach unserem Dialog-Modell vorgehen.

Die Zeitungs-Beilage gibt Ihnen mehr Freiheit für den Dialog-Aufbau. Sie haben mehr Fläche, mehr Seiten, freie Wahl von Papierqualität und Format. Kurzum, der Dialog auf der Beilage kommuniziert besser als auf einer einseitigen Anzeige. Und auch hier gilt für Sie: Aufgeklebte und einfach abzureißende Antwortkarten bringen höheren Response als auszuschneidende Coupons.

Beim Planen von Beilagen kämpfen Sie allerdings immer mit einem Vorurteil. Irgend jemand im Entscheidungs-Gremium glaubt sicher, Beilagen seien sinnlos, weil er selbst diese Art von Werbung sofort aus den Zeitungen »herausschüttelt« und wegwirft. Aber wahrscheinlich ist gerade dieser Effekt die Ursache für den hohen Wirkungsgrad der Beilagen. Denn wer etwas wegwirft, der schaut bei diesem Vorgang zu. Niemand schließt dabei seine Augen. Also sehen wir, *was* wir zuerst aus der Zeitung entnehmen. Und das bedeutet, wir sehen die Beilage, *bevor* wir die Anzeige anschauen. Die Beilage macht sich »selbständig« und gibt uns Signale. Wir nehmen diese Signale meist unbewußt auf und tasten damit einen evtl. vorhandenen Bedarf ab. Die Chancen, einen Vorteil für den Leser zu signalisieren, einen Kurz-Dialog aufzubauen und dann in einen ausführlichen Dialog überzuführen, sind deshalb höher als bei der Anzeige. Dafür spricht auch der meßbar höhere Erfolg der Beilage gegenüber der Anzeige.

Die Beilage eignet sich auch gut zum Herausfinden der für Ihre späteren Anzeigen geeigneten Zeitungen und Zeitschriften. Sie verteilen einfach Ihre Auflage z. B. über 10 oder 20 ausgewählte Zeitschriften-Titel. Jede Zeitschrift erhält etwa 10 000 Beilagen mit Kennziffern auf den Antwortkarten. Sie ermitteln zuerst die Reaktionen pro Titel und danach zwei wichtige Kennzahlen: Einmal die Kosten pro Anfrage, zum anderen die Kosten pro Bestellung (also pro Auftrag, pro Abonnement, pro Spende usw.). Der Zeitungs-Titel mit dem höchsten Beilagen-Response hat beste Chancen, auch bei Anzeigen die meisten Reaktionen zu bringen.

138. Die sonstigen Instrumente und deren Einsatz

Nach Ihren ersten Erfolgen als »schriftlicher Verkaufsleiter« erhalten Sie in Ihrem Unternehmen bald zusätzliche Aufgaben. Die hier gezeigte Dialog-Methode wirkt ja auch in anderen Bereichen der Kommunikation. Nicht nur im Direkt-Marketing. Auch die tägliche Korrespondenz, die Rundschreiben und selbst die Kunden-Zeitungen bringen als Dialog höheren Erfolg. Hier sind noch einige Bereiche, die gerade Sie künftig besser planen, entwickeln, steuern und überwachen werden als Ihre Kollegen ohne Erfahrung mit der Dialog-Methode und dem Direkt-Marketing.

Die Angebots- und Verkaufs-Korrespondenz ist eine der neuen Chancen für Sie. Jeder Brief aus Ihrem Unternehmen ist im erweiterten Sinne ein Werbebrief.

Gerade die Angebots-Briefe. Denn im Grunde sind solche Briefe schriftliche Verkaufs-Gespräche in der reinsten Form. Was wir für den textlichen Aufbau gedruckter Werbebriefe gelernt haben, das gilt deshalb analog auch für das individuelle Angebot. Der Erfolg ist leicht zu verstehen: Der Einkäufer, Ihr Brief-Empfänger, liest viele Angebote. Nicht nur das Ihre. Wenn die Briefe ihrer Mitbewerber in einer schwer verständlichen Sprache geschrieben sind, dann freut sich das Gehirn Ihres Lesers über Ihr klares, einfaches und präzises Angebot, das keine Leserfragen offen läßt. Dieses Erfolgs-Erlebnis gibt indirekt auch Sicherheit und Vertrauen.

Genauso ist es auch umgekehrt. Aus unverständlichen Angebots-Texten werden allzu leicht auch »unverständliche Produkte«! Das Problem liegt in den Gehirnen derer, die bisher Angebots-Briefe in Ihrem Unternehmen geschrieben haben. Für den Korrespondenten ist jede eigene Satz-Konstruktion klar und eindeutig. Aber nur für ihn! Denn er hat sich wieder 100 % auf seinen Text konzentriert. Er selbst merkt also nicht, welche Probleme seine Texte auslösen. Besonders jene Texte, die schon seit Jahren als Bausteine gespeichert sind und immer wieder in die Briefe einfließen.

Gerade hier finden Sie ein breites Anwendungsfeld für Ihr Spezialwissen. Schauen Sie sich kritisch mit den Augen des Direktwerber an, was heute aus den Texthandbüchern diktiert wird oder als programmierter Text aus dem Automaten kommt. Lesen Sie diese Texte mit der geringen Konzentrations-Bereitschaft Ihrer Empfänger! Redigieren Sie nur einmal eine Seite nach den hier im Kapitel »Texten« gelernten Regeln. Und Sie haben sich sofort einen neuen Job geschaffen.

In vielen Vorstands-Etagen ist dieses Problem bekannt. Dort sieht man aber auch die Chancen, die in dieser neuen Art von Verkaufs-Korrespondenz liegen. Wir führen in diesen Unternehmen Texter-Kurse ausschließlich für die Korrespondenten durch. Die Teilnehmer sind vom eigenen Ergebnis begeistert und die Geschäftsleitung sieht meßbare Erfolge. Versuchen Sie es selbst. Legen Sie einen bisherigen Angebots-Text neben Ihren neuen, redigierten Entwurf. Das Ergebnis überzeugt jeden Leser (nicht immer den ehemaligen Schreiber).

Vergessen Sie nicht *die internen Berichte,* Rundschreiben, Mitteilungen, die ja ebenfalls irgendeine Reaktion zum Ziel haben. Denken Sie besonders an die Informationen für den Außendienst. Das alles ist Direkt-Marketing. Es sind Gespräche in schriftlicher Form. Es ist für viele schon schwer, sich solche Informationen richtig anzu*hören.* Richtiges Lesen, Verstehen und Handeln bedarf noch viel mehr Energie! Erleichtern Sie Ihren Lesern diese Arbeit durch die Dialog-Methode. Geben Sie Kurz-Antworten (Vorteile in Headlines oder Unterstreichungen) und ausführliche Antworten (Textblöcke) auf die unausgesprochenen Leser-Fragen Ihrer Kollegen im Außendienst.

Ihr Instrumentarium ist damit noch lange nicht zu Ende. Alle Informations-Kanäle zwischen Ihrem Unternehmen und Ihren Kunden bieten Chancen, Ihr neues Wissen einzusetzen. Von der Kunden-Zeitung über die Verpackung bis hin zur *Bedienungs-Anleitung*. Auch hier haben Sie ein schriftliches Verkaufsgespräch im erweiterten Sinn. Am besten wäre ein Mensch, der dem Kunden das Produkt bringt, aufstellt, vorführt und erklärt. Aber diesen Menschen gibt es nur noch bei aufwendigen und teuren Investitionsgütern. In allen anderen Bereichen ist er aus Kostengründen nahezu »ausgestorben«. Seine Aufgabe übernimmt die Bedienungs-Anleitung. Und genau dieser Punkt ist häufig das schwächste Glied in einem ansonsten hervorragend aufgebauten Marketing-Mix. Hier droht Gefahr besonders bei den gerade neu gewonnenen Erstkunden. Wer das Produkt noch nicht kennt, klammert sich stärker an die schriftliche Anleitung. Wenn dieser Text dann schwer lesbar, nicht verständlich, unklar und vielleicht noch schlecht übersetzt ist, dann liest der Mensch nur ungern weiter. Er versucht sein Glück am Produkt ohne genaue Instruktion. Ein Teil dieser Versuche geht daneben! Das Ergebnis sind Reklamationen, Zweifel, Enttäuschungen, Image-Verluste und sonstige Filter für alle unsere nachfolgenden schriftlichen Verkaufsgespräche! Auch diese Schwachstelle haben viele erkannt. In unseren Texter-Kursen sitzen Teilnehmer, die sich nur um bessere Bedienungs- und Gebrauchs-Anleitungen bemühen. Ein deutlicher Trend, der auch Ihnen neue Chancen eröffnet.

Die Zukunfts-Perspektiven im Direkt-Marketing haben wir in diesem Buch nicht behandelt. Aber auch hier im Bereich der *neuen Medien* öffnen sich Ihnen viele Wege. Wenn eines dieser Medien »dialog-fähig« ist, setzen wir es im Direkt-Marketing ein. Denken Sie an »Btx«, an den Bildschirmtext, der seit Sommer 1984 bundesweit eingeführt wird. Die neuen Medien brauchen zwar noch viel Zeit, bevor sie vom privaten Konsumenten im Alltag akzeptiert und die geplanten Millionen Geräte im Einsatz sind. Vielleicht auch benötigen sie dazu mehr Zeit, als die Medien-Väter prophezeiten. Aber ihr Kommen ist nicht aufzuhalten. Dafür sorgen unsere eigenen Gehirne und vor allem die unserer nachfolgenden Generationen.

Sie als schriftlicher Verkäufer sind für diese neuen Medien schon jetzt bestens gerüstet. Denn was Sie bisher für Brief und Antwortkarte gelernt haben, gilt für die neuen Medien ebenso. Auch auf dem Bildschirm versuchen wir, Vorteile für den Leser zu signalisieren. Und schon wieder setzen wir dazu Bilder, Headlines und Unterstreichungen ein. Das Festhalten im Programm, das Weiterlesen und schließlich das Reagieren per Knopfdruck, das alles sind einzelne Schritte im Verlauf eines stillen Dialoges. Wir beantworten unausgesprochene Leserfragen. Genauso wie der Verkäufer, genauso wie unser Mailing. Und die elektronische Antwortkarte per Knopfdruck, das große JA in dem neuen Medium, ist wieder die Summe vieler kleiner vorausgegangener „jas" minus der Summe aller kleinen „neins".

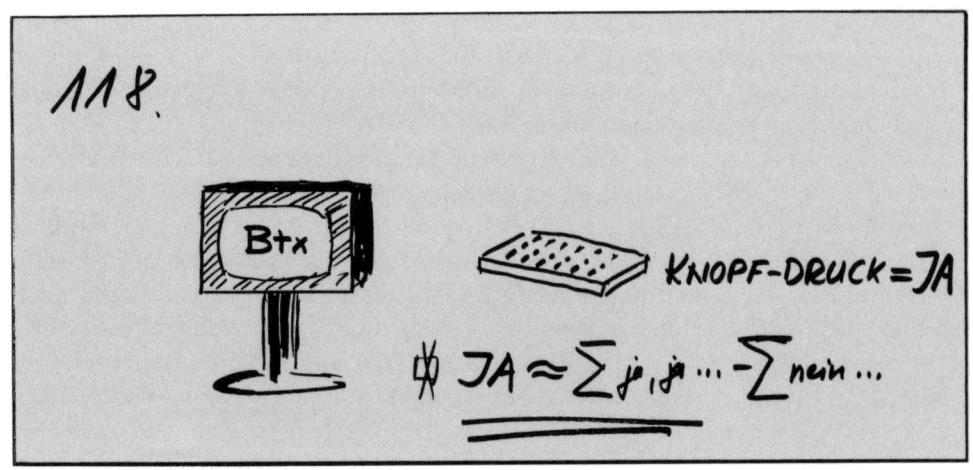

Bild 118: Auch bei den modernen Dialog-Instrumenten des Direkt-Marketing hilft Ihnen Ihr Wissen über den schriftlichen Dialog und öffnet Ihnen neue Wege.

Sie sehen, Ihr schriftliches Verkaufsgespräch wird durch die neuen Medien nicht eingeengt. Ganz im Gegenteil: Das Medium selbst ist ein Dialog per Bild und Text. Die elektronische Übertragung, die Produktion und der Transport sind nur Mittel zum Zweck. Das Wesentliche bleibt die Information und deren Bedeutung für den Empfänger. Er selbst sieht, liest, versteht und reagiert als Mensch. Die Technik hilft nur, diese gesuchte Information schneller, preiswerter, in größerer Zahl, selektiver und an möglichst vielen Orten gleichzeitig anzubieten und die Reaktionen genauso schnell wieder einzusammeln.

Für diese Übertragungs-Technik gibt es Spezialisten. Sie selbst konzentrieren sich mehr auf den eigentlichen Dialog, seinen Aufbau und seine Gestaltung. Damit sind Sie etwas unabhängiger von dem jeweils aktuellen Stand der Technik. Vor allem aber, Sie sind gerade wegen der neuen Medien künftig gefragter als je zuvor. Einmal, weil die neuen Medien selbst ein »schriftlicher« Dialog sind. Zum anderen, weil diese neuen Medien, wie z. B. der Bildschirmtext, »passive« Dialog-Partner sind. Sie drängen sich nicht auf. Der Interessent muß selbst aktiv werden. Er muß den Kontakt suchen. Dafür aber muß er einen Grund haben, einen Nutzen oder einen Vorteil erwarten. Und das alles muß er zuerst einmal erfahren! Entweder per Brief oder per Anzeige oder via anderer Kanäle. In jedem Falle aber mit dem Reaktions-Ziel, das neue Medium einzuschalten. Und damit haben Sie schon wieder eine neue Aufgabe für das schriftliche Verkaufsgespräch: »Menschen ins Programm holen«. Eine neue Aufgabe für Sie dank der neuen Medien.

Nachwort und persönliches Angebot

Zum Schluß noch ein paar Gedanken für Ihren weiteren Weg. Wo immer Sie hinschauen, der Brief und seine Beilagen leben. Gestern, heute und auch in Zukunft. Doch es sind Briefe einer neuen Prägung. Menschliche Briefe. Dialoge zwischen zwei Menschen mit dem Ziel, beiden zu dienen. Dem Leser und dem Schreiber. Der eine findet seinen gesuchten Vorteil, der andere seinen erhofften Erfolg. Beide Ziele zu erreichen, das ist der eigentliche Sinn und die Chance für das schriftliche Verkaufsgespräch. Es ist auch eine Chance für Sie persönlich und Ihren neuen Job als »schriftlicher Verkaufsleiter«. Schreiben Sie »menschliche« Dialoge. Denken Sie vor allem an den Leser, seine Empfangs-Bereitschaft, sein Leseverhalten und sein Suchen nach Vorteil und Nutzen. Zeigen Sie ihm den Weg zu Ihnen. Helfen Sie ihm, diesen Weg zu finden. Und belohnen Sie ihn mit einem guten Produkt. Ihr Leser folgt Ihnen dann nicht nur einmal. Er hält Ihnen die Treue und verteidigt seinen Entschluß. Von diesem Vertrauen der Brief-Leser leben wir alle. Auch Sie, Ihre Familie, Ihre Kollegen, Ihr Unternehmen und alle Branchen mit erfolgreichen schriftlichen Verkaufsgesprächen.

Ich persönlich wünsche Ihnen diesen Erfolg. Und sollten Sie mein Buch vom Anfang bis hierher gelesen haben, dann weiß ich eines ganz sicher: Der Funke ist auf Sie übergesprungen! Sie ahnen etwas von Ihrer eigenen Chance, erfolgreiche schriftliche Verkaufsgespräche zu führen. Und Sie verstehen vielleicht auch mein Engagement für das Direkt-Marketing. Diese Begeisterung finden Sie übrigens genauso bei meinen Berater-Kollegen im In- und Ausland. Sie begegnen ihr auch in unseren Seminaren und Kursen. Vor allem aber erfaßt sie heute nahezu alle Branchen. Die Erfolgs-Meldungen kommen aus der Industrie, dem Handwerk, dem Handel und aus allen Dienstleistungs-Bereichen. Sie kommen auch aus Verbänden, Parteien, Schulen, Verwaltungen und caritativen Institutionen. Die Grenze des klassischen Einsatzgebietes »Versandhandel« ist längst überschritten.

Also fassen wir zusammen: Entweder Sie waren schon bisher ein begeisterter Direkt-Marketer oder sind es soeben geworden! In beiden Fällen gratuliere ich Ihnen. Sie selbst haben noch viele Erfolgs-Erlebnisse vor sich. Ihre Kunden freuen sich künftig über bessere Direktwerbung und beweisen es durch höhere Reaktionen. Bleiben Sie auf diesem Kurs. Wir alle brauchen wieder menschliche und verständliche Dialoge. Die Zeit der Monologe ist vorbei. Im erfolgreichen Direkt-Marketing hat es diese Zeit eigentlich nie gegeben.

Ich freue mich über weitere Kontakte mit Ihnen und helfe Ihnen auch gern kostenlos mit weiteren Informationen. Im Anhang finden Sie einen Leser-Gutschein. Schicken Sie ihn, wenn Sie einmal meine Hilfe brauchen. Vor allem dann, wenn ich eines Ihrer eigenen Mailings anschauen soll. Wer dieses Buch gelesen hat, darf gern einmal seinen praktischen Fall zur Ansicht einschicken. Ich kennzeichne Ihnen dann einfach die wichtigsten Filter oder Verstärker auf Ihrem Brief, auf der Antwortkarte und auf den Beilagen und sende Ihnen alles per Post (innerhalb eines Monats) wieder zurück. Das kostet Sie keinen Pfennig. Legen Sie aber bitte das Rückporto und Ihren Leser-Gutschein bei und notieren Sie dort die wichtigsten Daten über Ihre Aktion. Diese kostenlose Mailing-Kontrolle gibt es natürlich nur einmal pro Buchkäufer. Ein »Danke-schön« für Ihr Interesse an meiner Arbeit.

Ihr Siegfried Vögeli

Anhang

Quellen für weiteres Fachwissen

In meinem Bücherschrank und in meinem Archiv finden Sie eine ganz bestimmte Art von Fachliteratur älteren und jüngeren Datums. Viele dieser Bücher und Zeitschriften haben im Laufe der Jahre meine eigene Aus- und Weiterbildung geprägt. Als Verkäufer, Werber, Direktwerber, Unternehmer, Berater und Dozent. Ich nenne Ihnen hier einige dieser Titel und begrenze diese Auswahl vor allem auf Bücher für den Praktiker. So haben Sie einen Vorschlag für den Ausbau Ihrer Fachbibliothek. Meine eigene Bibliothek ist in folgende Fachgebiete gegliedert: Psychologie, Informatik, Kommunikations-Technik, Verkaufstechnik, klassisches Marketing, klassische Werbung, Direkt-Marketing und Direktwerbung. Hier in diesem Verzeichnis ordnen wir die ausgewählten Titel in alphabetischer Reihenfolge der Autoren (E = englische Ausgabe).

Bücher

Baier, M., Elements of Direkt Marketing, New York 1983
Ballstaedt u. a., Texte verstehen, Texte gestalten, München 1981
Belz, Chr., Realisierung des Marketing, St. Gallen 1986
Bird, Drayton, Commonsense Direct Marketing (E), London 1989
Birkenbihl, V. F., Psycho-Logisch Richtig verhandeln, Landsberg/Lech 1997
Birkenbihl, V. F., Signale des Körpers, Landsberg/Lech 1997
Birkenbihl, M., Train the Trainer, Landsberg/Lech 1998
Birkigt, K., Corporate Identity, Landsberg/Lech 1998
Caples, J., Tested Advertising Methods (E), New York 1974
Cristofolini, P., Beispielhafte Verkaufsförderung, Düsseldorf 1976
Dallmer, Dr. H., Erfolgsbedingungen der Kommunikation im Direkt Marketing, Wiesbaden 1979
Dallmer/Thedens, Handbuch des Direct-Marketing, Wiesbaden 1975
Detroy, E., Abschlußtechniken beherrschen, Zürich 1985
Detroy, E., Sich durchsetzen in Preisgesprächen, Zürich 1992
Dichter, E., Das große Buch der Kaufmotive, Düsseldorf 1981
Dichter, E., Überzeugen, nicht verführen, Düsseldorf 1971
Domizlaff, H., Brevier für Könige, Hamburg 1968
Domizlaff, H., Die Gewinnung des öffentlichen Vertrauens, Hamburg 1951
Eibl-Eibesfeldt, J., Die Psychologie des menschlichen Verhaltens, München 1986
Ewert, U., Verkaufspersonal richtig führen, München 1960
Fairlie, R., Direct Mail (E), London 1979
Finkenrath, Dr. R., Aktiv verkaufen vom Schreibtisch, Zürich 1977
Fischer, H., Die besten Direktmarketingkampagnen, Landsberg/Lech 1992
Frazer-Robinson, J., The secrets of Effective Direct Mail (E), London 1989
Gass, F. U., Was kommt an in Wort und Bild, Darmstadt 1982
Gerardi, A., Einführung in die Direktwerbung, Ettlingen 1966
Gerardi, A., Kunden in jedem Haus, Düsseldorf 1959
Gerardi, A., Verkaufen per Post, Düsseldorf 1963
Gibson, J., Wahrnehmung und Umwelt, München 1982
Goldmann, H., Wie man Kunden gewinnt, Essen 1952
Greff/Töpfer, Direktmarketing mit neuen Medien, Landsberg/Lech 1993
Hager, R., Erfolgreich mit Direktwerbung, Landsberg/Lech 1989
Hajos, A., Einführung in die Wahrnehmungspsychologie, Darmstadt 1980
Hartwig, H., Das Wort in der Werbung, München 1974
Hartwig, H., Die Kunst zu informieren, München 1977
Hartwig, H., Werbetextgestaltung, München 1978
Heitsch, D., So wird verkaufen erfolgreicher, München 1979
Hell, H., Die Erfolgsstory des Direktmarketing, Landsberg/Lech 1989

Hell, H., Programmierte Direktwerbung, Einbeck 1982
Hodgson, R., Direct Mail and Mail Order Handbook (E), Chicago 1964
Hopkins, T., How to Master the Art of Selling (E), New York 1982
Horchow, R., Elefanten in Ihrem Briefkasten, Landsberg/Lech 1981
Hossinger, H. P., Pretests in der Marktforschung, Würzburg 1982
Iversen, K., Direkt-Verkauf durch Vertreter und Anzeigen, Stuttgart 1954
Kirchner, G., Lexikon des Direktmarketing, Landsberg/Lech 1990
Kirchner, G., Praxis der Direktwerbung, Stuttgart 1967
Kirchner, G., Prospekt- und Katalogoptimierung, Landsberg/Lech 1988
Kirchner, G., Versandhandel, Stuttgart 1967
Kobs, J., Profitable direct marketing (E), Chicago 1979
Kroeber-Riel, W., Konsumentenverhalten, München 1984
Kroeber-Riel, W., Werbung - Steuerung des Konsumentenverhaltens, Würzburg 1982
Kuchenmeister, R., Praxis der technischen Direktwerbung, Würzburg 1982
Laue, A., Die hundert Gesetze erfolgreichen Verkaufens, München 1982
Leixter, R., Vom Einzelhändler zum Versandkaufmann, Passau 1962
Levitt, Th., Marketing Imagination, Landsberg/Lech 1984
Lindsay, P. H., Einführung in die Psychologie, Berlin 1981
Lewis, H., On the art of Writing Copy (E), London 1988
Linnert, P., Die neuen Techniken des Marketing, München 1969
Linneweh, K., Kreatives Denken, Karlsruhe 1973
Mandl, H., Zur Psychologie der Textverarbeitung, München 1981
Manuel, B., Le marketing direct en France (F), Paris 1980
Maslow, A., Motivation und Persönlichkeit, Hamburg 1981
Meyer, P. W., Die Werbeerfolgskontrolle, Düsseldorf 1963
Nettelhorst, L., Schrift muß passen, Essen 1959
Neumann, R., Zielwirksam schreiben, Stuttgart 1982
Peltzer, K., Das treffende Wort, CH-Thun 1980
Peltzer, K., Handbuch der Werbung und Publikation, CH-Thun 1961
Preiß, W., Praxis der Werbegraphik, München 1972
Prochazka, K., Direkt zum Käufer, Freiburg 1990
Rapp/Collins, Maxi Marketing (E), Mc Graw-Hill, 1987
Reeves, R., Werbung ohne Mythos, München 1960
Roman, M., Geschäft per Telefon, Wiesbaden 1978
Rosenstiel/Neumann, Einführung in die Markt- und Werbepsychologie, Darmstadt 1982
Rosenstiel u. a., Handbuch der Angewandten Psychologie (3 Bände)
Rosenstiel/Ewald, Marktpsychologie Bd. I und II, Stuttgart 1979
Rosenstiel, L. v., Psychologie der Werbung, Rosenheim 1969
Rudolph, M., Katalog und Prospekt, München 1976

Schaller, G., Direktmarketing Management, Landsberg/Lech 1986
Schaller, G., Markterfolge aus der Datenbank, Landsberg/Lech 1988
Scheuren, W., Kaufsignale, München 1979
Schmidt u. a., Internationales Direktmarketing Symposium Montreux (jährlich 1 Band), Zürich seit 1969
Schneider, R., Investitionsgüterwerbung, München 1982
Schönert, W., Werbung, die ankommt, Landsberg/Lech 1996
Schwab, V., Anzeigen wirksam texten, München 1965
Séguéla, J., Hollywood wäscht weißer, Landsberg/Lech 1983
Seyffert, R., Werbelehre, 2 Bände, Stuttgart 1966
Spillard, P., Praktische Verkaufsförderung, München 1967
Stecher, R., Werbebriefe, München 1968
Stone, B., Successful Direct Marketing Methods (E), Chicago 1979
Suppan, E., Thema Direktwerbung, Wien 1977
Teigeler, P., Verständlichkeit und Wirksamkeit von Sprache, Karlsruhe 1968
Tietz, B., Die Werbung, 2 Bände, Landsberg/Lech 1981
Urban, D., Text im Kommunikationsdesign, München 1980
Vörckel, U., Direktwerbe-Erfolge leicht gemacht, Freiburg 1977
Wage, J., Psychologie und Technik des Verkaufsgesprächs, München 1969
Wills, F. H., Das wirksame Layout, Düsseldorf 1965
Winterfeldt, Besser texten - mehr verkaufen, Bad Wörishofen 1966
Wolter, F.-H., Durch Telefonverkauf zu höheren Umsätzen, Landsberg/Lech 1984
Zimmermann, O., Der geplante Erfolg, CH-Brugg 1983

Fachzeitschriften und Newsletters im Abonnement

absatzwirtschaft, Verlag Handelsblatt, Düsseldorf
Der Versandhausberater, Fachverlag Gerardi, Ettlingen
Direkt Marketing, Verlag Donnelley & Gerardi, Ettlingen
Direct Marketing, (E) Hoke Communications, New York
Horizont, Deutscher Fachverlag, Frankfurt
iw-Report, Fachverlag Oskar Ohler, Coburg
Journal of Direct Marketing, Wiley-Verlag, New York
Kommunikation, Deutscher Kommunikationsverband, Bonn
Mail-Marketing, Text-Verlag, Hamburg
Marketing-Journal, Verlag Marketing Journal, Hamburg
Response, Verlag Semsch u. Partner, Bad Hersfeld
texten und schreiben, Verlag Hans Holzmann, Bad Wörishofen
Text intern, Text-Verlag, Hamburg

Werbeforschung & Praxis, Werbewissenschaftliche Gesellschaft, Bonn u. Wien
Werben & Verkaufen, Europa Fachpresse Verlag, München

Kontakt-Adressen

für weitere Informationen, Bezugsquellen, Agenturen, usw.

DMI
Institut für Direkt-Marketing
Gesellschaft für Forschung, Schulung und Beratung mbH
Ostergartenstraße 10
D-82538 Gelting (bei München)
Telefon: 0 81 71/2 00 10
Telefax: 0 81 71/74 53

DDV
Allgemeiner Direktwerbe- und Direktmarketing-Verband e. V.
Hasengartenstr. 14
65189 Wiesbaden

Am besten Sie interessieren sich unverbindlich für eine Mitgliedschaft. Es gibt 4 Fachgruppen: A = Berater und Agenturen, B = Zuliefer-Industrie (Druckereien, Maschinen, EDV), C = Adressen-Verlage und Direktwerbe-Unternehmen, D = Anwender von Direktwerbung und Direktmarketing.

EDMA
European Direkt Marketing Association
36 rue du gouvernement provisoire
B-1000 Brussels

Stichwortverzeichnis

Abholkarte 282
Ablage-Welle 109
Ablaufschema 163
Abonnement 51
Absatzlängen 224
Abschluß-
-Phase 70, 87
-quote 18, 47
Action 301
Adreßbücher 137
Adresse
–, heiße 130
–, kalte 130
Adressen-
-Änderung 140
-Aufkleber 253
-Broker 137
-feld 222
–, gemietete 129
-Mittler 137
-Verlage 130, 137
Adreßgruppen, externe 135
Adressieren 148
Adreßquelle 143
ADV 149
Agentur 147, 149
Aktion
–, einstufige 186
–, zweistufige 189
Aktivierungs-
-Grad 168
-Kurve 164
Angebot, marktreifes 122
Angebots-Vorteil 126
Anrede 220
Ansprechpartner 141
Antiqua-Schrift 237
Anti-Response-Signal 82
Antwort-
–, ausführliche 99
-Ideen 184

-karte 207, 247
-schein 280
Archivieren 109
Asthmatiker-Sätze 317
Aufnahme-Bereitschaft 118, 198
Auftrags-Gespräch 166
Augenkamera 84
Außendienst-Besuch 17
Auswahl 264

Bankverbindungen 220
Basis-Test 58
Bedienungs-Anleitung 359
Befragung 169
Bekanntheitsgrad 123
Beobachtungs-Phase 102
Berater 149
Berichte 358
Bestell-
-abschnitt 272
-quote 171
Besuch 286
Besuchskosten 18
Betreff-Zeile 220
Bezugs-
-person 141
-Zeile 221
Bild 94, 114, 197, 241, 332
-element 96, 259, 298
-folge 300
-Idee 222
-Inhalt 96, 296
-schirmtext 61, 359
Bildungsgrad 307
Bindestrich 322
Blick-
-fang 296
-Kontakt 115
-verlauf 81, 126
Blocksatz 225
Branchen 151

367

Break-even-point 52, 338
Brief 197, 206, 212
-formen 215
-kasten, überfüllter 48
-kopf 220, 241
-leser 311
-marken-Ecke 278
-retouren 340
-Text 212
-träger 141
Broschüre 132, 192, 262
Buchstaben 332
Bundespost 140

Case-histories 57
Corporate Identity 239
Coupon-Anzeige 353

Datum 220, 222
Deckungs-Beitrag 36, 38
Dialog 334
-Durchgang 101
-Formel 85
-Methode 59, 62, 174
-Skizze 244
–, stiller 73
-Stufen 85
-Test 81
-Verlauf 76
Direkt-
-Marketing 25, 66
-werbe-Agentur 241
-werbe-Aufgaben 129
-werbe-Deutsch 322, 335
-werbe-Erfolg, meßbarer 104
-werbe-Spanne 39
-werbe-Texter 331
-werbe-Unternehmen 147, 164, 281
-werbe-Wirkung 104
-werbung, einstufige 128
Doppelseite 293
Druck 240
-farbe 240, 246, 268
-Perforation 255
Durchgang-

–, erster 89
–, zweiter 90, 109

Eingangs-
-Statistik 339
-tage 104
Einsatzgebiete 151
Einzelhandel 154
Empfänger-
-Adresse 251 f.
–, privater 107
Empfangs-
-Niveau 118
-Situation 115
Entscheidungen 263
Erfolg 38
Erfolgs-
-erlebnis 305
-kontrolle 58, 338, 350
-quote 46, 50, 191, 213, 249, 256
-steigerung 54
Ersatz-
-Gespräch 19
-name 328
Erst-Besteller 131
Erster Durchgang 89
Experiment 83

Fachwissen 55
Familien-Namen 233
Farbfoto 297
Feiertage 337
Ferien-Termine 337
fill-in-Brief 217
Filter 82, 110, 159, 169, 189, 198, 222, 251, 263, 305
Firmenadresse 132, 278
Fixationspunkte 227
Flattersatz 227
Flop 40
Follow-up 255
Forschung 63
Fragebogen 283
Fürwörter 328

Garantie 255
-Abschnitt 254
Gebrauchsanleitung 66
Gedankenstrich 319
Gespräch, schriftliches 68
Gesprächs-Anfang 125
Gestaltungs-Element 100
Grenzen 50
Großbetriebe 108, 200
Grotesk-Schrift 238
Grund-
-bedürfnis 77
-frage 77, 176
-lagen-Forschung 81
-regeln 58
-seminar 36

Halbwertszeit 344
Halbwerts-Zeitpunkt 44, 338
Handelsspanne 36
Hauptwörter 326, 333
Headline 96, 114, 197, 300
Hilfsverben 326

Ideen-
-findung 181
–, neue 163, 174, 181
-Sammlung 156
-speicher 174
Informations-
-Dosis 87, 185
-flut 62
-Interessenten 132
Institut für Direkt-Marketing 83
Interessenten-
-Adresse 145
-Anfrage 154
-Pflege 133
Ist-Zustand 163 f.

Kartei 143
-Größe 146
Karten-
-Aufbau 252
-Titel 257

Kauf-
-Interessenten 132
-signale 72
Kennziffer 253, 356
KISS-Methode 119, 211, 262
Kleinbetrieb 107, 200
Körpersprache 81
-Signale 71
Komma 319
Kompetenz 99
Konkurrenz 57, 167
Kontakt 146
-gespräch 155
-Häufigkeit 146
-Phase 70
-stufe 86, 212
Kontroll-System 52
Konzentration 118
Konzentrations-Bereitschaft 117
Konzeption 161
Korrespondenz 66, 357
Kosten 31, 33 f.
-deckung 36 f., 40
-deckungs-Grenze 51
-deckungspunkt 52
– des Vertreters 47
-senkung 147
Kürzen 316
Kunden-
-adresse 145
-nummer 253
-Pflege 132 f.
Kurz-
-antwort 94, 235, 258, 274, 294, 301
-Dialog 88, 94, 107, 218, 301
Kuvert 197, 204
-Fenster 254
-Gestaltung 201

Labor-Test 67
Lautstärke 96
Lebenskurve 102
Lesbarkeit 258, 317, 321
Lese-
-bereitschaft 215, 311

-Energie 325
-kurve 260, 290, 296, 300
Leser-
-Analyse 172
-fragen 175, 251
-fragen-Methode 184
-frage, unausgesprochene 75 f.
Lese-
-Schwelle 109
-Verhalten 81, 83, 88, 213, 311

Mail-order 151, 186
Marginalien 239
Marketing-Mix 22
Markt-
-befragung 156
-pflege 133
-reife 126
Mehrfarben-Effekt 269
Menschen 298
Messen 154
Mobilität 139
Monate 337
Monolog 70, 73
Montreux 63 f.
Motive 167, 173 f.

Nachbarschafts-Effekt 350
Nach-
-bestellungen 189
-faß-Aktion 193
-nahme 264
-wuchs-Kräfte 63
Name 233
Namens-Zeile 233
Nebensätze 317, 319

Offset-Brief 217
Original-
-Brief 203, 213, 217
-nähe 227
-Test 67

Package 209
-Formen 211

-Inhalt 163, 206
–, klassisches 208
-Teil 88, 206
Paket-Beilage 66, 153
Papier 240
-format 209
-korb 106
Porto 32
-Hinweis 276
Post-
-Abteilung 201
-buch 32, 141
-käufer-Adressen 139
-karte 269
-leitzahl 350
-Stelle 108
-versand 336
Privatkunden 200
Probezeit 264
Profis 164
Produkt 166
-Darstellung 125
-Erlebnis 125
-Fragen 77, 178
–, marktreifes 123
-Vorteil 126
Prognose 44
Prospekt 208, 288
Punkt 319

Rasterton 269
Ratgeber 133
Reaktanz 100
Reaktion 26, 40, 166, 345
–, telefonische 284
Reaktions-
-Mittel 248
-quote 34, 134, 171, 189, 194, 355
-phase 112
-Schwelle 104, 106, 111, 114
-Verhalten 81
-Ziel 127
redigieren 310, 314, 319, 325, 328
Reintext 310
Response-Signale 78, 81, 117, 203, 205

RIC-Methode 120
Risiko 225
Robinson-Liste 50
Rohtext 164, 308 f.
Rückseite 269, 280, 284

Sachaufnahmen 125, 298
Sätze 314
Schlüssel-Reiz 158
Schreiben
–, bildhaftes 331
–, konkretes 331
–, lebendiges 325
–, persönliches 328
Schreibsystem 150
Schrifttypen 237
20-Sekunden-Wirkung 197
Seminar 59, 64, 149
-Teilnehmer 59
Sekunden, unzustellbare 139
Silben 316 f.
-zahl 316
Skizzen 164
Sommerloch 337
Spenden 283
Sprachniveau 305
Stammkunden 130
Strategie 185
streichen 314
Symposium 30
Synonym 321

Technik 149
Telefon-
-kontakt 192
-Marketing 27, 61, 66
-Reaktion 193
Test 57
-chancen 58, 351
-varianten 58
-verfahren 67, 350
Text
–, bildhafter 332
-block 91, 98, 305
-Entwurf 310

Texter-Kurse 305
Text-Ideen 308
Textertalent 310
Textsystem 150
Timing 336
Tippfehler 158, 254
Titelfoto 297
Total-Flop 106
Typografie 237

Übertragungs-Verlust 118
Unter-
-schrift 229, 265
-streichungen 96, 197, 227
-suchungen 83
-suchungs-Methode 73, 85

Vergleichswerte 135
Verhalten 167, 171
–, menschliches 92, 94
Verhaltens-
-Änderung 82, 167, 174
-weise 172
–weise, unbelehrbare 95
Verkaufen per Post 151
Verkaufs-
-abschluß 194
-Dialog 70
-Förderung 156
-Innendienst 61
-Korrespondenz 61
-quote 46
-technik, schriftliche 55
Verlagsadressen 139
Versandhandel 152
Verstärker 249, 252, 255, 262 f., 273, 275, 278, 305
Versuchsperson 83, 157
Verstärker 78, 134, 158, 174, 191, 196, 198, 224
–, konzeptioneller 129
Vertreter-
-Besuch 128
-gespräch 68
Vornamen 233

371

Vorteil 183
Vorteils-Reiz 93
Vorteil-Suchen 77
Vor-Verstärker 121, 169

Wahrnehmen 207
Wegwerfwelle 75, 91, 104, 114
–, erste 106
–, zweite 108
Weiterlesen 93
Werbe-
-gespräch 153
-Profis 148
-sprache 332
-texter 334
Werbung, unadressierte 157
Wiederholungs-
-Aktion 194, 196
-Package 196

Wirkungskraft 48
Wochentage 337
Wort-
-Idee 311
-schatz 334
-speicher 333

Zeitschriften-Beilage 353
Ziel 166, 169
-gruppe 123, 166
-gruppe, richtige 136
Zukunfts-Aspekte
Zur-Seite-legen 110
Zusatzzeile 141
Zweiter Durchgang 90
Zwischen-
-stufe 128
-ziel 171

Gratis-Abruf (aus 11. Auflage)

[X] Schicken Sie mir folgende Informationen *kostenlos* per Post an meine untenstehende Adresse:

[ ] Programme und Termine für Seminare und Kurse zum Thema „Neue Kunden gewinnen" per Brief und Antwortkarte.

[ ] Informationen zum Video-Lehrfilm über das Leseverhalten (mit Original-Augenkamera).

[ ] Angebot über den Service „Package-Prüfung mit ausführlichem Prüfungsbericht und Korrektur-Vorschlägen" (preiswerter Sonderdienst für Seminar-Teilnehmer und Buch-Käufer).

Meine Anschrift

Vor- und Zuname: _____

in Firma: _____

Straße u. Nr.: _____

PLZ und Ort: (_____) _____

Telefon f. evtl. Rückfragen: _____ Datum: _____

Bitte einfach ankreuzen, Adresse eintragen und absenden an:

DMI Institut für Direkt-Marketing,
Ostergartenstr. 10, D-82538 Gelting (bei München)

Bitte Vorderseite ausfüllen, falls Sie weitere kostenlose Informationen wünschen. Einsenden an:

DMI Institut für Direkt-Marketing
Ostergartenstraße 10
D-82538 Gelting (bei München)